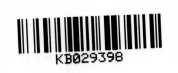

風水原理講論

第5巻 風水圖版

황영웅 **黃英雄**

1970 한양대학교 공과대학 전기공학 전공
1979 한양대학교 산업경영대학원 국토개발 전공
1989 College of Buddhist Studies L.A. Buddhism 전공(B.A)
1991 College of Buddhist Studies L.A. Buddhism 전공(M.A)
1993 동국대학교 불교대학원 선(禪)학 전공
2021 대구한의대학교 명예철학박사

1988 비봉풍수지리연구학회 설립
2003 경기대학교 국제문화대학원 풍수지리학과 대우교수
2009 영남대학교 환경보건대학원 환경설계학과 객원교수

前 김대중 대통령 묘역 조성 위원장
前 김영삼 대통령 묘역 조성 위원장

風水原理講論

第5卷 風水圖版

초판 발행 2002년 02월 25일 (비매품)
증보판 발행 2019년 05월 30일 (비매품)
개정판 발행 2021년 03월 19일 (550세트 한정판)

지은이 비봉산인 황영웅 | **펴낸이** 이찬규 | **펴낸곳** 북코리아
등록번호 제03-01240호 | **전화** 02-704-7840 | **팩스** 02-704-7848
이메일 sunhaksa@korea.com | **홈페이지** www.북코리아.kr
주소 13209 경기도 성남시 중원구 사기막골로 45번길 14 우림2차 A동 1007호
ISBN 978-89-6324-735-9 (93180)
978-89-6324-736-6 (세트)

값 150,000원

風水原理講論

"人間生命의再創造를 爲하여"

第5卷
風水圖版

飛鳳山人 黃英雄 著

북코리아

본 도판의 중요 부분은 거의가 대부분 신명의 계시를 받아 눈을 감고 불을 끈 채 받아적은 것들이다. 비록 이렇게나마 기록은 하였으나 한 그림 메시지로 몇 달을 두고 궁구하면서도 완전히 옮겨적지 못한 부분들이 너무도 많다. 열심히 궁구하고 정진하여, 스승이 못다한 이 학문을 더욱 깊게 살피고 더욱 크게 키우면서, 더욱 넓게 더욱 밝게 온 누리 불 밝혀주기를 간절히 고대한다.

비봉산인 황영웅 합장

後學에게 드리는 글

萬物의 영장인 우리네 人類는 이 地球上에 생겨남 以來로 오늘에 이르기까지, 한량없는 文化의 發展과 가공할 利益文明의 發達 속에서, 그 끝 가는 곳은 예측조차 못하는 채, 쉬임 없는 역사의 수레에 이끌려 思量 없는 어제를 지세우고, 分別없는 來日을 向해 덧없이 걸어가고 있다.

無知와 자만과 貪慾과 어리석음은 날이 갈수록 그 度를 더해 가는데, 人生內面에 간직된 밝은 智慧와 善吉의 品性들은 外面世界의 物質的 價値構造 틀에 빠져 그 빛을 잃은 지 오래이다.

自然의 不確實性 속에서 반드시 살아남지 않으면 아니 되는 우리 人類의 至高한 生存價値는 이제 人間自身이 만들어 놓은 文明과 文化라는 커다란 덫에 걸려, 그 本來의 目的價値를 상실하게 되었고, 급기야는 文明의 노예가 되고, 文化의 꼭두각시가 되어, 人間의 本性마저 유린당하고 마는 地境에까지 다다르게 되었는도다.

오호라!

地球라는 限定된 空間環境과 消滅進行이라는 時間的 存在秩序 앞에서 不確實한 自然과 人間事의 허다한 難題들은 과연 얼마나 밝혀지고 해결될 수 있을 것인가?

과연 어떻게 하면 우리 人類가 滅亡하지 아니하고 永續하면서 새로운 人類種族을 再創造 發展시키고 지혜로운 번영을 도모할 수가 있을 것인가?

無邊廣大한 우주 바다와 티끌만 한 太陽界의 生命環境!

그 울 속에서, 다람쥐 쳇바퀴 맴을 돌 듯 덧없이 왔다가는 덧없이 또 가야만 하는,

何 많은 무릇 生靈들의 허망한 因緣輪廻!

숨 한번 내쉰 것이 다시 들지 못하면
영원히 그 목숨은 끊겨져야 하고,
어젯밤 감은 눈이 아침나절 다시 못 뜨면
그 생명 영원한 죽음일지니,
한 움큼 한 모금의 산소덩이가 그것이 곧 人間의 본모습이요,
목을 타고 드나드는 숨결소리가 그것이 곧 生命의 現顯일러라.

이 茫然한 現實 앞에서 人類의 보다 밝고, 지혜로운 來日을 設計할 者, 과연 어디에서 찾을 것이며, 至高한 人間의 거룩한 生命들을 安樂과 安寧으로 이끌어 갈 용기 있는 善知識은 과연 얼마나 고대하고 기다려야 하는가?

東西古今을 통하여
至高至善한 길을 찾아
한 줄기 햇살이 되어, 온 누리 밝혀 보려는 이름 모를 先覺者들이야 어찌 機數였으리요마는,

世上을 救援하고 人類을 弘益케 할 위대한 소망과 간절한 바람은 아직도 다함이 없어 애절키만 하구나!

後學이여!

우리도 이제 깨어나 보자!

眞理를 바로 보고 使命을 찾자!

넓고 푸른 창공에 한 점 티 없이 맑은 마음처럼,

어제를 돌아보고 내일을 살피면서

오늘의 진실됨을 거짓 없이 바로보자!

眞理의 천사가 나를 부르고,

깨달음의 여신이 나를 감싸 안을 때,

내 한 몸 햇살이 되어

온 누리 밝힐 聖者가 될 때까지,

後學이여! 精進하자! 使命으로 살자!

人類의 興亡이 그대에게 매달리고,

十方의 榮枯盛衰가 그대 왔기를 기다리나니,

그대 가슴에 흘러넘치는 맑고 고운 智慧의 甘露水로,

世世永永 無窮할 眞理의 塔을 씻자.

子孫萬代 이어갈 새 生命을 創造하자.

거룩한 三昧에 드넓은 天地에서,

우리 先祖 子孫들이 한데 어울려

두둥실 춤을 추고 노래 부르는 平和의 極樂圓을 함께 가꾸자.

永遠의 安樂土를 함께 일구자.

後學이여!

하나의 生命體가 무수한 生命들과 이 땅에서 함께 共存하고 있는 現實은 時空을 超越한 過·現·未의 三世 고리가 不可分의 緣分이 되어 묶여 있음을 말함이며, 人類가 지닌 現象의 幸・不幸이 나와 함께 자리하고 있음은 모두의 幸・不幸 씨앗이 나와의 因緣고리에 이끌려 싹이 터온 所以 일러라.

어찌 우연하게 생겨나 나 여기 왔다한들,

前生의 業報 탓하고 無心할 수만 있겠는가?

三世의 因緣 탓하고 無情할 수가 있겠는가?

무릇 人間의 수많은 갈등과 고통을 지켜만 보면서, 나약한 人間으로 태어나

황망하게 이대로 가야 할 宿命임을 통탄하고 있기보다는

미력이나마 人類生存에 보탬이 될 수 있는 보다 밝은 智慧를 터득케 하고 실천케 하기 위해,

더 넓고 더 높은 眞理의 光明을 찾아,

窮究하고,

發見하며,

廻向精進해 나아가려는 것이

그것이 오히려 오늘을 살아가는 賢者의 보람이요, 참길이 되리로다.

後學이여!

이제 감히 그대들의 양어깨 위에 人類의 큰 등불을 짊어지라고 권하고 싶노라.

그대들의 양손에

世上을 救援하고 열어갈 大寶劍을 쥐어주고 싶노라.

그리하여 그대들의 이어짐이

人類의 大救援이 되고,

大創造가 되어 질 것을

기도하고 또 기도하고 싶노라.

弘益人間과 順天의 難題 앞에서 반드시 숨겨야 할 하늘의 機密됨을 오늘 이렇게 두려움으로 吐露코저 하는 것은 보다 큰 救援과 보다 높은 創造의 使命에선

後學에게 智慧와 勇氣와 光明을 주기 위함이며, 後日 後學에게 지워질 天機漏洩의 罪를 오늘 앞당기어 代身 罰받고자 함이로다.

後學이여!

이 한 권의 機密은 天神과 地神의 일러줌을 옮긴 것이로다.

까닭에 그 해석과 사용이 잘못됨은 결단코 용서받지 못할 것이며, 종래는 神의 노여움을 얻을 것이 분명한즉, 寤寐不忘 窮究하며 터득하여 正直하게 善用할 것을 당부하고 또 당부하노라.

올바른 깨우침과 광명한 실천으로
참人間, 밝은 社會, 복된 人類가 再創造되기를 고대하면서,
天機漏洩로 順天을 거역하고 三業으로 지은 惡業의 罪를 天神과 地神에게 엄숙히 엎드려 용서받고자 하노라.

佛紀 2535年 立春
安養 飛鳳山 普德寺에서
飛鳳山人 黃 英 雄

明堂앞에 소나무야!

1. 소나무야! 소나무야! 明堂앞에 지킴이야!
어느자손 지키려고, 그 자태를 지녔는가?
뿌리내려 땅지키고 가지뻗어 바람안고
물바람을 끌어안아 明堂明穴 숨을넣고
오매불망 기다리며 어느주인 찾고있나?

2. 소나무야! 소나무야! 산줄기에 산가지야!
山뿌리로 물을감듯 뿌리뻗어 물을감고
山가지로 바람안듯 가지뻗어 바람안고
山穴場에 核을품듯 잎새마다 열매품듯
산모양을 닮은체로 千萬明穴 지키는가?

3. 소나무야! 소나무야! 너의맘이 무엇인고
하늘본성 닮으려고 둥근모습 변치않고
땅의모습 닮으려고 뿌리내려 안정찾고
생명모습 닮으려고 가지잎새 둥근모양
그모습을 지키려고 솔방울을 맺었는가?

4. 소나무야! 소나무야! 어이그리 닮았느냐?
둥근것은 하늘닮고 뿌리모양 땅을닮고
줄기가지 사람닮고 씨알열매 생명닮고
둥글둥글 사는모양 千萬年을 변함없이
생긴모양 하는짓이 天地人을 닮았구나!

目 次

第1篇 總論

第2篇 風水 原理論

第3篇 原理 應用論

第4篇 陽基論

第5篇 風水地理 因果論

『風水原理講論』全體 目次

第1篇 總論

第1章 存在의 窮究와 人間 創造 原理의 理解

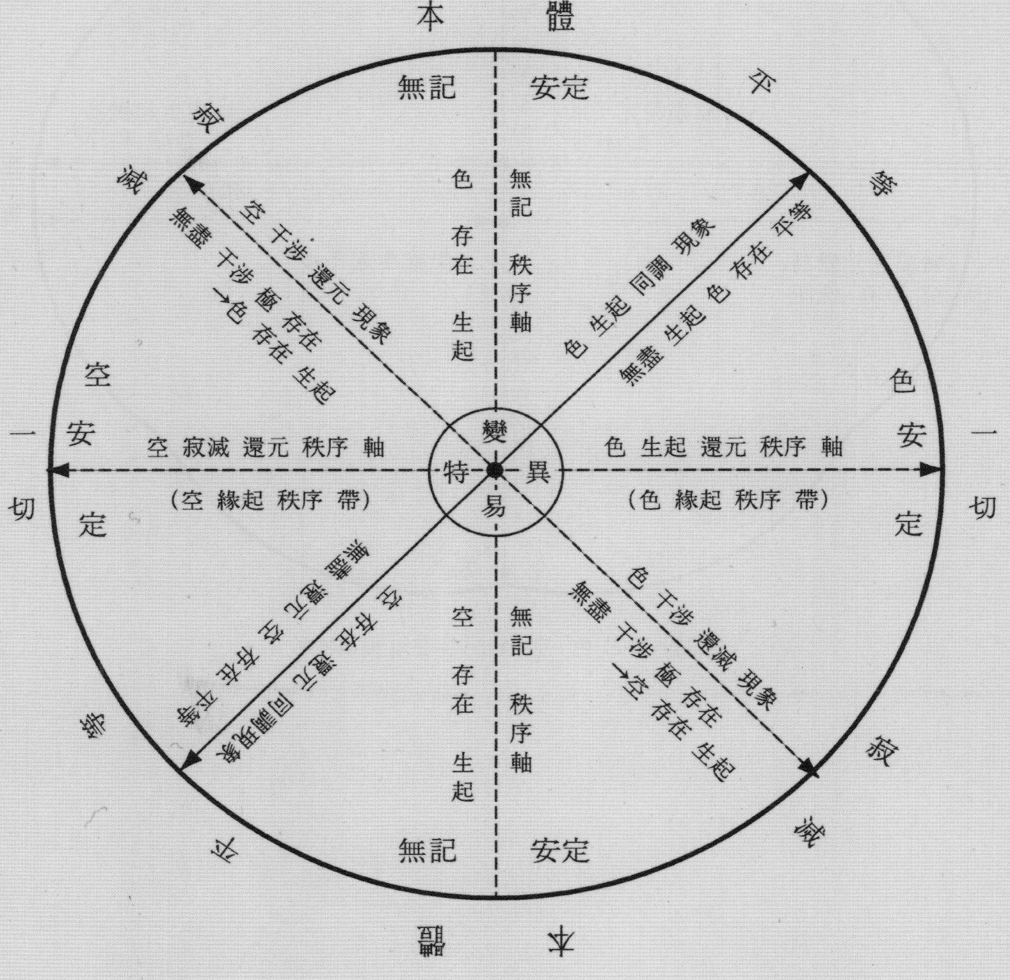

〈그림 1-1〉 存在의 安定維持秩序

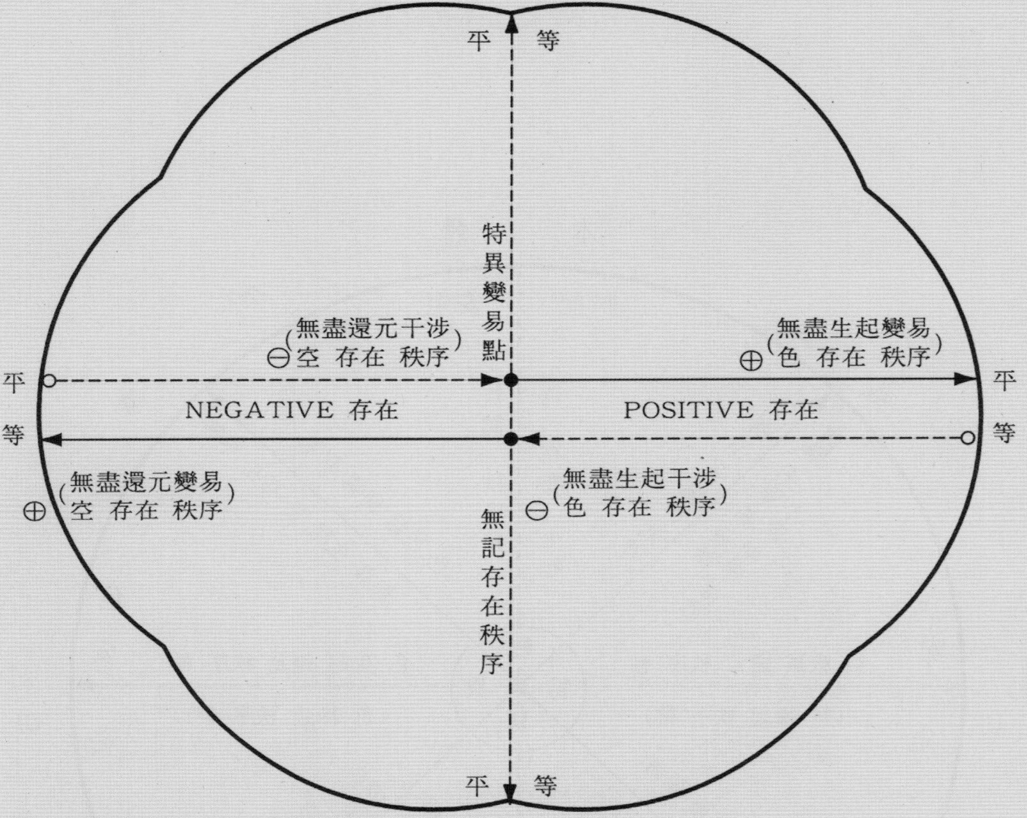

〈그림 1-2〉 色 · 空 · 無記 存在의 變易秩序

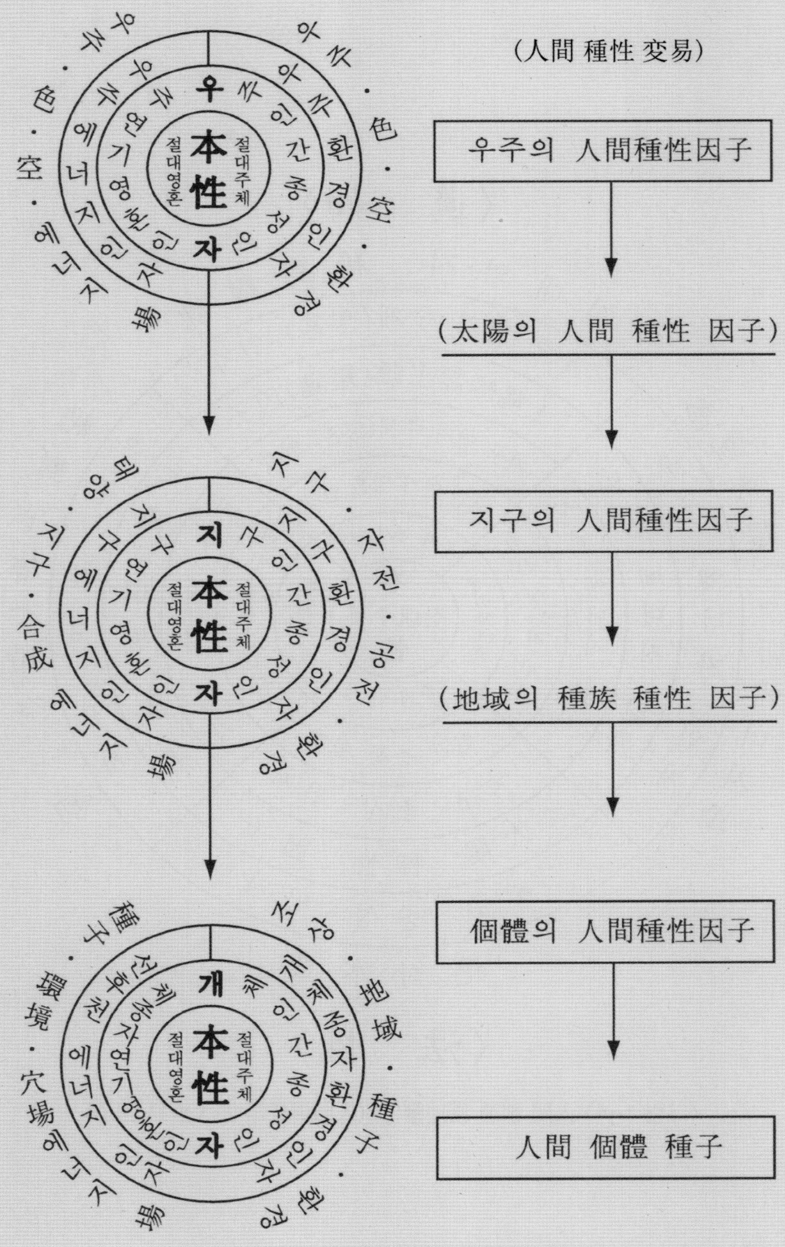

〈그림 1-3〉 人間 創造 原理圖(1)

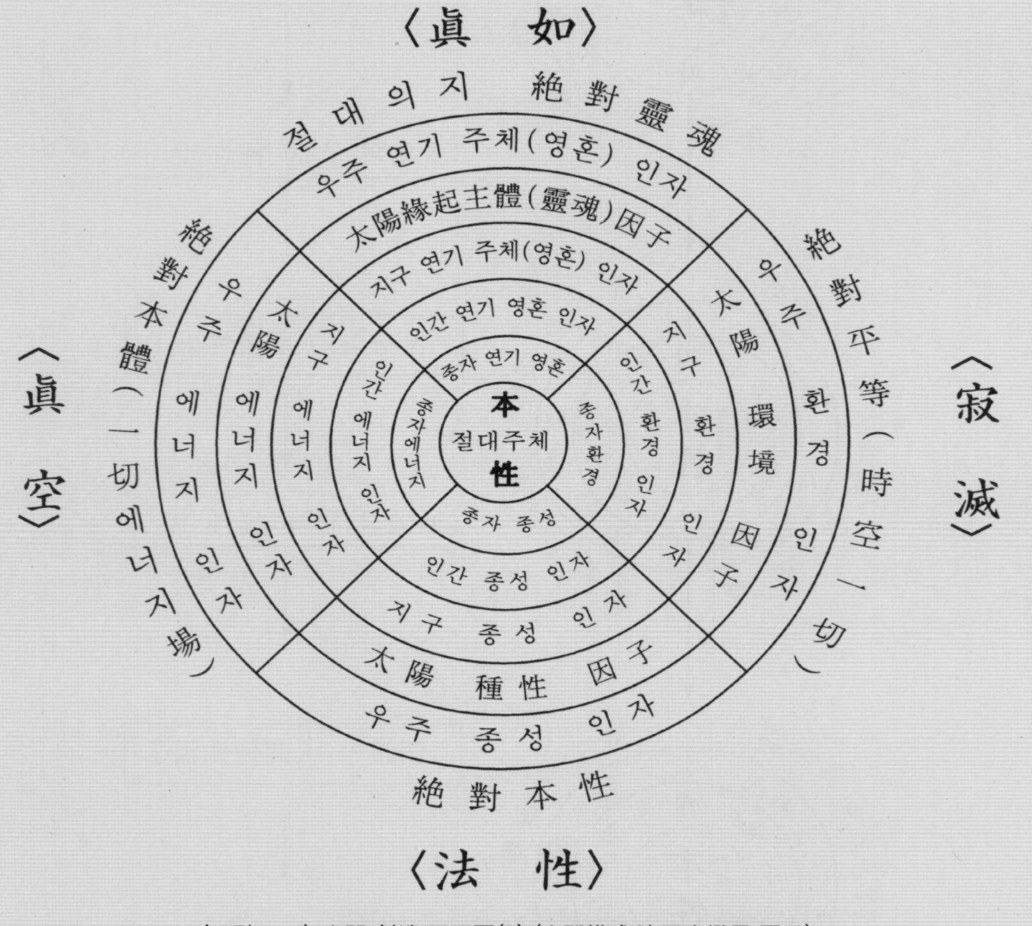

〈그림 1-4〉 人間 創造 原理圖(2) (人間構成의 四大變易 因子)

第2章

Energy場 存在와 그 變易 秩序

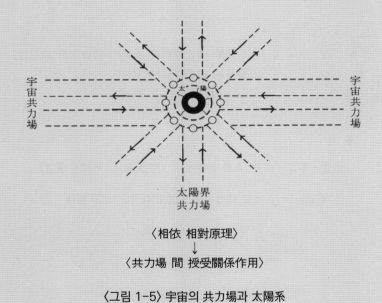

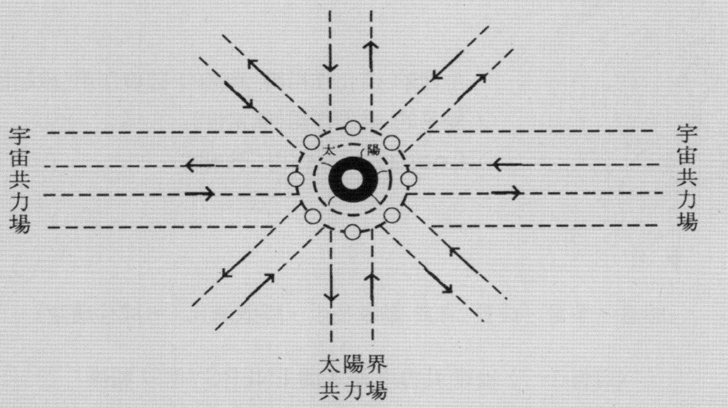

〈相依 相對原理〉
↓
〈共力場 間 授受關係作用〉

〈그림 1-5〉 宇宙의 共力場과 太陽系

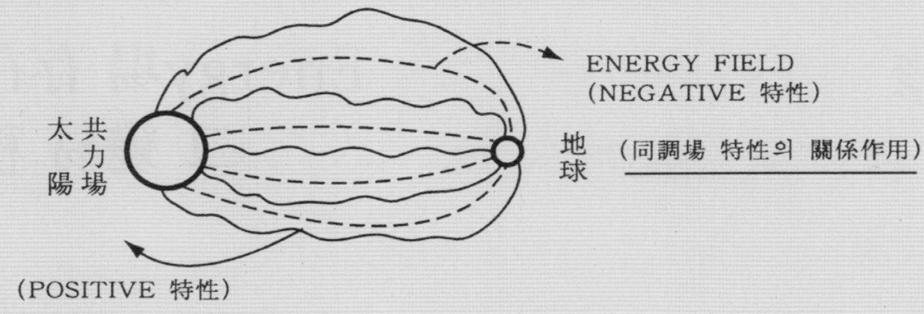

〈그림 1-6〉 太陽界의 共力場과 地球 ENERGY Field

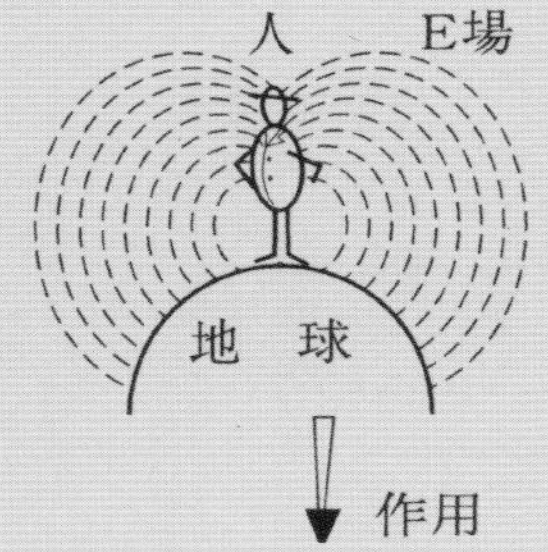

○ 生起的 造化作用과 消滅的 破壞作用(緣起性)
○ 變易的 輪廻作用(無常性)
○ Energy 保全作用(不滅性)

(胎息・孕育・成長 消滅 動進長生・靜退消死 → 成住壞空)

〈그림 1-7〉 地球 共力場과 人間 ENERGY場의 關係

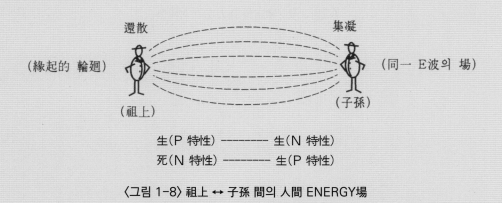

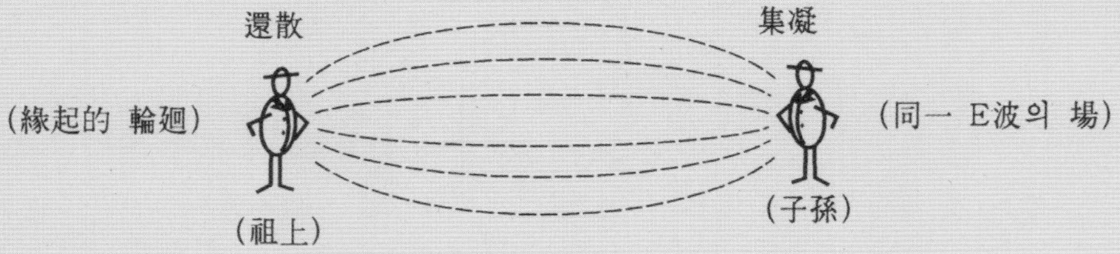

生(P 特性) --------- 生(N 特性)
死(N 特性) --------- 生(P 特性)

〈그림 1-8〉 祖上 ↔ 子孫 間의 人間 ENERGY場

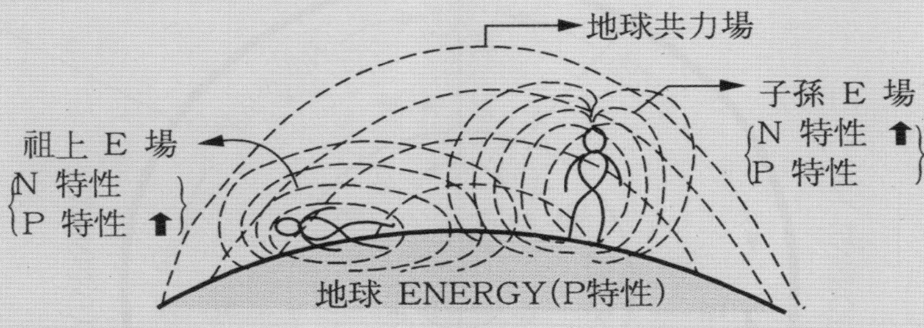

〈그림 1-9〉 地球共力場 ↔ 祖上 Energy場 ↔ 子孫 Energy場 간의 存在 Energy 關係特性
⇒ 合成 Energy 特性創出

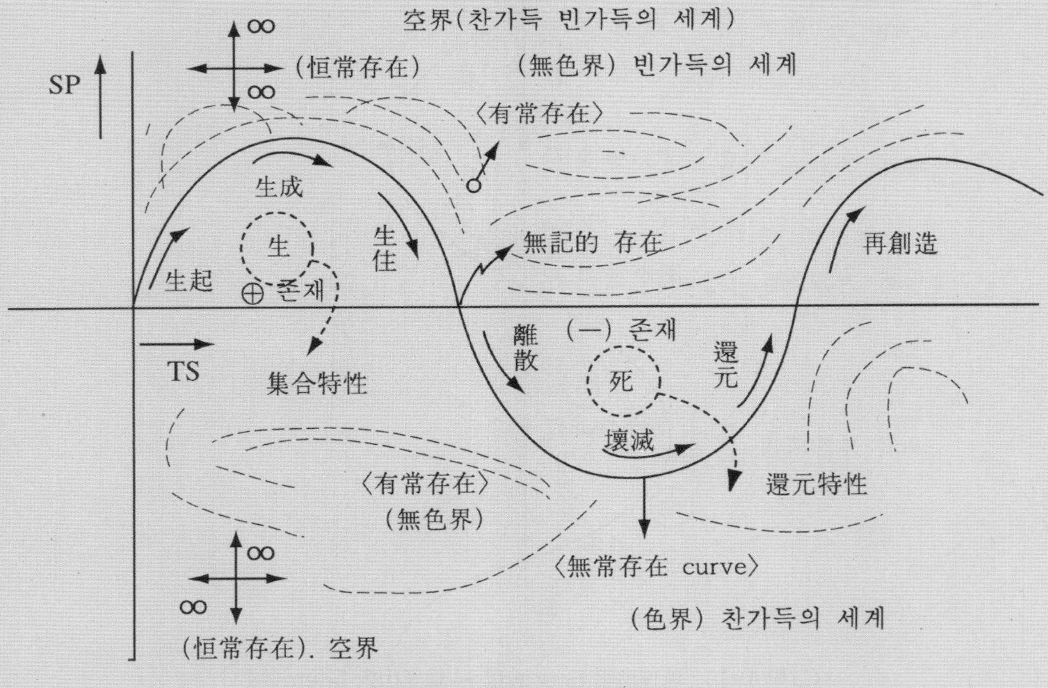

〈그림 1-10〉 諸 存在 特性 WAVE

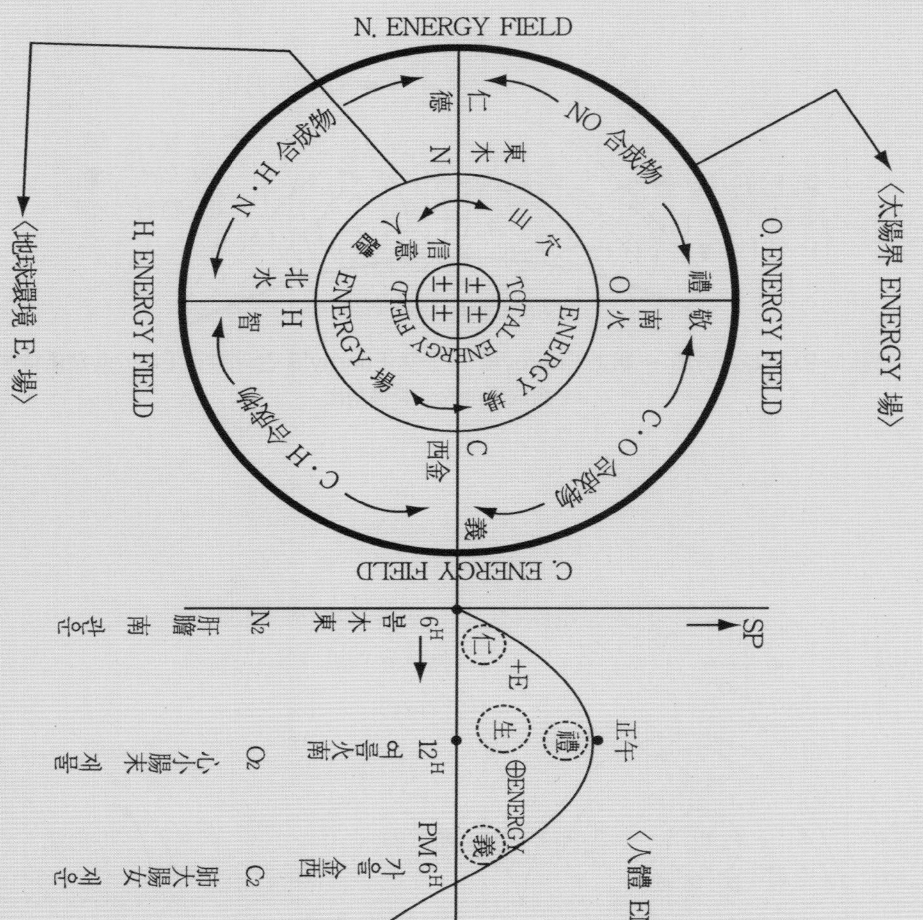

〈그림 1-11〉 地球環境 Energy場 ↔ 地氣山穴 Energy場
↘ 人體 Energy場 ↗

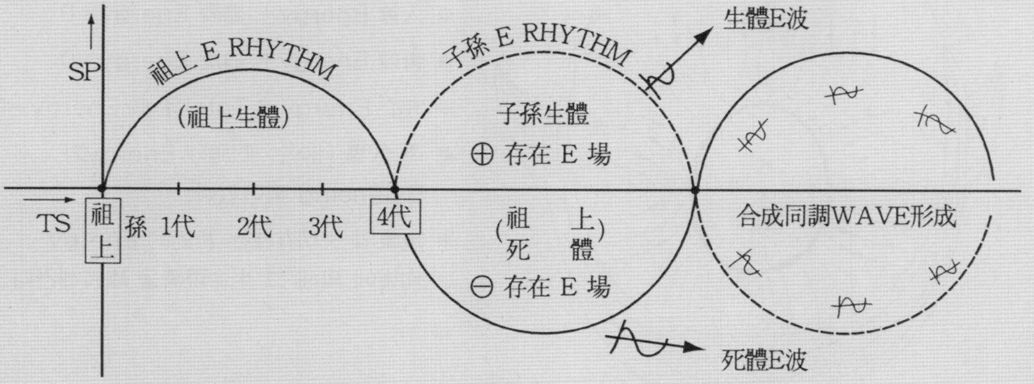

〈그림 1-12〉 祖上과 子孫의 人體 Energy Rhythm

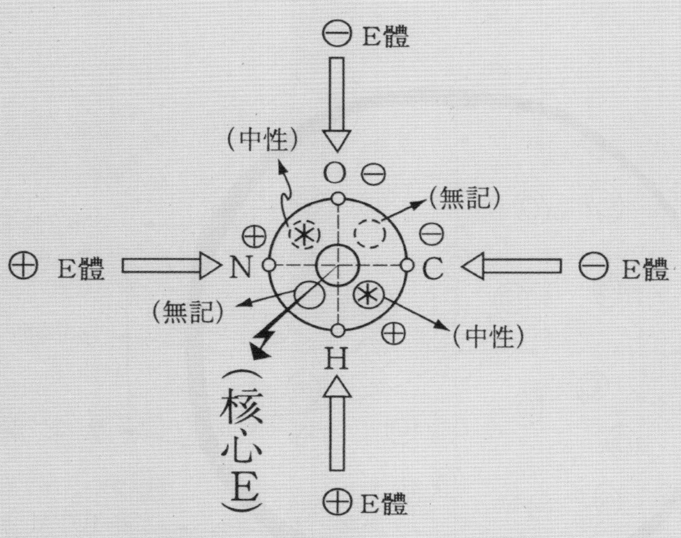

〈그림 1-13〉 現象存在의 Energy Balance

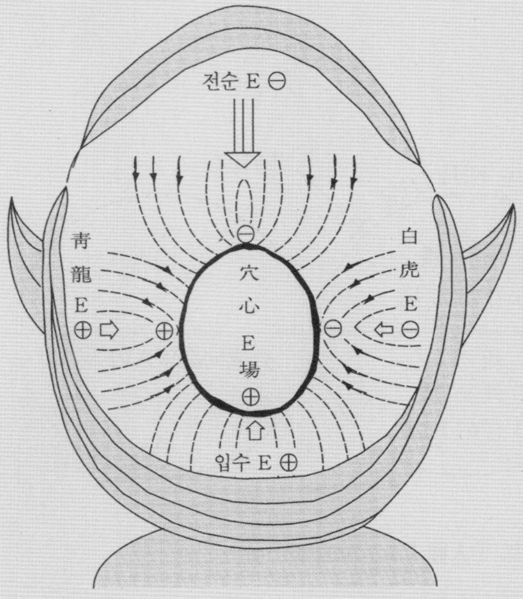

※ 入首 Energy+ 纏脣 Energy=0

※ 靑龍 Energy+ 白虎 Energy=0

※ 穴心 Energy= Total 合成 Energy=0

※ 즉 穴場 내에는 四神砂 Energy가 Balancing 되어있다.

※ 現象의 一切存在는 相對的 Energy 均衡에 의해 그 生命現象을 維持해간다.

〈그림 1-14〉 四神砂의 相對 關係와 Energy場

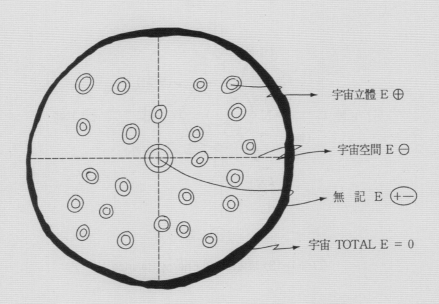

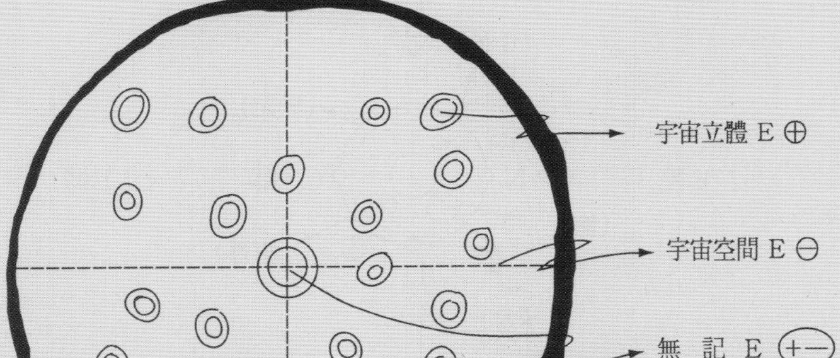

〈그림 1-15〉 空間 Energy와 立體 Energy와의 關係

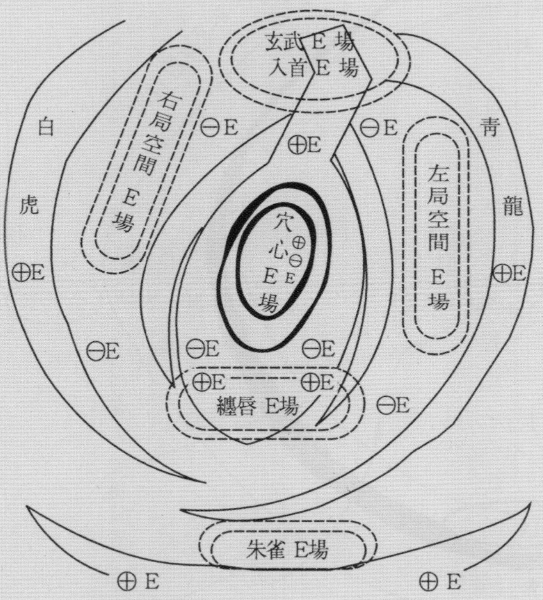

※ 四神砂 Energy體 : ⊕Energy時
局空間 Energy場 : ⊖Energy

※ 局空間 Energy(場)
＋四神砂 Energy(體)＝0
＝穴心 Energy場

※ 따라서 穴心 Energy場은 四神砂 Energy體와 局空間 Energy場의 均衡場 속에 있다.

※ 相對的 關係이므로 固有極性이 아님

〈그림 1-16〉 局空間 Energy와 四神砂 Energy와의 關係

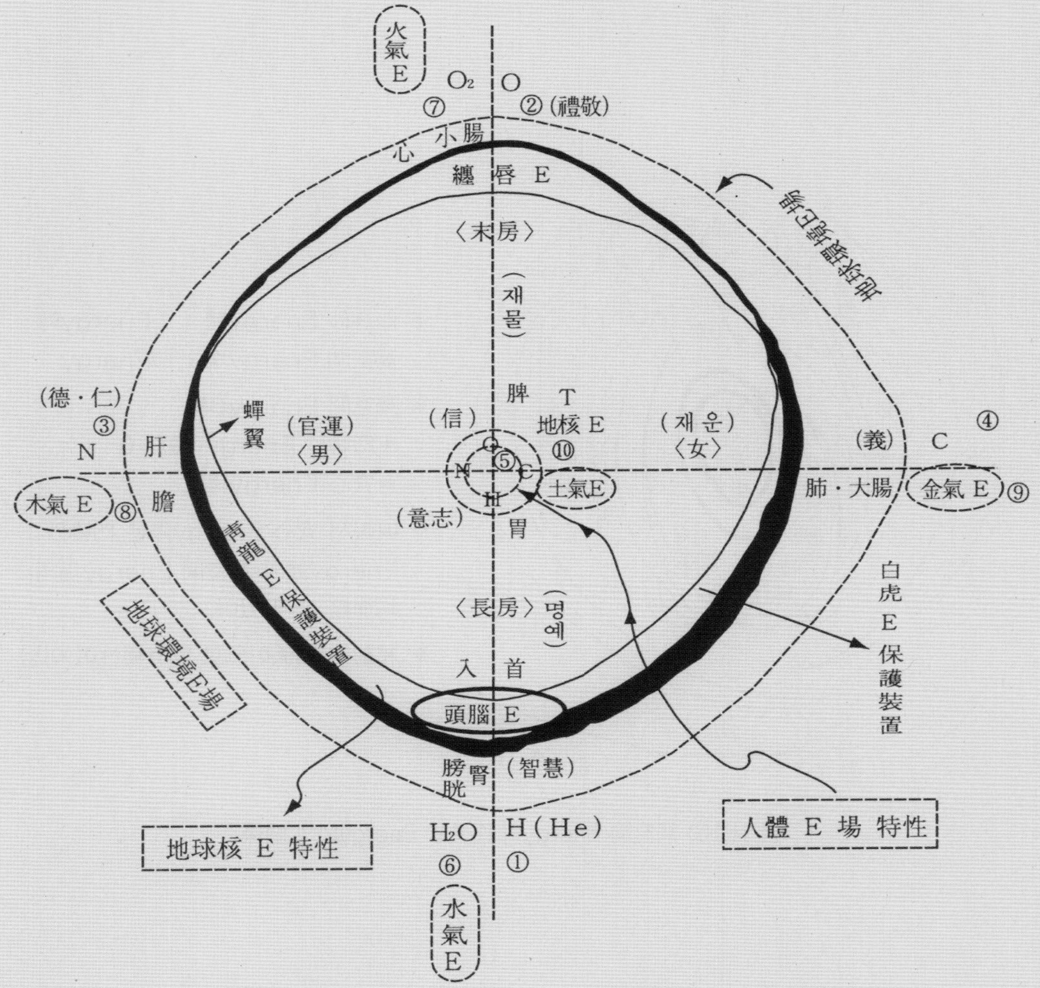

〈그림 1-17〉 地球核 Energy場과 人體 Energy場의 Energy 同調特性

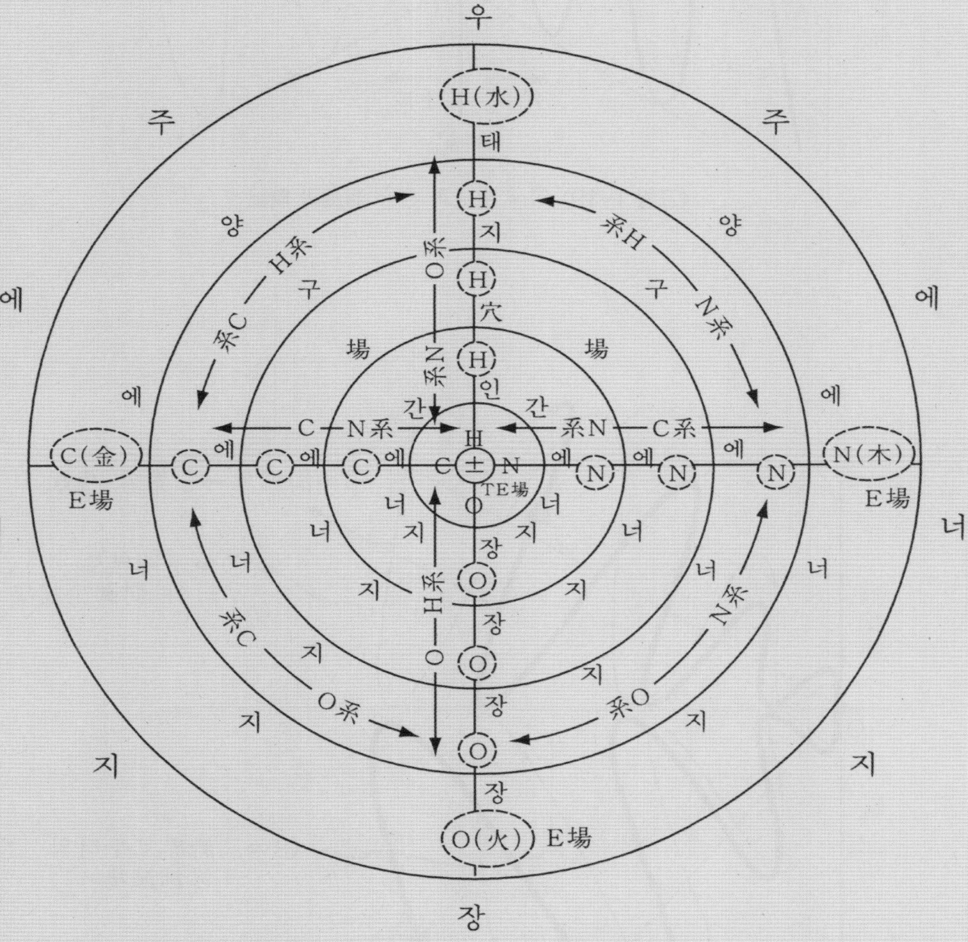

〈그림 1-18〉 Energy 統一場의 原理

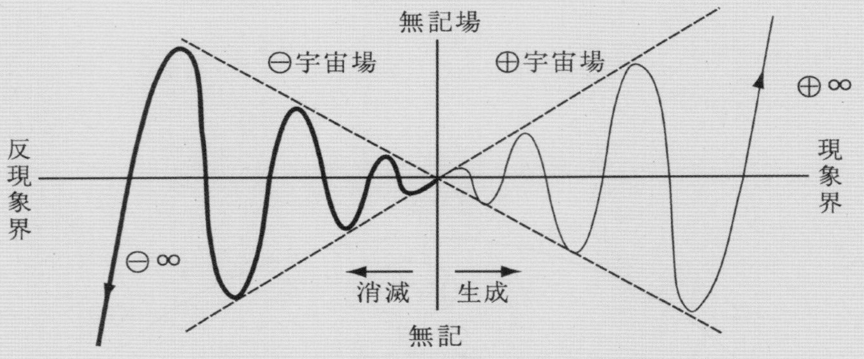

〈그림 1-19〉 ⊕∞ 生成과 ⊖∞ 消滅과 無記

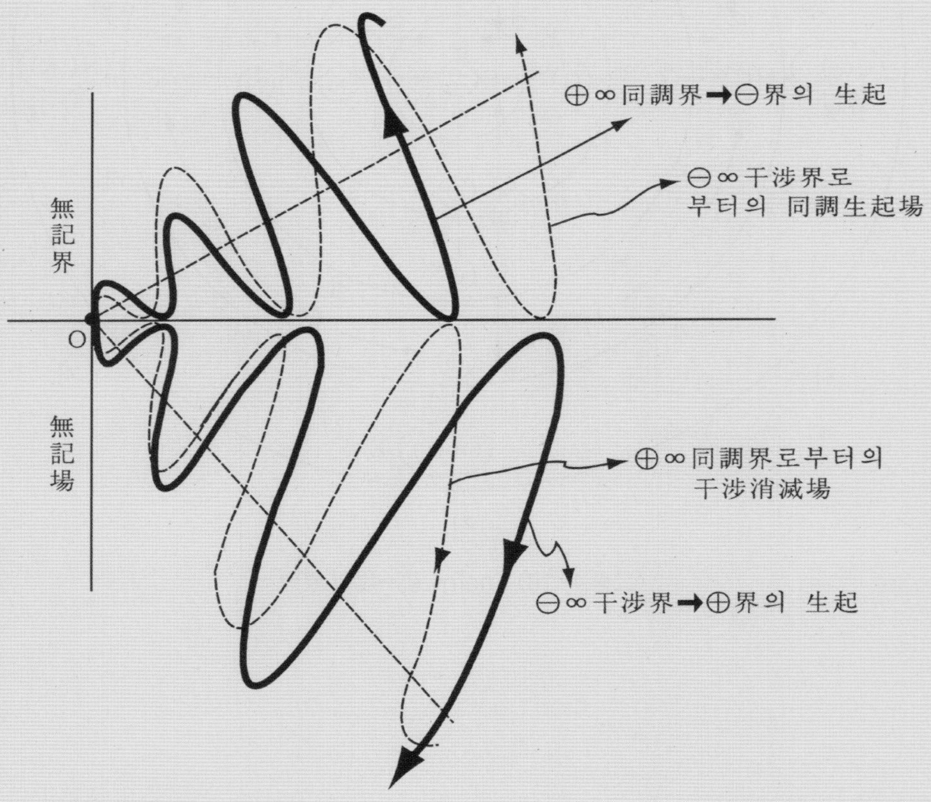

〈그림 1-20〉 ⊕∞ 同調界와 ⊖∞ 干涉界의 調和와 均衡 ⇒ 平等性

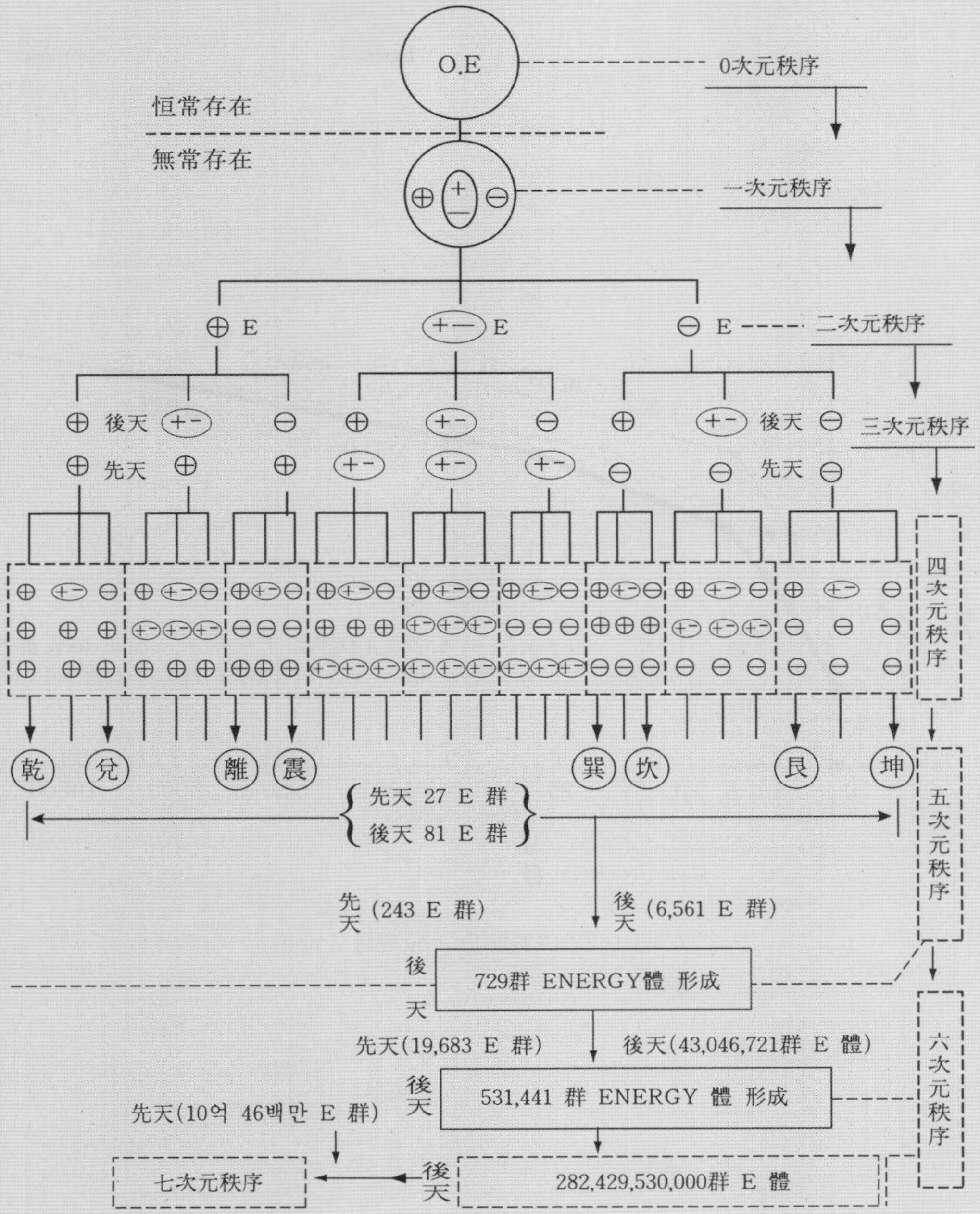

〈그림 1-21〉 無常界의 Energy 變易 秩序

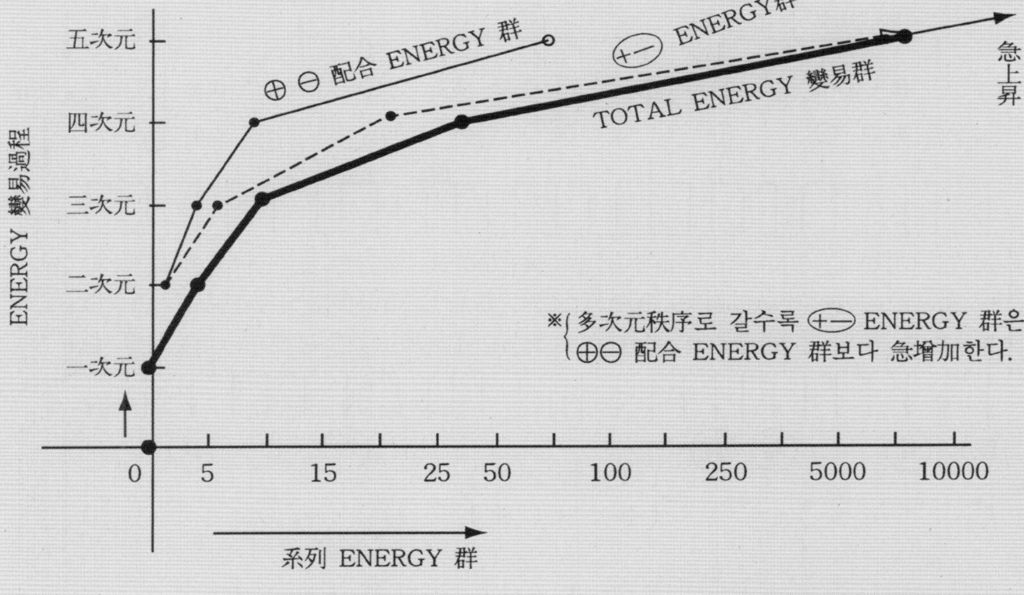

〈그림 1-22〉 系列別 Energy 變易 Graph

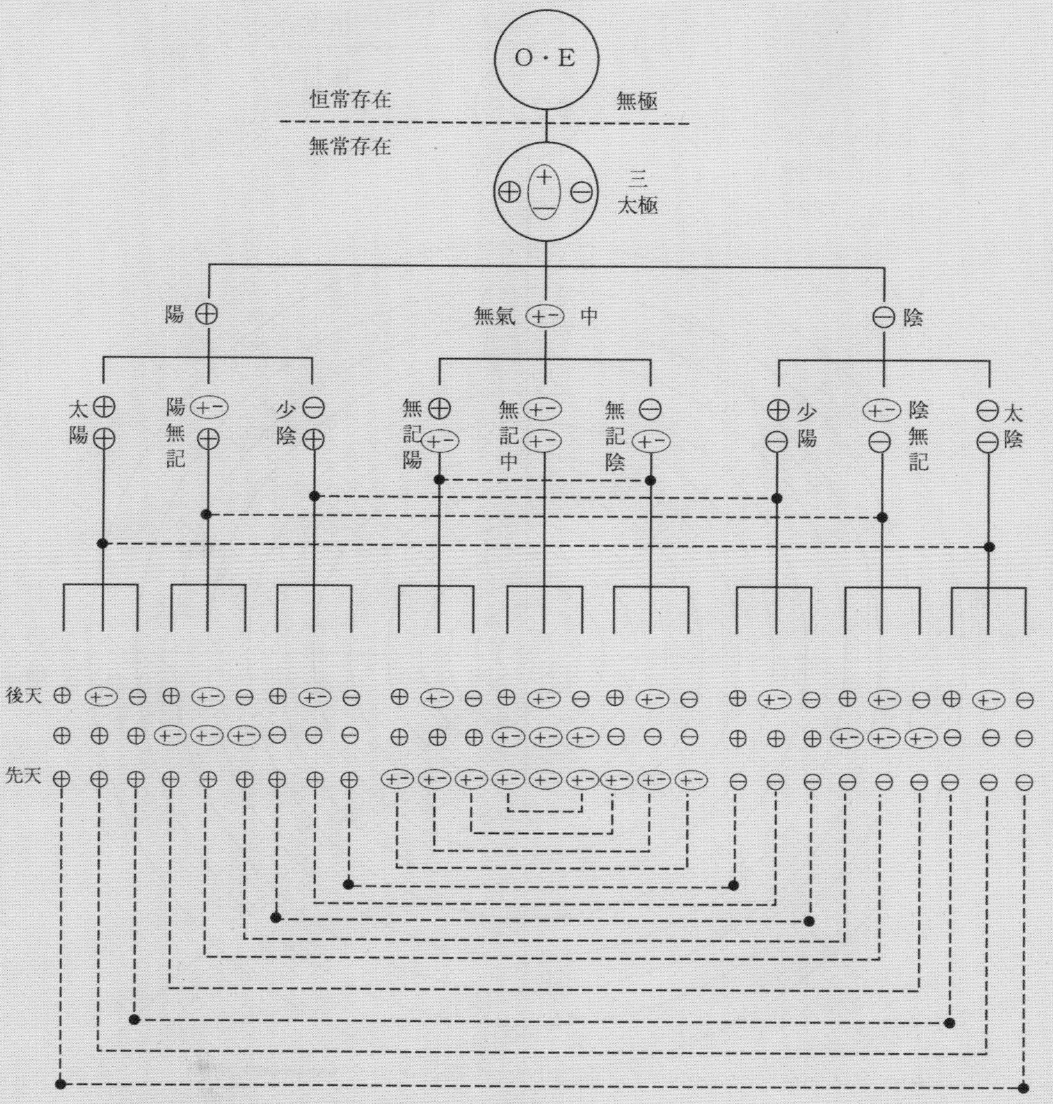

※ (四象 及 八卦合成 Energy 陰陽變易圖)

〈그림 1-23〉 無常 Energy 界의 先後天 變易秩序 解說

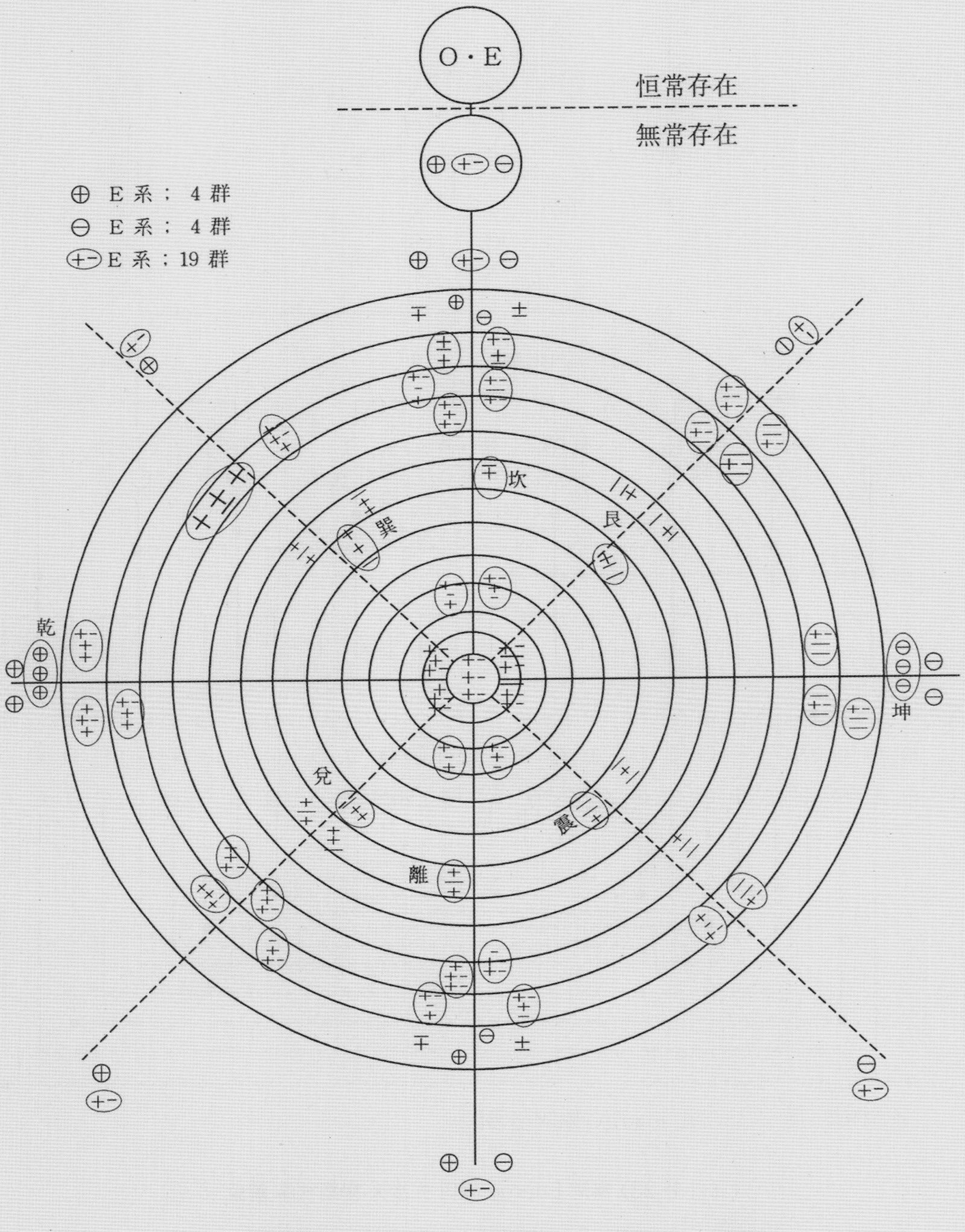

〈그림 1-24〉 無常 Energy 變易과 分布(先天 Energy 分布)

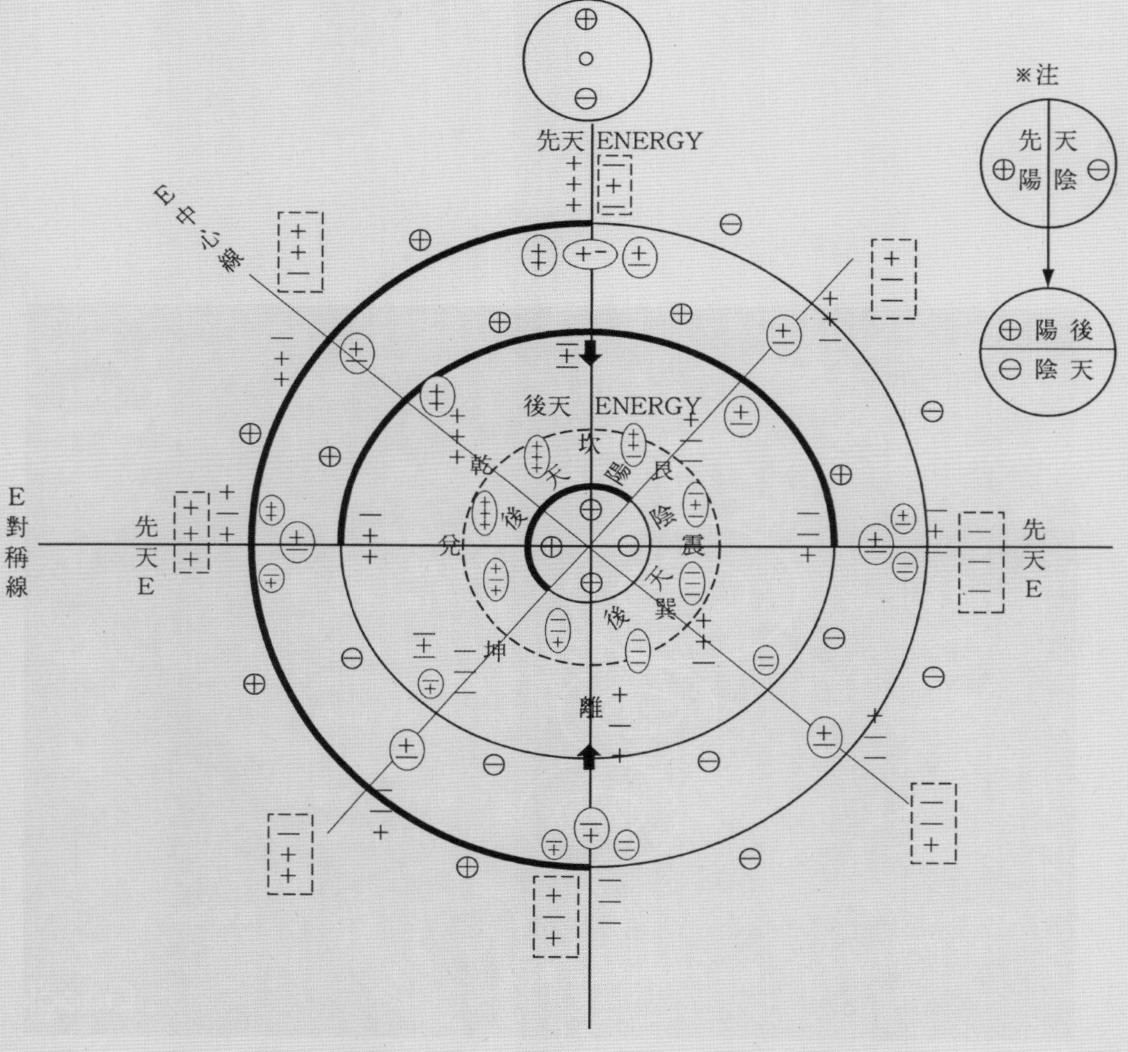

〈그림 1-25〉 無常 Energy 變易과 分布(後天 Energy 分布)

第3章 韓半島의 自生的 風水思想과 東아시아 風水思想

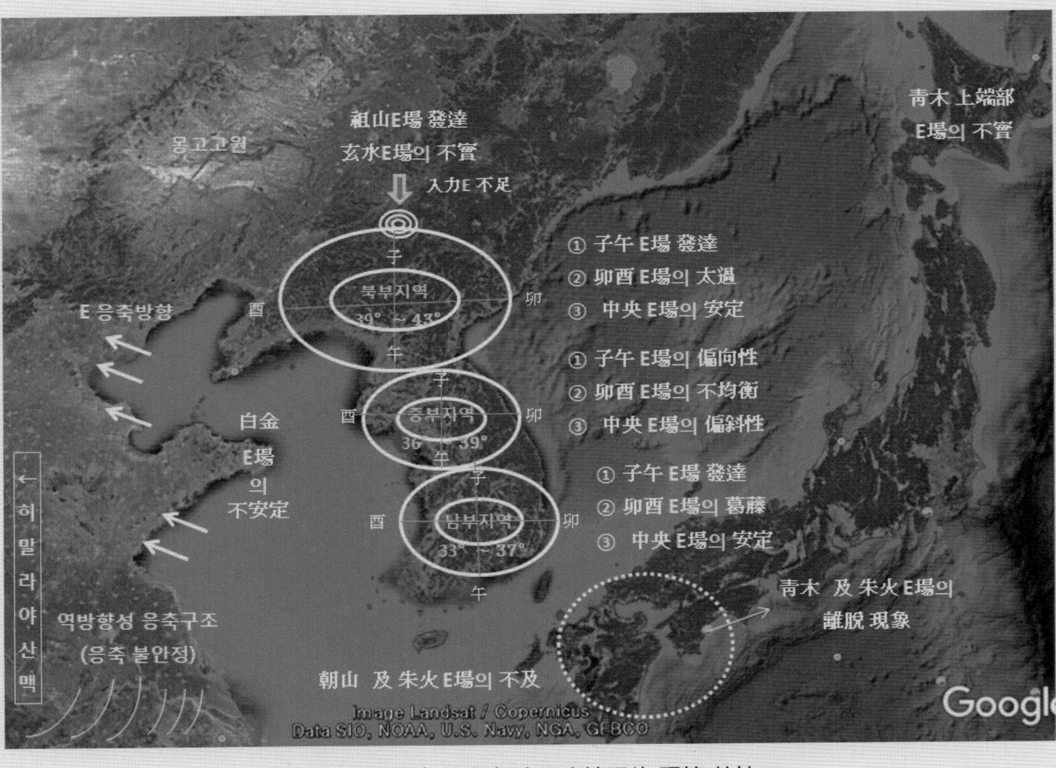

〈그림 1-26〉 韓半島의 風水地理的 環境 特性

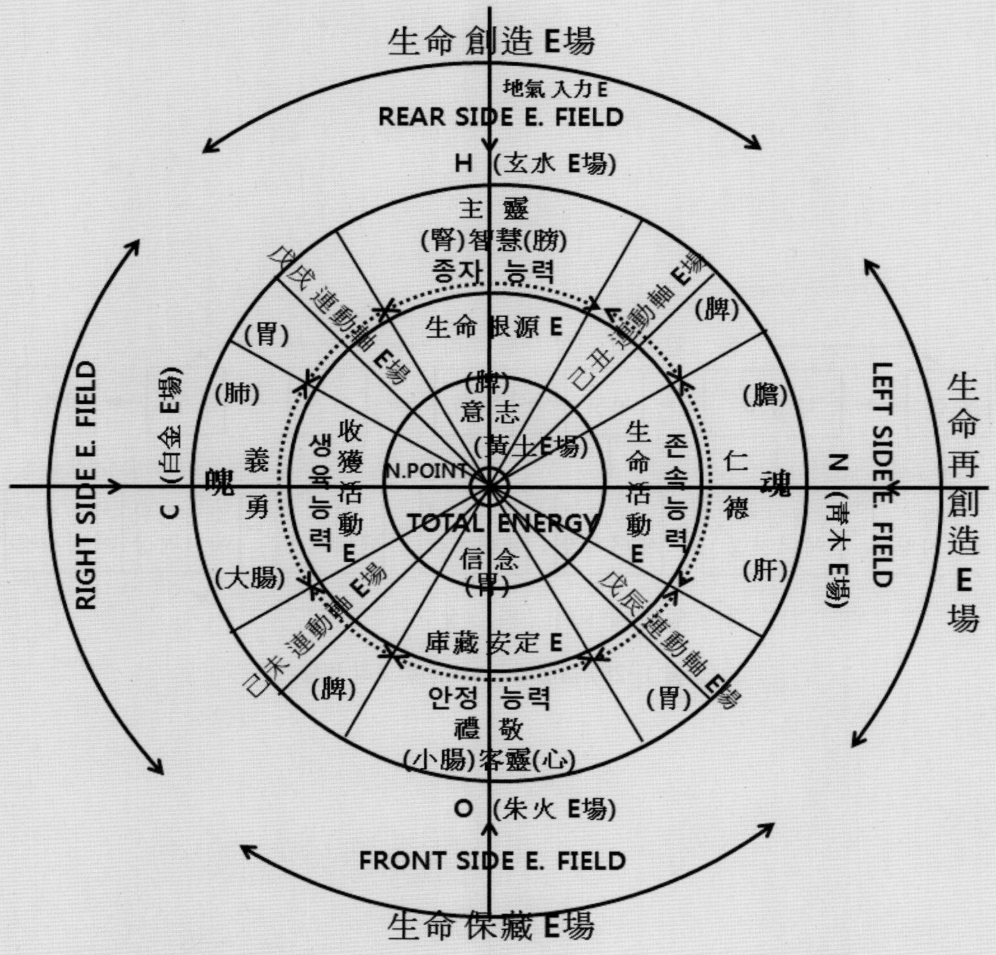

〈그림 1-27〉 隆起構造 地表 Energy體의 人間生命 Energy場 形成構造

第4章 風水原理 講論의 背景과 目的

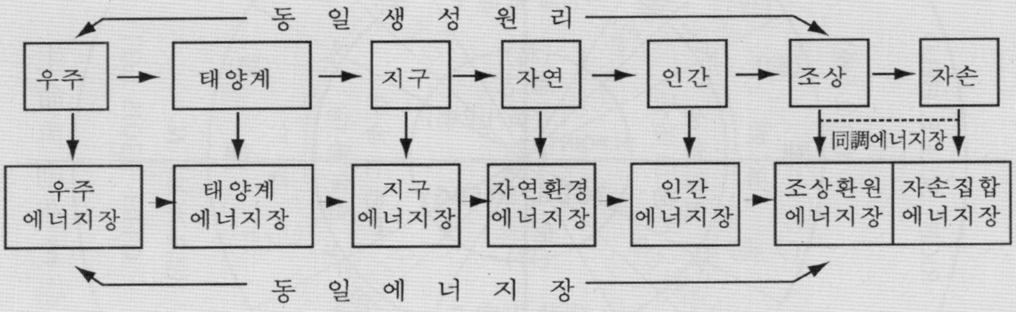

〈그림 1-28〉 自然의 Energy場 고리 現象

第2篇 風水 原理論

第1章 風水地理의 理論 概要

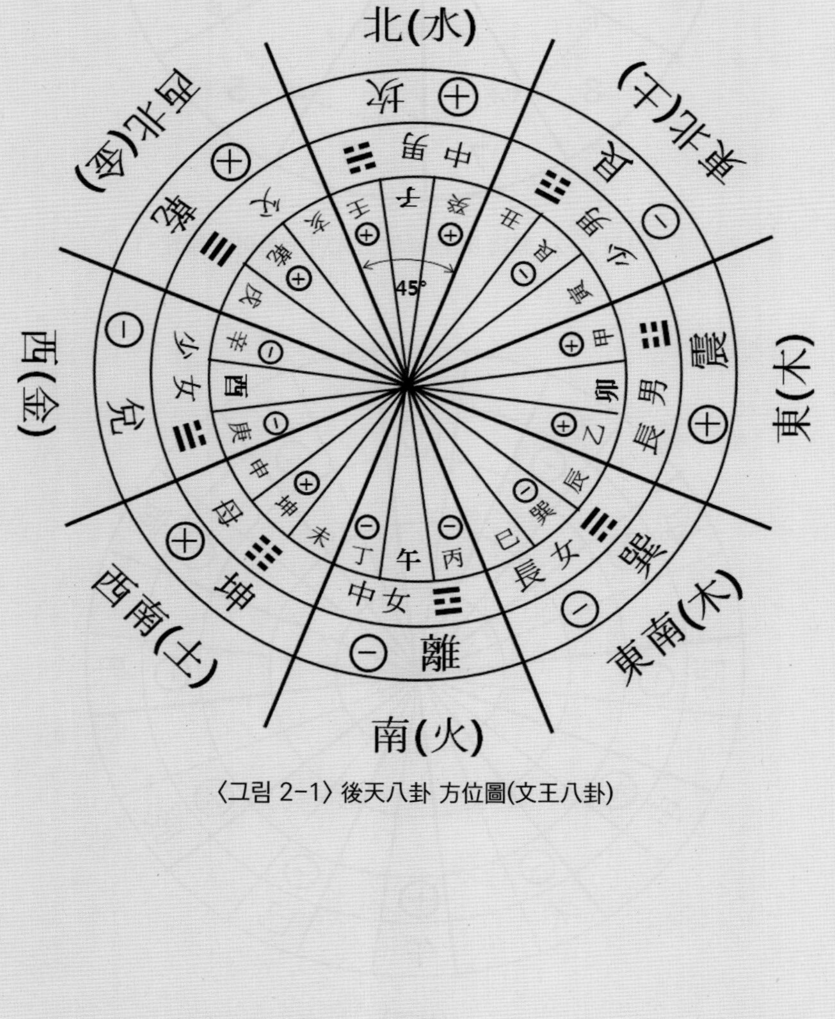

〈그림 2-1〉 後天八卦 方位圖(文王八卦)

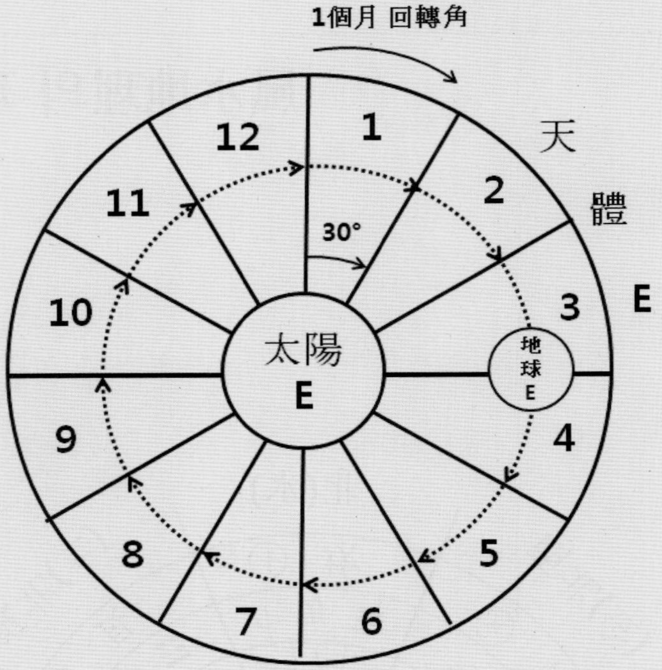

〈그림 2-2〉 佩鐵 第 四線의 公式이 만들어진 原理-1

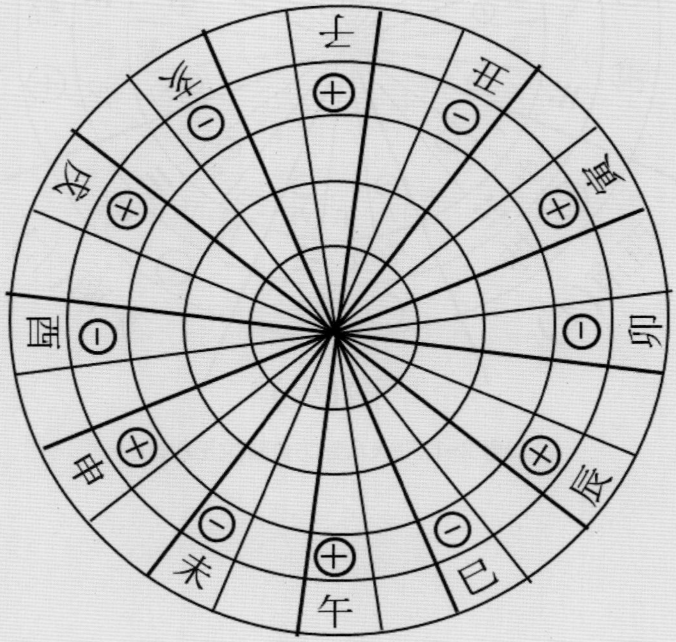

(地支)

〈그림 2-3〉 佩鐵 第 四線의 公式이 만들어진 原理-2

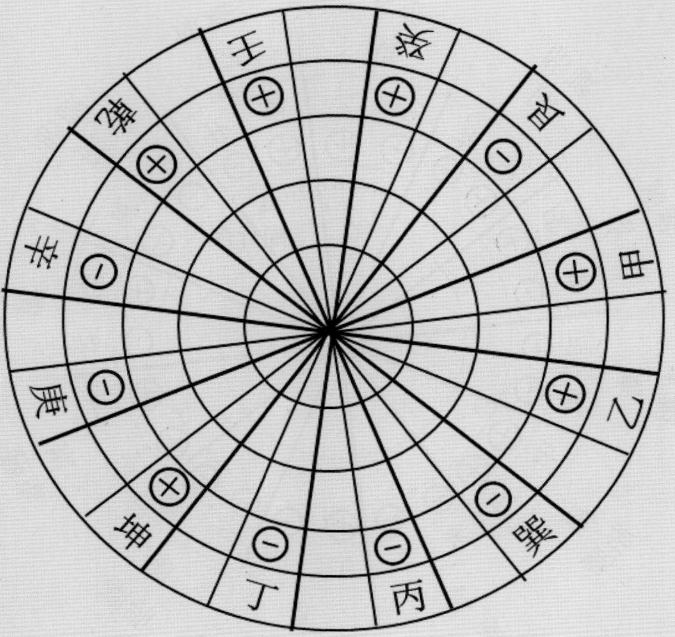

(天干)

〈그림 2-4〉 佩鐵 第 四線의 公式이 만들어진 原理-3

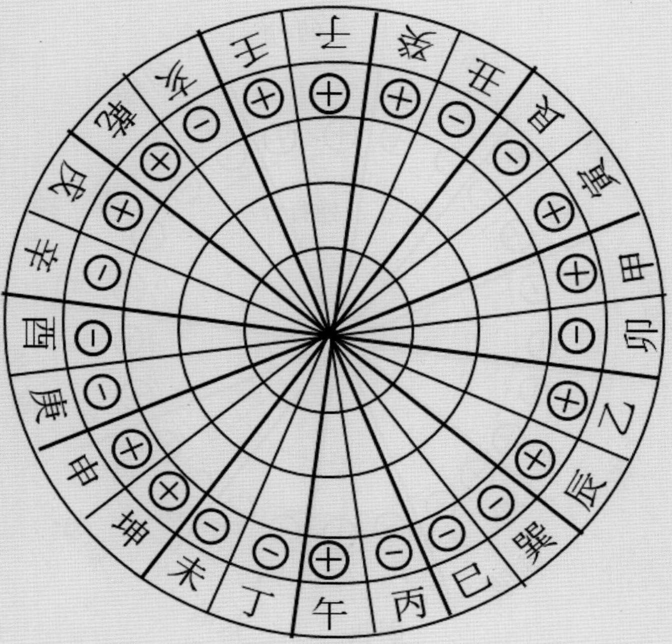

〈그림 2-5〉 佩鐵 第 四線의 公式이 만들어진 原理-4

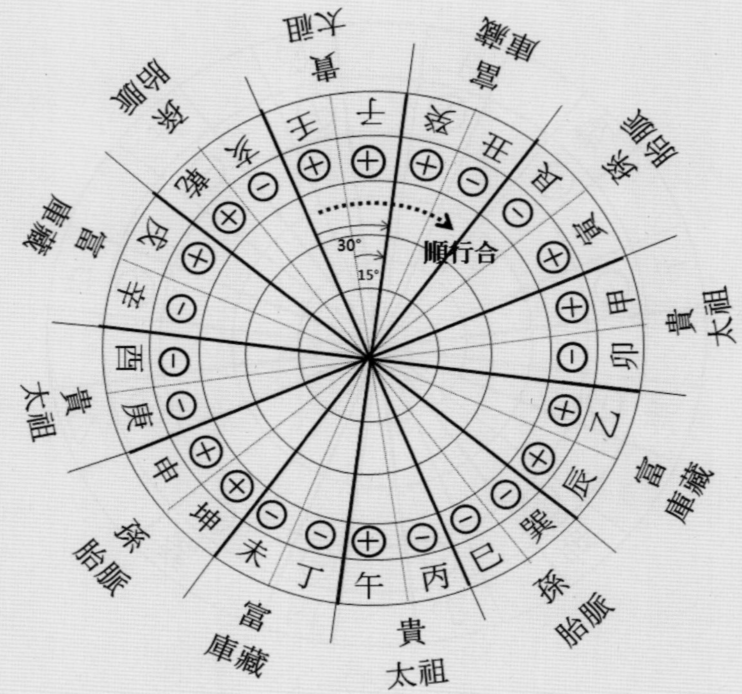

〈그림 2-6〉 配合龍 12方位 公式圖(第 四線)

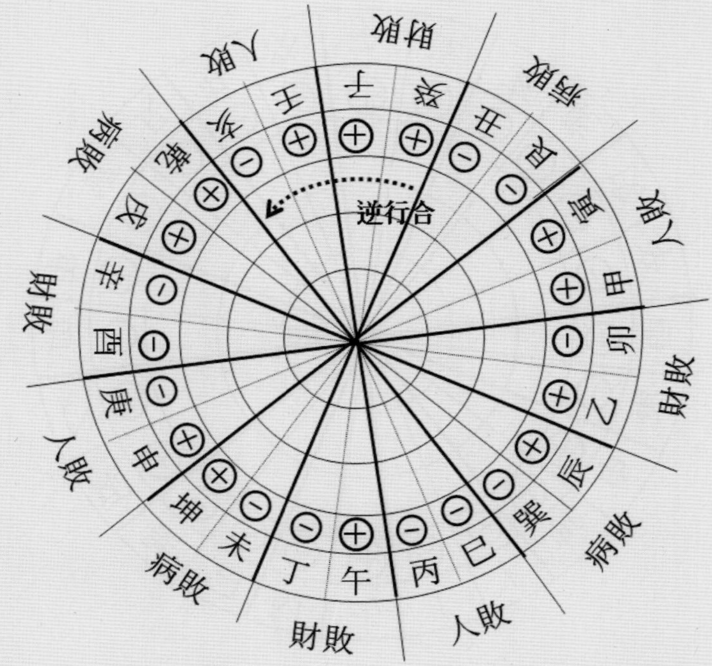

〈그림 2-7〉 不配合 二字無記龍 12方位 公式圖

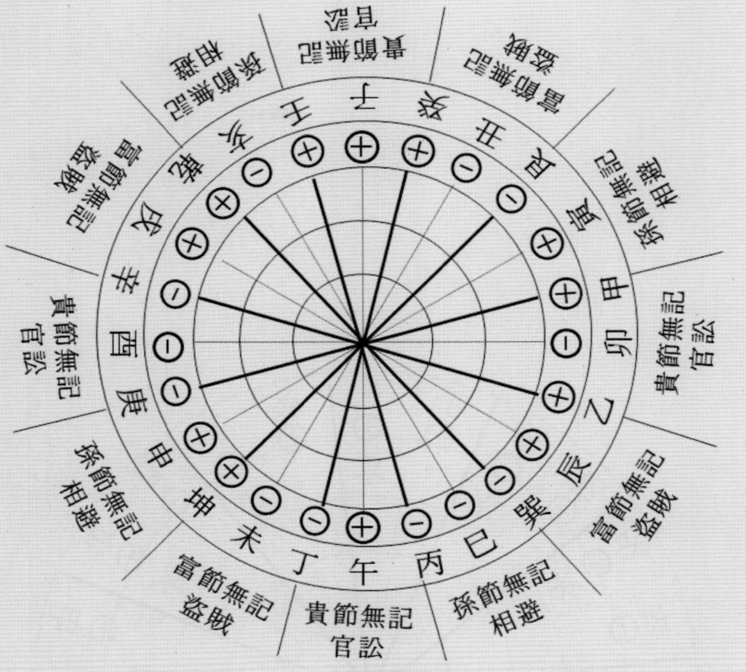

〈그림 2-8〉 配合 三字無記龍 12方位 公式圖

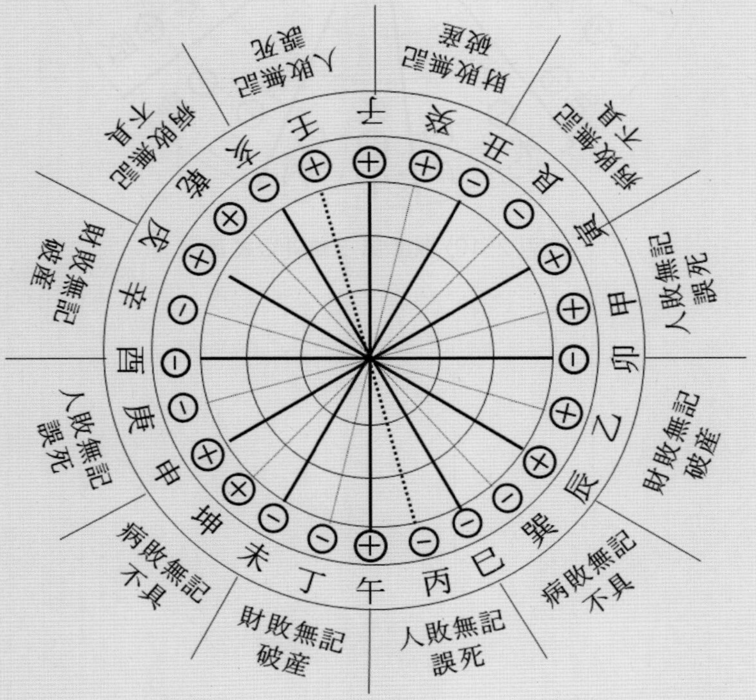

〈그림 2-9〉 不配合 三字無記龍 12方位 公式圖

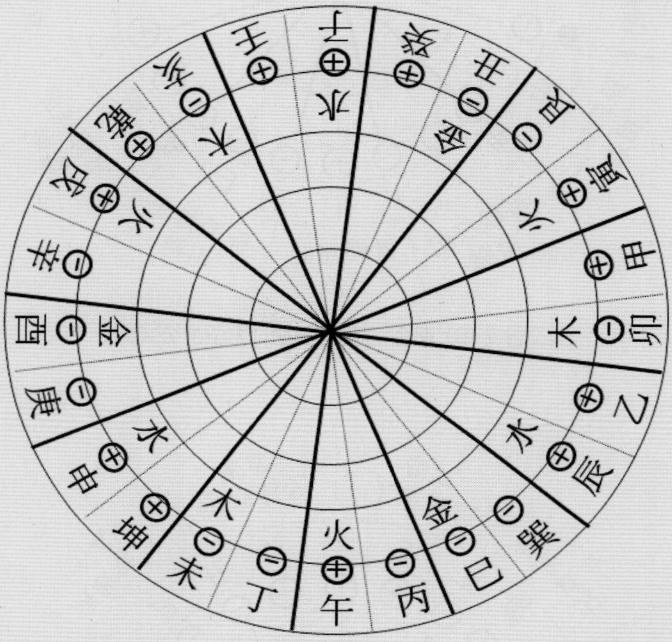

〈그림 2-10〉 佩鐵 第 三線의 公式 應用

①
入首
八曜風
貴
乾亥
壬子
孫
壙
中
②
八曜風
貴
巽巳
丙午
孫
壙
中
③
八曜風
貴
艮寅
甲卯
孫
壙
中
④
貴
八曜風
庚酉
坤申
孫
壙
中

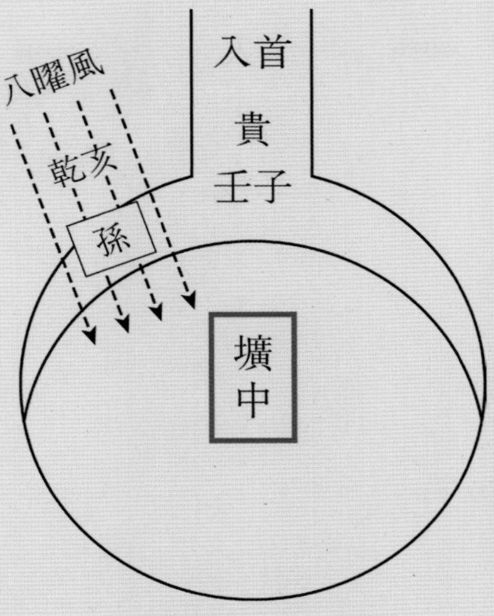

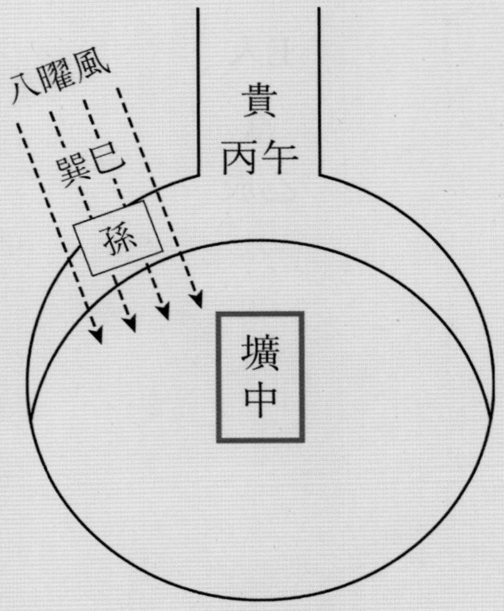

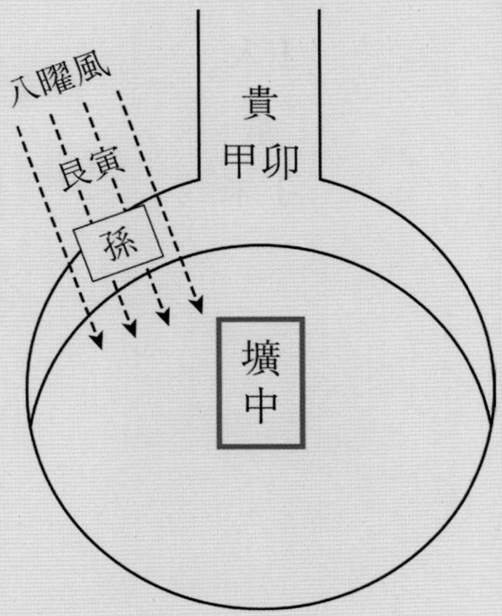

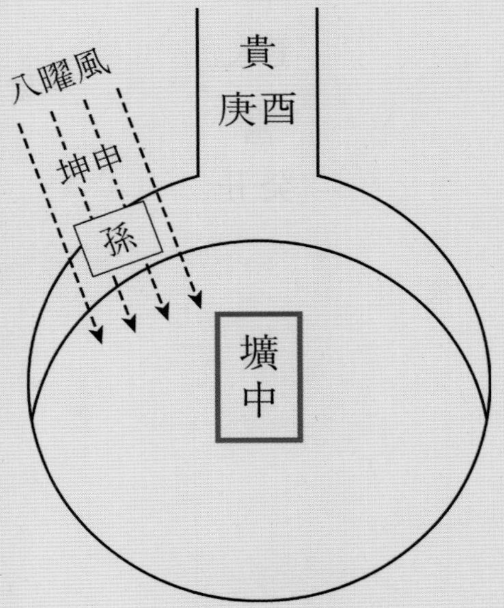

⑤

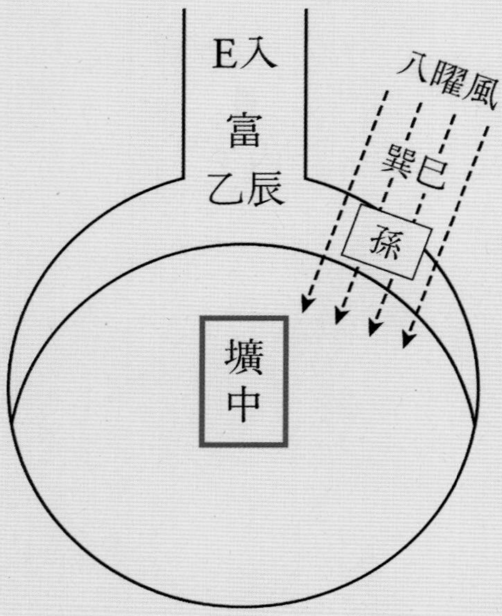
E入
富
乙辰
八曜風
巽巳
孫
壙中

⑥

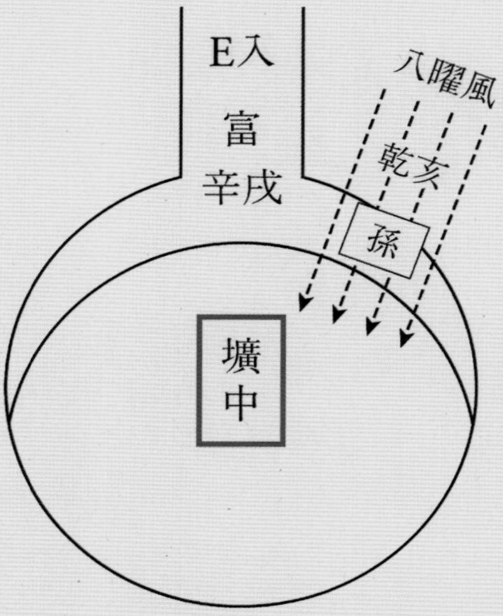
E入
富
辛戌
八曜風
乾亥
孫
壙中

⑦

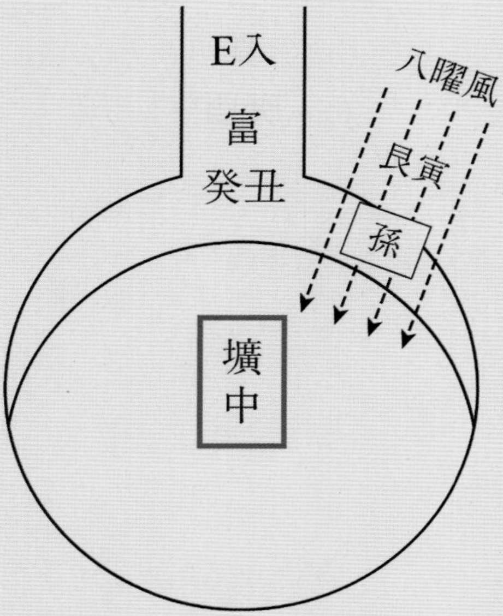
E入
富
癸丑
八曜風
艮寅
孫
壙中

⑧

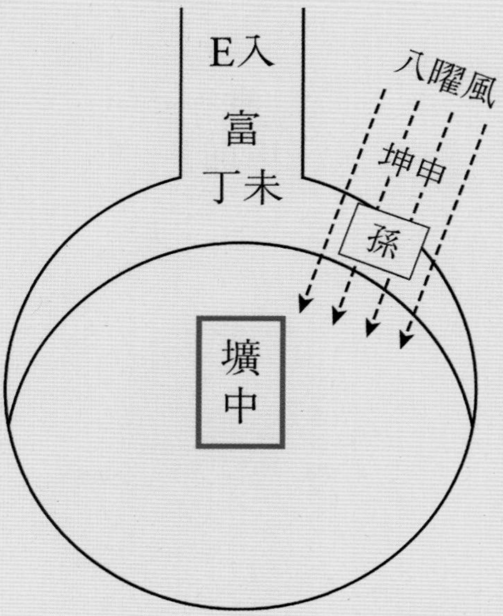
E入
富
丁未
八曜風
坤申
孫
壙中

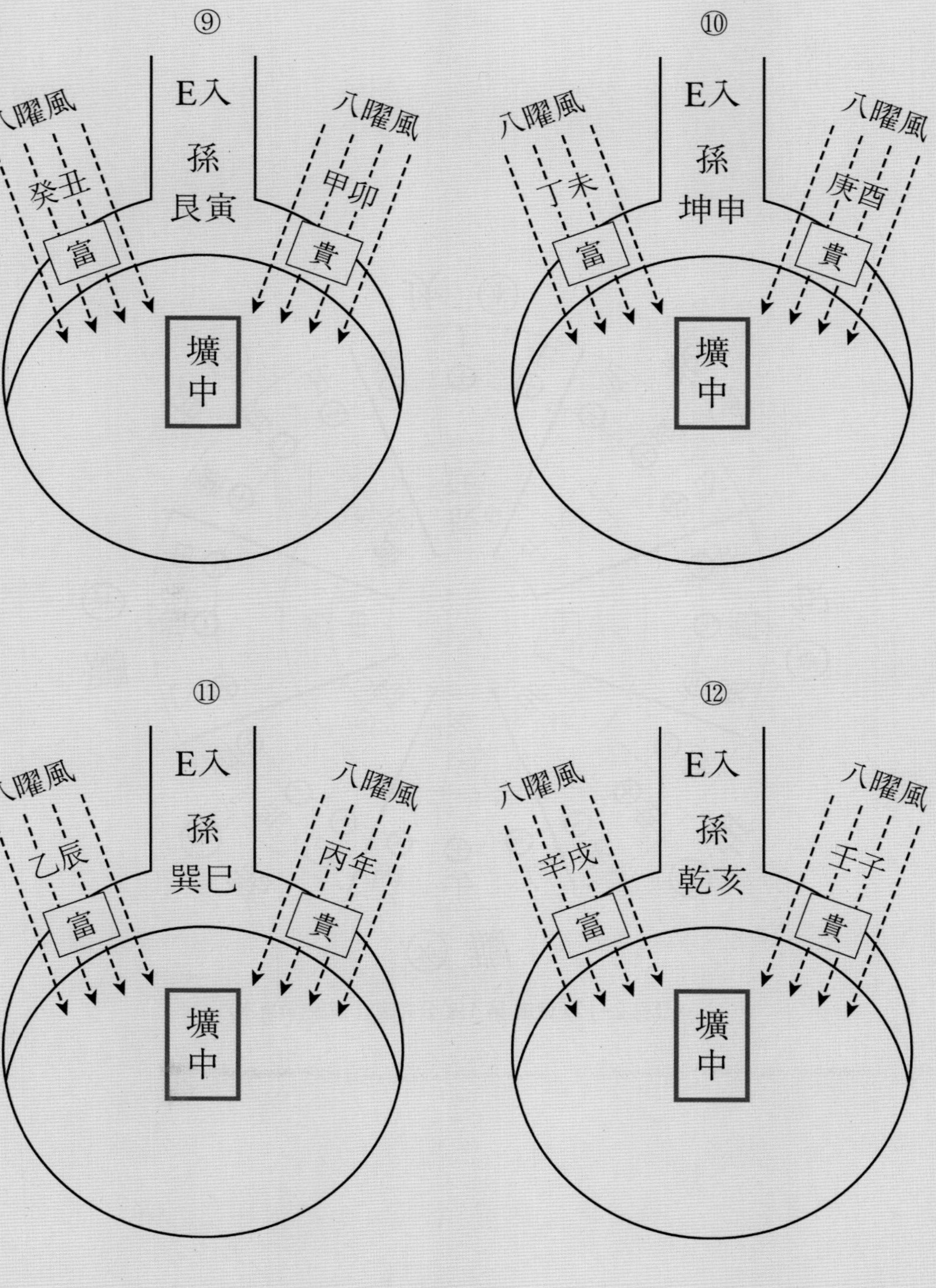

〈그림 2-11〉 佩鐵 第 2線 八曜風 公式圖

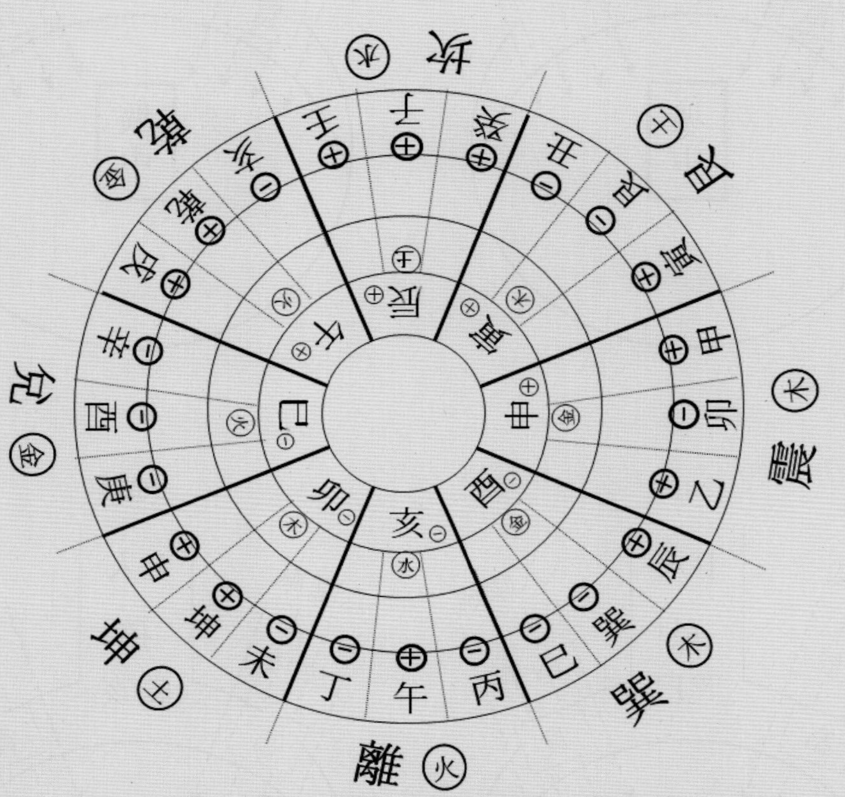

〈그림 2-12〉 佩鐵 第 1線 公式圖와 解說(黃泉水)

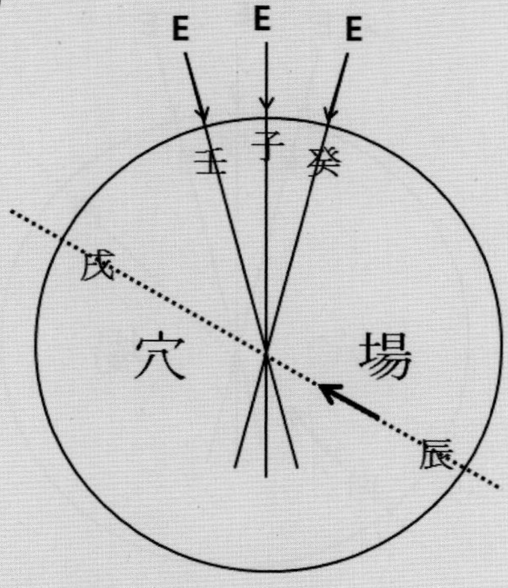
①
E
E
E
壬
子
癸
戌
穴
場
辰

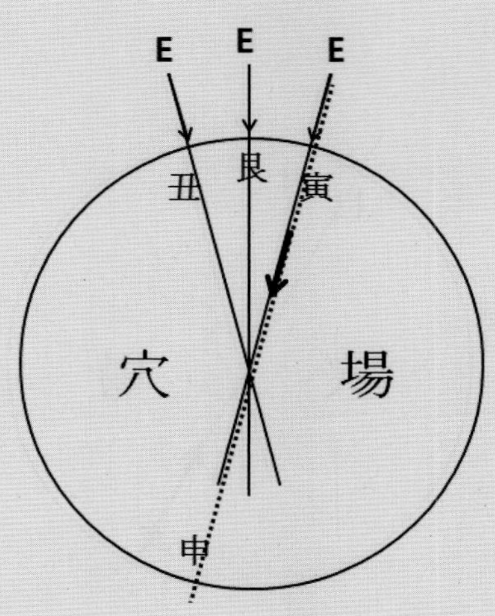
②
E
E
E
丑
艮
寅
穴
場
申

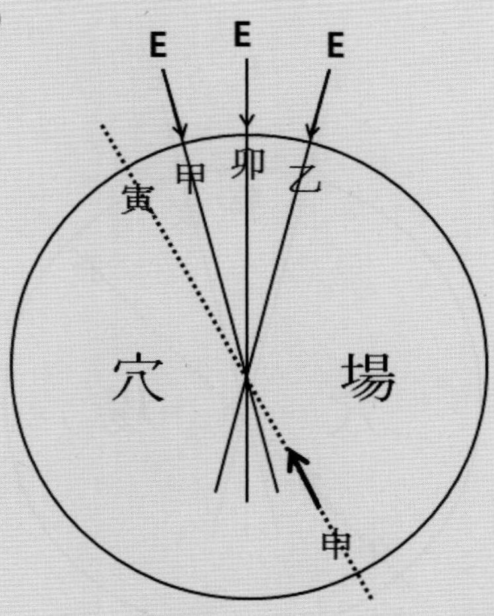
③
E
E
E
寅
甲
卯
乙
穴
場
申

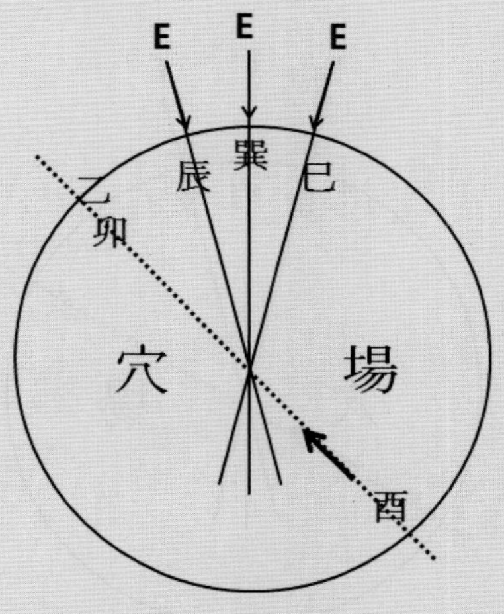
④
E
E
E
辰
巽
巳
乙
卯
穴
場
酉

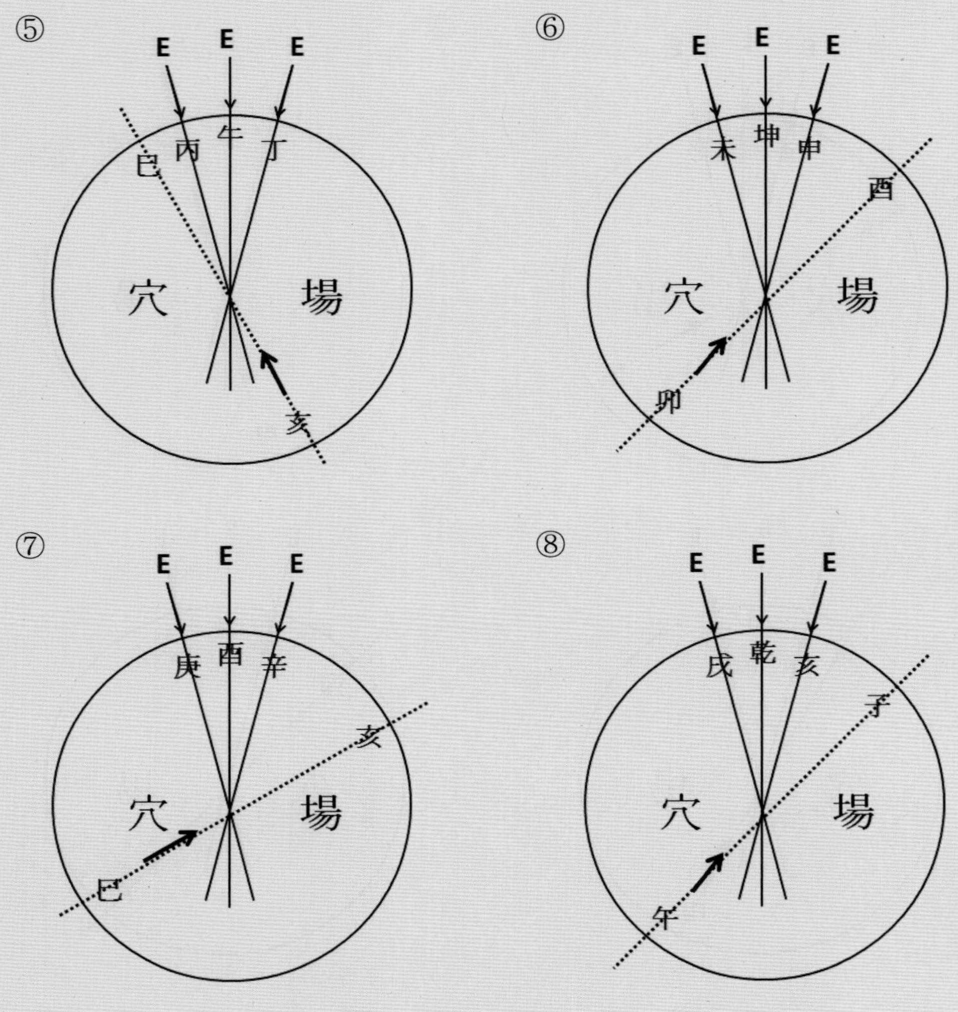

〈그림 2-13〉 佩鐵 第 1線 公式圖와 解說(黃泉水)=(黃泉殺水)

第2章 山脈論

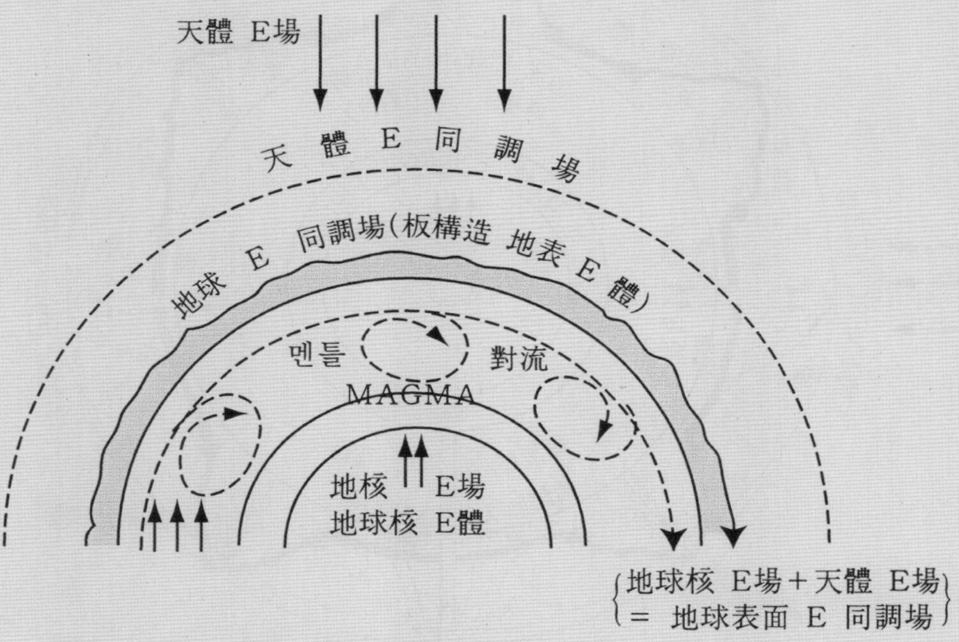

〈그림 2-14〉 地球表面의 板構造 Energy體 形成原理

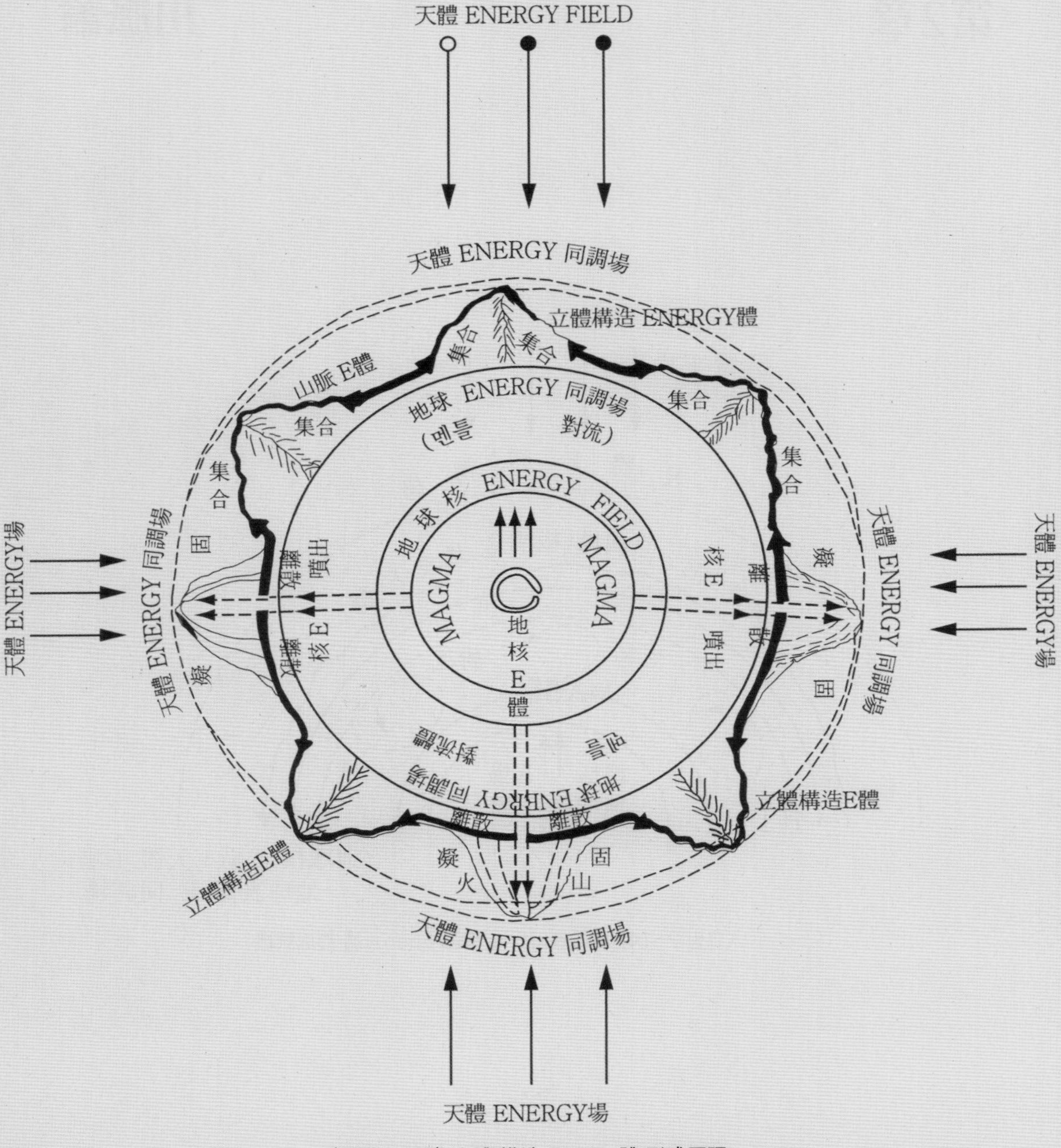

〈그림 2-15〉 立體 構造 Energy體 形成原理

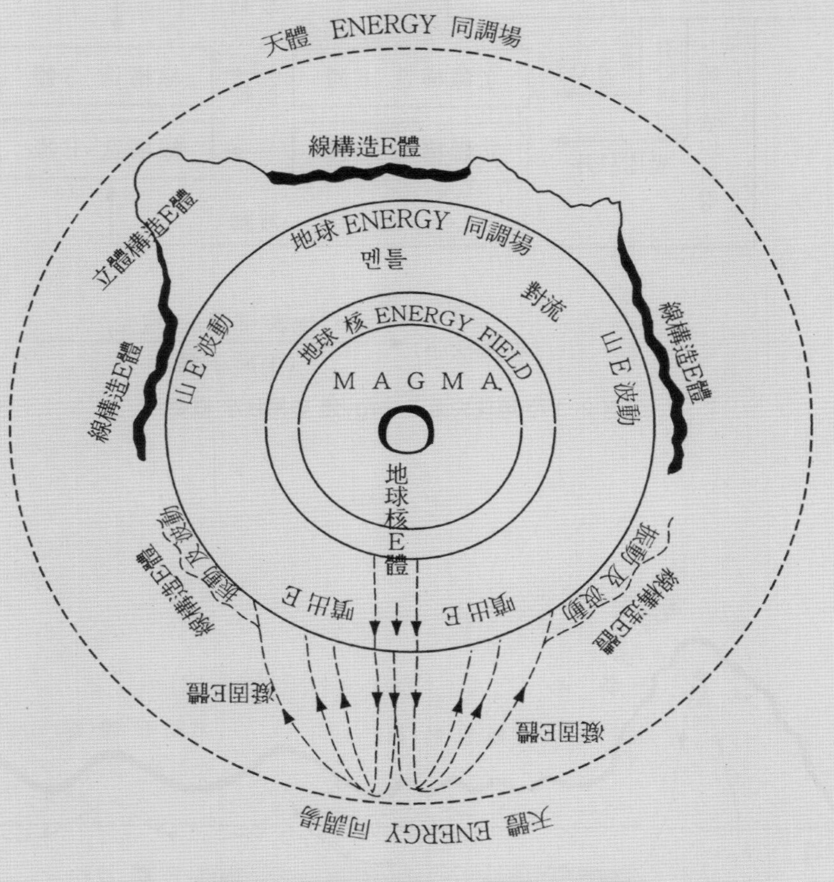

〈그림 2-16〉 線 構造 Energy體 形成原理圖

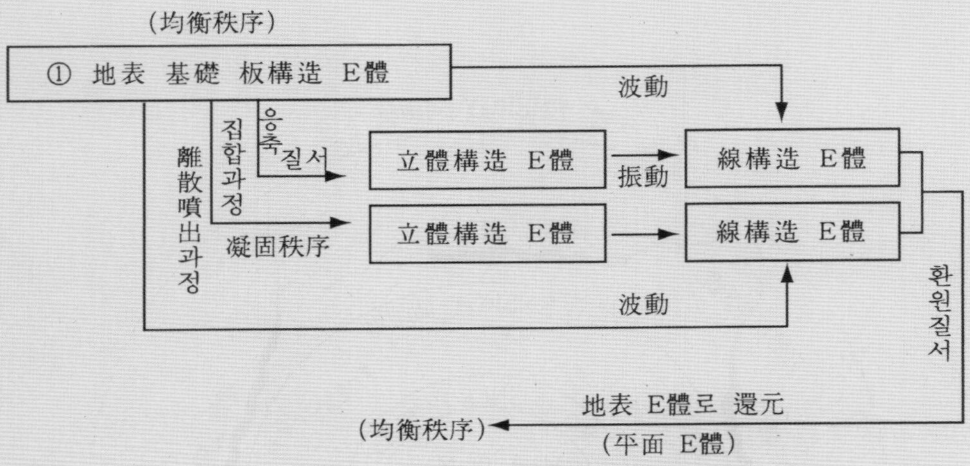

〈그림 2-17〉 地球表面 Energy體 變易秩序 概要

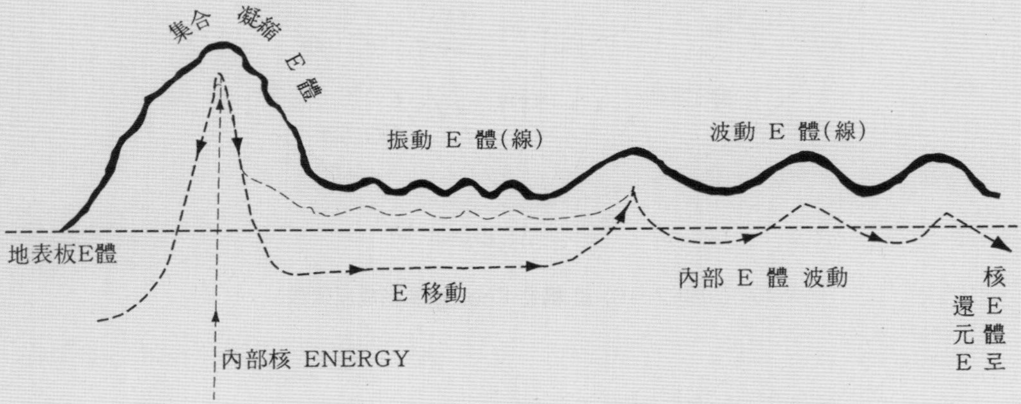

〈그림 2-18〉 Energy 移動原理와 振動 및 波動 Energy體

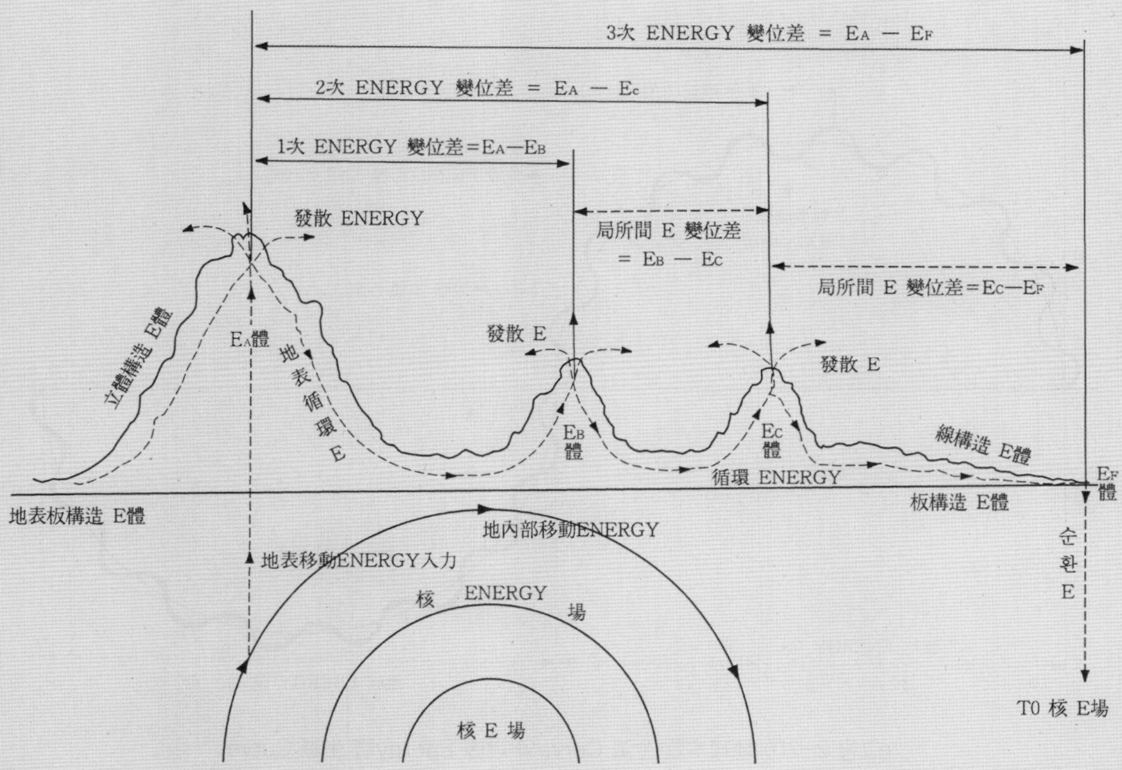

〈그림 2-19〉 Energy의 循環과 發散

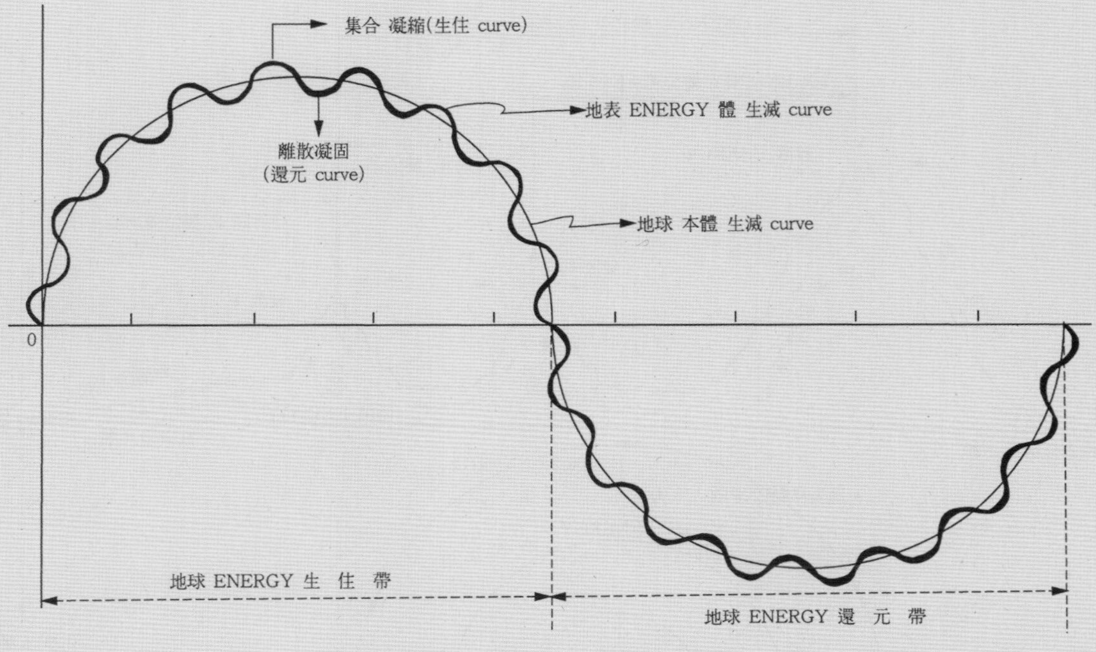

〈그림 2-20〉 地球本體 生滅 Curve와 地表 Energy體 生滅 Curve

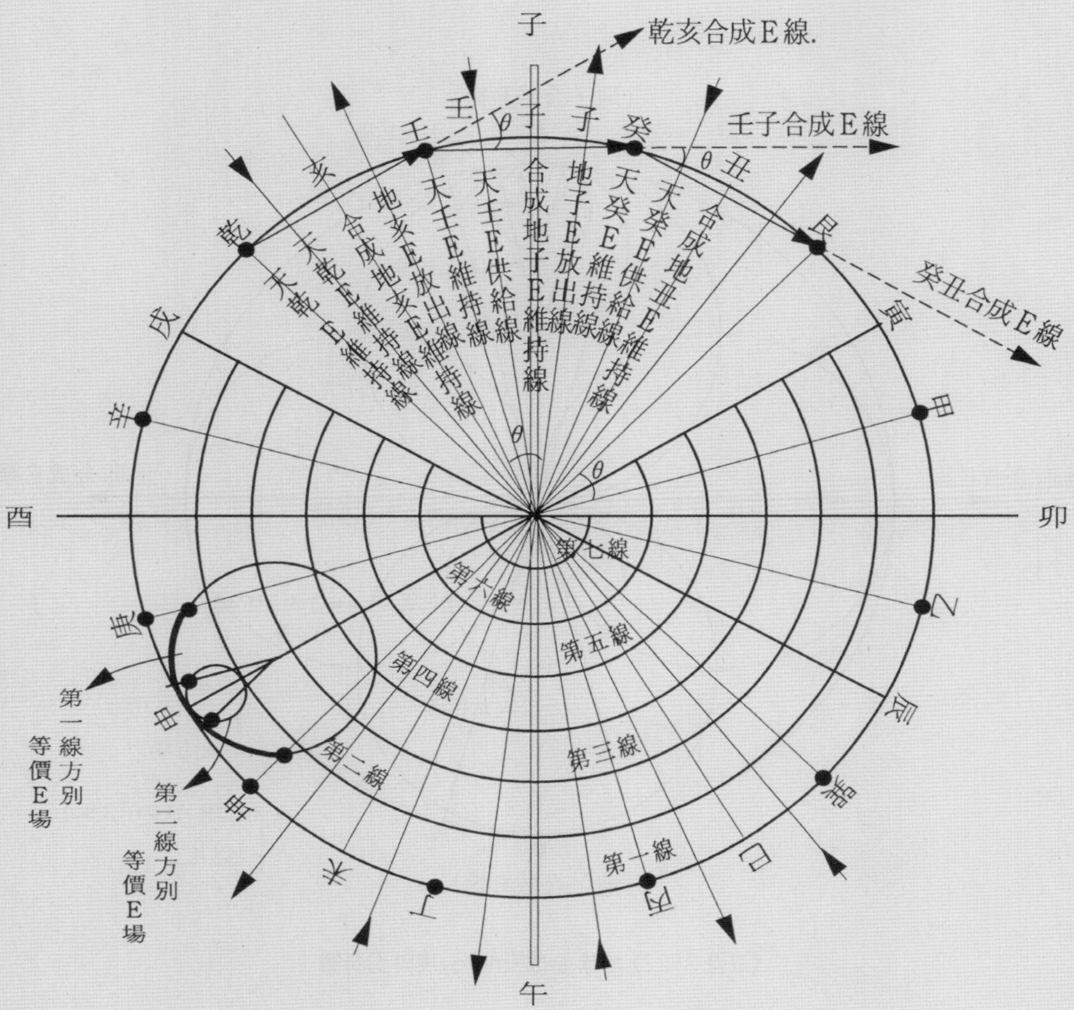

〈그림 2-21〉 地球 Energy場과 天體 Energy場 合成圖

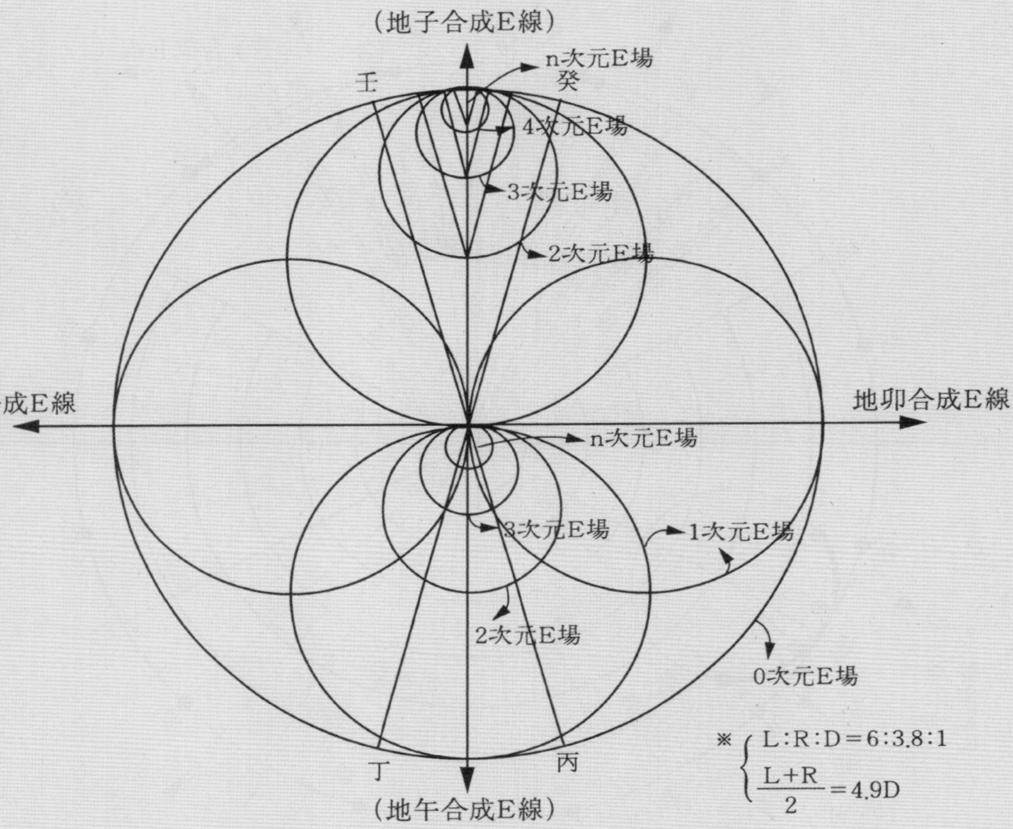
(地子合成E線)
n次元E場
壬
癸
4次元E場
3次元E場
2次元E場
地酉合成E線
地卯合成E線
n次元E場
3次元E場
1次元E場
2次元E場
0次元E場
丁
丙
(地午合成E線)
※ L:R:D = 6:3.8:1
$\frac{L+R}{2}$ = 4.9D

〈그림 2-22〉 地球 合成 Energy場의 分析圖

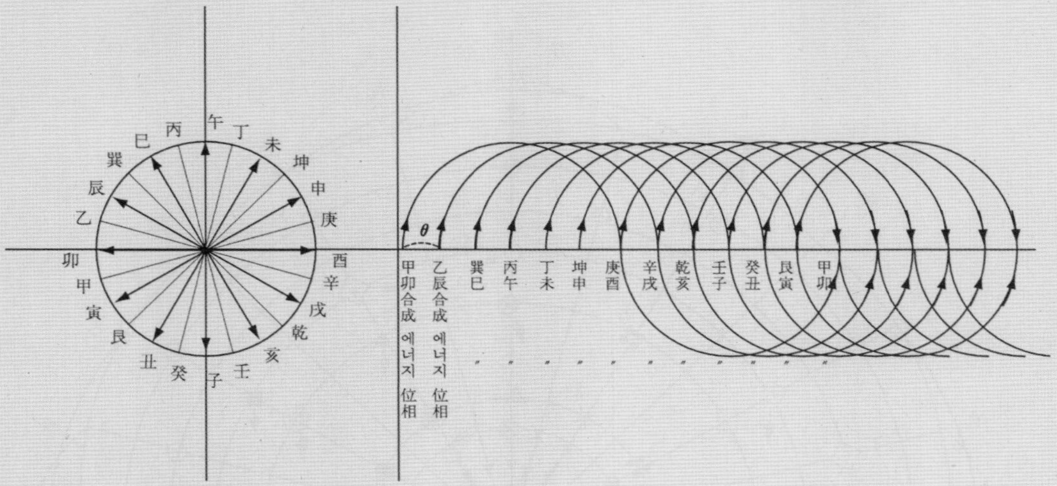

〈그림 2-23〉 地球合成 Energy와 方位別 Energy 位相

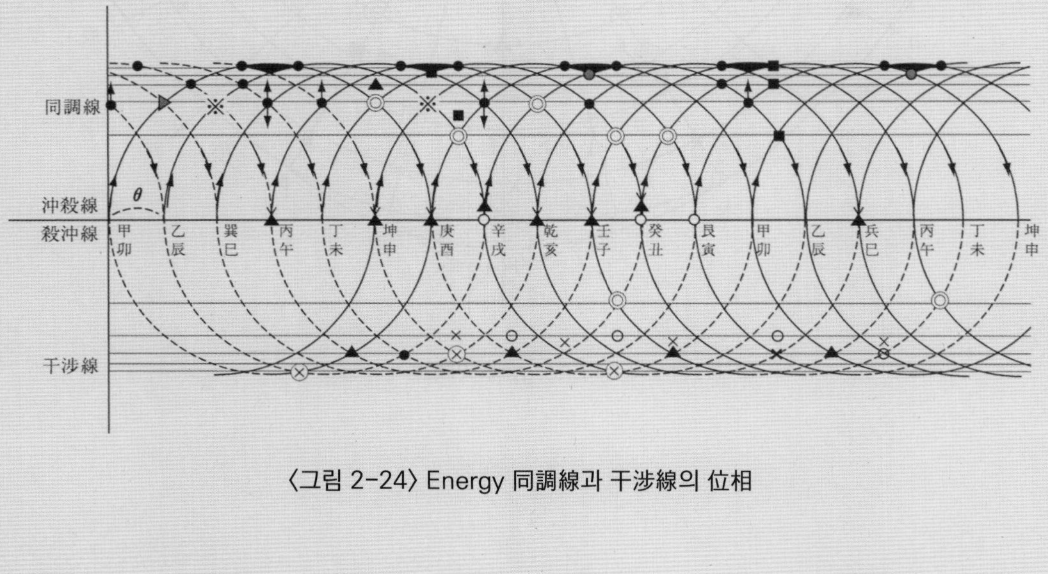

〈그림 2-24〉 Energy 同調線과 干涉線의 位相

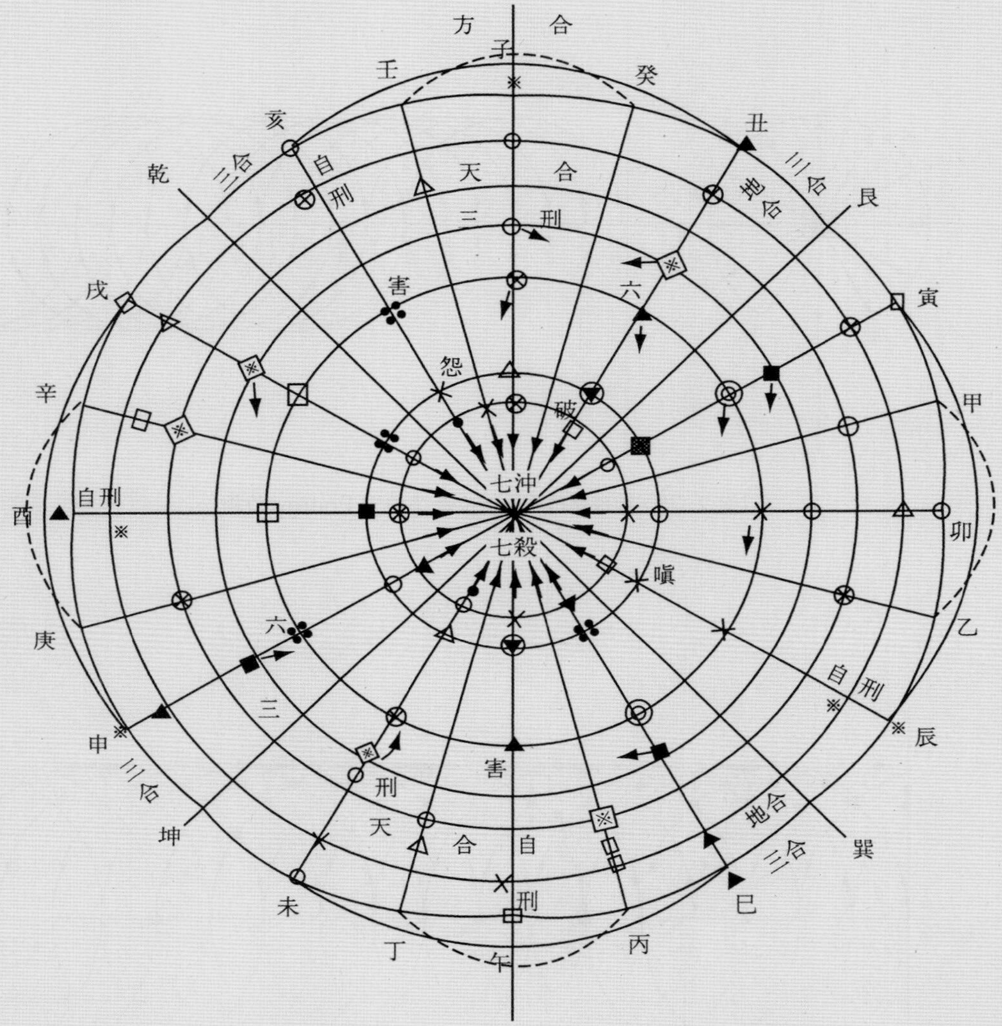

〈그림 2-25〉 Energy의 同調線과 干涉線

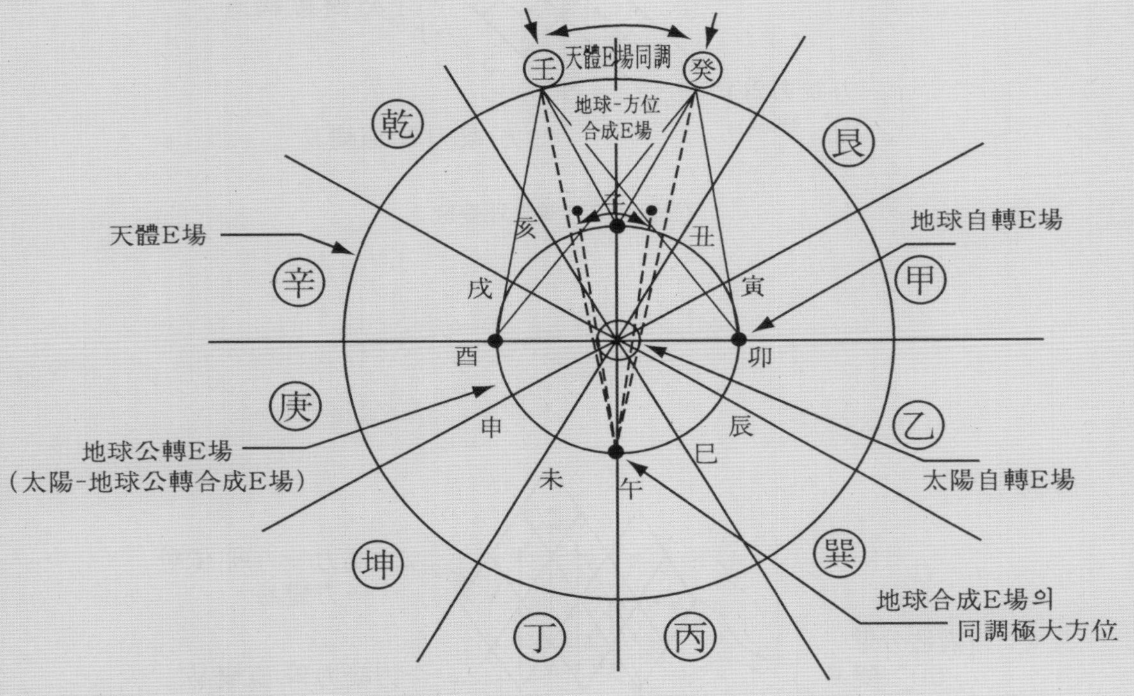

〈그림 2-26〉 合成 Energy場의 形成圖

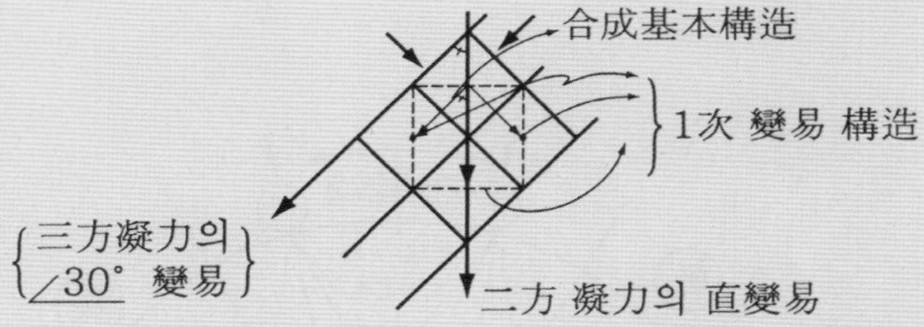

〈그림 2-27〉 聚氣와 變易

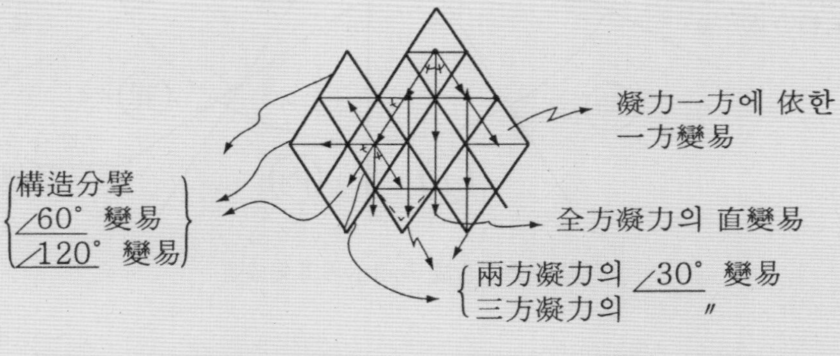

〈그림 2-28〉 山의 形成原理와 그 變易秩序

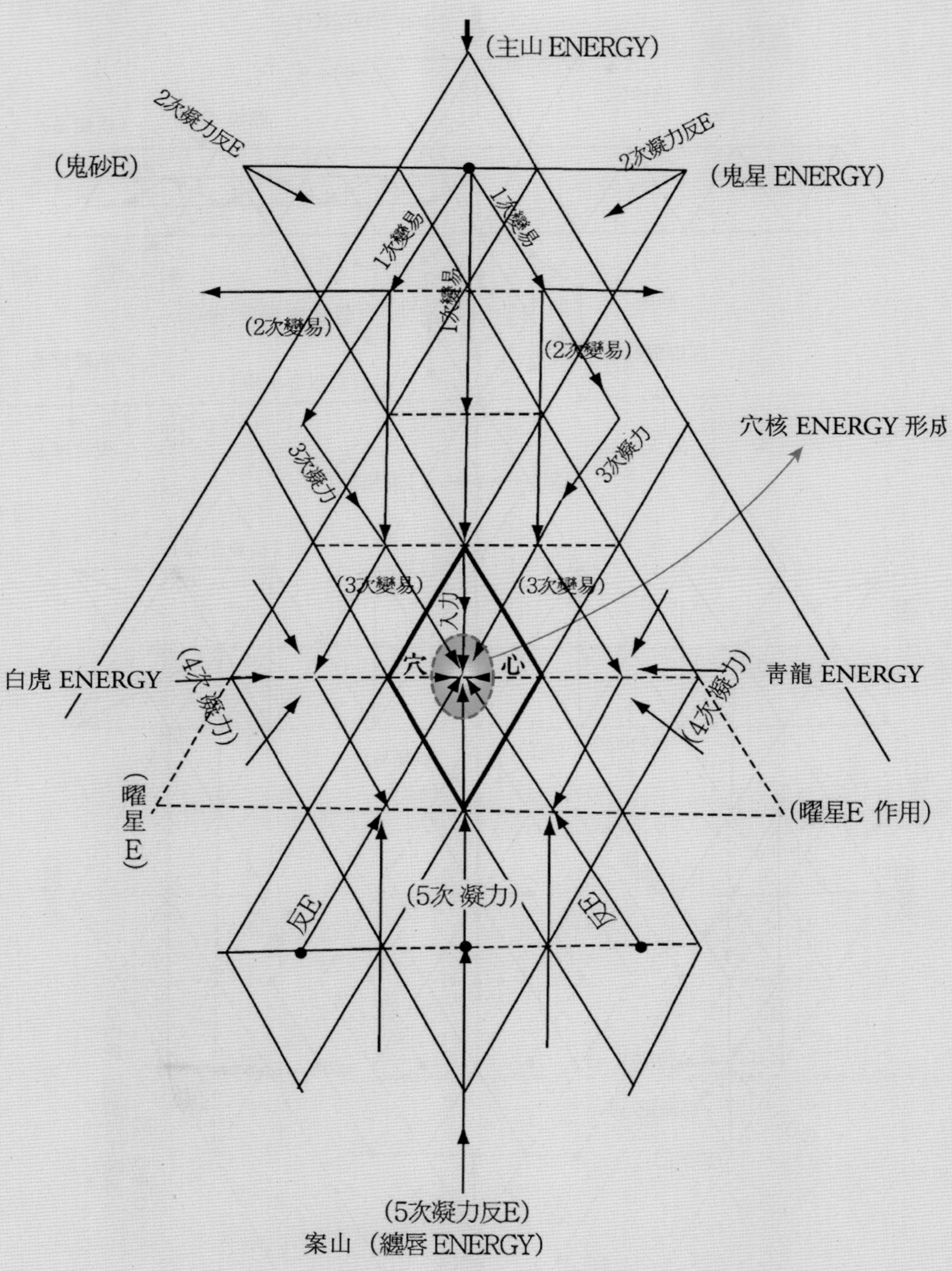

(主山 ENERGY)
2次凝力反E
2次凝力反E
(鬼砂E)
(鬼星 ENERGY)
1次變易
1次變易
1次變易
(2次變易)
(2次變易)
穴核 ENERGY 形成
3次凝力
3次凝力
(3次變易)
(3次變易)
入力
穴
心
白虎 ENERGY
(4次凝力)
青龍 ENERGY
(4次凝力)
(曜星E)
(曜星E 作用)
反E
(5次 凝力)
反E
(5次凝力反E)
案山 (纏唇 ENERGY)

〈그림 2-29〉 合成構造의 三次變易

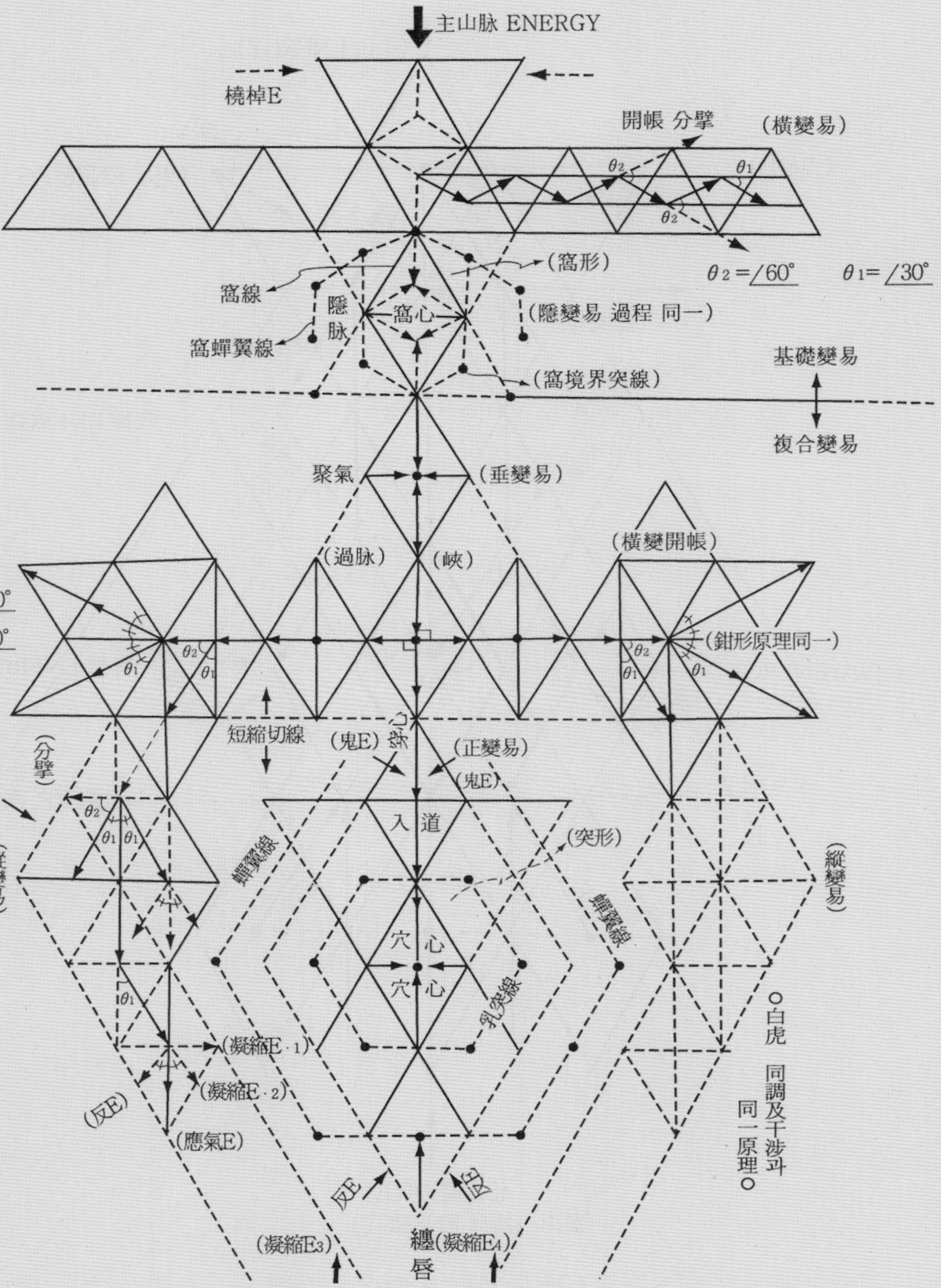

〈그림 2-30〉 山의 變易과 山穴 構造形態

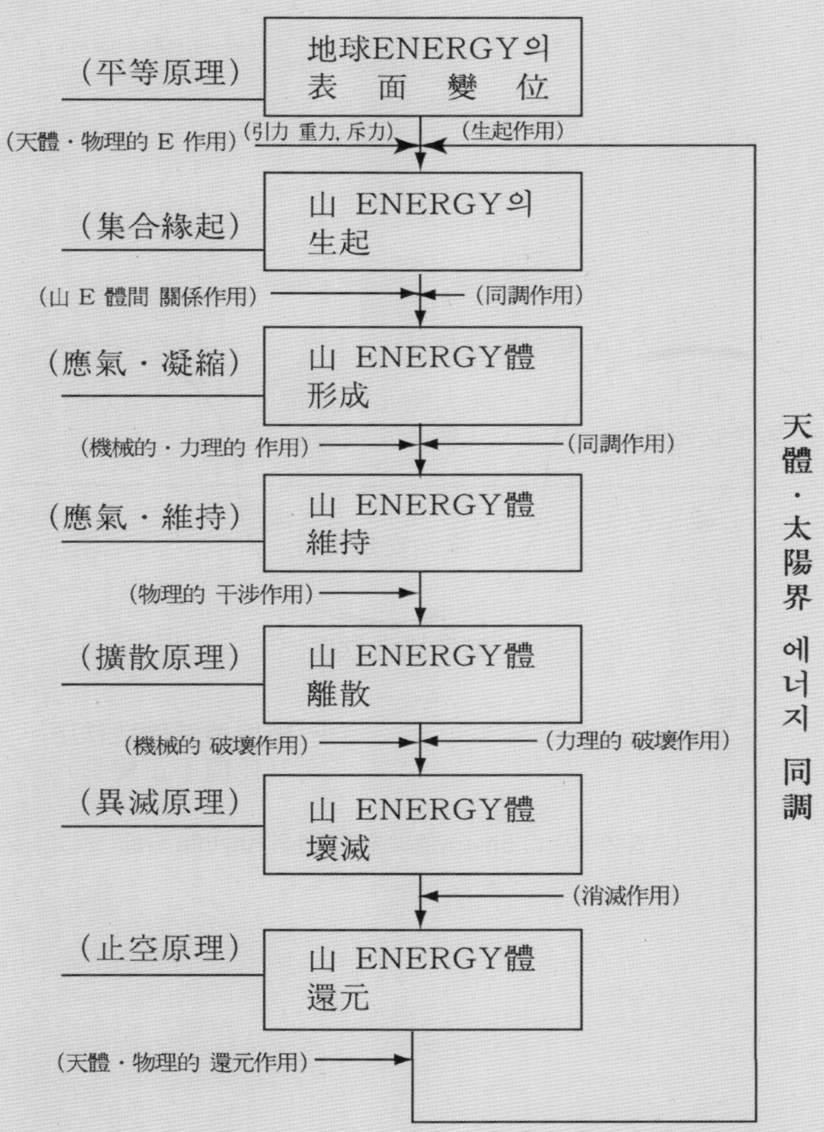

〈그림 2-31〉 山의 生命 現象에서 본 相互 Energy 關係作用

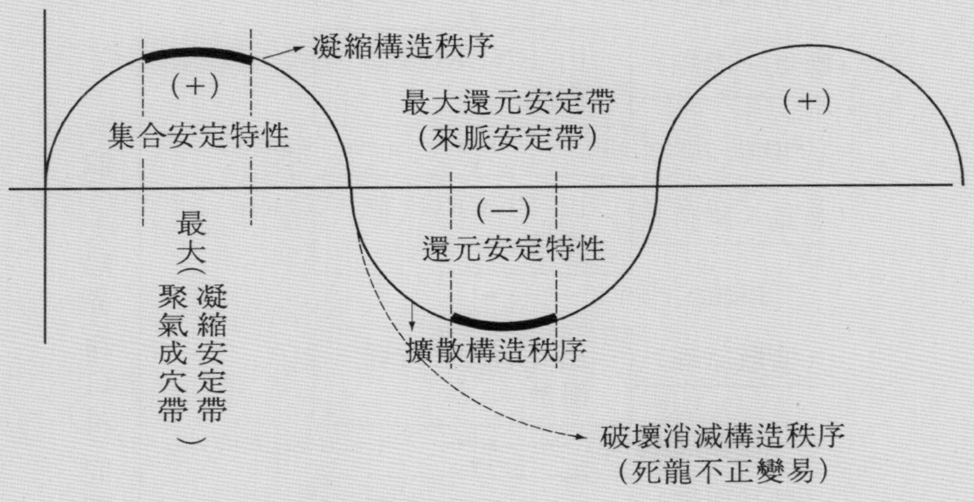

〈그림 2-32〉 山 Energy體의 安定特性의 Rhythm 分析

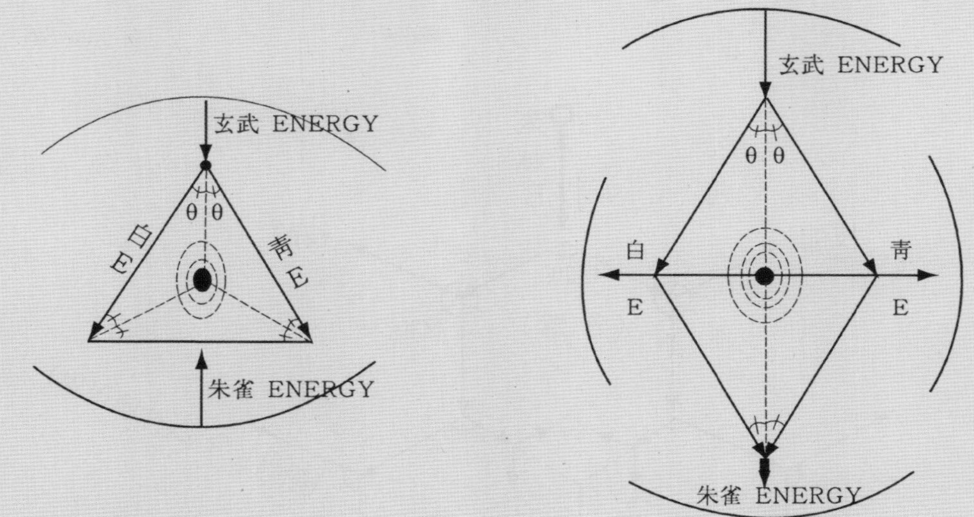

〈그림 2-33〉 Positive Energy 安定構造(基礎 安定構造 및 變易 安定構造)

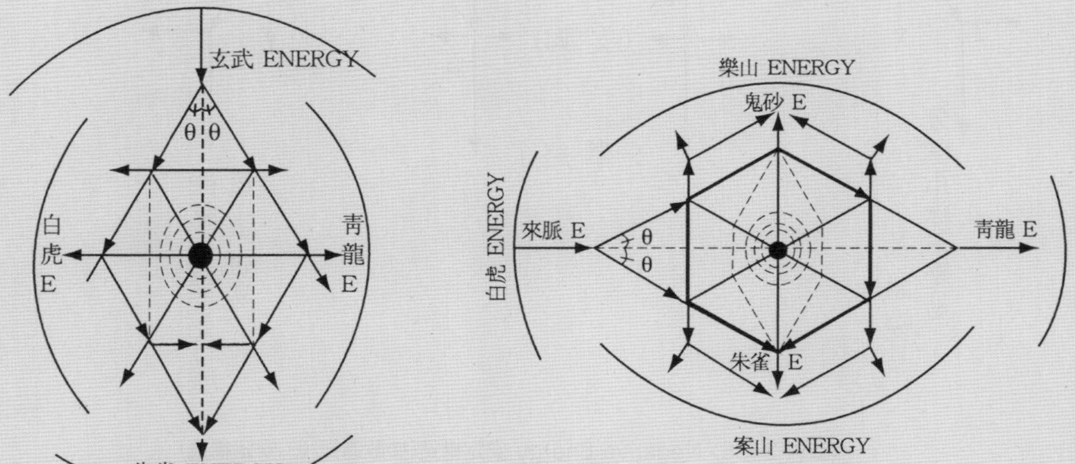

〈그림 2-34〉 Positive Energy 安定構造(複合 安定構造)

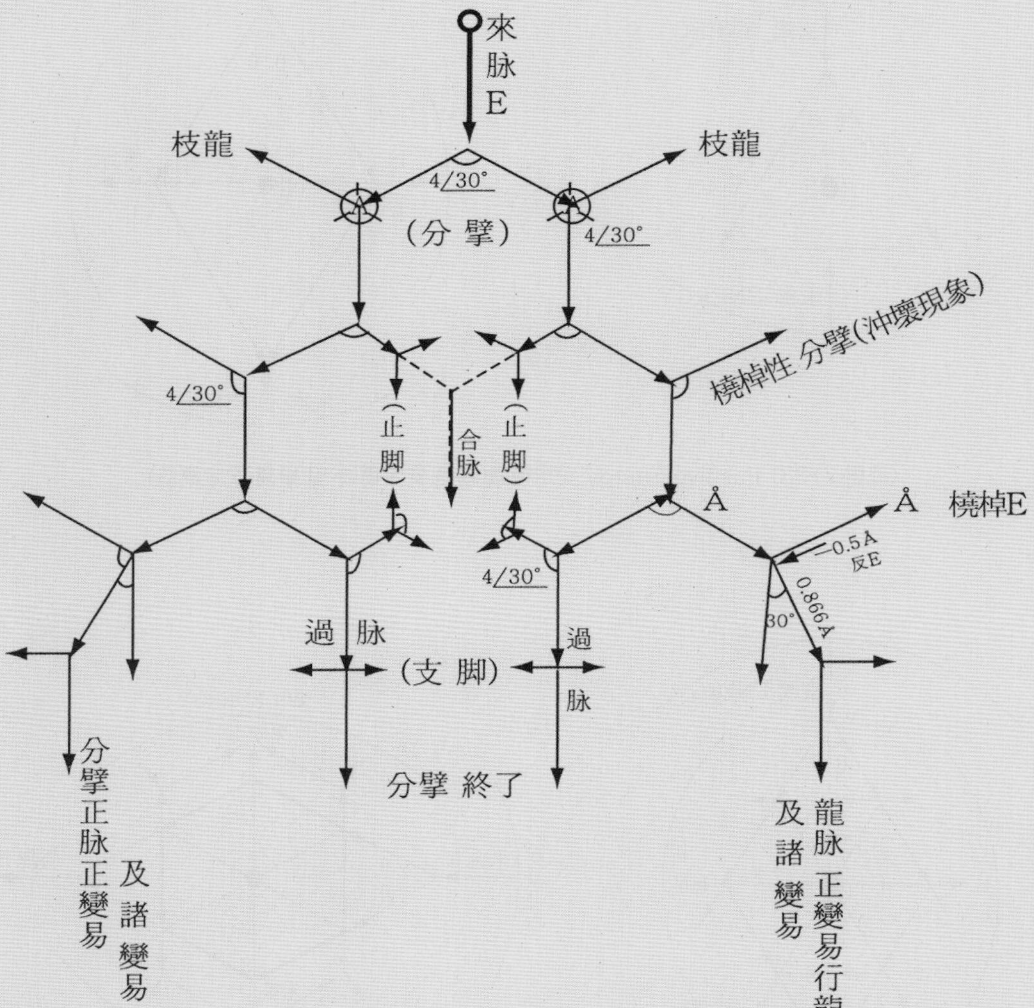

〈그림 2-35〉 Negative Energy 安定構造(擴散還元 ⊖ 安定構造)

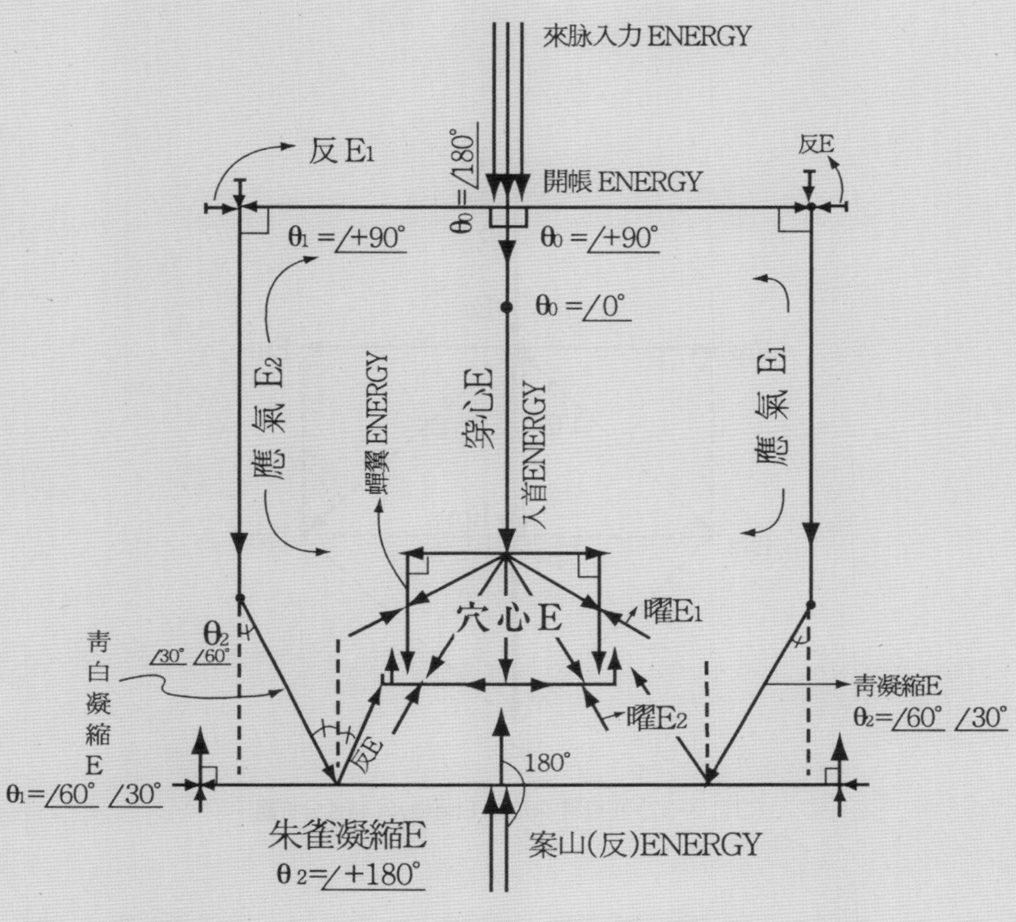

〈그림 2-36〉 正變易 Energy 變易圖

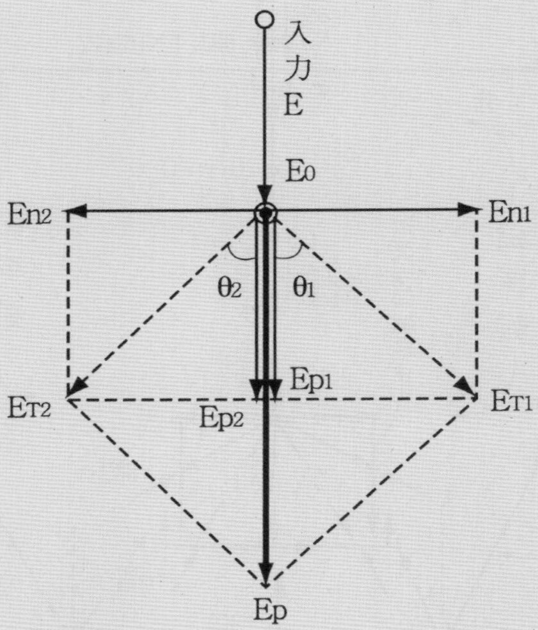

〈그림 2-37〉 正變易 來龍脈 Energy의 特性分析圖

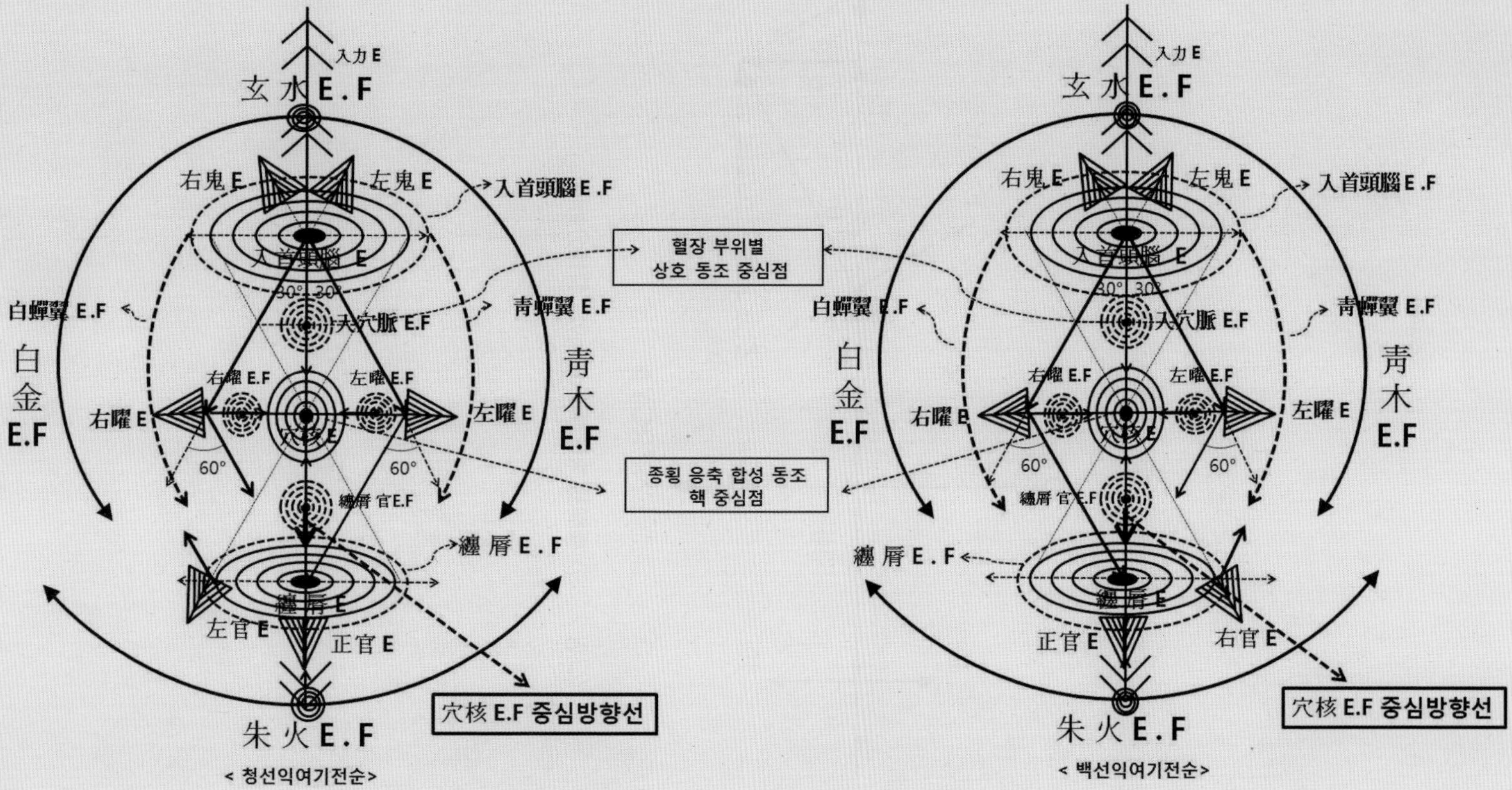

〈그림 2-193〉 垂變易, 縱變易, 隱變易 穴核 Energy場 Circuit 구조, 鉗穴 구조

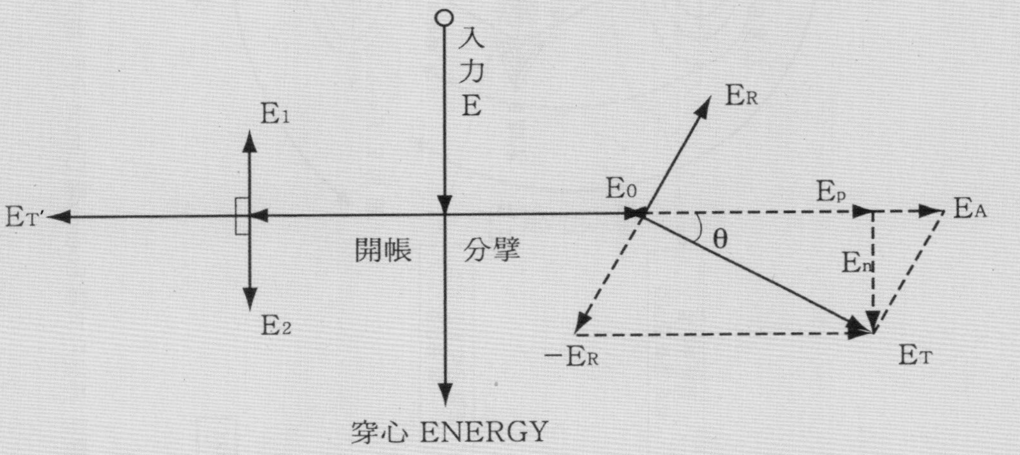

〈그림 2-39〉 橫變易 來龍脈 Energy의 特性分析圖

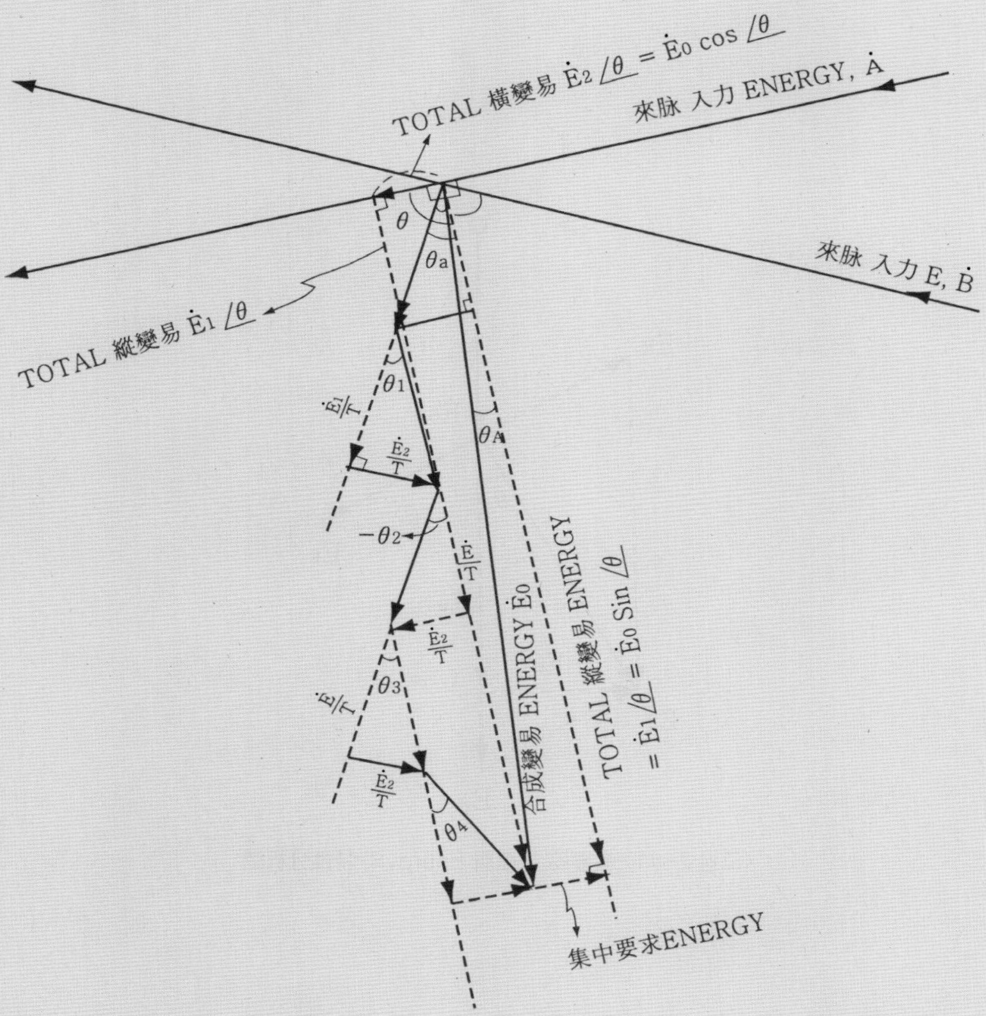

〈그림 2-40〉 縱變易 Energy 變易解說圖

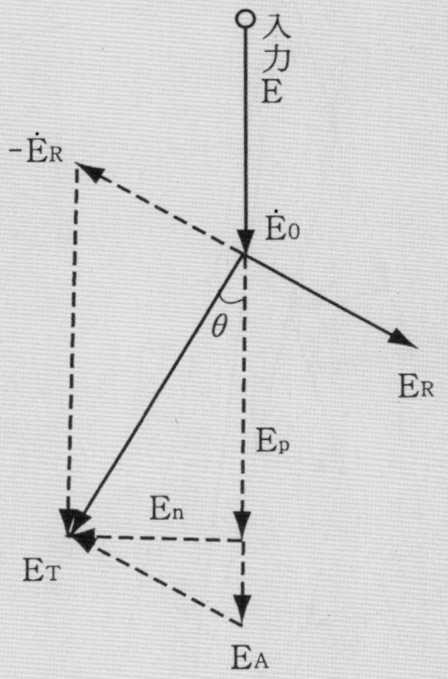

〈그림 2-41〉 縱變易 來龍脈 Energy의 特性分析圖

垂变易 A Type

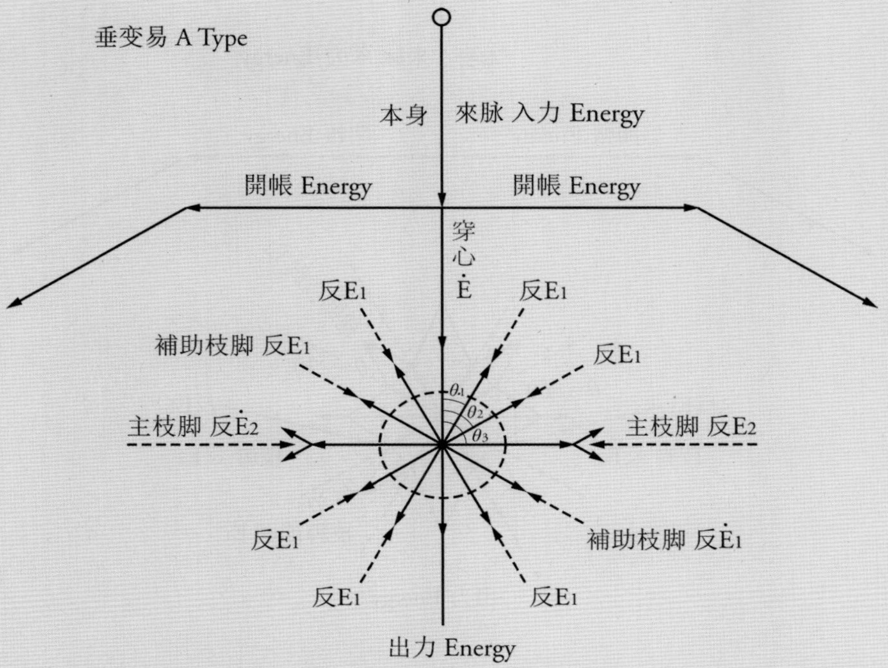
本身
來脉 入力 Energy
開帳 Energy
開帳 Energy
穿心 Ė
反E1
反E1
補助枝脚 反E1
反E1
主枝脚 反Ė2
主枝脚 反E2
反E1
補助枝脚 反Ė1
反E1
反E1
出力 Energy

垂变易 B Type

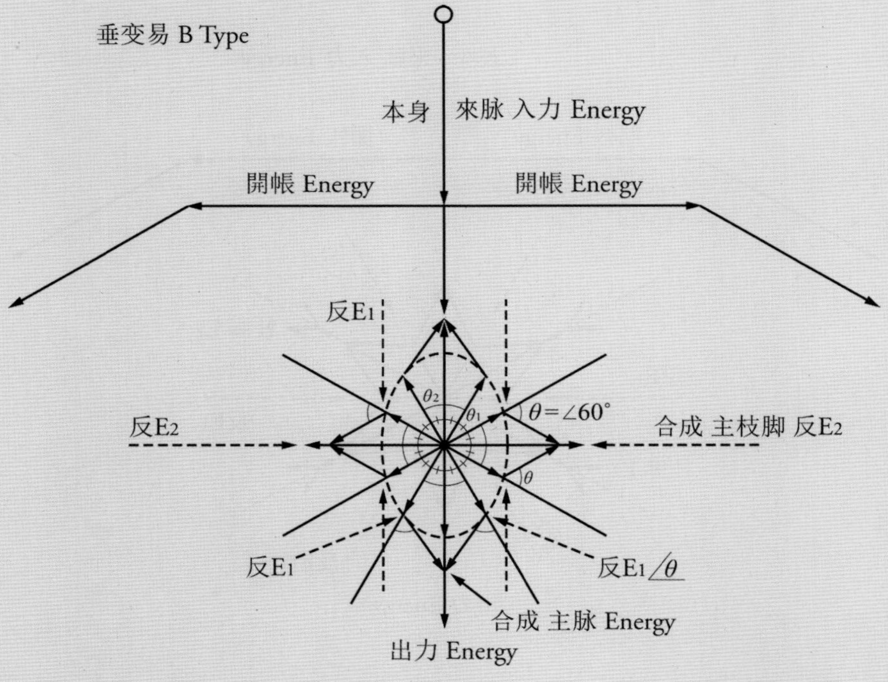
本身
來脉 入力 Energy
開帳 Energy
開帳 Energy
反E1
θ=∠60°
反E2
合成 主枝脚 反E2
θ
反E1
反E1 ∠θ
合成 主脉 Energy
出力 Energy

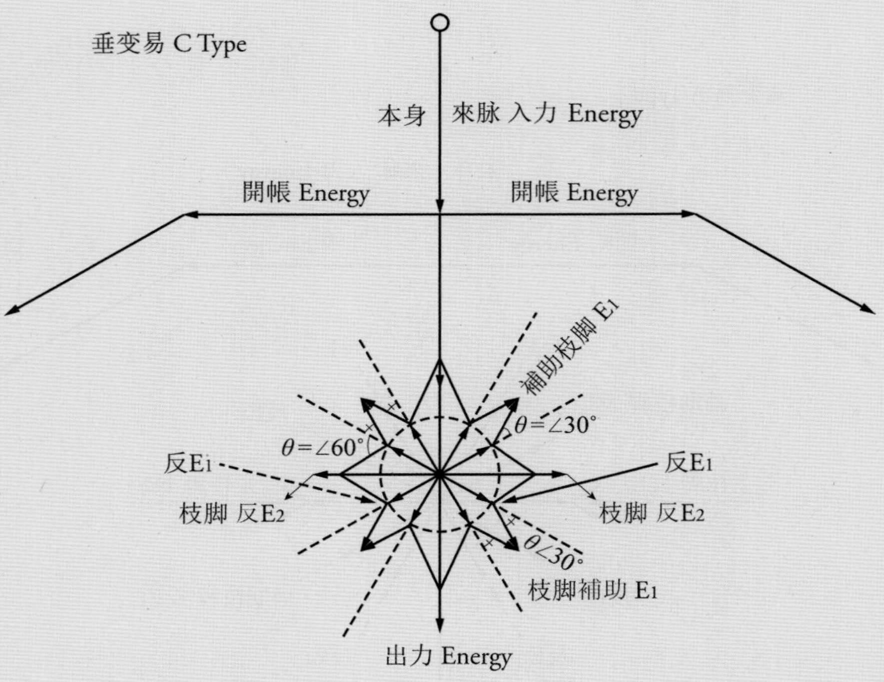

垂変易 C Type
本身
來脉 入力 Energy
開帳 Energy
開帳 Energy
補助枝脚 E1
θ=∠30°
θ=∠60°
反E1
反E1
枝脚 反E2
枝脚 反E2
θ∠30°
枝脚補助 E1
出力 Energy

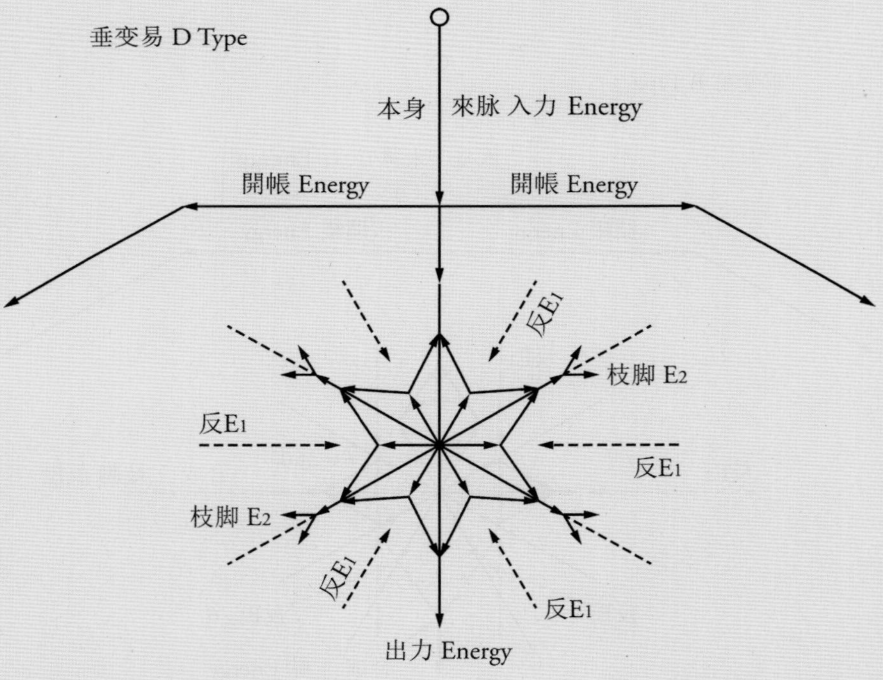

垂変易 D Type
本身
來脉 入力 Energy
開帳 Energy
開帳 Energy
反E1
枝脚 E2
反E1
反E1
枝脚 E2
反E1
反E1
出力 Energy

〈그림 2-42〉 垂變易 Energy 變易 解說圖

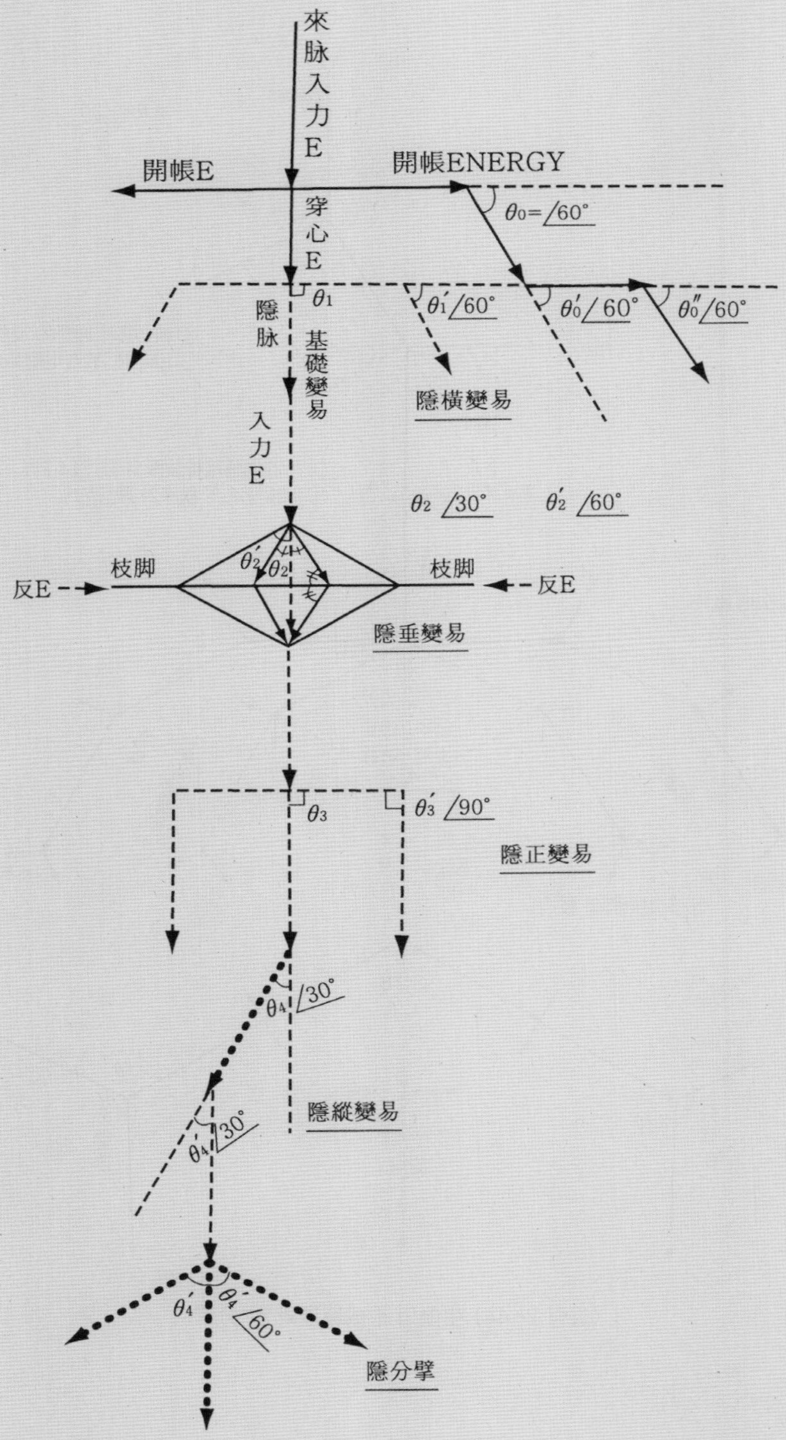

〈그림 2-43〉 隱變易 解說圖

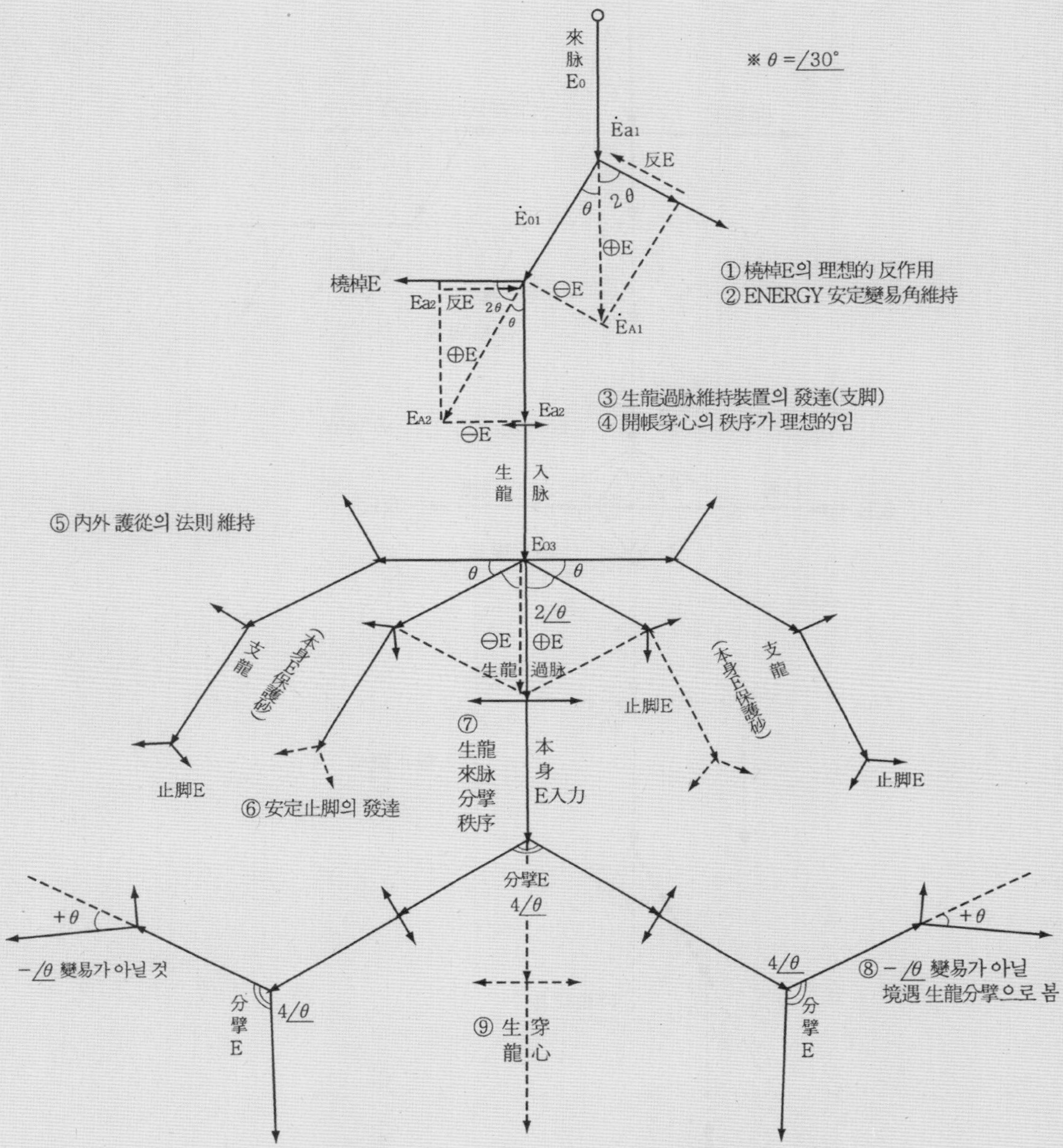
※ θ = ∠30°
來
脈
E0
Ėa1
反E
θ
2θ
Ė01
⊕E
① 橈棹E의 理想的 反作用
② ENERGY 安定變易角維持
橈棹E
Ea2
反E
2θ
θ
⊖E
EA1
⊕E
③ 生龍過脈維持裝置의 發達(支脚)
④ 開帳穿心의 秩序가 理想的임
EA2
Ea2
⊖E
生
龍
入
脈
⑤ 內外 護從의 法則 維持
E03
θ
θ
2∠θ
⊖E
⊕E
生龍
過脈
支
龍
(本身E保護砂)
(本身E保護砂)
支
龍
止脚E
⑦
生龍
來脈
分擘
秩序
本
身
E入力
止脚E
⑥ 安定止脚의 發達
止脚E
分擘E
4∠θ
+θ
+θ
−∠θ 變易가 아닐 것
4∠θ
⑧ −∠θ 變易가 아닐
境遇 生龍分擘으로 봄
分
擘
E
4∠θ
⑨ 生
龍
穿
心
分
擘
E

〈그림 2-44〉 生龍의 形成原理와 그 分擘

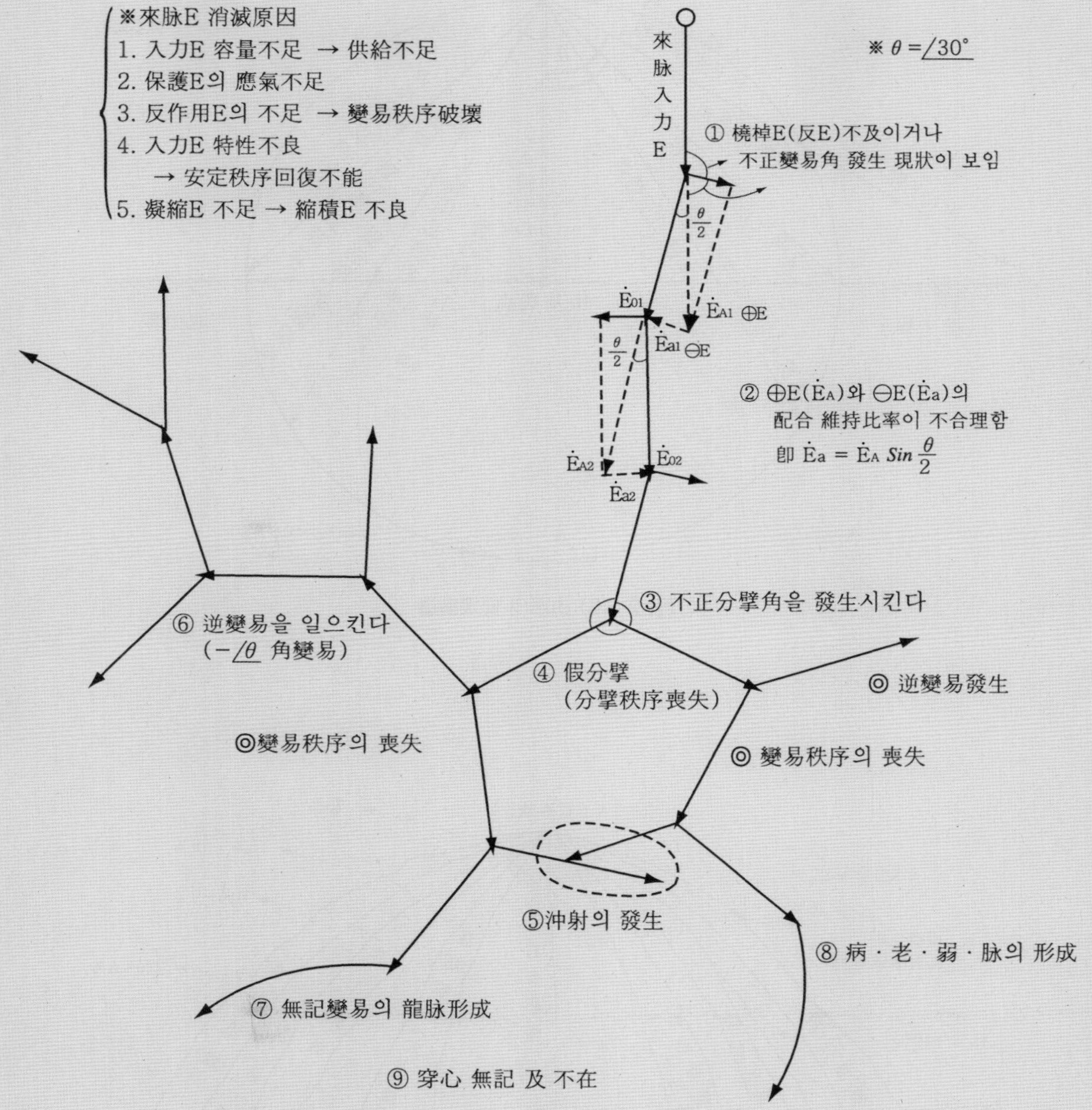
※來脉E 消滅原因
1. 入力E 容量不足 → 供給不足
2. 保護E의 應氣不足
3. 反作用E의 不足 → 變易秩序破壞
4. 入力E 特性不良
→ 安定秩序回復不能
5. 凝縮E 不足 → 縮積E 不良
來脉入力E
※ θ = ∠30°
① 橈棹E(反E)不及이거나
不正變易角 發生 現狀이 보임
θ/2
Ė01
ĖA1 ⊕E
Ėa1 ⊖E
② ⊕E(ĖA)와 ⊖E(Ėa)의
配合 維持比率이 不合理함
卽 Ėa = ĖA Sin θ/2
ĖA2
Ė02
Ėa2
③ 不正分擘角을 發生시킨다
⑥ 逆變易을 일으킨다
(−∠θ 角變易)
④ 假分擘
(分擘秩序喪失)
◎ 逆變易發生
◎變易秩序의 喪失
◎ 變易秩序의 喪失
⑤沖射의 發生
⑧ 病 · 老 · 弱 · 脉의 形成
⑦ 無記變易의 龍脉形成
⑨ 穿心 無記 及 不在

〈그림 2-45〉 死龍의 形成原理 와 그 分擘

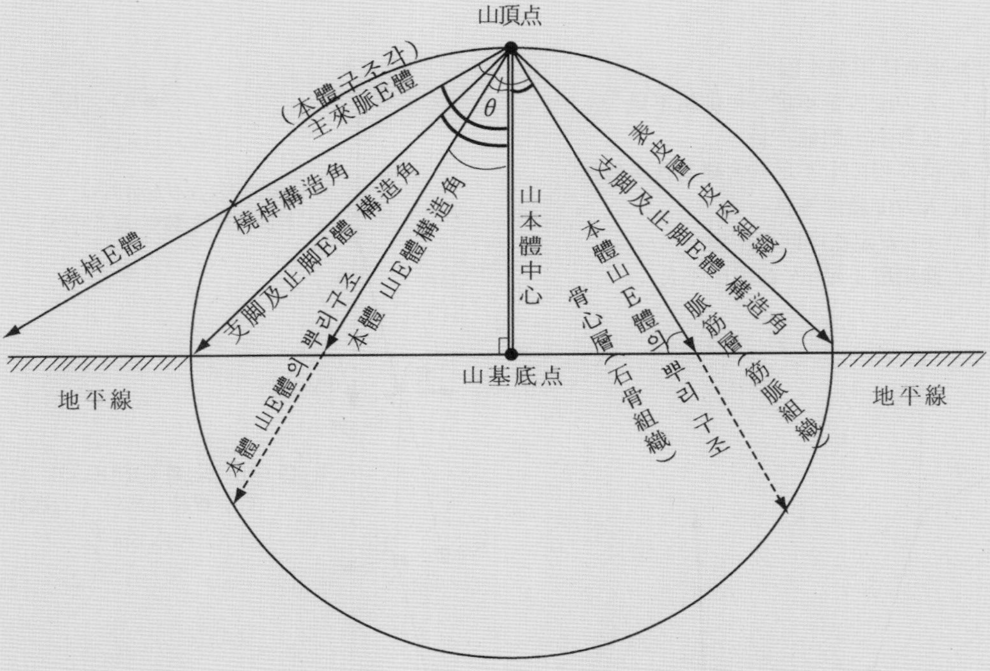

〈그림 2-46〉 山脈의 安定構造

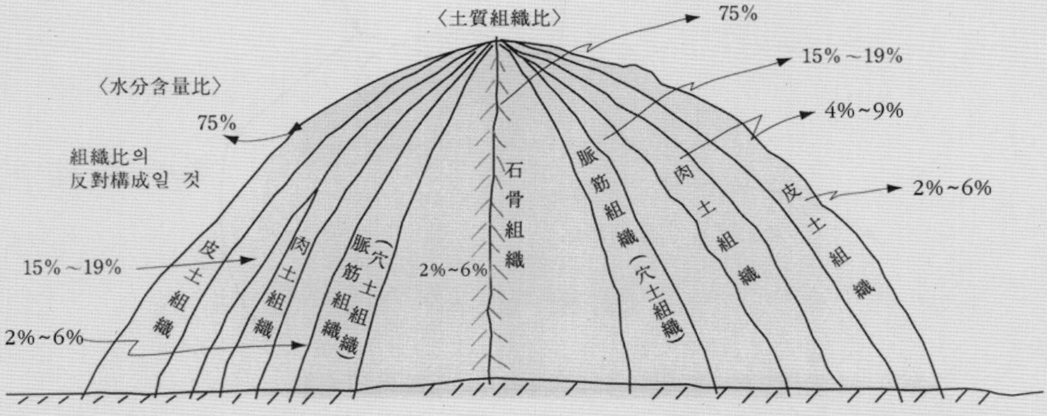

〈그림 2-47〉 山脈組織 水分 含量比

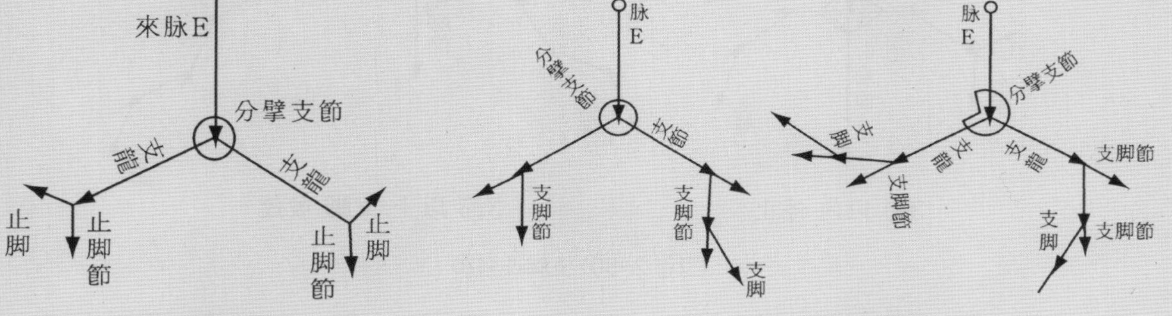

(分擘支龍節과 止脚) (分擘支龍節과 支脚)

〈그림 2-48〉 分擘支節에 있어서의 支龍과 그 山마디

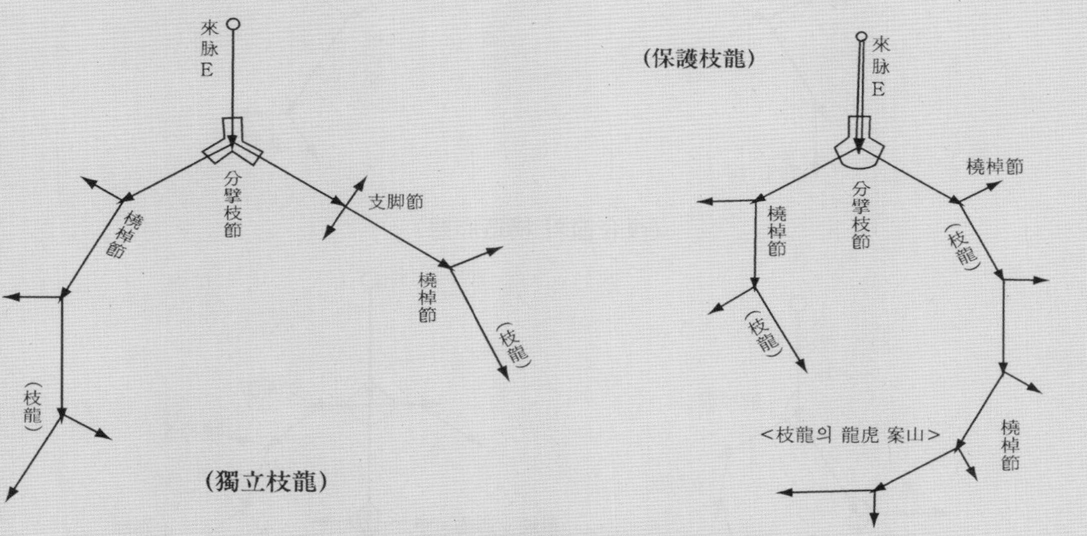

〈그림 2-49〉 分擘枝節에 있어서의 枝龍과 그 山마디

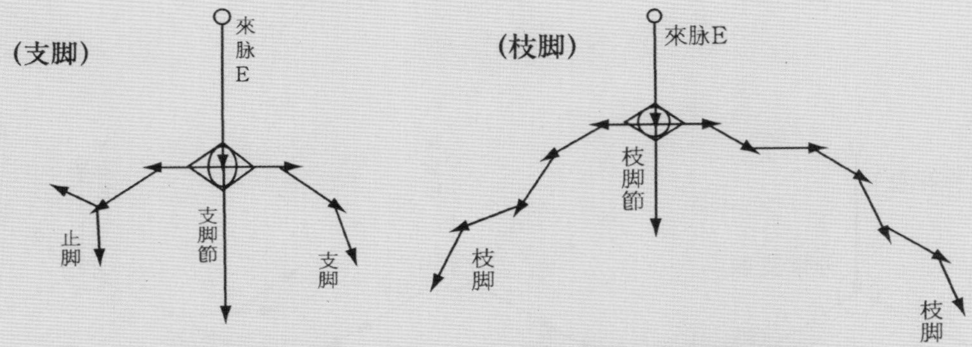

3節 以內 停止　　3節 以上 支脚 發達

〈그림 2-50〉 支脚과 枝脚

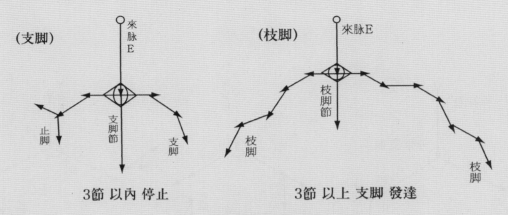

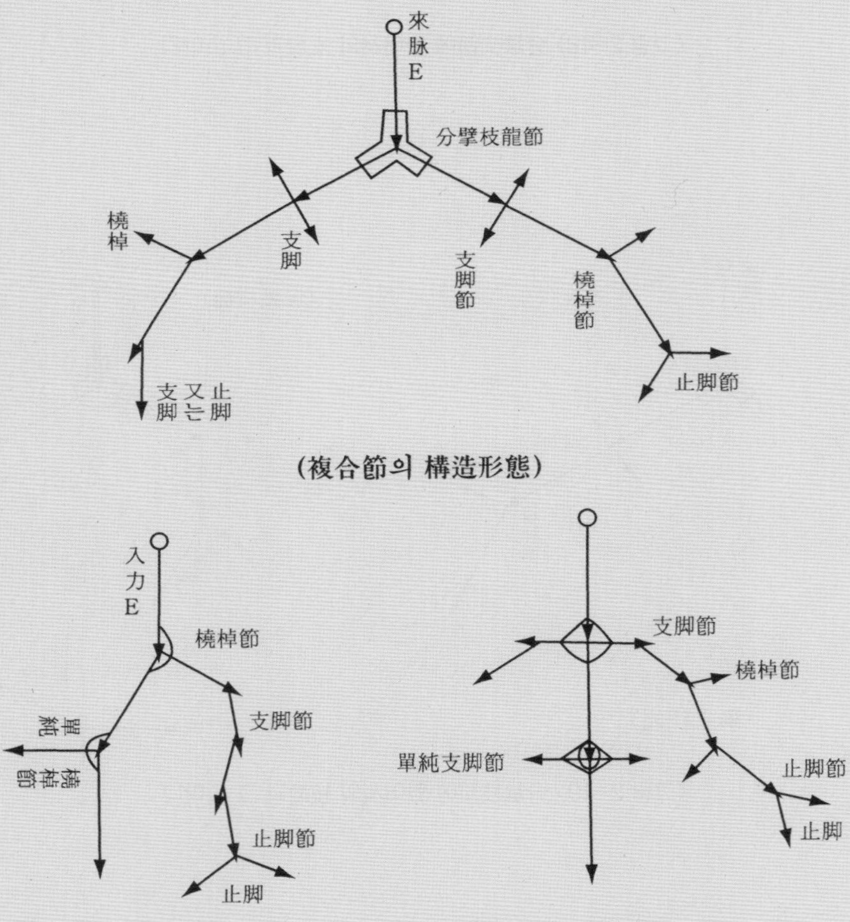

(單純橈棹와 그 複合節)　　(單純支脚과 그 複合節)

〈그림 2-51〉 枝龍節에 있어서의 橈棹와 支脚의 複合構造形態

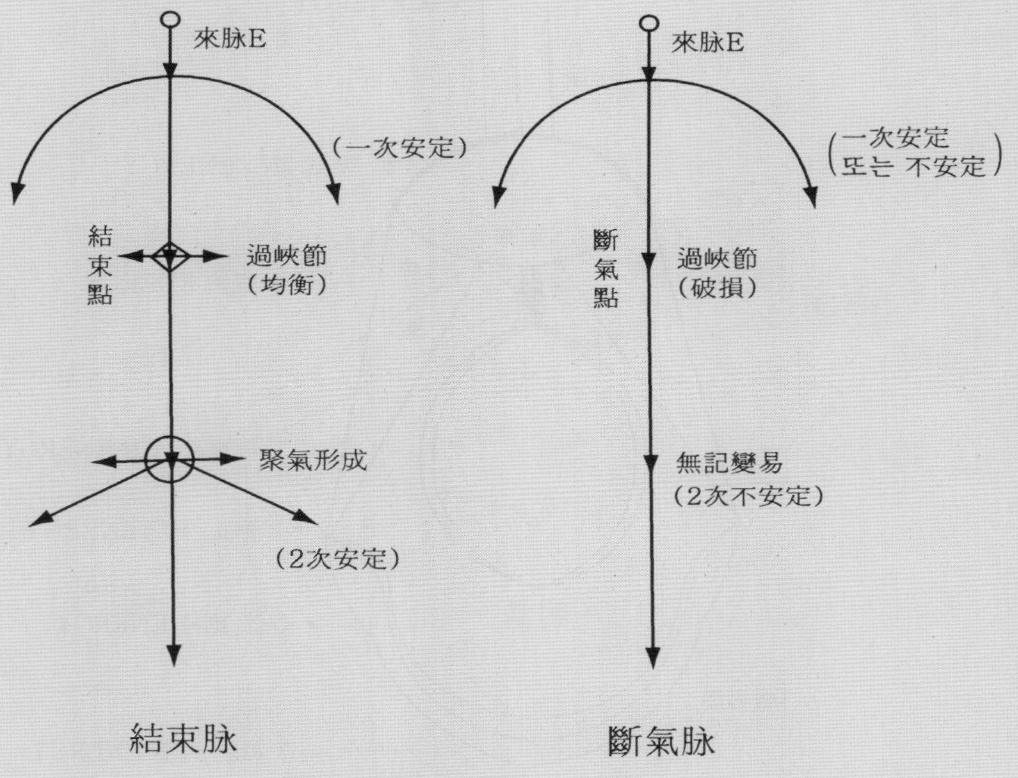

〈그림 2-52〉 結束脈·斷氣脈

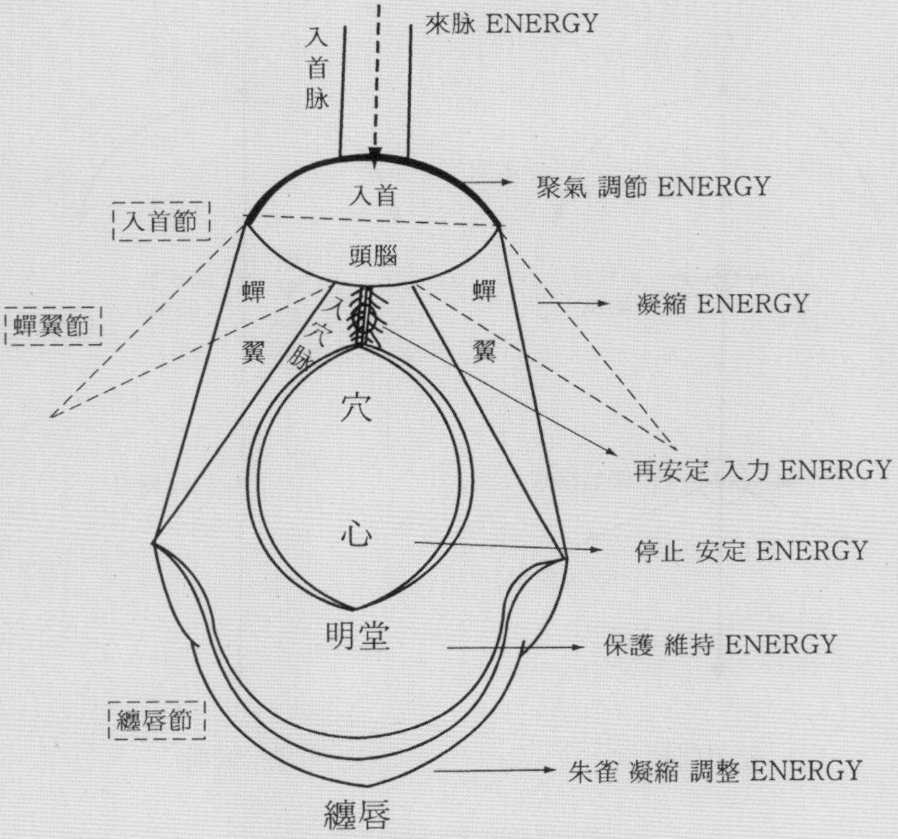

〈그림 2-53〉 入首節의 頭腦와 穴星構造

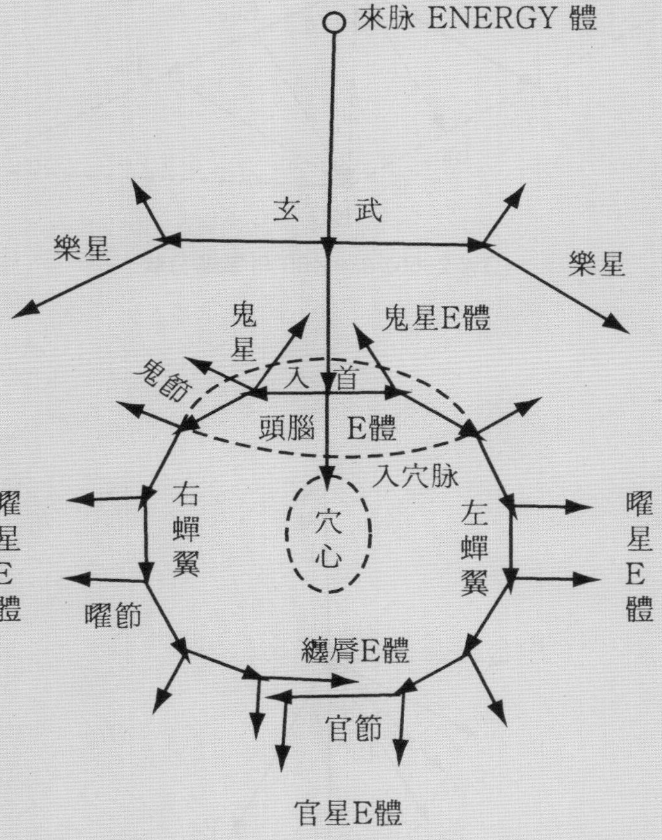
來脈 ENERGY 體
玄 武
樂星
樂星
鬼星
鬼星E體
鬼節
入 首
頭腦 E體
入穴脈
右蟬翼
左蟬翼
穴心
曜星E體
曜星E體
曜節
纏脣E體
官節
官星E體

〈그림 2-54〉 穴場凝縮節의 構成과 形態

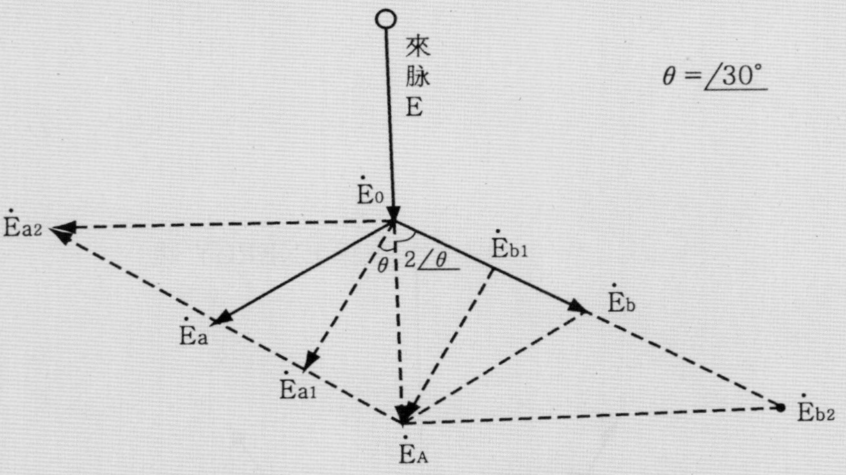

〈그림 2-55〉 θ_0=∠60°의 基礎 分擘

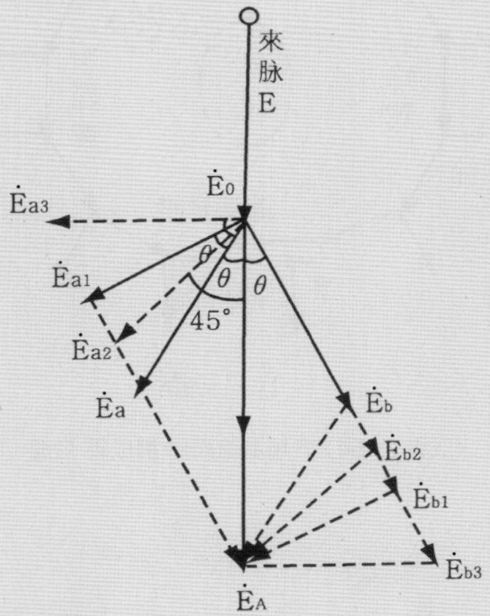

〈그림 2-56〉 θ_0=∠30°의 Energy 分擘

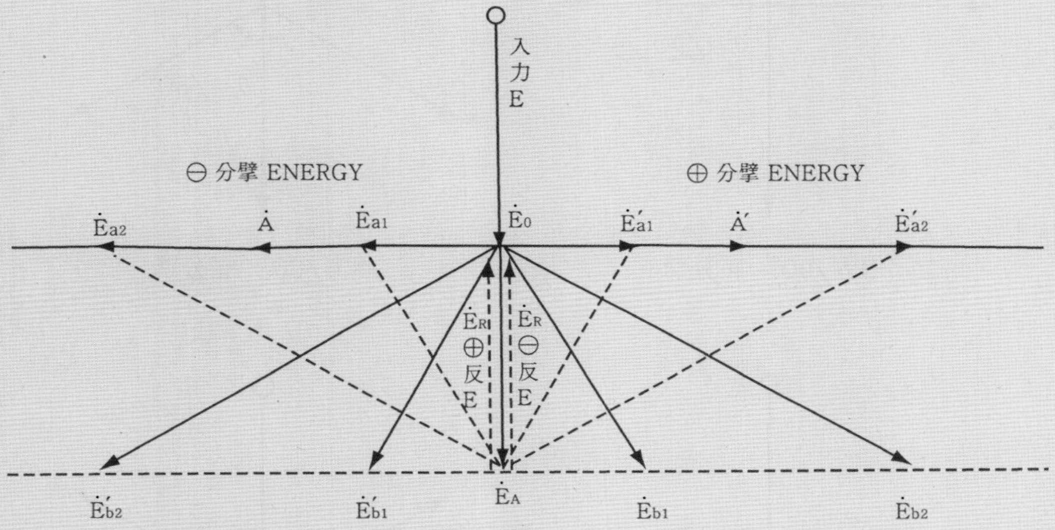

〈그림 2-57〉 θ_0=∠90°의 Energy 分擘

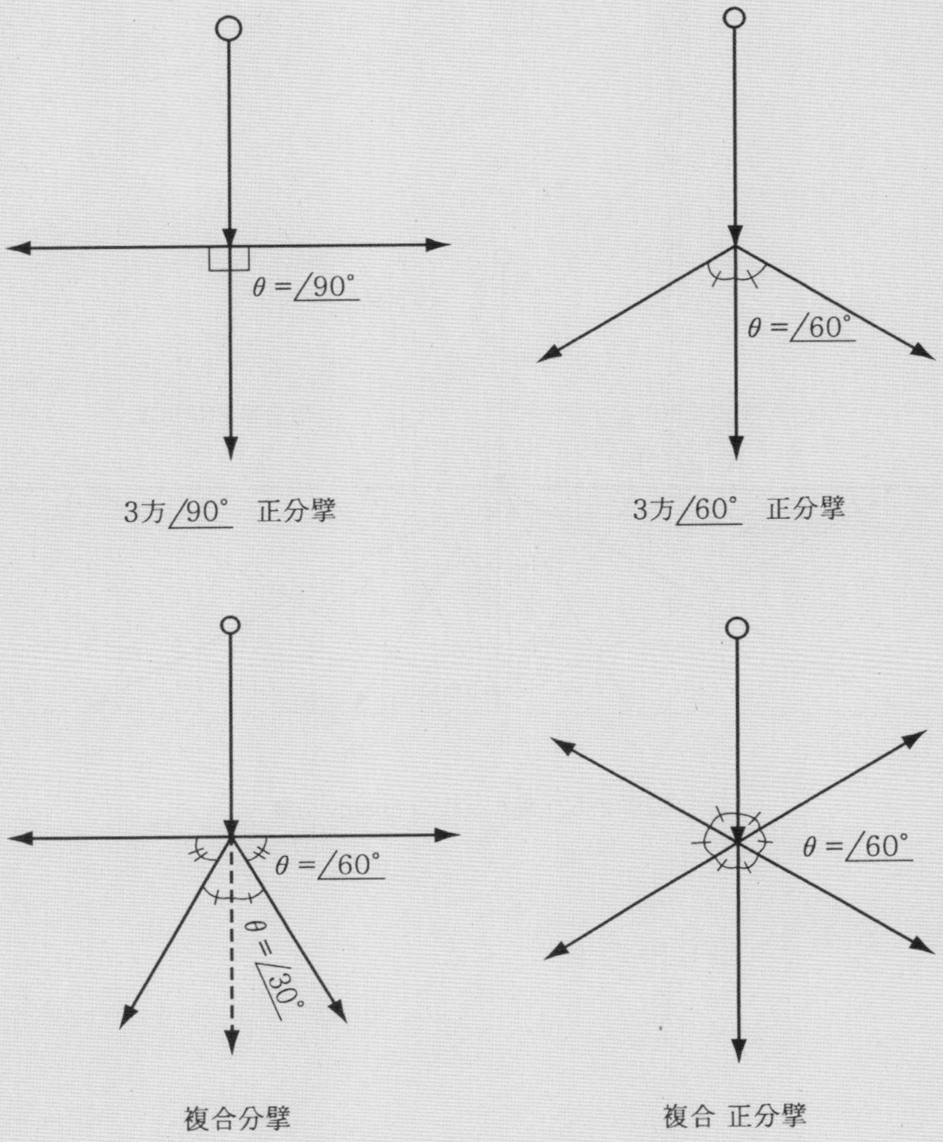

θ = ∠90°
3方∠90° 正分擘
θ = ∠60°
3方∠60° 正分擘
θ = ∠60°
θ = ∠30°
複合分擘
θ = ∠60°
複合 正分擘

〈그림 2-58〉 複合 分擘

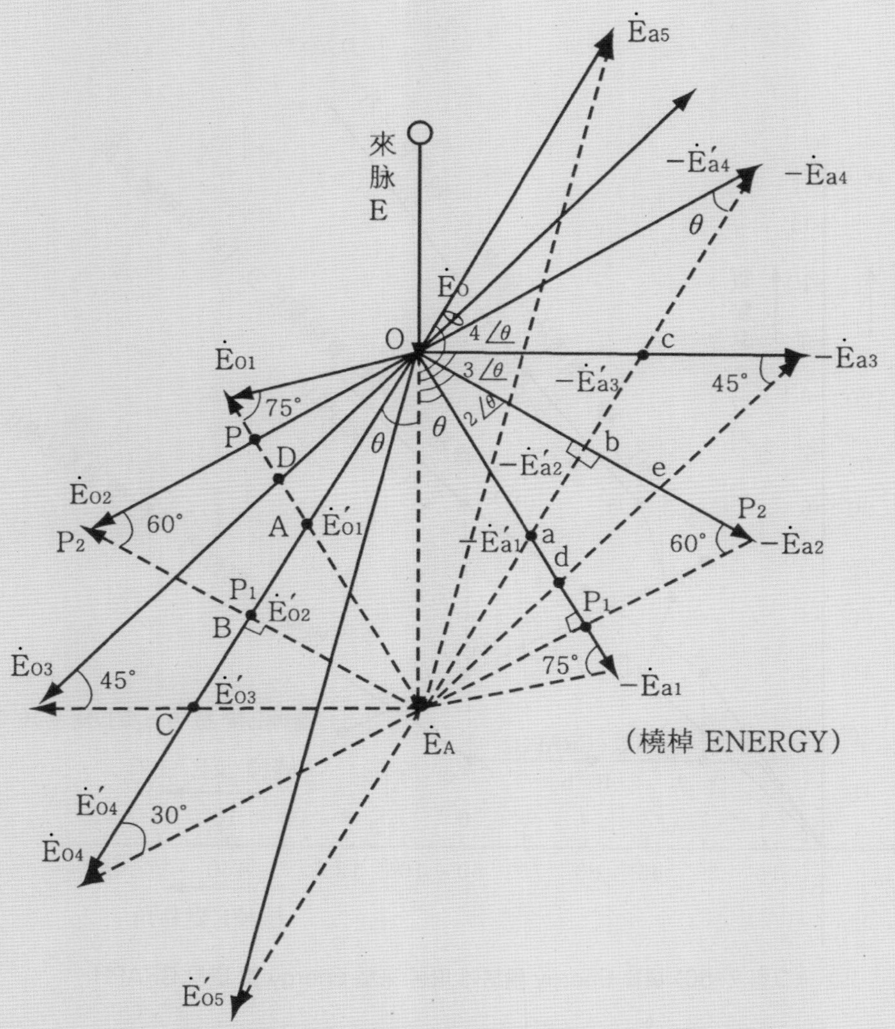

〈그림 2-59〉 橈棹 反 Energy에 따른 實來脈 Energy 變易圖

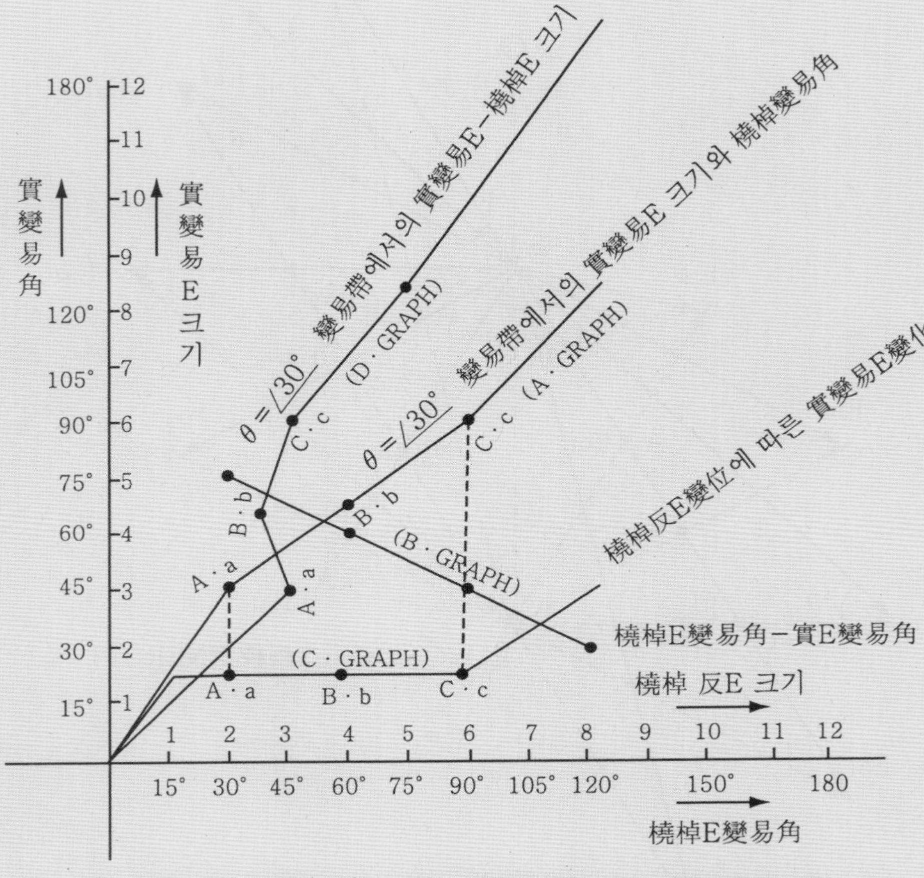

〈그림 2-60〉 橈棹 Energy 變易에 따른 來脈 Energy 實 變易 GRAPH

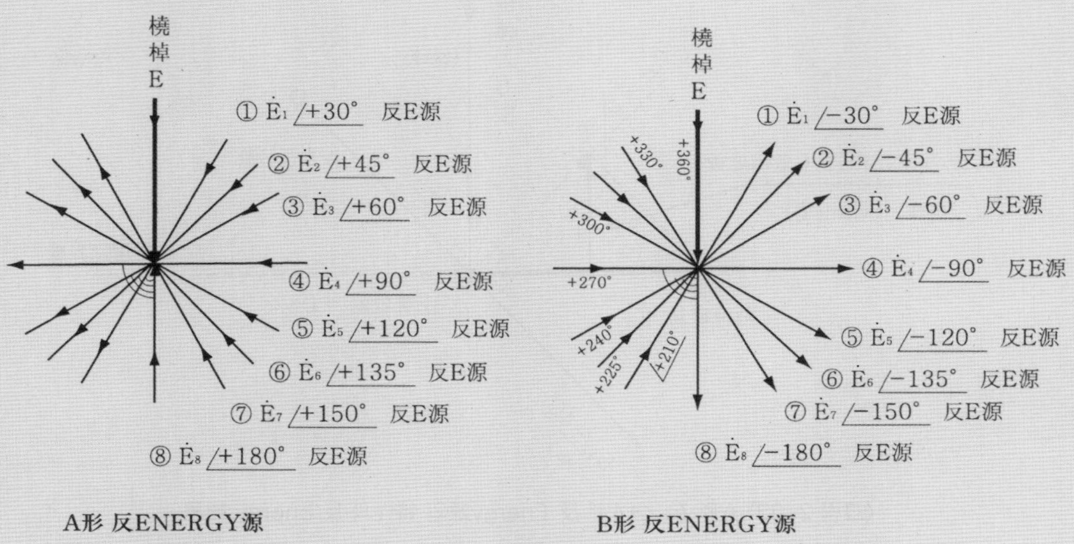

〈그림 2-61〉 A形 橈棹 反 Energy源 / B形 橈棹 反 Energy源

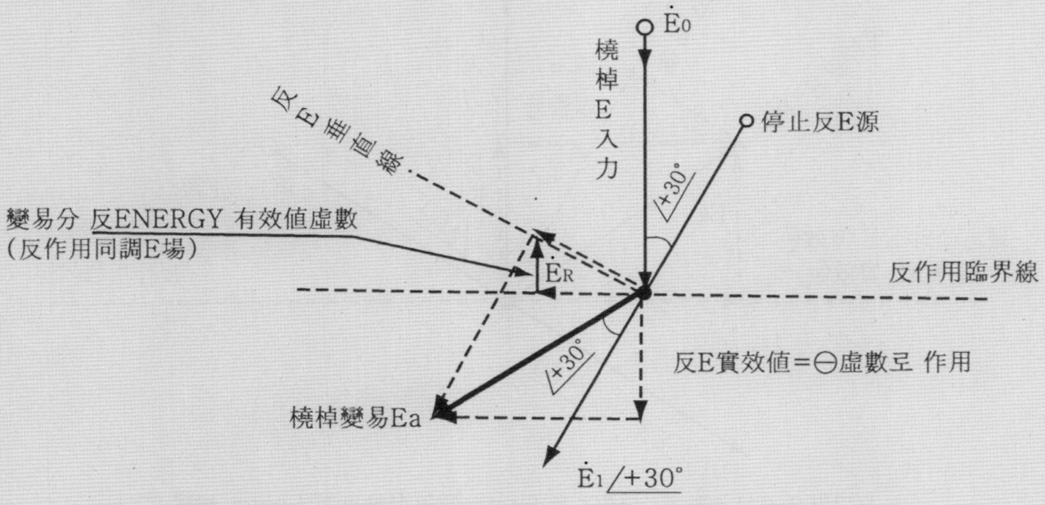

〈그림 2-62〉 A形 $\dot{E}_1\angle+30°$ 反 Energy源의 特性과 反 Energy 變易

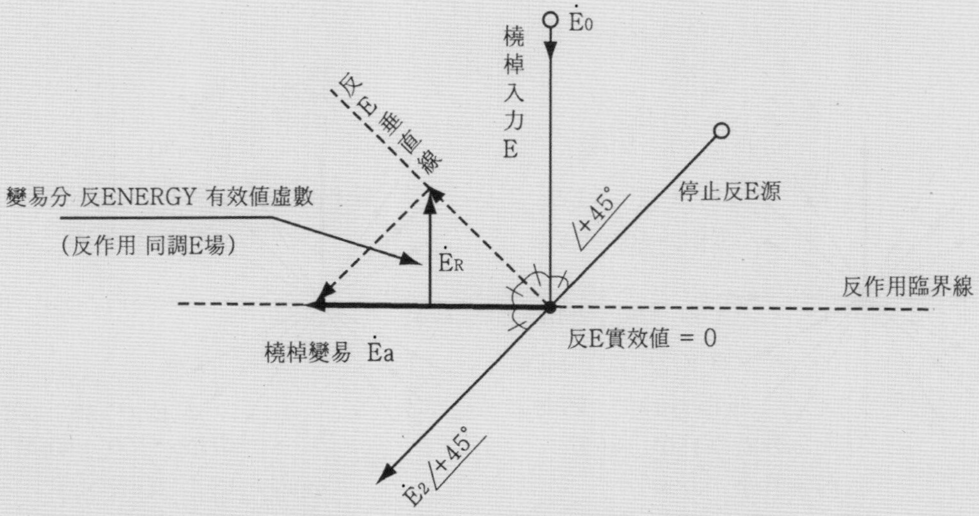

〈그림 2-63〉 A形 $\dot{E}_2\angle+45°$ 反 Energy源의 特性과 反 Energy 變易

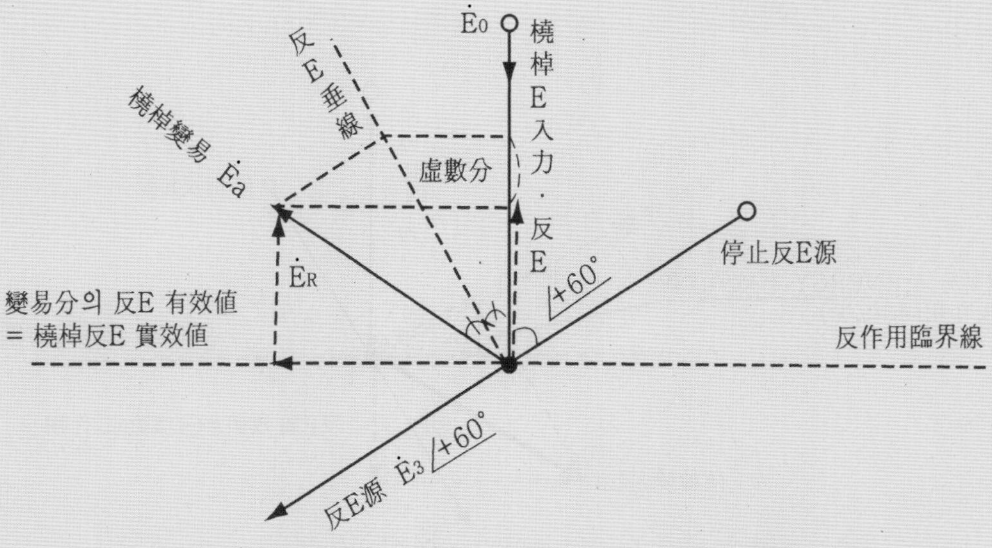

〈그림 2-64〉 A形 $\dot{E}_3\angle+60°$ 反 Energy源의 特性과 反 Energy 變易

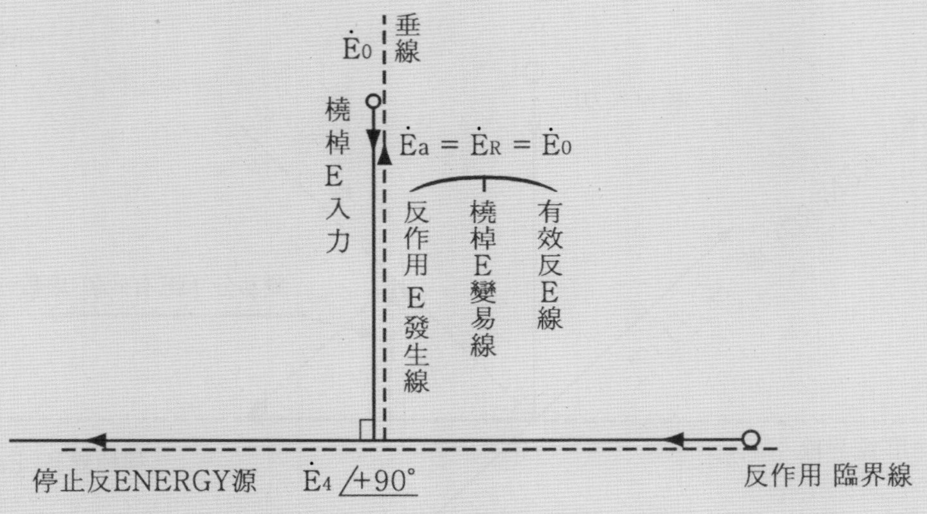

〈그림 2-65〉 A形 $\dot{E}_4 \angle +90°$ 反 Energy源의 特性과 反 Energy 變易

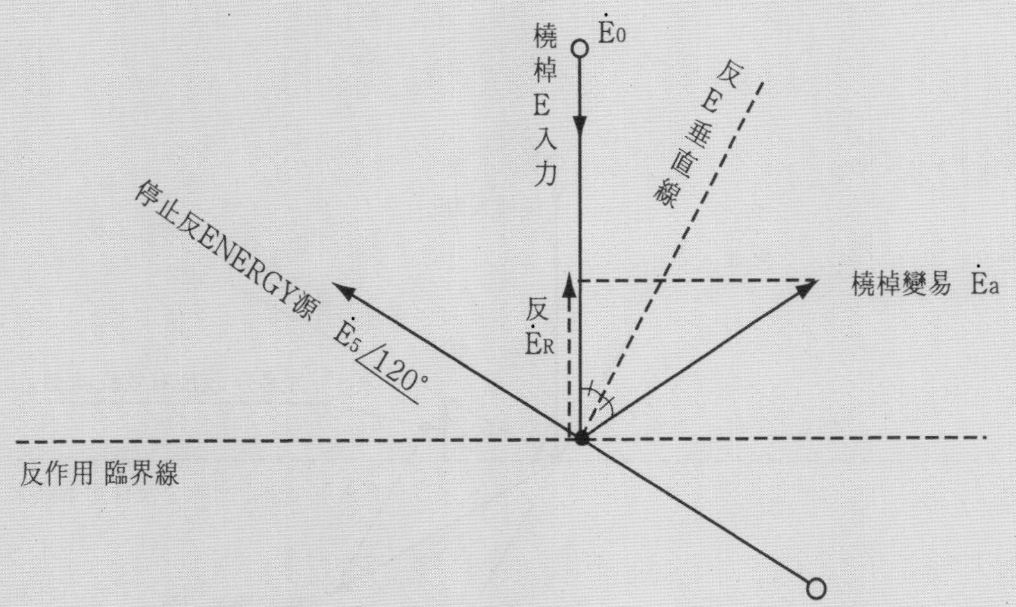

〈그림 2-66〉 A形 $\dot{E}_5 \angle +120°$ 反 Energy源의 特性과 反 Energy 變易

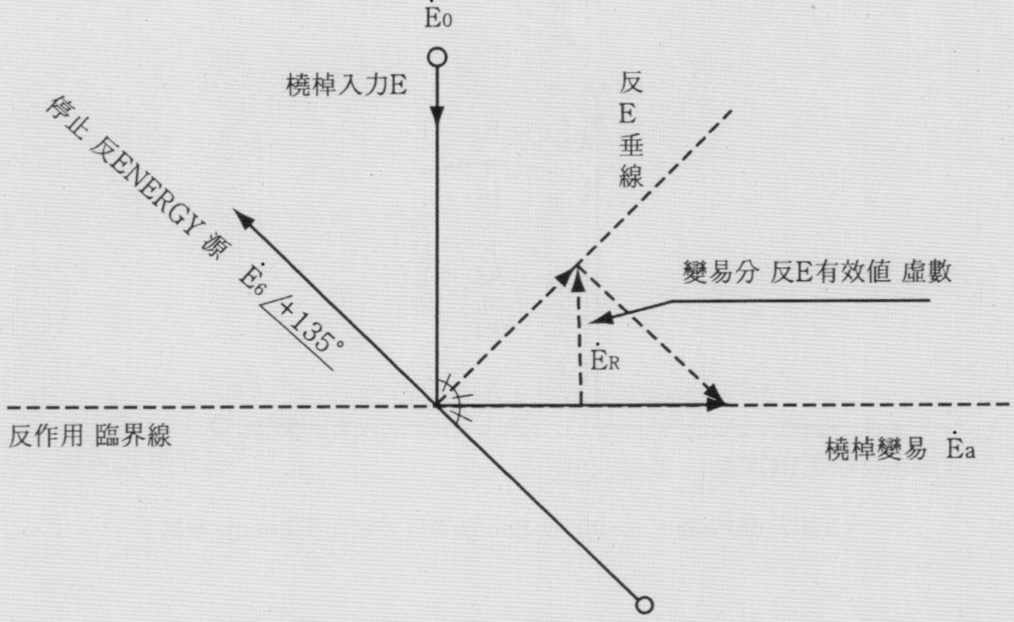

〈그림 2-67〉 A形 $\dot{E}_6\angle+135°$ 反 Energy源의 特性과 反 Energy 變易

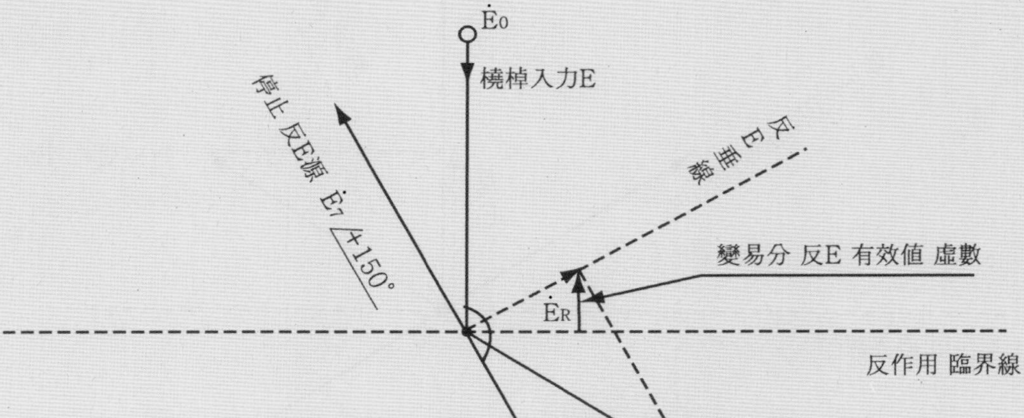

〈그림 2-68〉 A形 $\dot{E}_7\angle+150°$ 反 Energy源의 特性과 反 Energy 變易

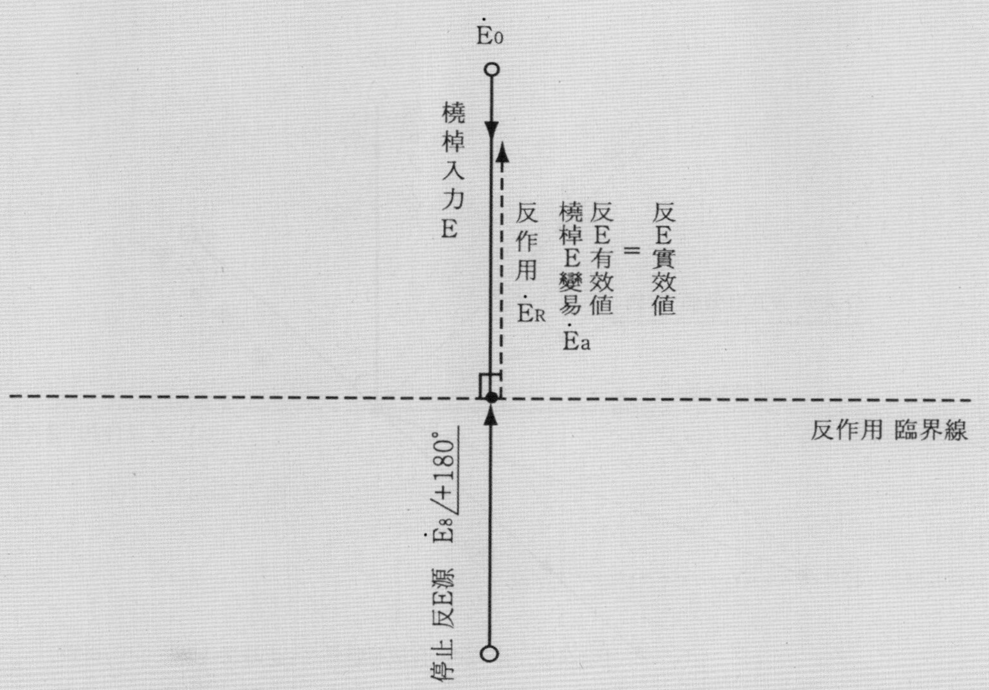

〈그림 2-69〉 A形 $\dot{E}_8\angle+180°$ 反 Energy源의 特性과 反 Energy 變易

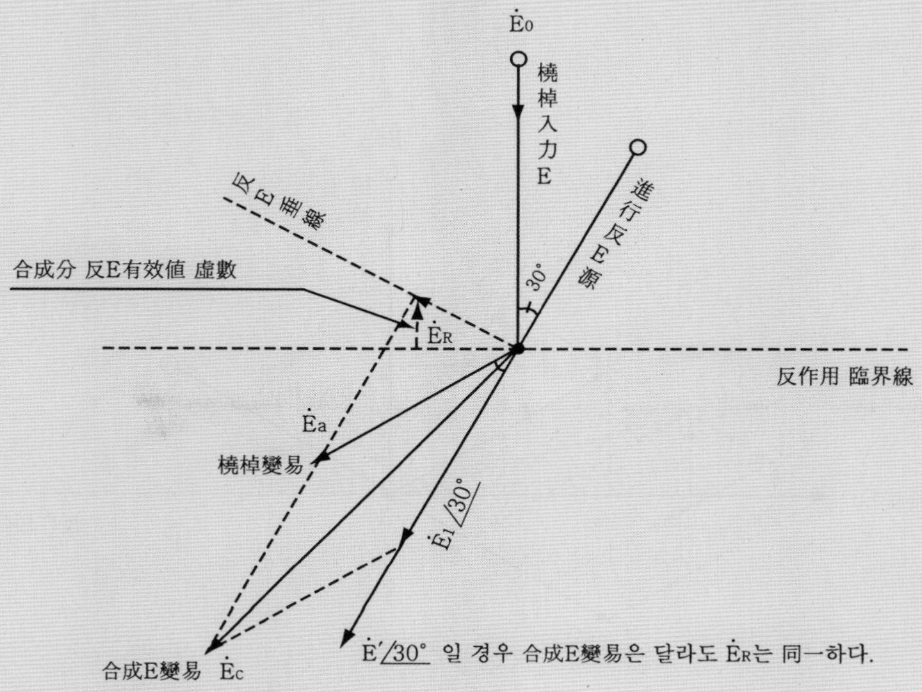

〈그림 2-70〉 A形 $\dot{E}_1\angle+30°$ 反 Energy源의 特性과 反 Energy 變易(進行體)

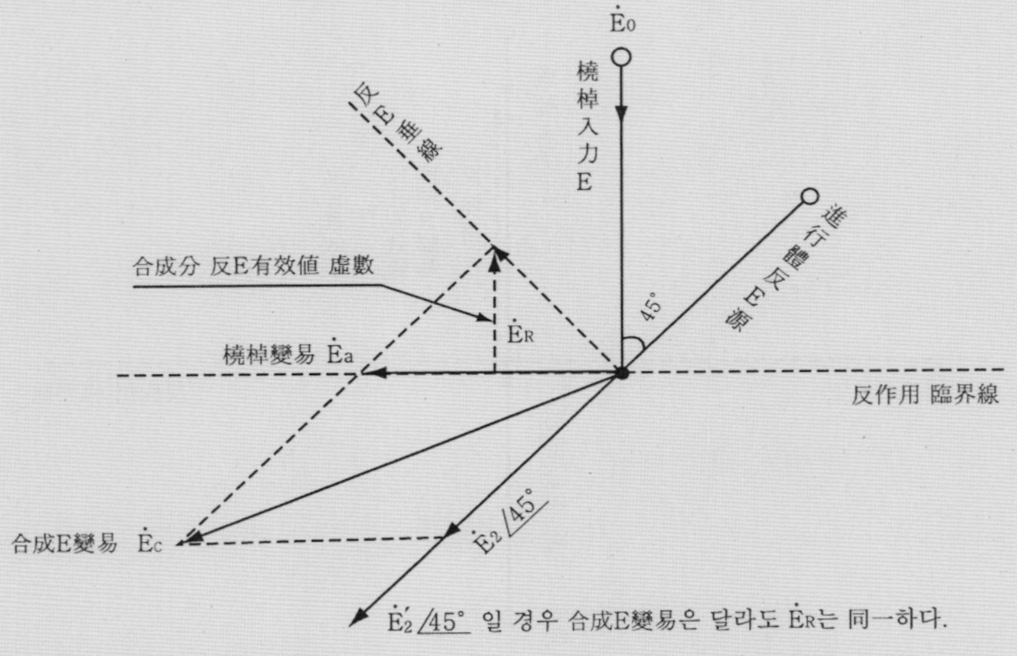

〈그림 2-71〉 A形 $\dot{E}_2\angle+45°$ 反 Energy源의 特性과 反 Energy 變易(進行體)

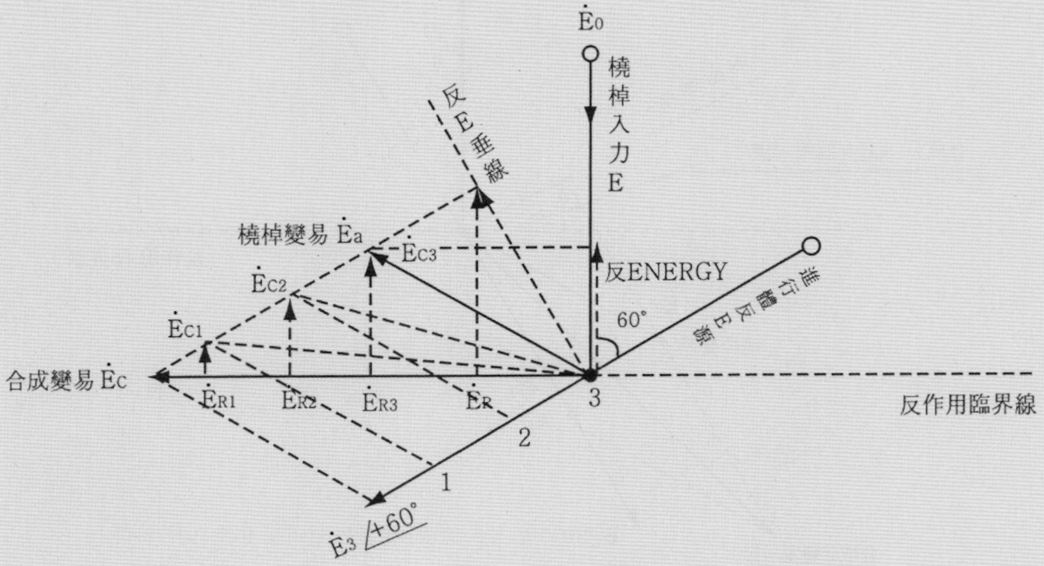

〈그림 2-72〉 A形 $\dot{E}_3\angle+60°$ 反 Energy源의 特性과 反 Energy 變易(進行體)

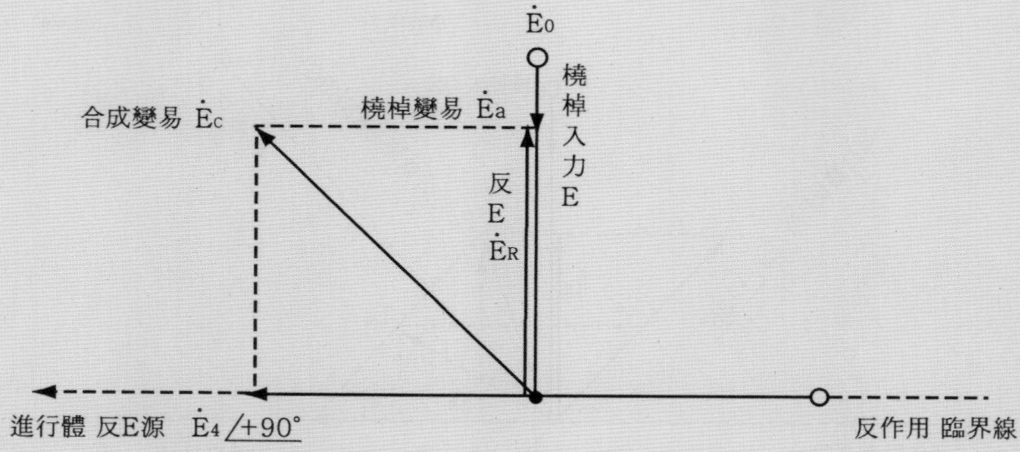

〈그림 2-73〉 A形 $\dot{E}_4\angle+90°$ 反 Energy源의 特性과 反 Energy 變易(進行體)

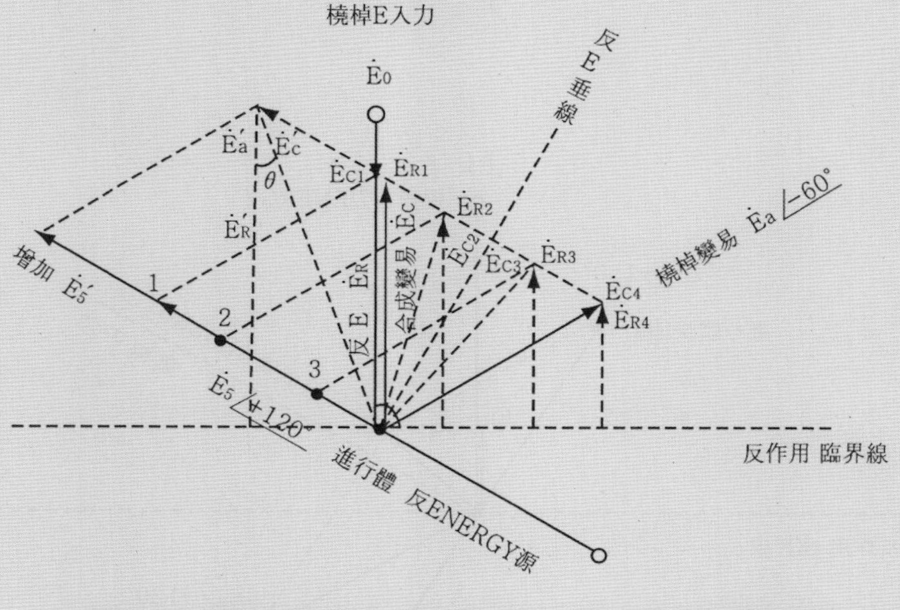

〈그림 2-74〉 A形 $\dot{E}_5\angle+120°$ 反 Energy源의 特性과 反 Energy變易(進行體)

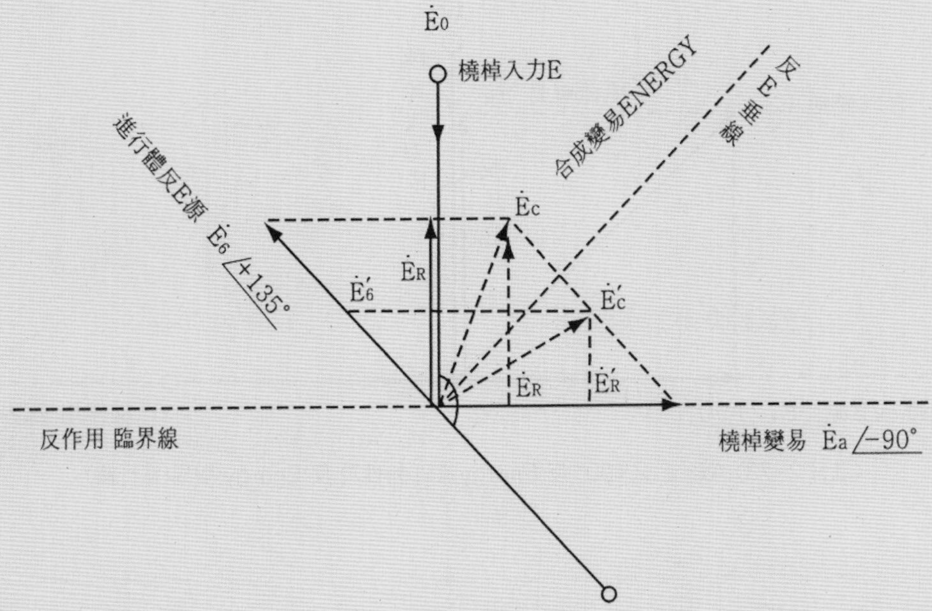

〈그림 2-75〉 A形 $\dot{E}_6\angle+135°$ 反 Energy源 特性과 反 Energy 變易(進行體)

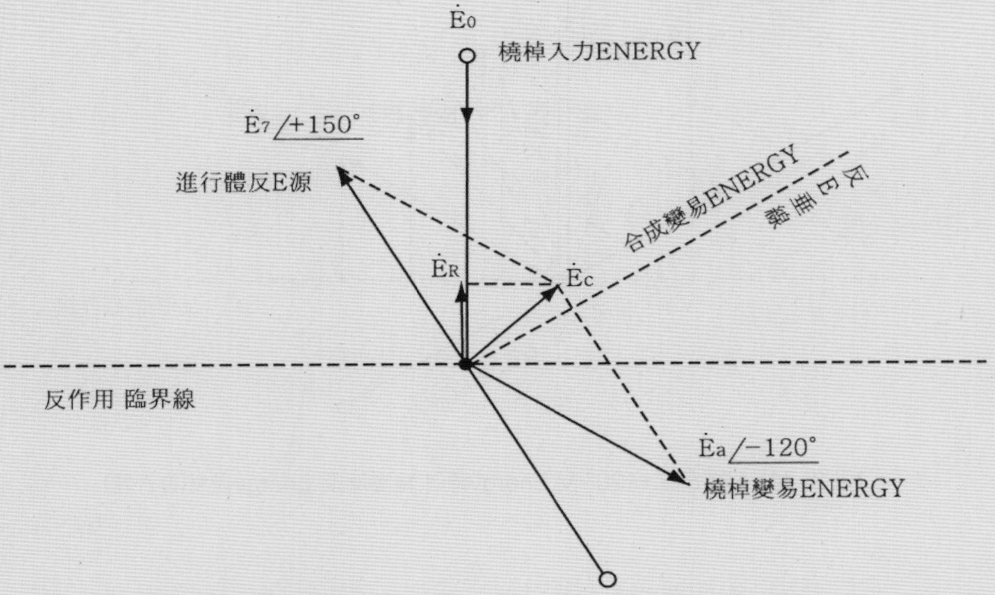

〈그림 2-76〉 A形 $\dot{E}_7\angle+150°$ 反 Energy源 特性과 反 Energy 變易(進行體)

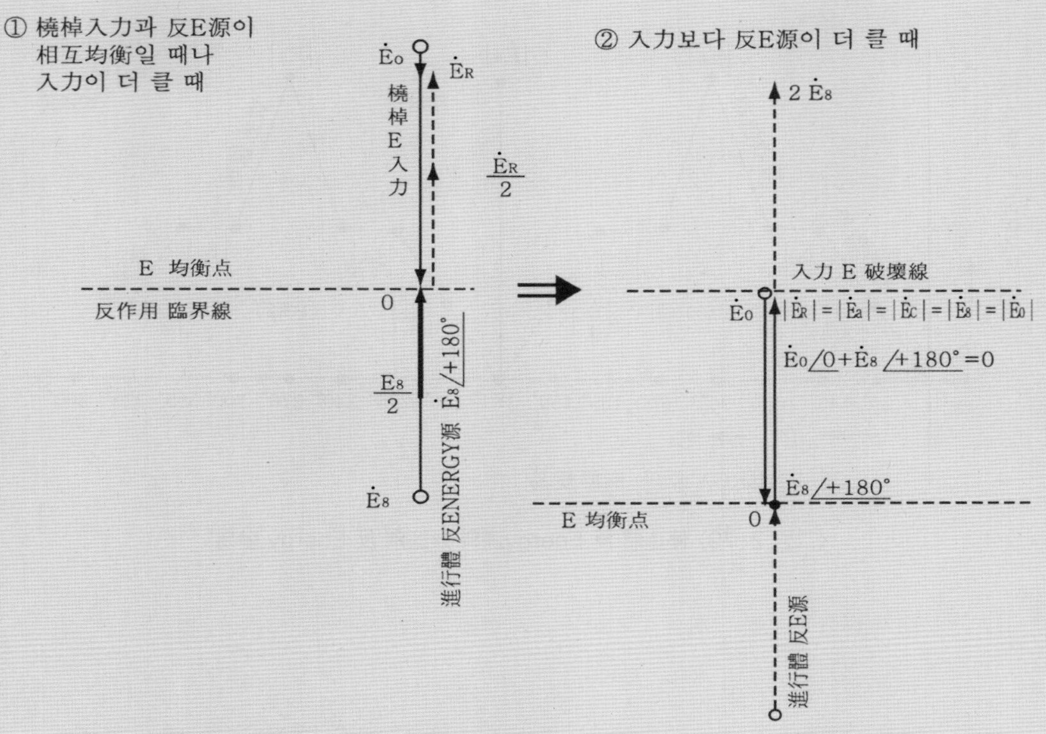

〈그림 2-77〉 A形 $\dot{E}_8\angle+180°$ 反 Energy源 特性과 反 Energy 變易(進行體)

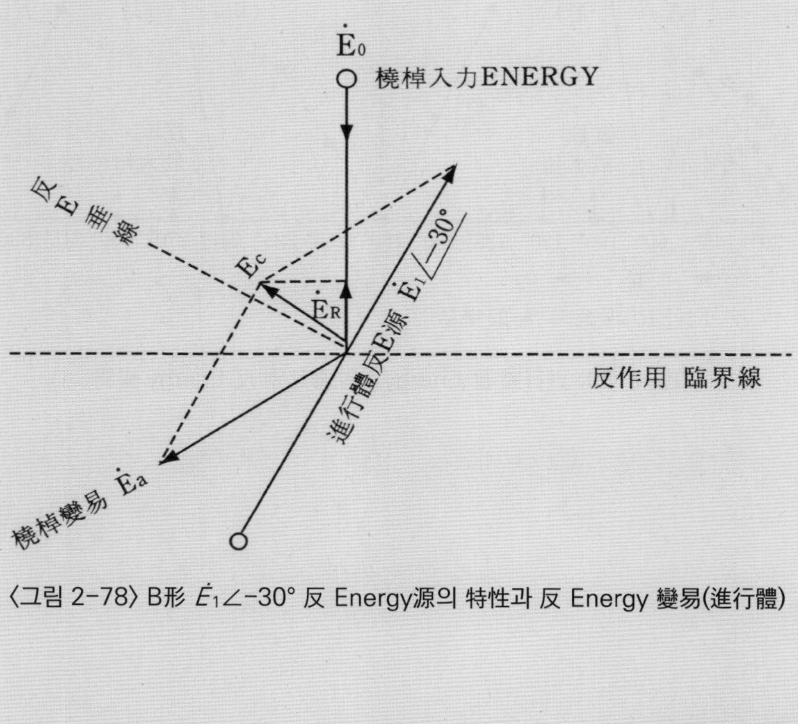

〈그림 2-78〉 B形 $\dot{E}_1\angle-30°$ 反 Energy源의 特性과 反 Energy 變易(進行體)

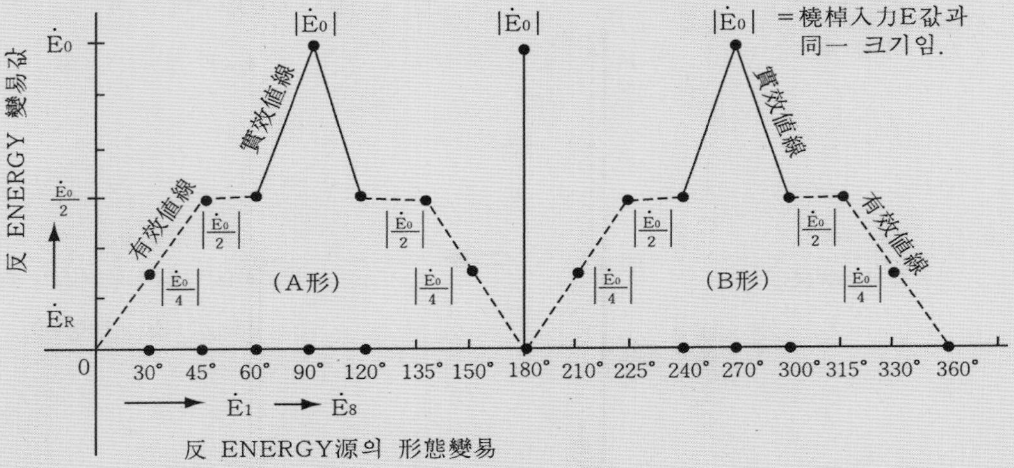

〈그림 2-79〉 停止體 反 Energy源의 形態別 反 Energy 變易

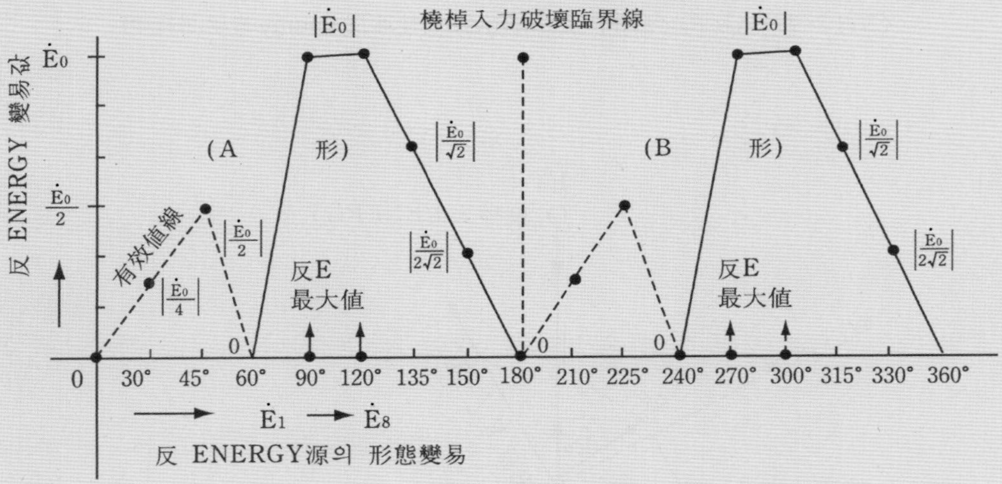

〈그림 2-80〉 進行體 反 Energy源의 形態別 反 Energy 變易

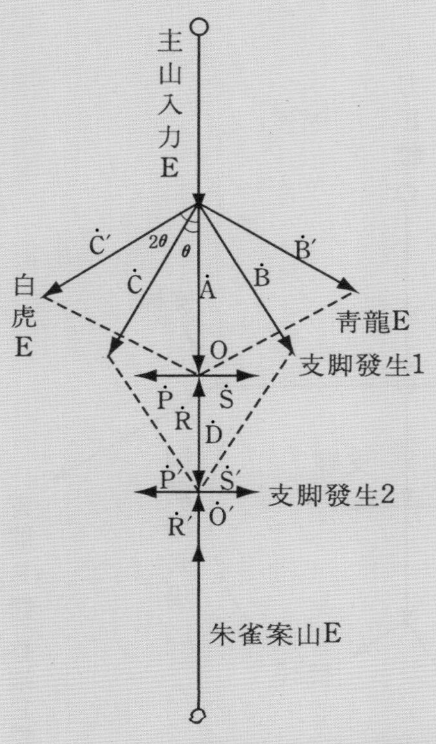

〈보기〉

$\dot{A}$: 本身 Energy體

$\dot{B}$: 青龍 Energy體 ($\dot{B}'$)

$\dot{C}$: 白虎 Energy體 ($\dot{C}'$)

$\dot{S}$, $\dot{S}'$: 靑龍方 支脚

$\dot{P}$, $\dot{P}'$: 白虎方 支脚

$\dot{D}$: $\dot{A}+\dot{B}+\dot{C}$

$\dot{R}$: 朱雀 反 Energy

O, O' : 合力 停止點

〈그림 2-81〉 支脚의 形成原理 (VECTOR 圖)

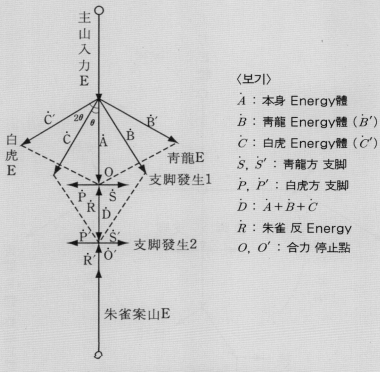

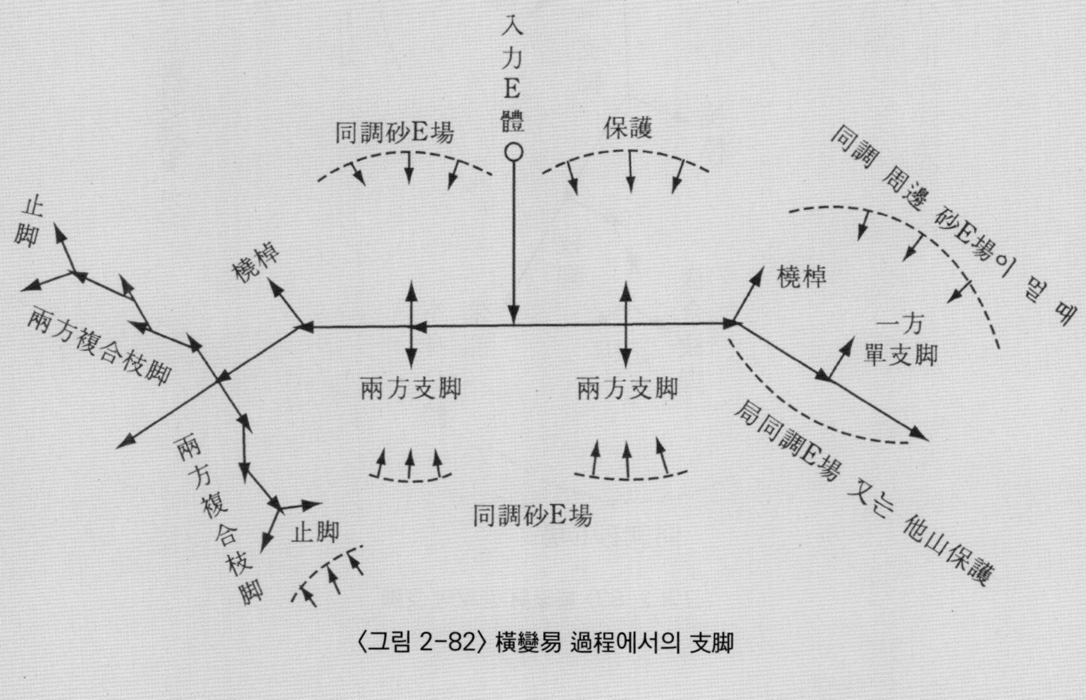

〈그림 2-82〉 橫變易 過程에서의 支脚

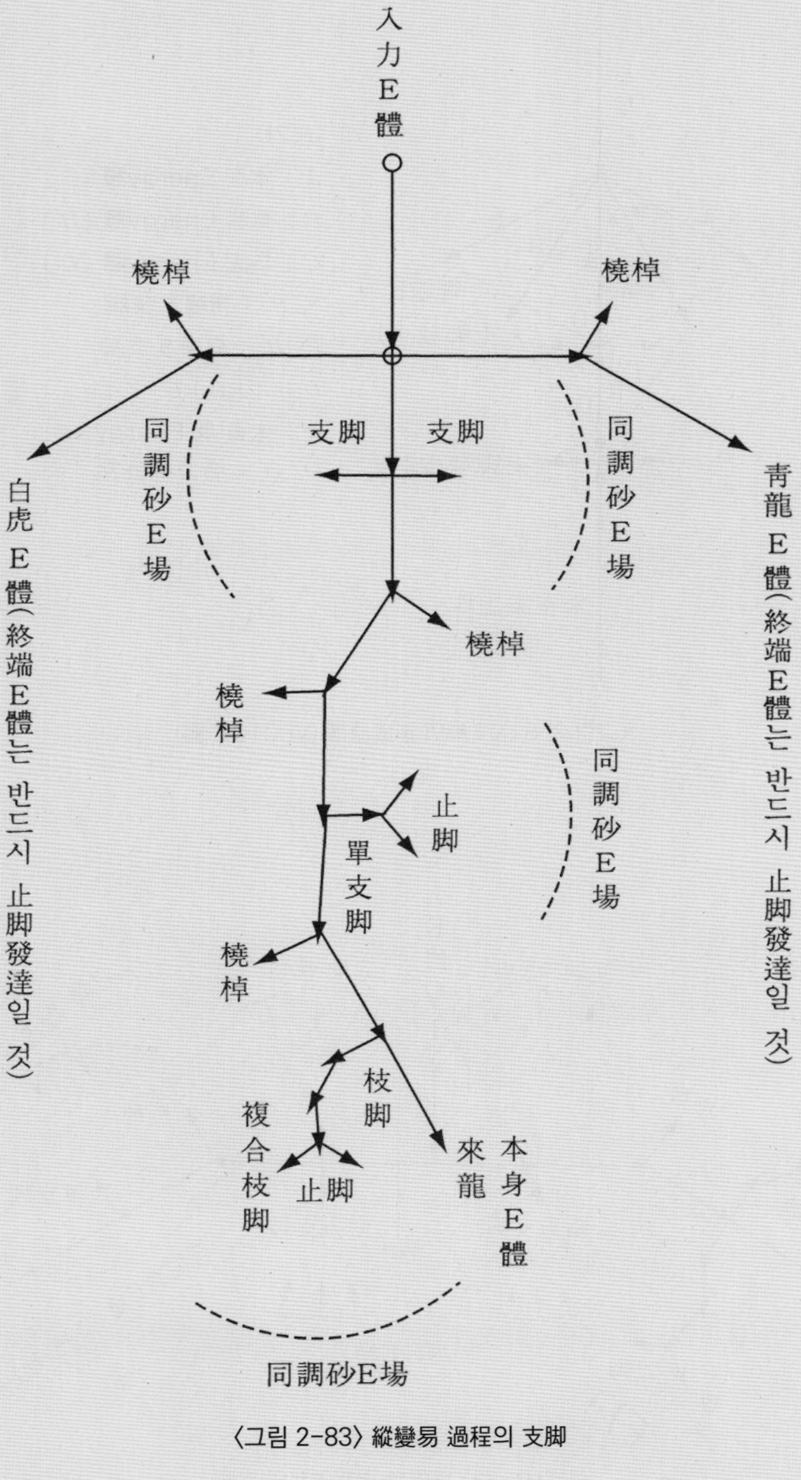

〈그림 2-83〉 縱變易 過程의 支脚

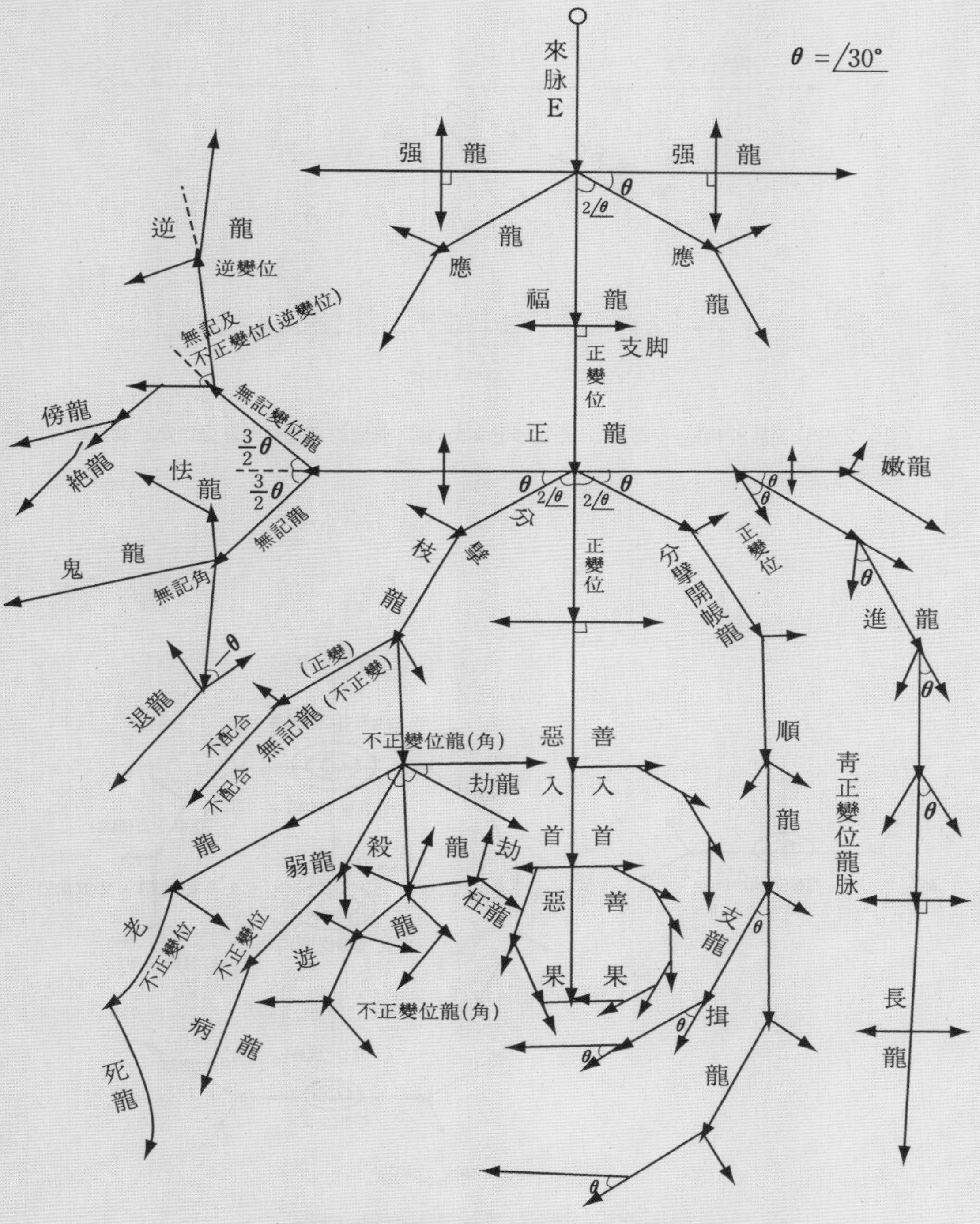

〈그림 2-84〉 龍脈의 善 · 惡 · 無記와 그 形成原理

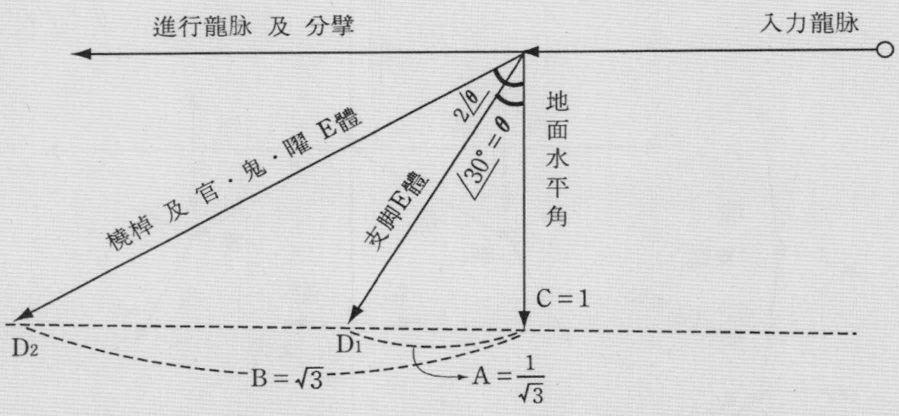

〈그림 2-85〉 龍脈의 橈棹, 支脚, 鬼, 曜, 官砂 Energy體의 理想的 構造條件과 最適安定 維持角

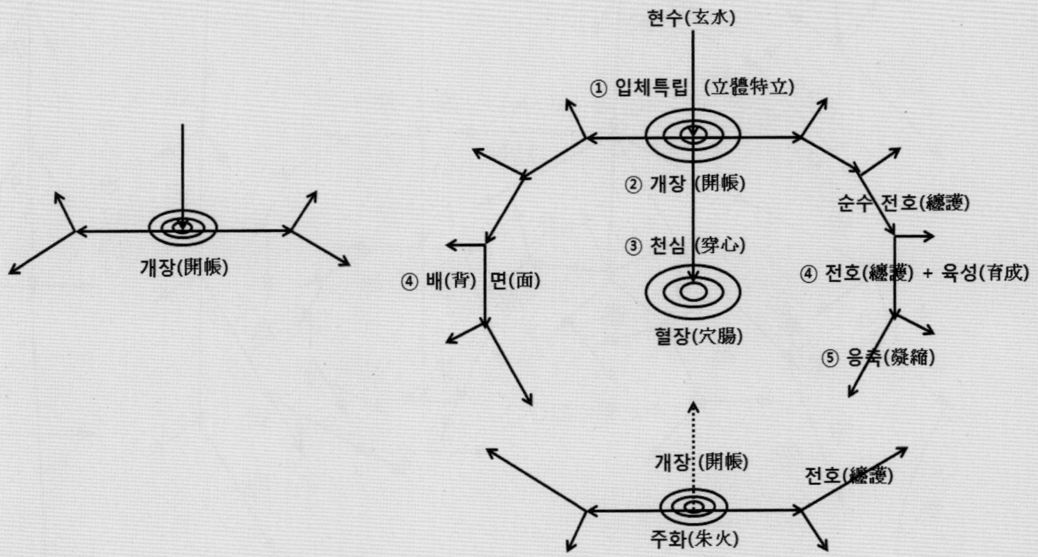

〈그림 2-86〉 開帳 穿心圖

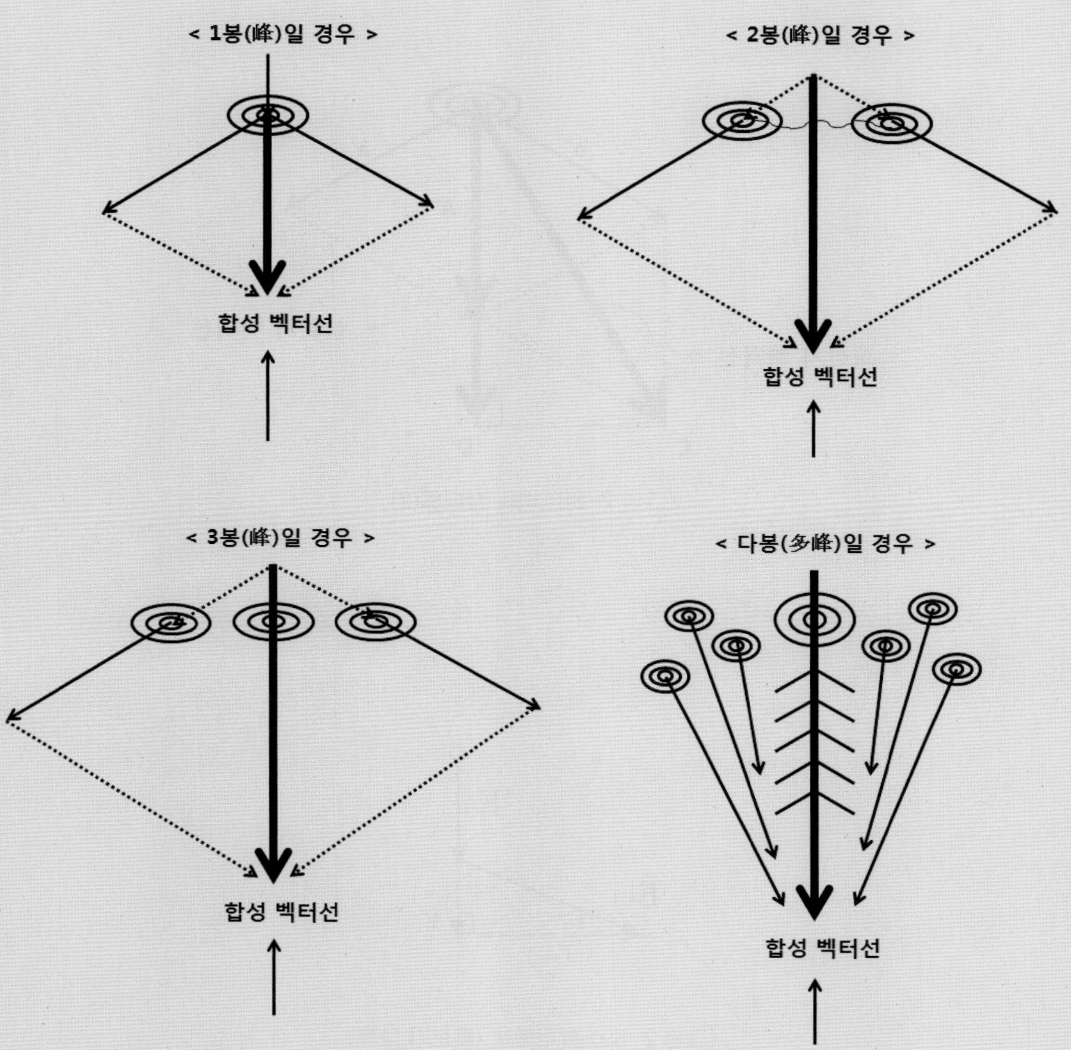

〈그림 2-87〉 벡터 合成圖(1)

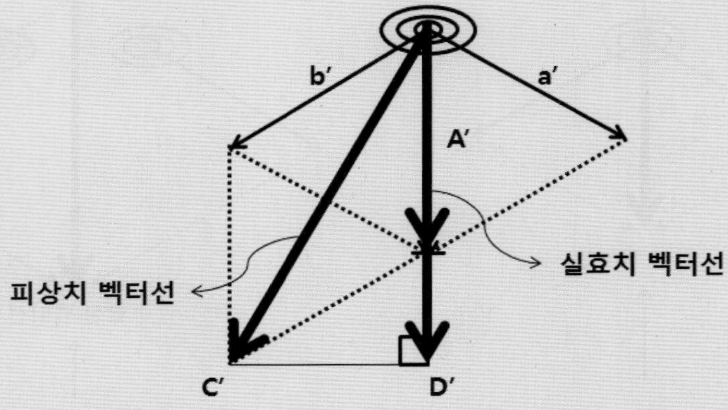

〈그림 2-88〉 벡터 合成圖(2)

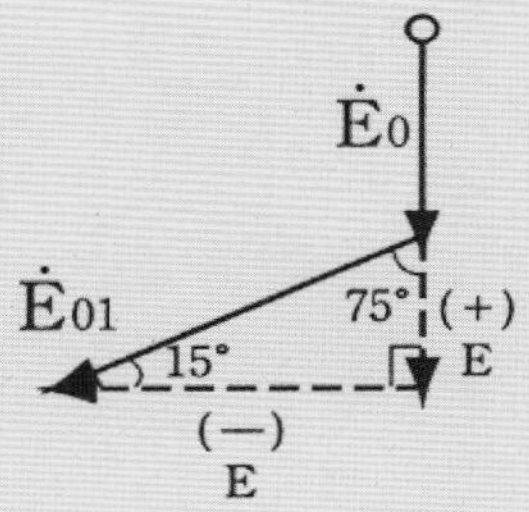

〈그림 2-89〉 實相觀法 (實보기 陰陽)

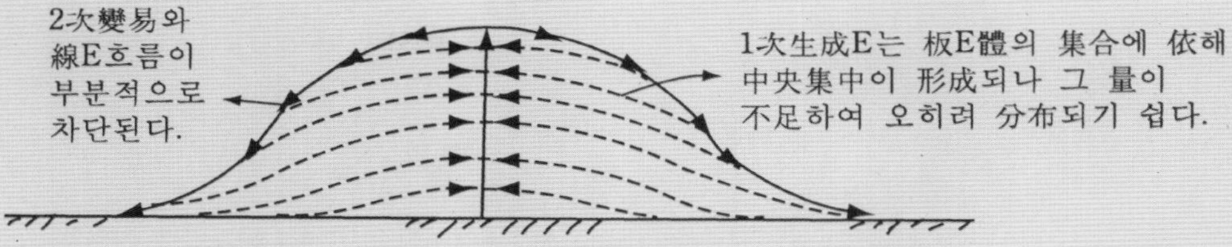
2次變易와
線E흐름이
부분적으로
차단된다.
1次生成E는 板E體의 集合에 依해
中央集中이 形成되나 그 量이
不足하여 오히려 分布되기 쉽다.

〈그림 2-90〉 板 Energy體의 集合에 의한 立體構造 山 Energy體

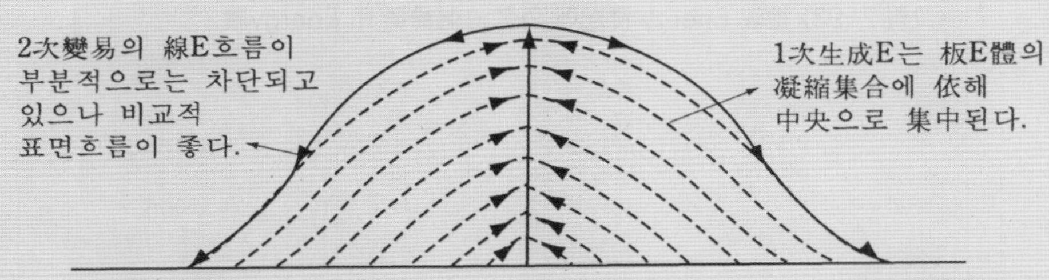
2次變易의 線E흐름이
부분적으로는 차단되고
있으나 비교적
표면흐름이 좋다.
1次生成E는 板E體의
凝縮集合에 依해
中央으로 集中된다.

〈그림 2-91〉 板 Energy體의 集合 凝縮에 의한 立體構造 山 Energy體

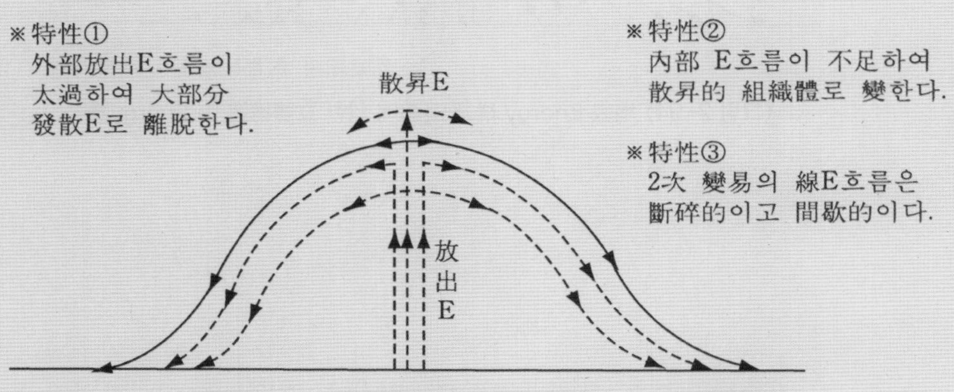
※特性①
外部放出E흐름이
太過하여 大部分
發散E로 離脫한다.
散昇E
放
出
E
※特性②
內部 E흐름이 不足하여
散昇的 組織體로 變한다.
※特性③
2次 變易의 線E흐름은
斷碎的이고 間歇的이다.

〈그림 2-92〉 火山 Energy의 爆發에 의한 立體構造 山 Energy體

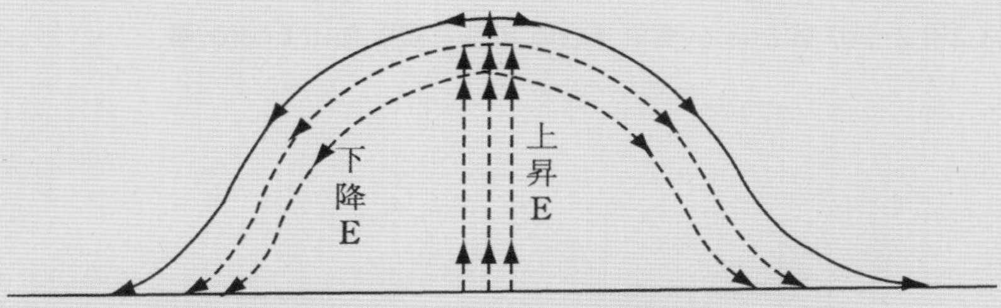

〈그림 2-93〉 地表 Energy 隆起에 의한 立體構造 山 Energy體

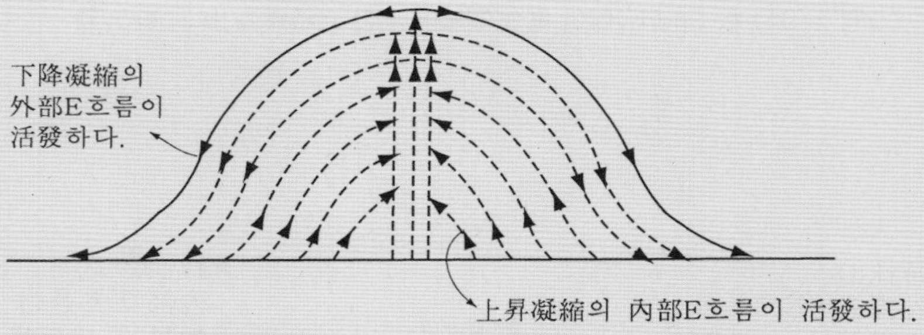

〈그림 2-94〉 地表 Energy 隆起 凝縮에 의한 立體構造 山 Energy體

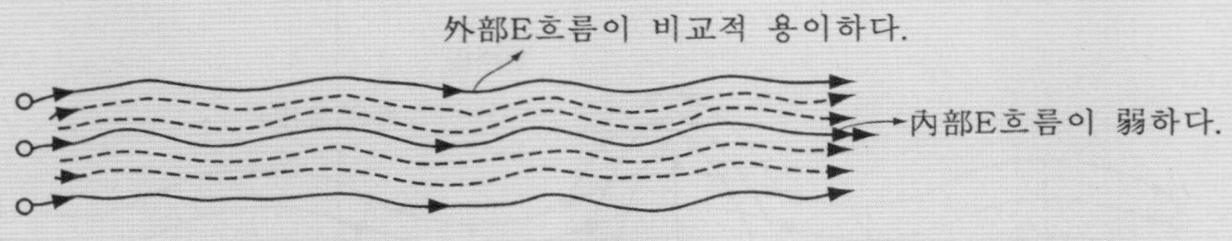
外部E흐름이 비교적 용이하다.
內部E흐름이 弱하다.

〈그림 2-95〉 板 Energy 集合過程에서의 線構造 山 Energy體

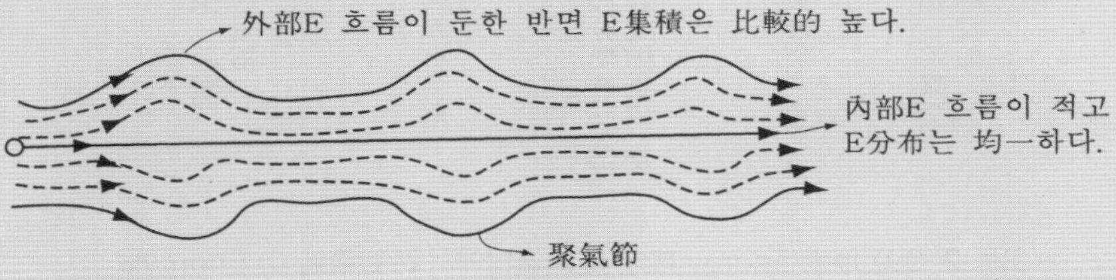
外部E 흐름이 둔한 반면 E集積은 比較的 높다.
內部E 흐름이 적고
E分布는 均一하다.
聚氣節

〈그림 2-96〉 板 Energy 集合 凝縮過程에서의 線構造 山 Energy體

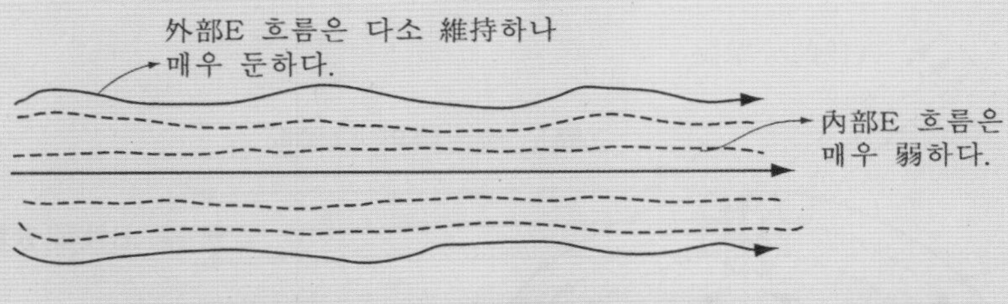
外部E 흐름은 다소 維持하나
매우 둔하다.
內部E 흐름은
매우 弱하다.

〈그림 2-97〉 火山 Energy 爆發過程에서의 線構造 山 Energy體

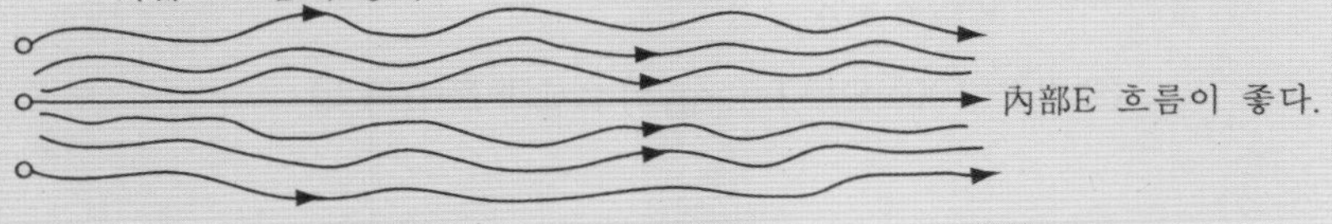
外部E 흐름이 좋다.
內部E 흐름이 좋다.

〈그림 2-98〉 地表 Energy 隆起 過程에서의 線構造 山 Energy體

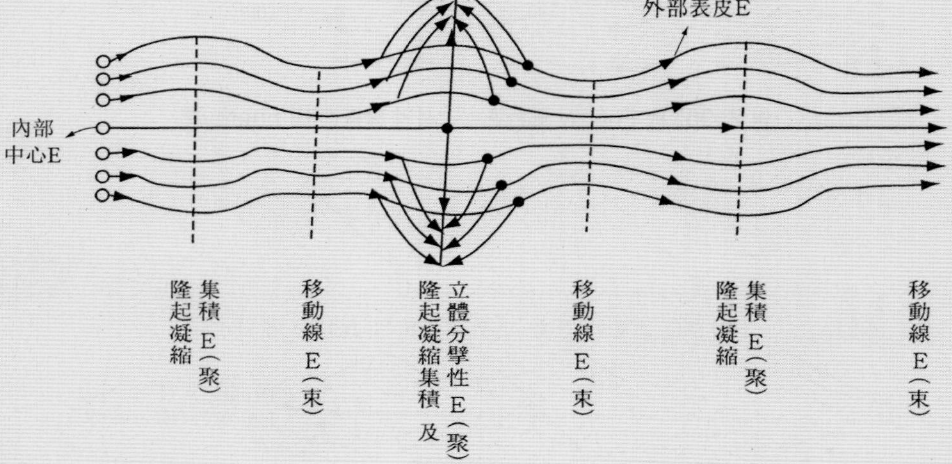

〈그림 2-99〉 地表 Energy 隆起 凝縮過程에서의 線構造 山 Energy體

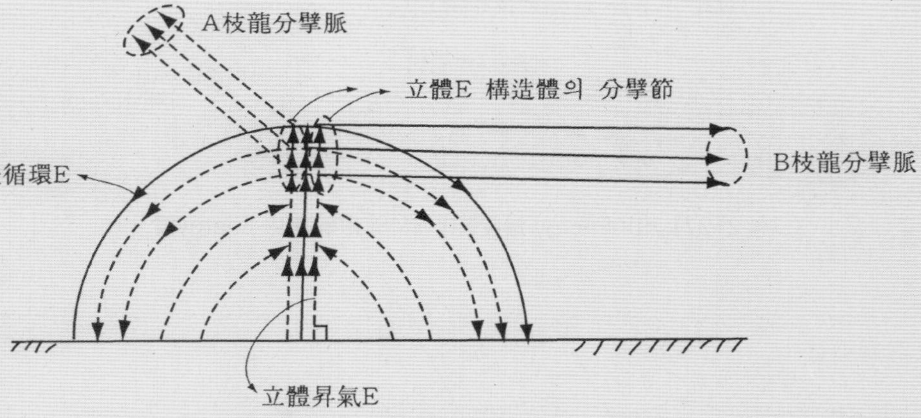

〈그림 2-100〉 分擘 Energy의 合成과 節(立體 E)

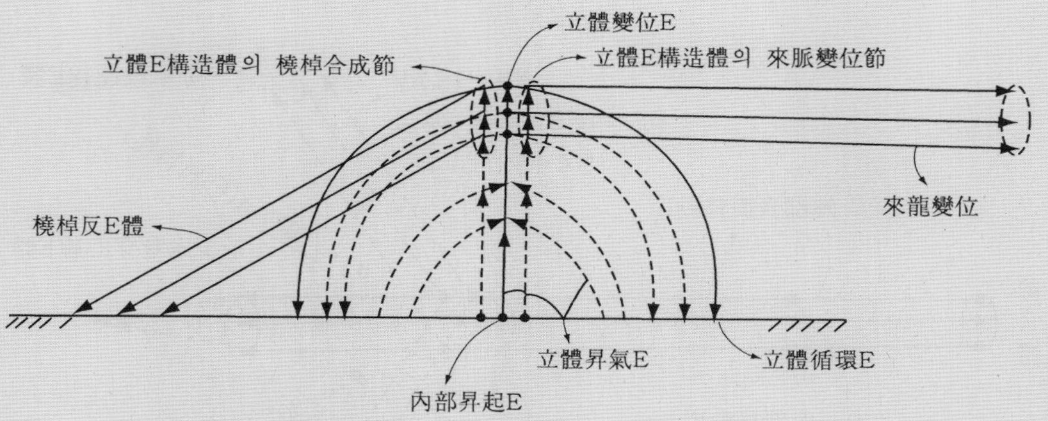

〈그림 2-101〉 橈棹 Energy의 合成과 節(立體 E)

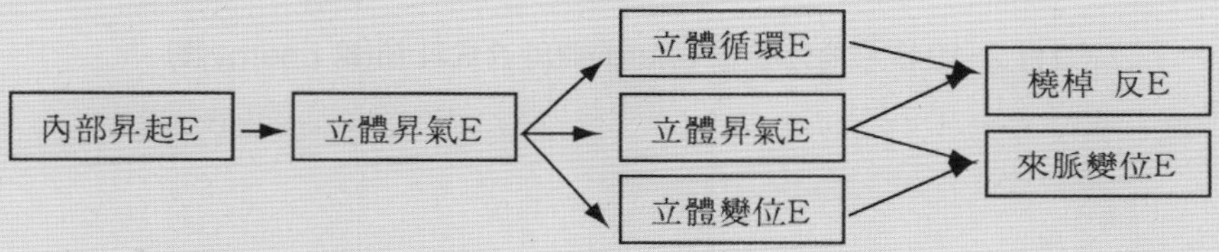

〈그림 2-102〉 Energy 構造圖

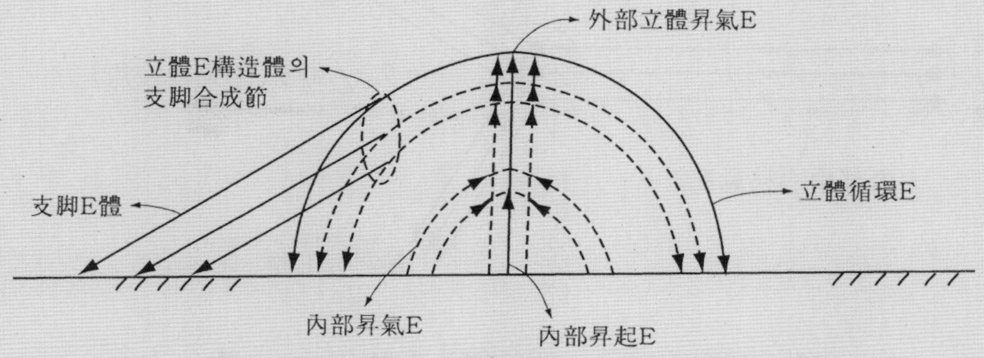

〈그림 2-103〉 支脚 Energy의 合成과 節(立體 E)

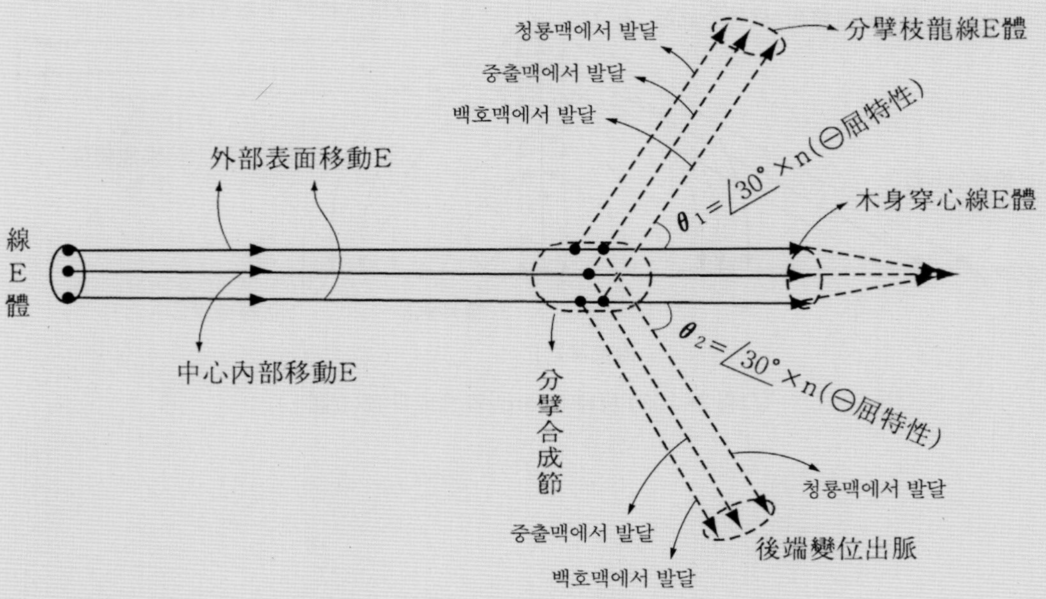

〈그림 2-104〉 枝龍分擘 線 Energy體의 合成과 節(線 Energy體)

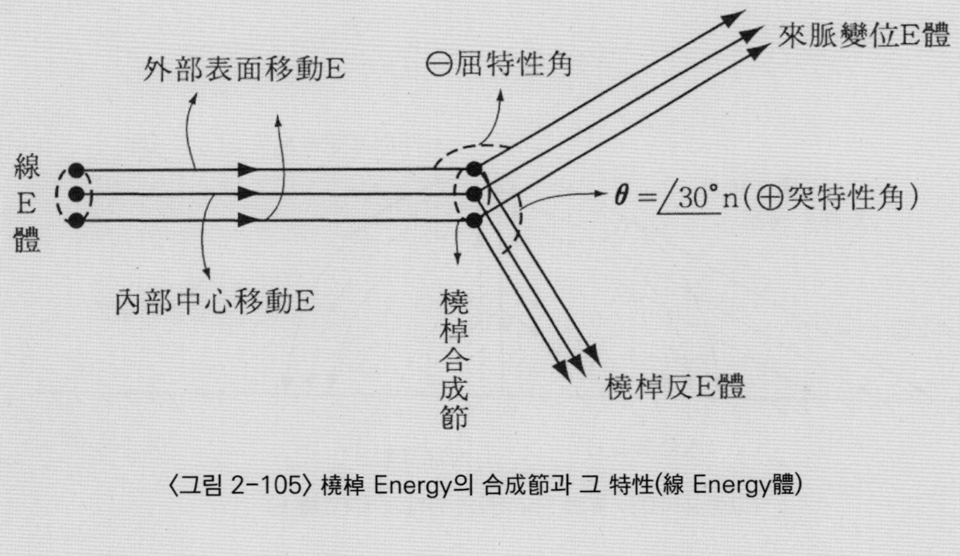

〈그림 2-105〉 橈棹 Energy의 合成節과 그 特性(線 Energy體)

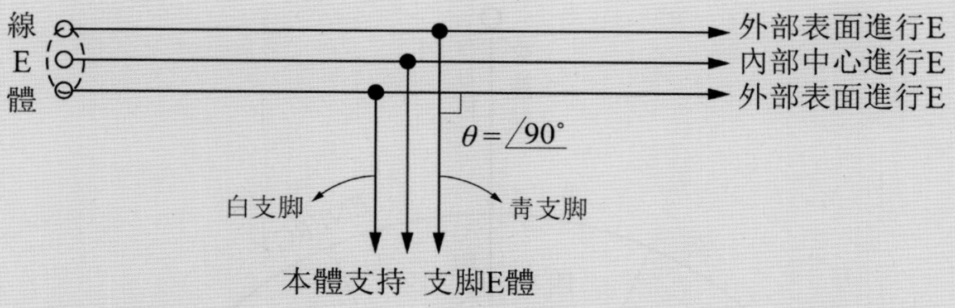

〈그림 2-106〉 支脚 Energy의 合成節과 그 特性(線 Energy體)

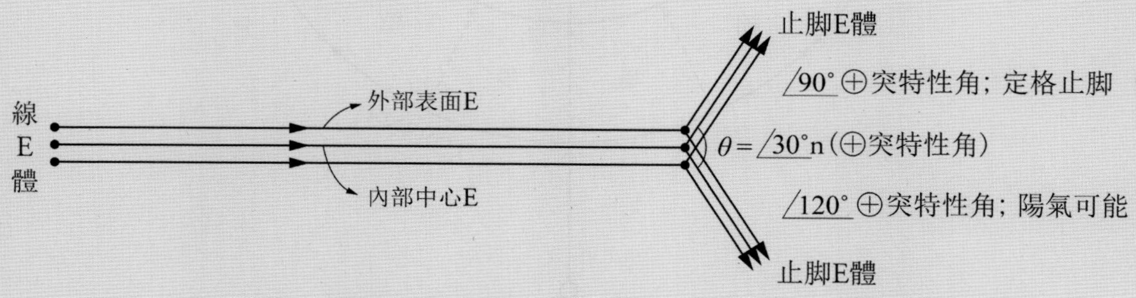

〈그림 2-107〉 止脚 Energy 合成節과 그 特性(線 Energy體)

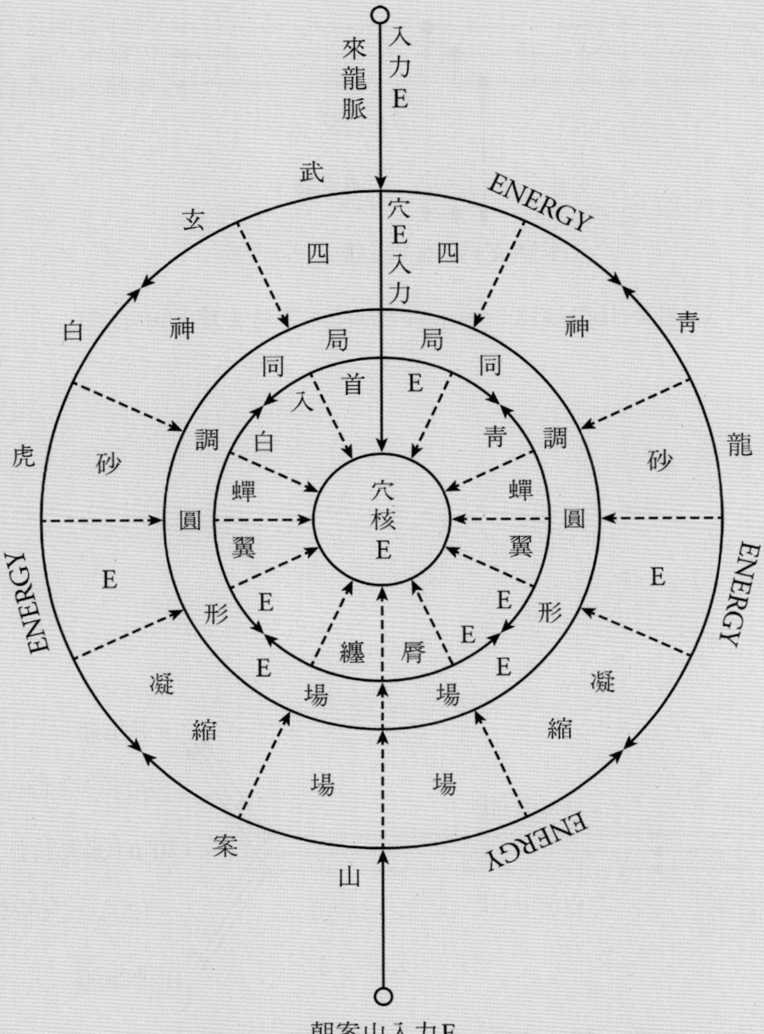

〈그림 2-108〉 四神砂의 凝縮 Energy 發生 原理圖

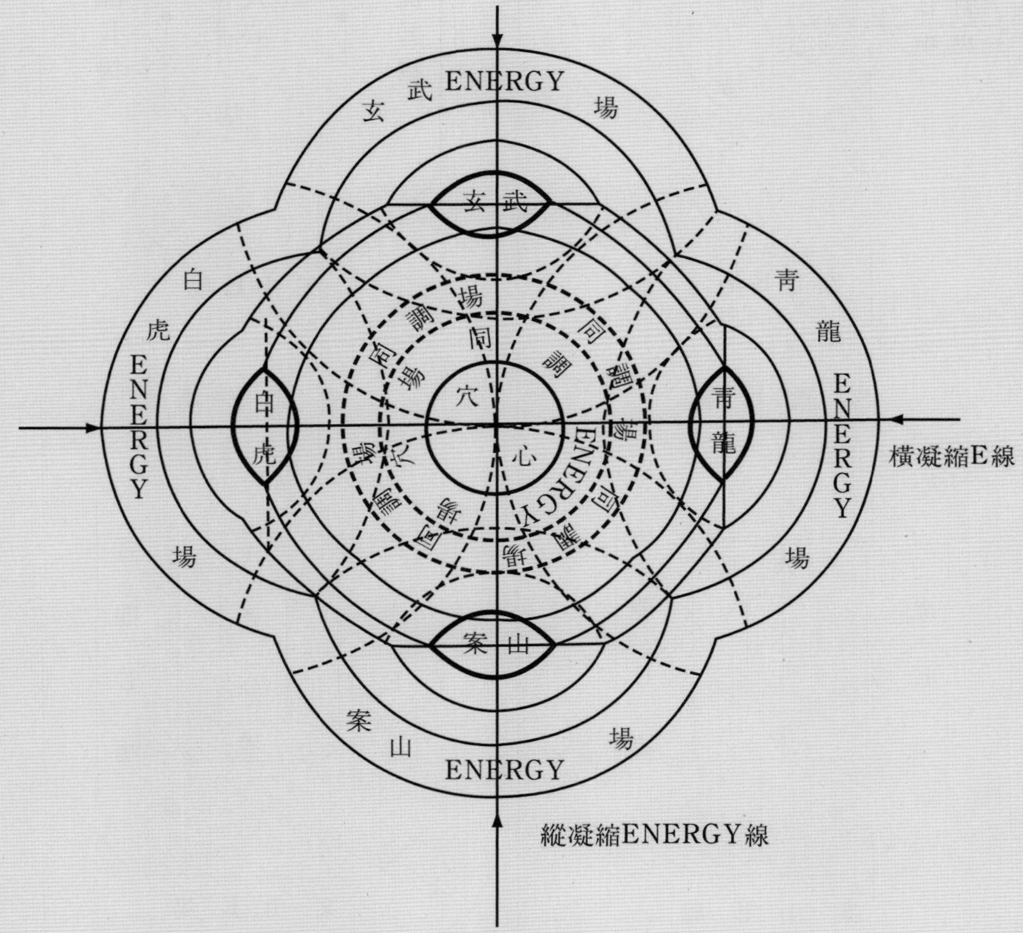

〈그림 2-109〉 四神砂의 凝縮 同調 Energy場 形成 原理圖

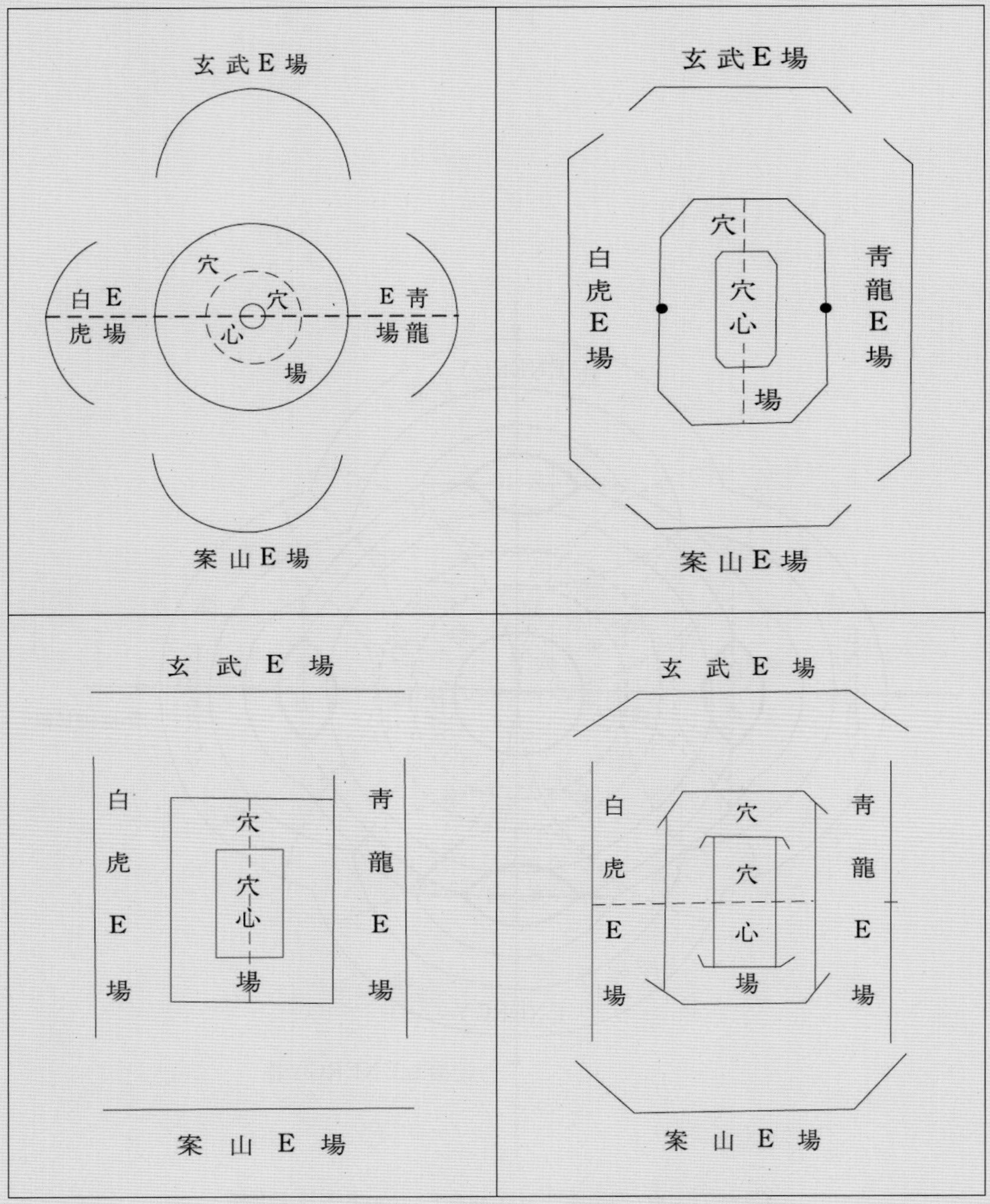
玄武E場
白E虎場
穴
穴
心
場
E青場龍
案山E場
玄武E場
穴
白虎E場
穴心
場
青龍E場
案山E場
玄武E場
白虎E場
穴
穴心
場
青龍E場
案山E場
玄武E場
白虎E場
穴
穴
心
場
青龍E場
案山E場

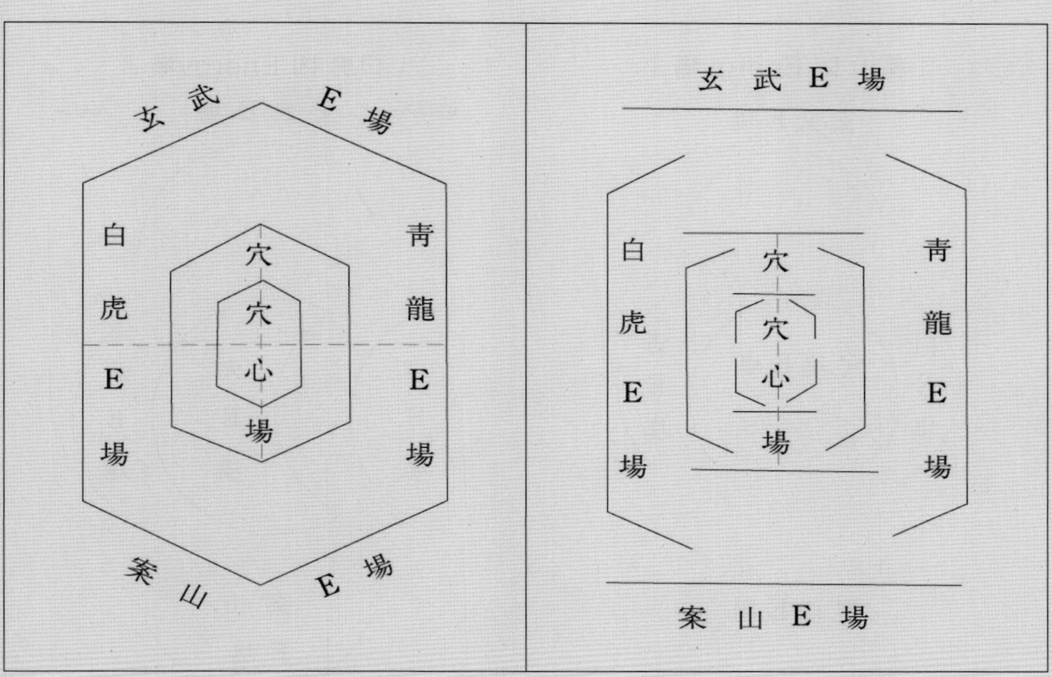

〈그림 2-110〉 善吉 同調 Energy場과 그 穴場 및 穴心

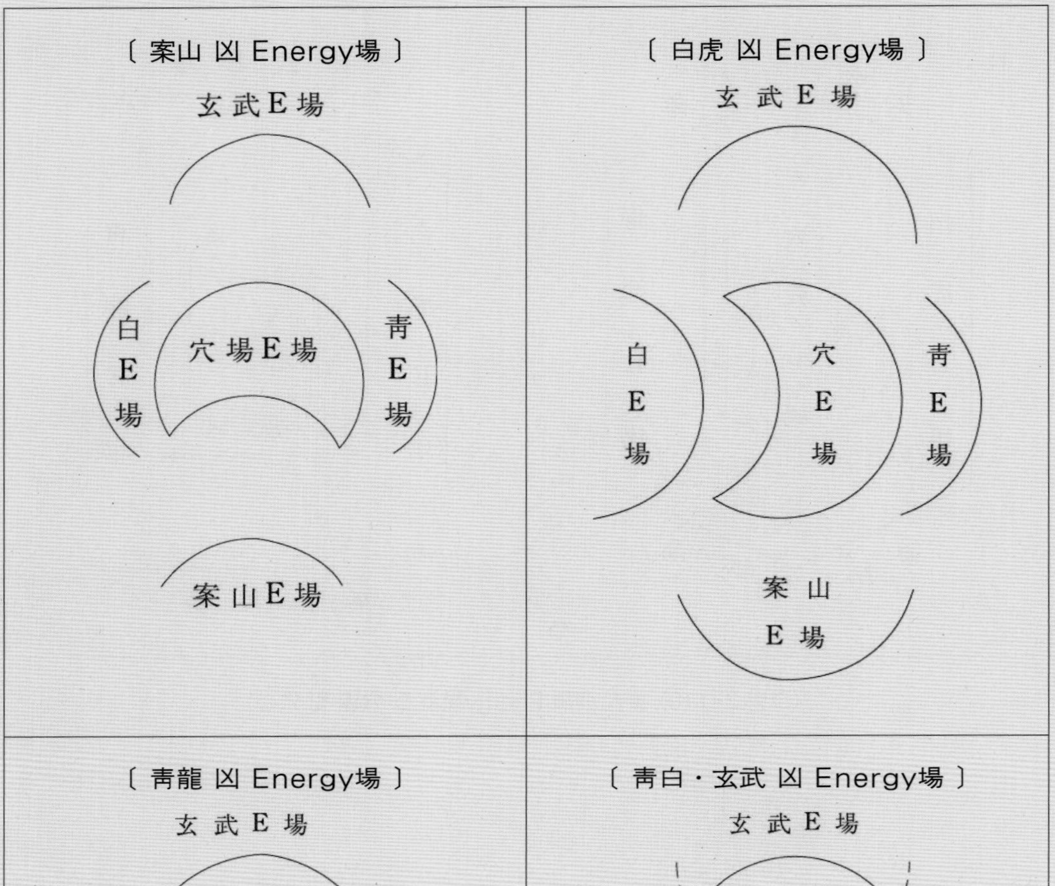
〔 案山 凶 Energy場 〕
玄武E場
白E場
穴場E場
青E場
案山E場
〔 白虎 凶 Energy場 〕
玄 武 E 場
白E場
穴E場
青E場
案山E場
〔 青龍 凶 Energy場 〕
玄 武 E 場
白E場
穴E場
青E場
案 山 E 場
〔 青白・玄武 凶 Energy場 〕
玄 武 E 場
白E場
穴E場
青E場
案 山 E 場

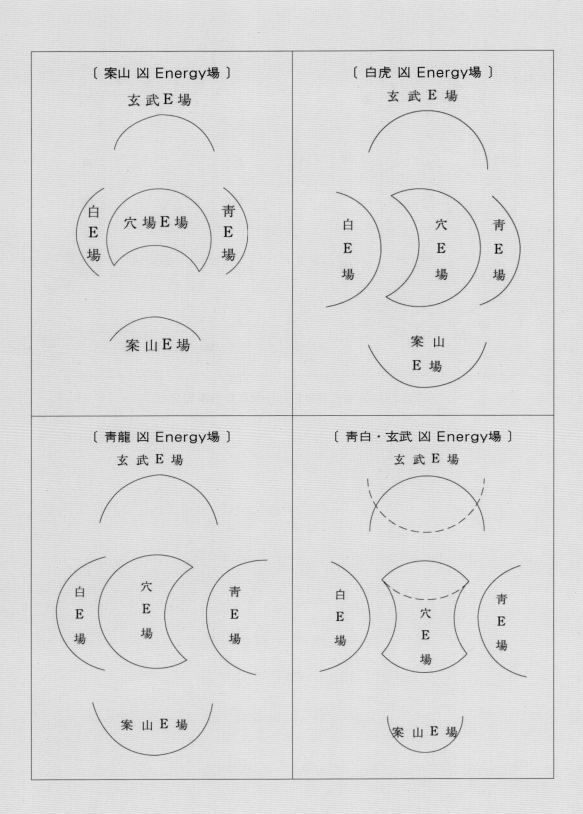

〔 玄武・案山 凶 Energy場 〕

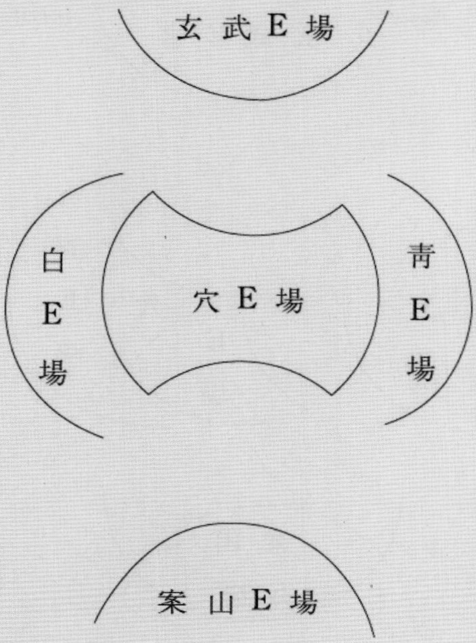

〔 白虎・案山 凶 Energy場 〕

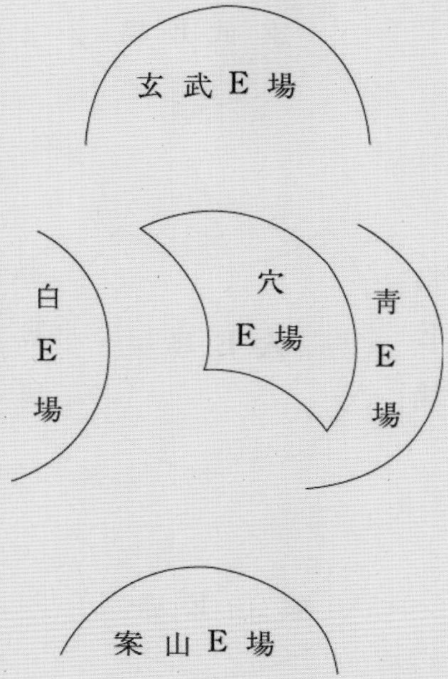

〔 青龍・案山 凶 Energy場 〕

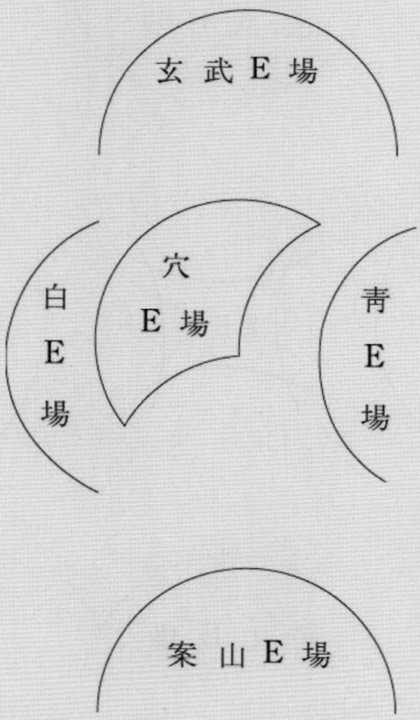

〔 青白・案山 凶 Energy場 〕

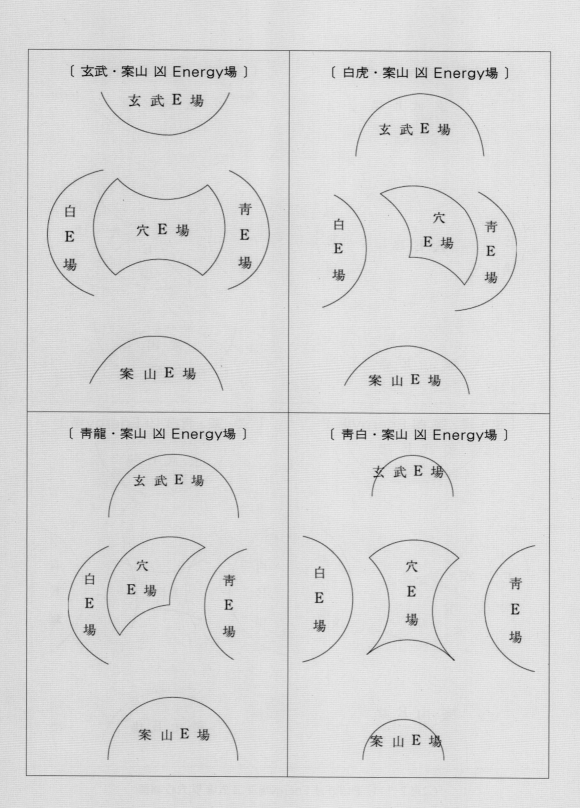

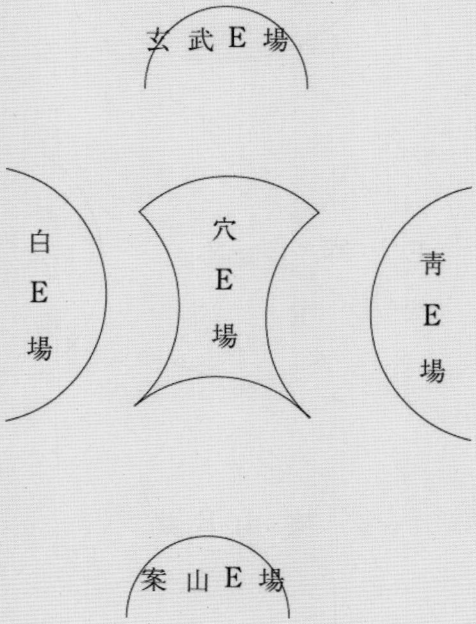

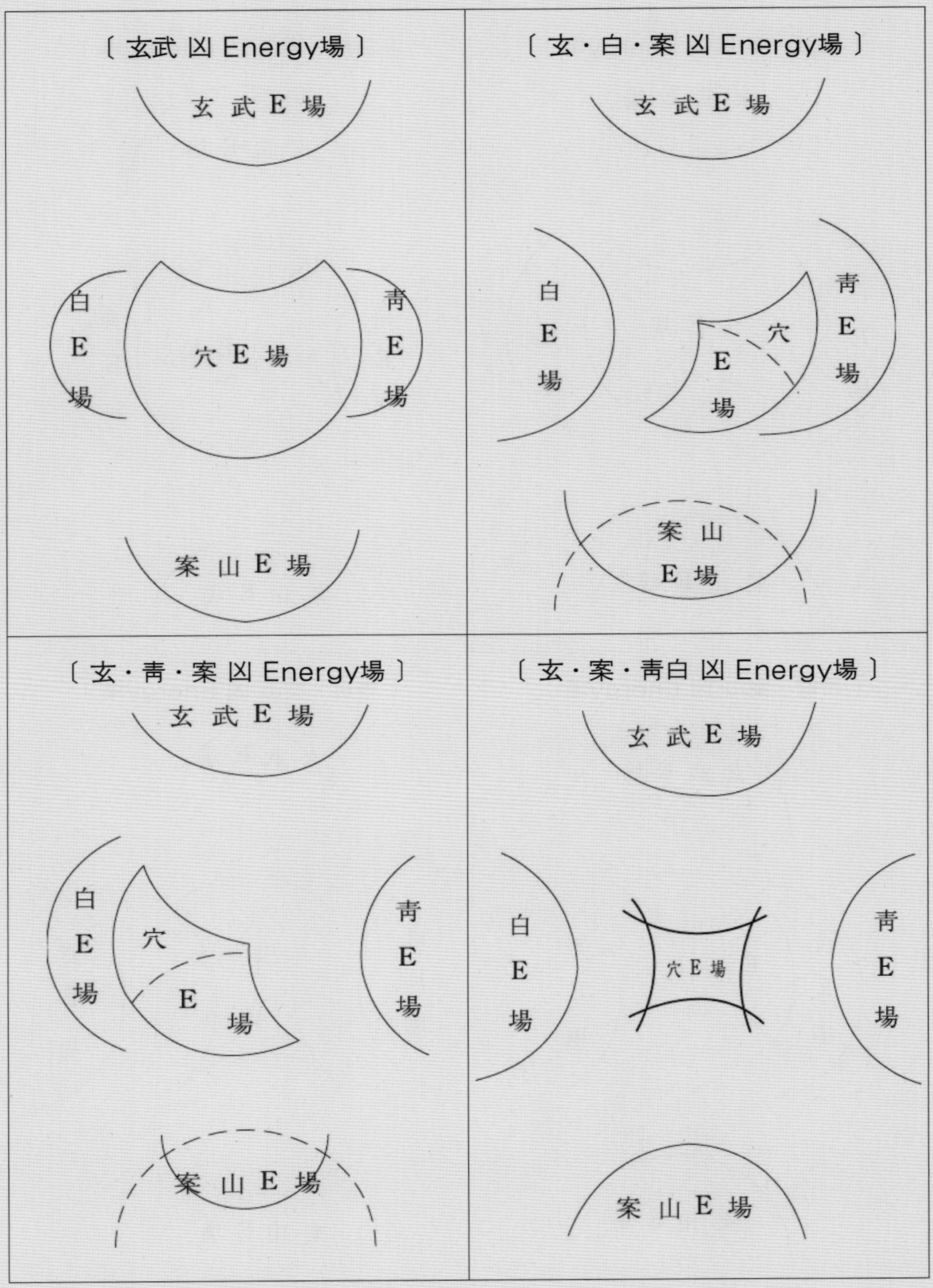

〈그림 2-111〉 惡凶 干涉 Energy場과 그 穴場 및 穴心 略圖

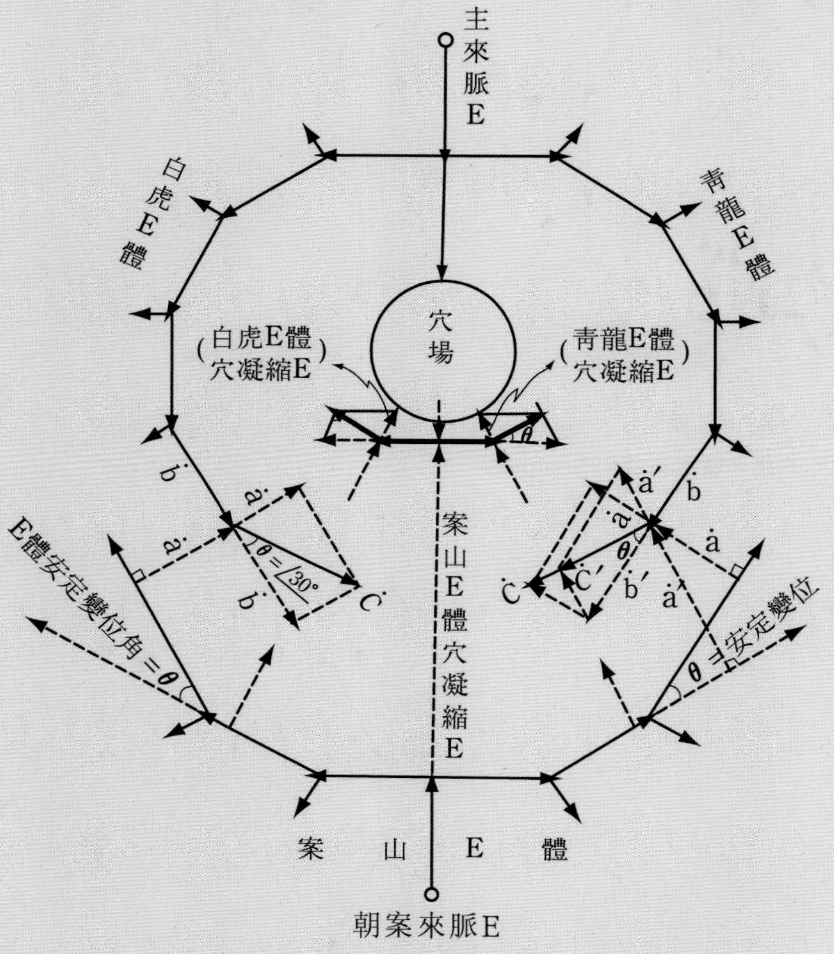

〈그림 2-112〉 案山 Energy 發生과 穴凝縮 原理圖

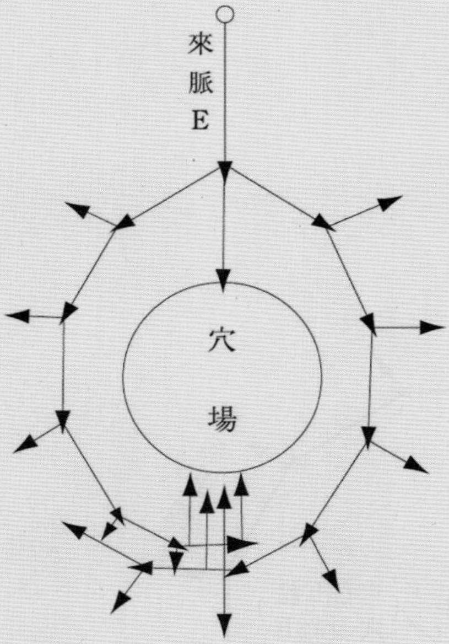

案 山 E 體

〈그림 2-113〉 靑龍 本體 餘氣 案山 Energy體

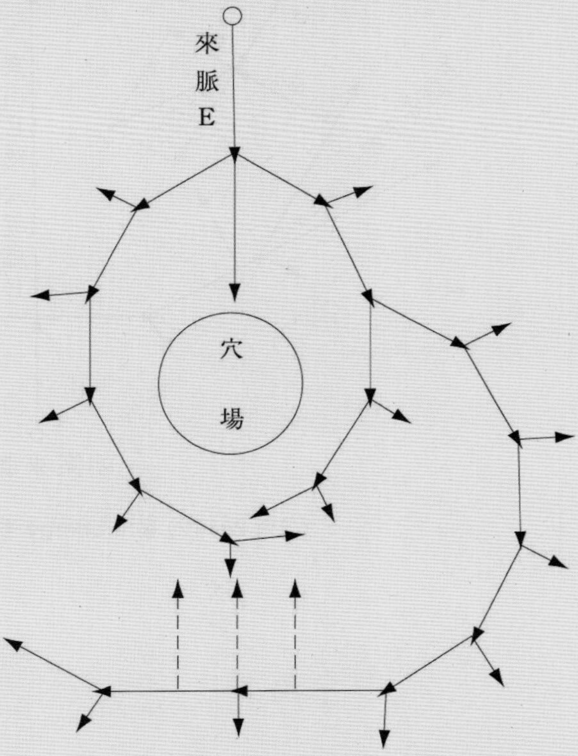

案 山 E 體

〈그림 2-114〉 靑龍 分擘 餘氣 案山 Energy體

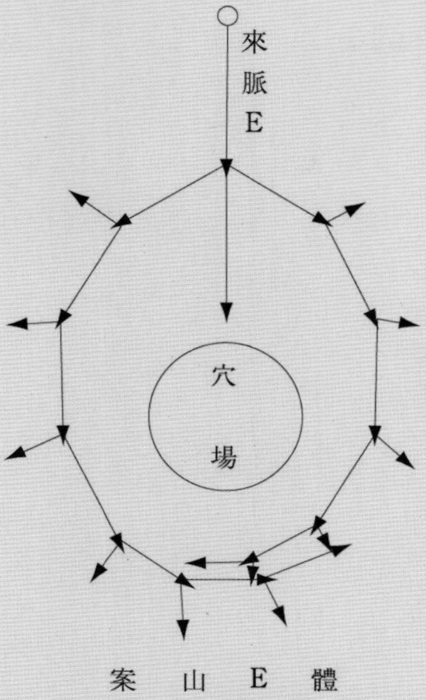

〈그림 2-115〉 白虎 本體 餘氣 案山 Energy體

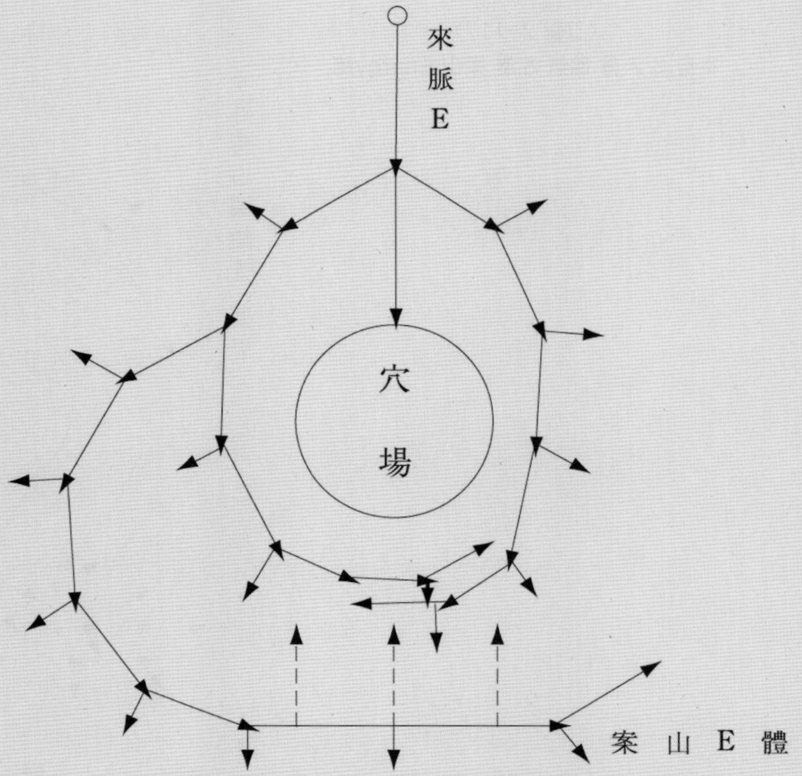

〈그림 2-116〉 白虎 分擘 餘氣 案山 Energy體

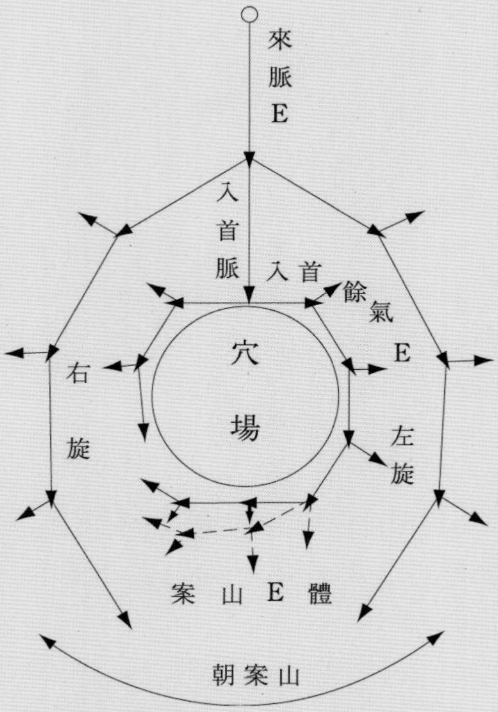

〈그림 2-117〉
本身出 入首 餘氣 左旋 案山 Energy體

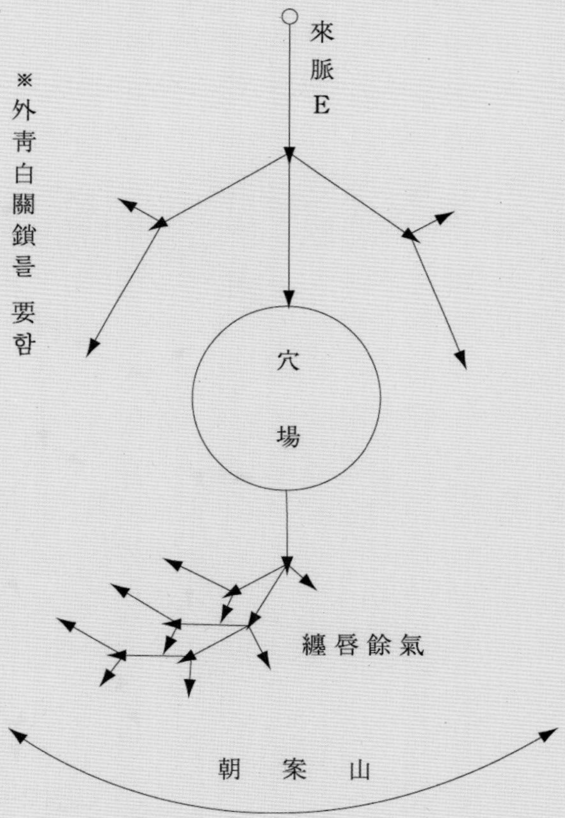

〈그림 2-118〉 纏脣 餘氣 案山 Energy體

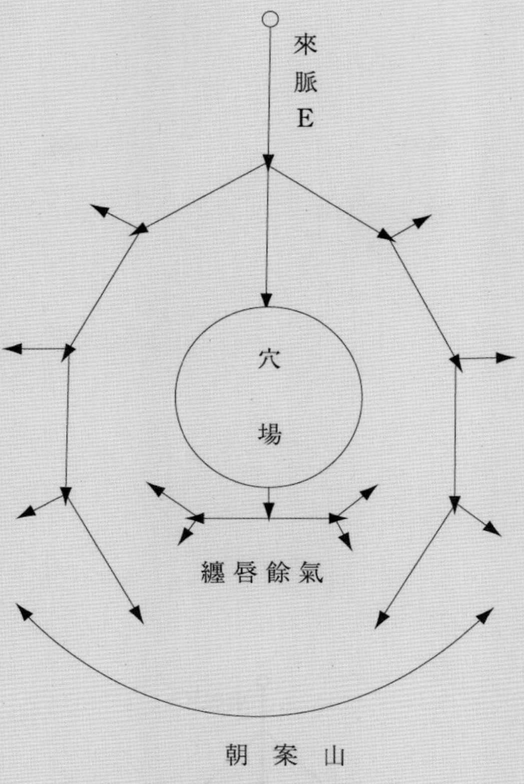

〈그림 2-119〉 纏脣 餘氣 案山 Energy體

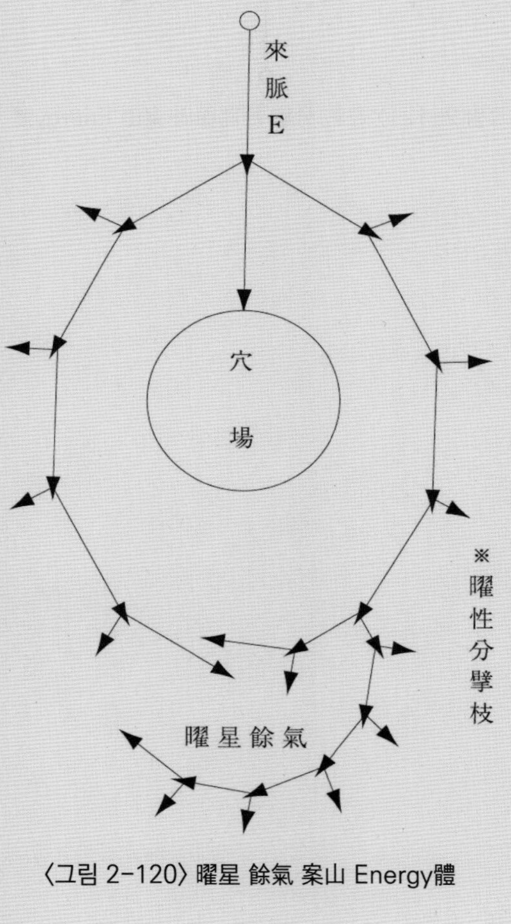

〈그림 2-120〉 曜星 餘氣 案山 Energy體

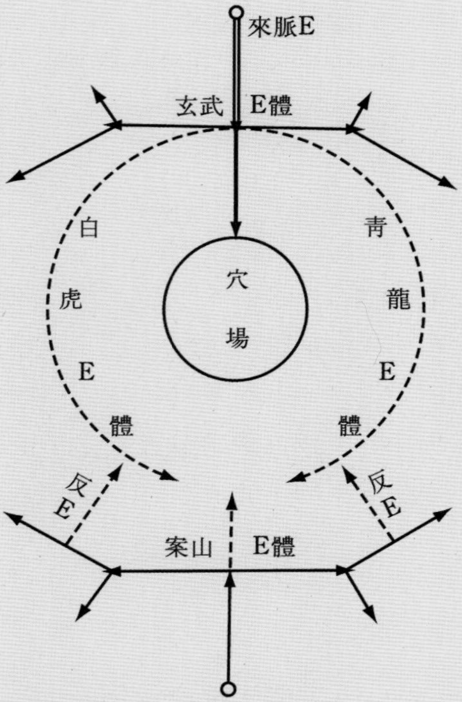

〈그림 2-121〉 左右 分擘 展開面의 案山 Energy體

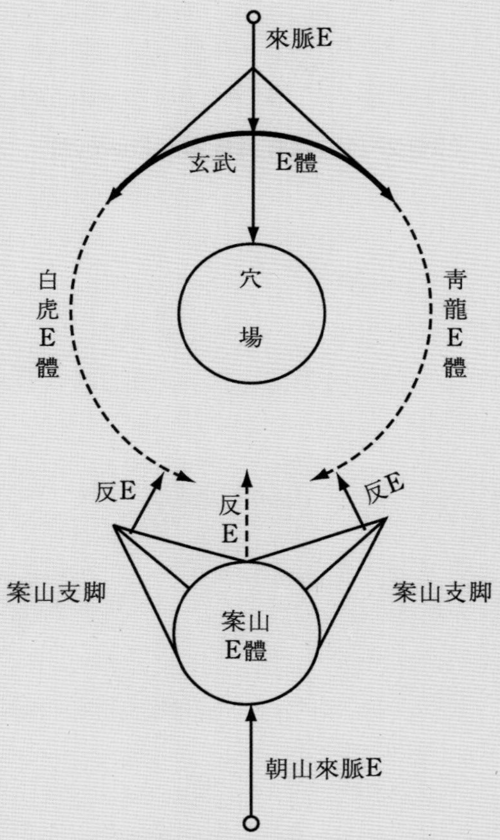

〈그림 2-122〉 枝龍獨龍 또는 獨山의 圓形 案山 Energy體

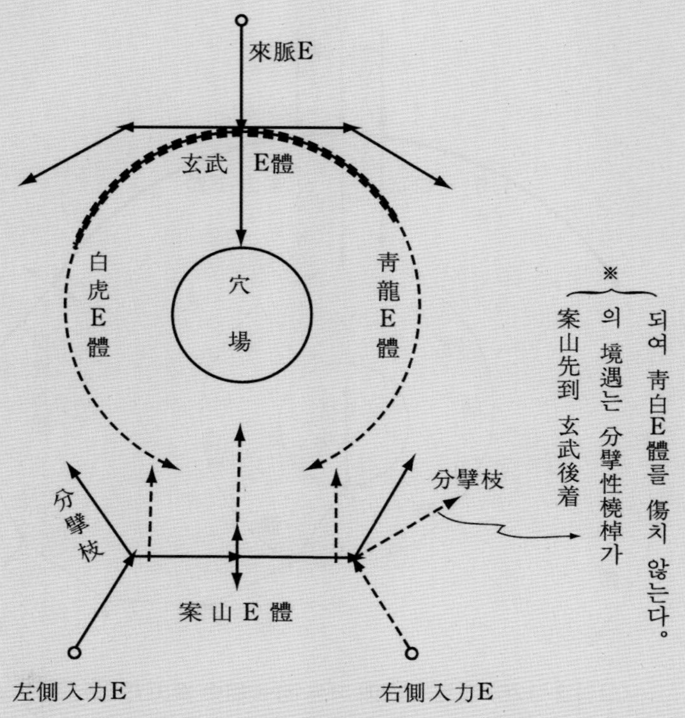

〈그림 2-123〉 左 또는 右側 來脈의 橫帶案山 Energy體

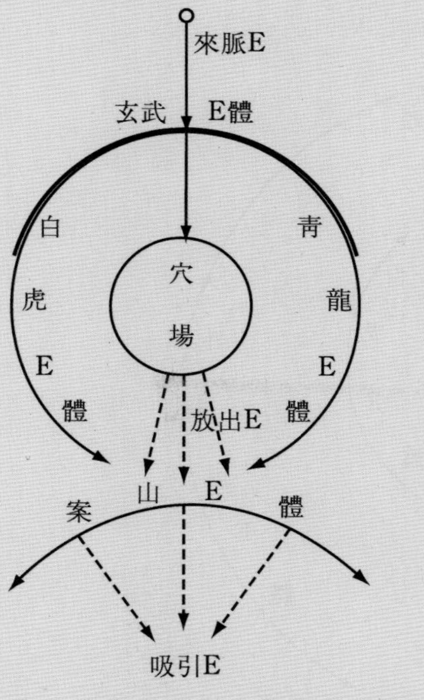

〈그림 2-124〉 反弓形 背逆 案山 Energy體

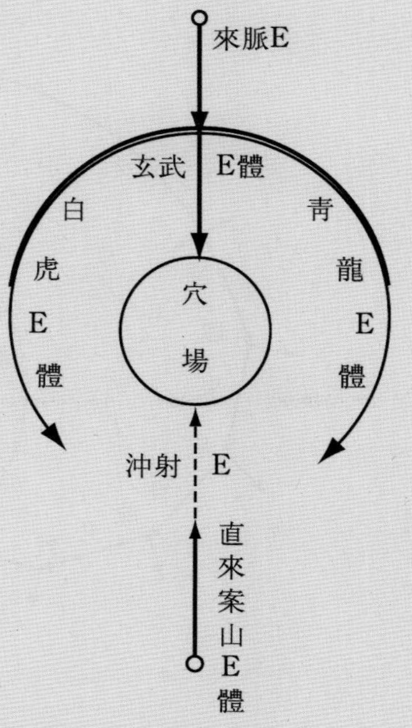

〈그림 2-125〉 沖射形의 直來案山 Energy體

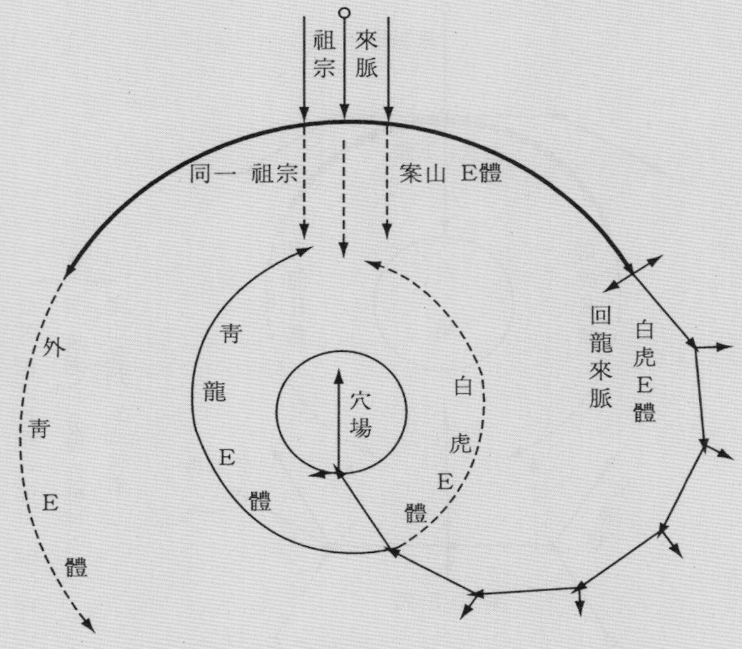

〈그림 2-126〉 左旋 成穴에 따른 同一 祖宗 案山 Energy體

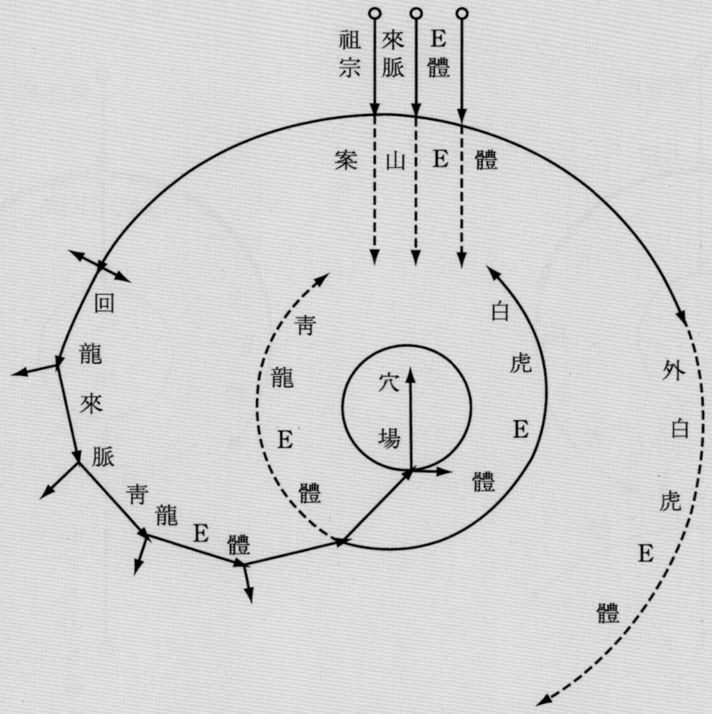

〈그림 2-127〉 右旋 成穴에 따른 同一 祖宗 案山 Energy體

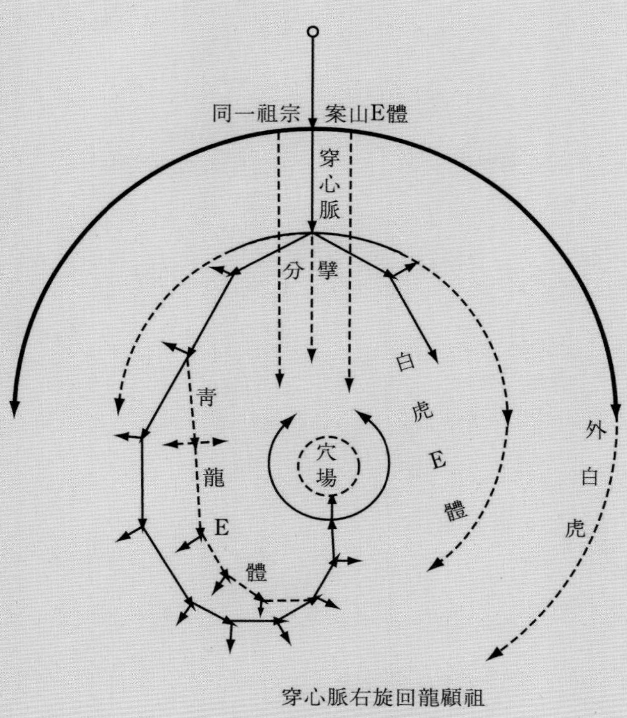

〈그림 2-128〉 穿心脈 回龍 成穴에 의한
同一 祖宗 案山 Energy體

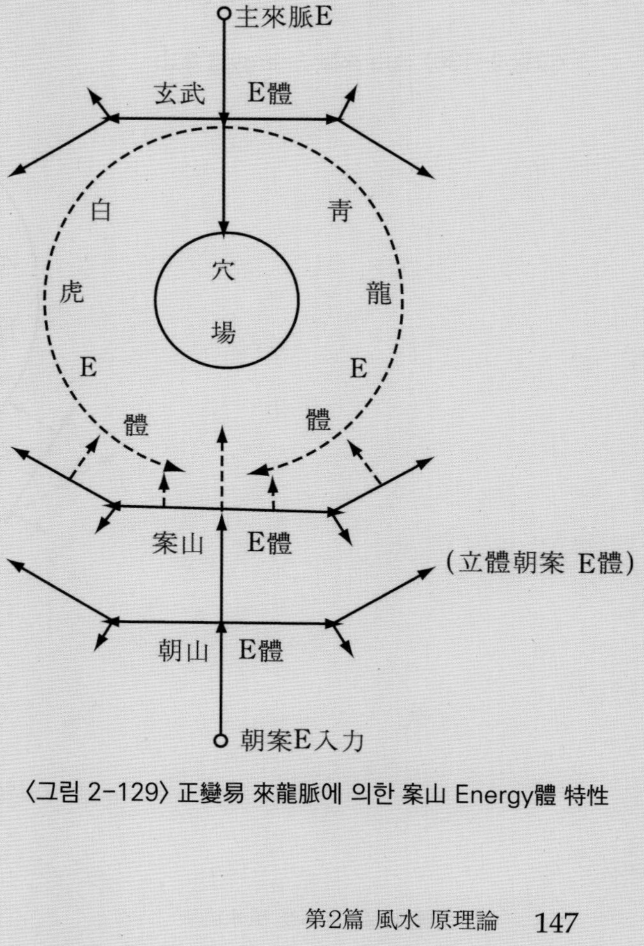

〈그림 2-129〉 正變易 來龍脈에 의한 案山 Energy體 特性

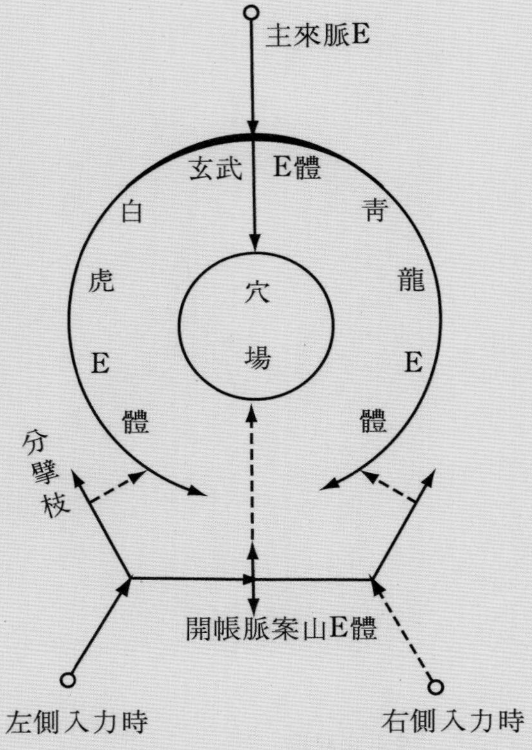

〈그림 2-130〉 他山 來脈 Energy體 案山

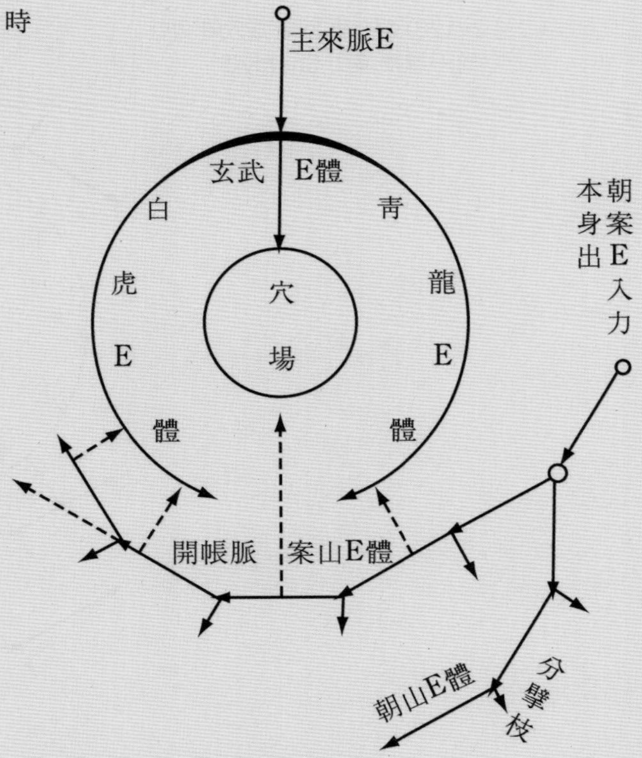

〈그림 2-131〉 本身出 祖山 來脈 Energy體 案山

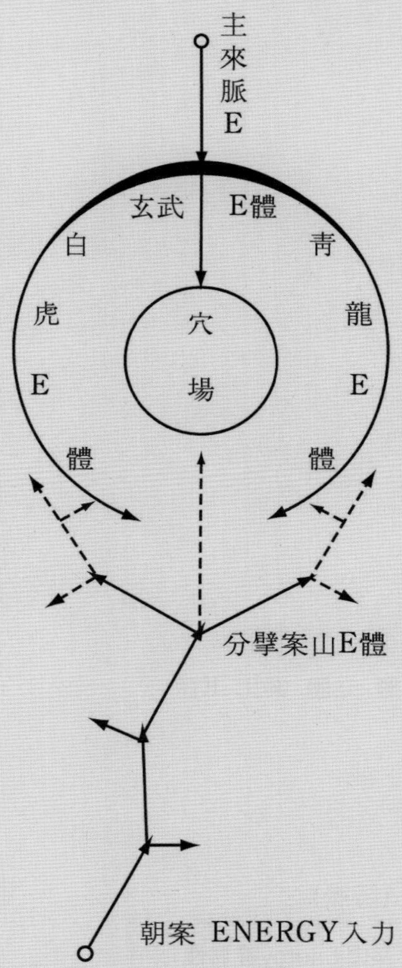

〈그림 2-132〉 縱變易 來龍脈에 의한
案山 Energy體 特性

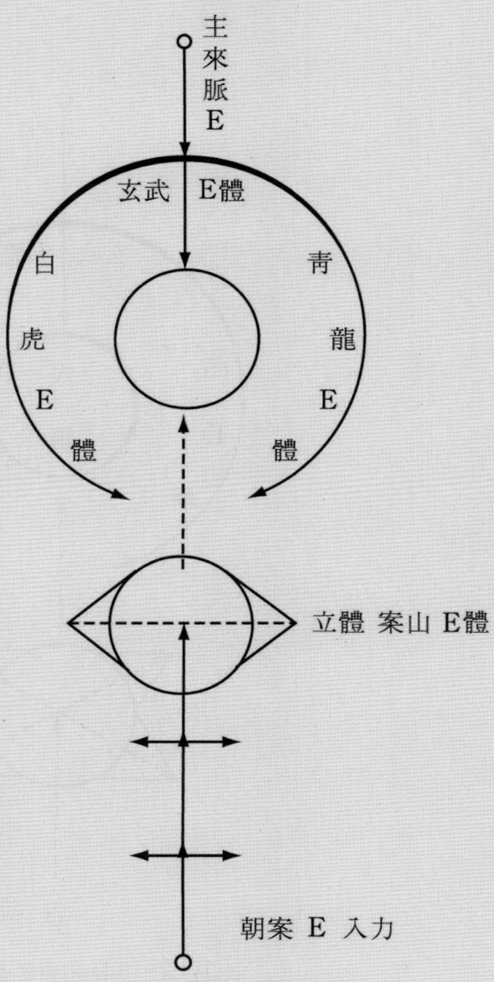

〈그림 2-133〉 垂變易 來龍脈에 의한
案山 Energy體 特性

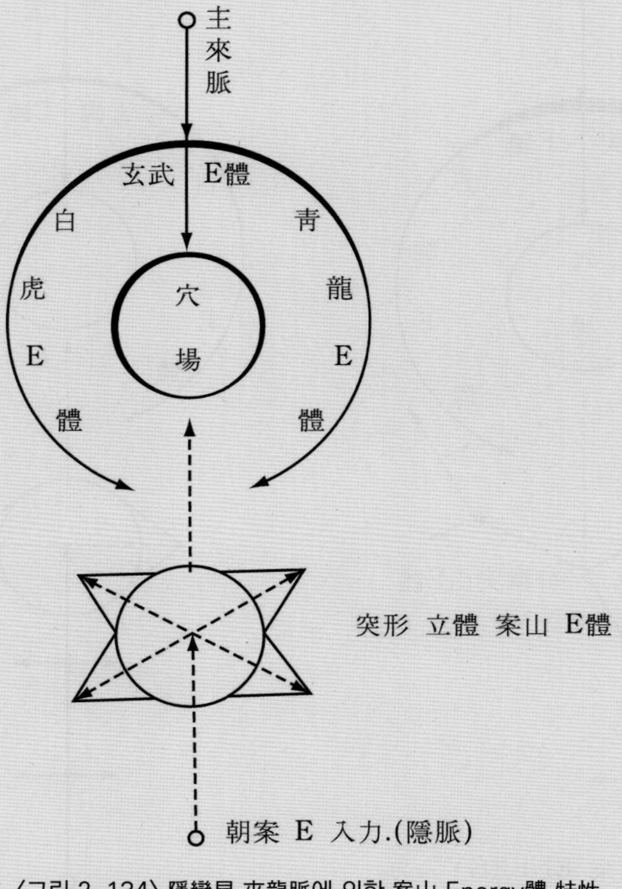

〈그림 2-134〉 隱變易 來龍脈에 의한 案山 Energy體 特性

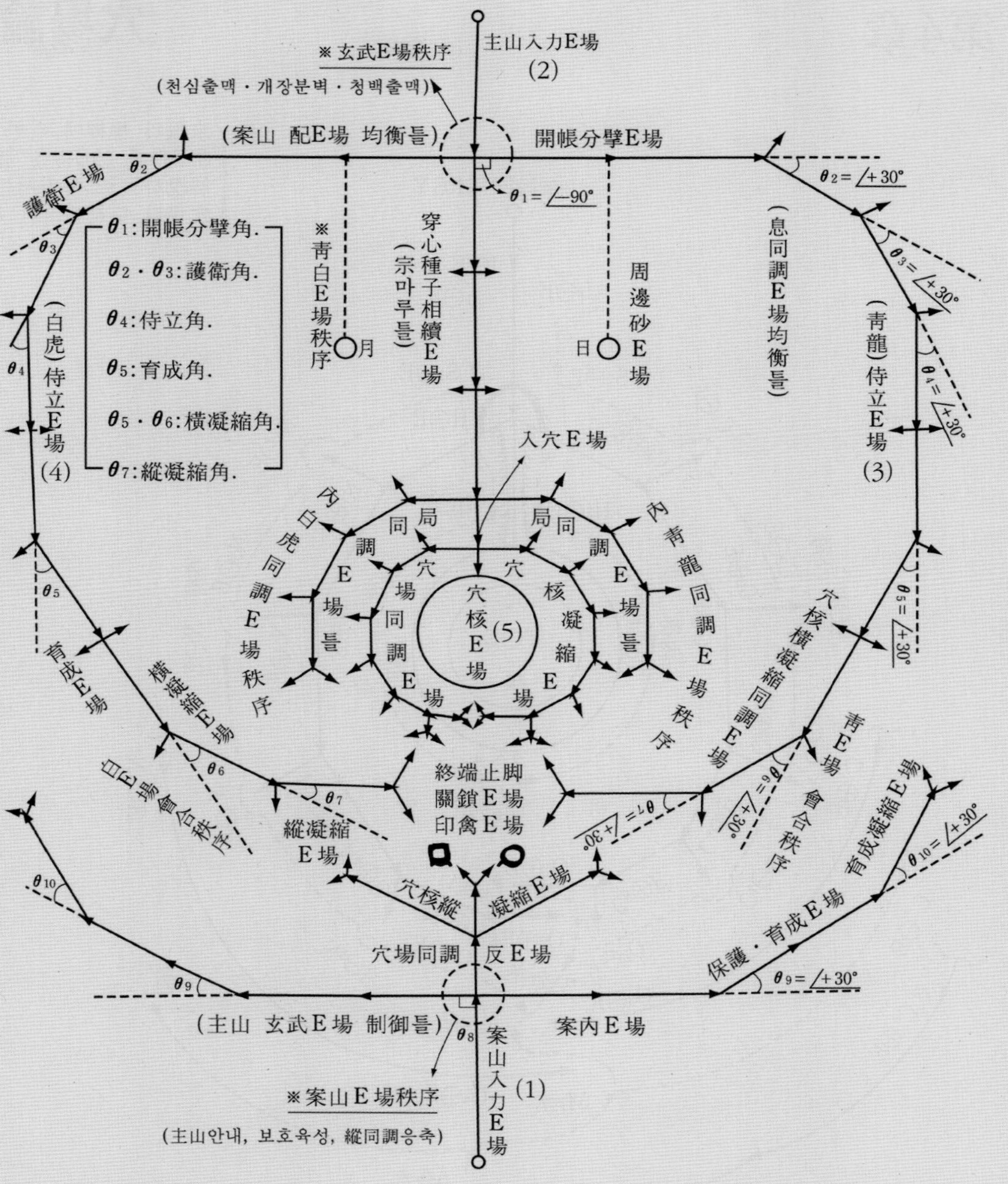

〈그림 2-135〉 局 同調 Energy場의 形成 秩序圖

但 ⎧ 來脈의 橈棹에 의한
⎨ ⊕E得과 ⊖E得은 別途로
⎨ 解說하므로 여기서는
⎩ 穴場만 다룬다.

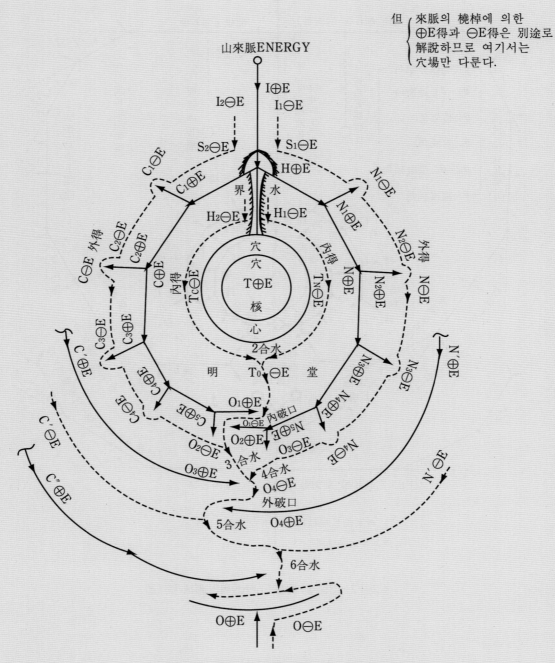

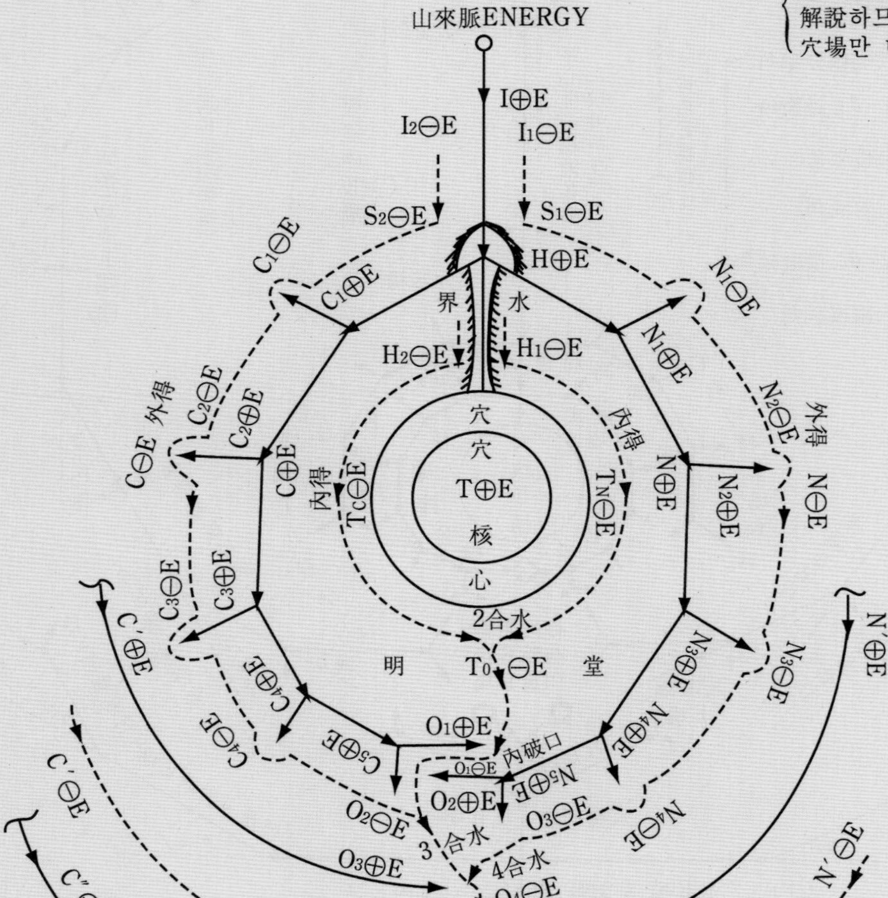

〈그림 2-136〉 穴場의 陰陽 Energy 合成原理

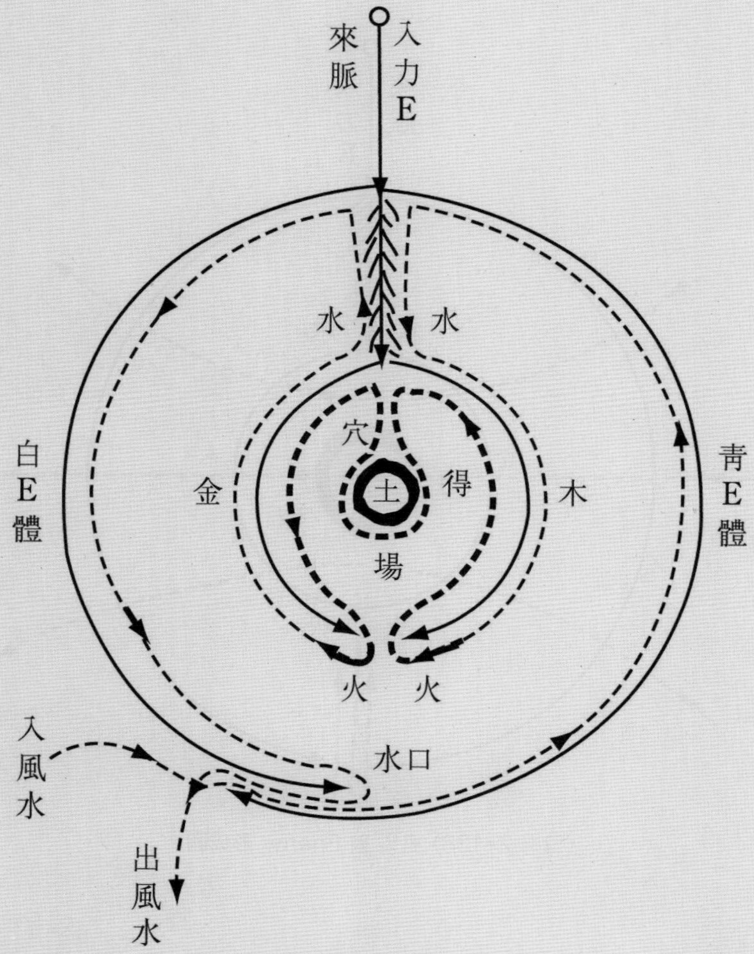

〈그림 2-137〉 風의 得 Energy 形成圖

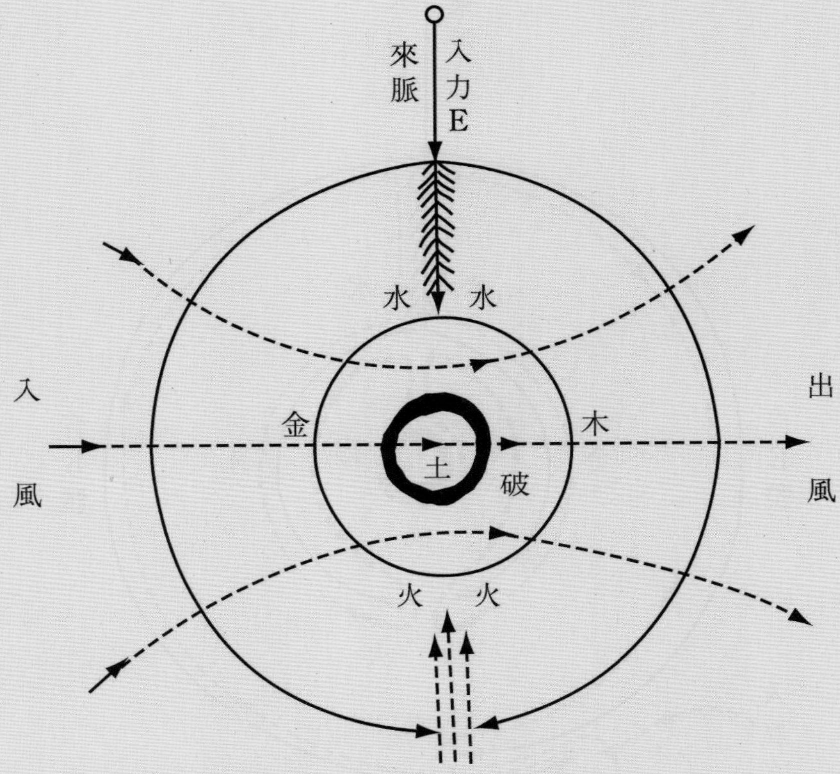

〈그림 2-138〉 風의 破 Energy 形成圖

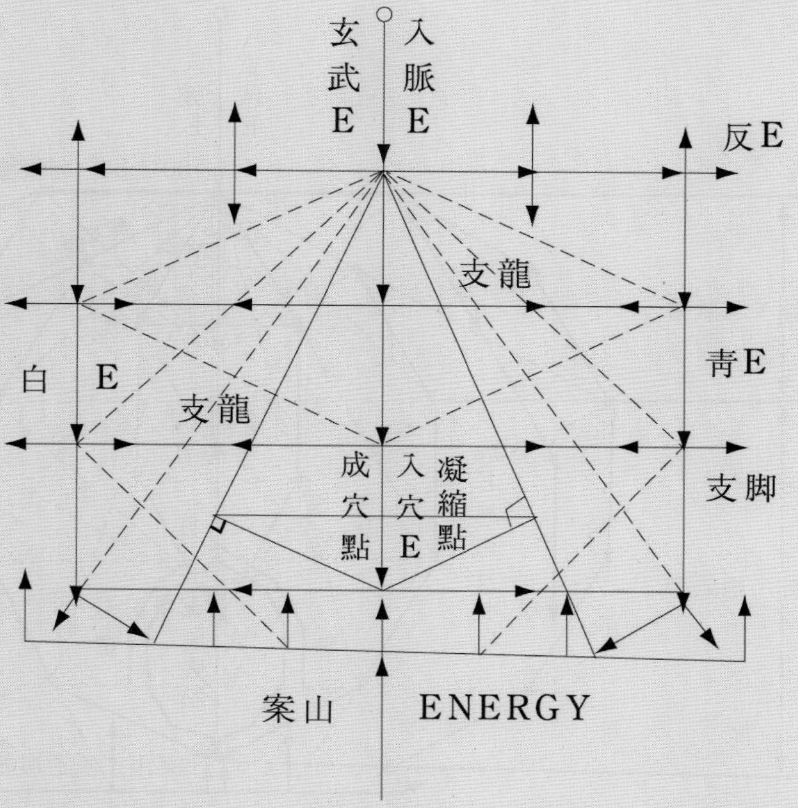

〈그림 2-139〉∠90° 開帳角의 境遇 (∠90° 變易角)

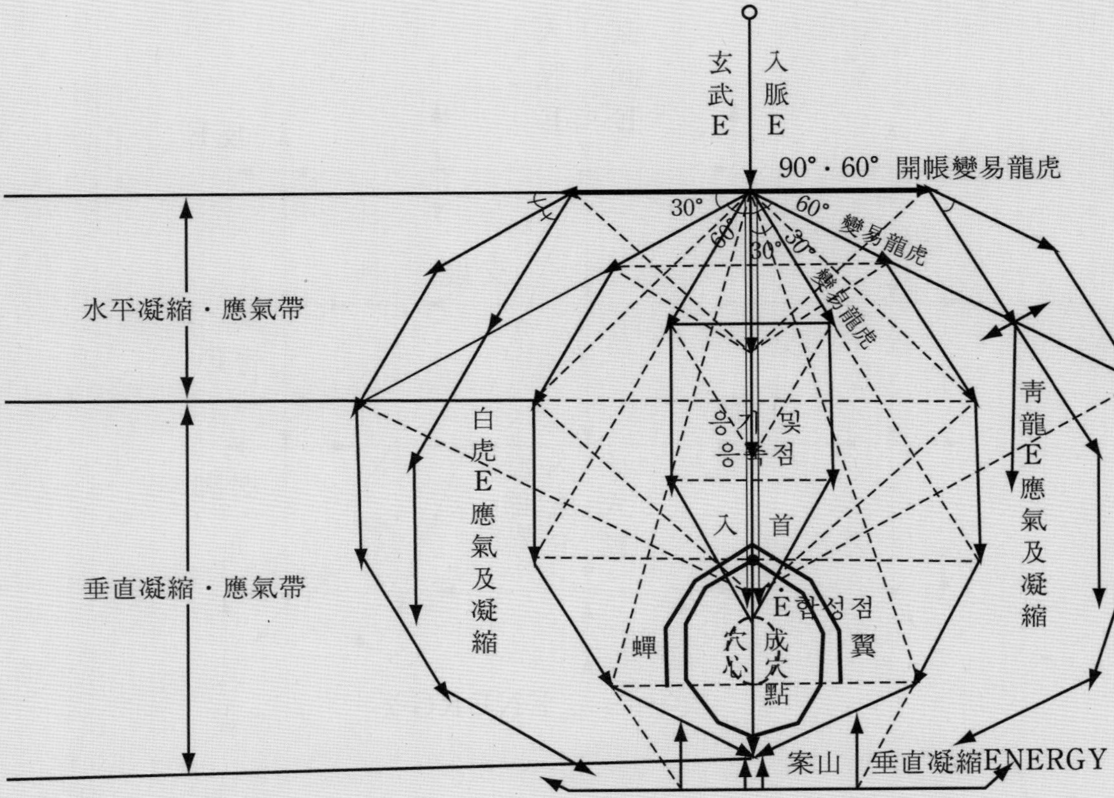

〈그림 2-140〉 ∠30°, ∠60° 開帳角 ∠30°, ∠60° 變易角의 境遇

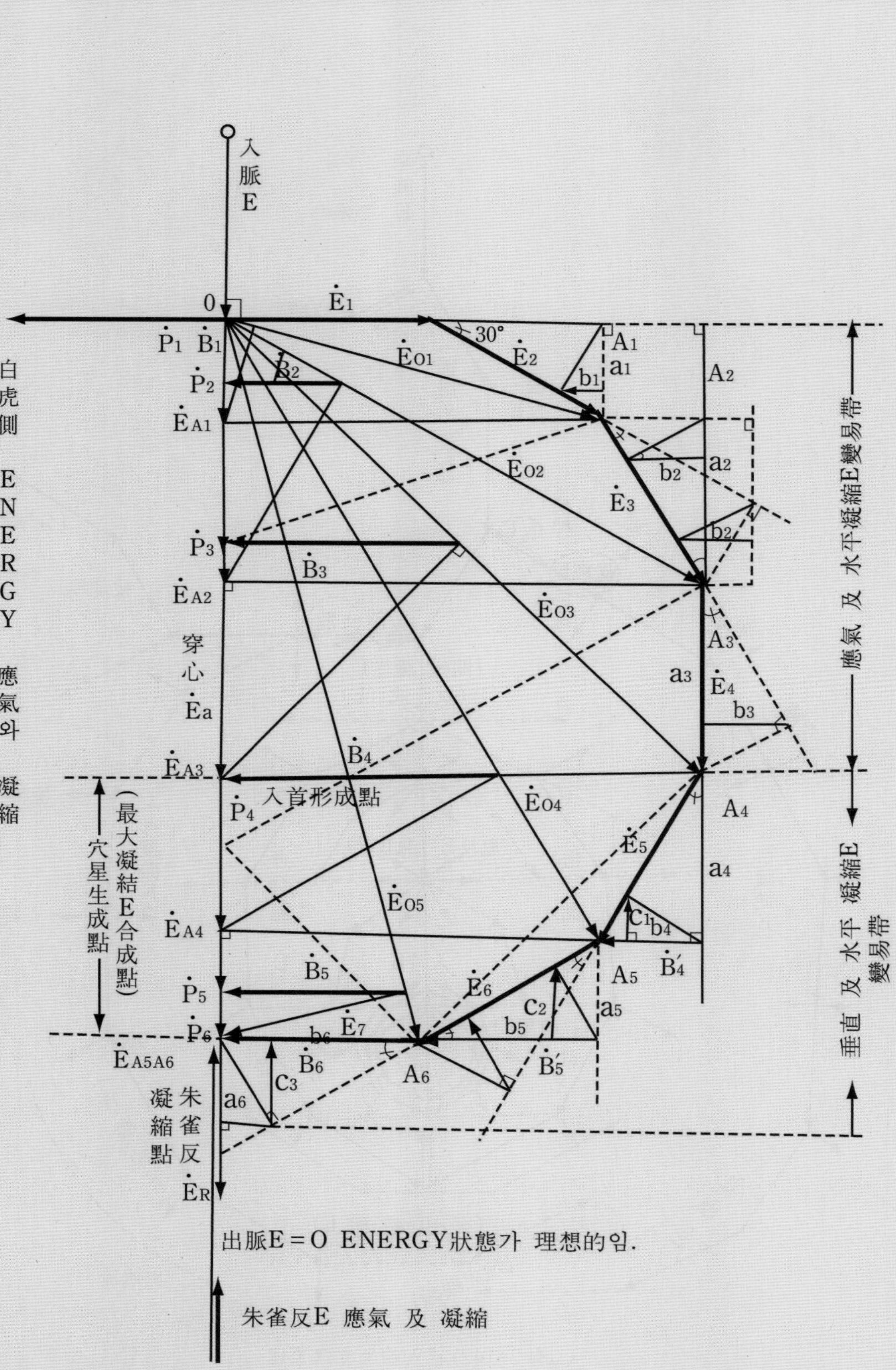

〈그림 2-141〉 成穴 原理 및 Energy 凝結 原理圖

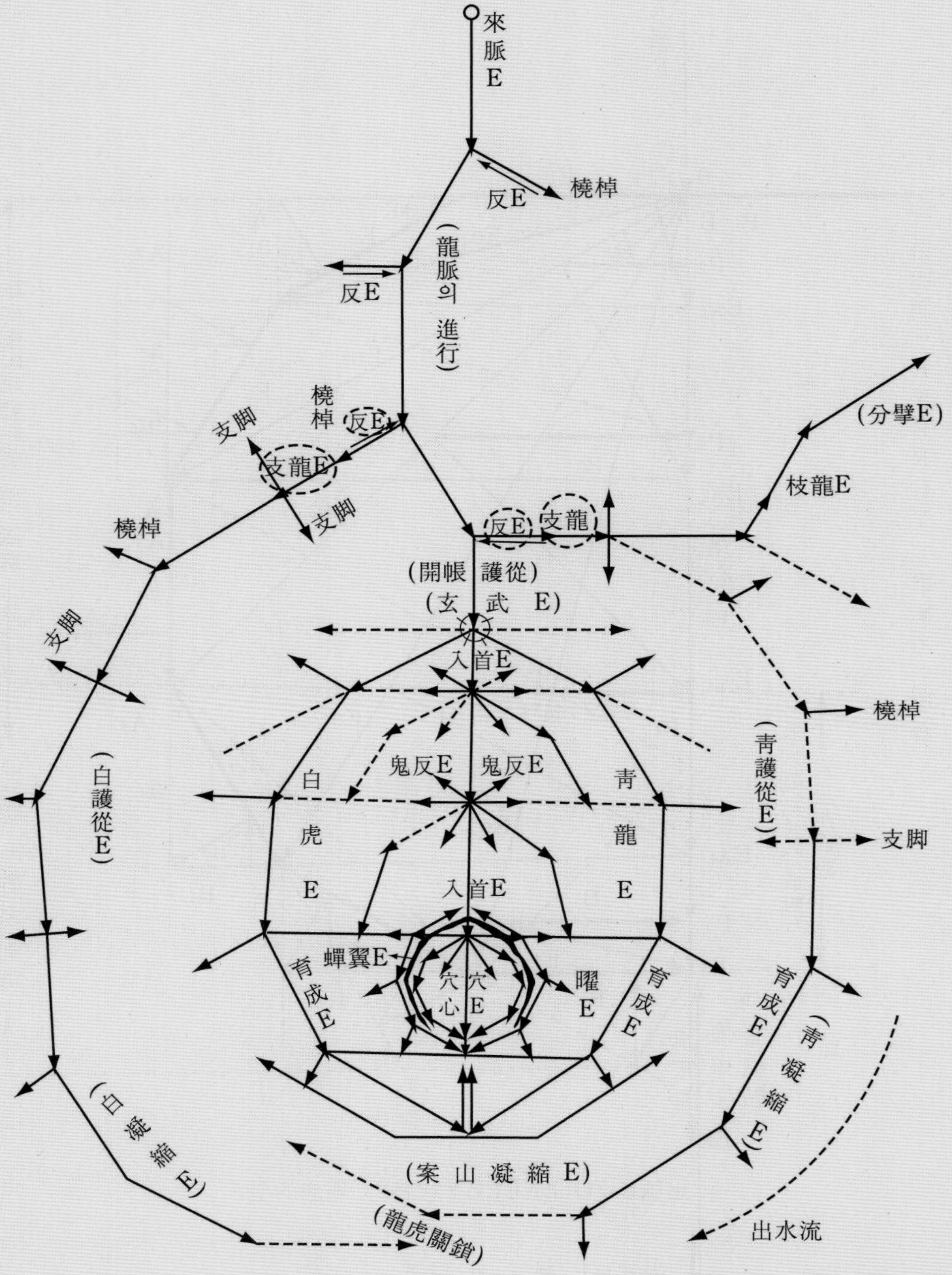

〈그림 2-142〉 直入 直坐 結穴 原理

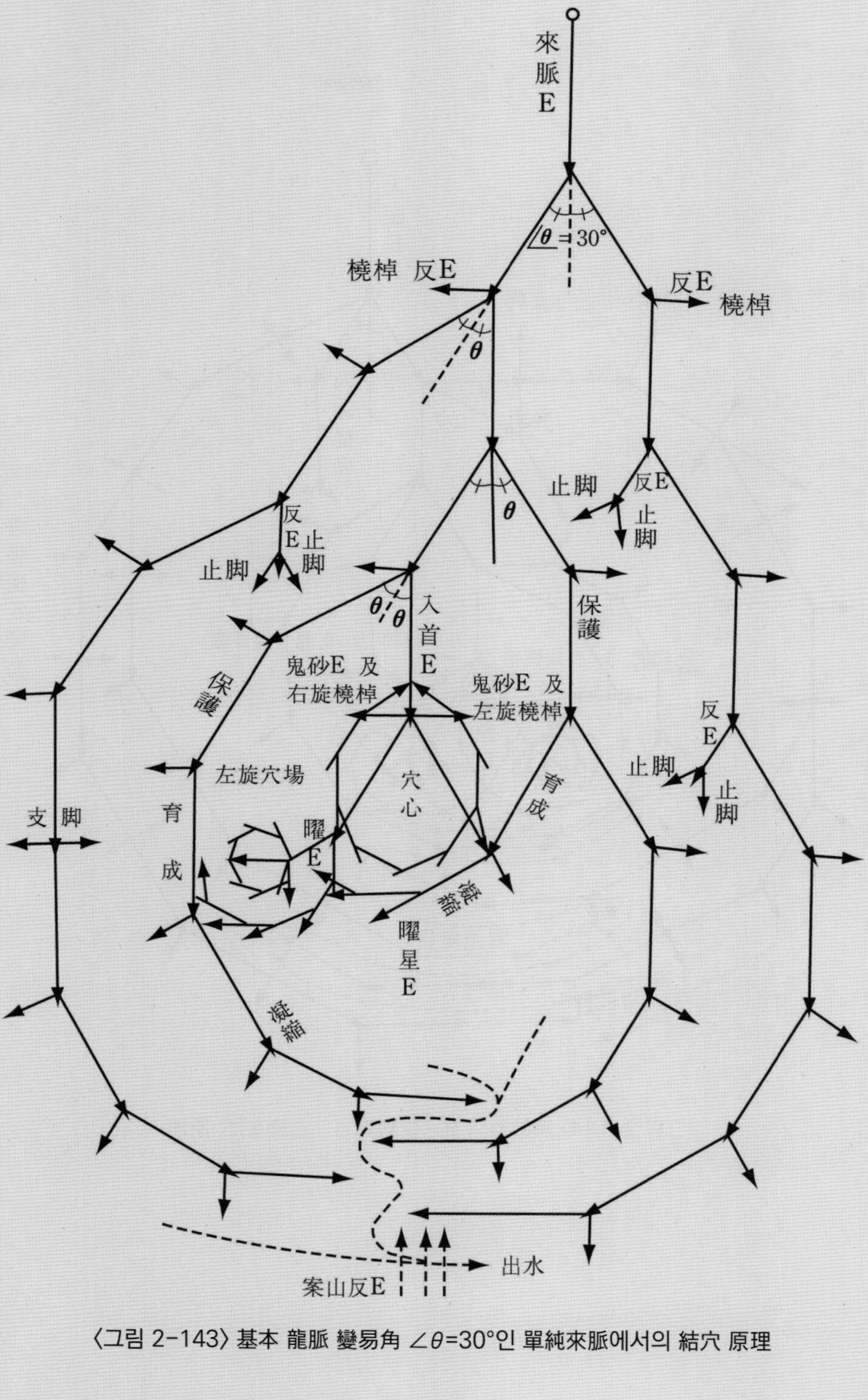

〈그림 2-143〉 基本 龍脈 變易角 ∠θ=30°인 單純來脈에서의 結穴 原理

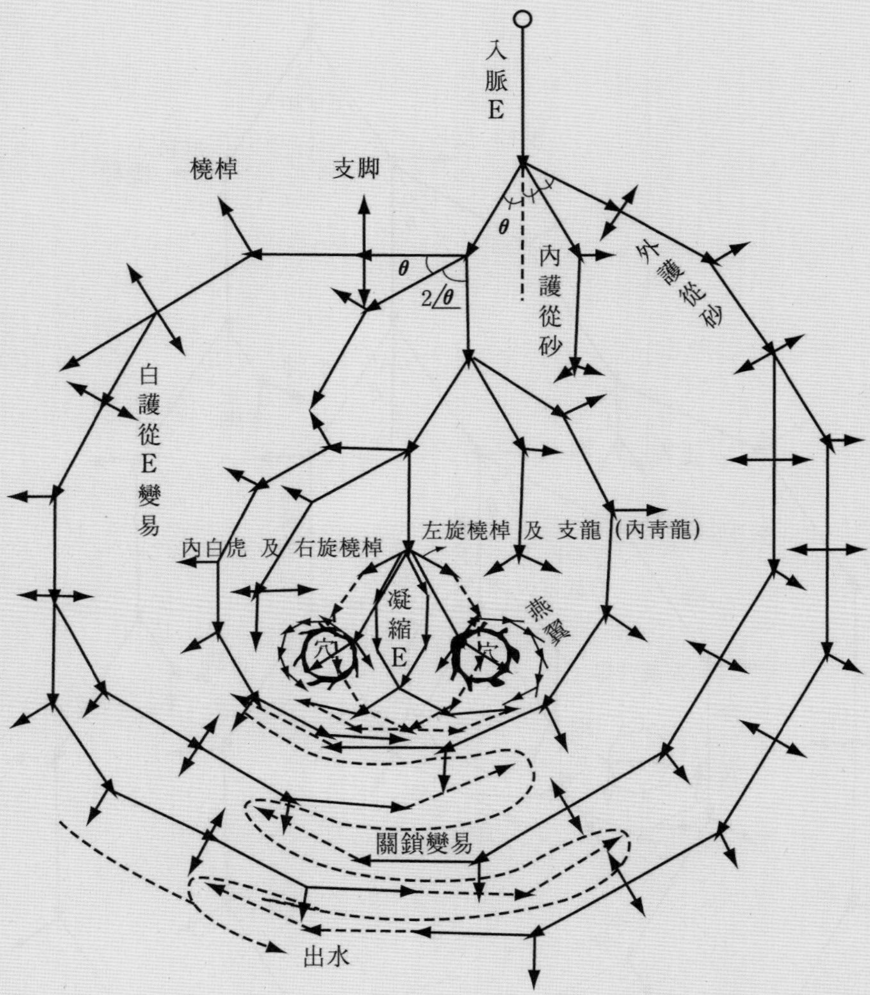

〈그림 2-144〉 護縱砂의 先 · 後到와 左 · 右旋 結穴 原理

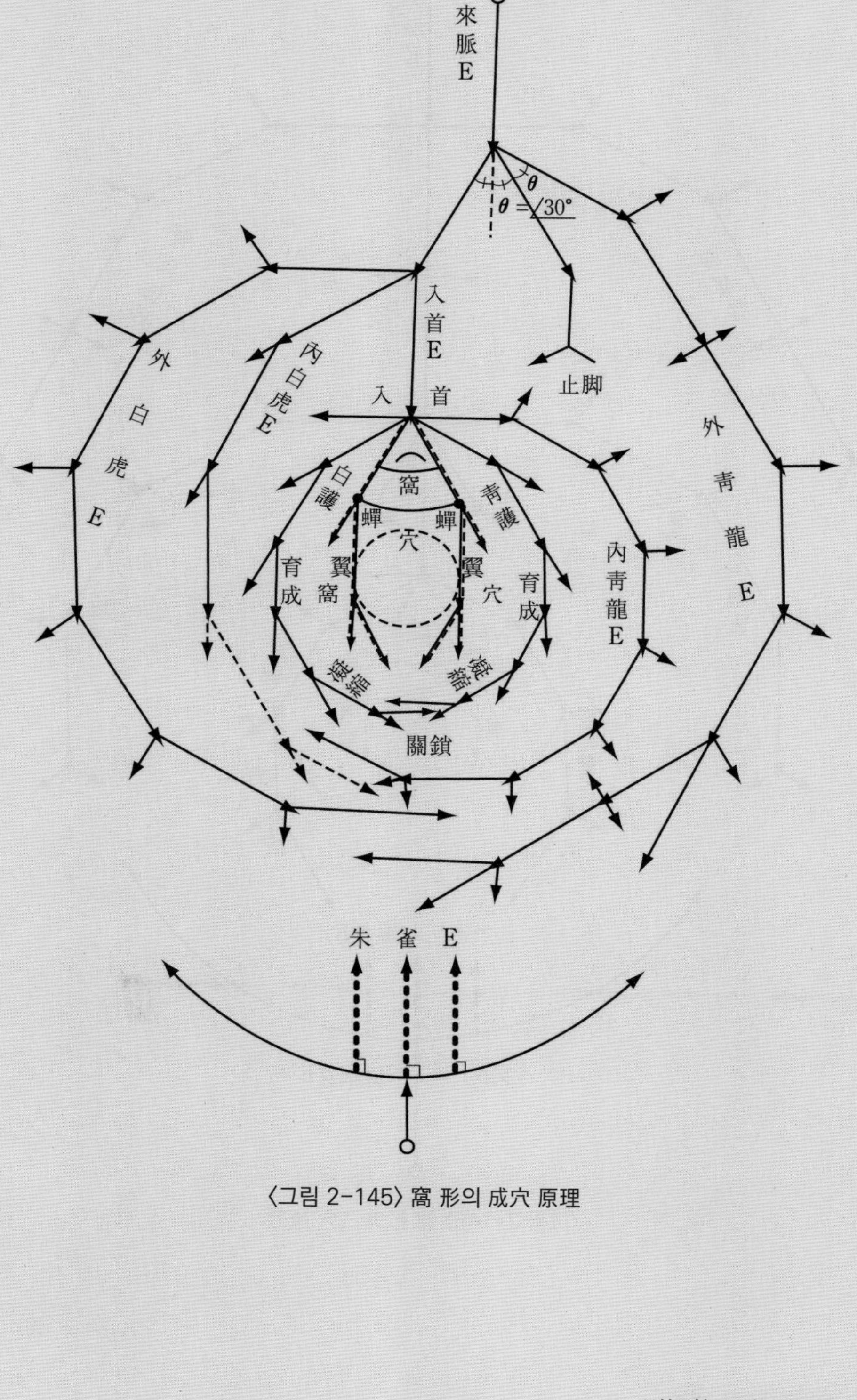

〈그림 2-145〉 窩 形의 成穴 原理

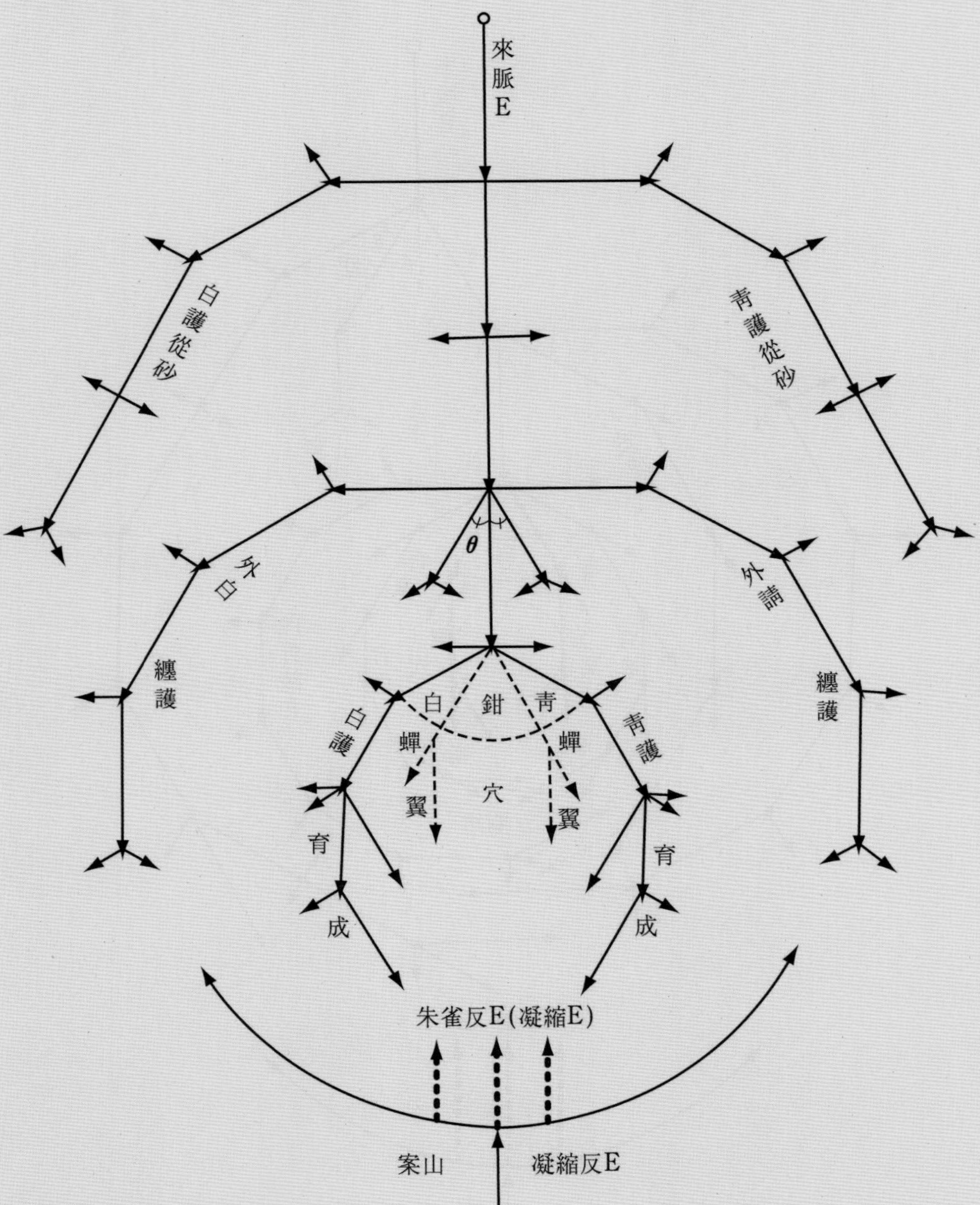

〈그림 2-146〉 鉗 形의 成穴 原理

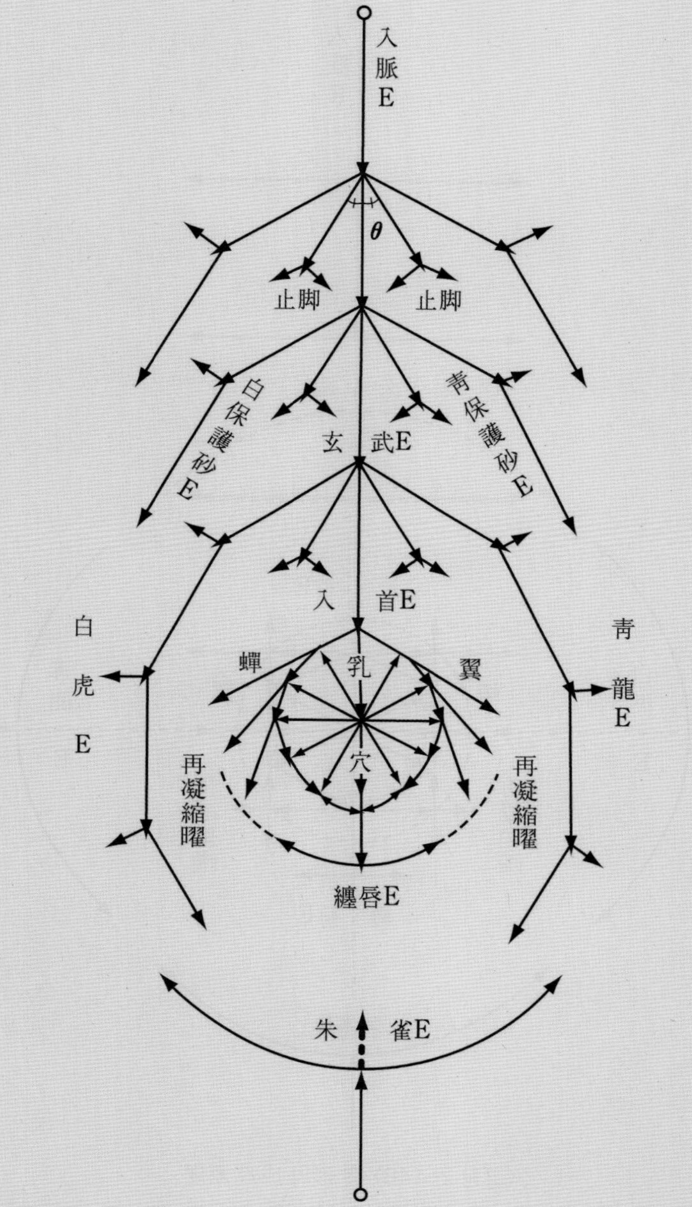

〈그림 2-147〉 乳 形의 成穴 原理

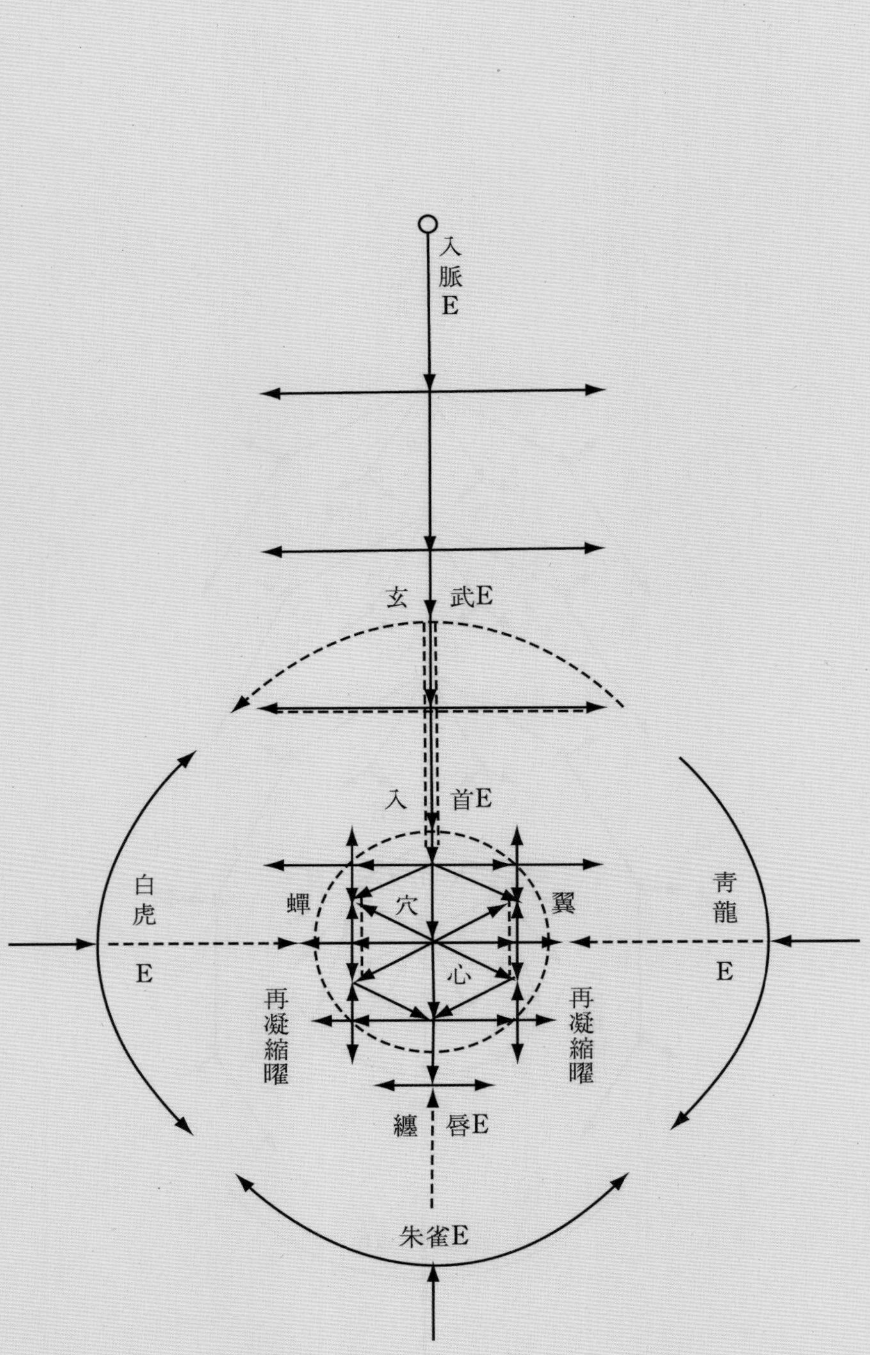

〈그림 2-148〉 突 形의 成穴 原理

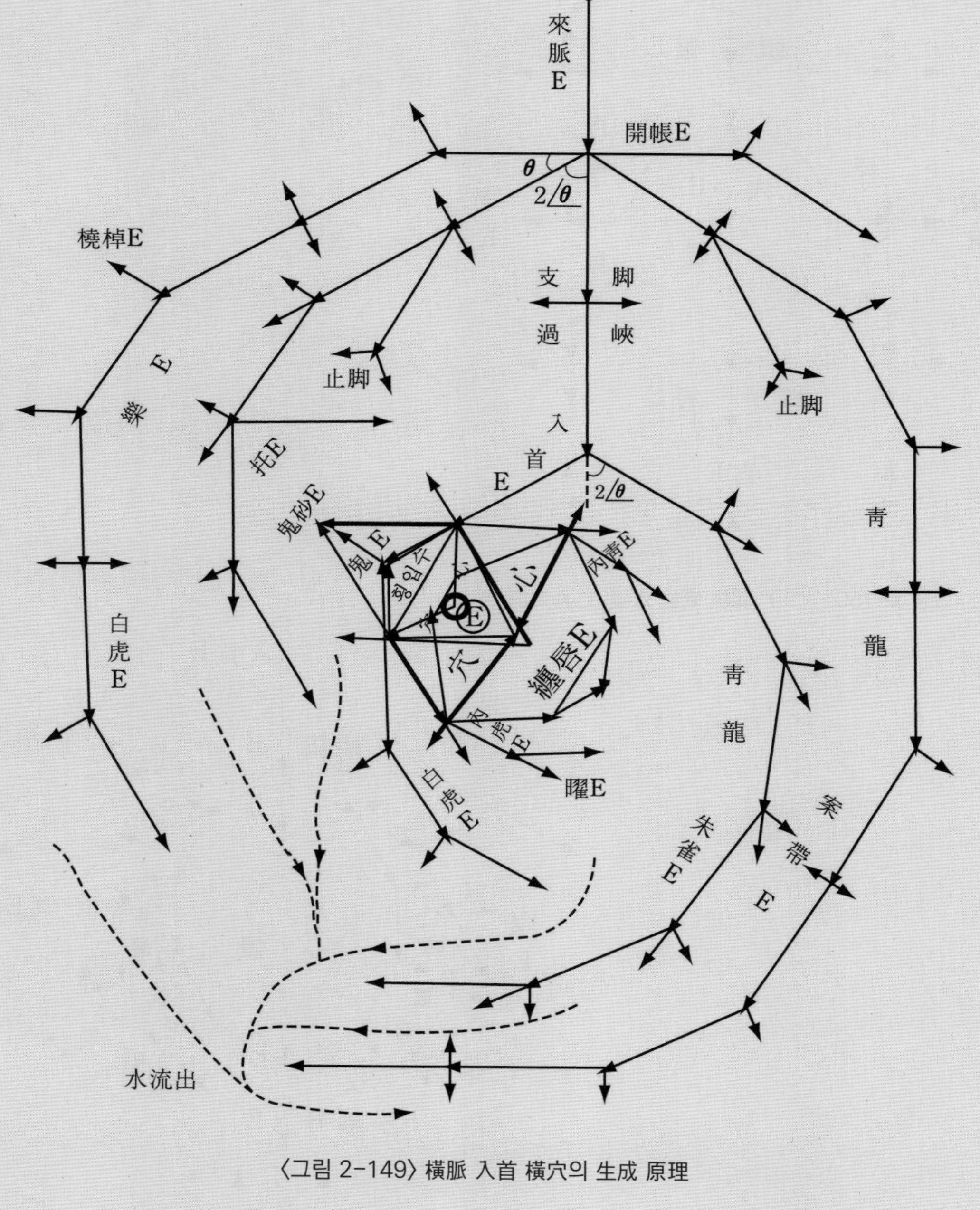

〈그림 2-149〉 橫脈 入首 橫穴의 生成 原理

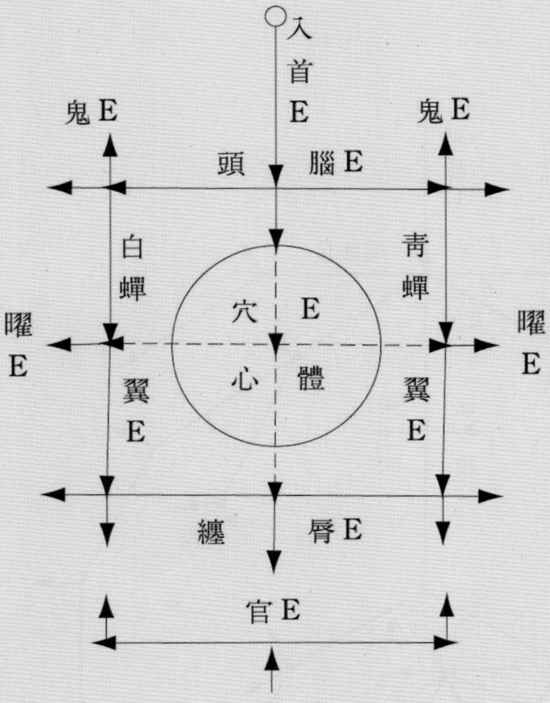

〈그림 2-150〉 ∠90° 開帳 變位 穴場(主 乳突 成穴)

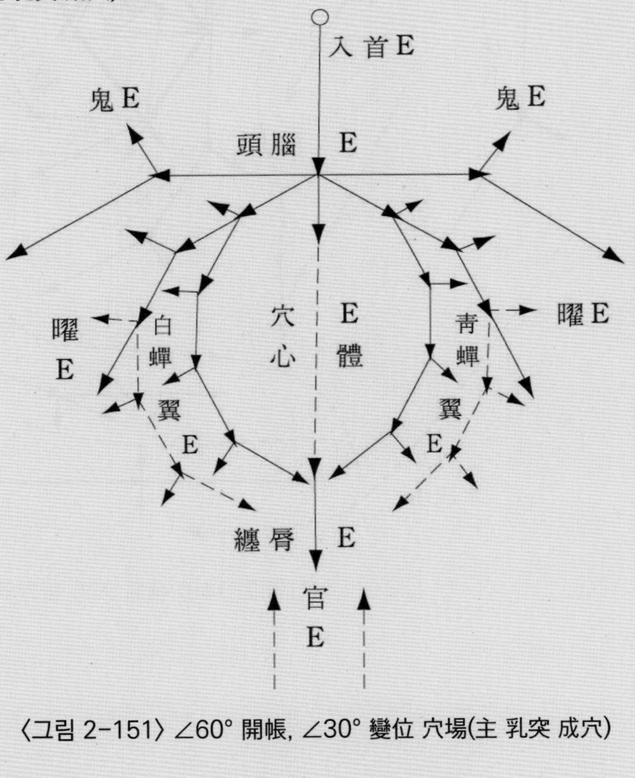

〈그림 2-151〉 ∠60° 開帳, ∠30° 變位 穴場(主 乳突 成穴)

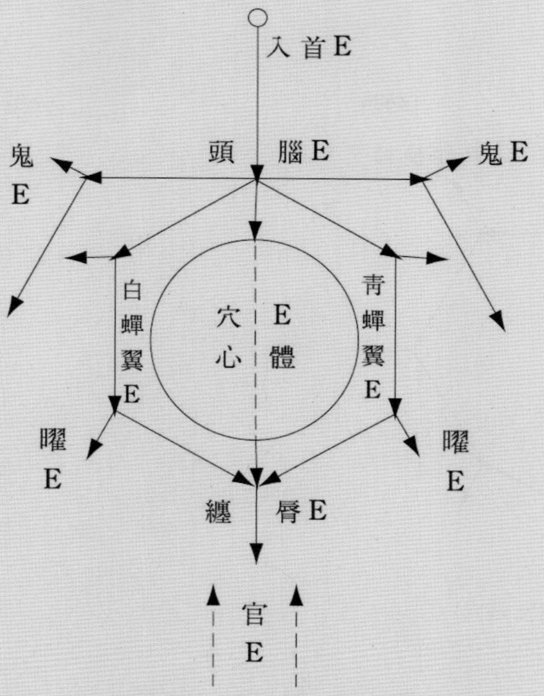

〈그림 2-152〉 ∠60° 開帳 變位 穴場(主 窩 成穴)

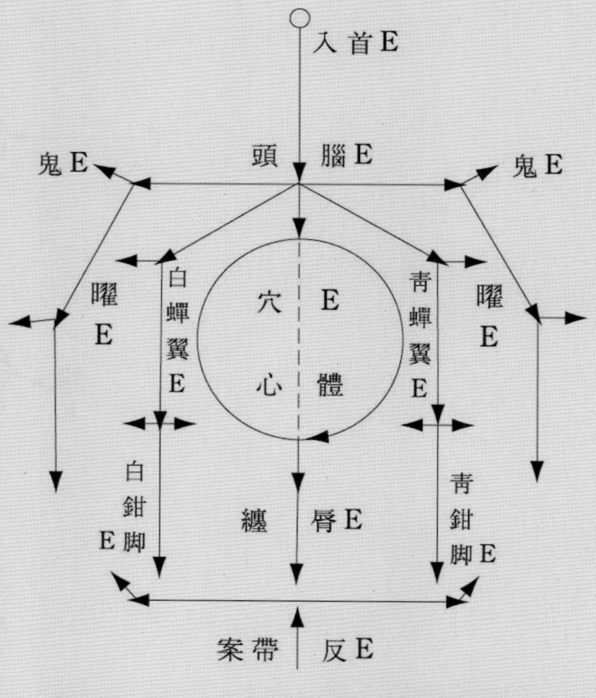

〈그림 2-153〉 ∠60° 開帳 變位 穴場(主 鉗 成穴)

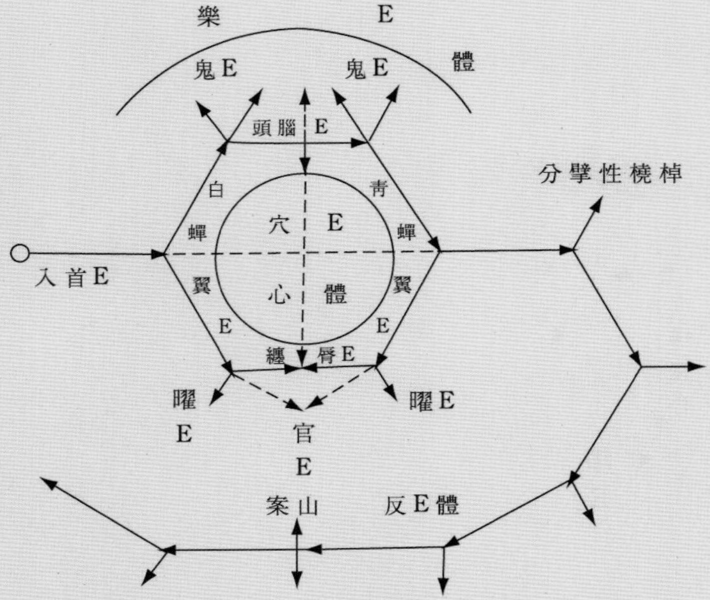

〈그림 2-154〉 ∠60° 開帳 變位 穴場(凸形)(主 窩乳 成穴)

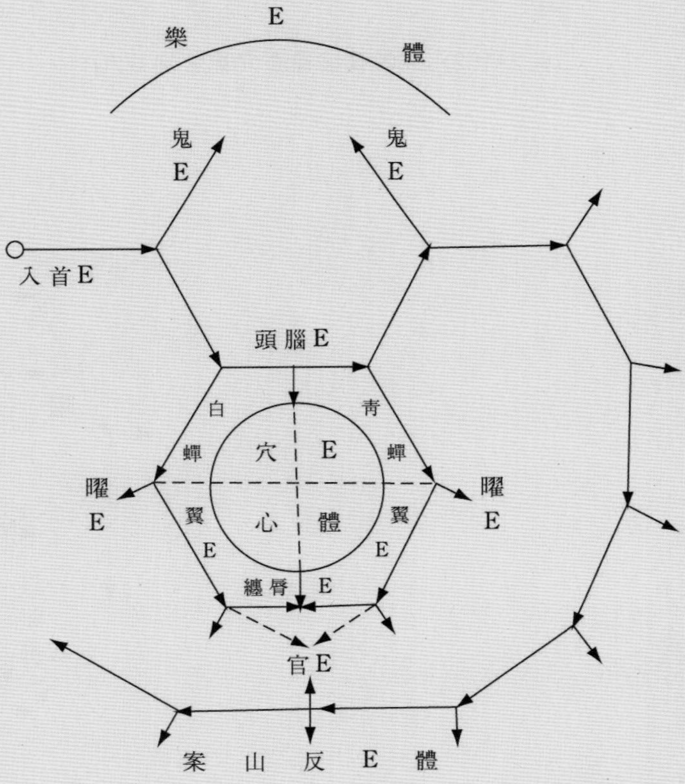

〈그림 2-155〉 ∠60° 開帳 變位 穴場(凹形)(主 窩乳 成穴)

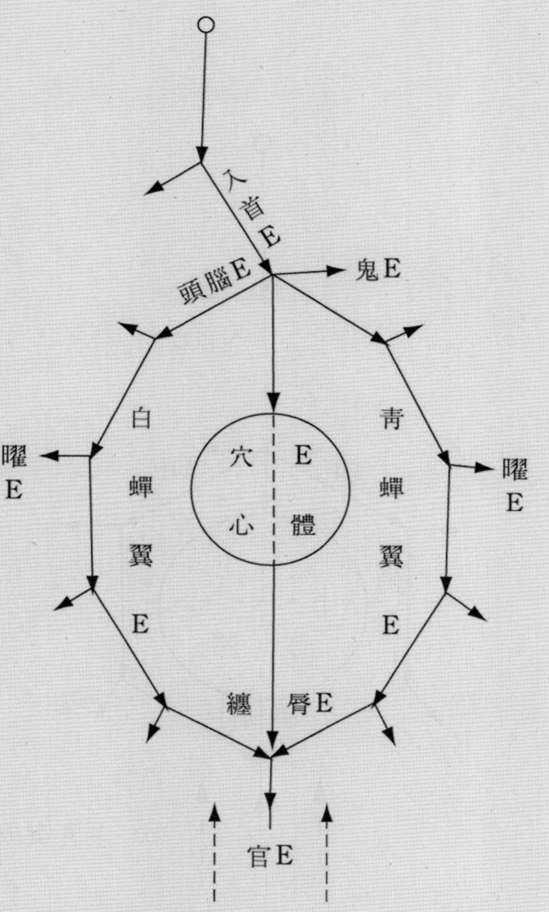

左旋穴 ⎫ 이 있고
右旋穴 ⎬ 窩鉗乳突 四象成穴
直坐穴 ⎭ 鉗穴은 直坐에서 形成된다.

〈그림 2-156〉 ∠60° 開帳 ∠30° 變位 穴場

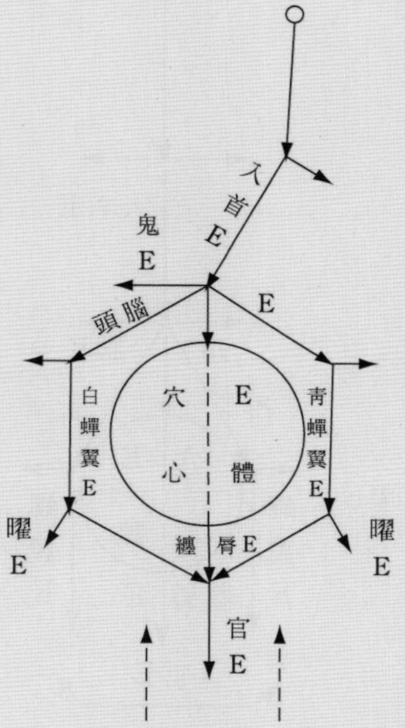

左旋穴 ⎫ 이 있고
右旋穴 ⎬ 乳突成穴이 主이나
直坐穴 ⎭ 窩穴形成도 可하다.

〈그림 2-157〉 ∠60° 開帳 變位 穴場

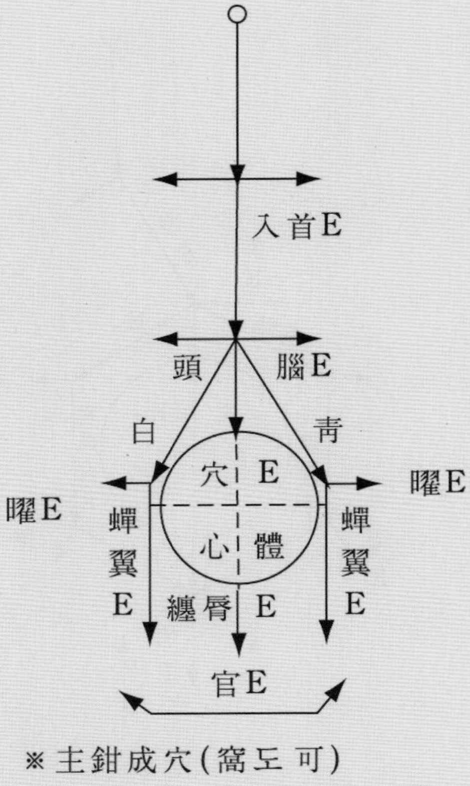

〈그림 2-158〉∠30° 開帳 變位 穴場

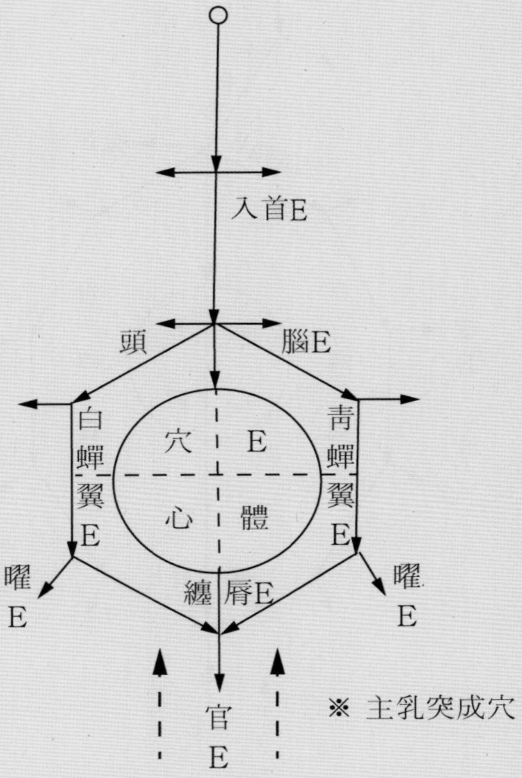

〈그림 2-159〉∠60° 開帳 變位 穴場

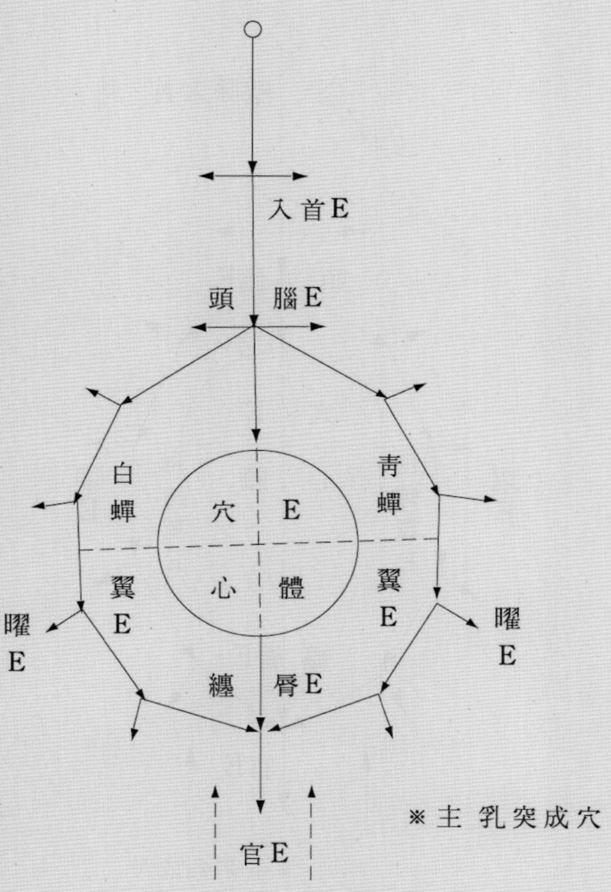

〈그림 2-160〉 ∠60° 開帳 ∠30° 變位 穴場

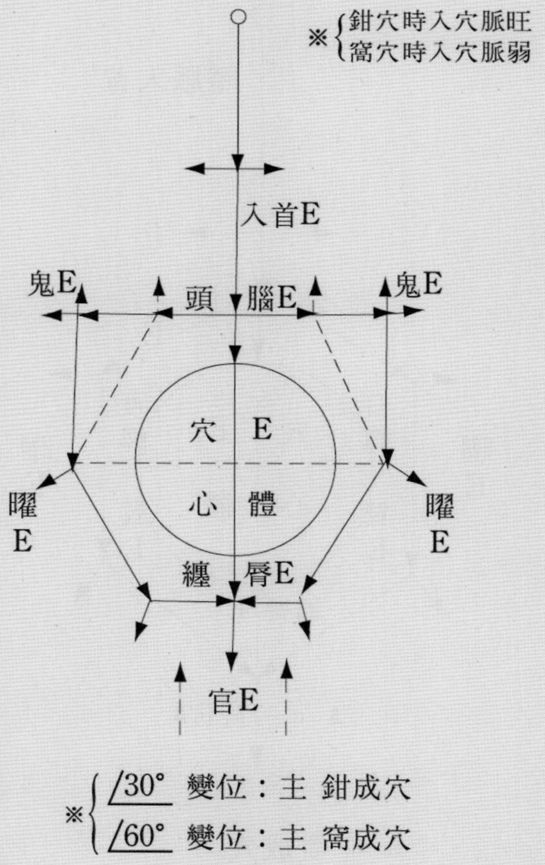

〈그림 2-161〉 ∠90° 開帳 ∠60° 및 ∠30° 變位 穴場

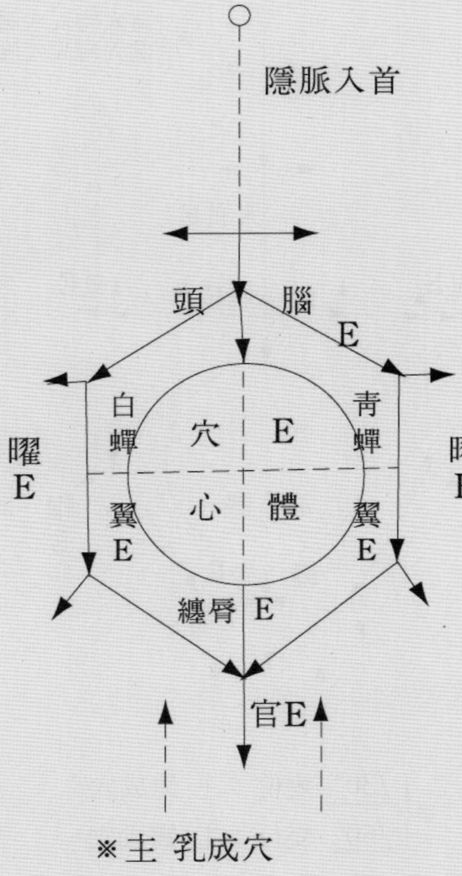

〈그림 2-162〉 ∠60° 開帳 變位 穴場

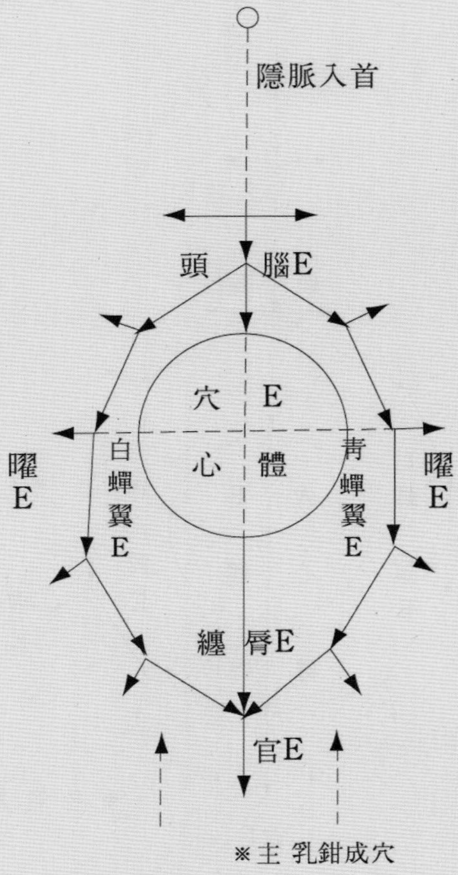

〈그림 2-163〉 ∠60° 開帳 ∠30° 變位 穴場

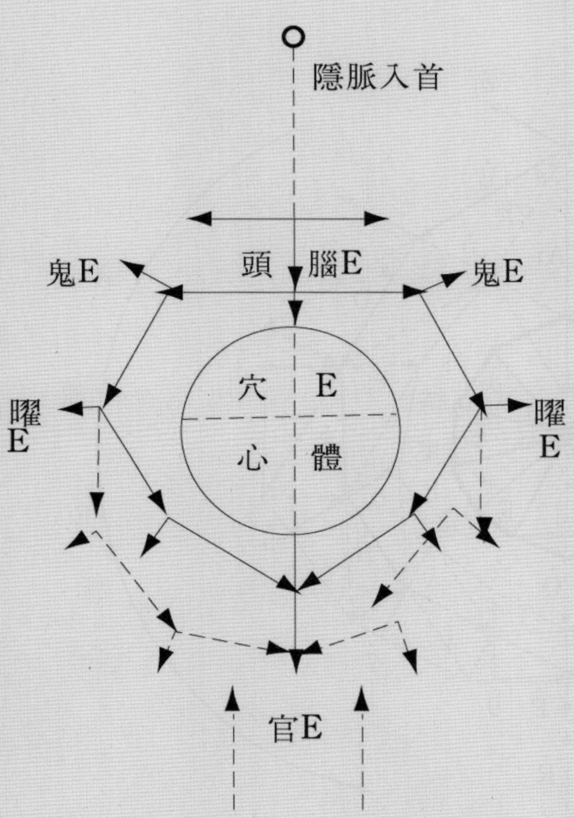

※主 窩成穴

〈그림 2-164〉 ∠90° 開帳 ∠60° 및 ∠30° 變位 穴場

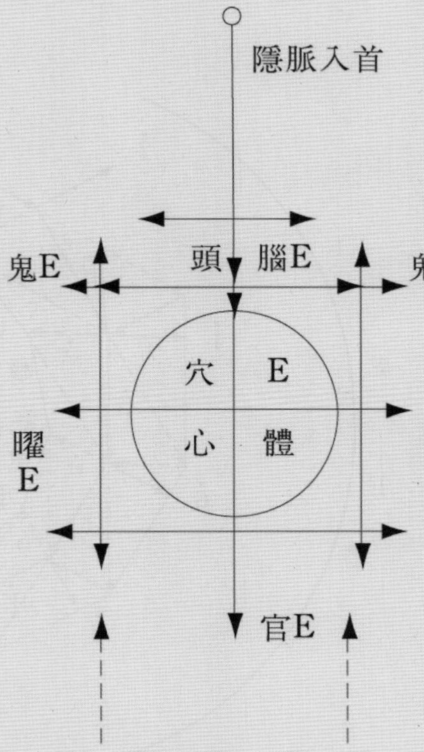

※主 突成穴

〈그림 2-165〉 ∠90° 開帳 變位 穴場

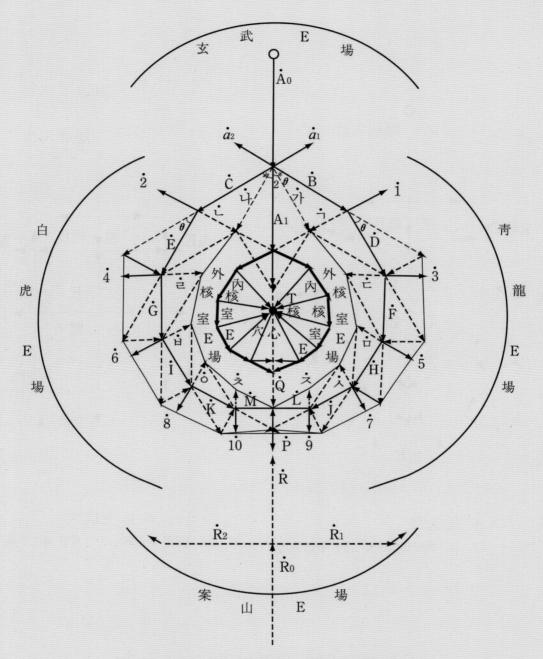

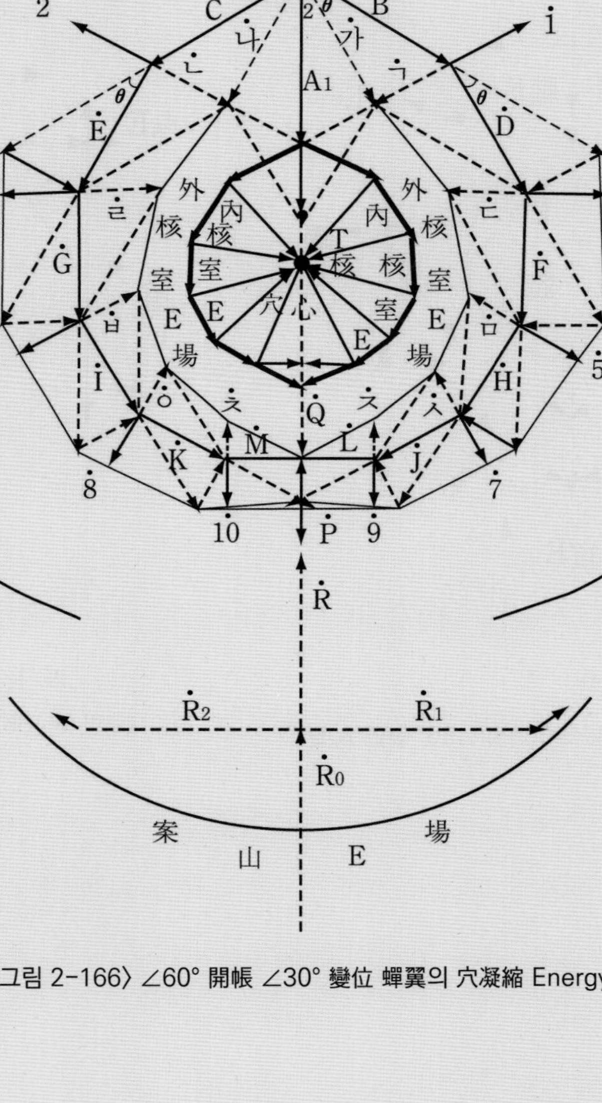

〈그림 2-166〉 ∠60° 開帳 ∠30° 變位 蟬翼의 穴凝縮 Energy

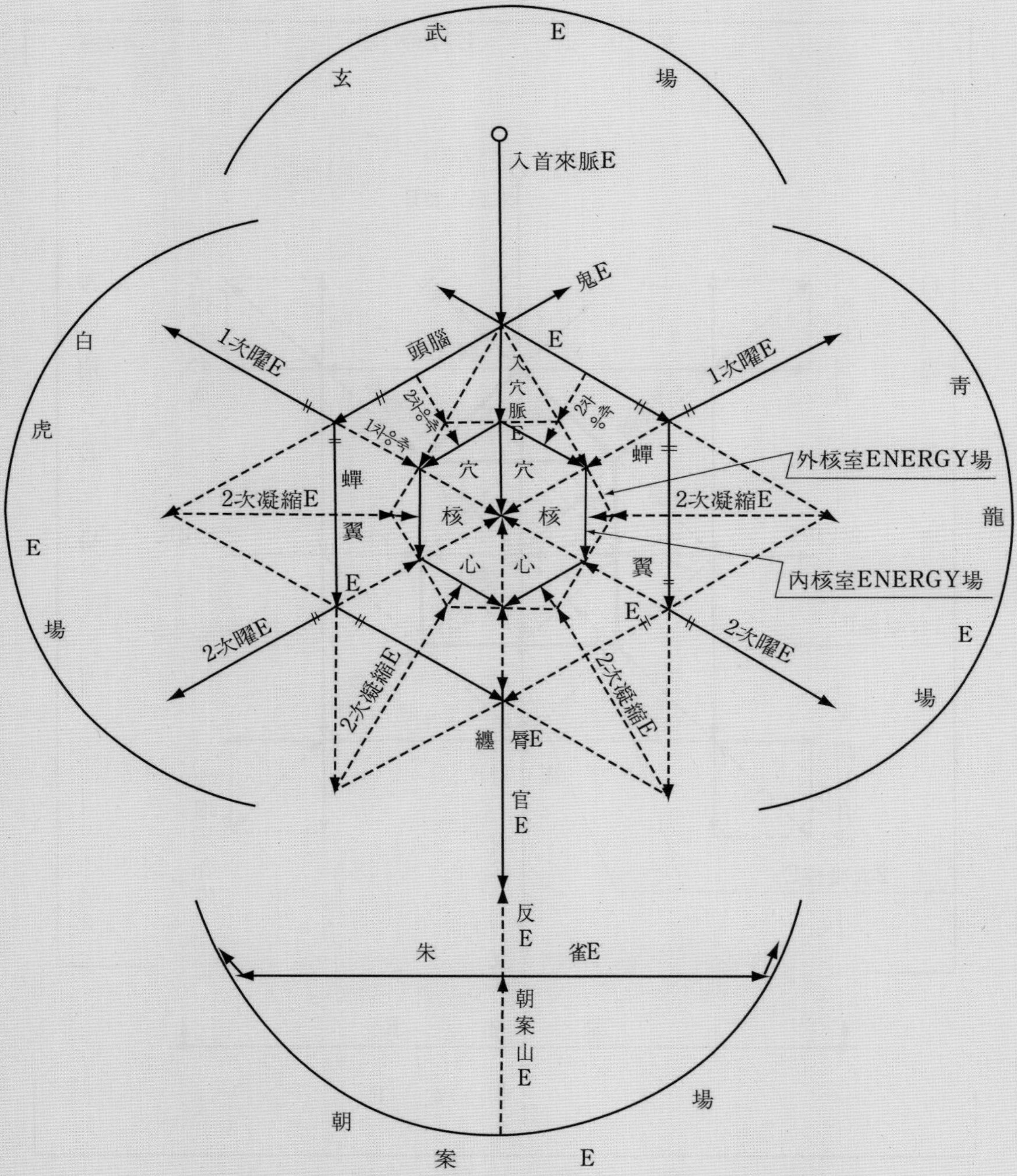

〈그림 2-167〉 ∠60° 開帳 ∠60° 變位 蟬翼의 穴凝縮 Energy

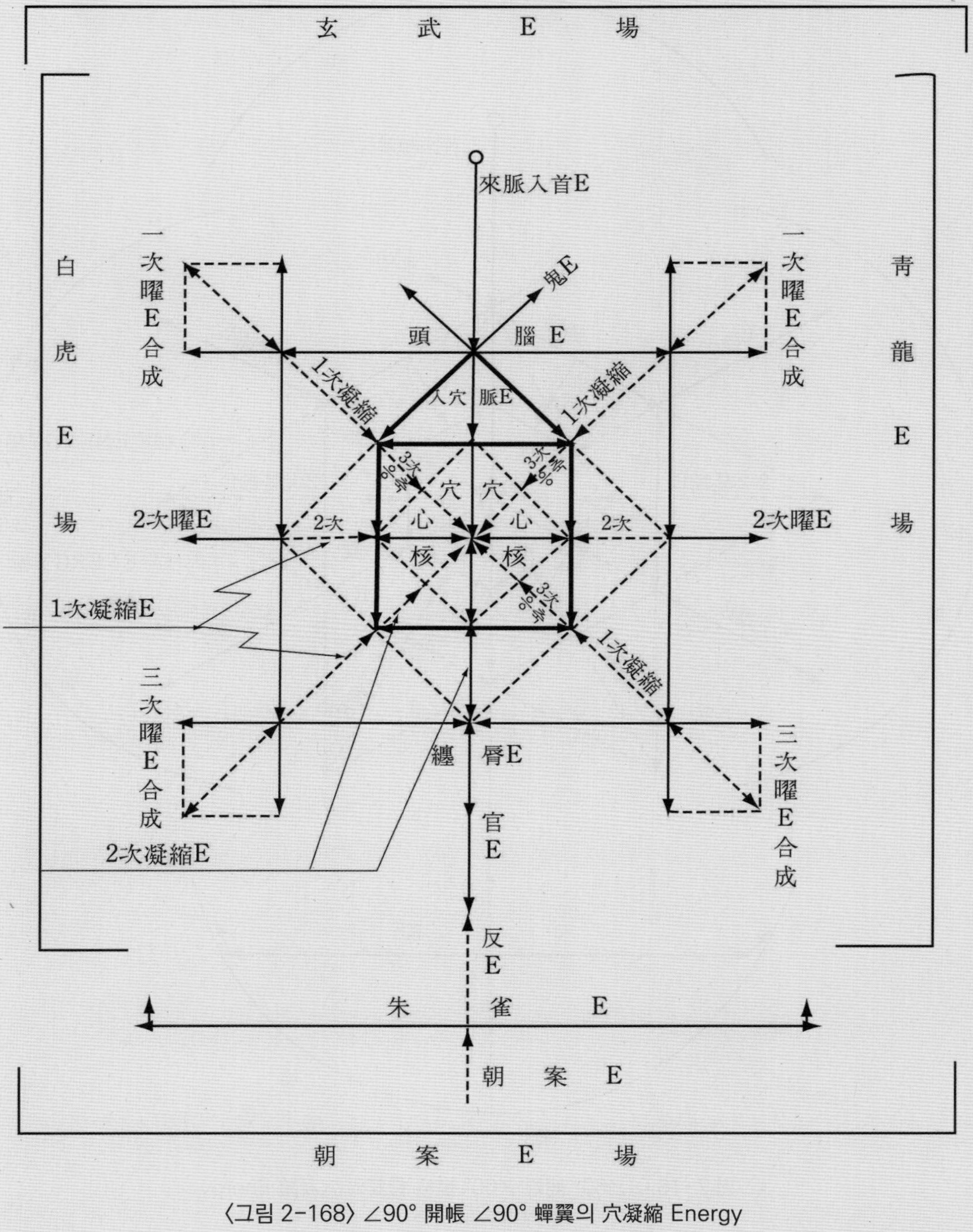

〈그림 2-168〉 ∠90° 開帳 ∠90° 蟬翼의 穴凝縮 Energy

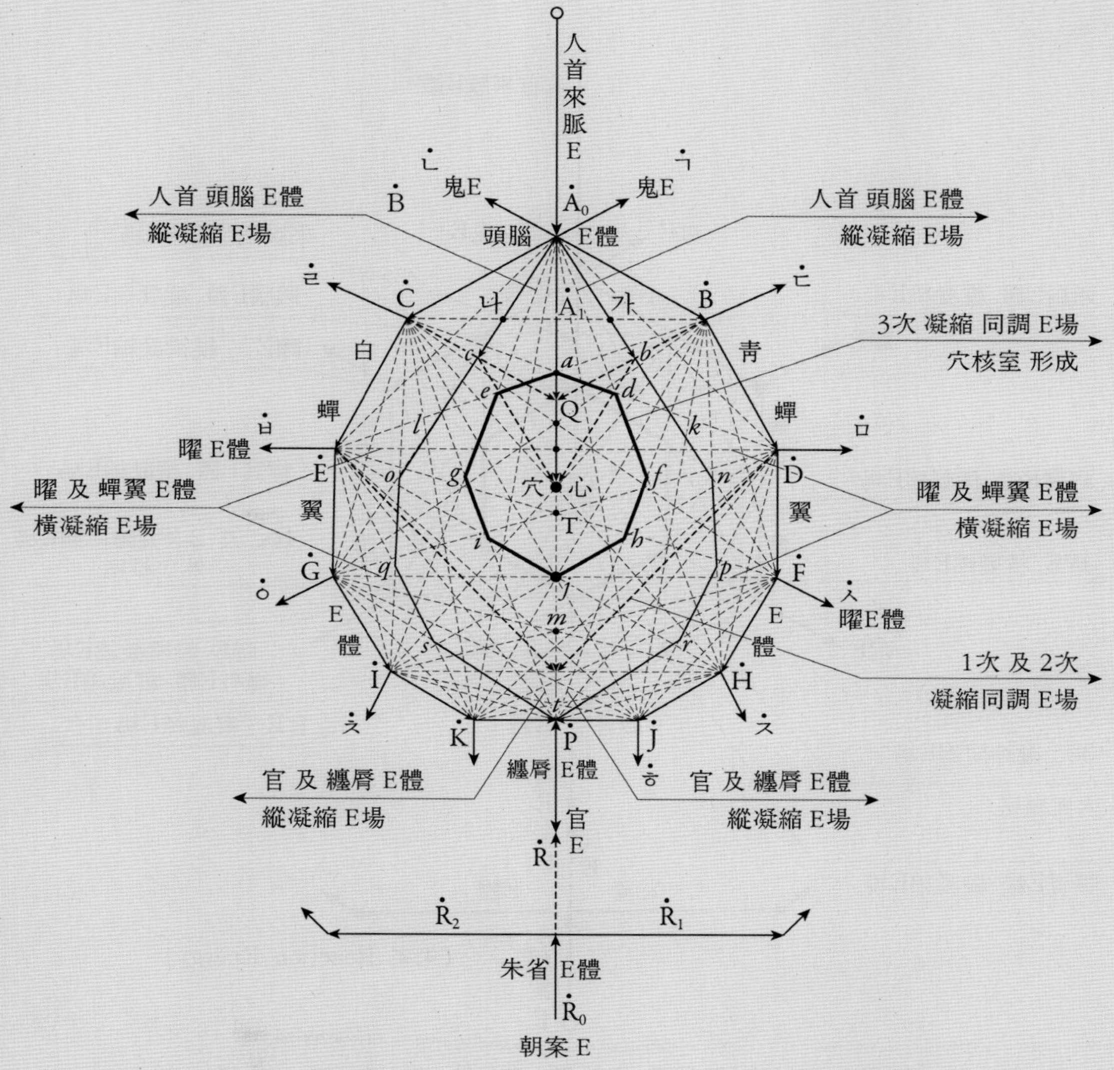

人首來脈E
鬼E
鬼E
Ȧ0
頭腦
E體
人首 頭腦 E體
縱凝縮 E場
人首 頭腦 E體
縱凝縮 E場
3次 凝縮 同調 E場
穴核室 形成
白
青
蟬
蟬
曜 E體
曜 及 蟬翼 E體
橫凝縮 E場
曜 及 蟬翼 E體
橫凝縮 E場
翼
翼
穴
心
曜E體
1次 及 2次
凝縮同調 E場
纏脣 E體
官 及 纏脣 E體
縱凝縮 E場
官 及 纏脣 E體
縱凝縮 E場
官
E
朱省 E體
朝案 E

〈그림 2-169〉 ∠60° 開帳 ∠30° 變位 蟬翼의 穴凝縮 同調 Energy場

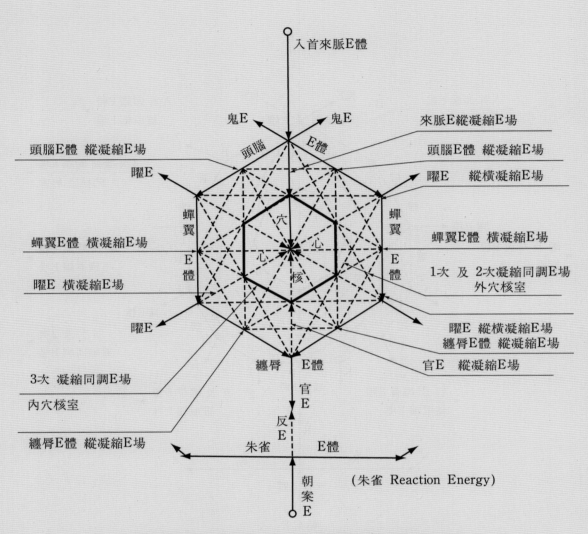

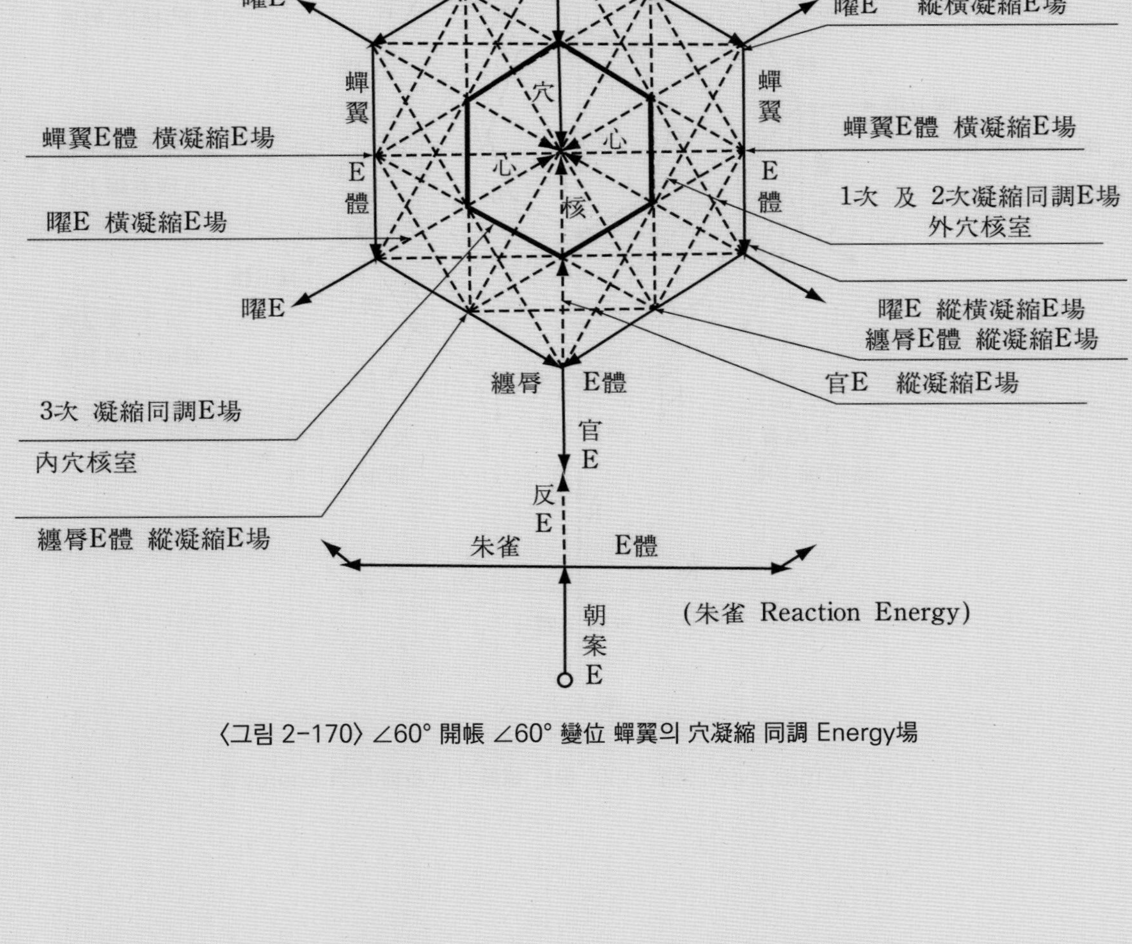

〈그림 2-170〉 ∠60° 開帳 ∠60° 變位 蟬翼의 穴凝縮 同調 Energy場

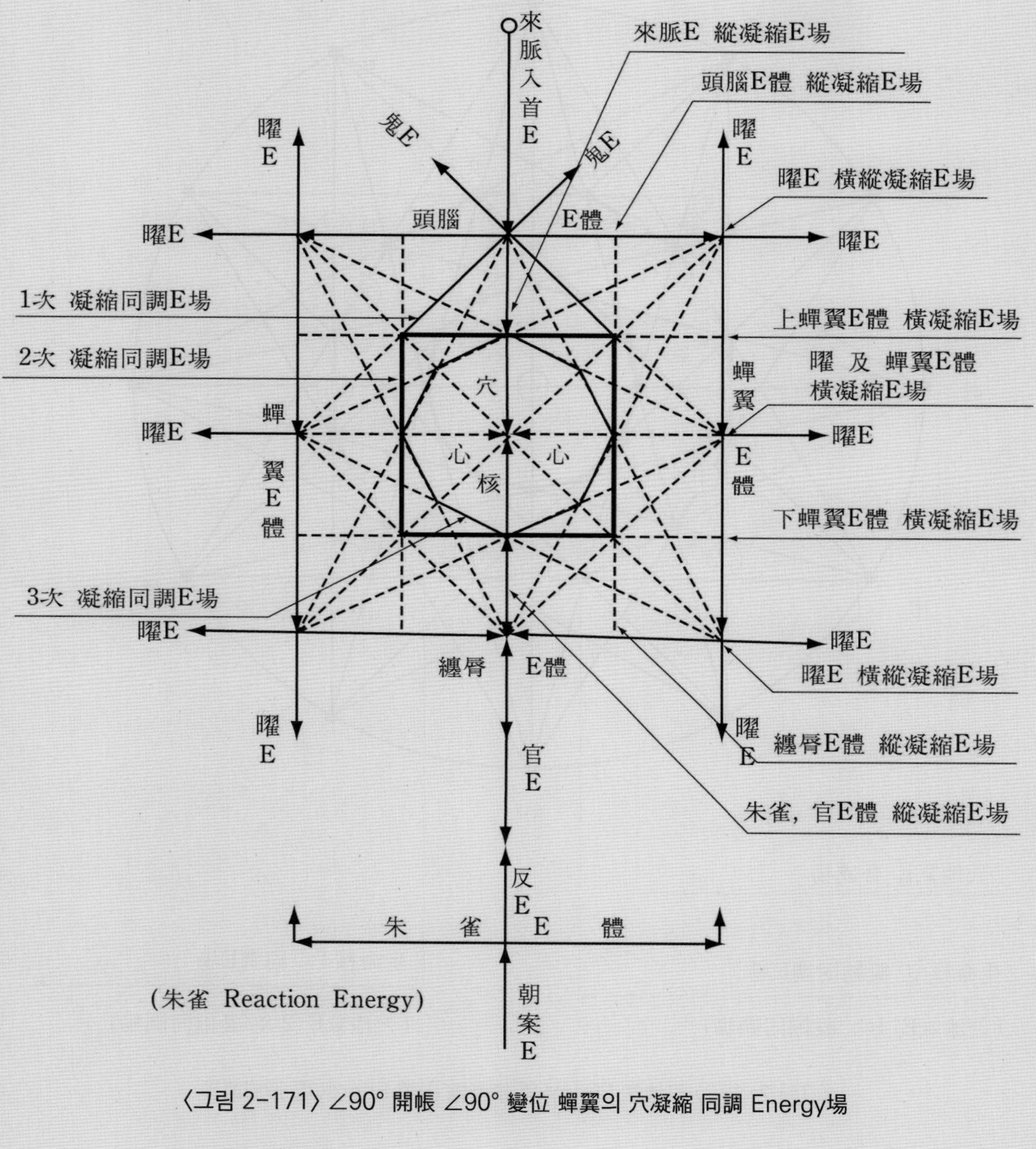

〈그림 2-171〉 ∠90° 開帳 ∠90° 變位 蟬翼의 穴凝縮 同調 Energy場

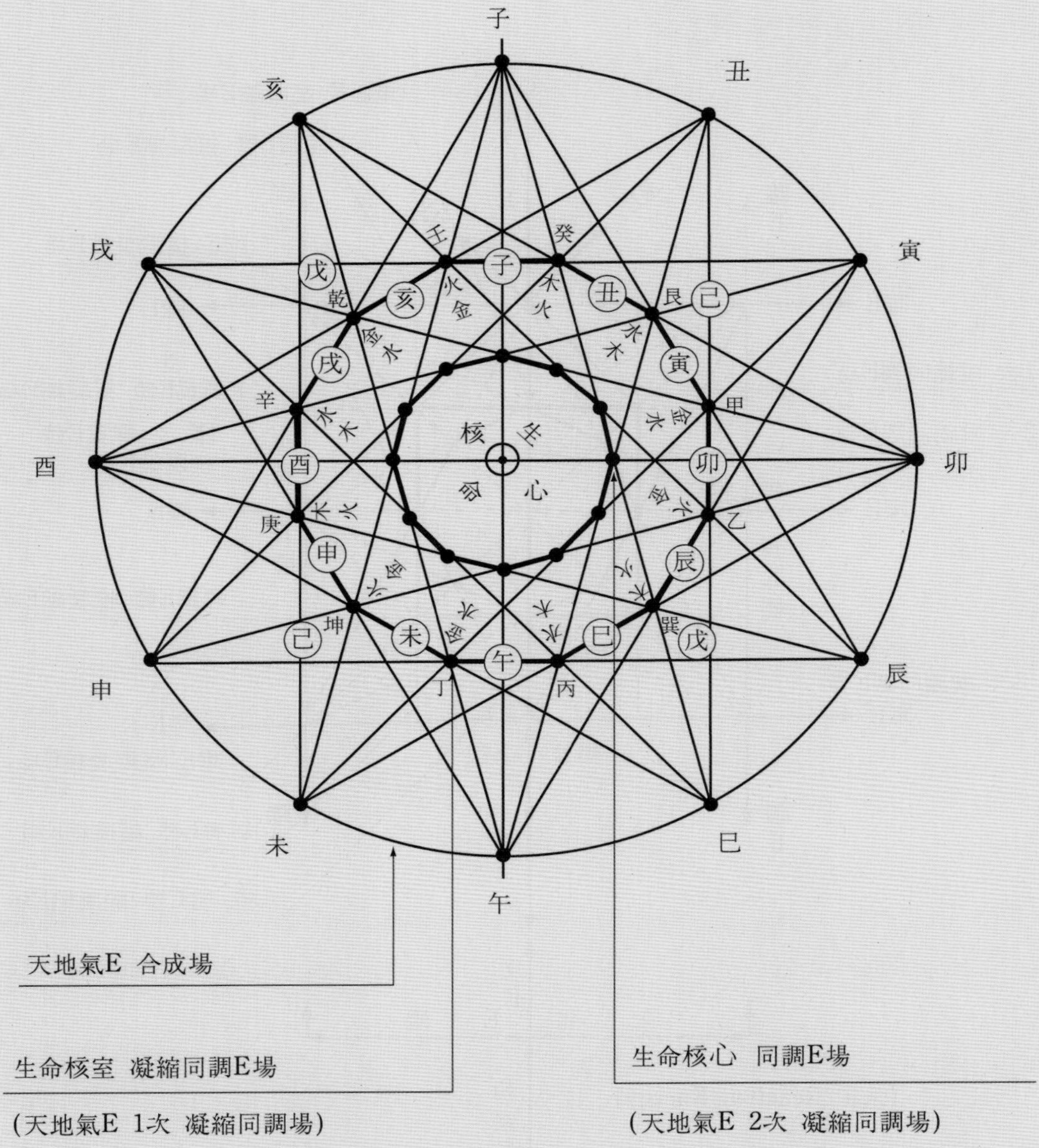

〈그림 2-172〉 天地氣 Energy의 核凝縮 同調 Energy場 形成原理

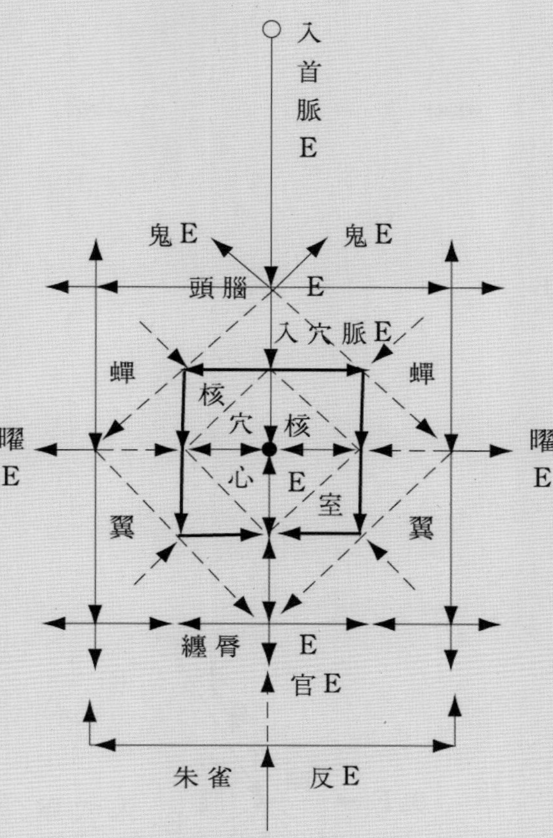

〈그림 2-173〉 ∠90° 開帳 ∠90° 變位 穴
(主 正變易 來脈入首)

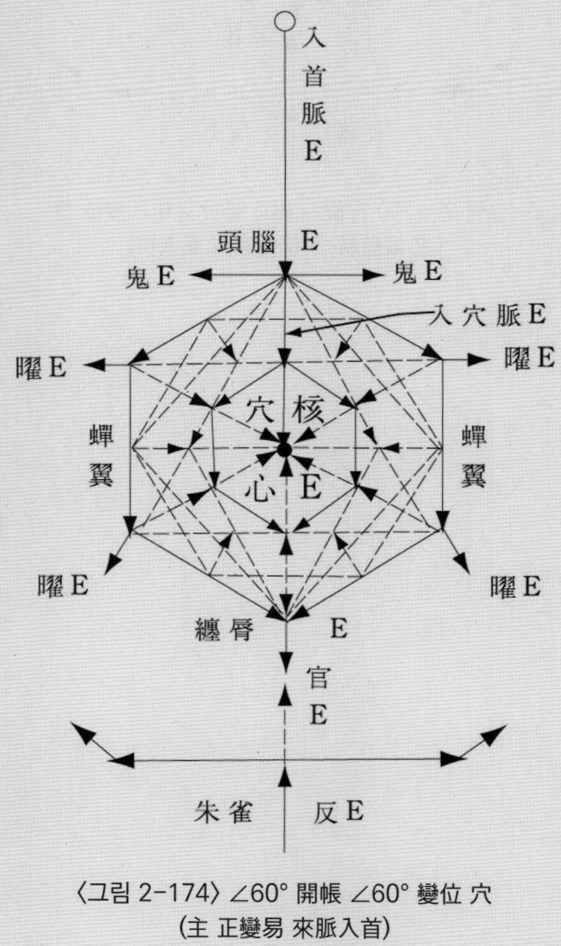

〈그림 2-174〉 ∠60° 開帳 ∠60° 變位 穴
(主 正變易 來脈入首)

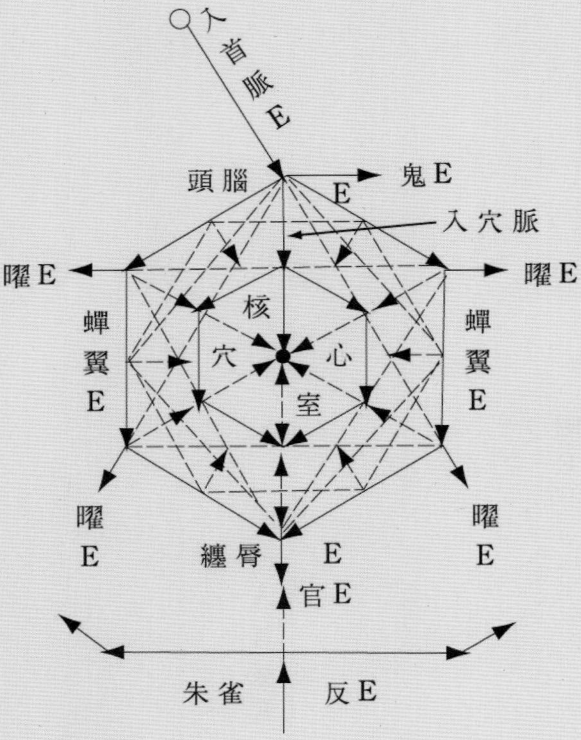

〈그림 2-175〉 左旋 ∠60° 開帳 ∠60° 變位 穴
(主 縱變易 및 橫變易 來脈入首)

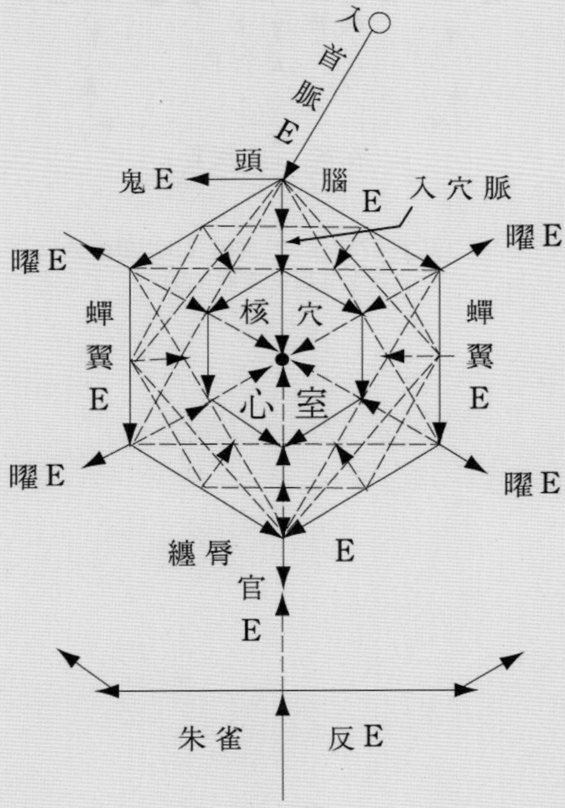

〈그림 2-176〉 右旋 ∠60° 開帳 ∠60° 變位 穴
(主 縱變易 및 橫變易 來脈入首)

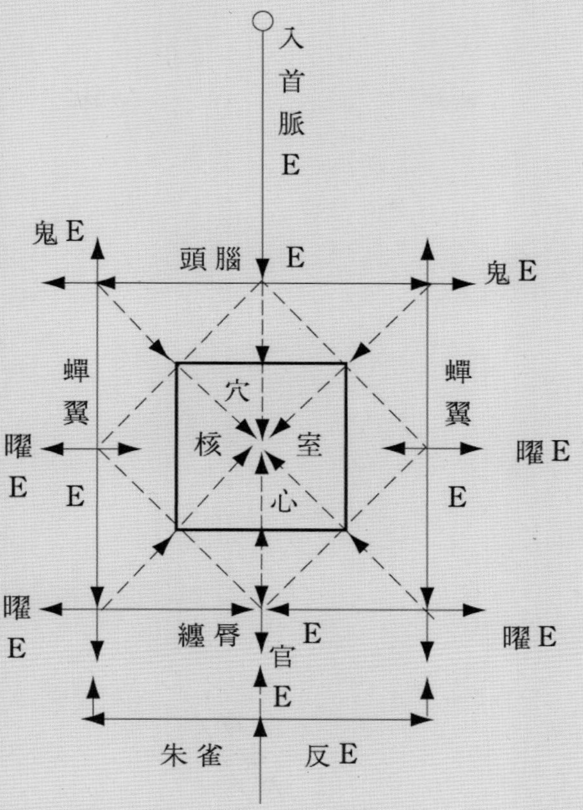

〈그림 2-177〉 ∠90° 開帳 ∠90° 變位 穴
(正變, 隱變, 垂變 來脈入首)

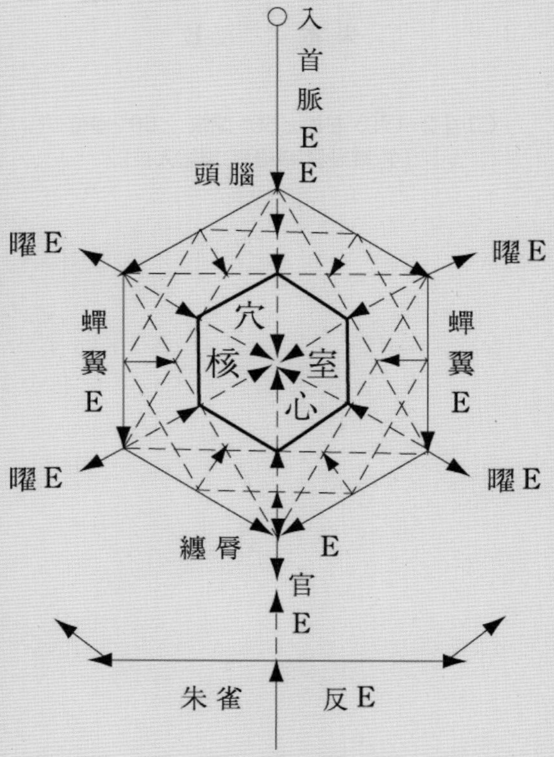

〈그림 2-178〉 ∠60° 開帳 ∠60° 變位 穴
(主 隱變, 垂變, 來脈入首)

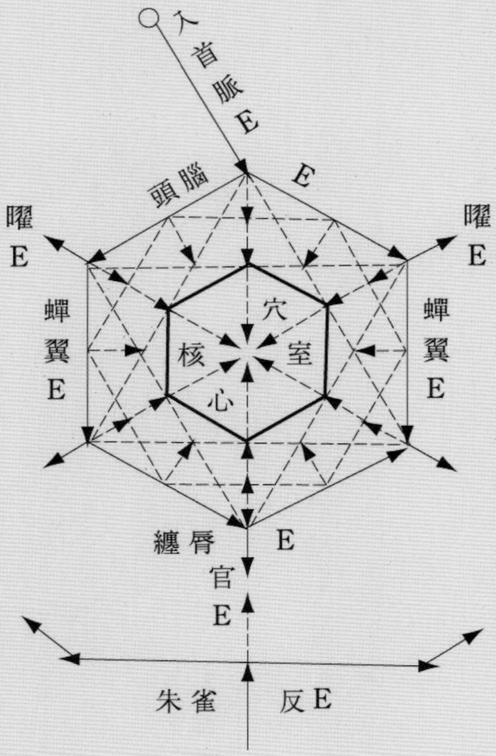

〈그림 2-179〉 左旋∠60° 開帳 ∠60° 變位 穴
(主 縱變易 橫變易 來脈入首)

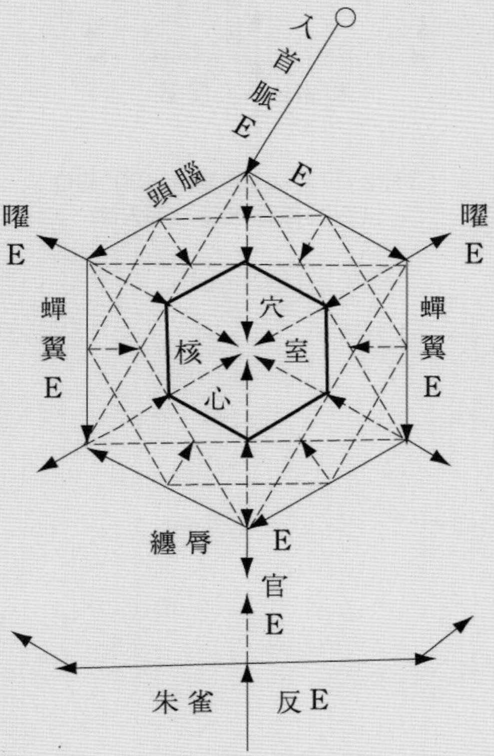

〈그림 2-180〉 右旋∠60° 開帳 ∠60° 變位 穴
(主 縱變易 및 橫變易 來脈入首)

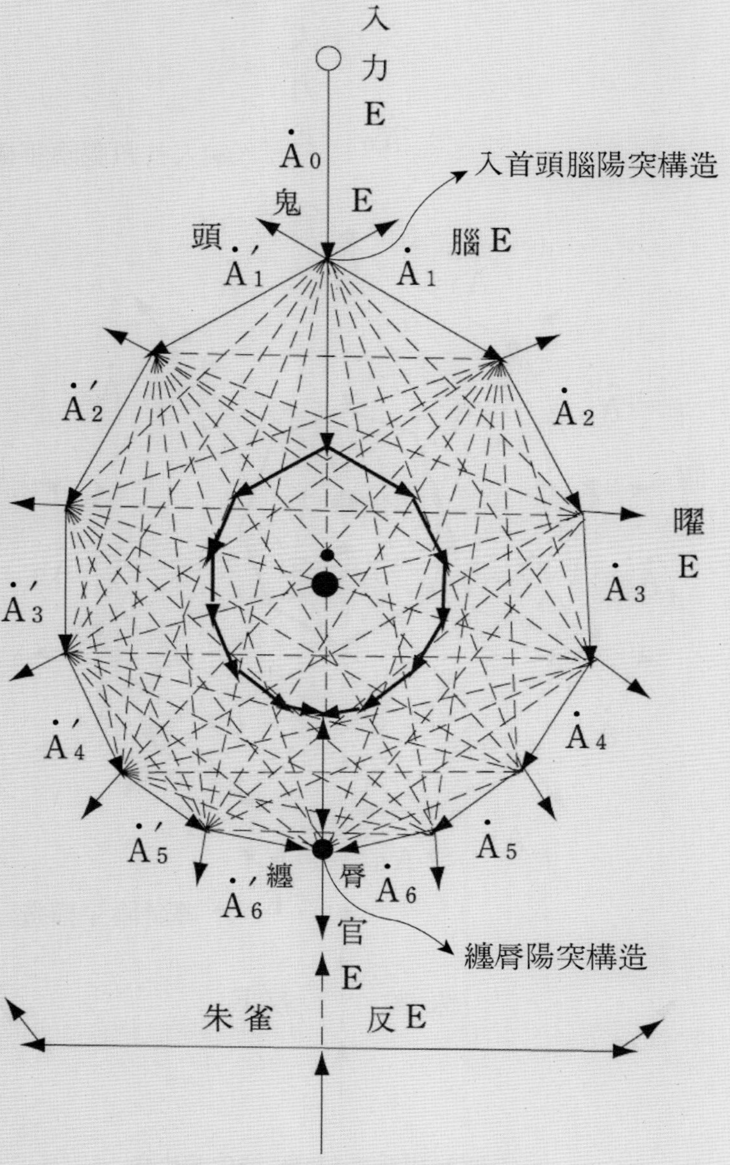

〈그림 2-181〉 直入直坐 ∠60° 開帳

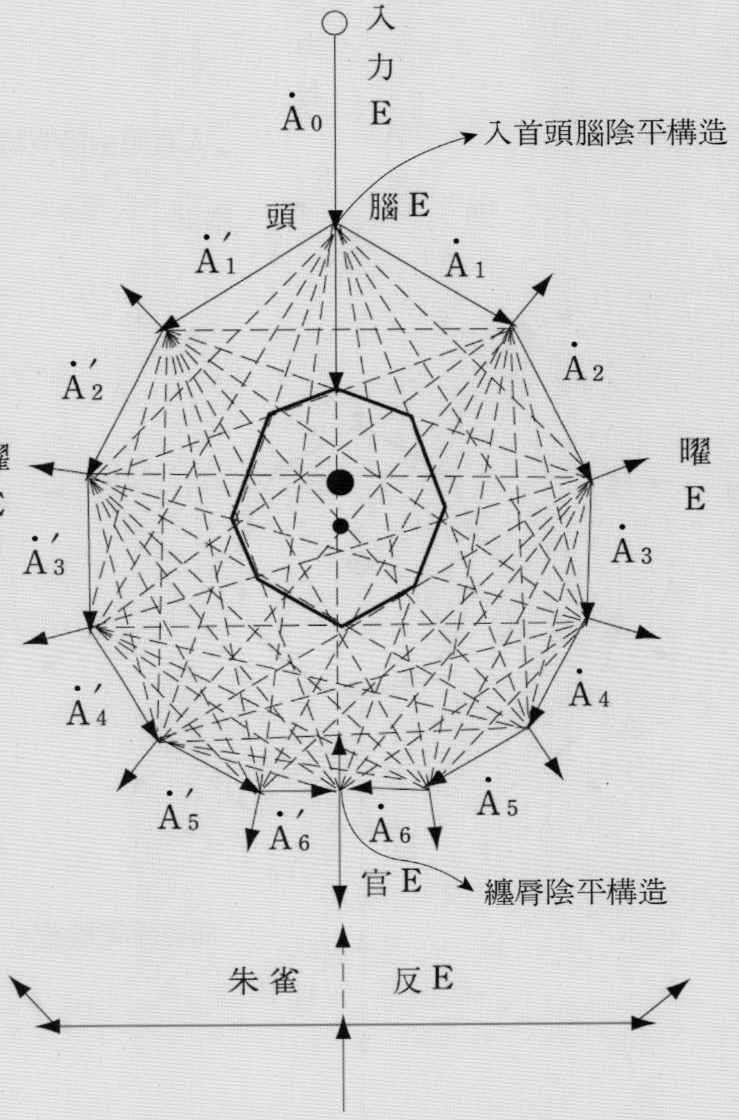

〈그림 2-182〉 直入直坐 ∠30° 變位 穴

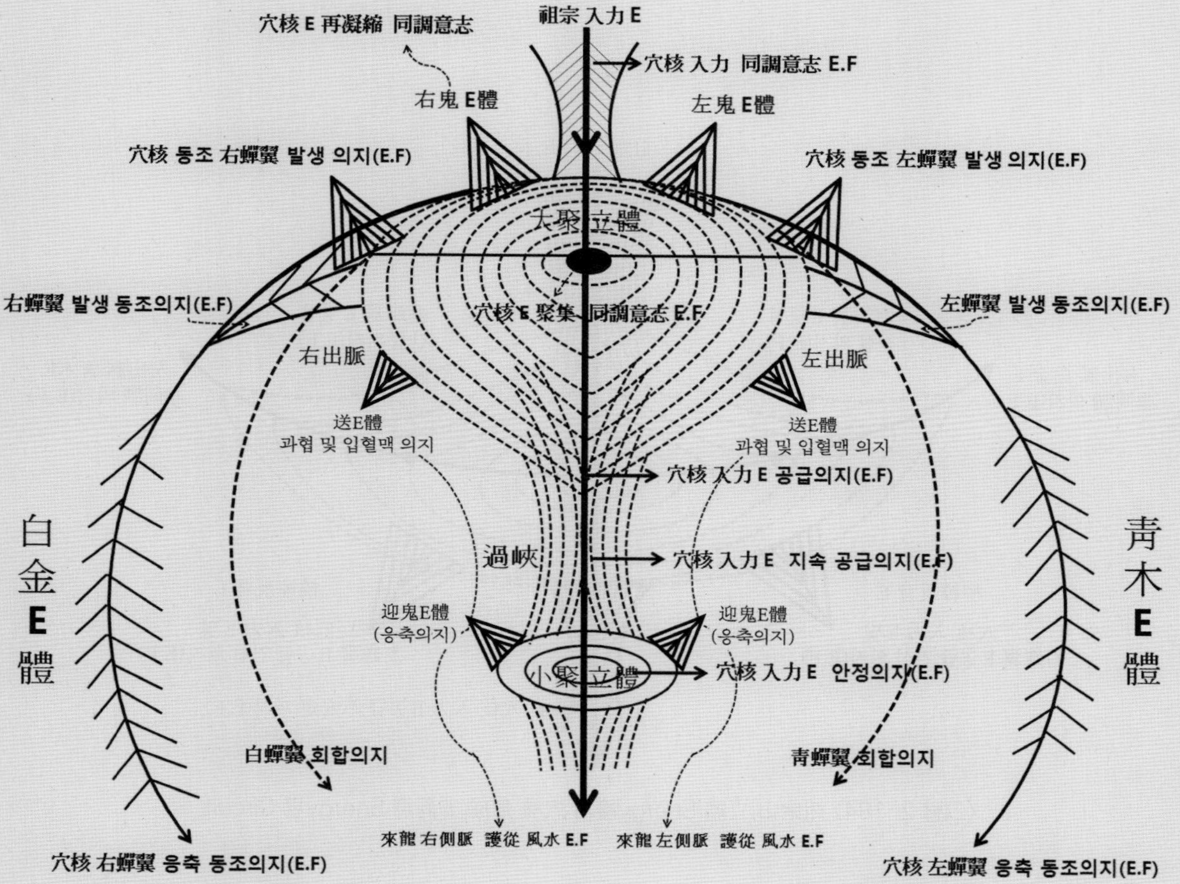

〈그림 2-183〉 祖宗山 立體 Energy體의 穴核 形成 同調 Energy場 Circuit

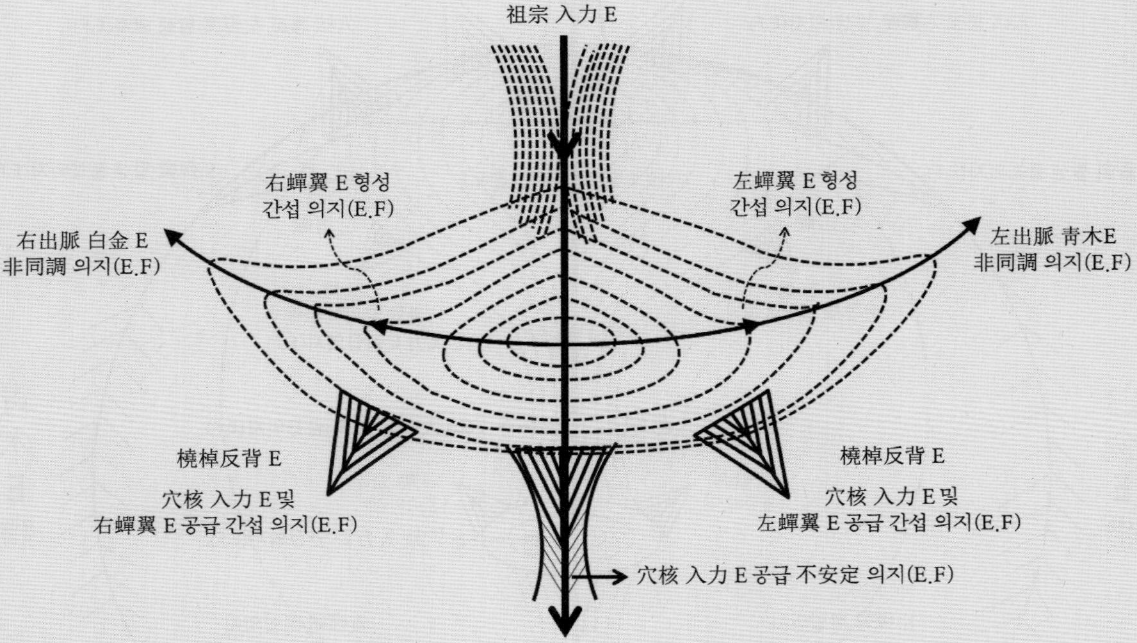
祖宗 入力 E
右蟬翼 E 형성
간섭 의지(E.F)
左蟬翼 E 형성
간섭 의지(E.F)
右出脈 白金 E
非同調 의지(E.F)
左出脈 青木E
非同調 의지(E.F)
橈棹反背 E
穴核 入力 E 및
右蟬翼 E 공급 간섭 의지(E.F)
橈棹反背 E
穴核 入力 E 및
左蟬翼 E 공급 간섭 의지(E.F)
穴核 入力 E 공급 不安定 의지(E.F)

〈그림 2-184〉 祖宗山 立體 Energy體의 穴核 形成 非同調 Energy場 Circuit

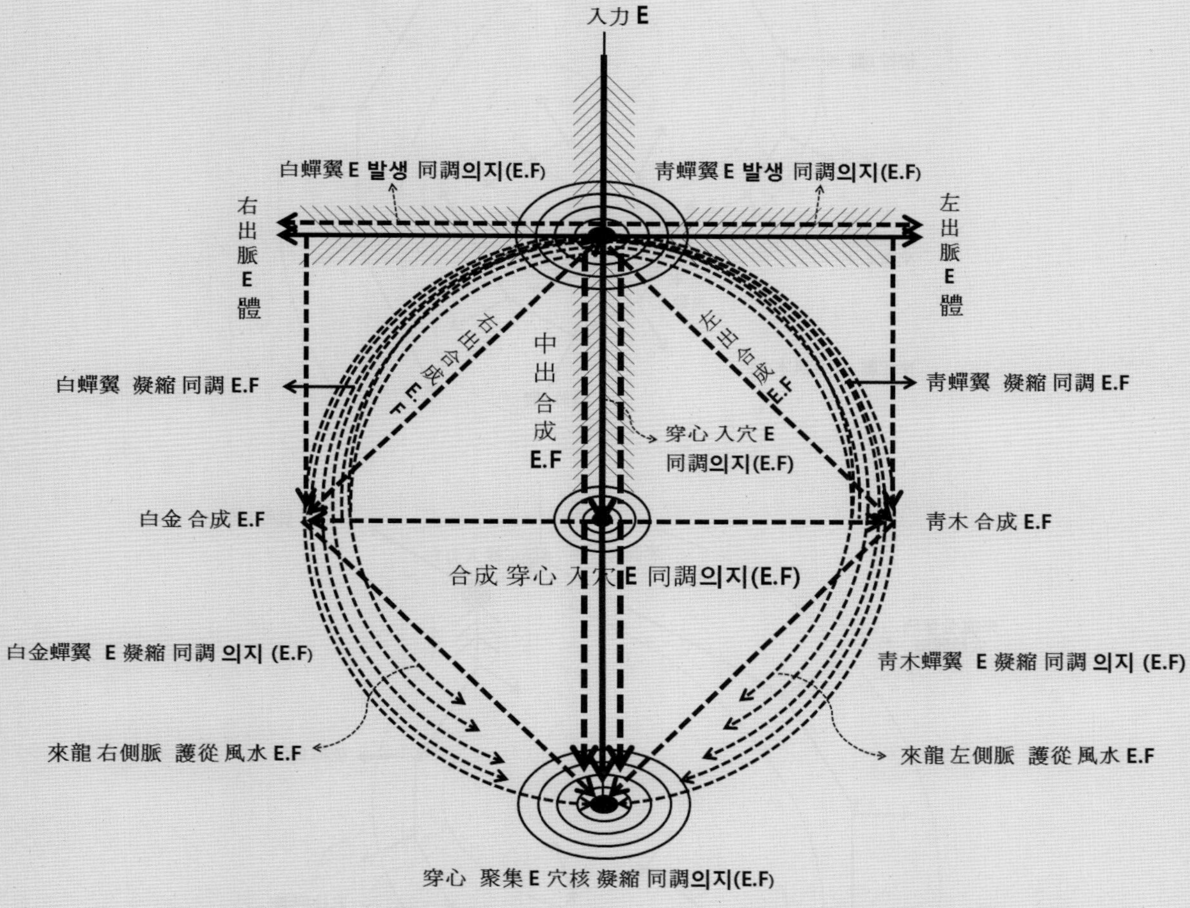

入力 E
白蟬翼 E 발생 同調의지(E.F)
青蟬翼 E 발생 同調의지(E.F)
右出脈 E 體
左出脈 E 體
右出合成 E.F
中出合成 E.F
左出合成 E.F
白蟬翼 凝縮 同調 E.F
青蟬翼 凝縮 同調 E.F
穿心 入穴 E 同調의지(E.F)
白金 合成 E.F
青木 合成 E.F
合成 穿心 入穴 E 同調의지(E.F)
白金蟬翼 E 凝縮 同調 의지 (E.F)
青木蟬翼 E 凝縮 同調 의지 (E.F)
來龍 右側脈 護從 風水 E.F
來龍 左側脈 護從 風水 E.F
穿心 聚集 E 穴核 凝縮 同調의지(E.F)

〈그림 2-185〉 正變易 來龍脈 Energy體의 穴核 形成 同調 Energy場 Diagram

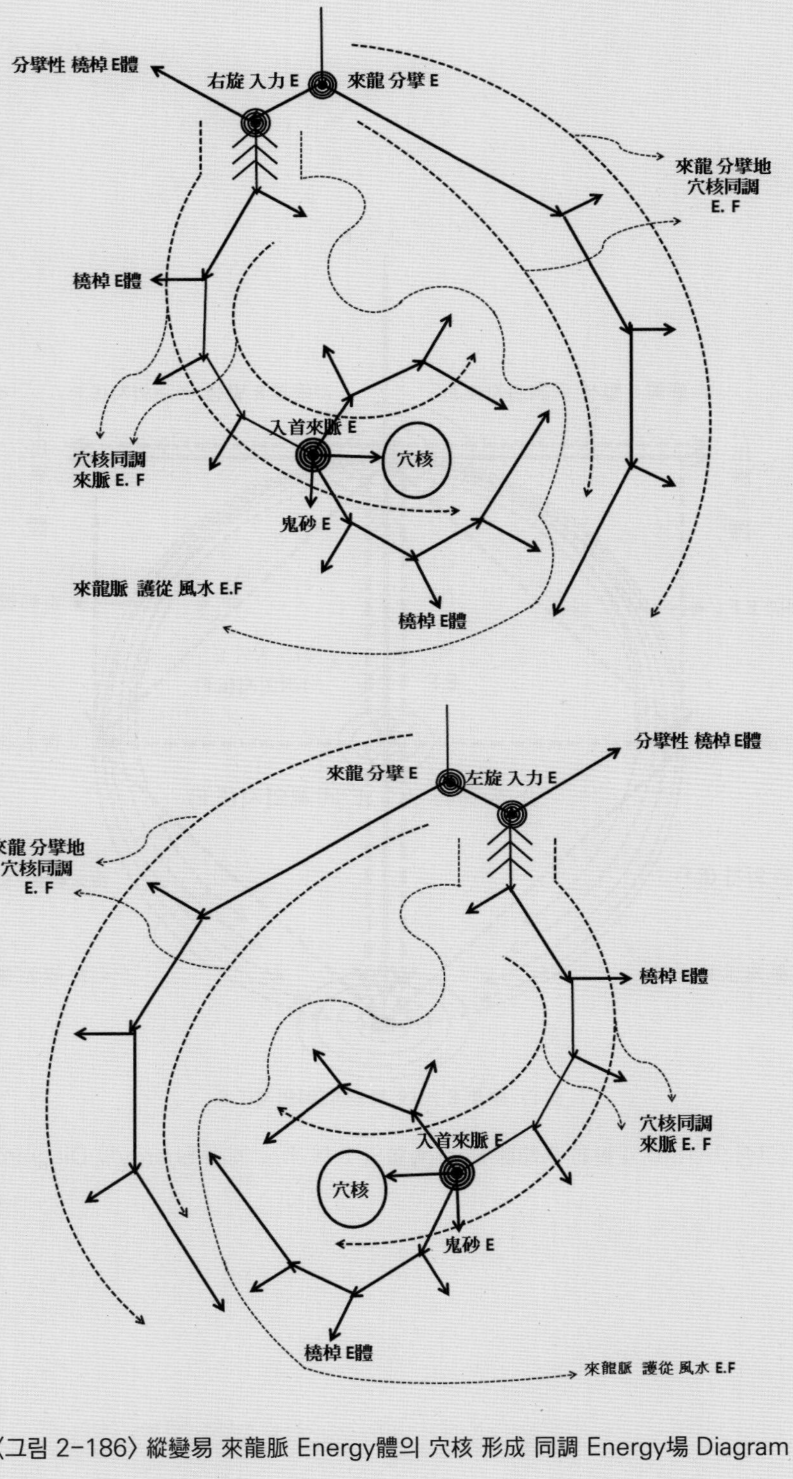

〈그림 2-186〉 縱變易 來龍脈 Energy體의 穴核 形成 同調 Energy場 Diagram

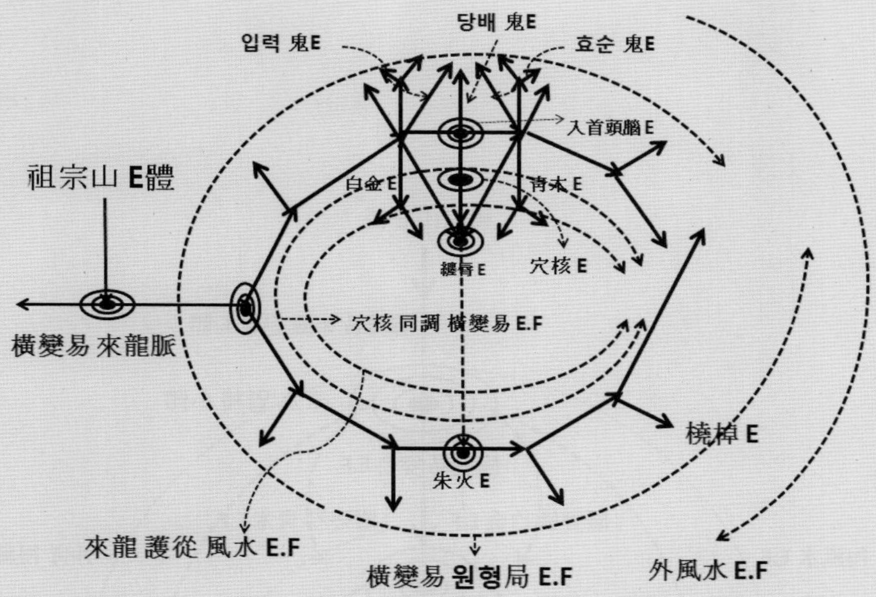

〈그림 2-187〉 橫變易 來龍脈 Energy體의 穴核 形成 同調 Energy場 Diagram

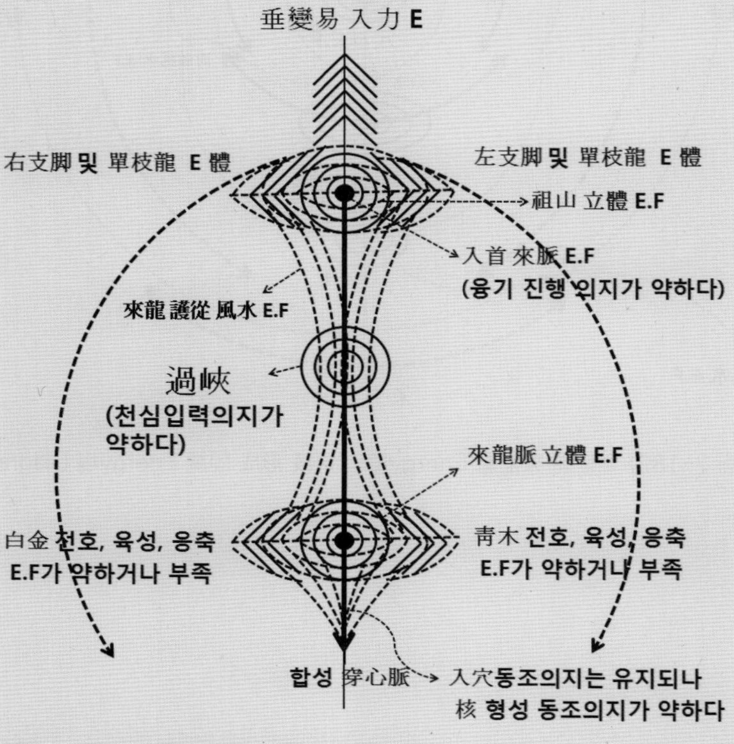

〈그림 2-188〉 垂變易 來龍脈 Energy體의 穴核 形成 同調 Energy場 Diagram

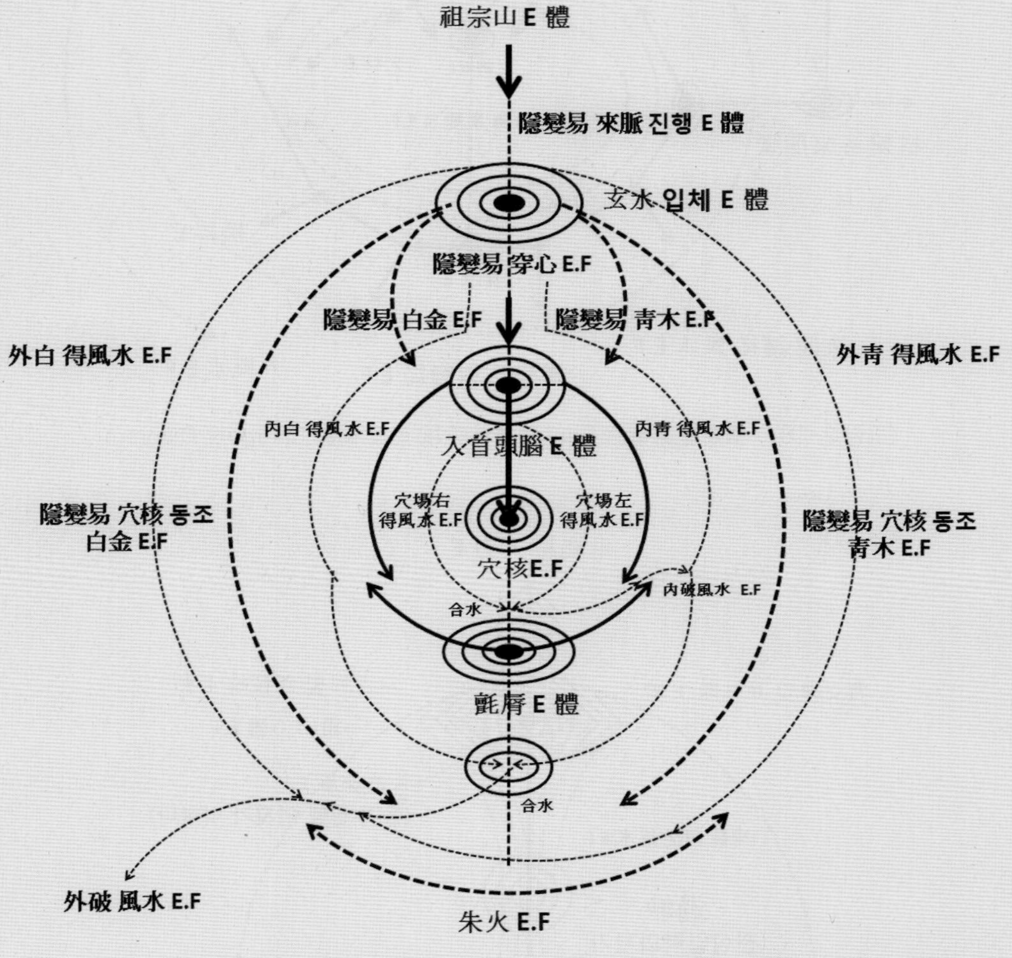
祖宗山 E 體
隱變易 來脈 진행 E 體
玄水 입체 E 體
隱變易 穿心 E.F
隱變易 白金 E.F
隱變易 青木 E.F
外白 得風水 E.F
外青 得風水 E.F
內白 得風水 E.F
內青 得風水 E.F
入首頭腦 E 體
隱變易 穴核 동조
白金 E.F
穴場右
得風水 E.F
穴場左
得風水 E.F
隱變易 穴核 동조
青木 E.F
穴核 E.F
內破風水 E.F
合水
氈脣 E 體
合水
外破 風水 E.F
朱火 E.F

〈그림 2-189〉 隱變易 來龍脈 Energy體의 穴核 形成 同調 Energy場 Diagram

※ 橈棹 發生角 $\theta = \angle 90°$, $\theta = \angle 120°$別
變位角 $\theta = \angle 30°$, $\theta = \angle 60°$別
경우에 따라 각각 그 Circuit
Diagram이 달라진다.

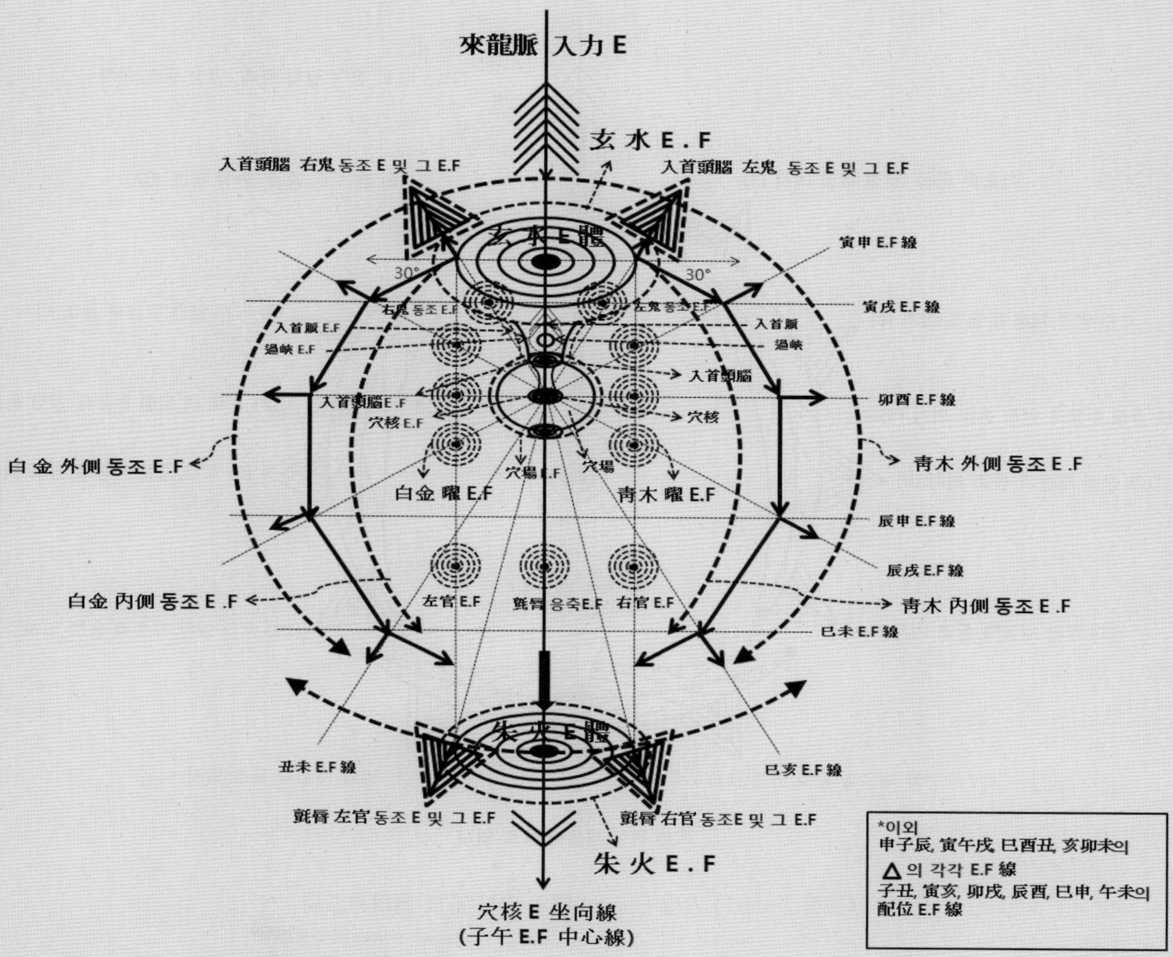

〈그림 2-190〉 四神砂 Energy體의 穴核 形成 同調 Energy場 Circuit Diagram

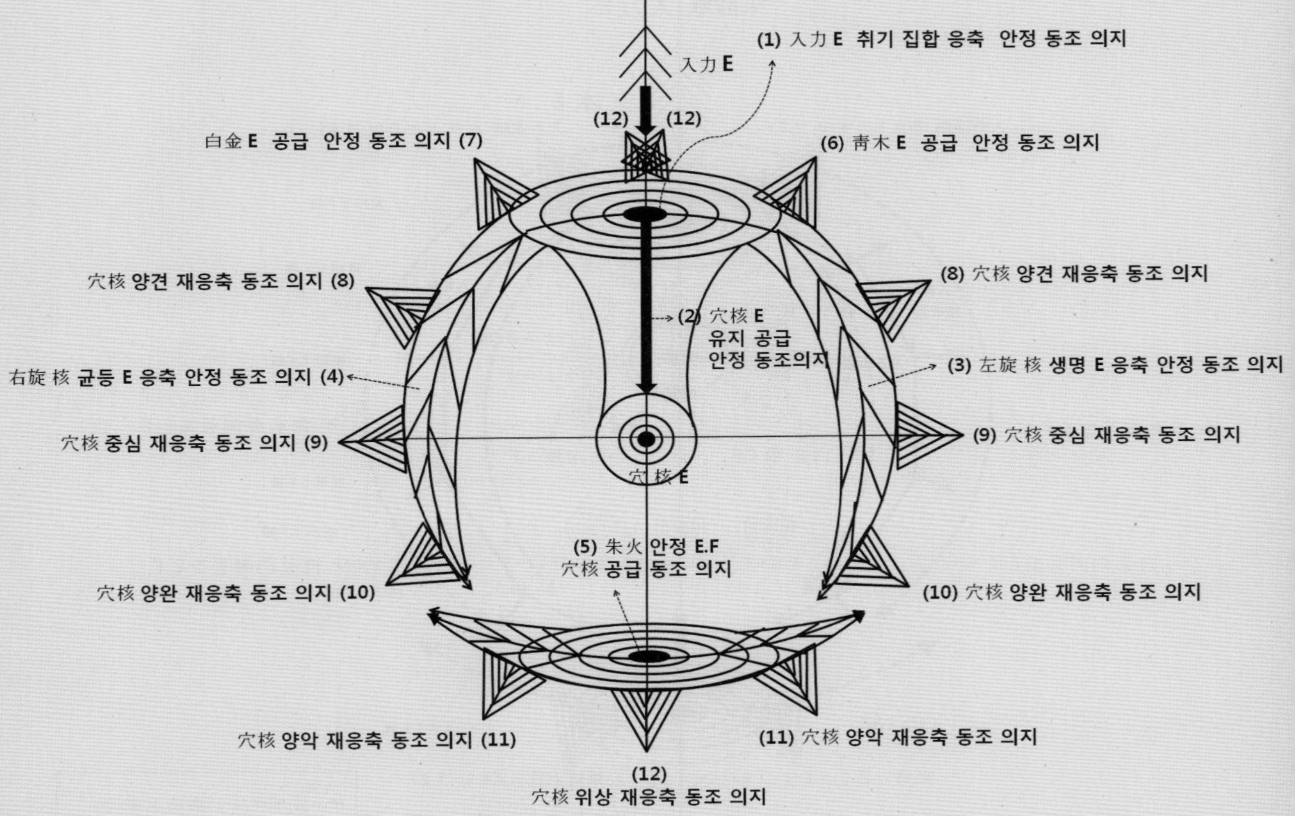
(1) 入力E 취기 집합 응축 안정 동조 의지
入力E
(12) (12)
白金E 공급 안정 동조 의지 (7)
(6) 青木E 공급 안정 동조 의지
穴核 양견 재응축 동조 의지 (8)
(8) 穴核 양견 재응축 동조 의지
(2) 穴核 E
유지 공급
안정 동조의지
右旋 核 균등 E 응축 안정 동조 의지 (4)
(3) 左旋 核 생명 E 응축 안정 동조 의지
穴核 중심 재응축 동조 의지 (9)
(9) 穴核 중심 재응축 동조 의지
穴核 E
(5) 朱火 안정 E.F
穴核 공급 동조 의지
穴核 양완 재응축 동조 의지 (10)
(10) 穴核 양완 재응축 동조 의지
穴核 양악 재응축 동조 의지 (11)
(11) 穴核 양악 재응축 동조 의지
(12)
穴核 위상 재응축 동조 의지

〈그림 2-191〉 穴場 Energy體의 穴核 形成 同調意志圖

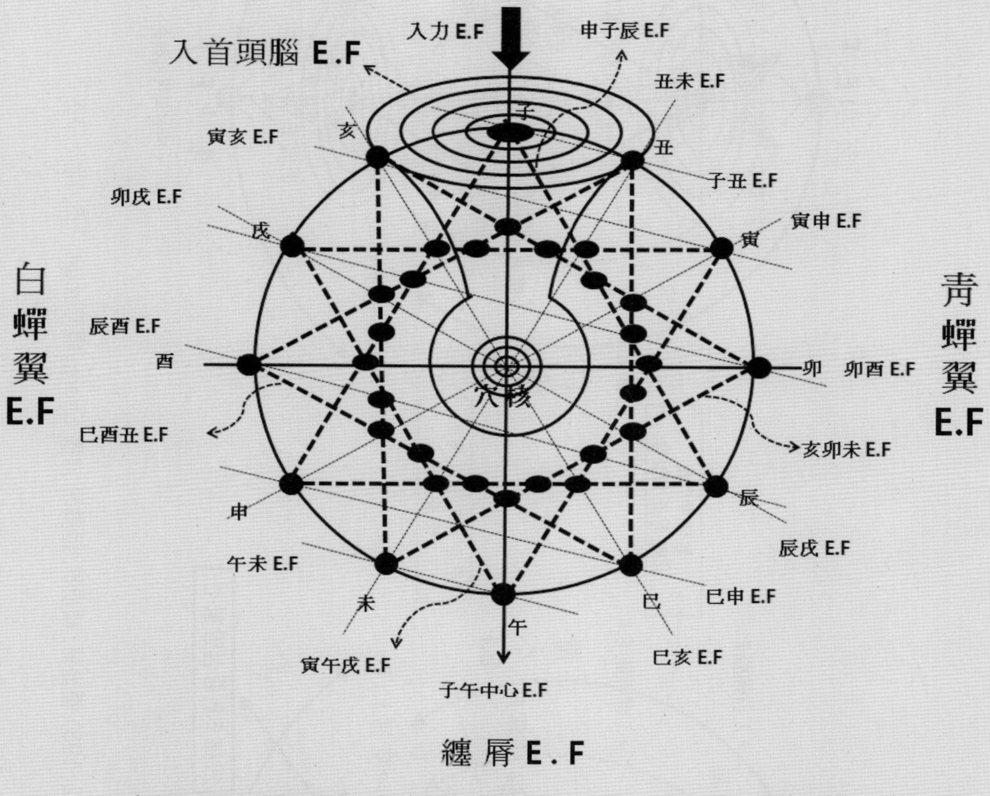

〈그림 2-192〉 穴場 Energy體의 穴核 形成 Energy場 Circuit Diagram

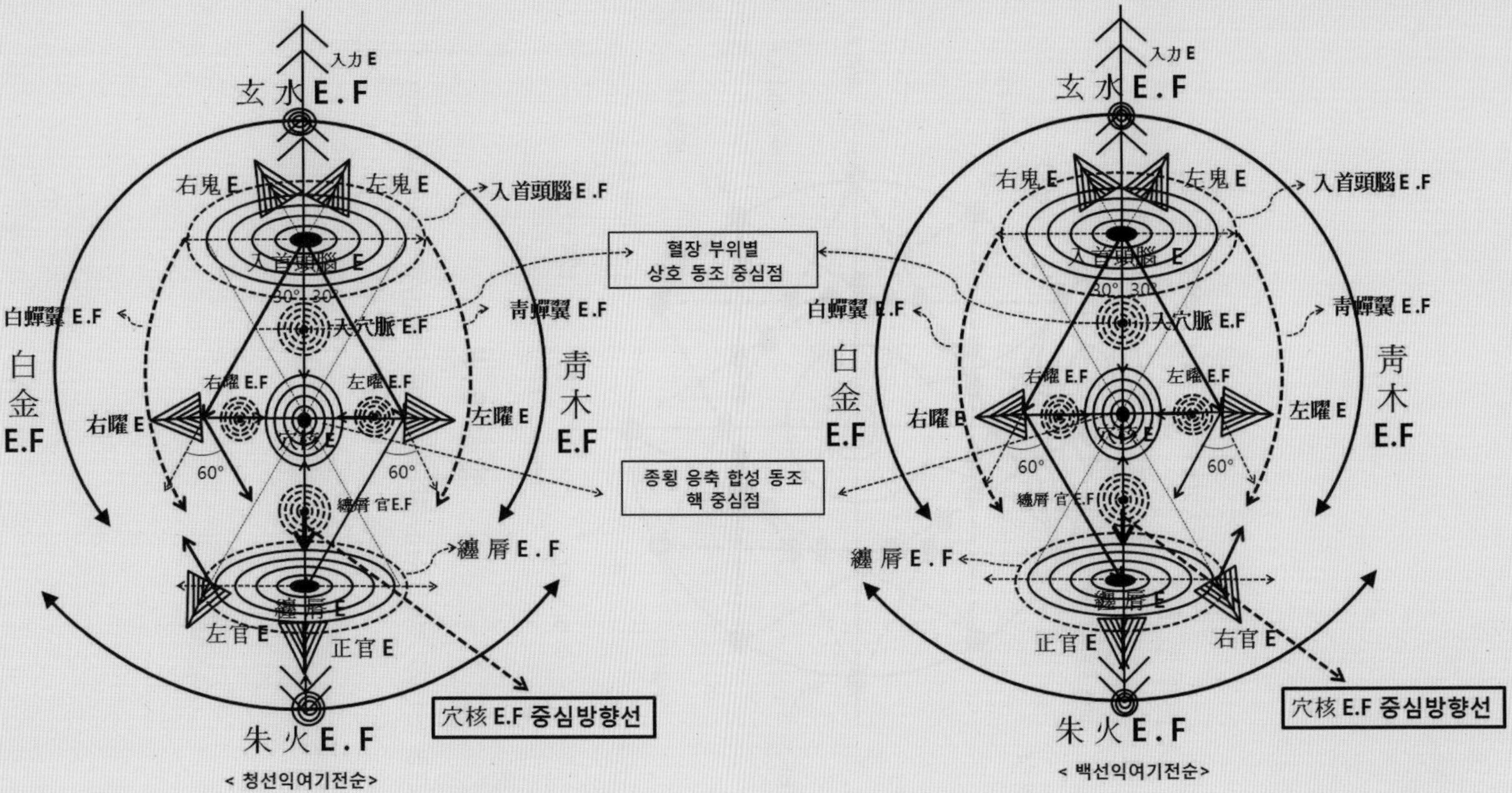

〈그림 2-193〉 垂變易, 縱變易, 隱變易 穴核 Energy場 Circuit 구조, 鉗穴 구조

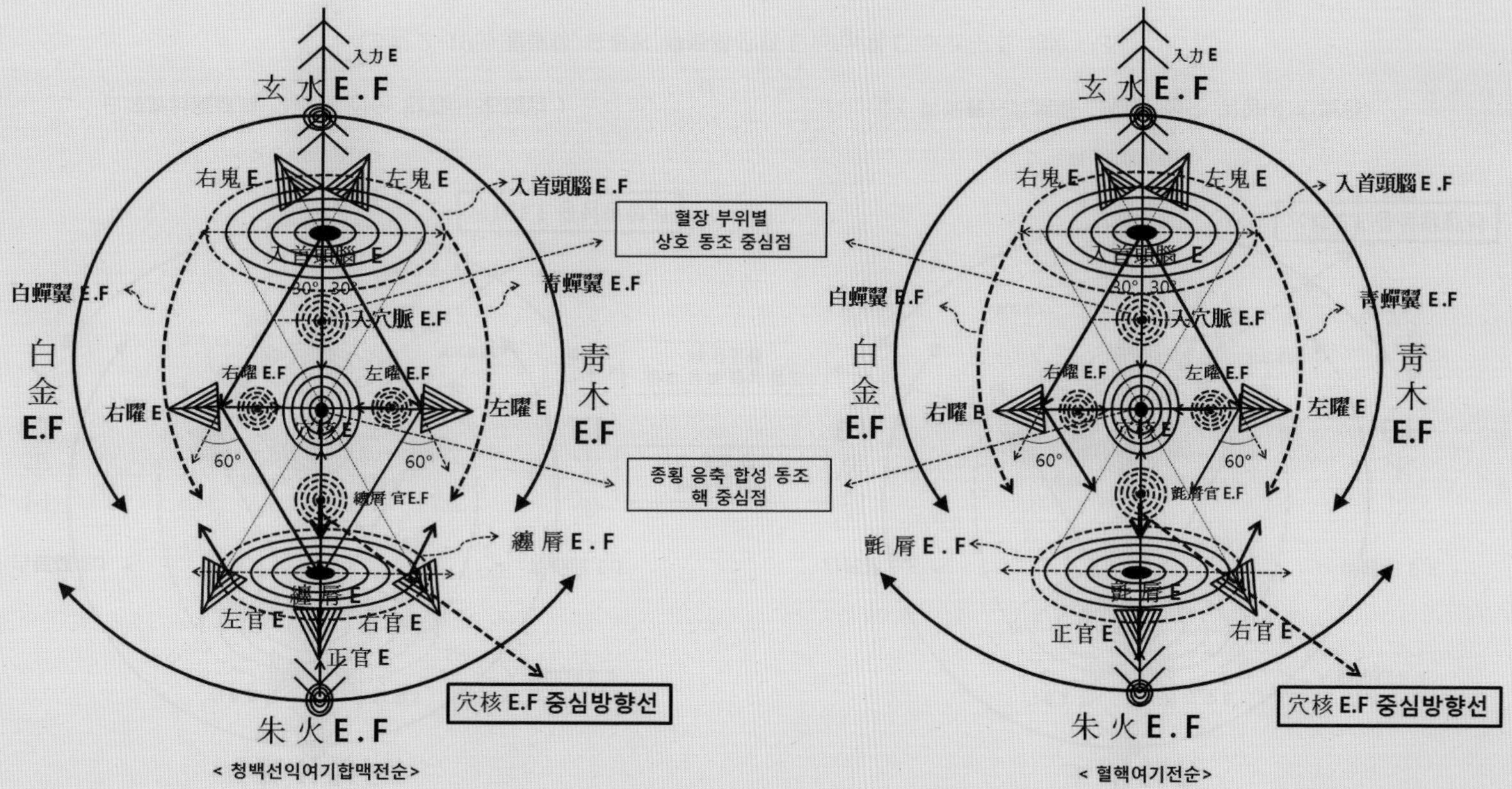

〈그림 2-194〉 垂變易, 縱變易, 隱變易 穴核 Energy場 Circuit 구조, 鉗穴 구조

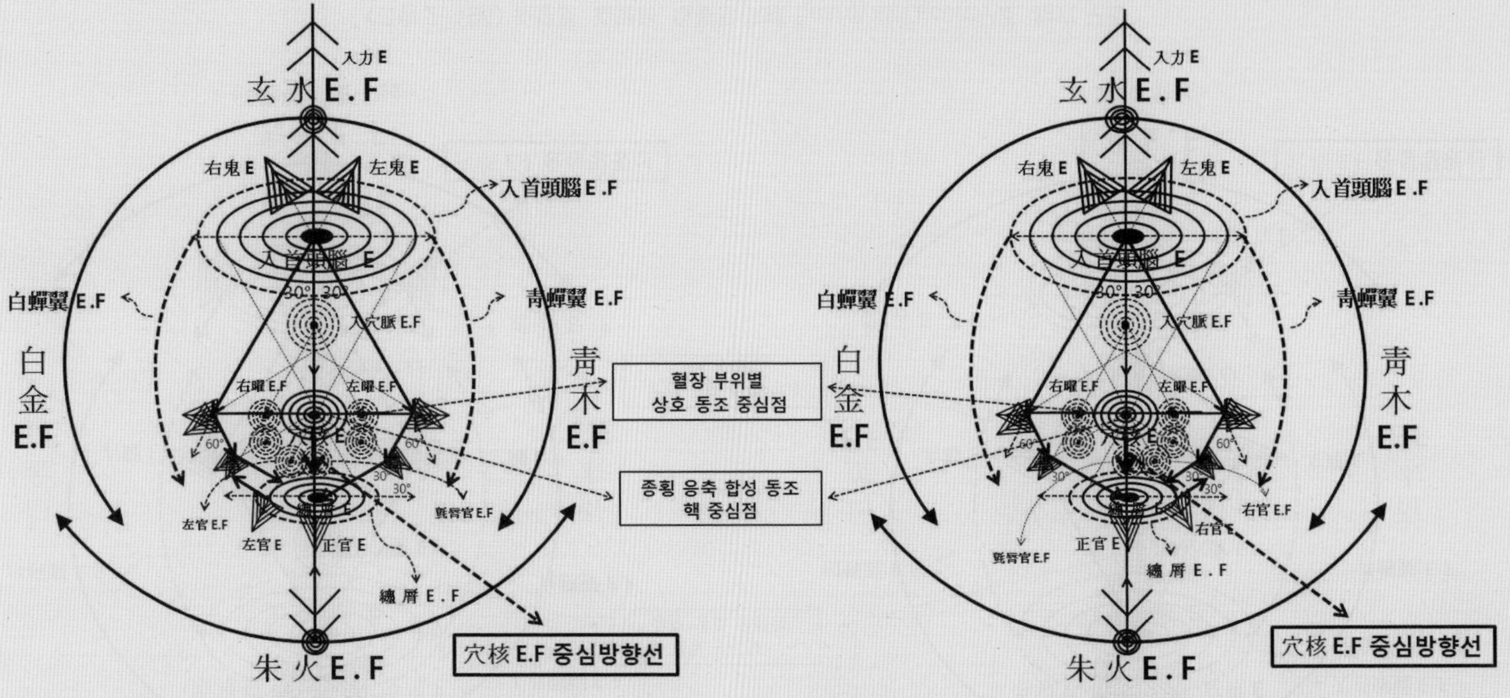

< 청선익여기전순>

ㄴ〈 白蟬翼餘氣纏脣 그림은 전순 방향이 右旋임 〉

< 백선익여기전순>

ㄴ〈 青蟬翼餘氣纏脣 그림은 전순 방향이 左旋임〉

〈그림 2-195〉 垂變易, 縱變易, 隱變易 穴核 Energy場 Circuit 구조, 鉗穴 구조

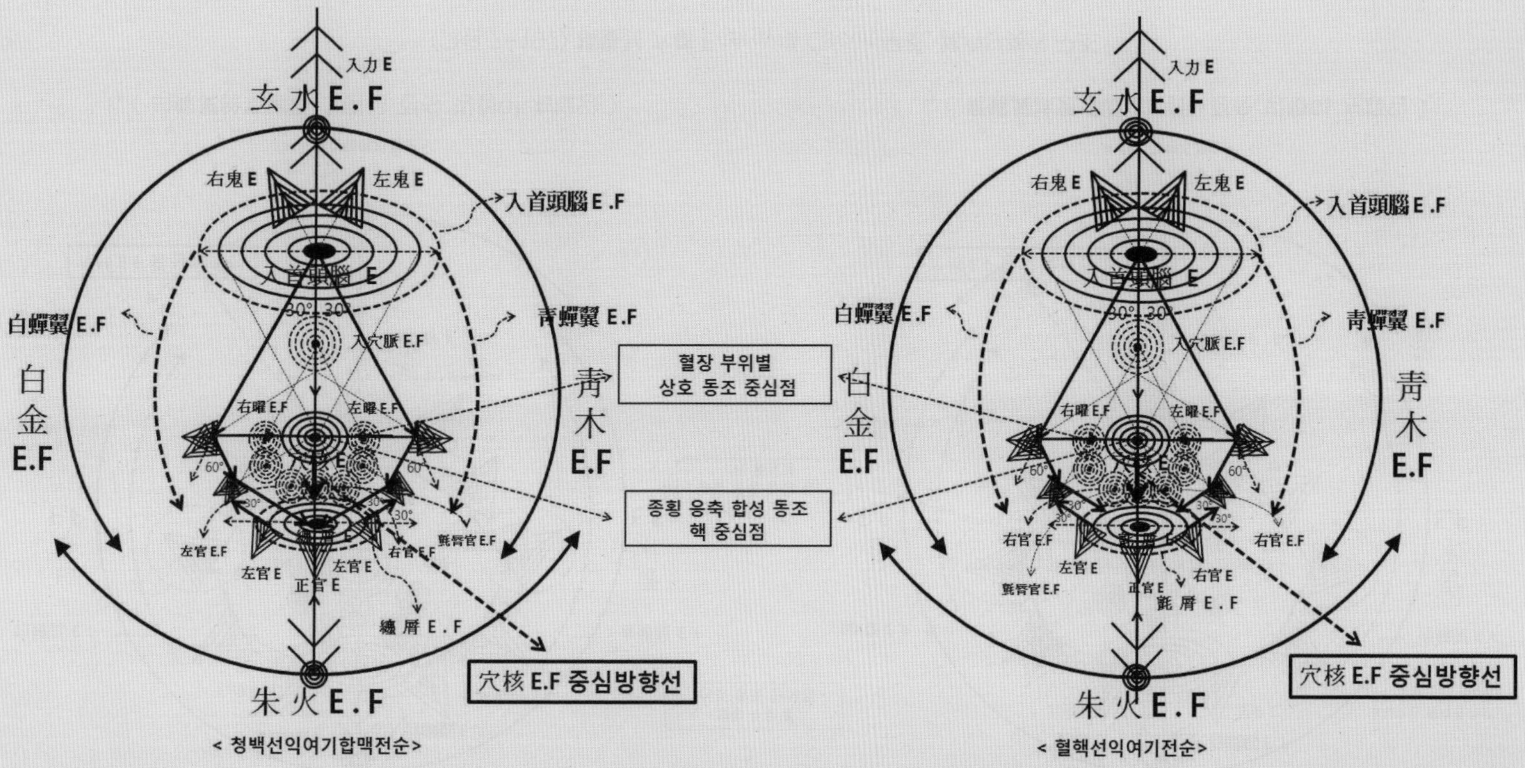

〈그림 2-196〉 垂變易, 縱變易, 隱變易 穴核 Energy場 Circuit 구조, 鉗穴 구조

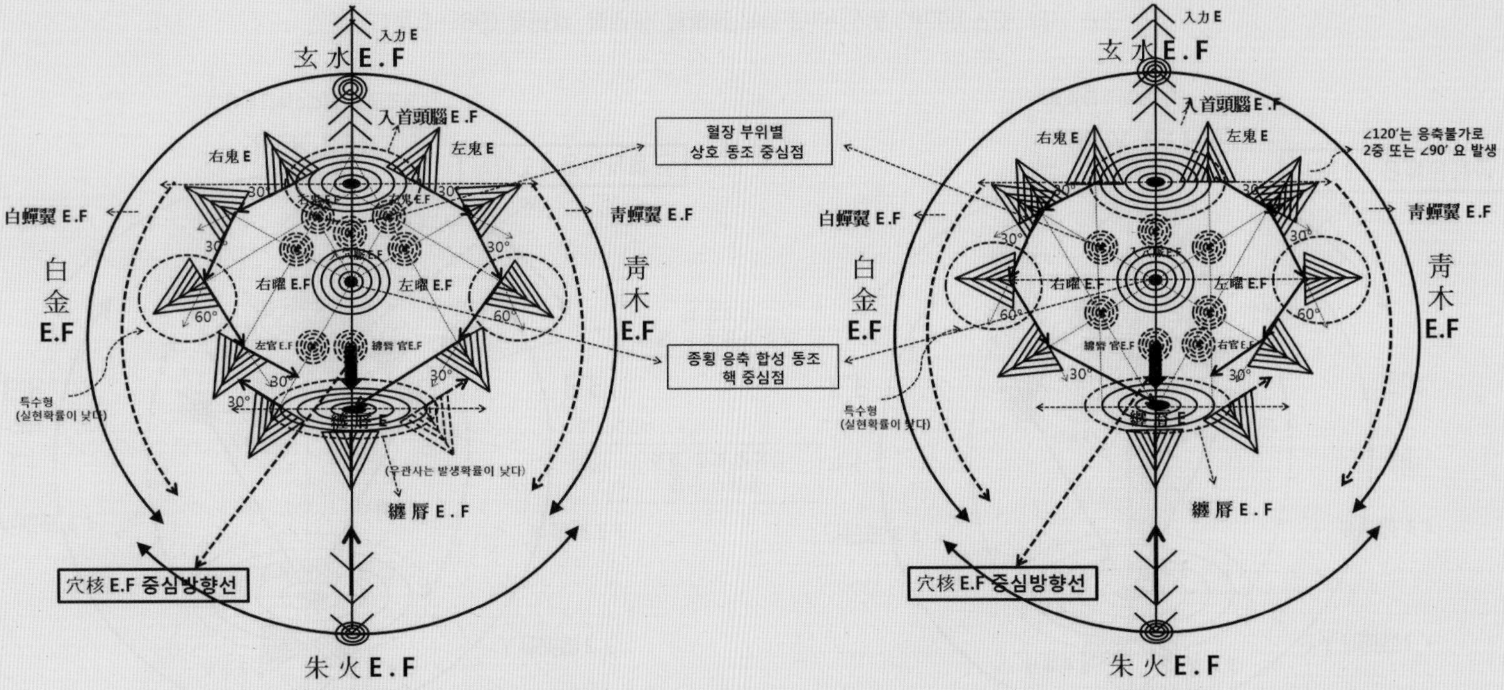

< 청선익여기전순>

ㄴ〈 白蟬翼餘氣纏脣 그림은 전순 방향이 右旋임 〉

< 백선익여기전순>

ㄴ〈 青蟬翼餘氣纏脣 그림은 전순 방향이 左旋임 〉

〈그림 2-197〉 橫變易 穴核 Energy場 Circuit 구조, 窩/乳/突穴 구조

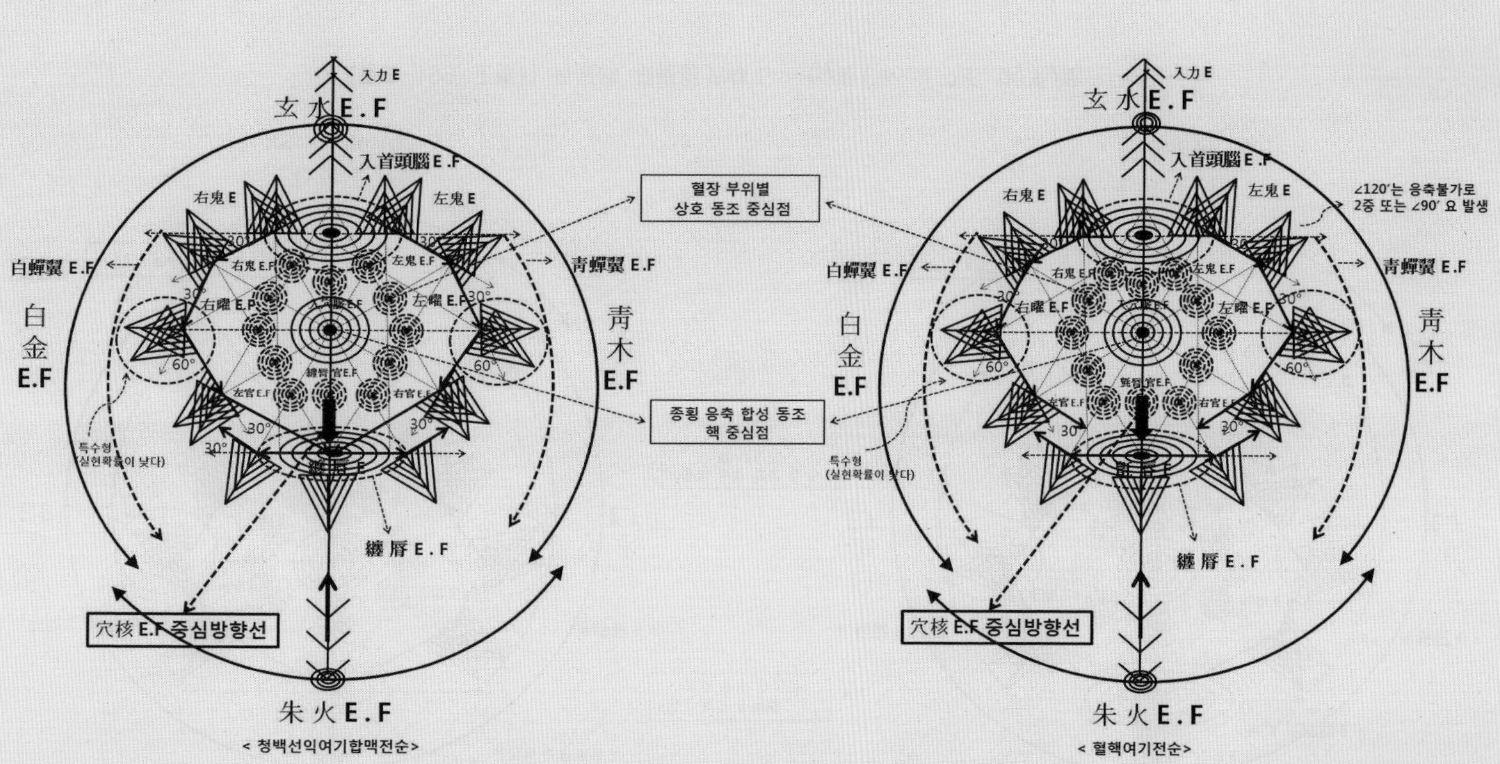

〈그림 2-198〉 橫變易 穴核 Energy場 Circuit 구조, 窩/乳/突穴 구조

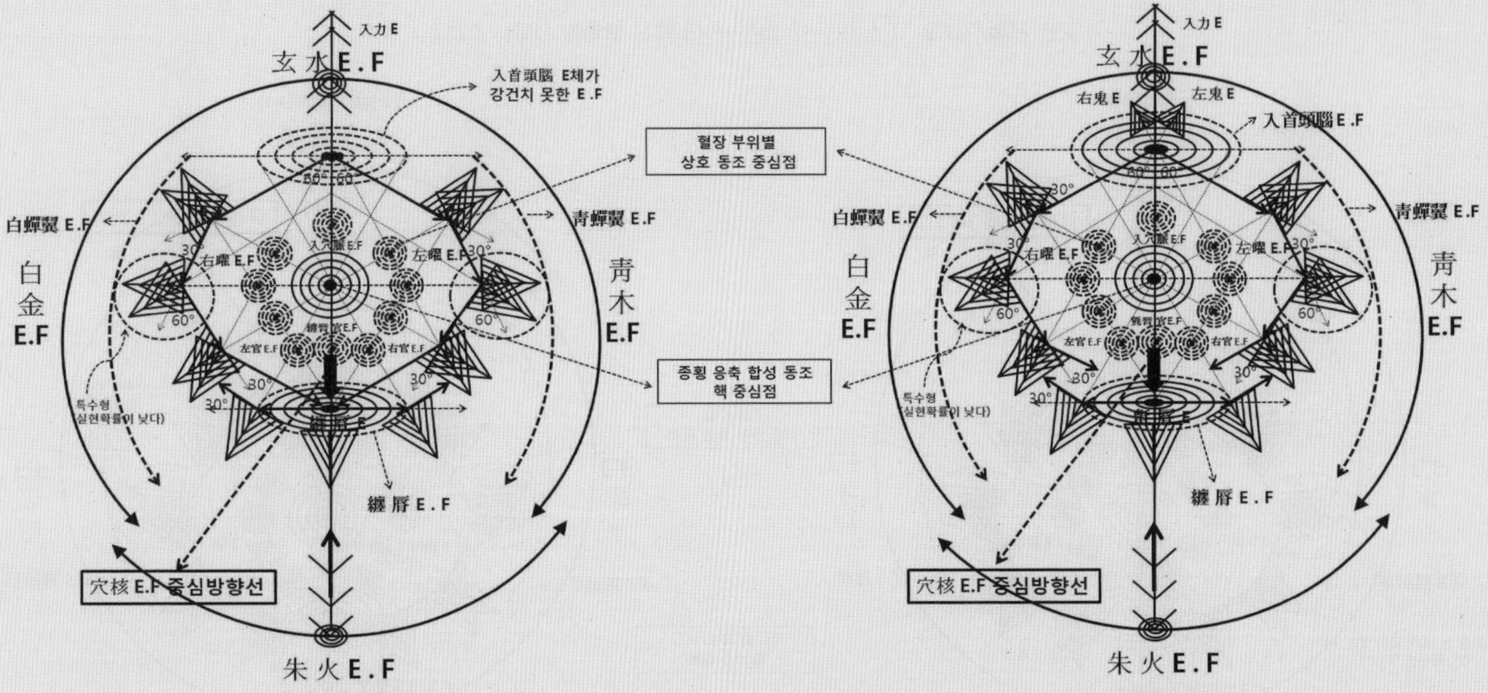

< 청백선익여기합맥전순> < 혈핵여기전순>

〈그림 2-199〉 正變易, 縱變易, 橫變易 穴核 Energy場 Circuit 구조, 突/乳/窩穴 구조

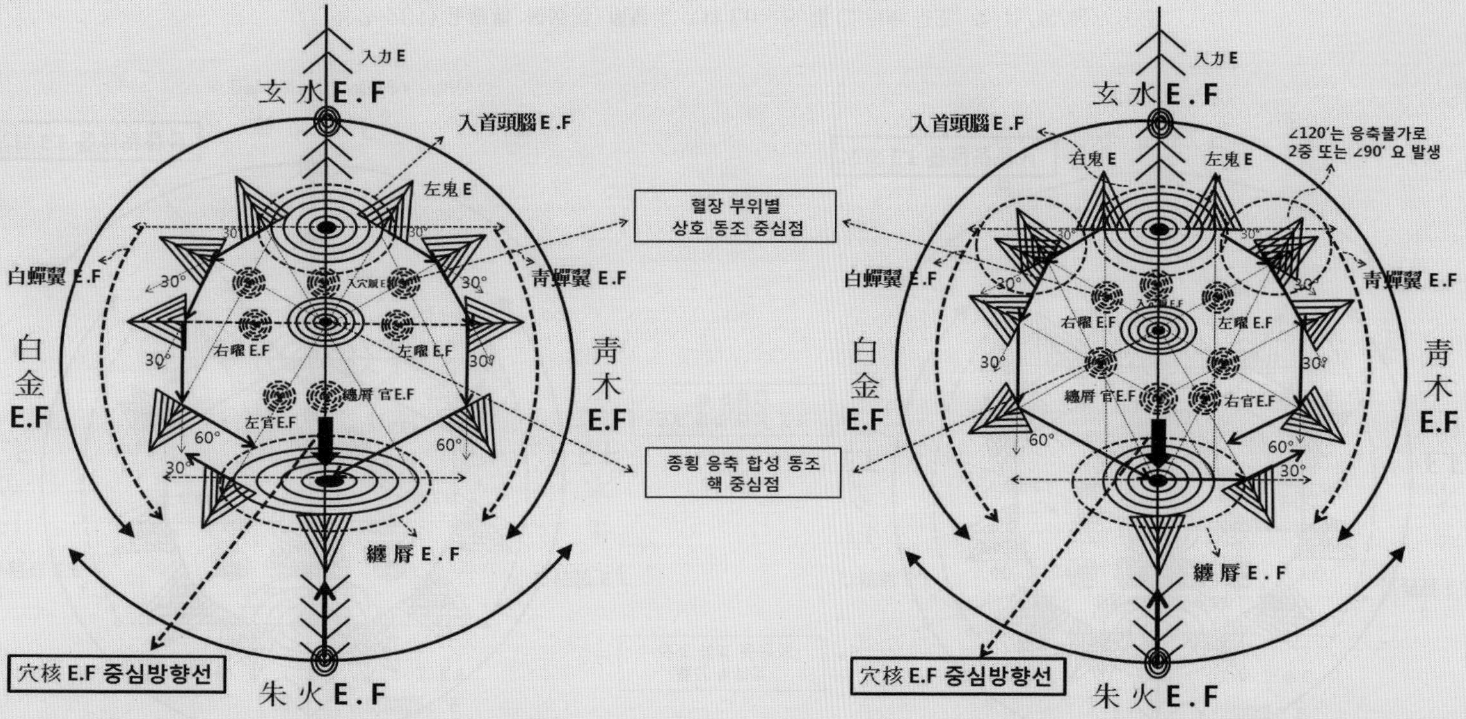

< 청선익여기전순>

ㄴ〈 青蟬翼餘氣纏脣 그림은 전순 방향이 左旋임 〉

< 백선익여기전순>

ㄴ〈 白蟬翼餘氣纏脣 그림은 전순 방향이 右旋임 〉

〈그림 2-200〉 正變易, 縱變易, 橫變易 穴核 Energy場 Circuit 구조, 突/乳/窩/鉗穴 구조

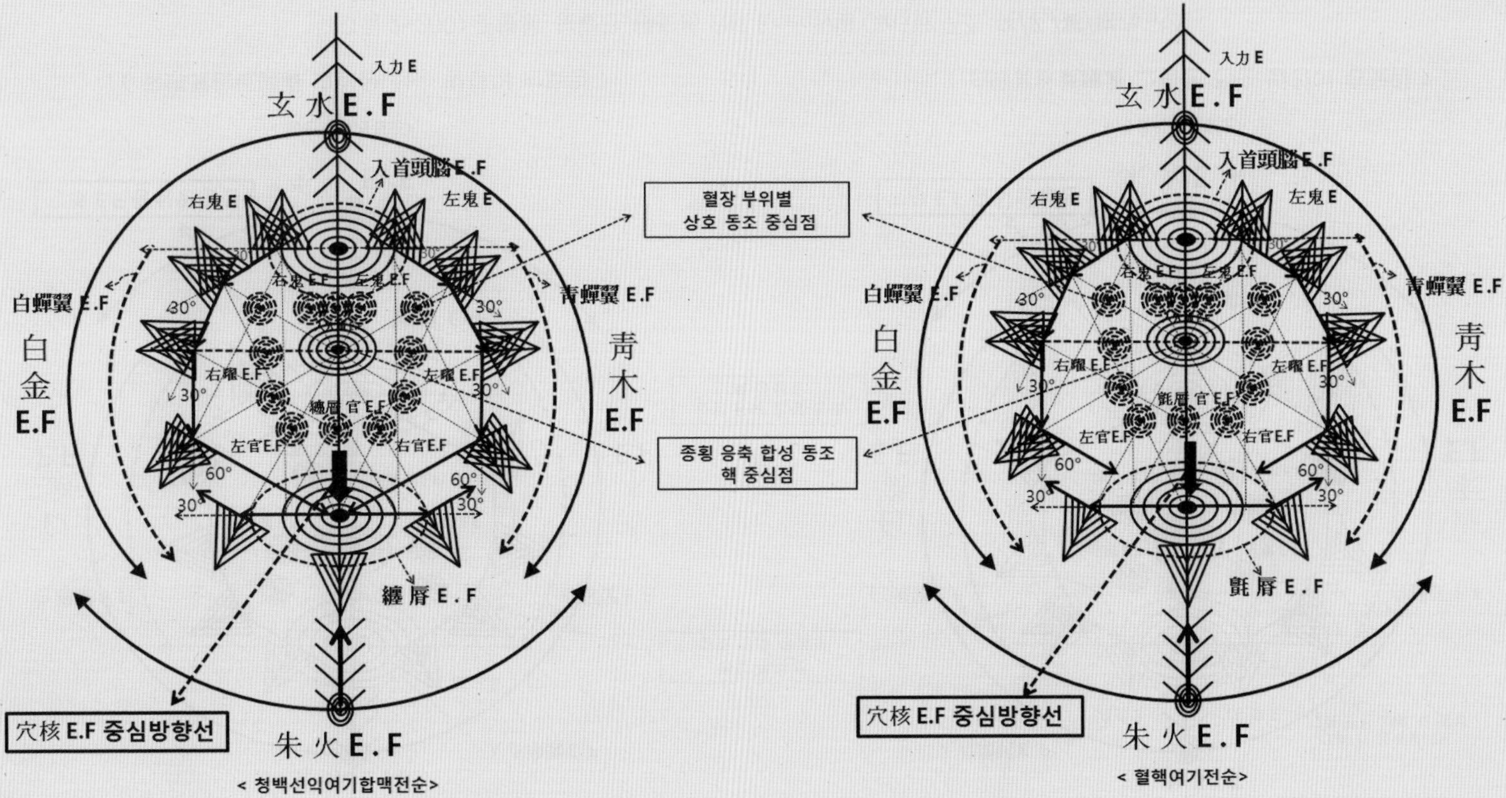

〈그림 2-201〉 正變易, 縱變易, 橫變易 穴核 Energy場 Circuit 구조, 突/乳/窩/鉗穴 구조

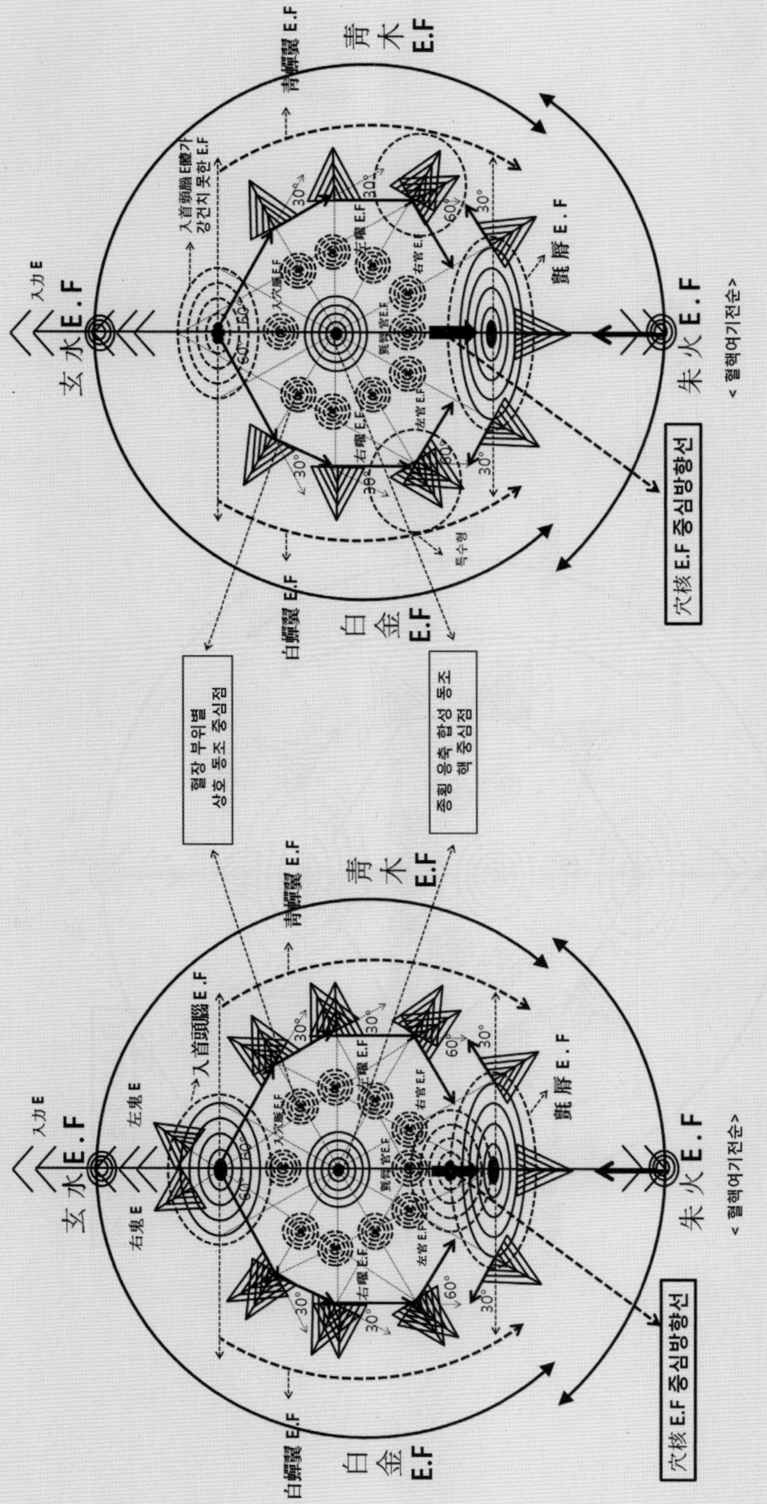

〈그림 2-202〉 正變易, 縱變易, 隱變易 穴核 Energy場 Circuit 구조, 突/乳/窩穴 구조

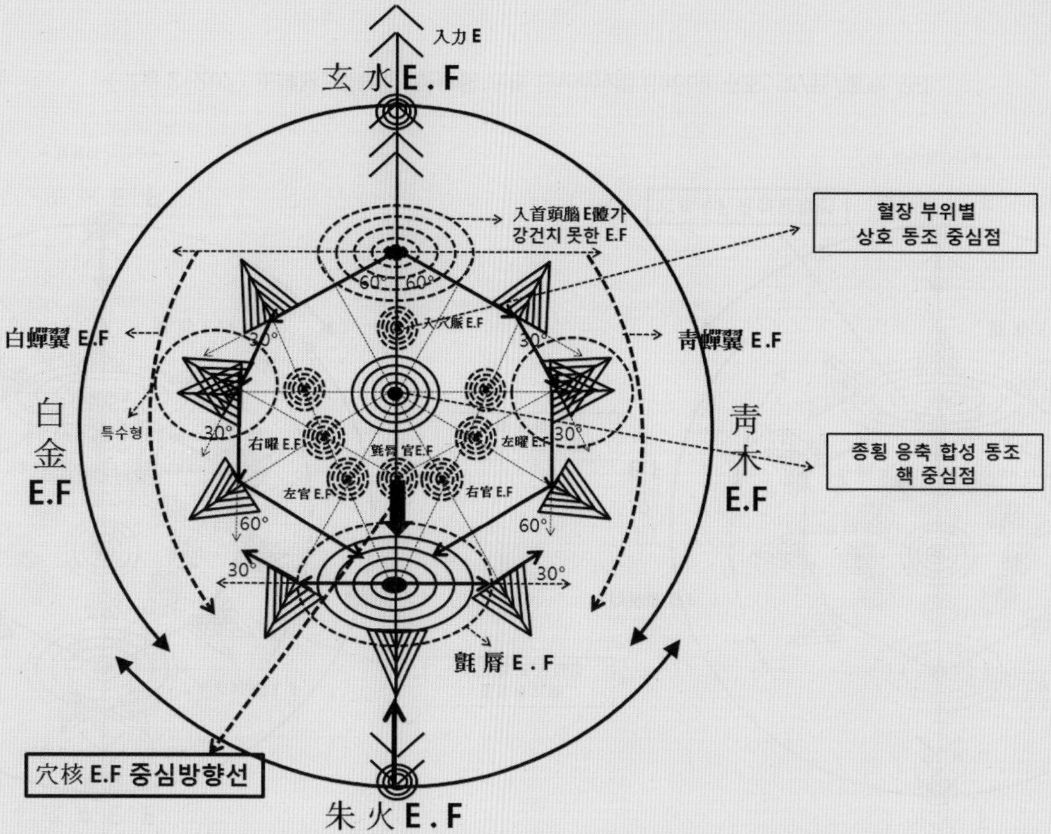

< 혈핵여기전순>

〈그림 2-203〉 正變易, 縱變易, 隱變易 穴核 Energy場 Circuit 구조, 突/乳/窩穴 구조

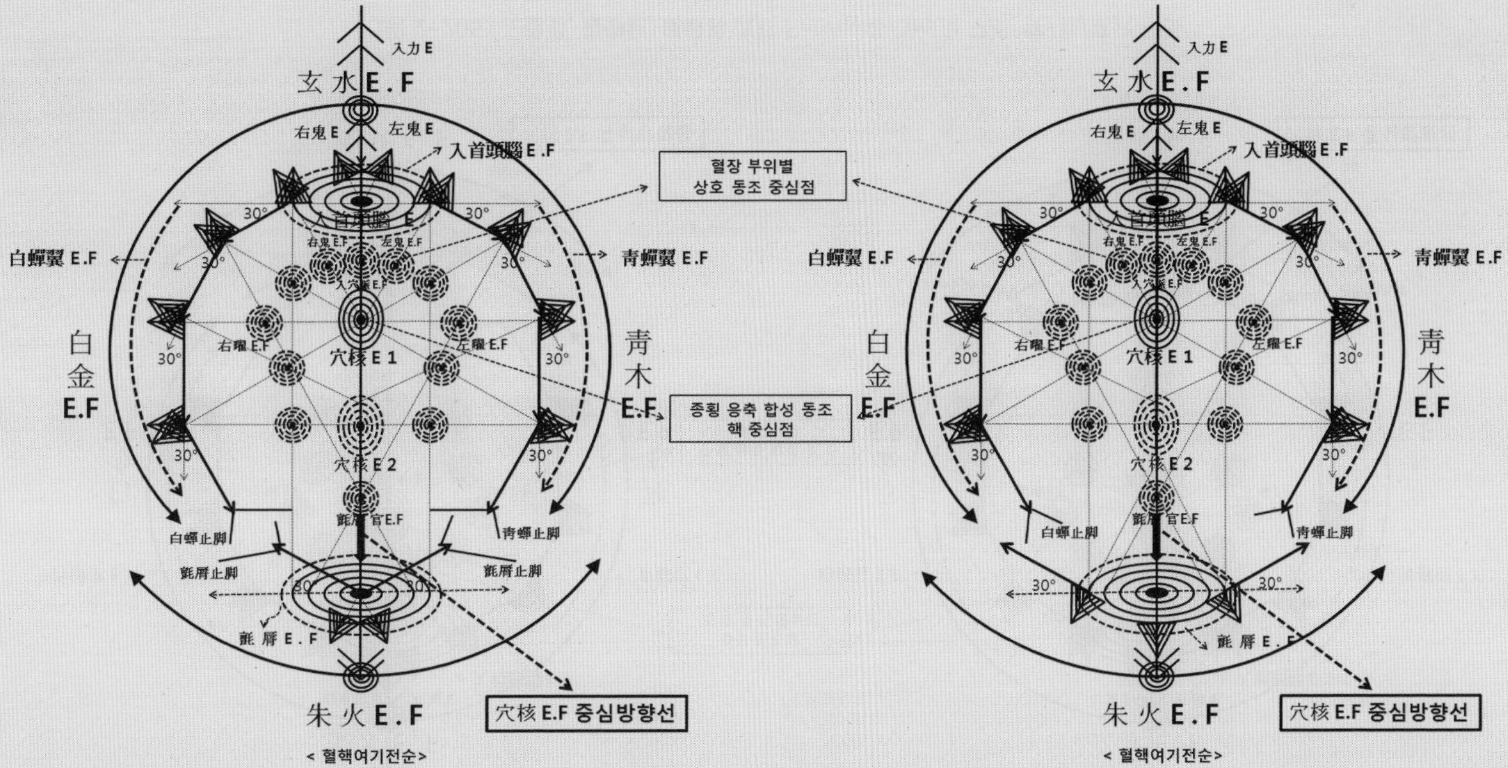

〈그림 2-204〉 正變易, 縱變易, 隱變易 穴核 Energy場 Circuit 구조, 突/乳/窩穴 구조

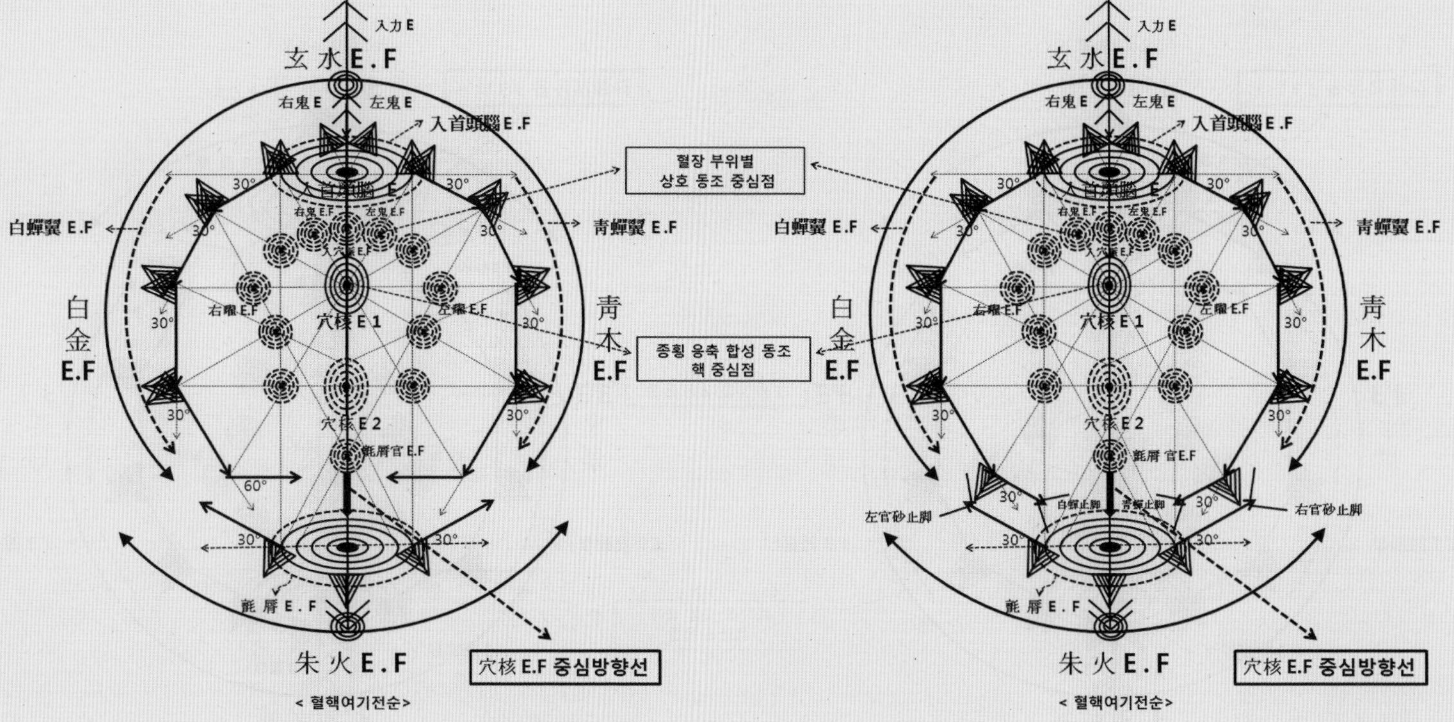

〈그림 2-205〉 正變易, 縱變易, 隱變易 穴核 Energy場 Circuit 구조, 突/乳/窩穴 구조

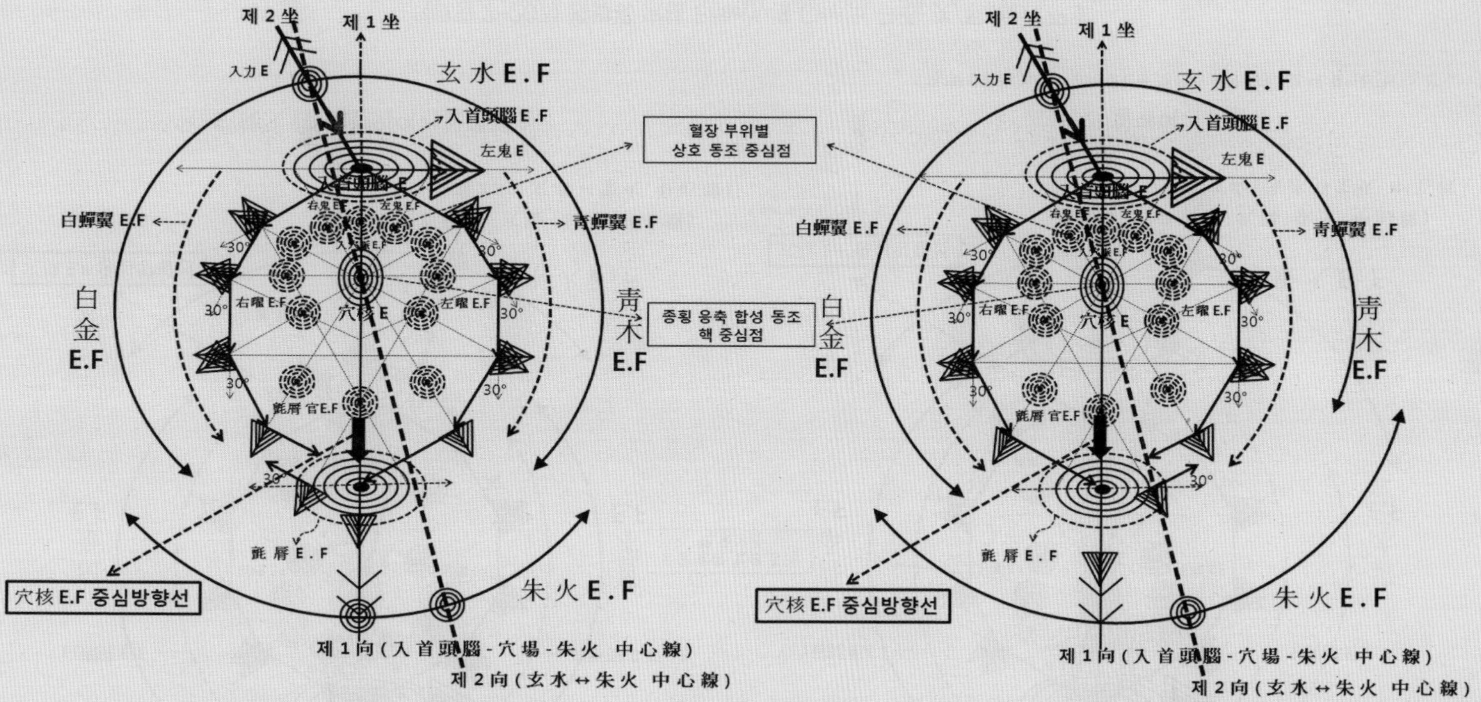

< 左旋穴 -청선익여기전순>

* 제2좌향혈일 경우 백선익 종단은 청선익 종단보다 1절 더 길어진다.

< 左旋穴 -백선익여기전순>

* 제2좌향혈일 경우 청선익 종단은 백선익 종단보다 1절 더 길어진다.

〈그림 2-206〉 縱變易 穴核 Energy場 Circuit 구조, 突/乳/窩穴 구조

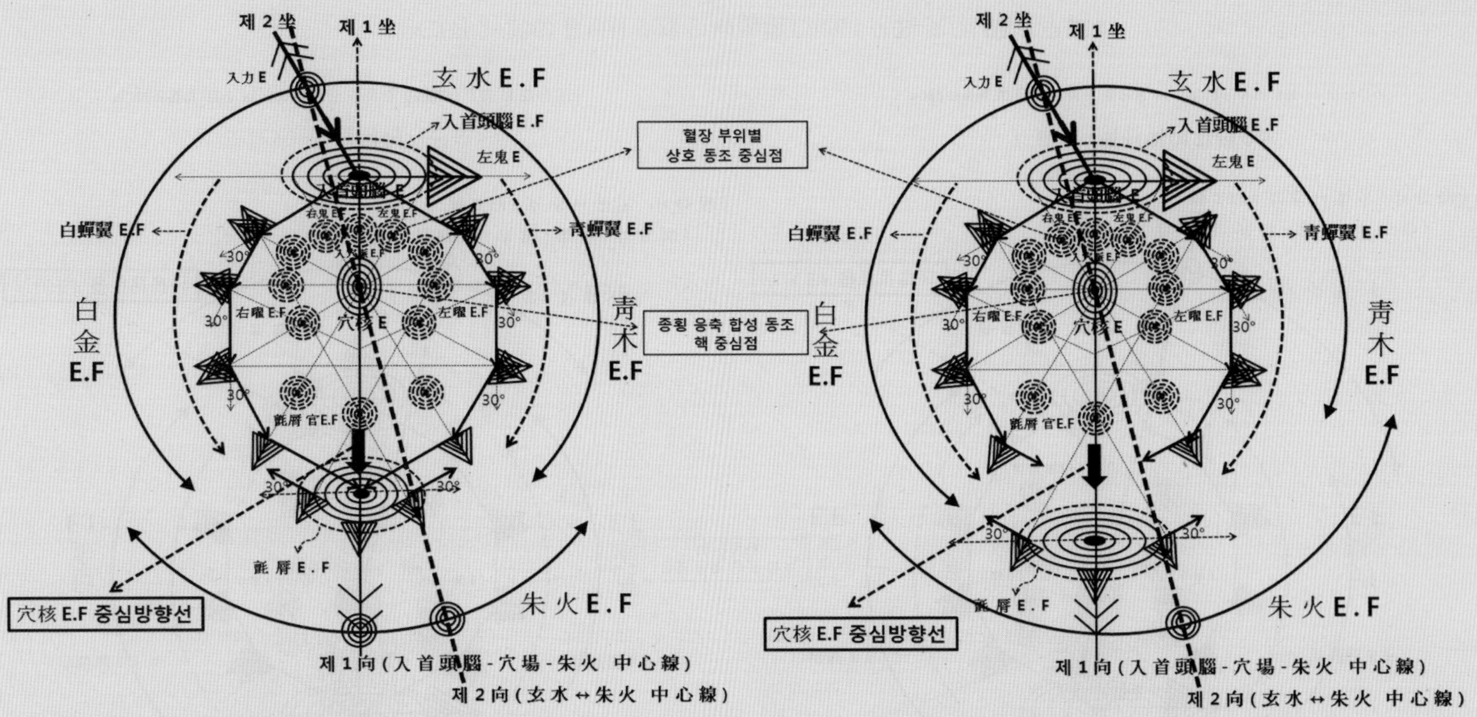

< 左旋穴 -청백선익여기합맥전순>

< 左旋穴 -혈핵여기전순>

* 제2좌향혈일 경우 백선익 종단은 청선익 종단보다 1절 더 길어진다.

〈그림 2-207〉 縱變易 穴核 Energy場 Circuit 구조, 突/乳/窩穴 구조

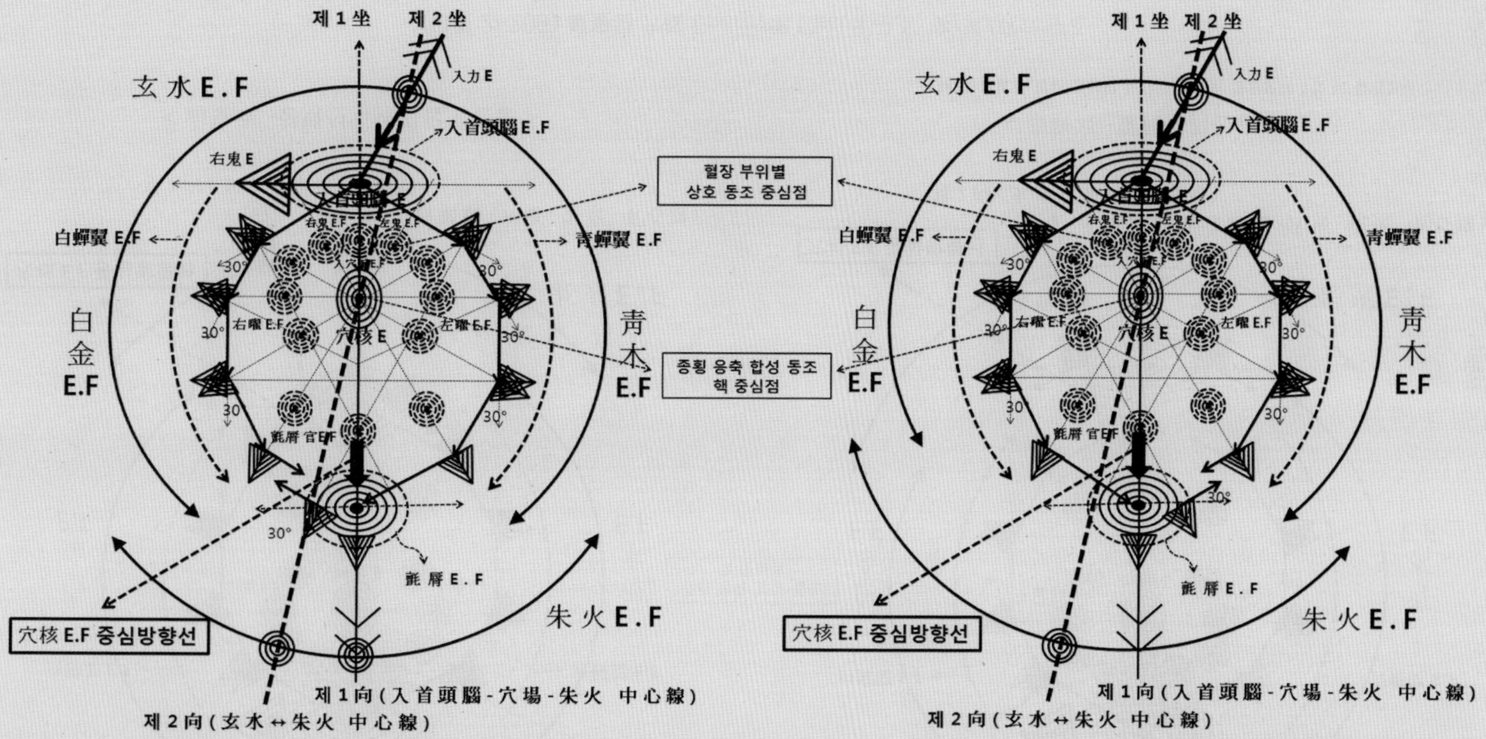

< 右旋穴 -청선익여기전순 >

* 제2좌향혈일 경우 백선익 종단은 청선익 종단보다 1절 더 길어진다.

< 右旋穴 -백선익여기전순 >

* 제2좌향혈일 경우 청선익 종단은 백선익 종단보다 1절 더 길어진다.

〈그림 2-208〉 縱變易 穴核 Energy場 Circuit 구조, 突/乳/窩穴 구조

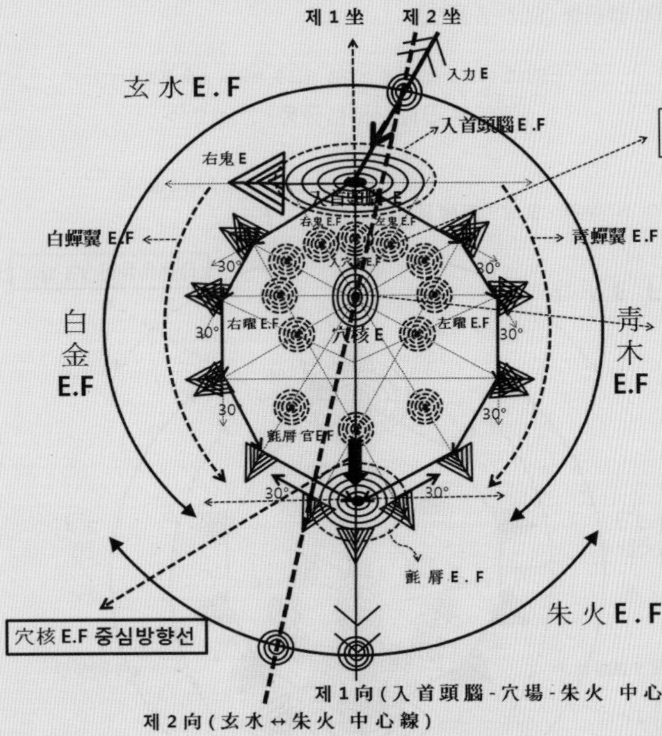

< 右旋穴 -청백선익여기합맥전순 >

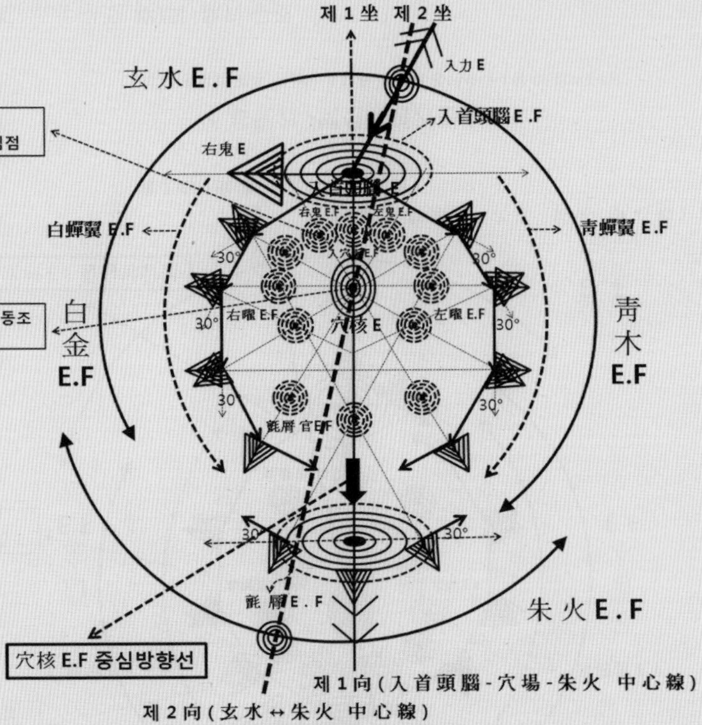

< 右旋穴 -혈핵여기전순 >

* 제2좌향혈일 경우 청선익 종단은 백선익 종단보다 1절 더 길어진다.

〈그림 2-209〉 縱變易 穴核 Energy場 Circuit 구조, 突/乳/窩穴 구조

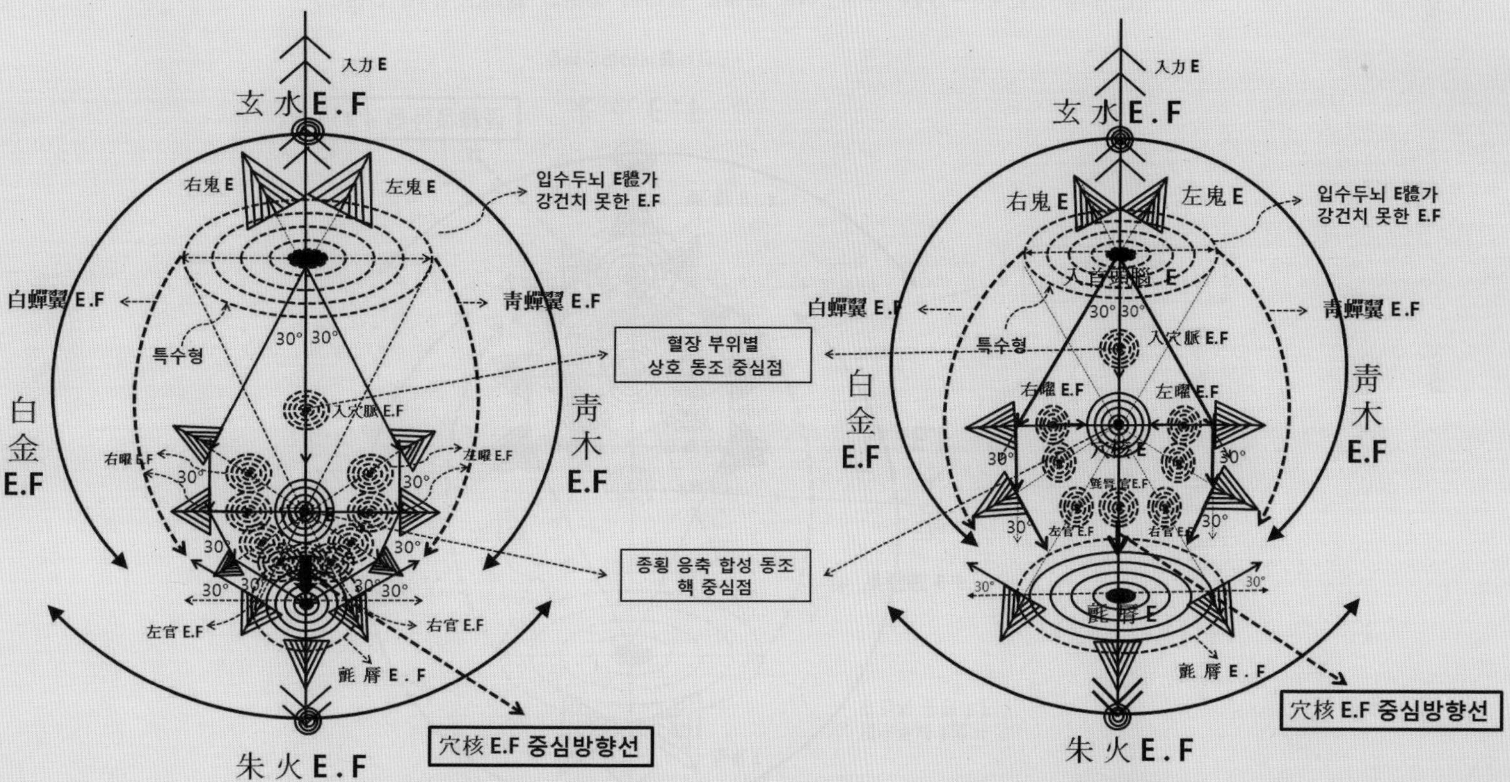

< 청백선익여기합맥전순>

< 혈핵여기전순>

〈그림 2-210〉 正變易, 縱變易, 隱變易, 垂變易 穴核 Energy場 Circuit 구조, 鉗穴 구조

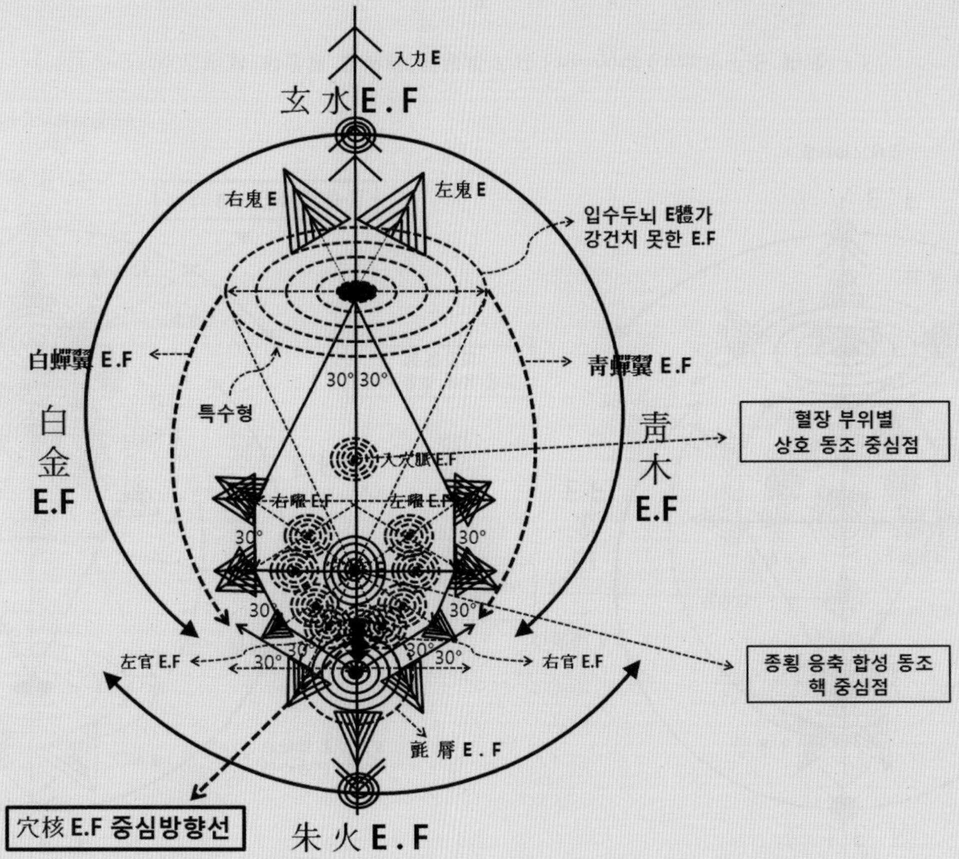

< 청백선익여기합맥전순>

〈그림 2-211〉 正變易, 縱變易, 隱變易, 垂變易 穴核 Energy場 Circuit 구조, 鉗穴 구조

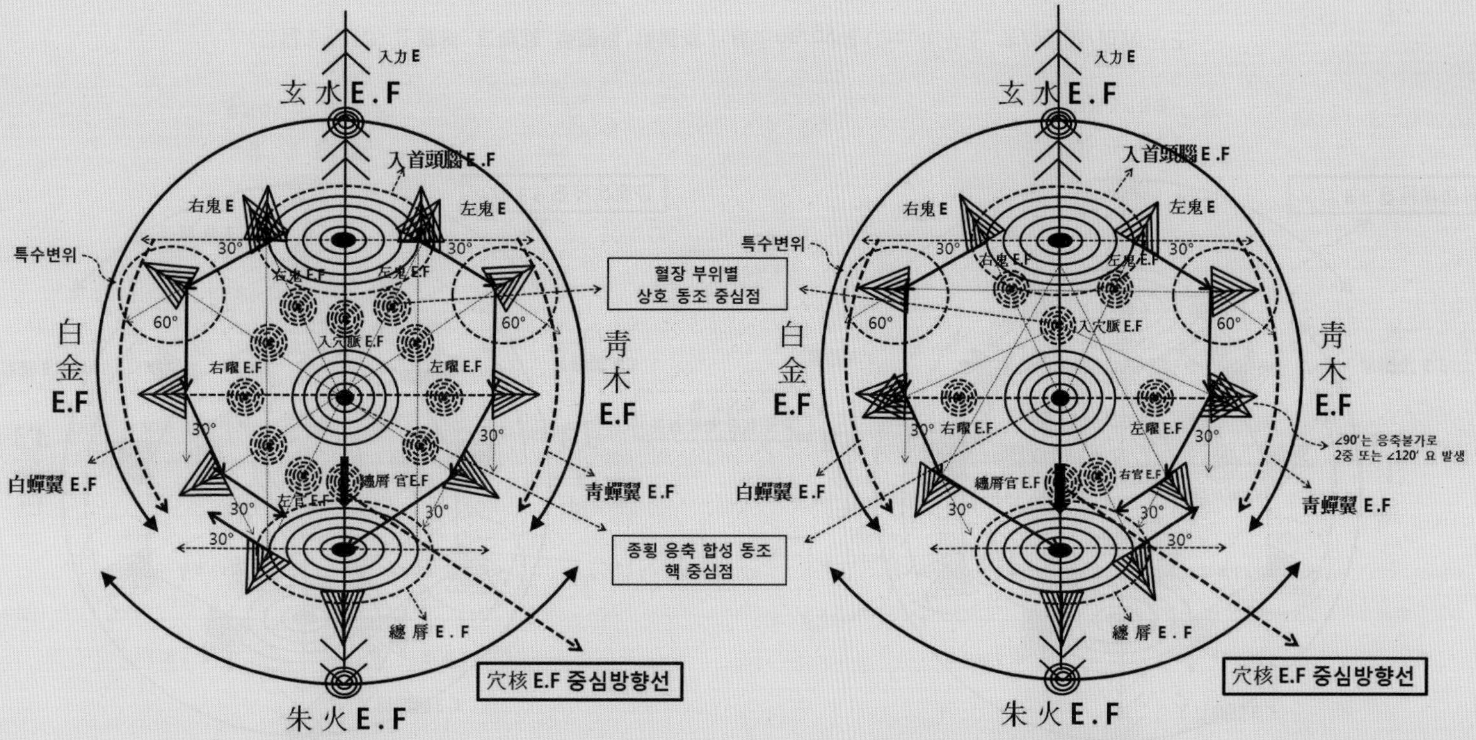

< 청선익여기전순>

< 백선익여기전순>

ㄴ〈 白蟬翼餘氣纏脣 그림은 전순 방향이 右旋임 〉

ㄴ〈 青蟬翼餘氣纏脣 그림은 전순 방향이 左旋임 〉

〈그림 2-212〉 正變易, 縱變易, 隱變易, 橫變易 穴核 Energy場 Circuit 구조, 突/乳/窩/鉗穴 구조

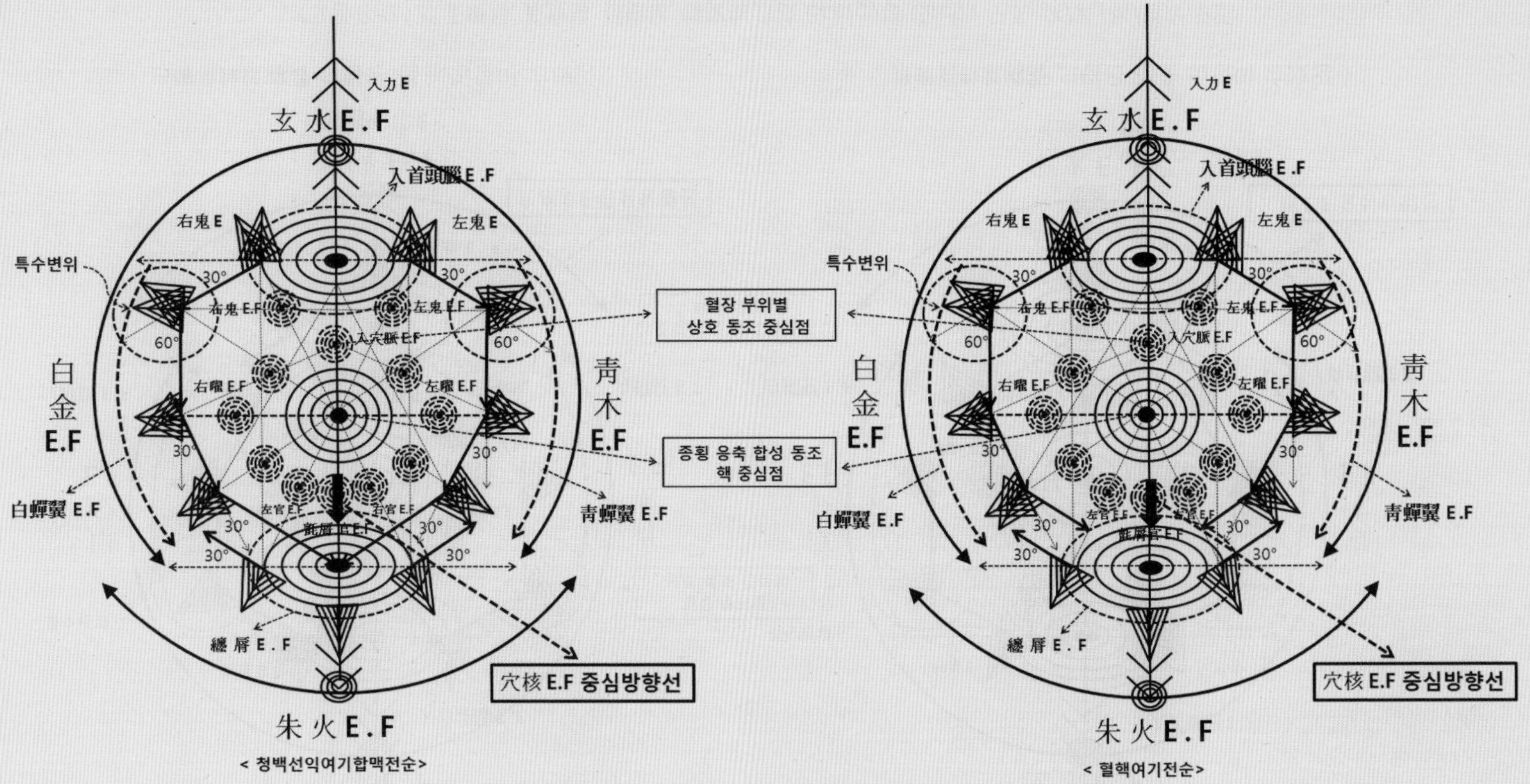

〈그림 2-213〉 正變易, 縱變易, 隱變易, 橫變易 穴核 Energy場 Circuit 구조, 突/乳/窩/鉗穴 구조

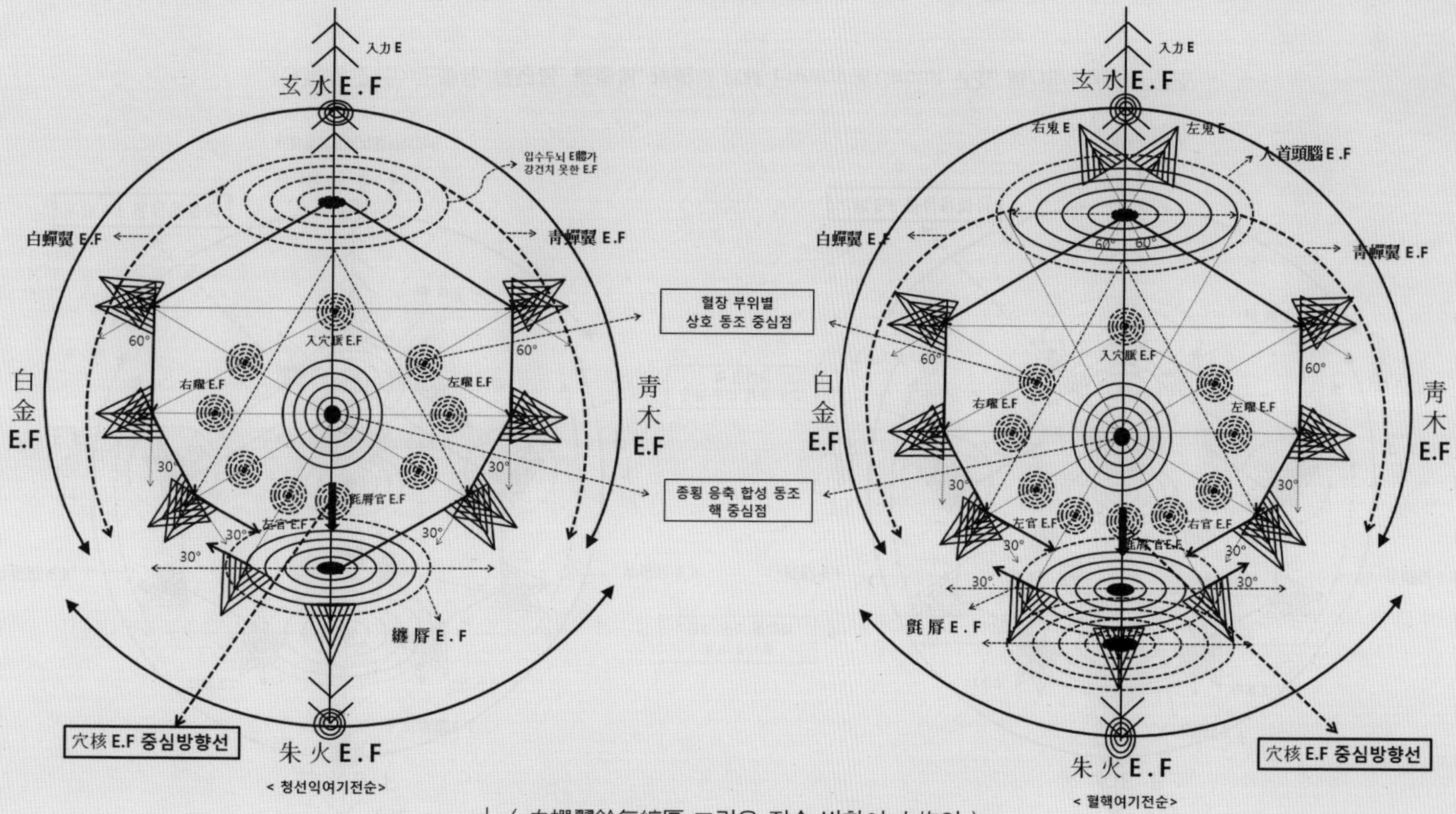

ㄴ〈 白蟬翼餘氣纏脣 그림은 전순 방향이 右旋임 〉

〈그림 2-214〉 縱變易, 隱變易 穴核 Energy場 Circuit 구조, 乳/鉗穴 구조

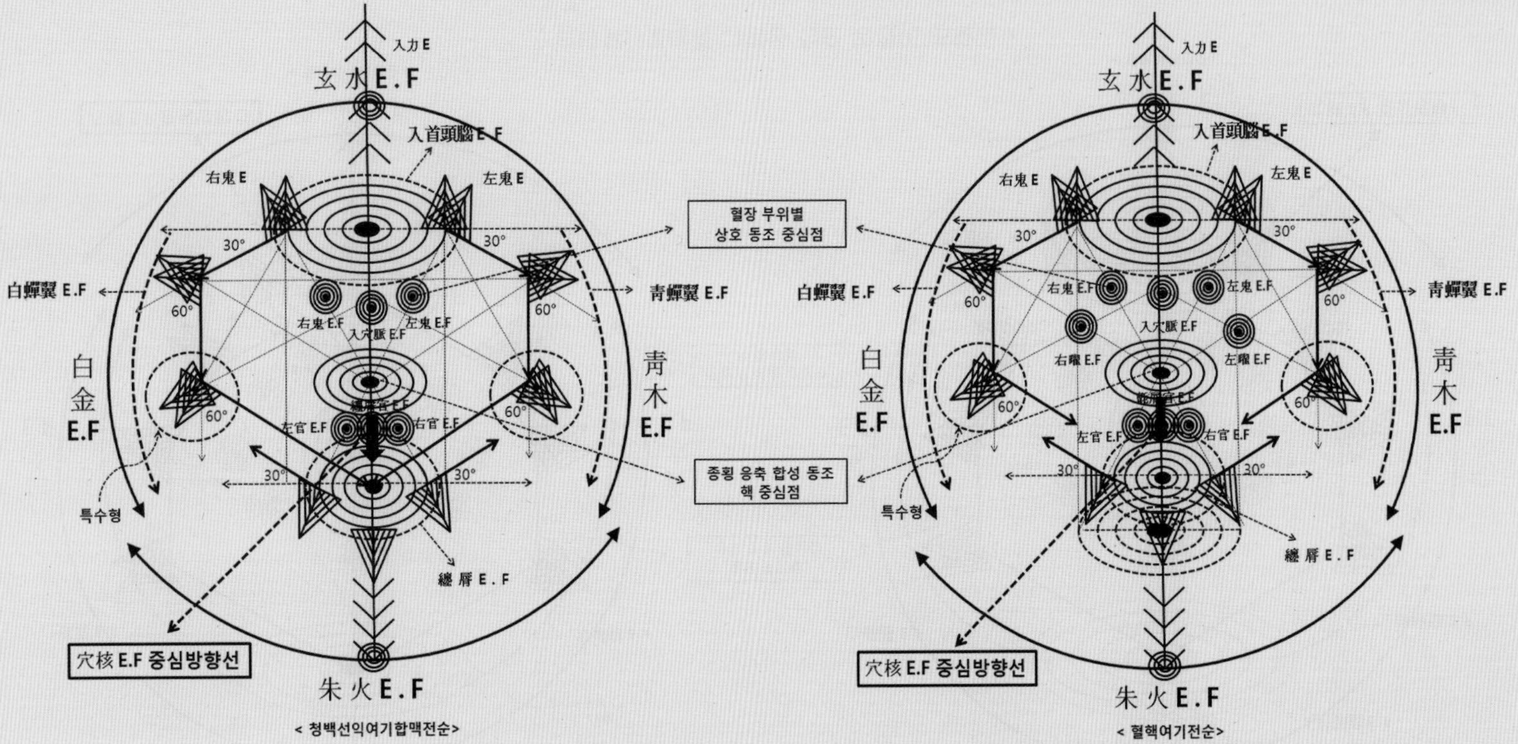

〈그림 2-215〉 正變易, 隱變易, 縱變易, 橫變易 穴核 Energy場 Circuit 구조, 窩/鉗/乳/突穴 구조

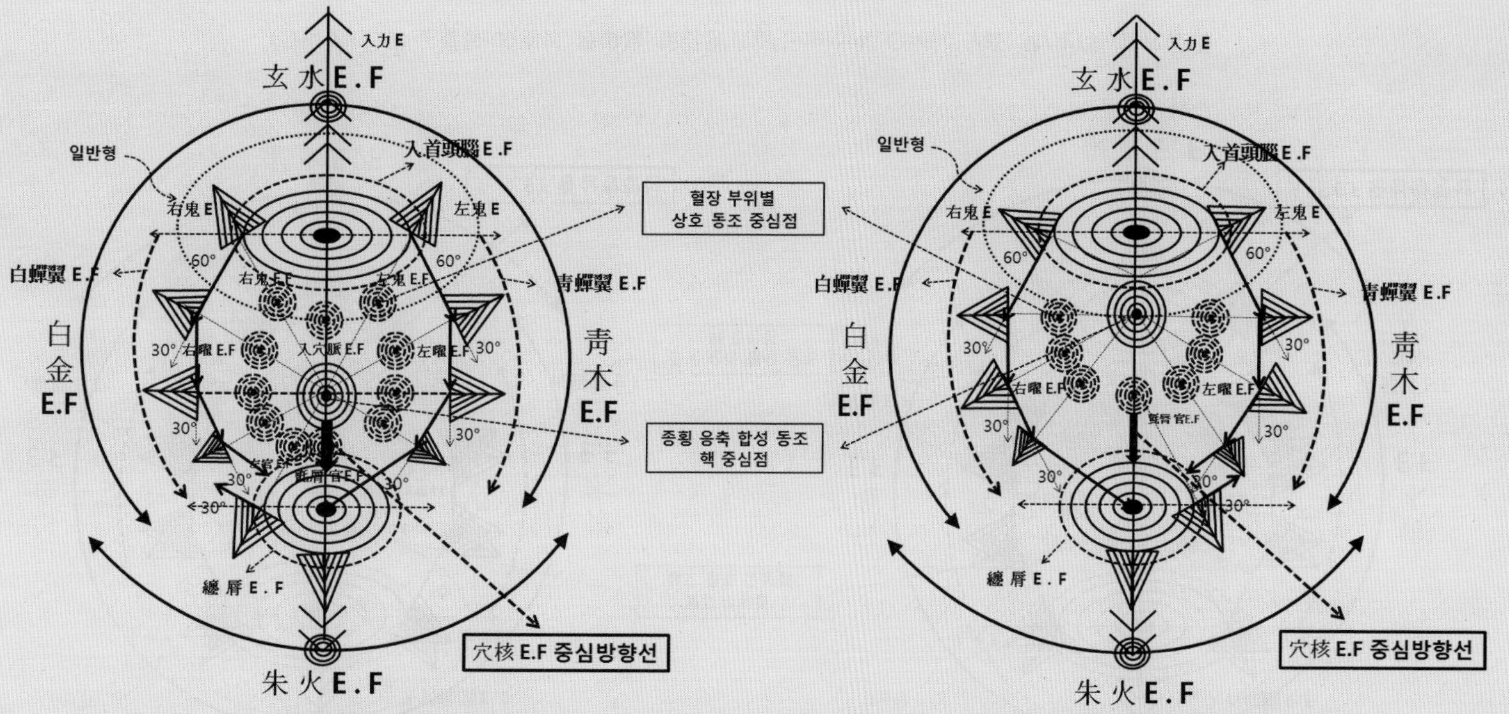

< 청선익여기전순>

ㄴ〈 白蟬翼餘氣纏脣 그림은 전순 방향이 右旋임 〉

< 백선익여기전순>

ㄴ〈 青蟬翼餘氣纏脣 그림은 전순 방향이 左旋임 〉

〈그림 2-216〉 正變易, 縱變易, 隱變易, 橫變易 穴核 Energy場 Circuit 구조, 窩/鉗/乳/突穴 구조

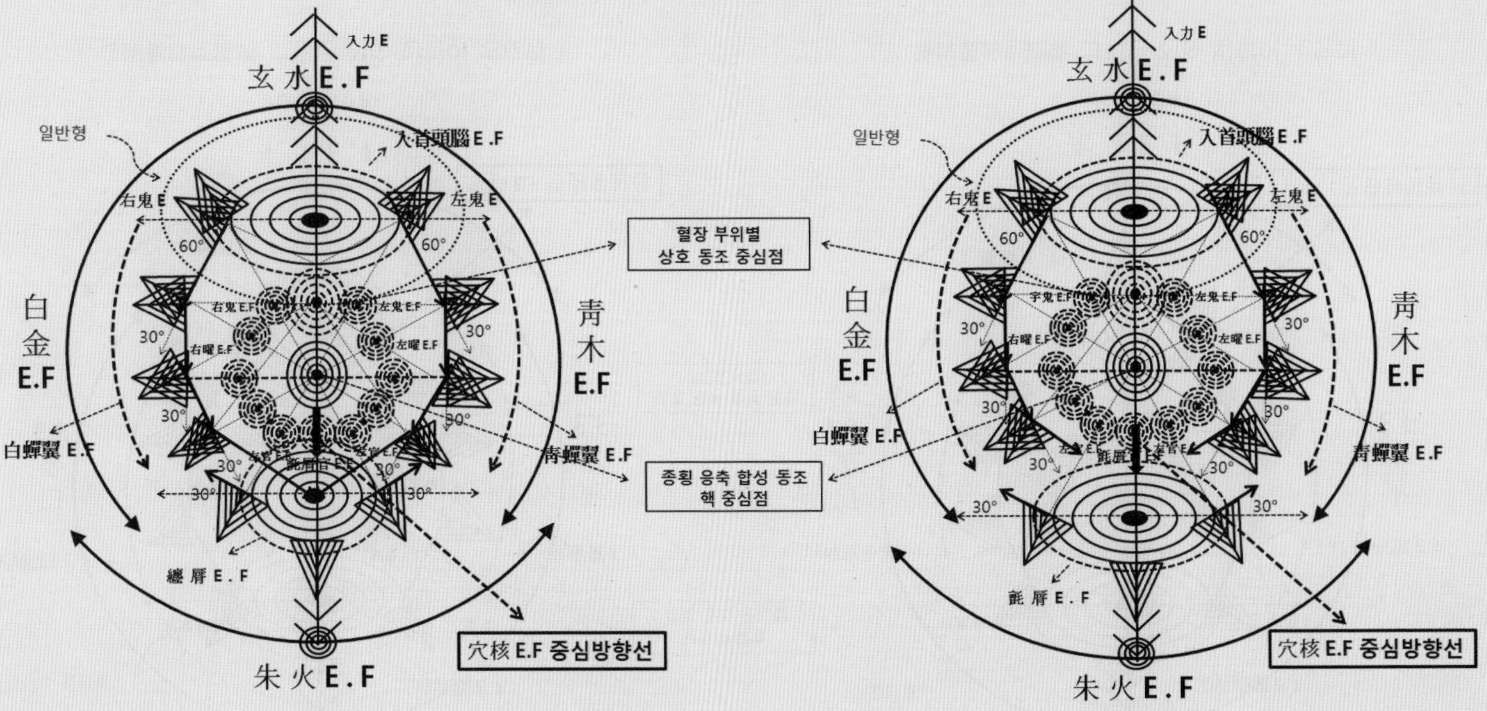

< 청백선익여기전순> < 혈핵여기전순>

〈그림 2-217〉 正變易, 縱變易, 隱變易, 橫變易 穴核 Energy場 Circuit 구조, 窩/鉗/乳/突穴 구조

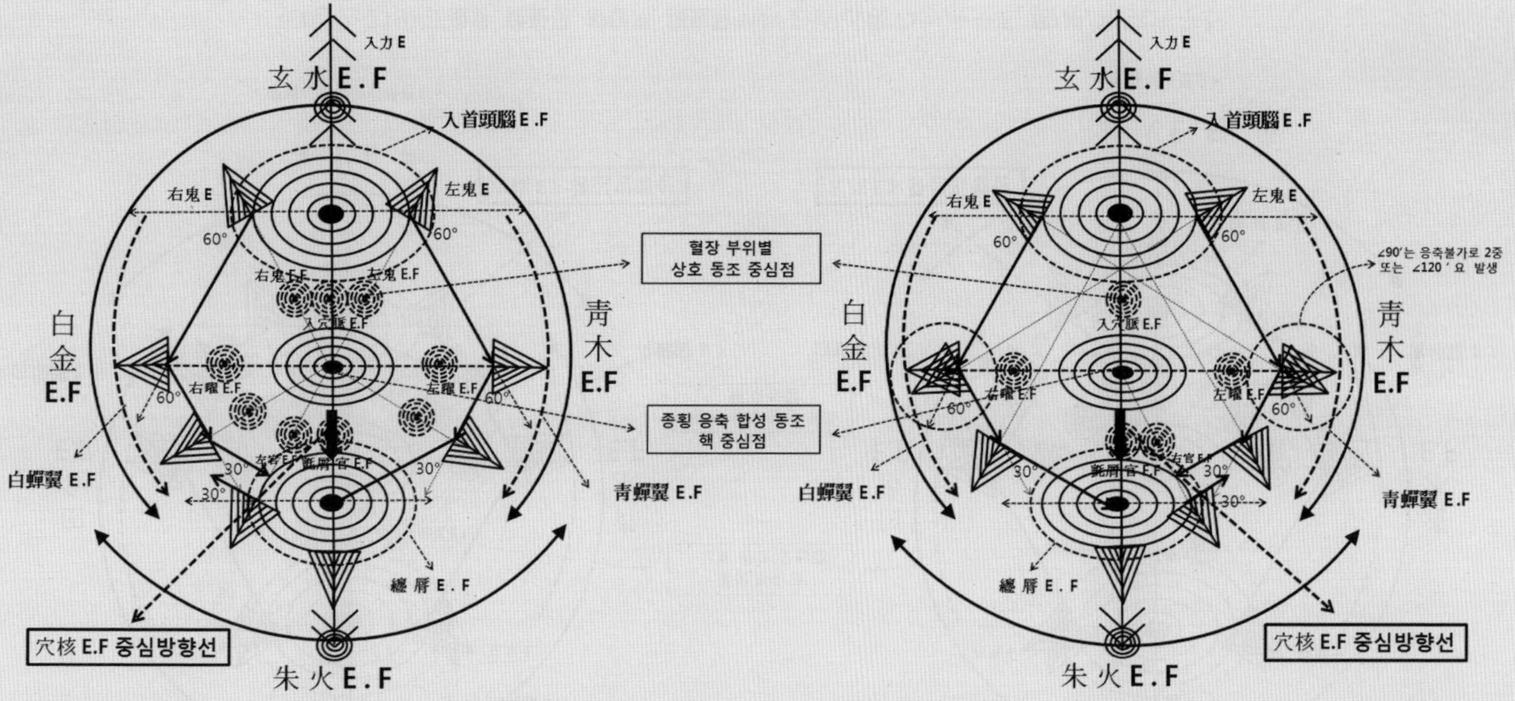

< 청선익여기전순>

↳〈 白蟬翼餘氣纏脣 그림은 전순 방향이 右旋임 〉

< 백선익여기전순>

↳〈 青蟬翼餘氣纏脣 그림은 전순 방향이 左旋임 〉

〈그림 2-218〉 正變易, 隱變易, 縱變易, 橫變易 穴核 Energy場 Circuit 구조, 窩/鉗/乳/突穴 구조

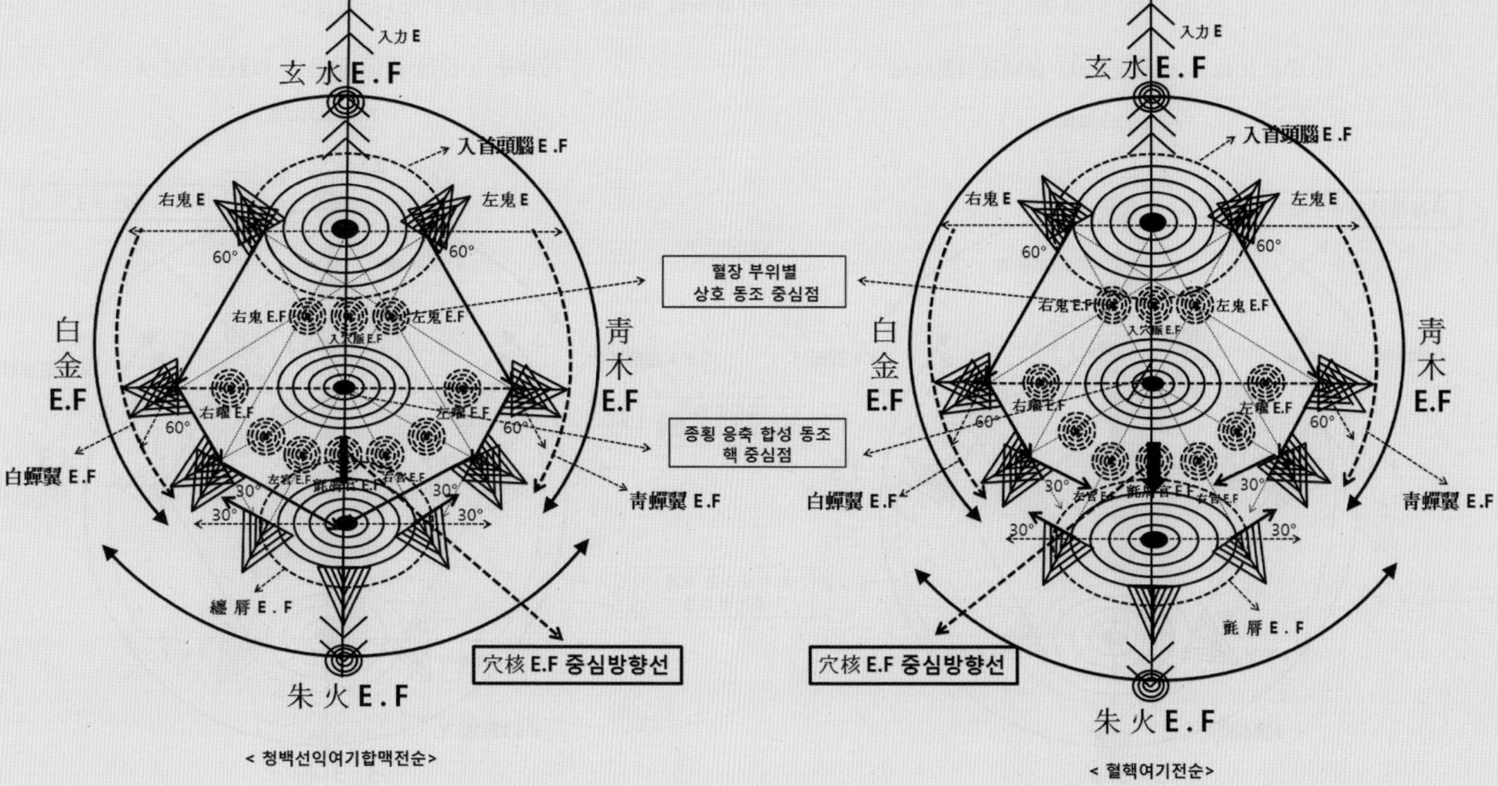

〈그림 2-219〉 正變易, 隱變易, 縱變易, 橫變易 穴核 Energy場 Circuit 구조, 窩/鉗/乳/突穴 구조

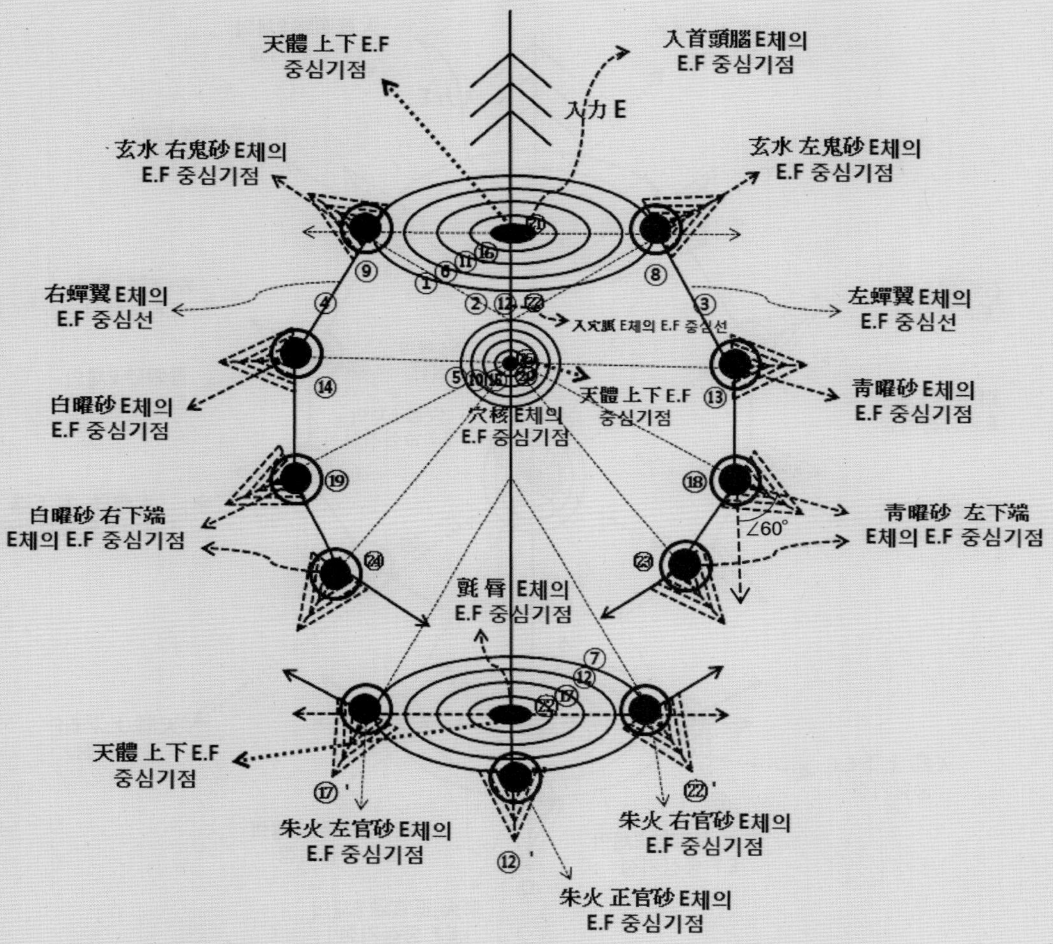

요도 발생각 θ=∠60°

〈그림 2-220〉 穴場 Energy體의 각 부위별 자체 Energy場 中心點(1)

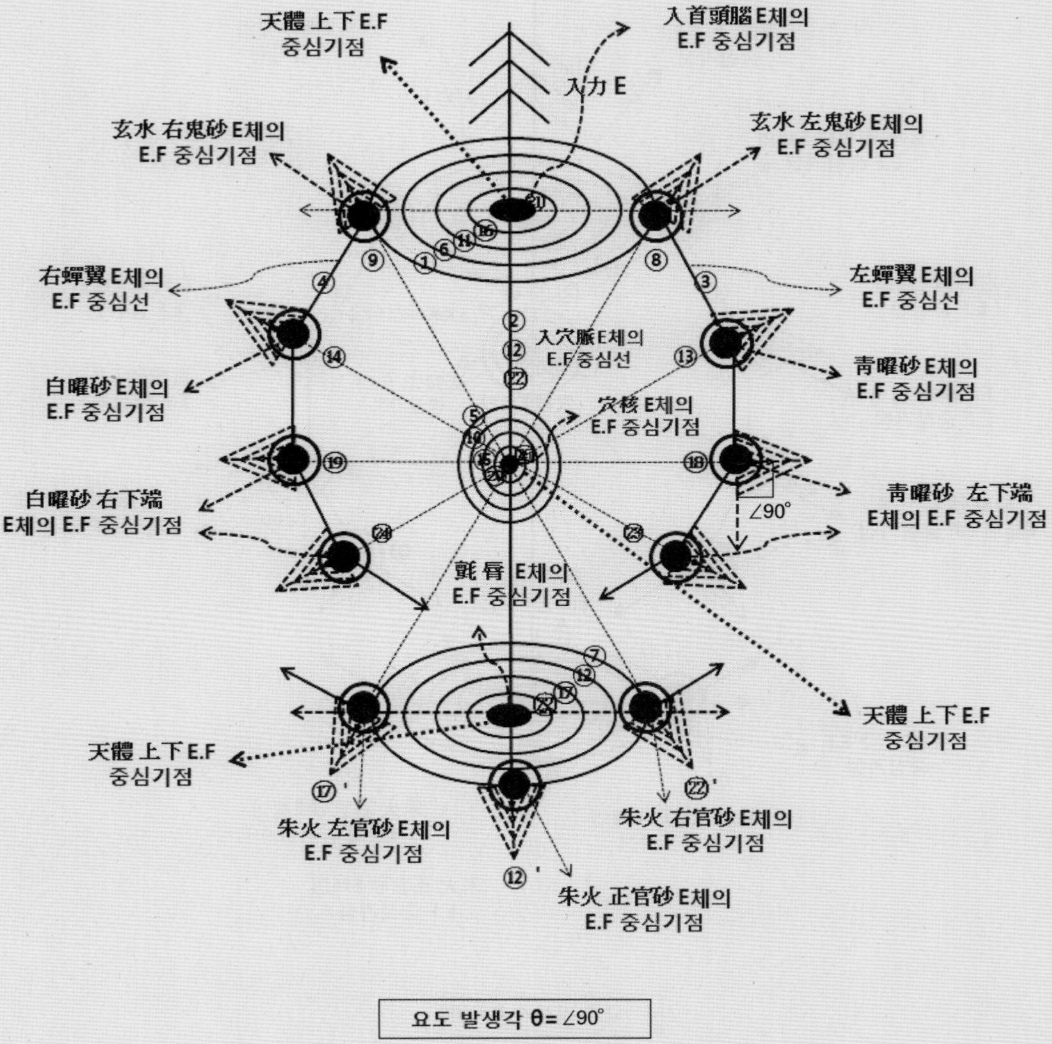

〈그림 2-221〉 穴場 Energy體의 각 부위별 자체 Energy場 中心點(2)

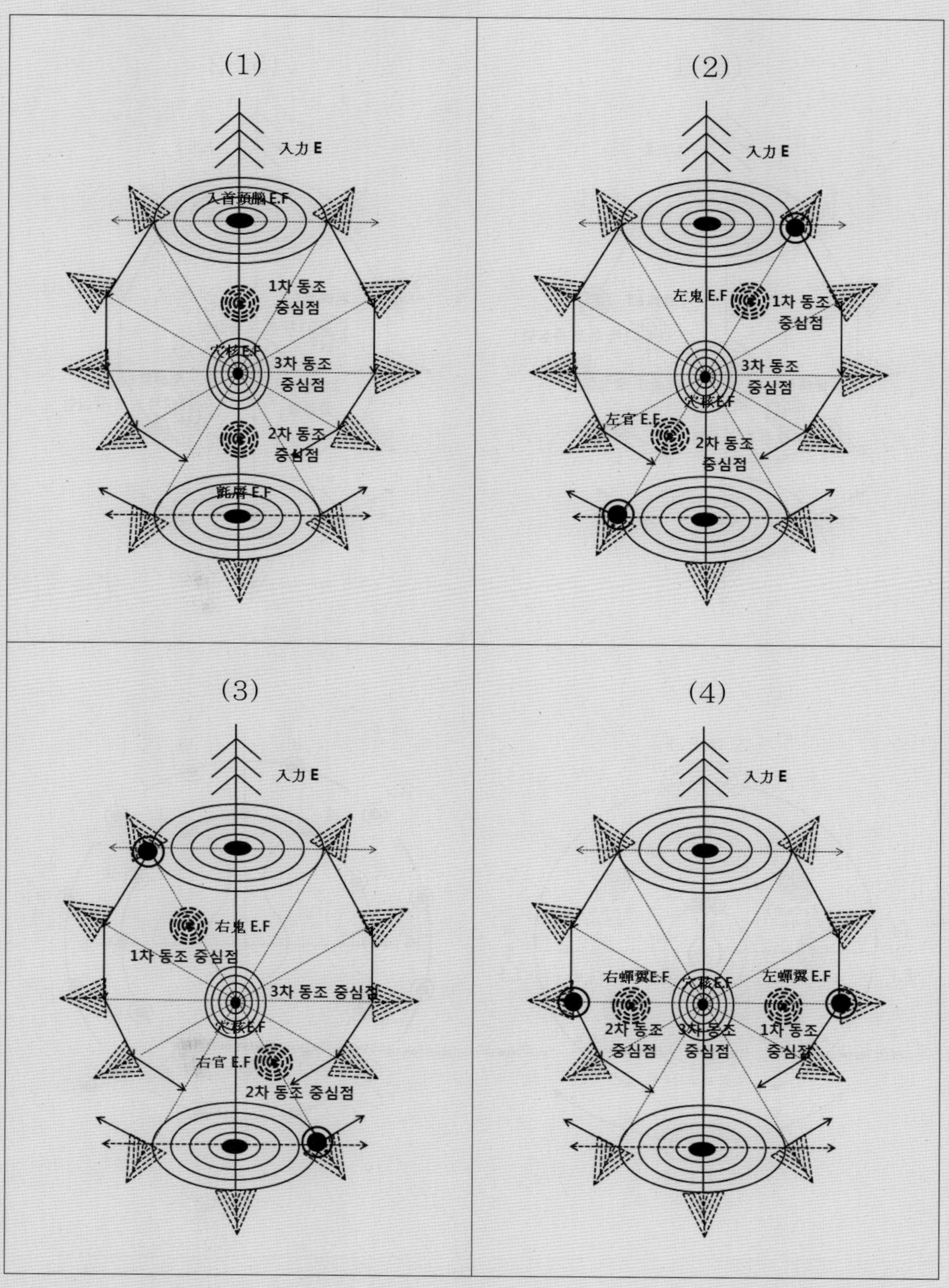

(1)
入力 E
入首頭腦 E.F
1차 동조 중심점
穴核 E.F
3차 동조 중심점
2차 동조 중심점
氈脣 E.F
(2)
入力 E
左鬼 E.F
1차 동조 중심점
3차 동조 중심점
穴核 E.F
左官 E.F
2차 동조 중심점
(3)
入力 E
右鬼 E.F
1차 동조 중심점
3차 동조 중심점
穴核 E.F
右官 E.F
2차 동조 중심점
(4)
入力 E
右蟬翼 E.F
穴核 E.F
左蟬翼 E.F
2차 동조 중심점
3차 동조 중심점
1차 동조 중심점

(5)-1

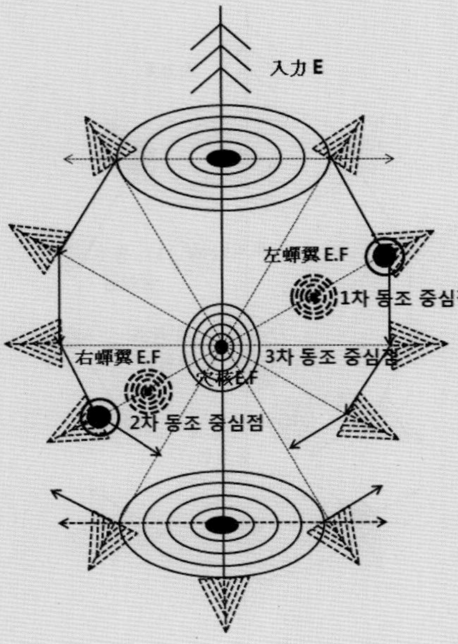
入力 E
左蟬翼 E.F
1차 동조 중심점
右蟬翼 E.F
3차 동조 중심점
穴核 E.F
2차 동조 중심점

(5)-2

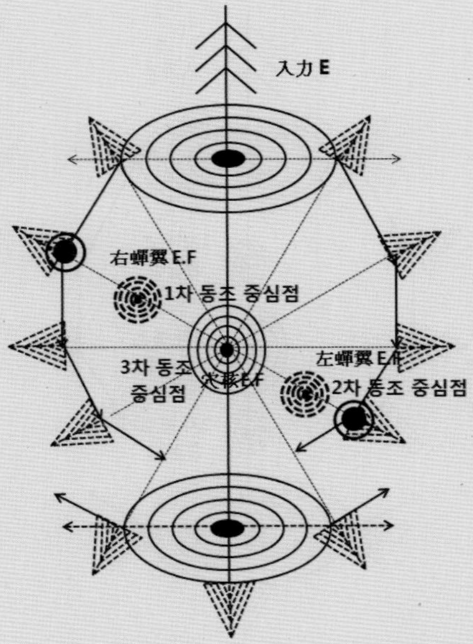
入力 E
右蟬翼 E.F
1차 동조 중심점
3차 동조
중심점
穴核 E.F
左蟬翼 E.F
2차 동조 중심점

(6)

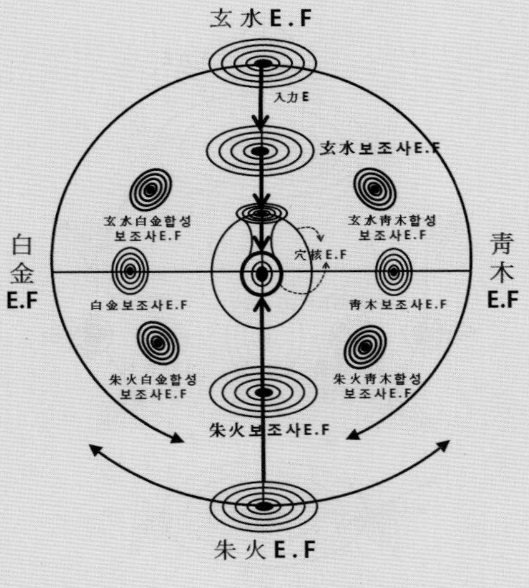
玄水 E.F
入力 E
玄水보조사E.F
玄水白金합성
보조사E.F
玄水青木합성
보조사E.F
白金
E.F
青木
E.F
穴核 E.F
白金보조사E.F
青木보조사E.F
朱火白金합성
보조사E.F
朱火青木합성
보조사E.F
朱火보조사E.F
朱火 E.F

(7)

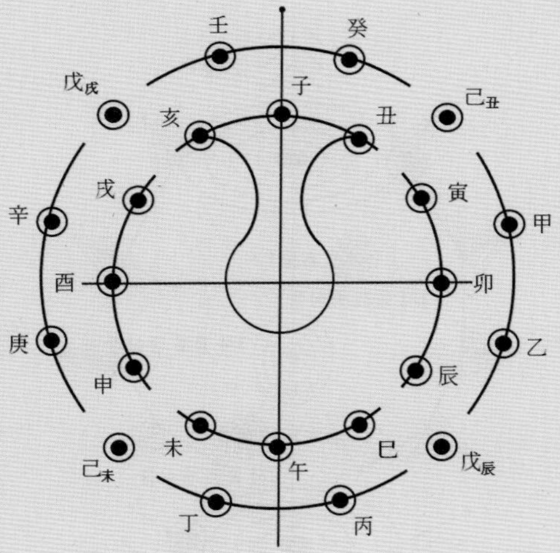
壬
癸
子
亥
丑
甲
乙
戌
寅
辛
酉
卯
庚
申
辰
未
午
巳
丁
丙

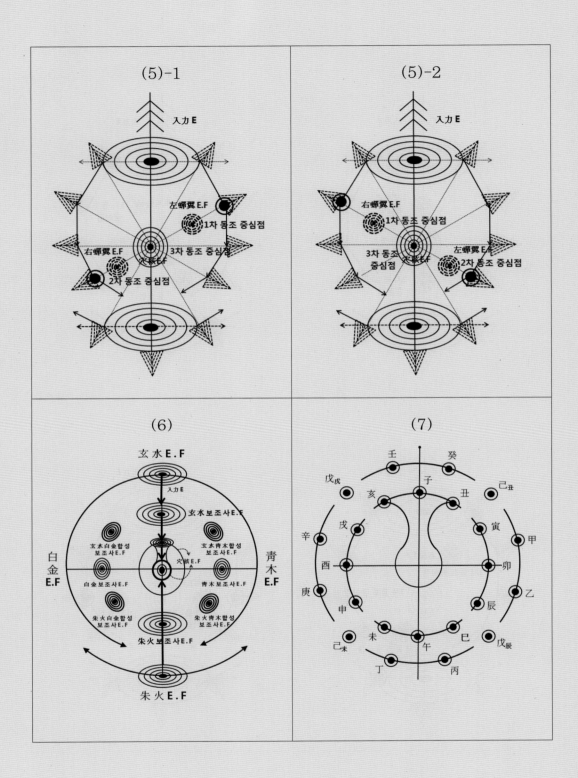

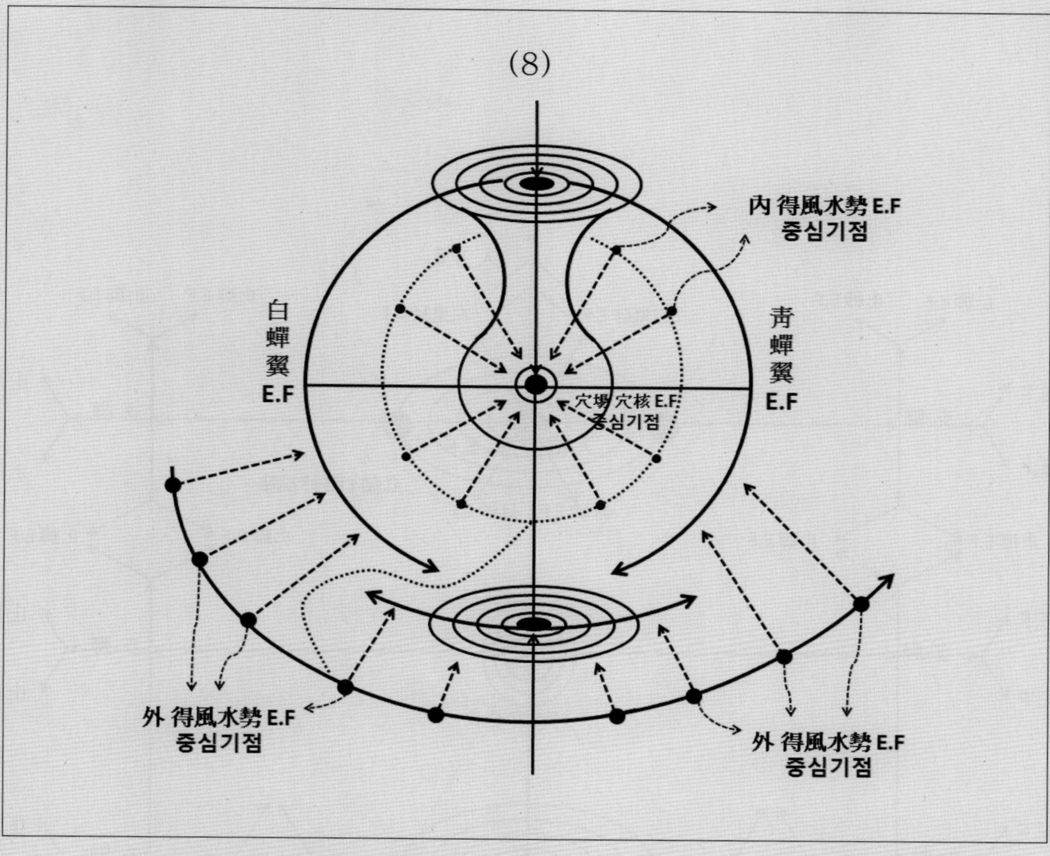

〈그림 2-222〉 穴場 부위별 Energy體 間 相互 同調 Energy場 中心點

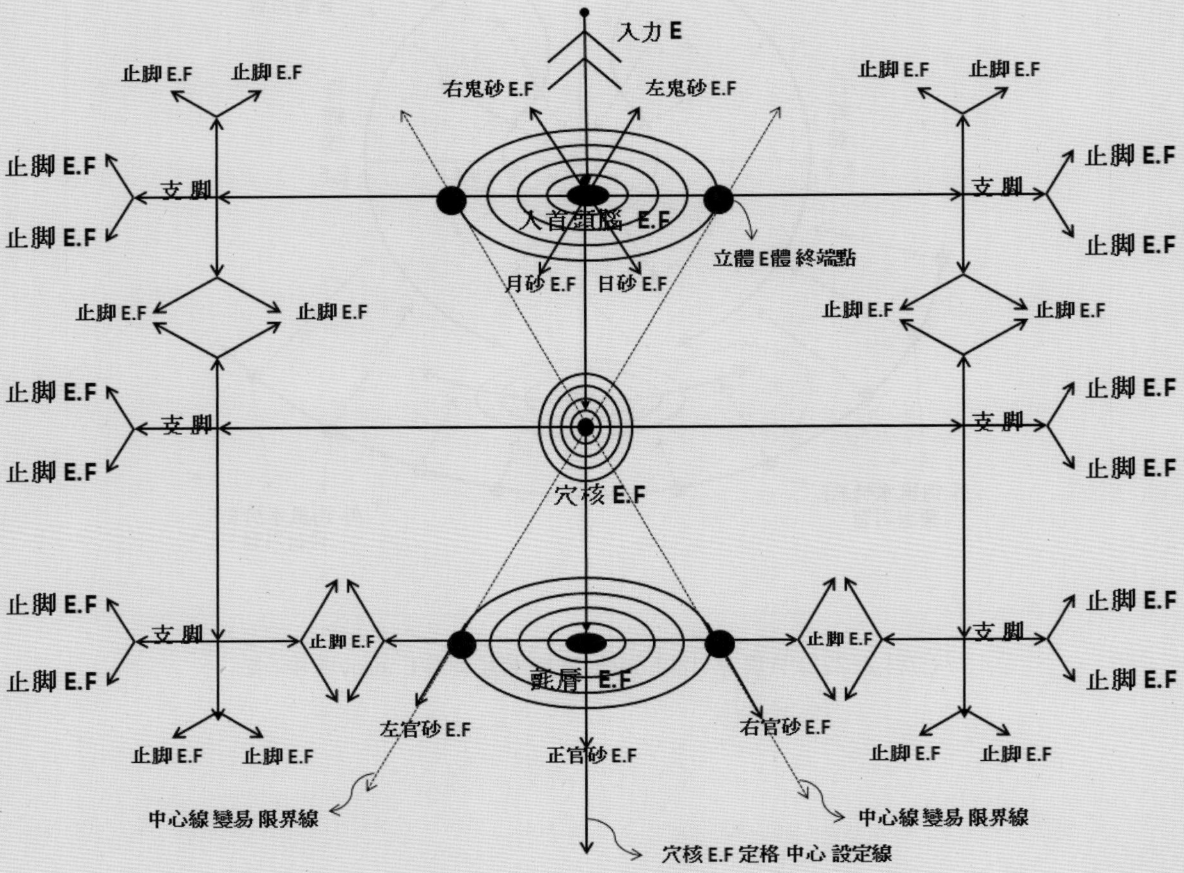
入力 E
止脚 E.F
止脚 E.F
右鬼砂 E.F
左鬼砂 E.F
止脚 E.F
止脚 E.F
止脚 E.F
支脚
止脚 E.F
入首頭腦 E.F
支脚
止脚 E.F
止脚 E.F
立體 E體 終端點
月砂 E.F
日砂 E.F
止脚 E.F
止脚 E.F
止脚 E.F
止脚 E.F
止脚 E.F
支脚
支脚
止脚 E.F
止脚 E.F
止脚 E.F
穴核 E.F
止脚 E.F
支脚
止脚 E.F
止脚 E.F
支脚
止脚 E.F
止脚 E.F
止脚 E.F
龍層 E.F
止脚 E.F
左官砂 E.F
右官砂 E.F
止脚 E.F
止脚 E.F
正官砂 E.F
止脚 E.F
止脚 E.F
中心線 變易 限界線
中心線 變易 限界線
穴核 E.F 定格 中心 設定線

〈그림 2-223〉 正變易 穴場의 坐向 移動 設定

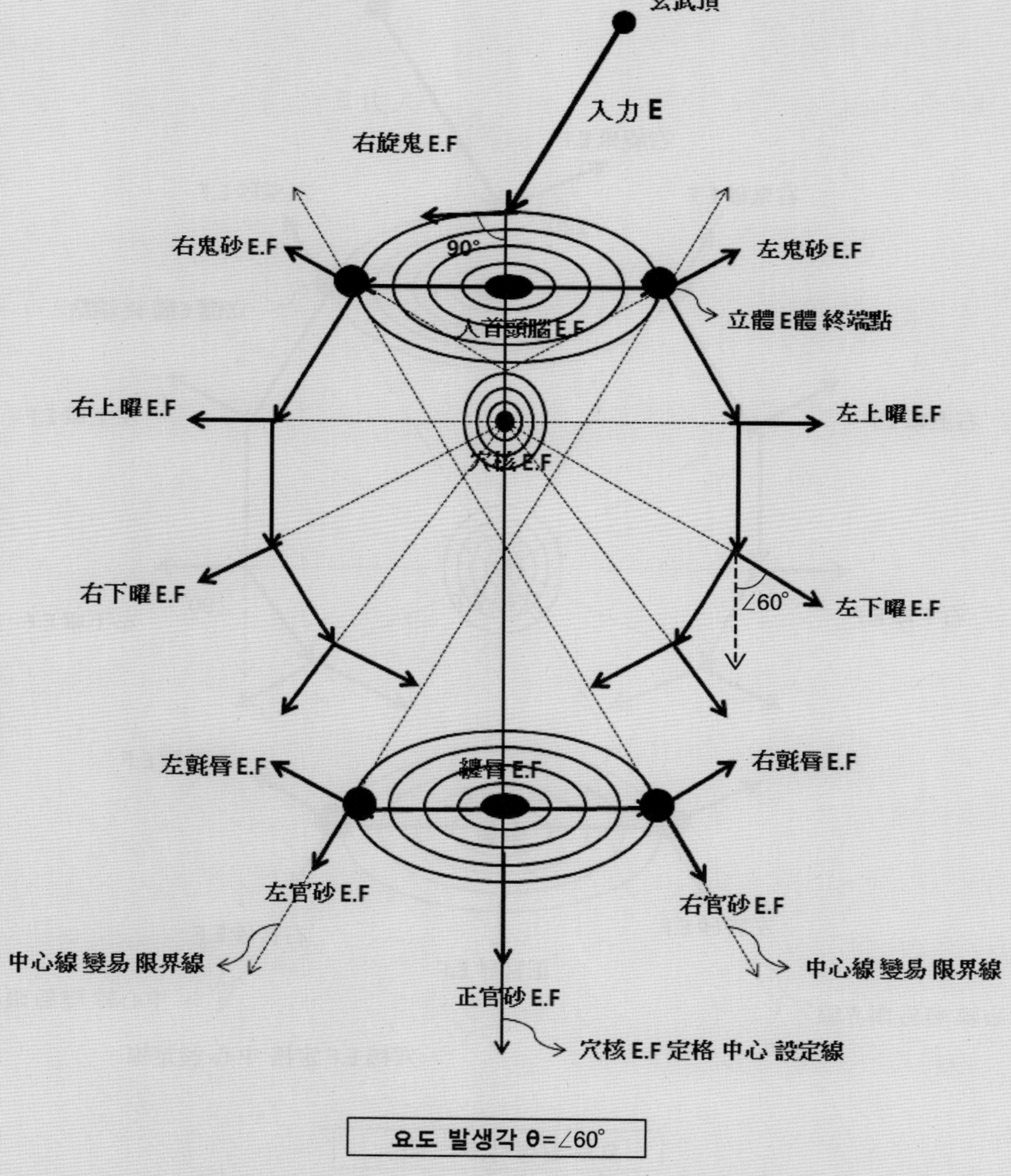

〈그림 2-224〉 縱變易 穴場의 坐向 移動 設定(1)

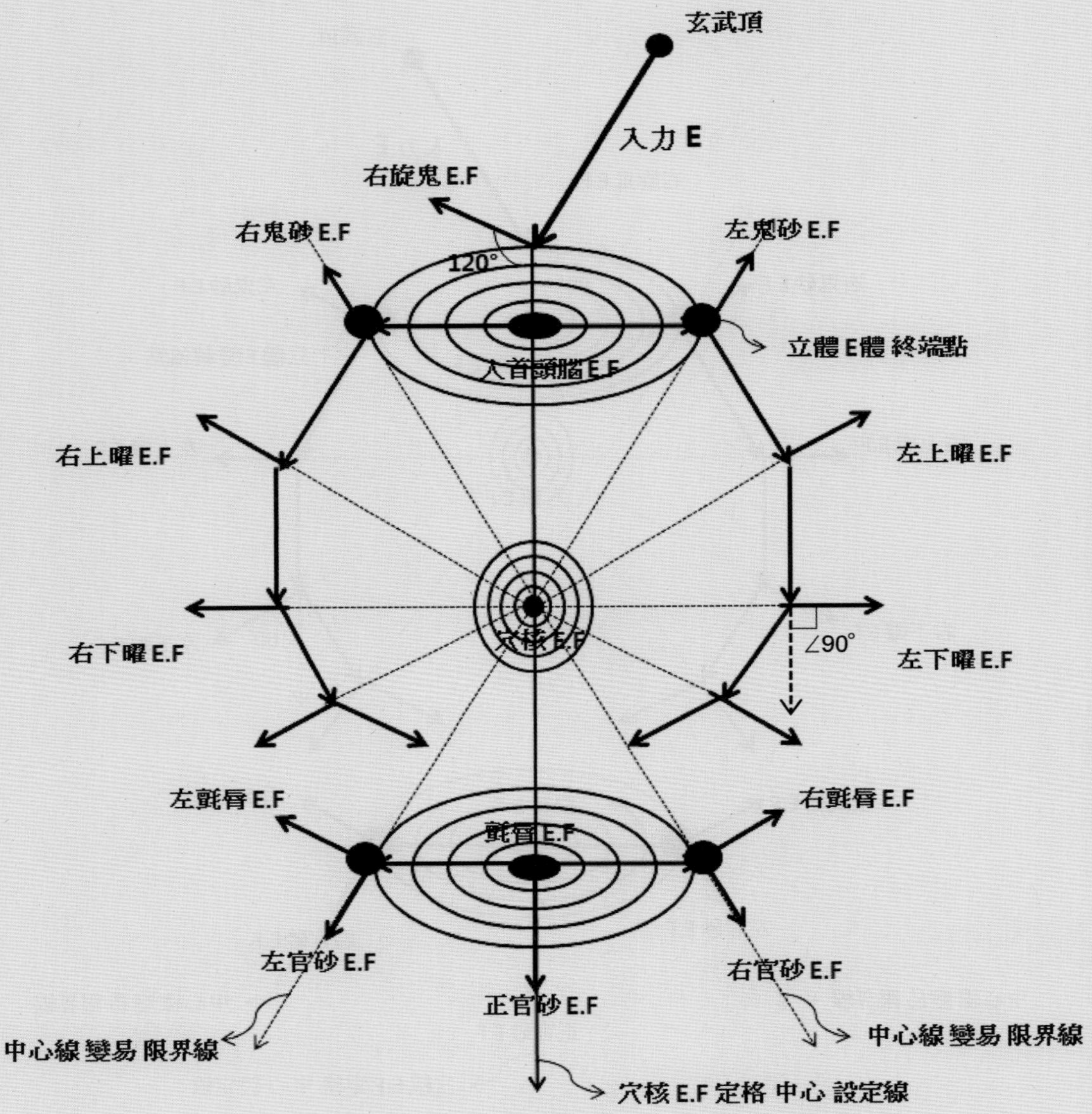
玄武頂
入力 E
右旋鬼 E.F
右鬼砂 E.F
左鬼砂 E.F
120°
立體 E體 終端點
入首頭腦 E.F
右上曜 E.F
左上曜 E.F
穴核 E.F
∠90°
右下曜 E.F
左下曜 E.F
左氈脣 E.F
右氈脣 E.F
氈脣 E.F
左官砂 E.F
右官砂 E.F
正官砂 E.F
中心線 變易 限界線
中心線 變易 限界線
穴核 E.F 定格 中心 設定線

요도 발생각 θ=∠90°

〈그림 2-225〉 縱變易 穴場의 坐向 移動 設定(2)

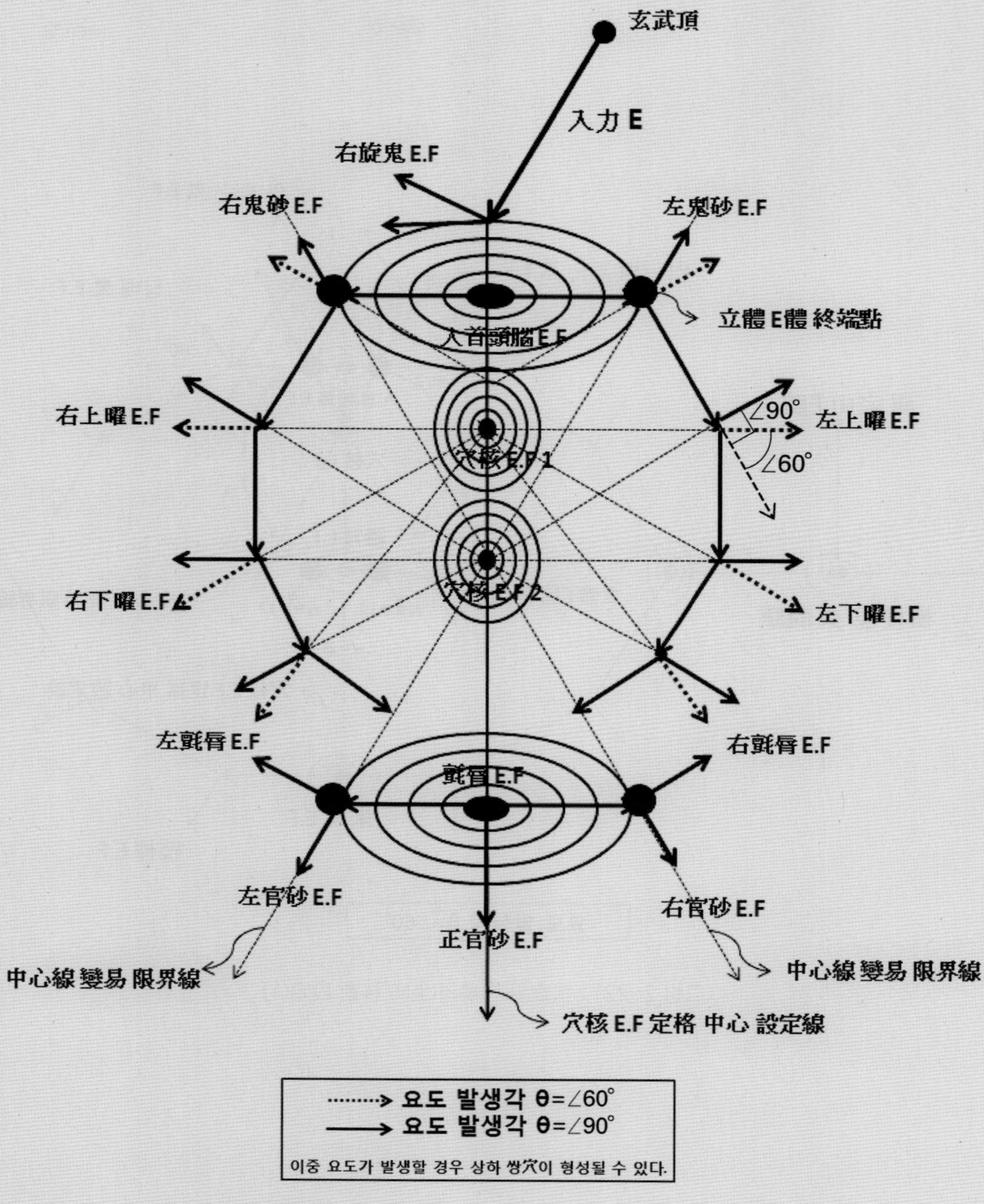

〈그림 2-226〉 縱變易 穴場의 坐向 移動 設定(3)

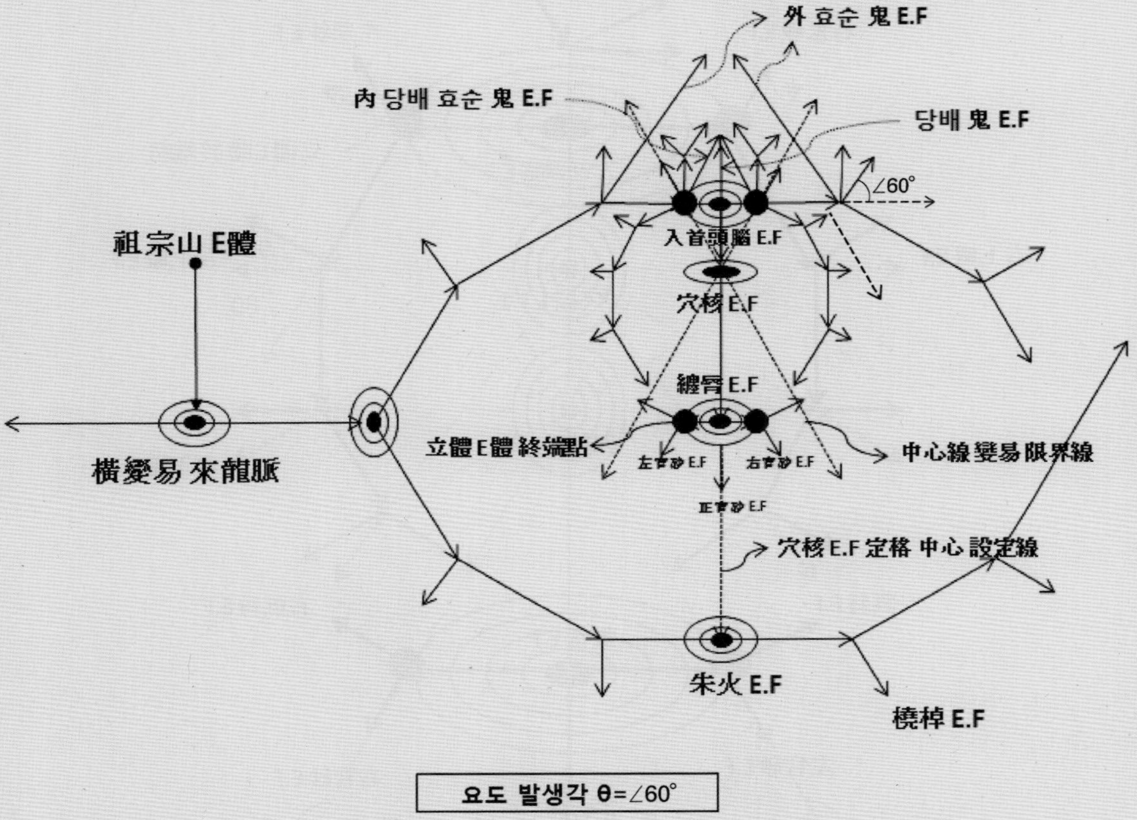
外 효순 鬼 E.F
內 당배 효순 鬼 E.F
당배 鬼 E.F
∠60°
祖宗山 E體
入首頭腦 E.F
穴核 E.F
纏脣 E.F
立體 E體 終端點
中心線變易限界線
左官砂 E.F
右官砂 E.F
正官砂 E.F
橫變易 來龍脈
穴核 E.F 定格 中心 設定線
朱火 E.F
橈棹 E.F
요도 발생각 θ=∠60°

〈그림 2-227〉 橫變易 穴場의 坐向 移動 設定(1)

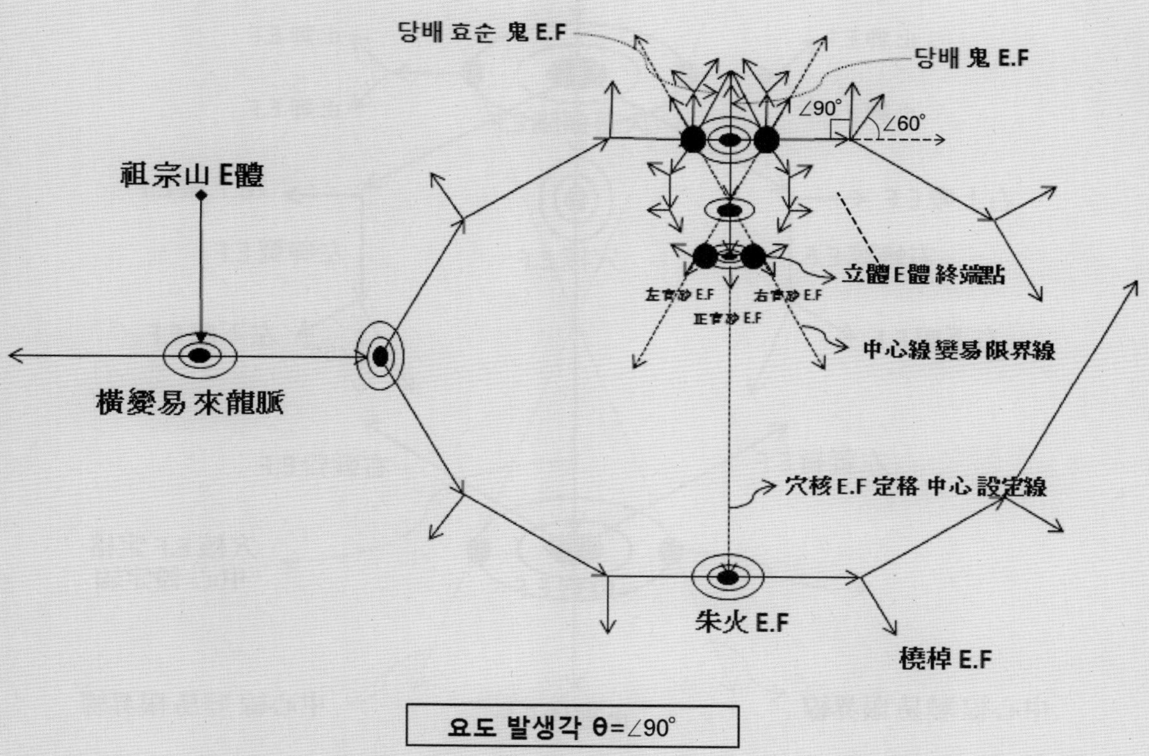
당배 효순 鬼 E.F
당배 鬼 E.F
∠90°
∠60°
祖宗山 E體
立體E體 終端點
左官砂 E.F
右官砂 E.F
正官砂 E.F
中心線變易限界線
橫變易 來龍脈
穴核 E.F 定格 中心 設定線
朱火 E.F
橈棹 E.F
요도 발생각 θ=∠90°

〈그림 2-228〉 橫變易 穴場의 坐向 移動 設定(2)

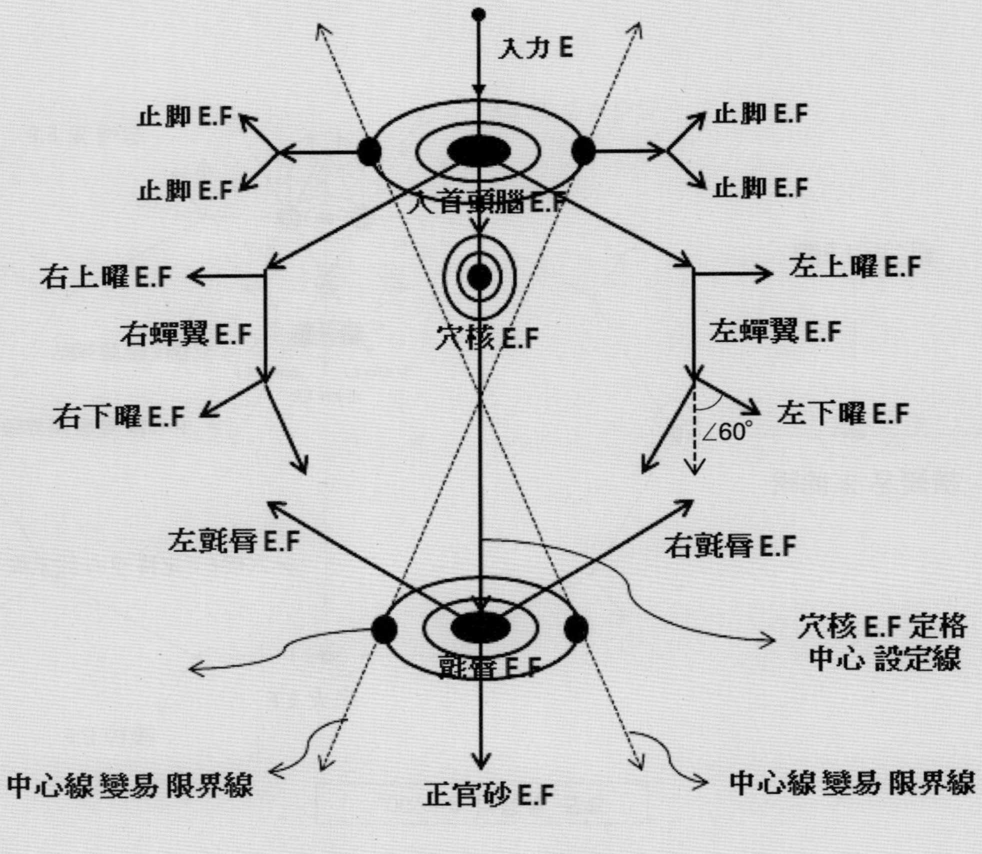

〈그림 2-229〉 垂變易 穴場의 坐向 移動 設定(1)

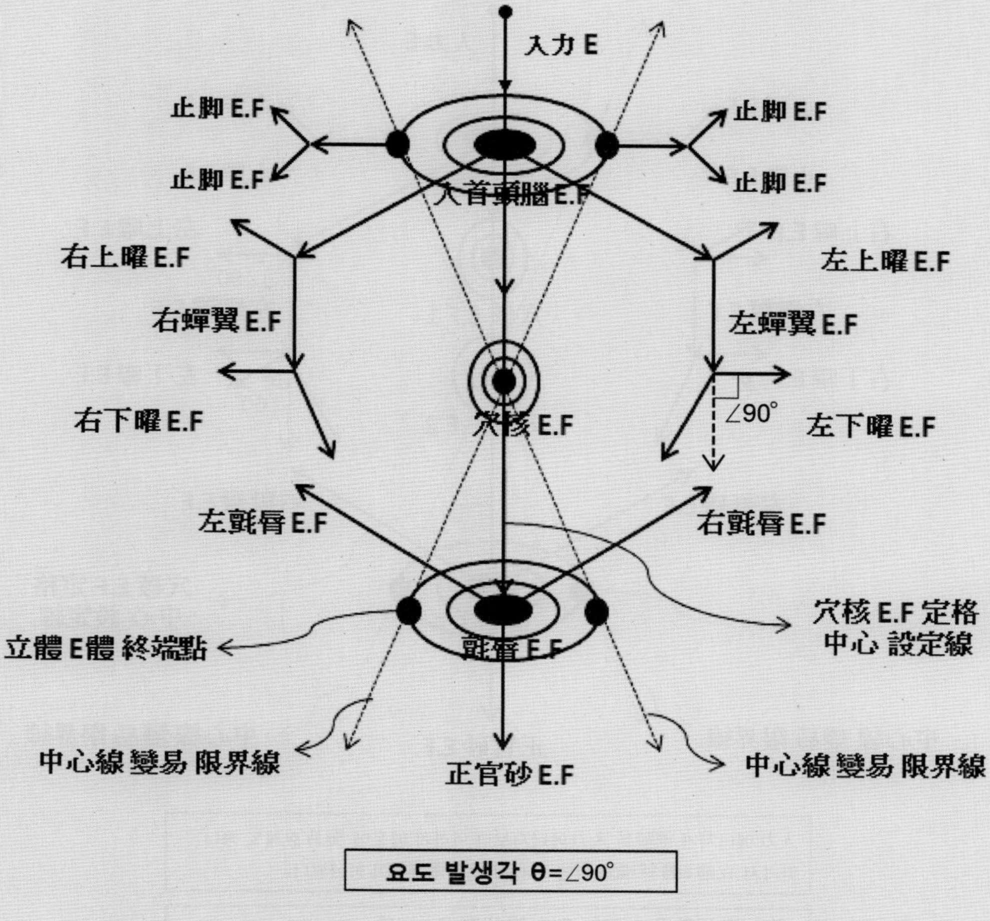

〈그림 2-230〉 垂變易 穴場의 坐向 移動 設定(2)

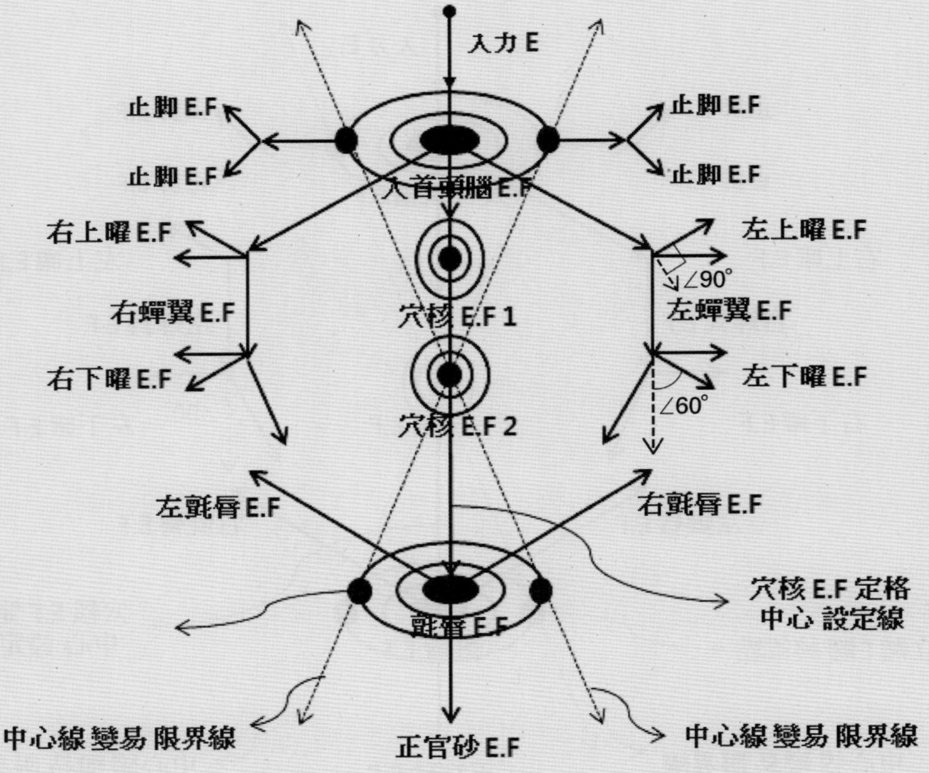

入力 에너지가 他變易 入力 에너지보다 약하기 때문에 變易 한계도 적다.
따라서 立體 E體 終端點 內에 中心線 變易 限界線이 형성된다.

요도 발생각 θ=∠60°, 요도 발생각 θ=∠90°
이중 요도가 발생할 경우 상하 쌍穴이 형성될 수 있다.

〈그림 2-231〉 垂變易 穴場의 坐向 移動 設定(3)

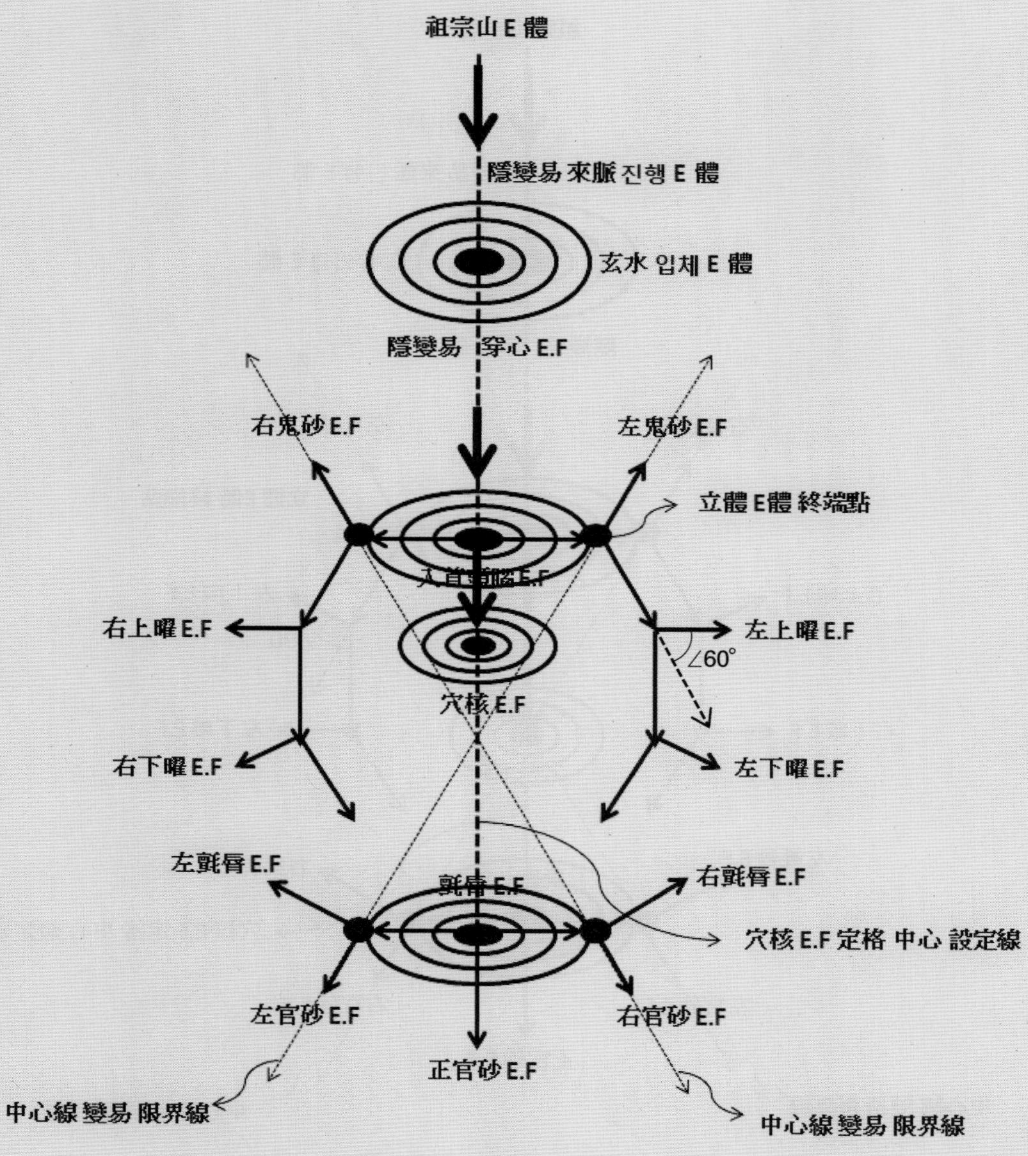
祖宗山 E 體
隱變易 來脈 진행 E 體
玄水 입체 E 體
隱變易 穿心 E.F
右鬼砂 E.F
左鬼砂 E.F
立體 E體 終端點
右上曜 E.F
左上曜 E.F
∠60°
穴核 E.F
右下曜 E.F
左下曜 E.F
左氈脣 E.F
右氈脣 E.F
穴核 E.F 定格 中心 設定線
左官砂 E.F
右官砂 E.F
正官砂 E.F
中心線 變易 限界線
中心線 變易 限界線

요도 발생각 θ=∠60°

〈그림 2-232〉 隱變易 穴場의 坐向 移動 設定(1)

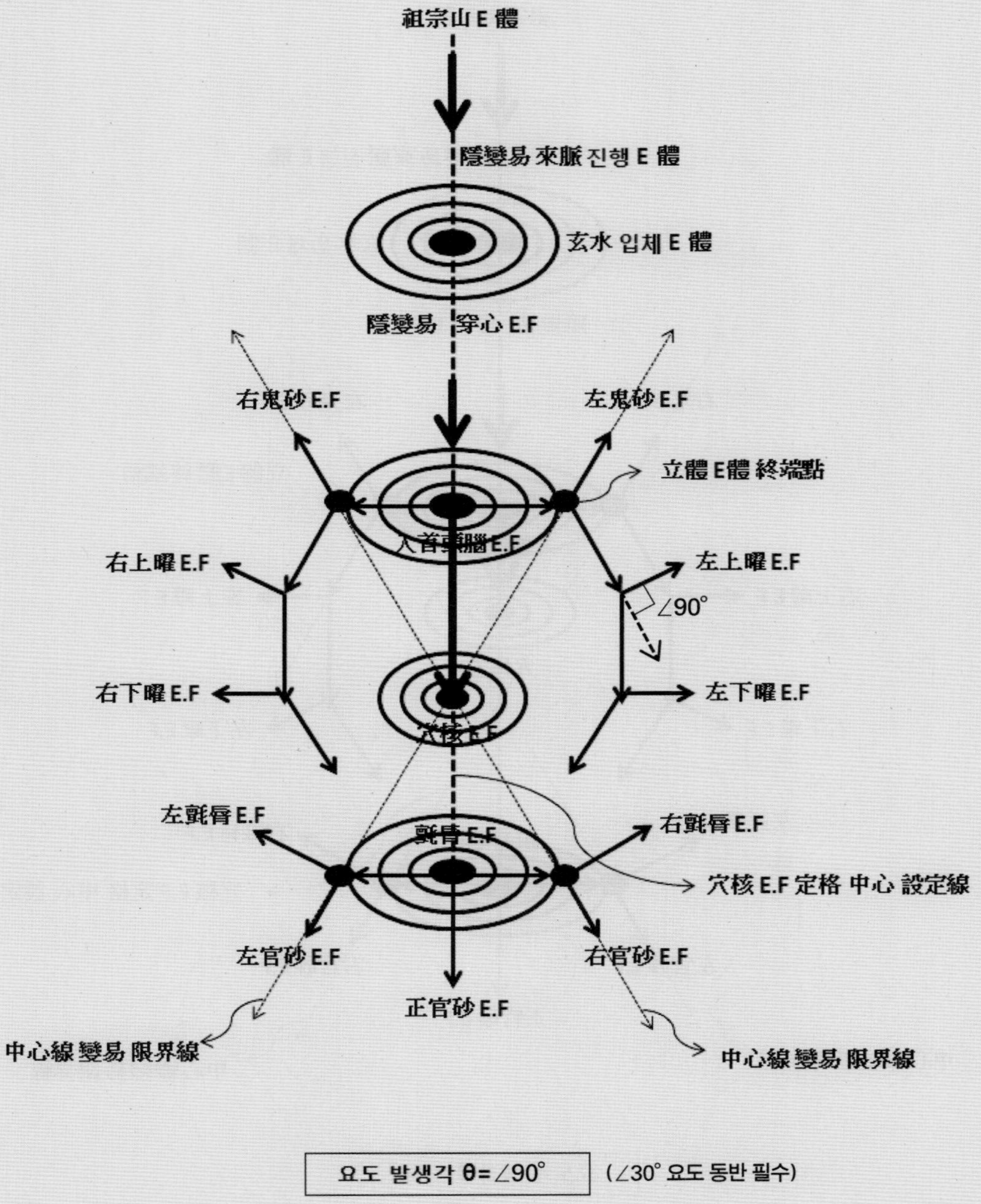

祖宗山 E 體
隱變易 來脈 진행 E 體
玄水 입체 E 體
隱變易 穿心 E.F
右鬼砂 E.F
左鬼砂 E.F
立體 E體 終端點
入首頭腦 E.F
右上曜 E.F
左上曜 E.F
∠90°
右下曜 E.F
左下曜 E.F
穴核 E.F
左氈脣 E.F
右氈脣 E.F
氈脣 E.F
穴核 E.F 定格 中心 設定線
左官砂 E.F
右官砂 E.F
正官砂 E.F
中心線 變易 限界線
中心線 變易 限界線
요도 발생각 θ=∠90°
(∠30° 요도 동반 필수)

〈그림 2-233〉 隱變易 穴場의 坐向 移動 設定(2)

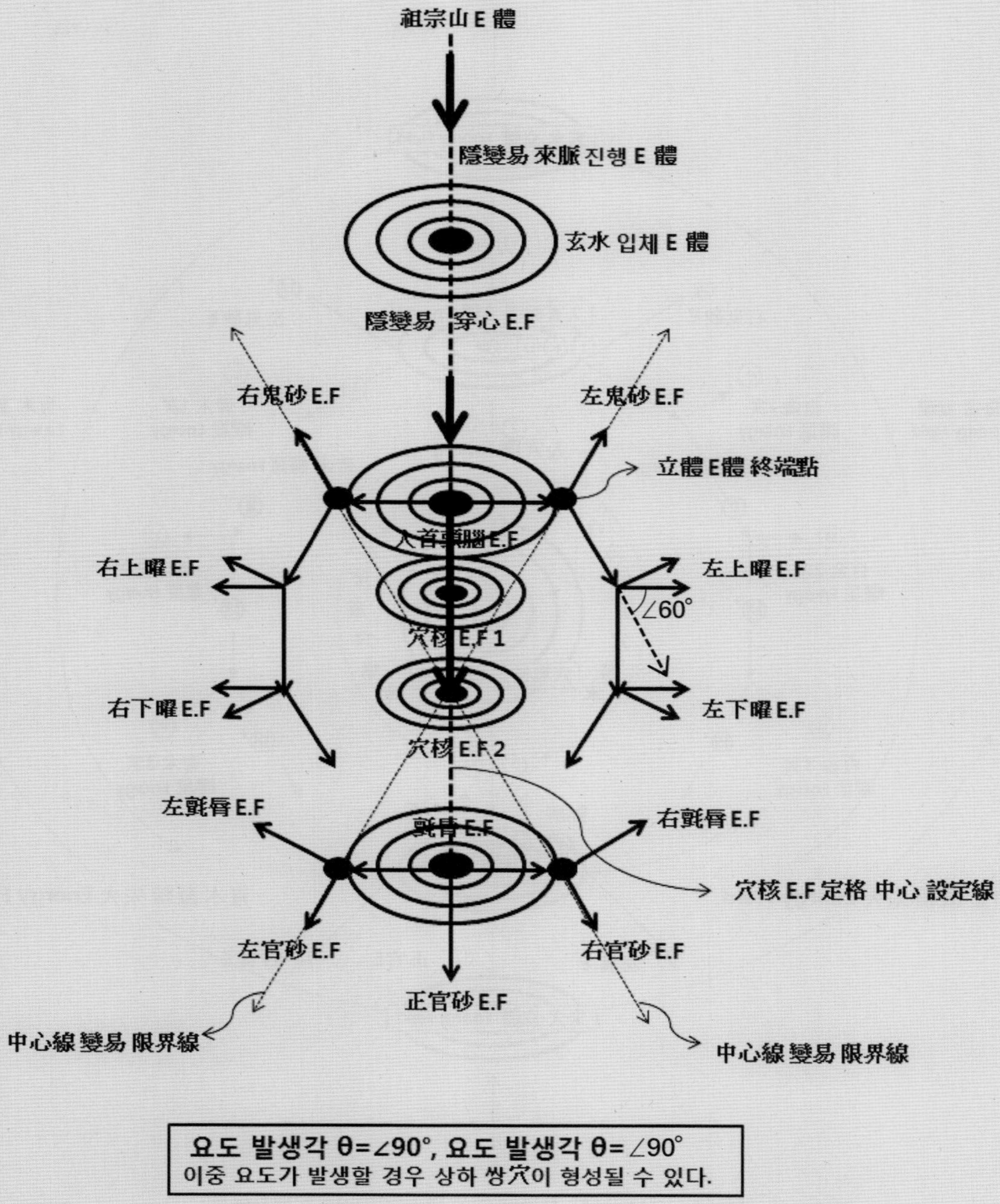

祖宗山 E 體
隱變易 來脈 진행 E 體
玄水 입체 E 體
隱變易 穿心 E.F
右鬼砂 E.F
左鬼砂 E.F
立體 E體 終端點
入首頭腦 E.F
右上曜 E.F
左上曜 E.F
∠60°
穴核 E.F 1
右下曜 E.F
左下曜 E.F
穴核 E.F 2
左氈脣 E.F
右氈脣 E.F
氈脣 E.F
穴核 E.F 定格 中心 設定線
左官砂 E.F
右官砂 E.F
正官砂 E.F
中心線 變易 限界線
中心線 變易 限界線
요도 발생각 θ=∠90°, 요도 발생각 θ=∠90°
이중 요도가 발생할 경우 상하 쌍穴이 형성될 수 있다.

〈그림 2-234〉 隱變易 穴場의 坐向 移動 設定(3)

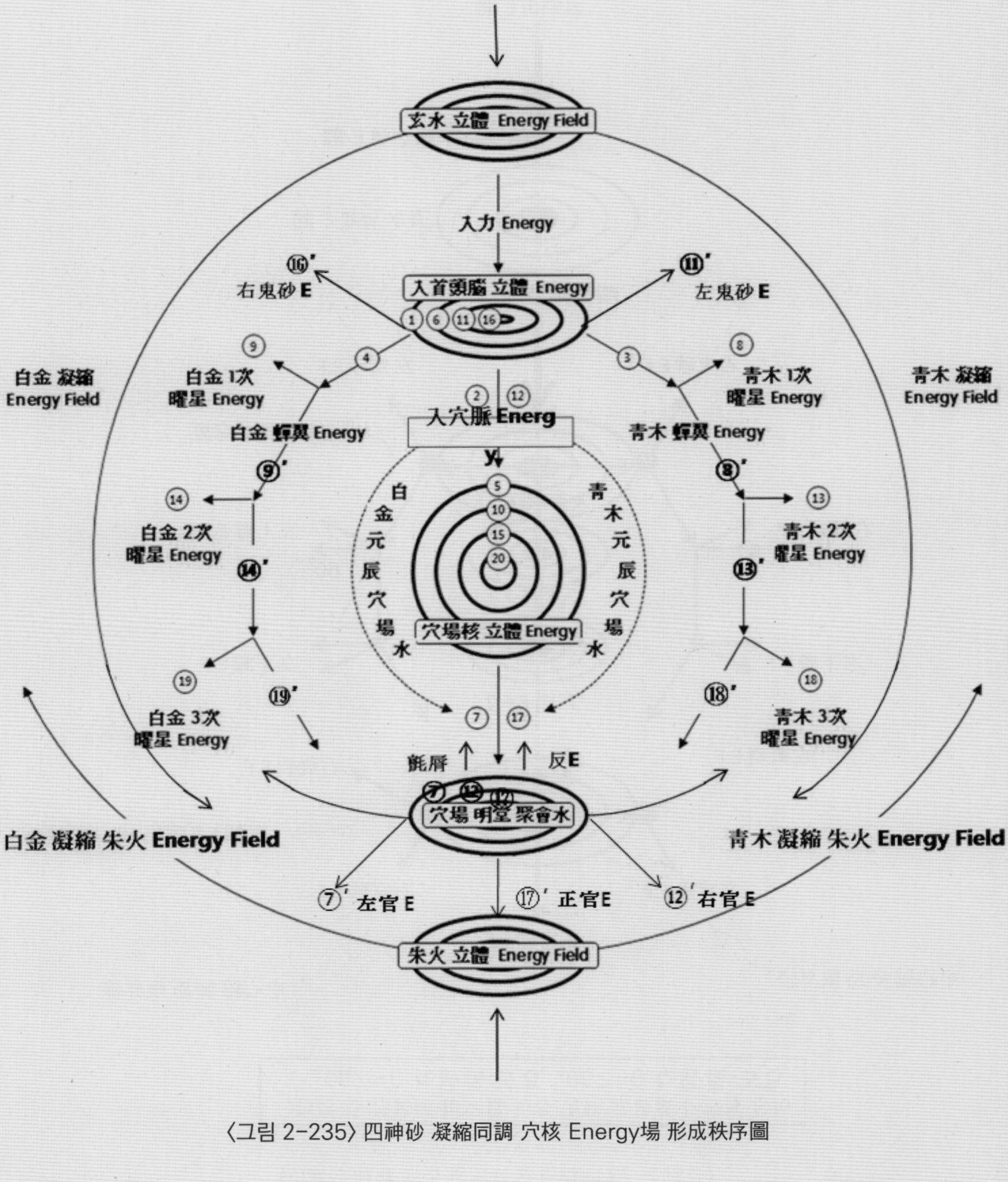

〈그림 2-235〉 四神砂 凝縮同調 穴核 Energy場 形成秩序圖

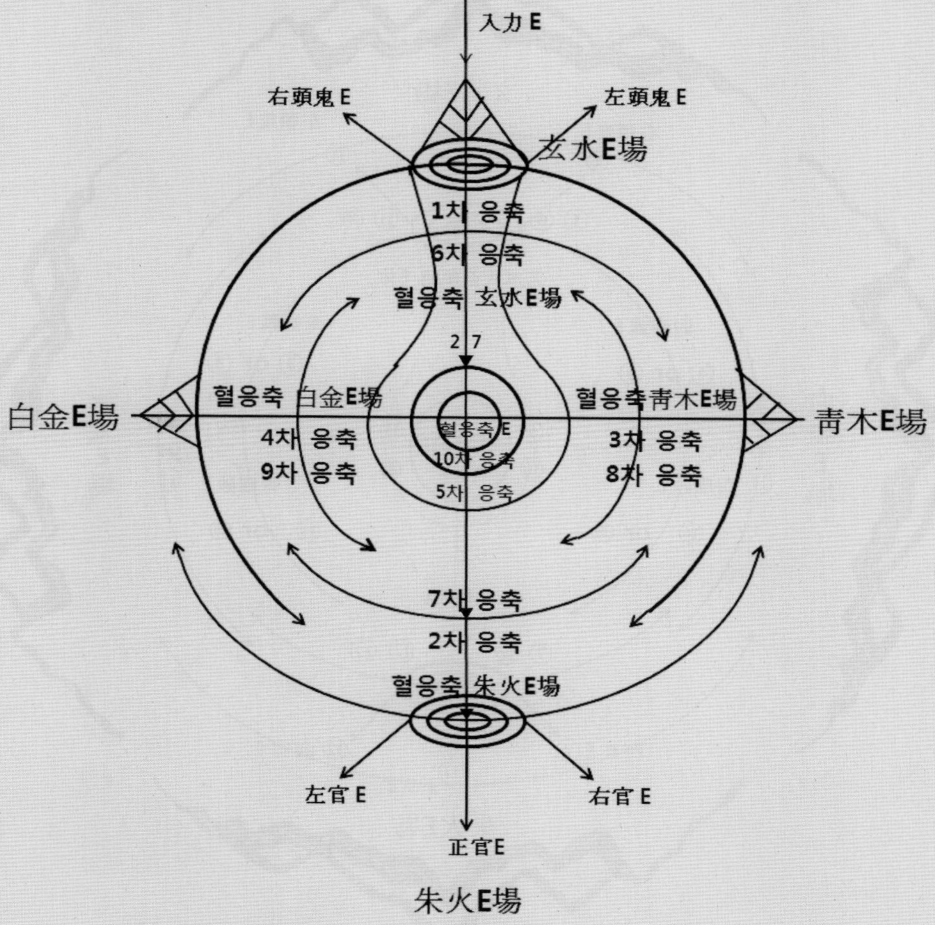

〈그림 2-236〉 形勢論的 特性分析圖

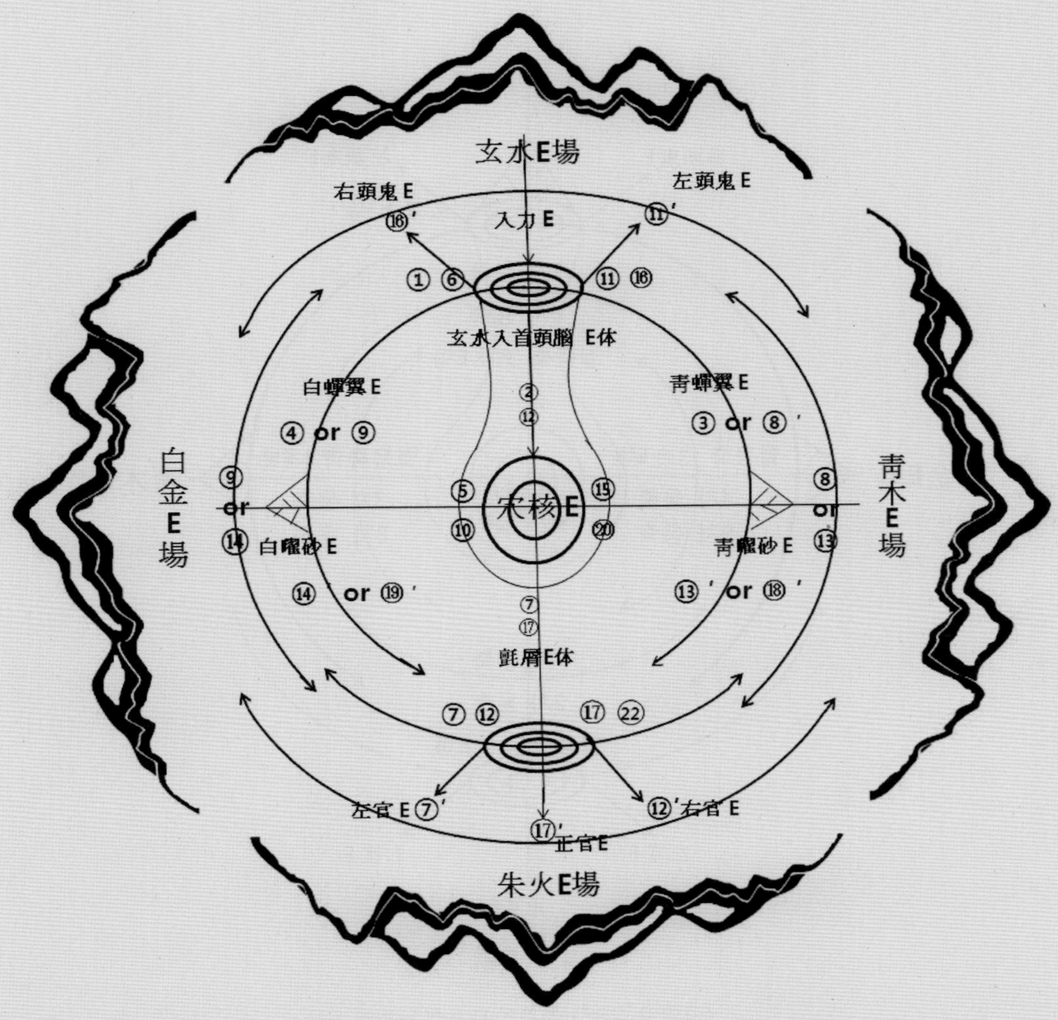

〈그림 2-237〉 構造 組織論的 特性分析圖

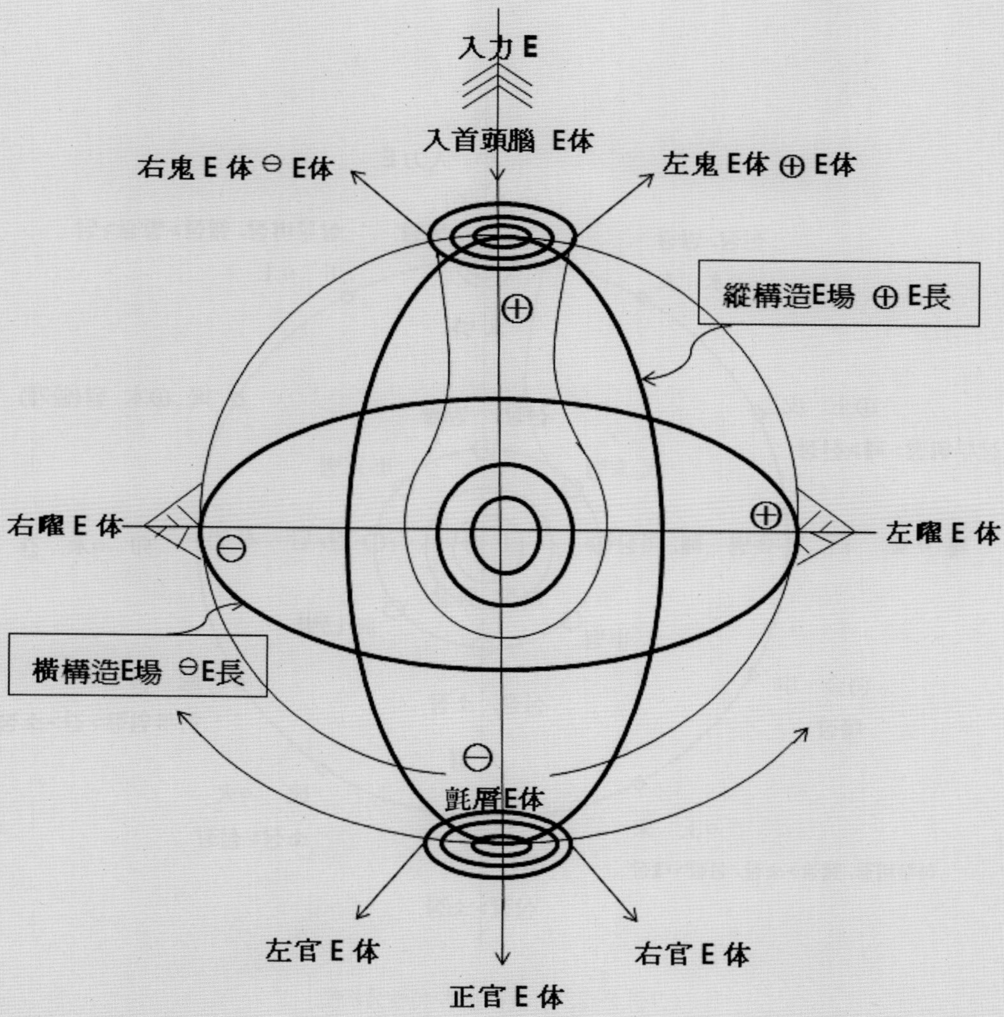

〈그림 2-238〉 陰陽論的 特性分析圖

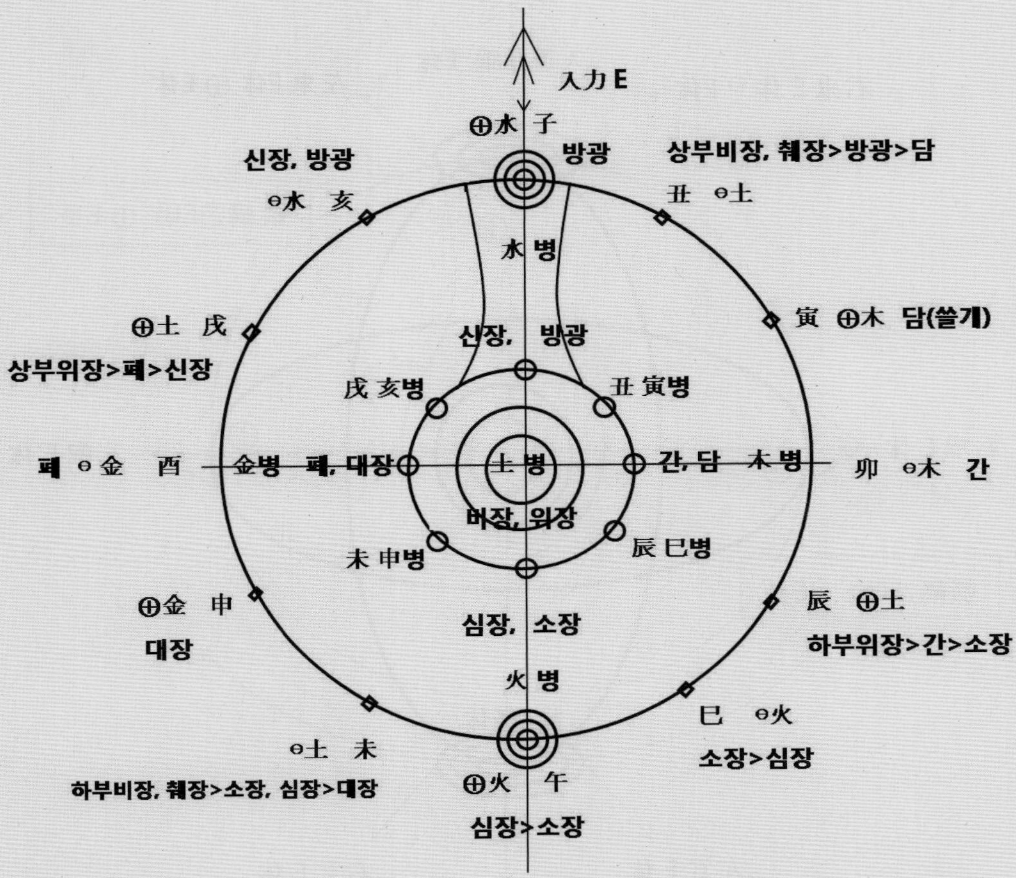
入力 E
⊕水 子
방광
상부비장, 췌장>방광>담
신장, 방광
⊖水 亥
丑 ⊖土
水 병
寅 ⊕木 담(쓸개)
⊕土 戌
신장, 방광
상부위장>폐>신장
戌 亥병
丑 寅병
폐 ⊖金 酉
金병 폐, 대장
土 병
간, 담 木 병
卯 ⊖木 간
비장, 위장
未 申병
辰 巳병
⊕金 申
대장
심장, 소장
辰 ⊕土
하부위장>간>소장
火 병
巳 ⊖火
소장>심장
⊖土 未
하부비장, 췌장>소장, 심장>대장
⊕火 午
심장>소장

〈그림 2-239〉 五行論的 特性分析圖

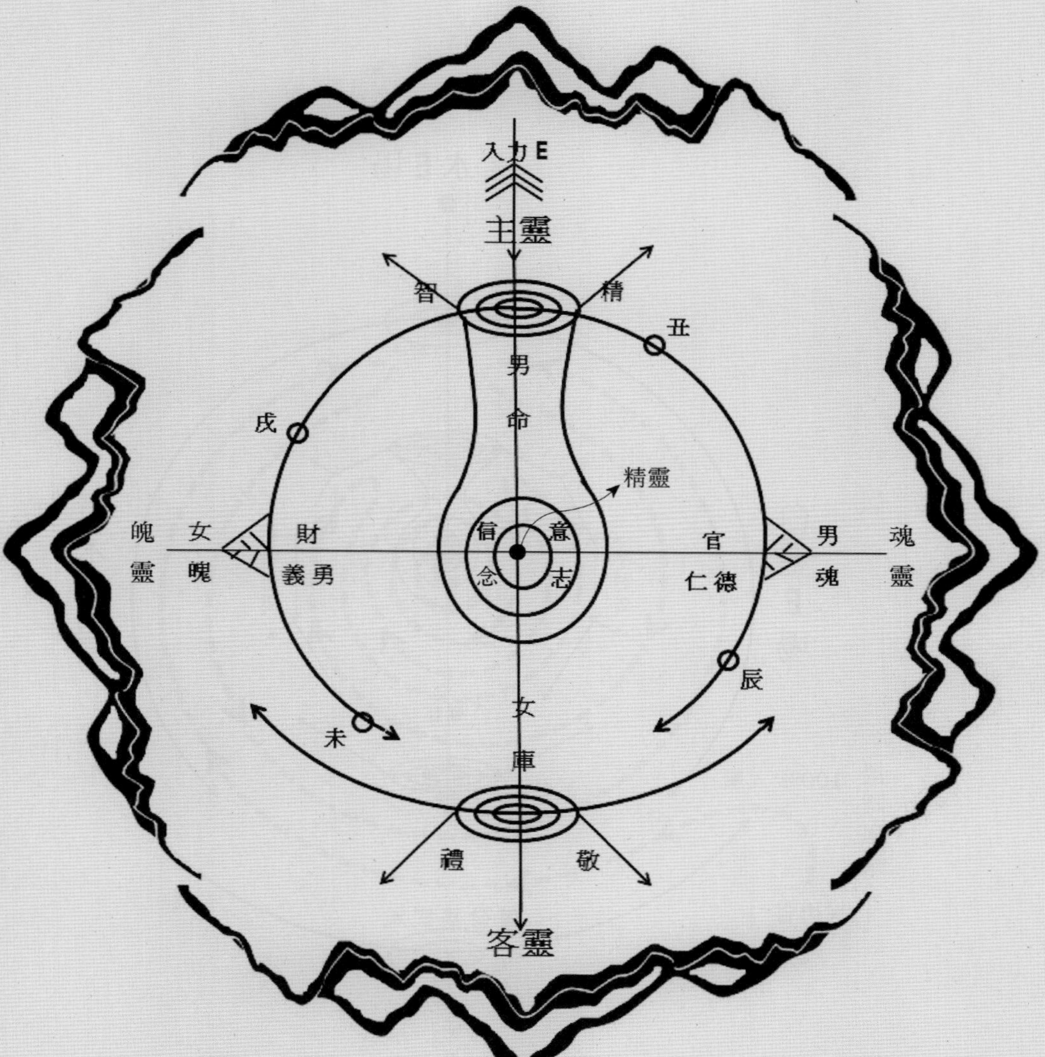

〈그림 2-240〉 性象論的 特性分析圖

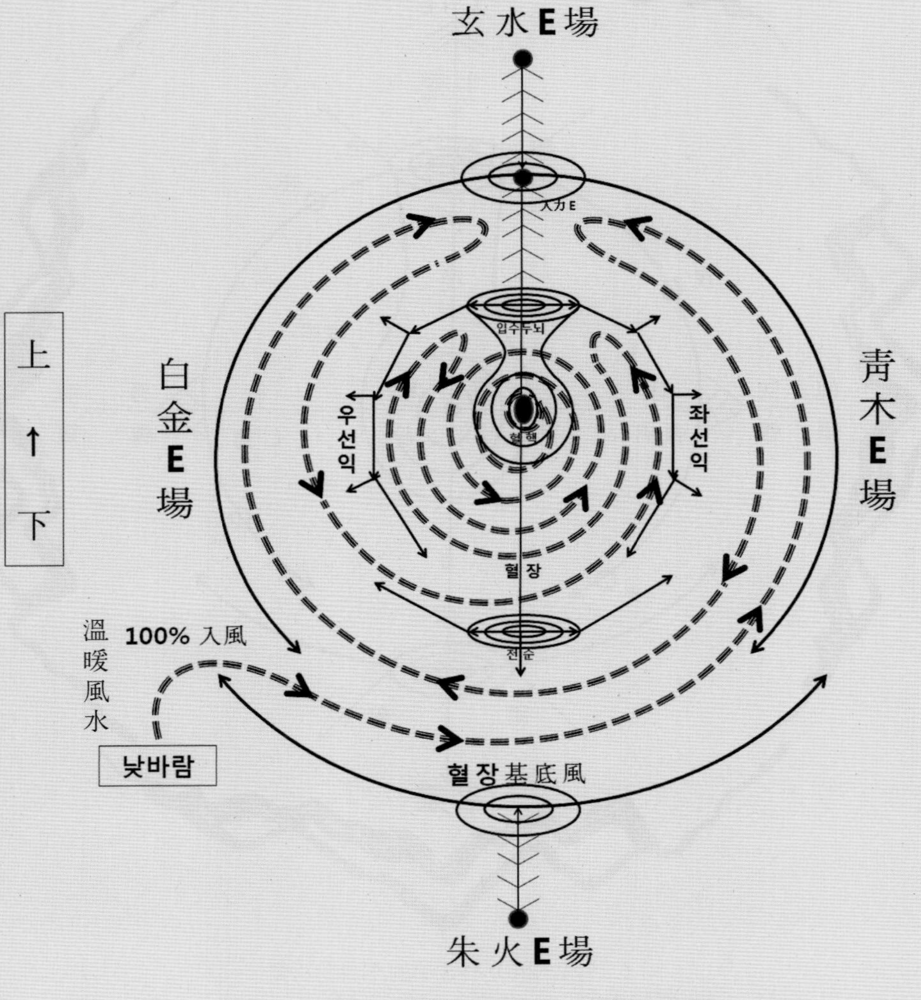

〈그림 2-241〉 낮바람 入力同調 基底風

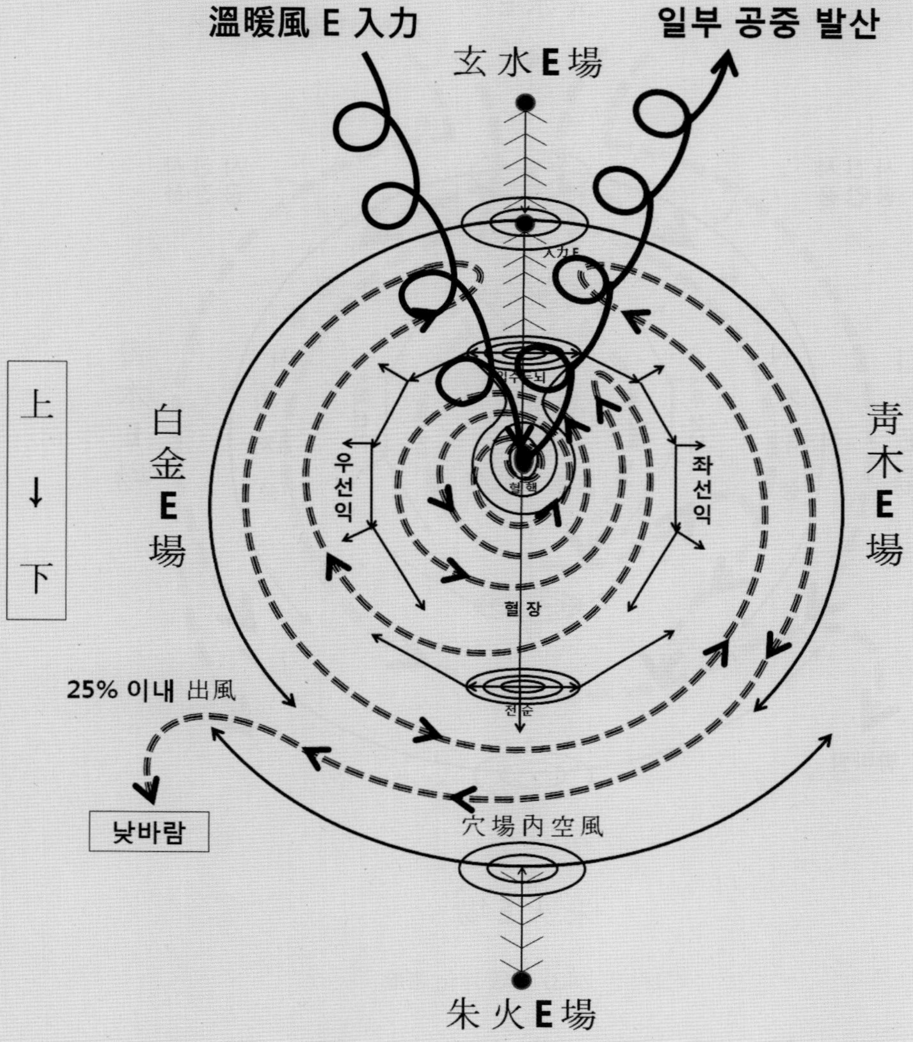

溫暖風 E 入力
일부 공중 발산
玄水E場
白金E場
青木E場
上
↓
下
우선익
좌선익
혈장
25% 이내 出風
낮바람
穴場內空風
朱火E場

〈그림 2-242〉 낮바람 出力同調 空間風

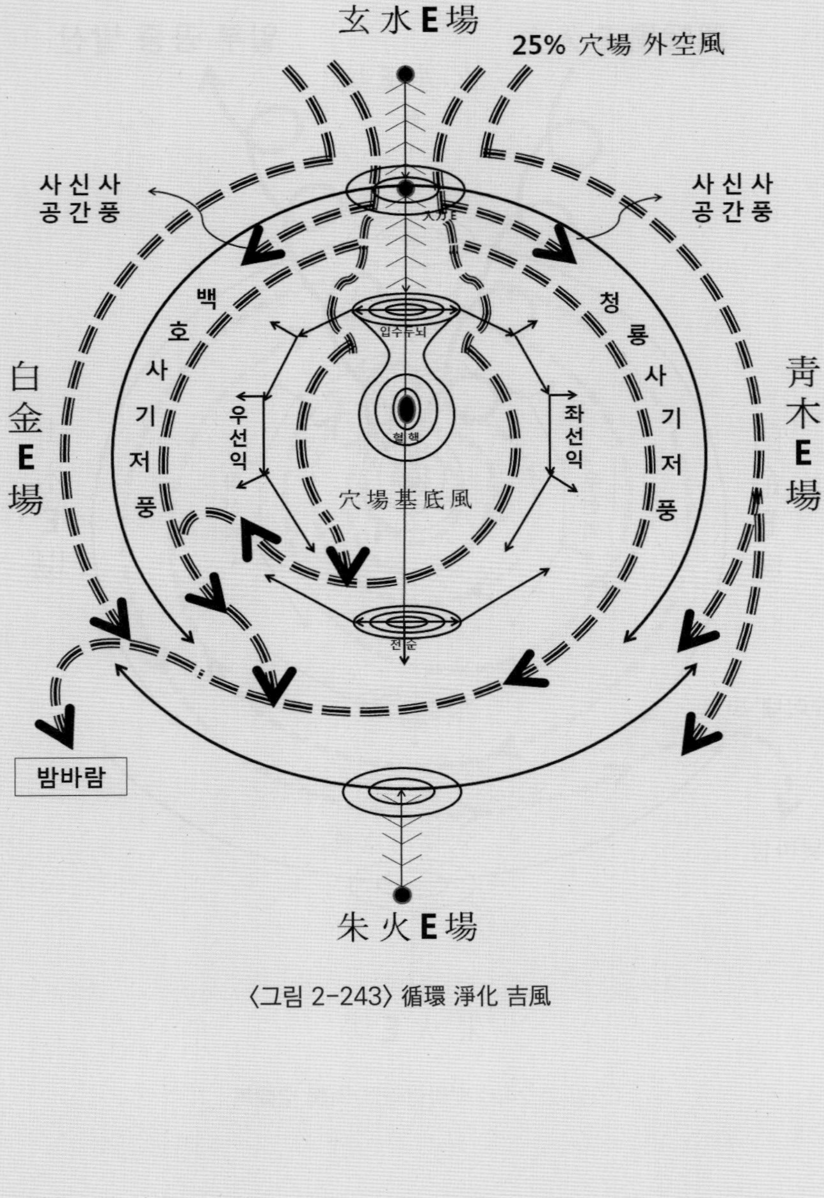

〈그림 2-243〉 循環 淨化 吉風

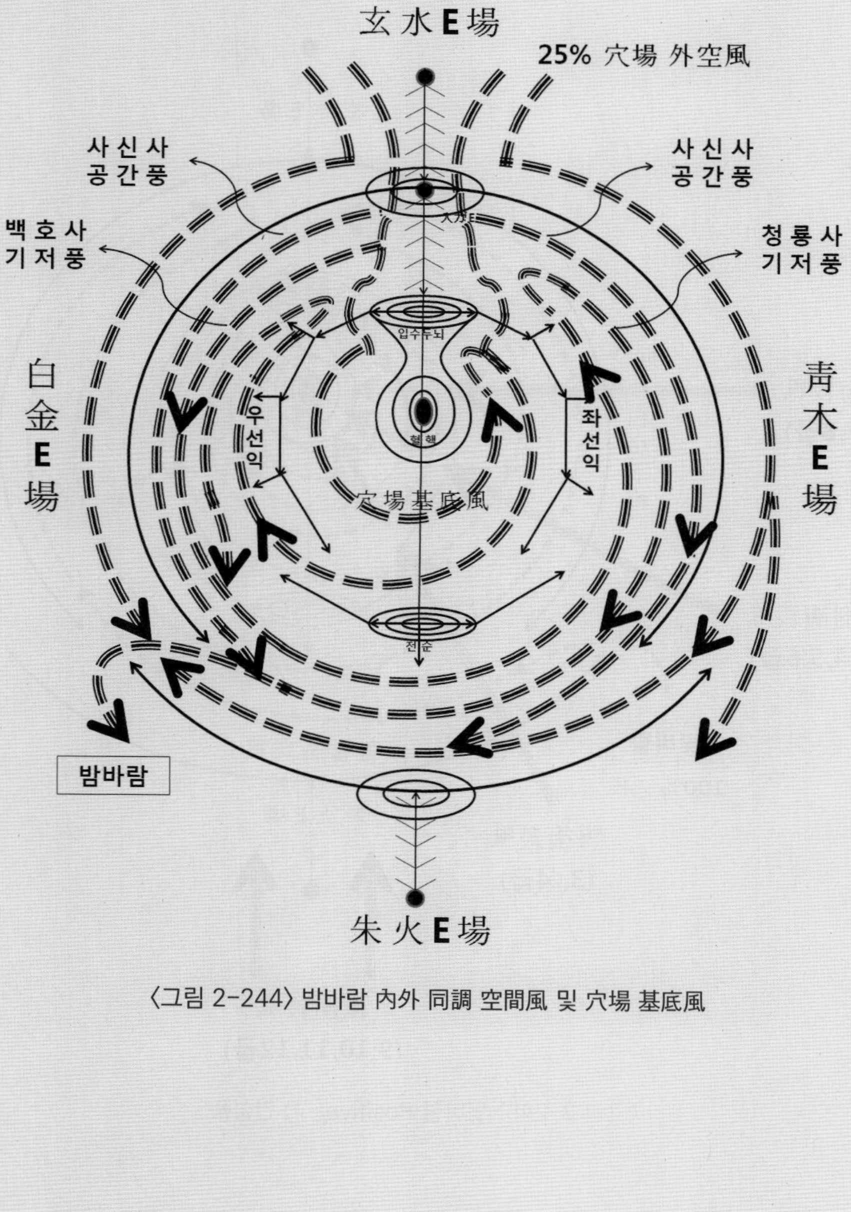

〈그림 2-244〉 밤바람 內外 同調 空間風 및 穴場 基底風

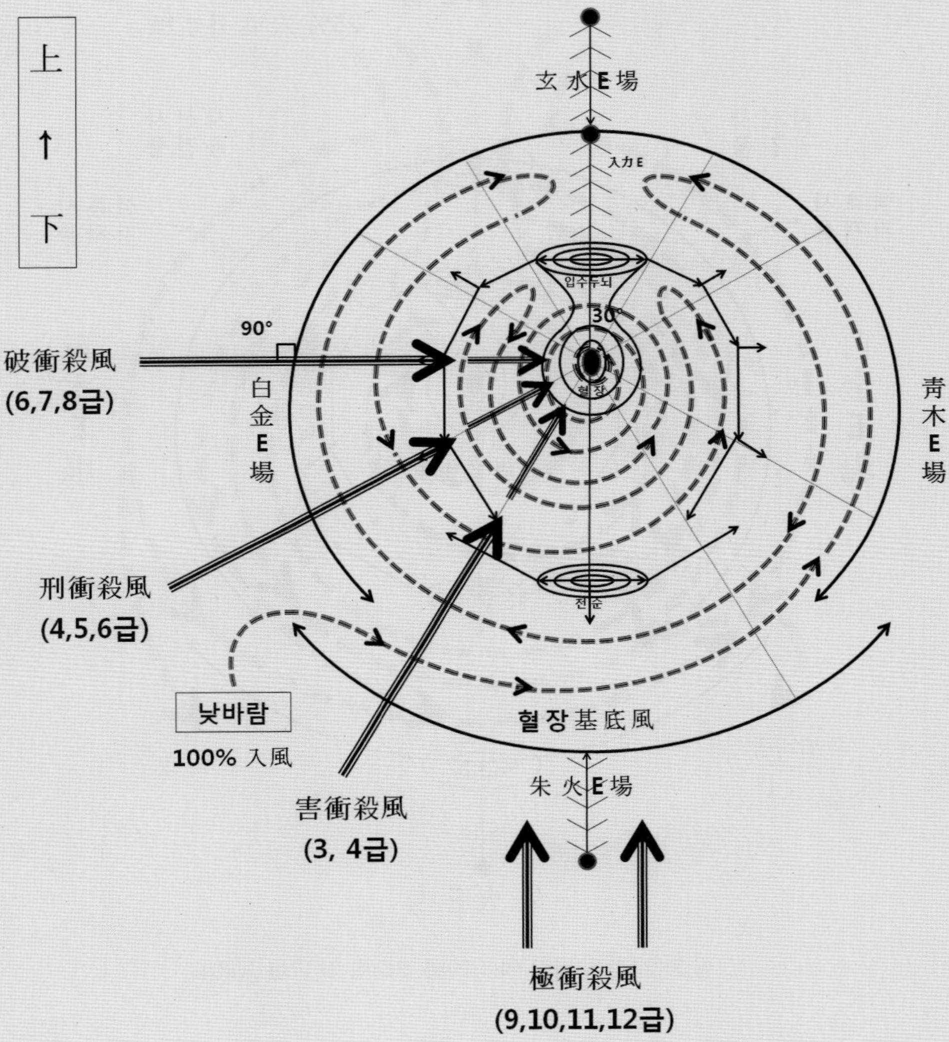

〈그림 2-245〉 낮바람 Positive(⊕) 간섭풍

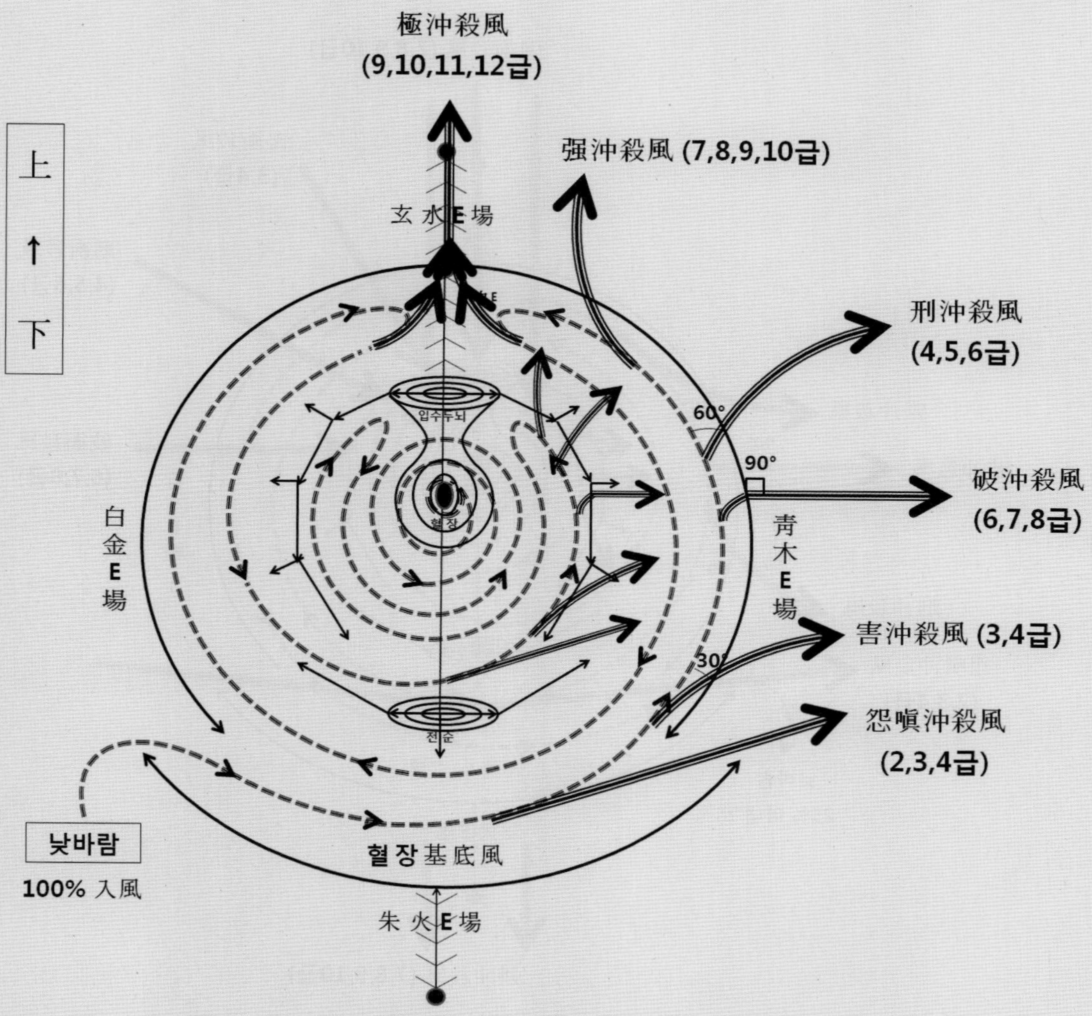

〈그림 2-246〉 낮바람 Negative(⊖) 간섭풍

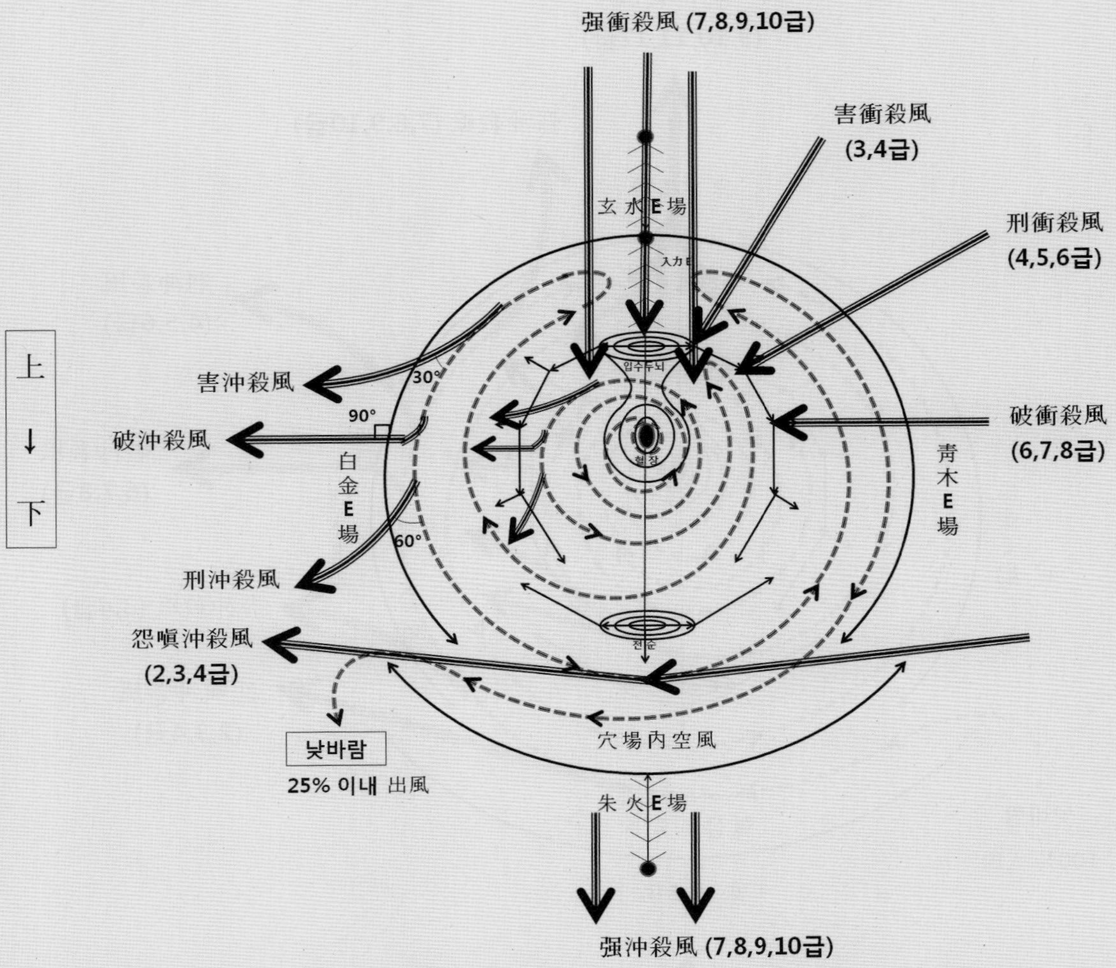

〈그림 2-247〉 낮바람 ⊕⊖ 간섭풍

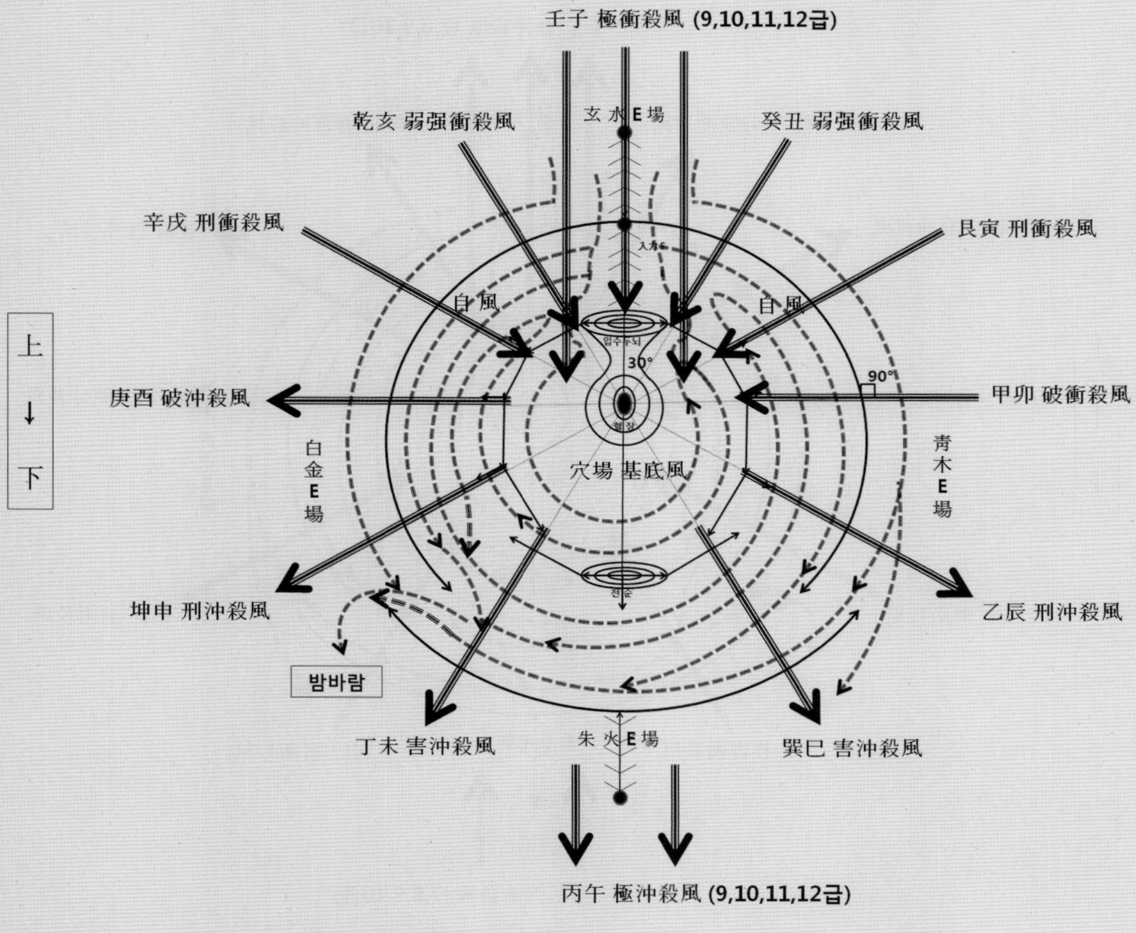

壬子 極衝殺風 (9,10,11,12급)
乾亥 弱强衝殺風
玄 水 E 場
癸丑 弱强衝殺風
辛戌 刑衝殺風
艮寅 刑衝殺風
自風
自風
30°
90°
庚酉 破沖殺風
甲卯 破衝殺風
白金E場
青木E場
穴場 基底風
坤申 刑沖殺風
乙辰 刑沖殺風
밤바람
丁未 害沖殺風
巽巳 害沖殺風
朱 火 E 場
丙午 極沖殺風 (9,10,11,12급)
上
↓
下

〈그림 2-248〉 밤바람 ⊕⊖ 極 간섭풍

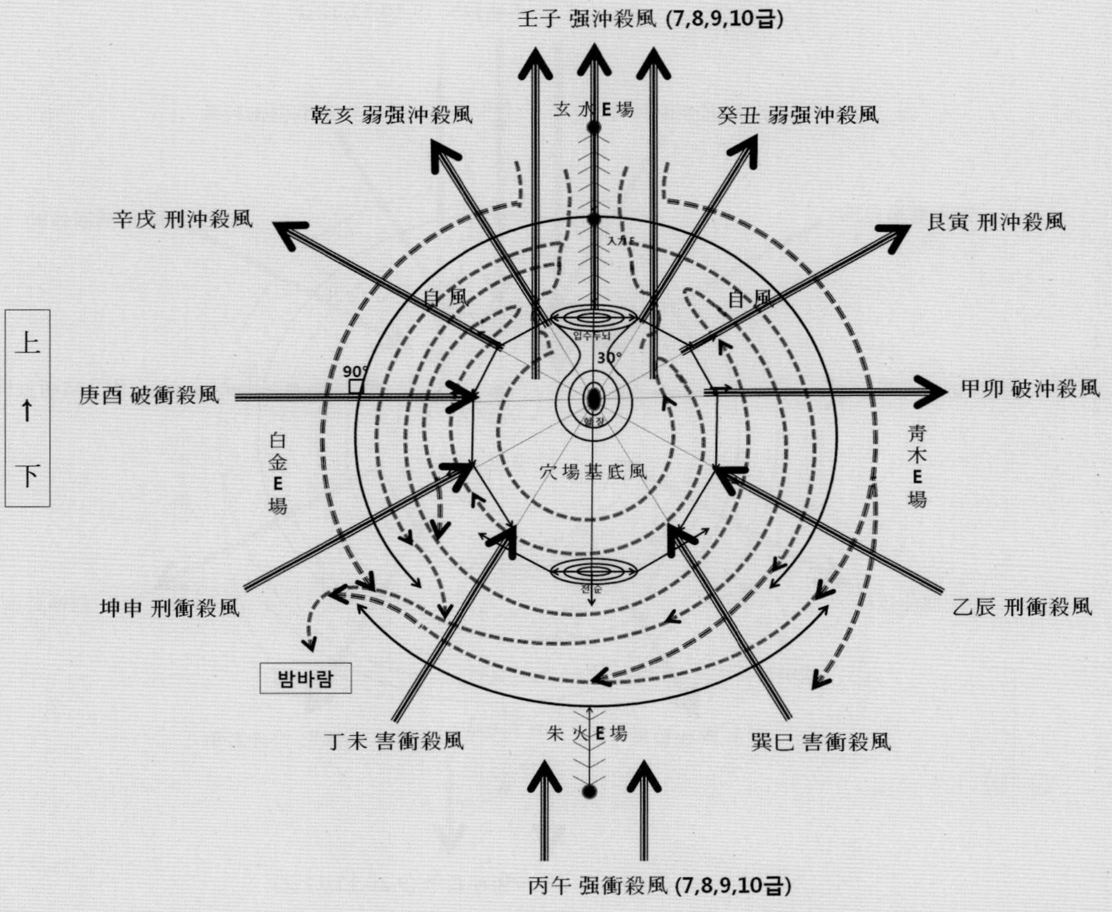

壬子 强沖殺風 (7,8,9,10급)
乾亥 弱强沖殺風
癸丑 弱强沖殺風
玄 水 E 場
辛戌 刑沖殺風
艮寅 刑沖殺風
自風
自風
上
↑
下
30°
90°
庚酉 破衝殺風
甲卯 破沖殺風
白金E場
青木E場
穴場基底風
坤申 刑衝殺風
乙辰 刑衝殺風
밤바람
丁未 害衝殺風
巽巳 害衝殺風
朱 火 E 場
丙午 强衝殺風 (7,8,9,10급)

〈그림 2-249〉 밤바람 ⊕⊖ 强 간섭풍

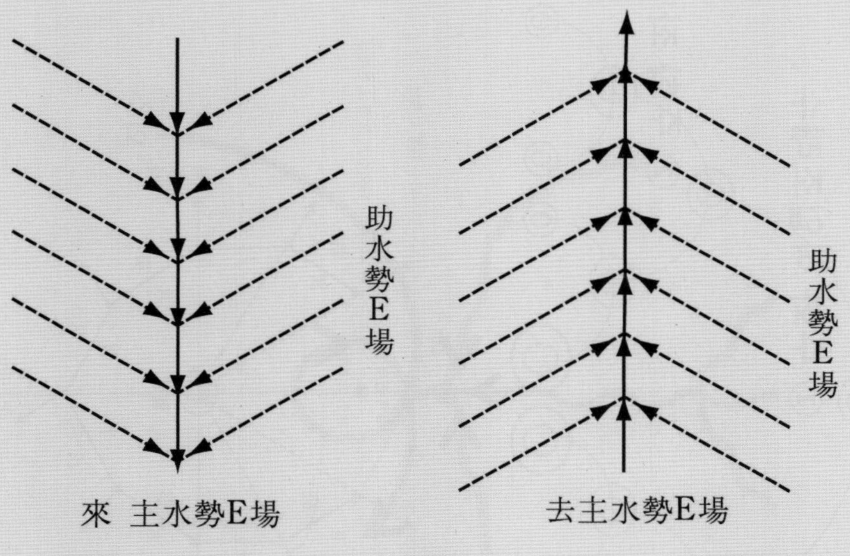

〈그림 2-250〉 水 Energy의 去來 秩序에 의한 水勢 Energy場의 構造秩序

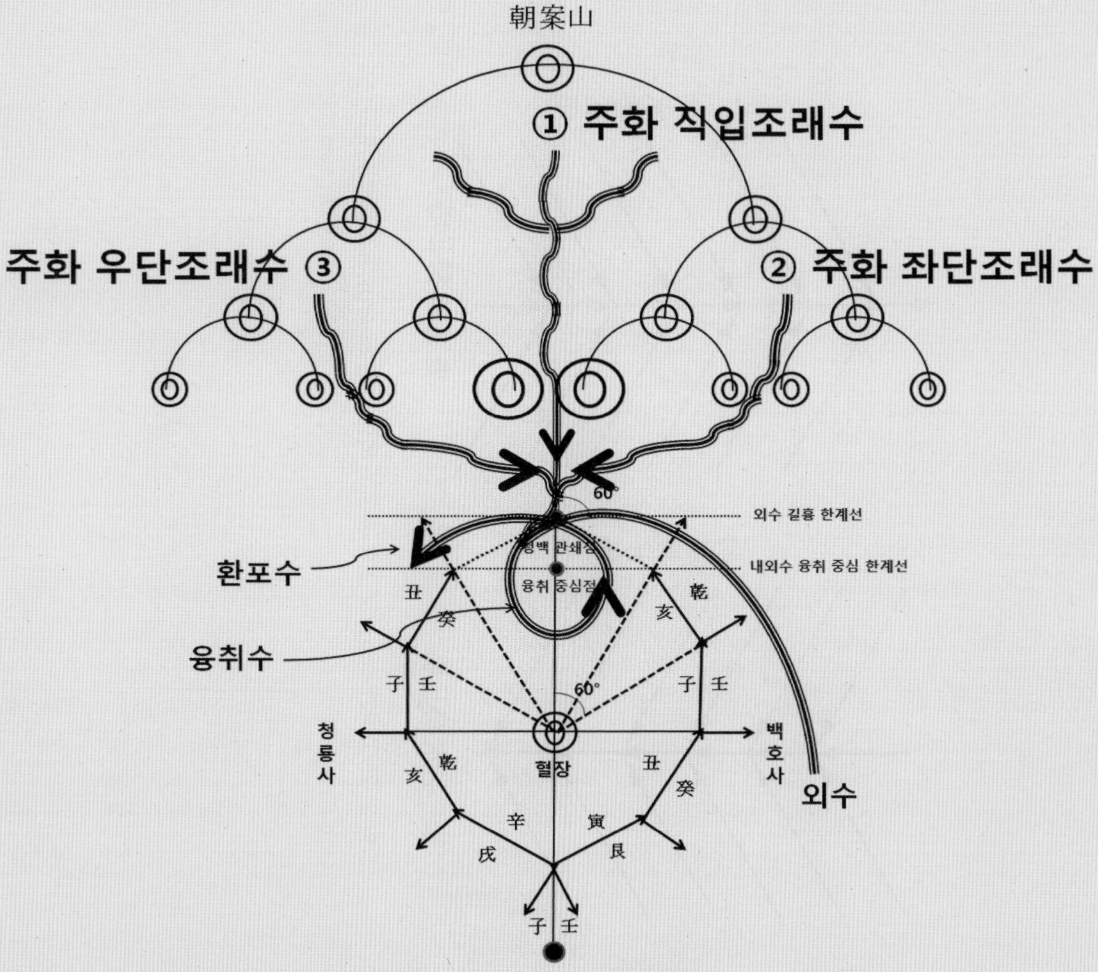

〈그림 2-251〉 直來水 + 兩邊 朝來水

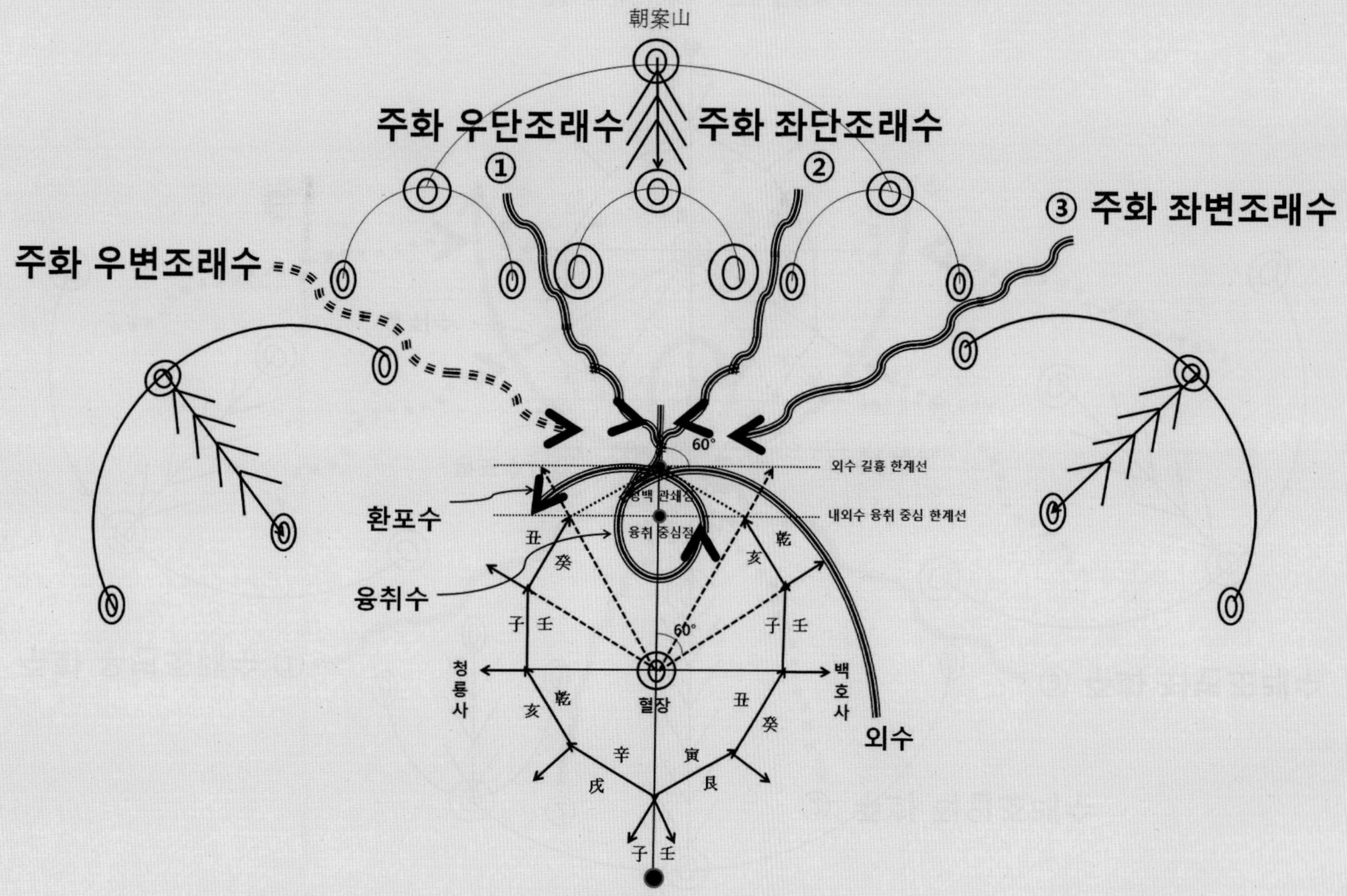

〈그림 2-252〉 外水 + 左(右)直來水

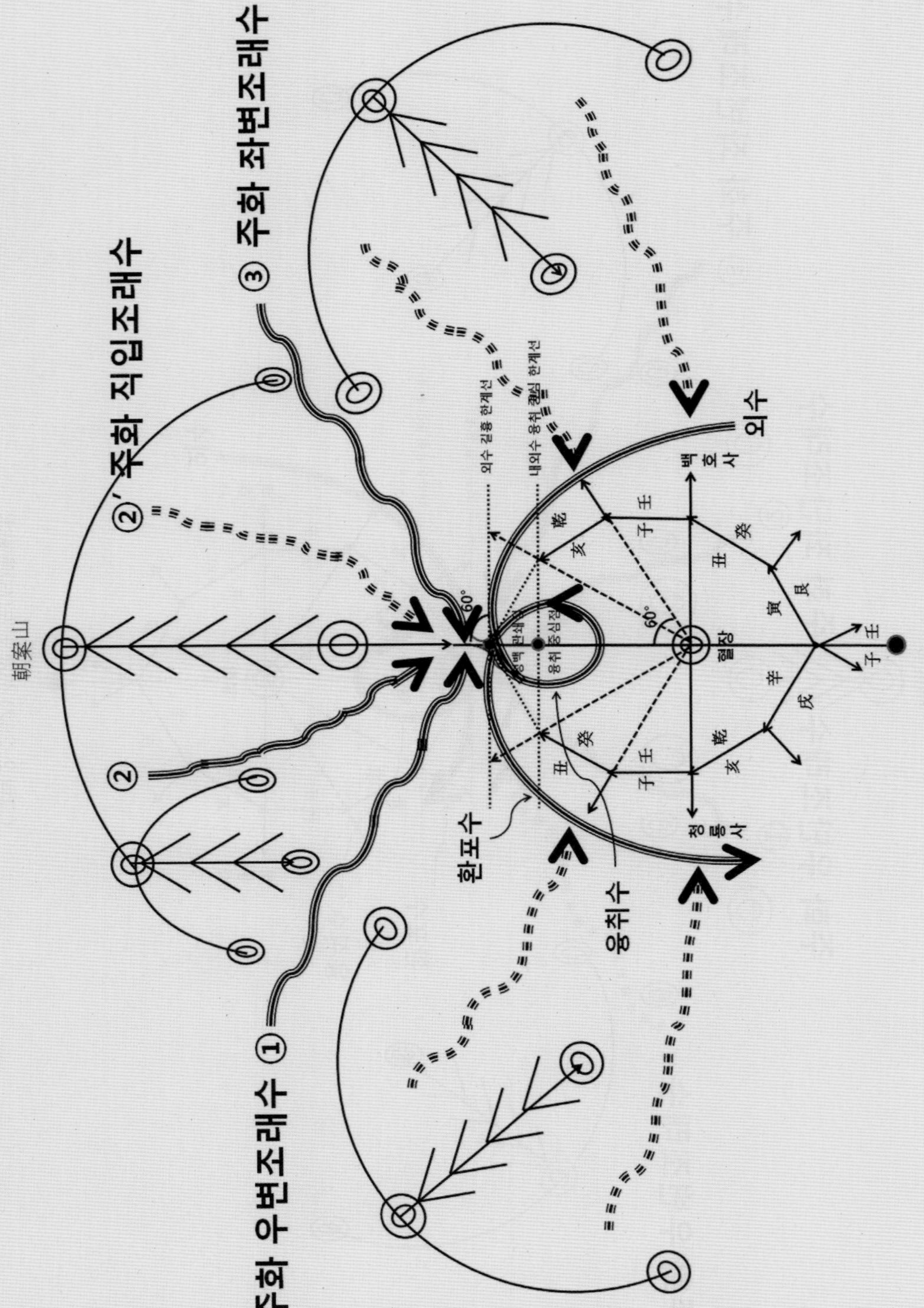

〈그림 2-253〉 外水 + 左右 朝來水

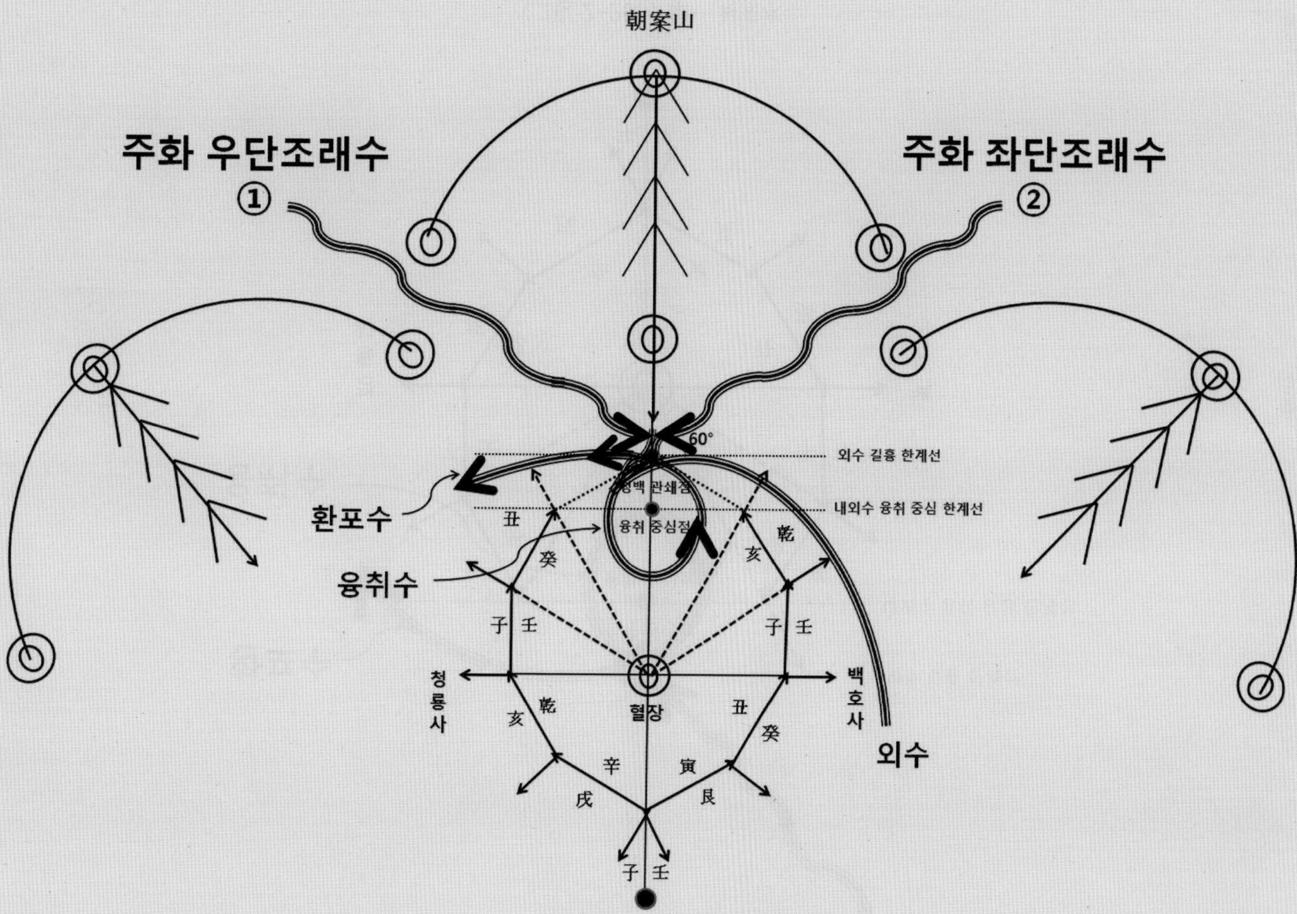

〈그림 2-254〉 二合 朝來水

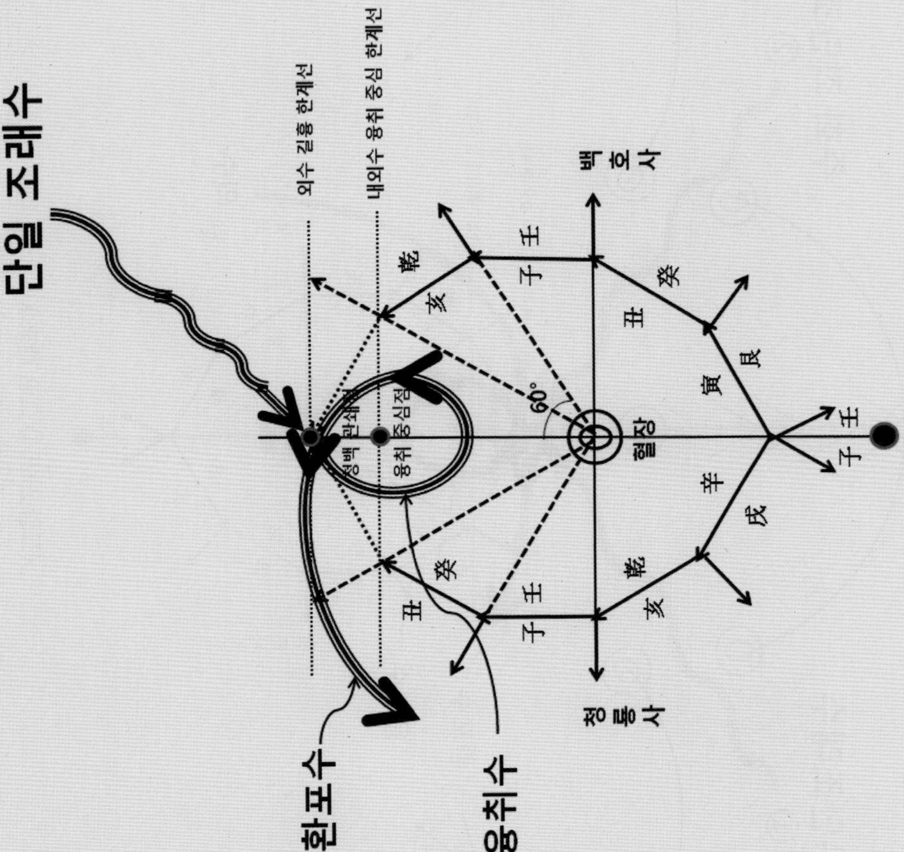

〈그림 2-255〉 單一 朝來水

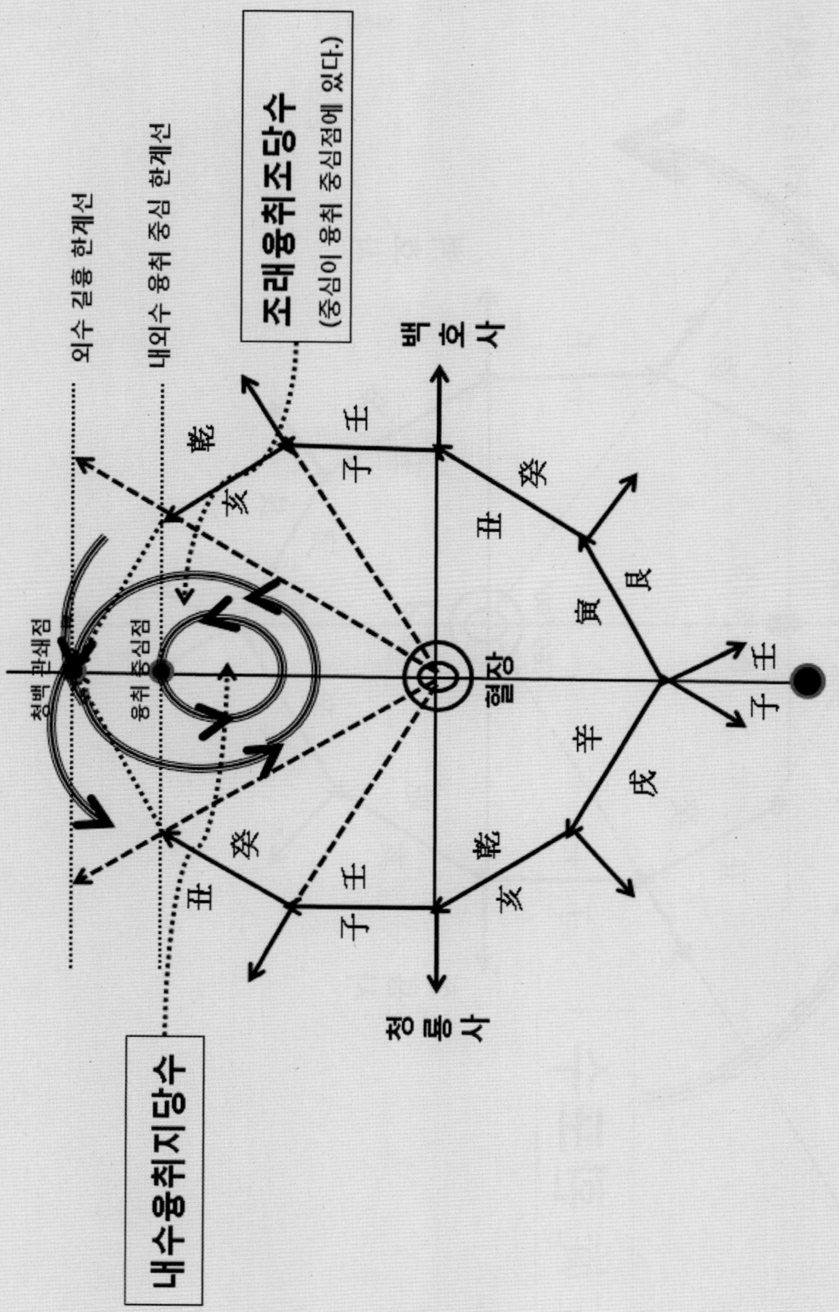

조래융취조당수
(중심이 융취 중심점에 있다.)
외수 길흉 한계선
내외수 융취 중심 한계선
내수융취지당수
백호사
청룡사
청백 관쇄점
융취 중심점
혈장
乾
亥
子
壬
癸
丑
艮
寅
辛
戌

〈그림 2-256〉 朝塘水

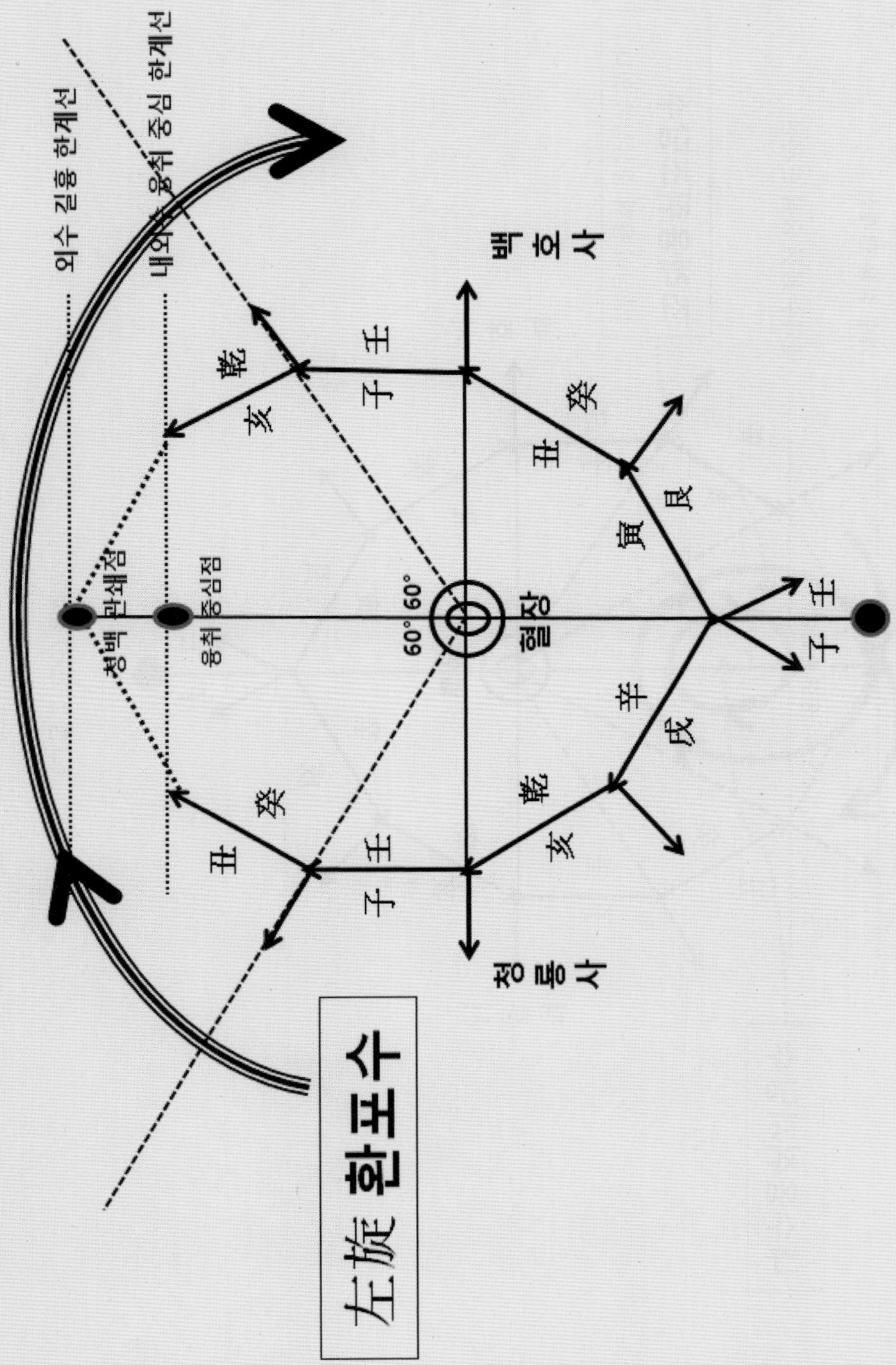
左旋 환포수
외수 길흉 한계선
내외수 용취 중심 한계선
백호사
청룡사
청백 만세점
용취 중심점
혈장
60° 60°
60°
乾 亥 子 壬
壬 子
癸 丑 艮 寅
辛 戌 乾 亥
子 壬 癸 丑

〈그림 2-257〉 環抱水

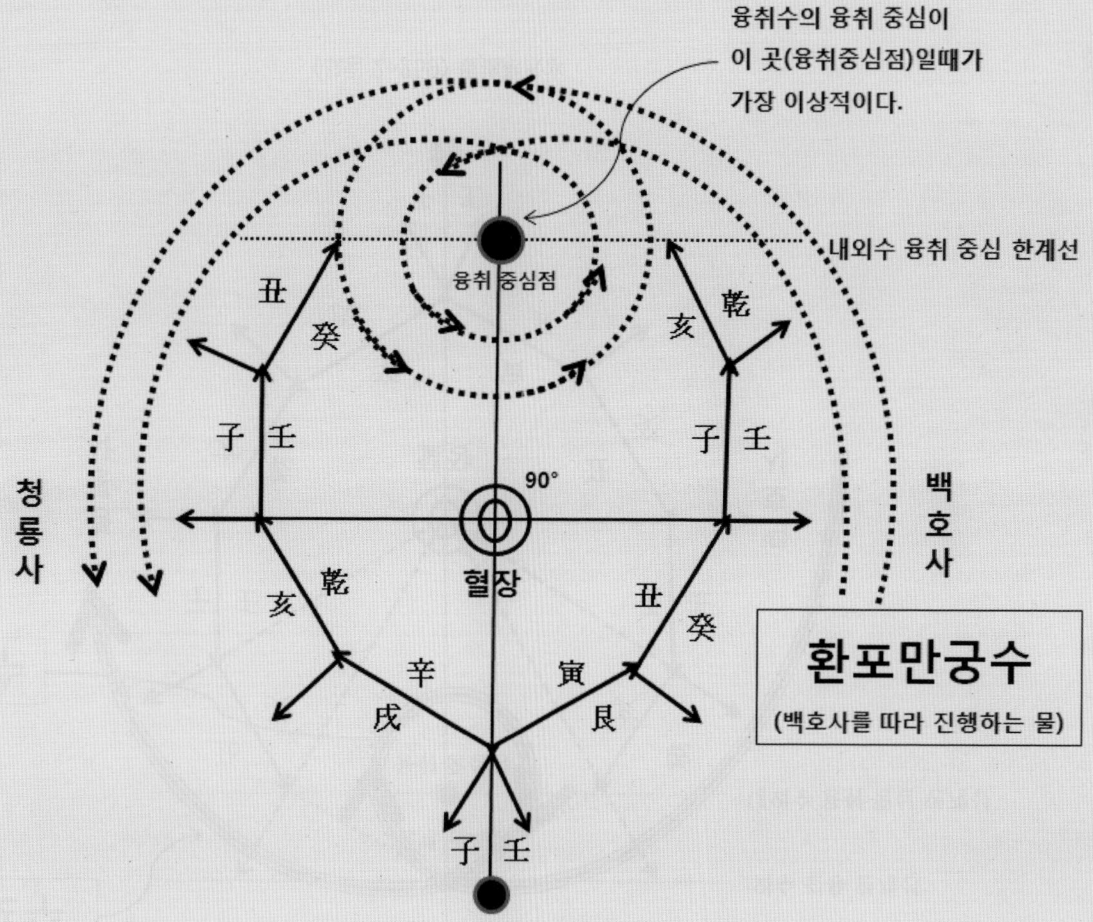

〈그림 2-258〉 環抱彎弓水

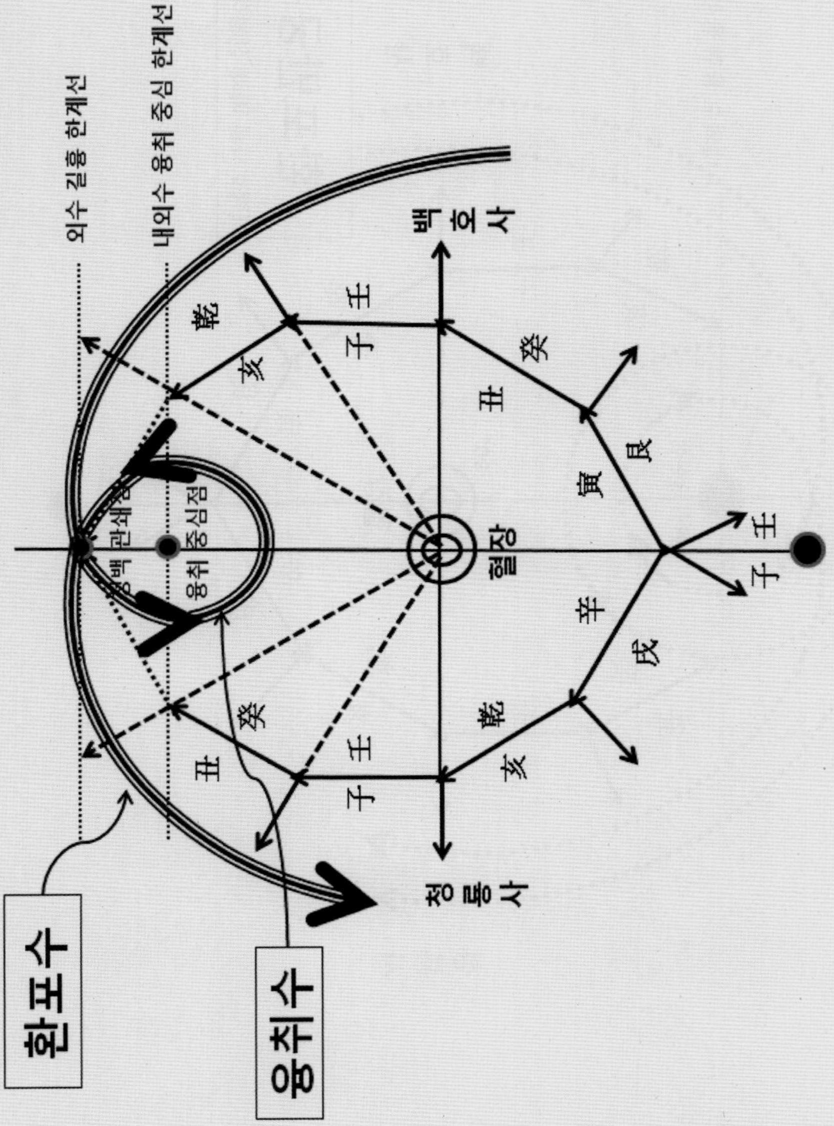

〈그림 2-259〉 環抱融聚水

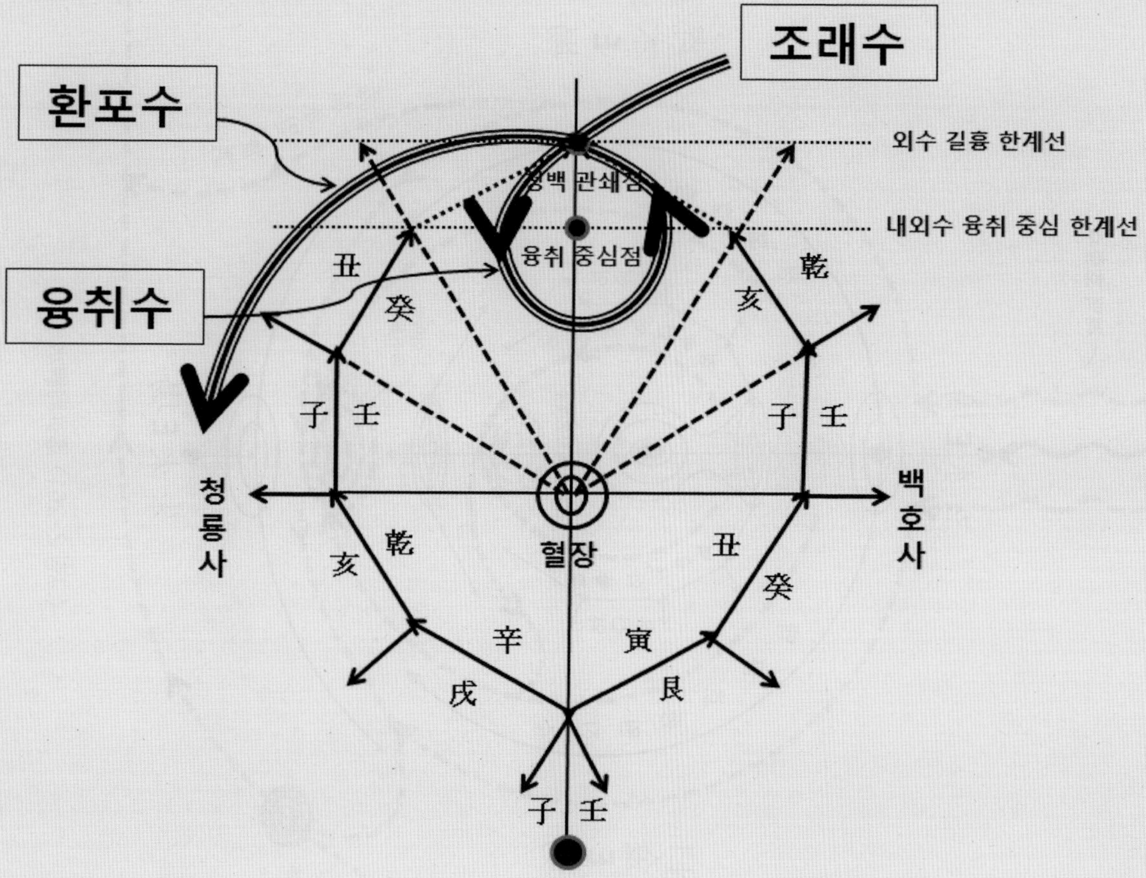

〈그림 2-260〉 朝來融聚水

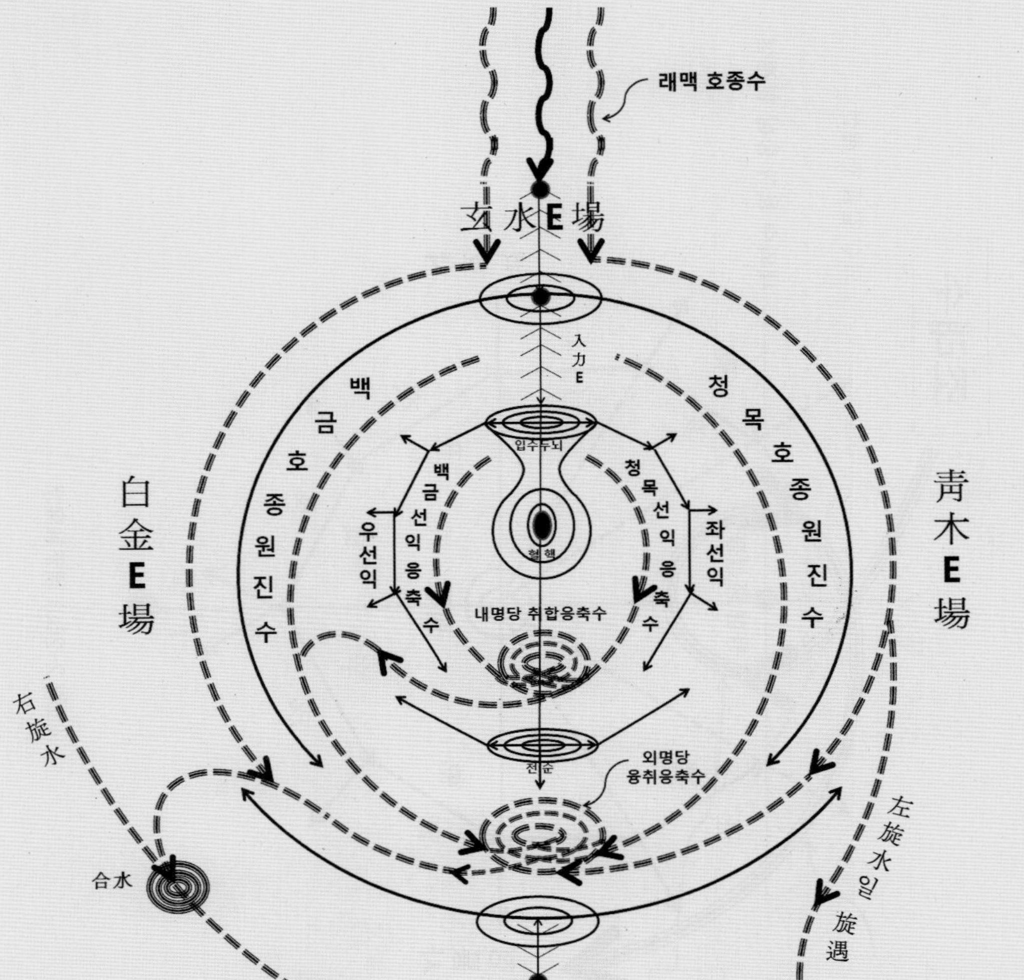

〈그림 2-261〉 護從同調水

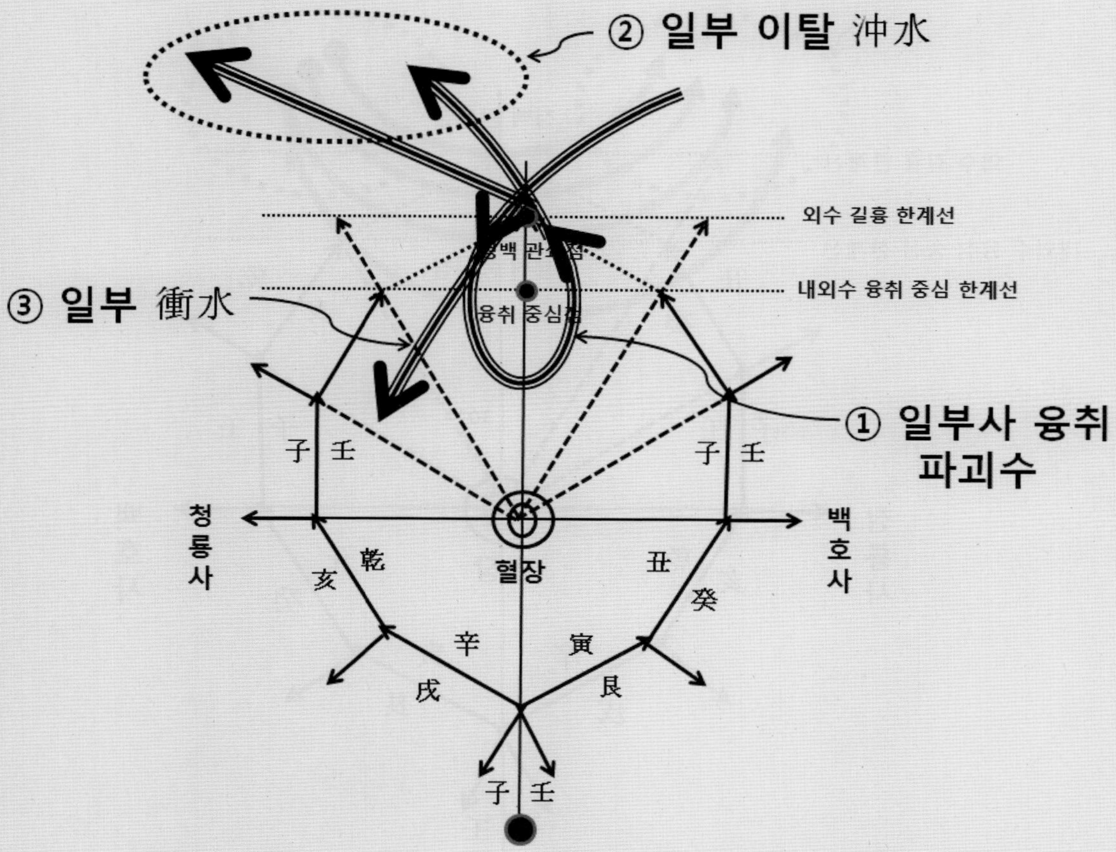
② 일부 이탈 沖水
외수 길흉 한계선
내외수 융취 중심 한계선
③ 일부 衝水
① 일부사 융취 파괴수
子 壬
子 壬
청룡사
백호사
혈장
乾
亥
丑
癸
辛
寅
戌
艮
子 壬

〈그림 2-262〉 ⊕衝의 原理

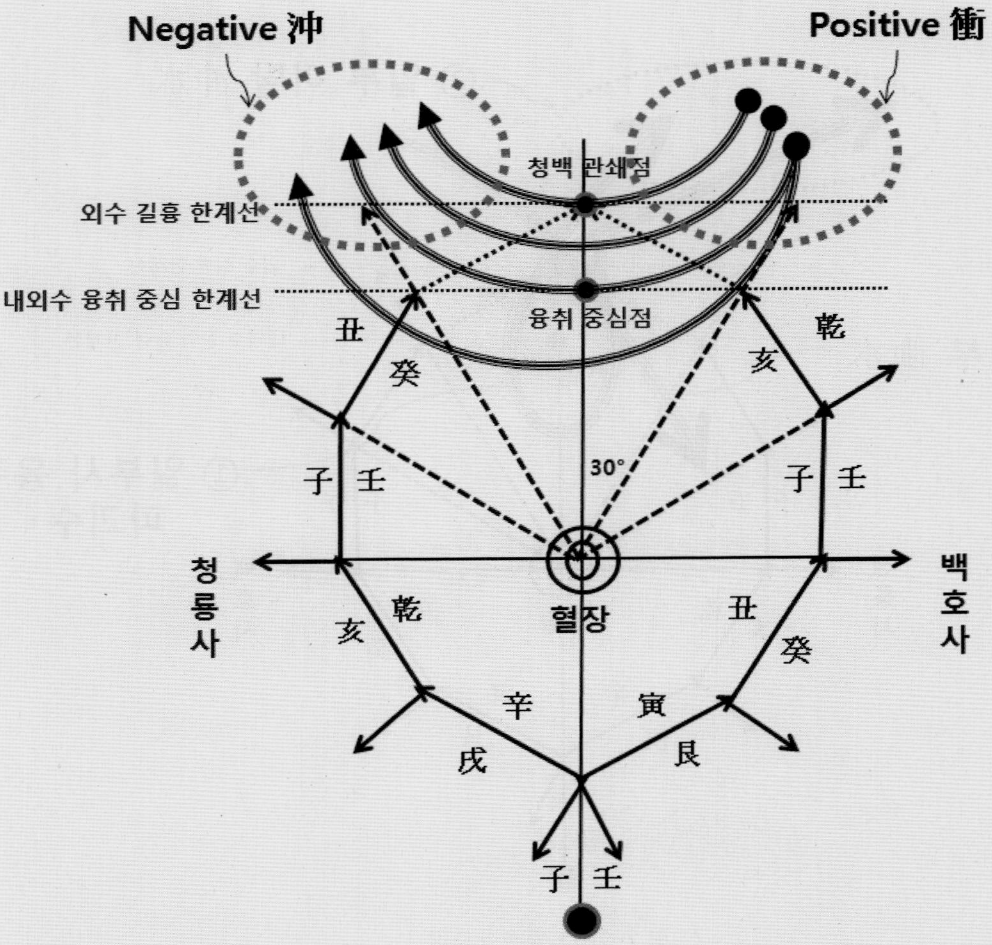
Negative 沖
Positive 衝
청백 관쇄점
외수 길흉 한계선
내외수 융취 중심 한계선
융취 중심점
丑
癸
乾
亥
子
壬
30°
청룡사
백호사
혈장
乾
亥
丑
癸
辛
戌
寅
艮
子
壬

〈그림 2-263〉 ⊖沖의 原理

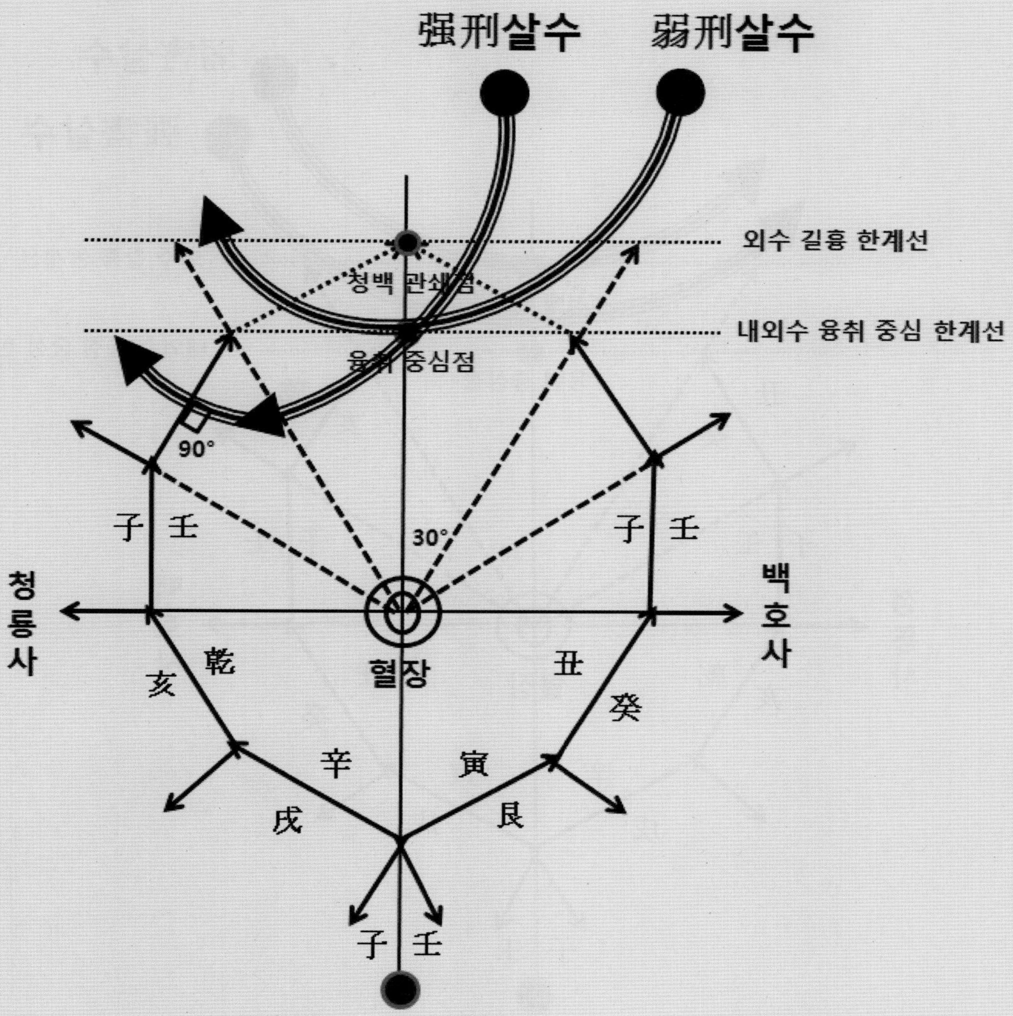

強刑살수
弱刑살수
외수 길흉 한계선
청백 관쇄점
내외수 융취 중심 한계선
융취 중심점
90°
30°
子 壬
子 壬
청룡사
백호사
혈장
亥
乾
丑
癸
辛
寅
戌
艮
子 壬

〈그림 2-264〉 刑殺水

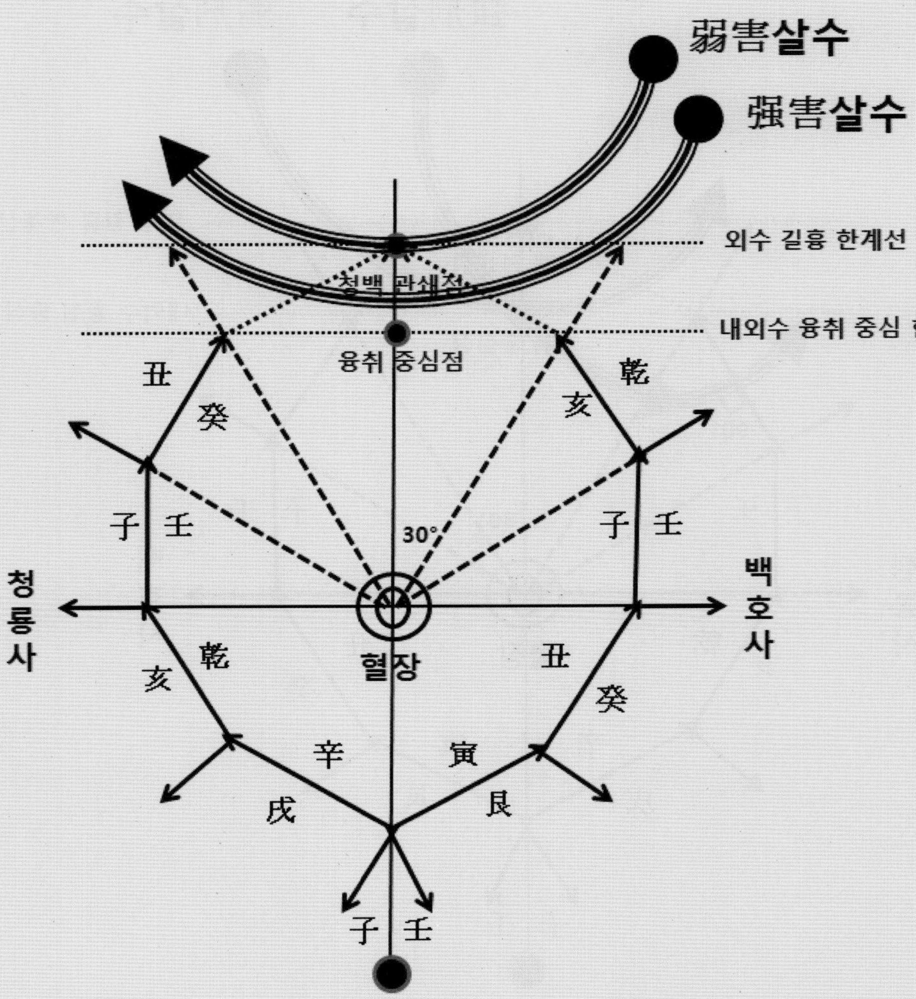

弱害살수
强害살수
외수 길흉 한계선
청백 관쇄점
내외수 융취 중심 한계선
융취 중심점
丑
癸
乾
亥
子 壬
30°
子 壬
청룡사
백호사
亥
乾
혈장
丑
癸
辛
寅
戌
艮
子 壬

〈그림 2-265〉 害殺水

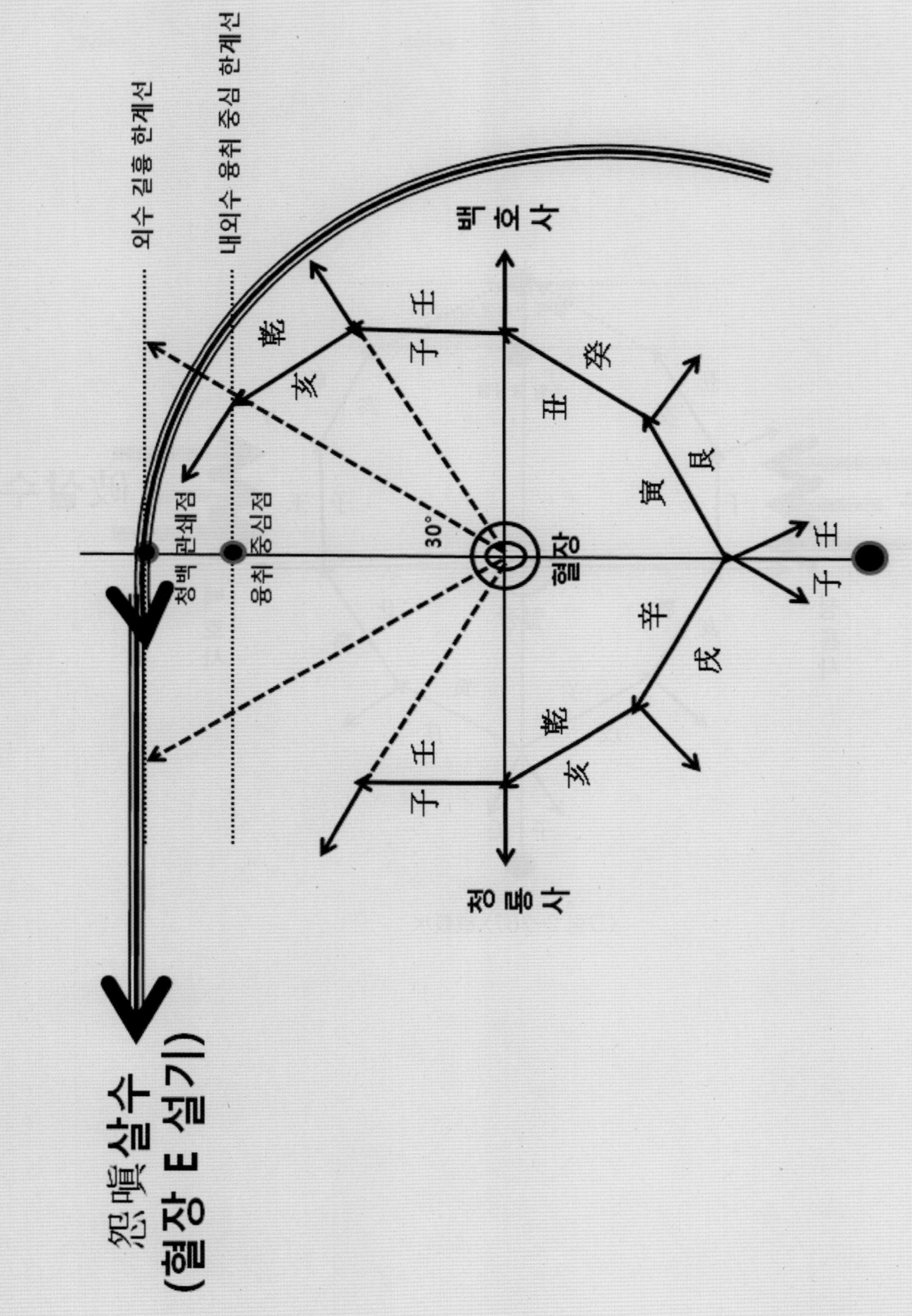

외수 길흉 한계선
내외수 응취 중심 한계선
백호사
청룡사
혈장
청백 관쇄점
응취 중심점
30°
乾
亥
子
壬
癸
丑
艮
寅
辛
戌
怨嗔살수
(혈장 E 설기)

〈그림 2-266〉 怨嗔殺水

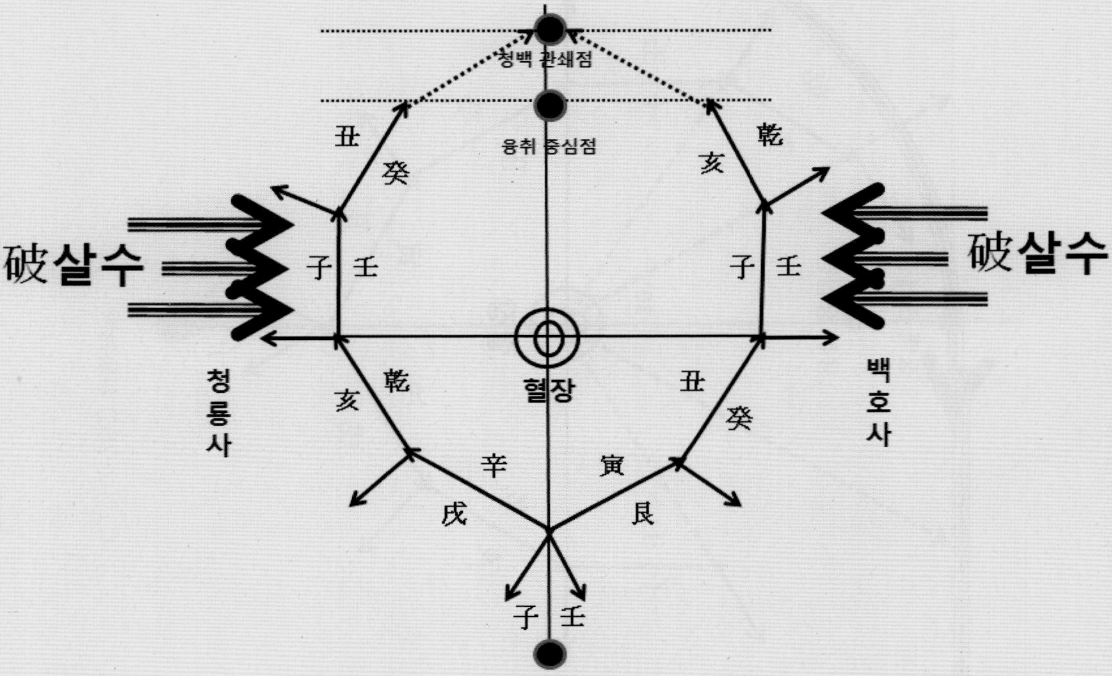
청백 관쇄점
용취 중심점
丑
癸
乾
亥
破살수
子 壬
子 壬
破살수
청룡사
亥
乾
혈장
丑
癸
백호사
辛
寅
戌
艮
子 壬

〈그림 2-267〉 破殺水

충살수(沖殺水)

(穴前 180 °)

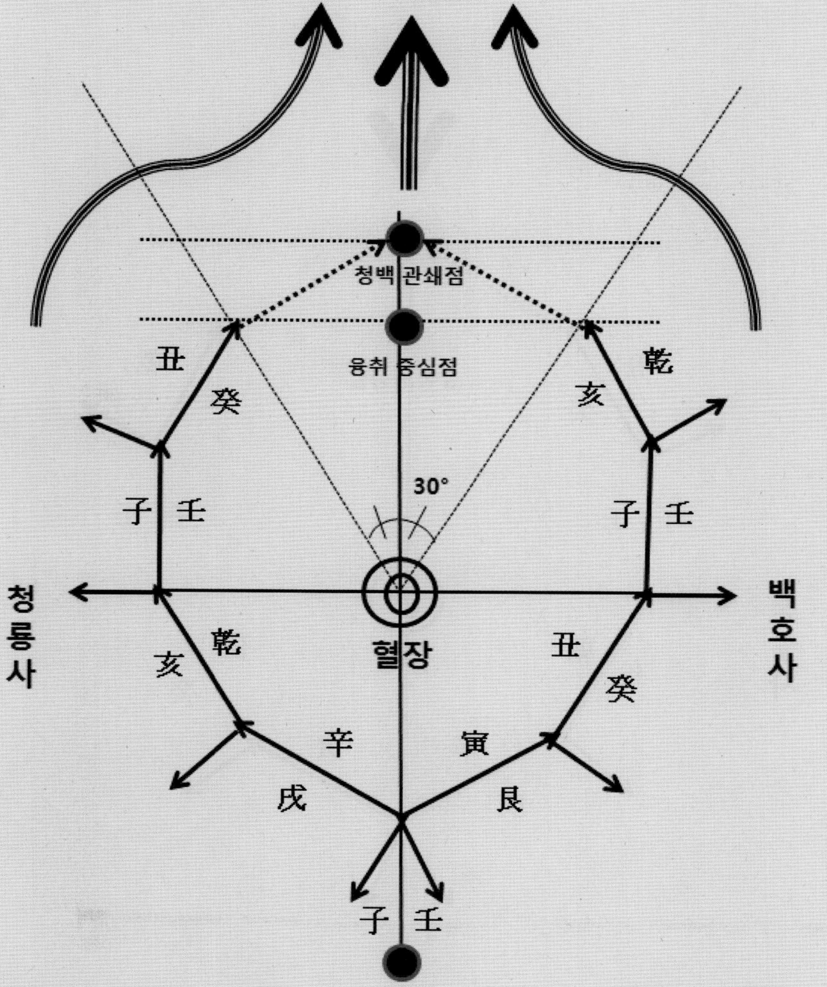

〈그림 2-268〉 沖殺水

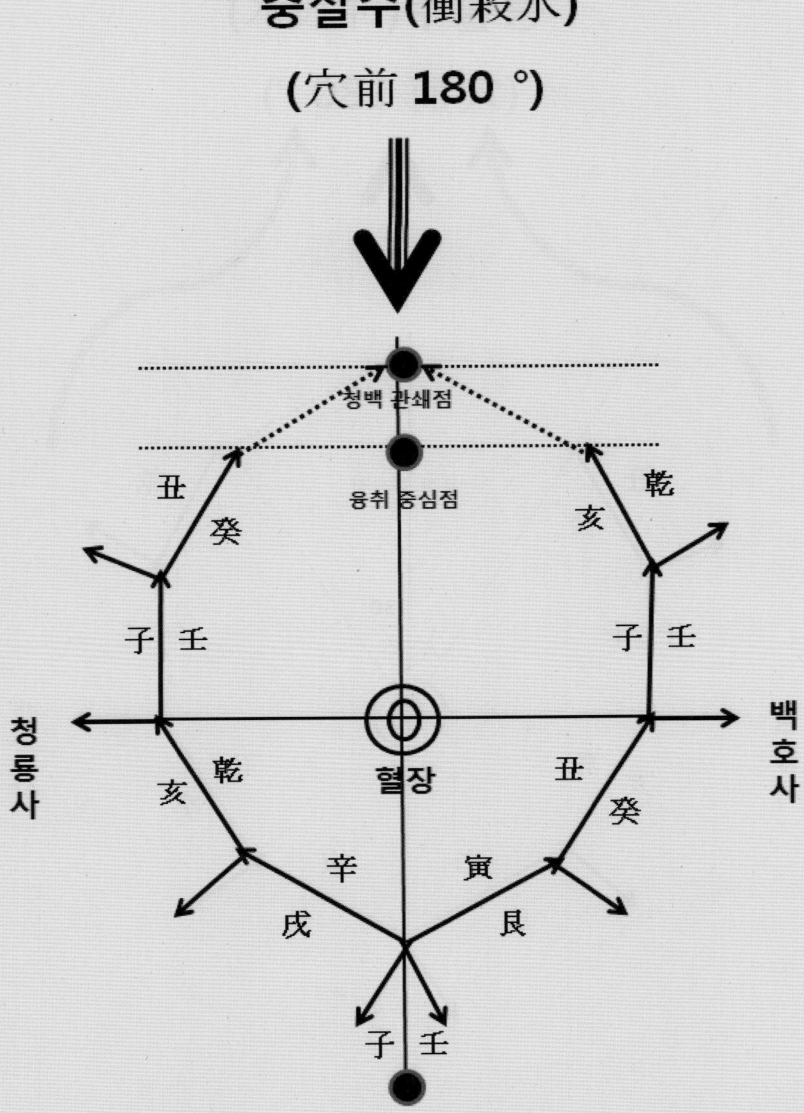
충살수(衝殺水)
(穴前 180 °)
청백 관쇄점
용취 중심점
丑
癸
乾
亥
子 壬
子 壬
청룡사
혈장
백호사
亥
乾
丑
癸
辛
寅
戌
艮
子 壬

〈그림 2-269〉 衝殺水

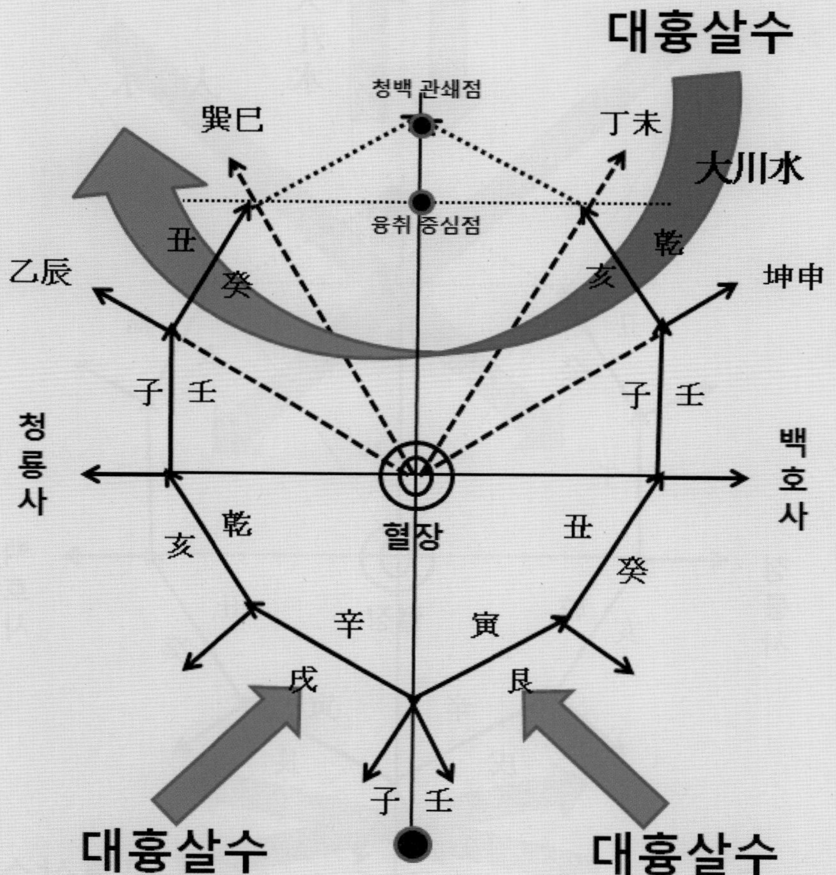
대흉살수
청백 관쇄점
巽巳
丁未
大川水
융취 중심점
丑
癸
乾
亥
乙辰
坤申
子 壬
子 壬
청룡사
백호사
亥
乾
혈장
丑
癸
辛
寅
戌
艮
子 壬
대흉살수
대흉살수

〈그림 2-270〉 大凶殺水

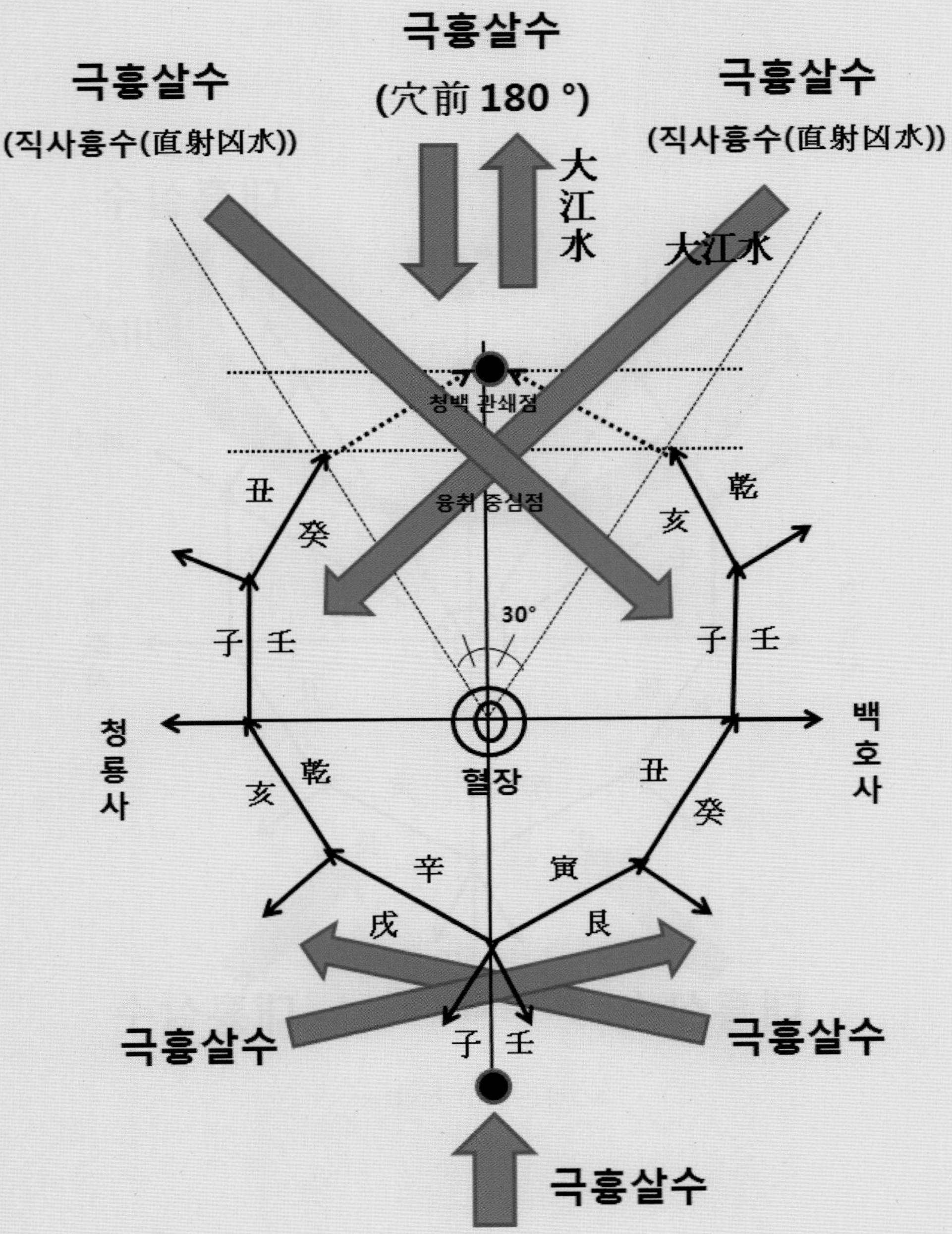
극흉살수
(穴前 180 °)
극흉살수
(직사흉수(直射凶水))
극흉살수
(직사흉수(直射凶水))
大江水
大江水
청백 관쇄점
응취 중심점
丑
癸
乾
亥
30°
子 壬
子 壬
청룡사
백호사
亥
乾
혈장
丑
癸
辛
寅
戌
艮
극흉살수
극흉살수
子 壬
극흉살수

〈그림 2-271〉 極凶殺水

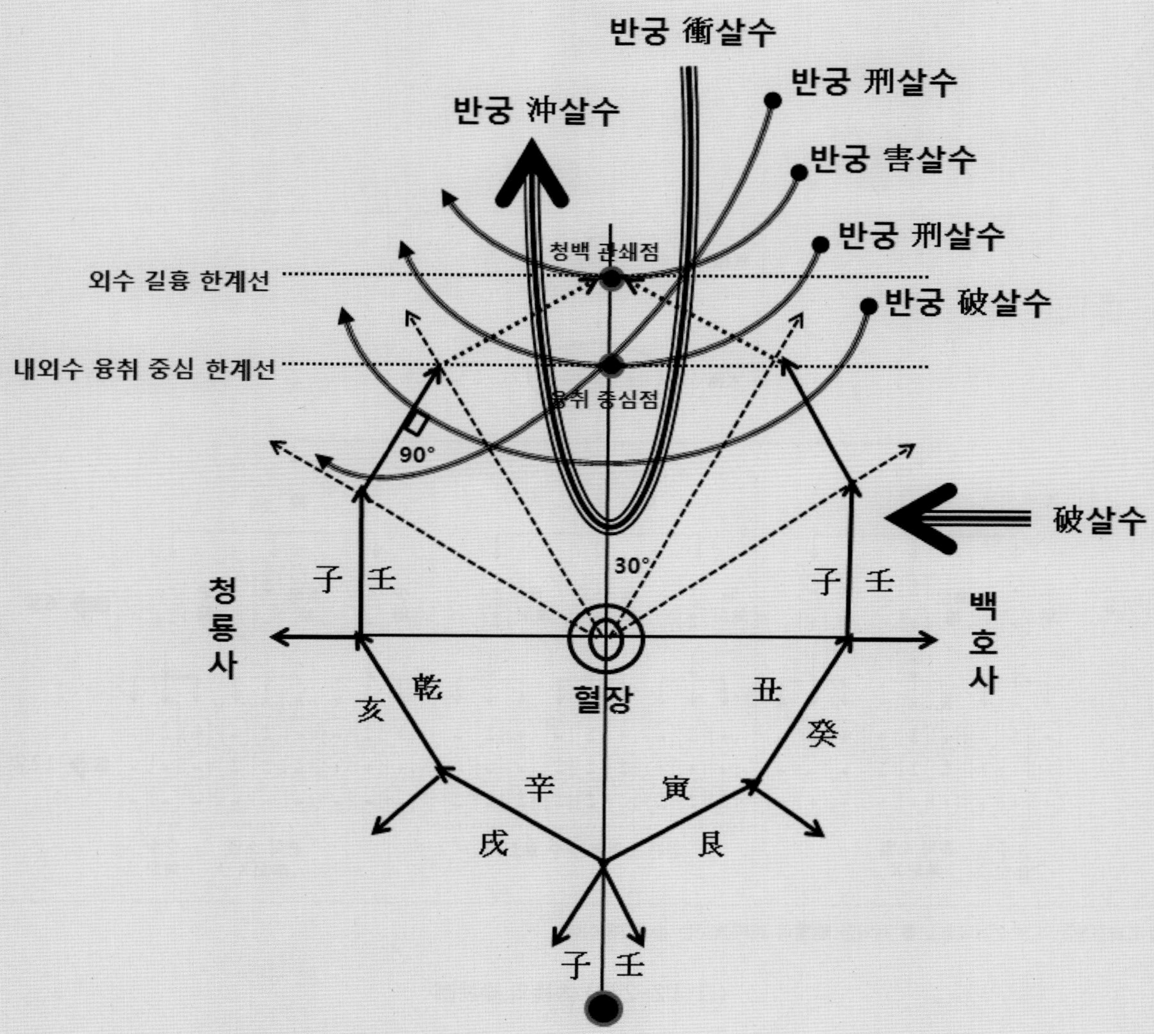

〈그림 2-272〉 反弓 殺水의 形態

第6章 陰陽論

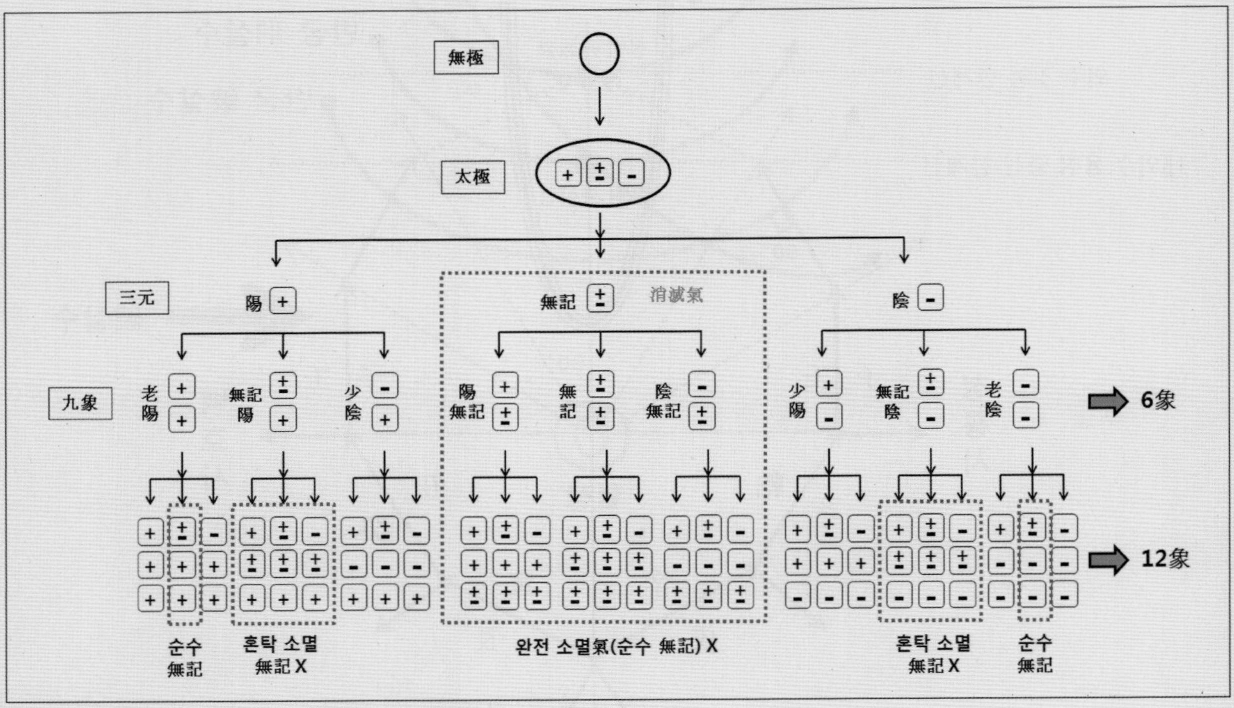

→ 混濁消滅無記와 完全消滅無記를 제외한 陰陽과 純粹無記는 총 12象이다.

〈그림 2-273〉 太極의 變易圖

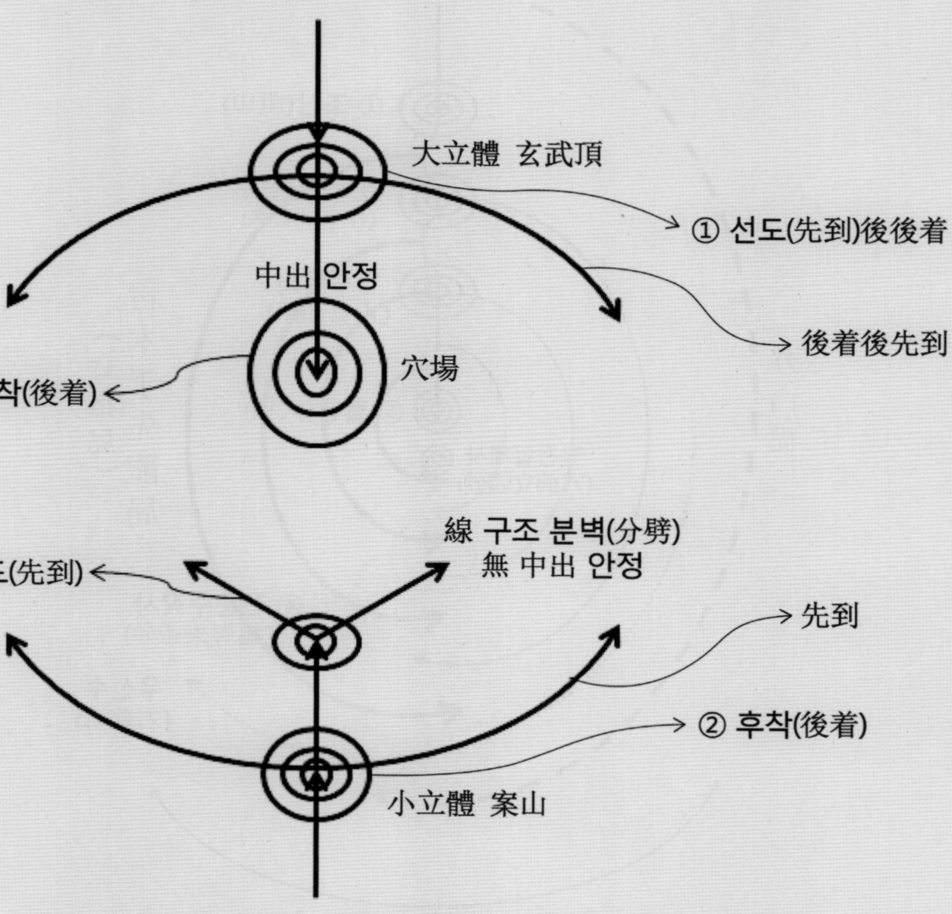

〈그림 2-274〉 玄武頂과 案山의 立體 特性圖

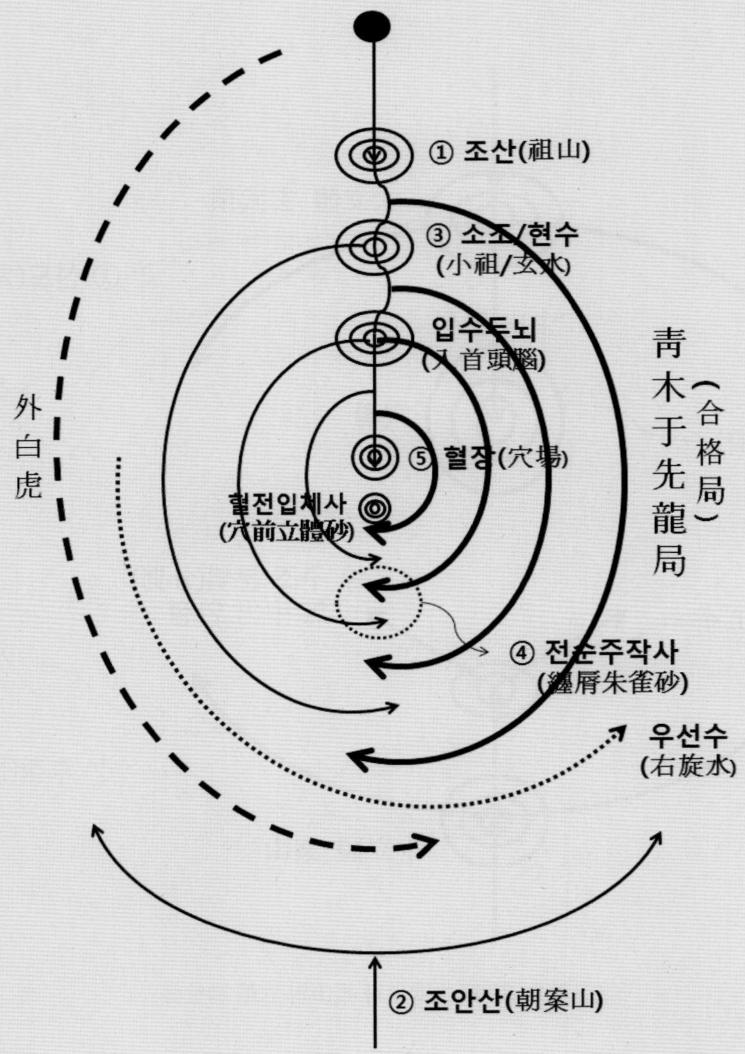

〈그림 2-275〉 青木 于先龍 局

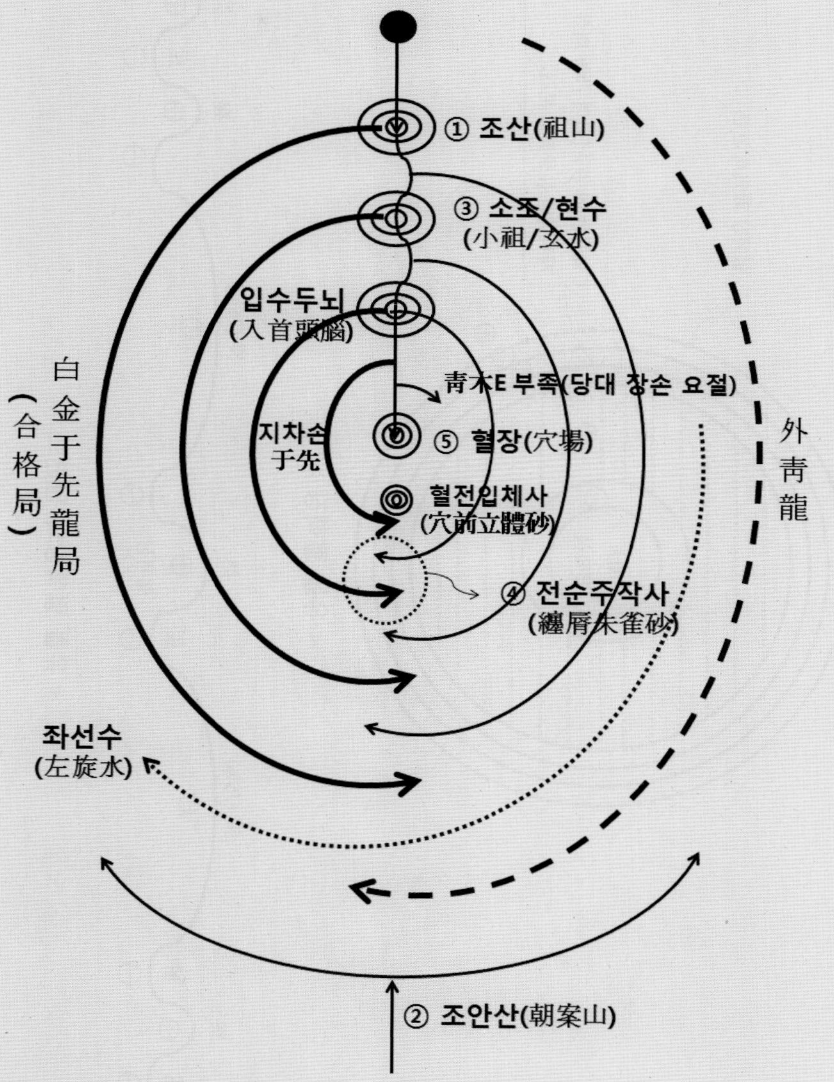

① 조산(祖山)
③ 소조/현수
(小祖/玄水)
입수두뇌
(入首頭腦)
靑木E 부족(당대 장손 요절)
지차손
于先
⑤ 혈장(穴場)
혈전입체사
(穴前立體砂)
④ 전순주작사
(纏脣朱雀砂)
白金于先龍局
(合格局)
外靑龍
좌선수
(左旋水)
② 조안산(朝案山)

〈그림 2-276〉 白金 于先龍 局

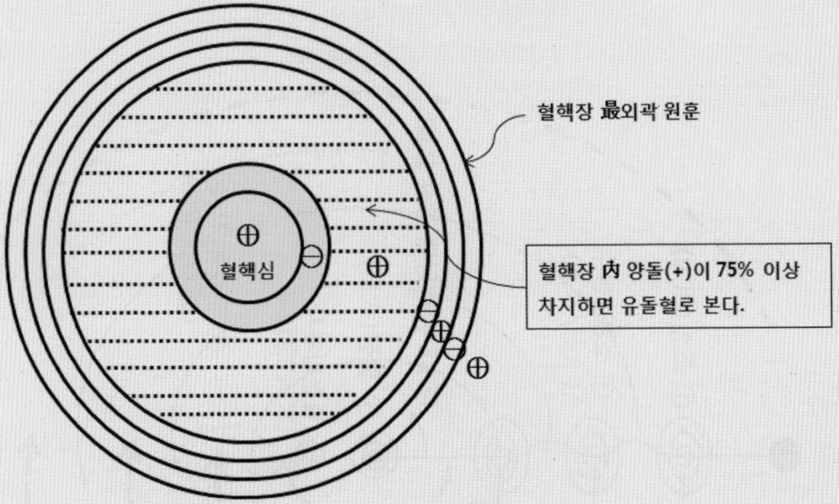

< 유돌 혈핵장 >

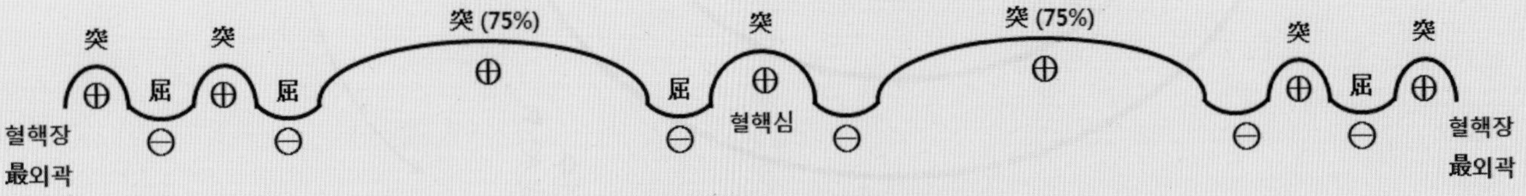

< 유돌 혈핵장의 단면도 >

〈그림 2-277〉 乳突穴의 相對的 陰陽性

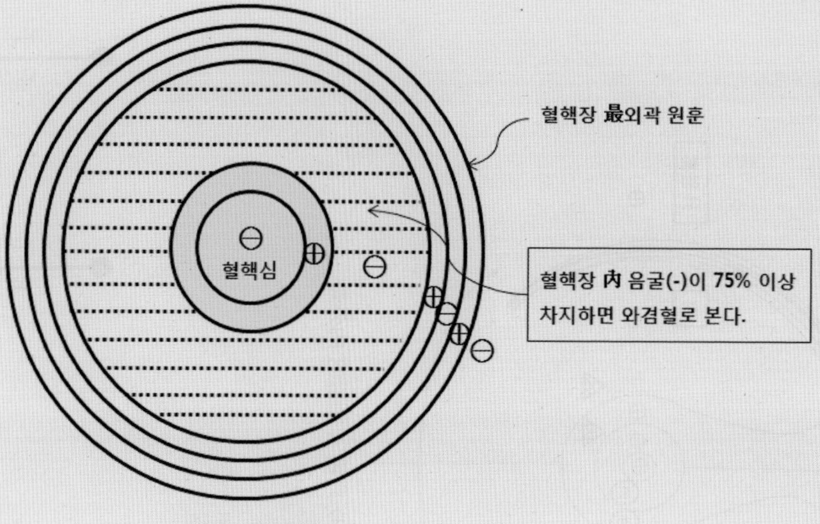

< 와겸 혈핵장 >

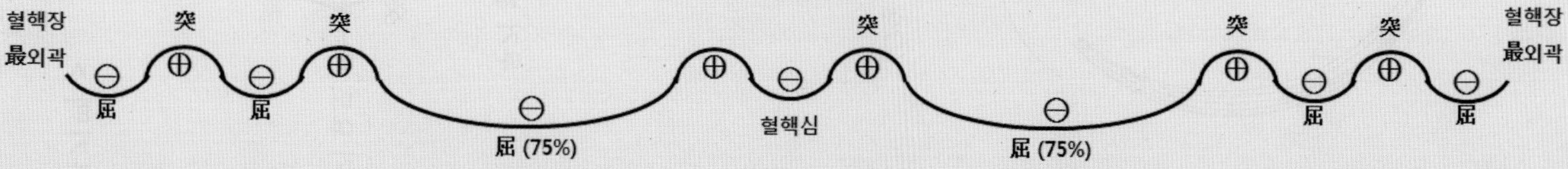

< 와겸 혈핵장의 단면도 >

〈그림 2-278〉 窩鉗穴의 相對的 陰陽性

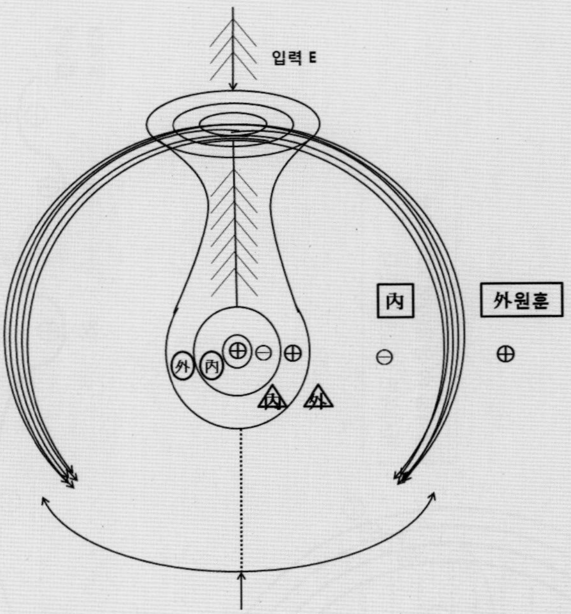

〈그림 2-279〉 穴場의 相對的 內外暈

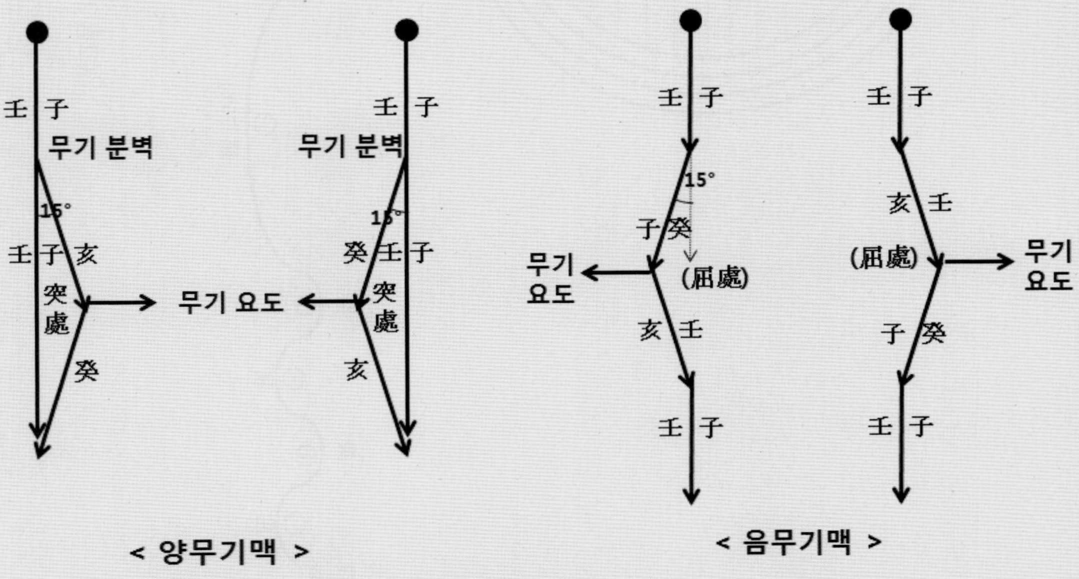

〈그림 2-280〉 陽無記脈과 陰無記脈

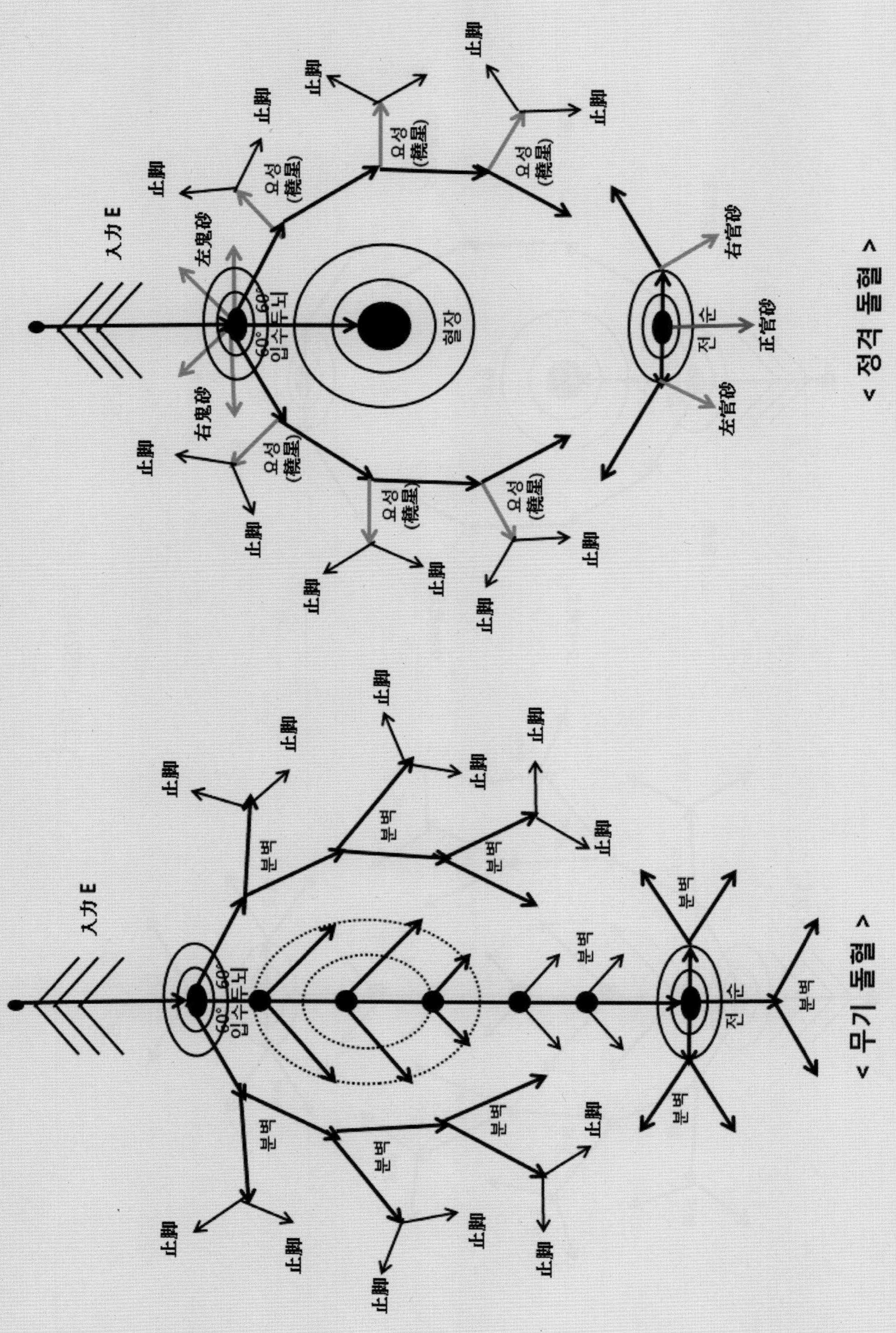
入力 E
60° 60°
입수두뇌
분벽
止脚
전 순
< 무기 돌혈 >
入力 E
右鬼砂
左鬼砂
60° 60°
입수두뇌
요성
(橈星)
止脚
혈장
전 순
左官砂
正官砂
右官砂
< 정격 돌혈 >

〈그림 2-281〉 突穴

入力 E
60° 60°
입수두뇌
분벽
전 순
〈무기 유혈〉
入力 E
요성(橈星)
60° 60°
입수 두뇌
혈장
전 순
左官砂
正官砂
右官砂
〈정격 유혈〉

〈그림 2-282〉乳穴

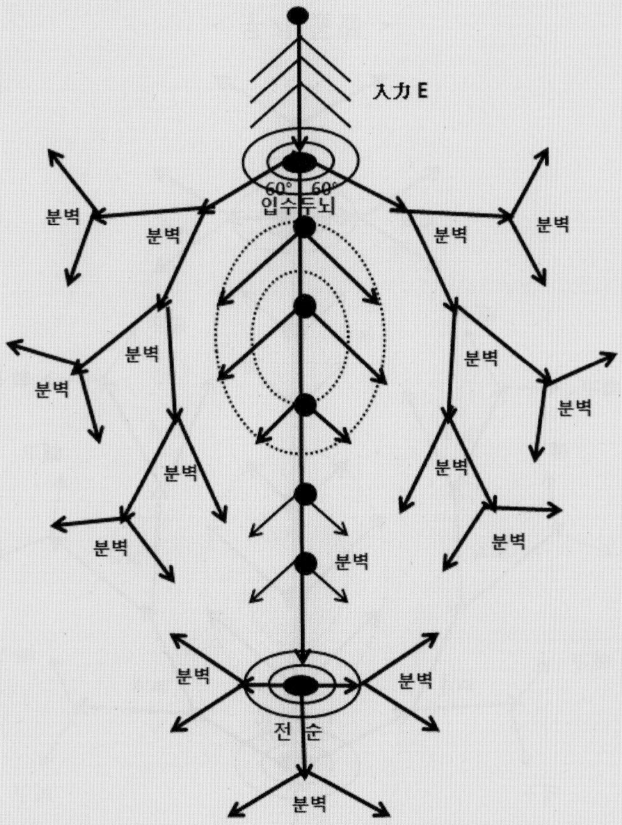

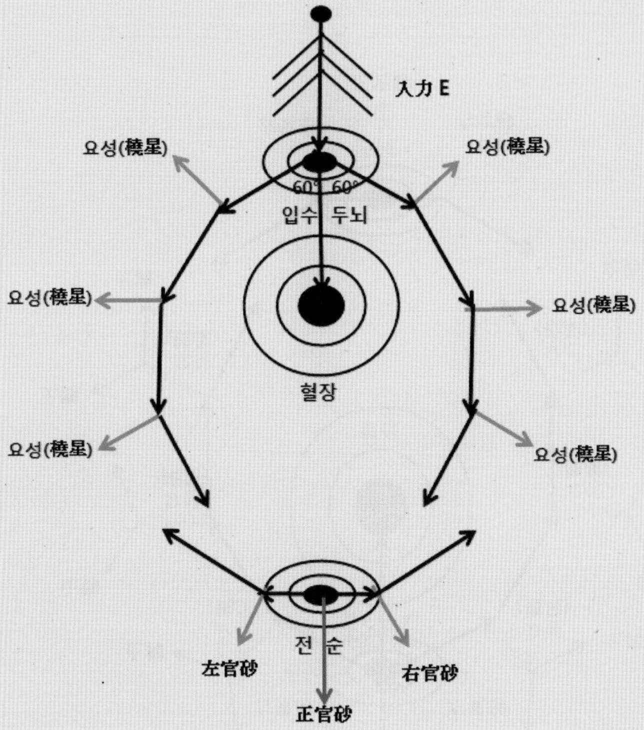

분벽
골
지룡맥
지룡맥
지각
(支脚)
지각
(支脚)
〈무기 겸혈〉
포
입수두뇌
30° 30°
혈장
30° 30°
30° 30°
분벽성 요도
지룡맥
분벽성
요도
주화(朱火)
〈정격 겸혈〉

〈그림 2-283〉 鉗穴

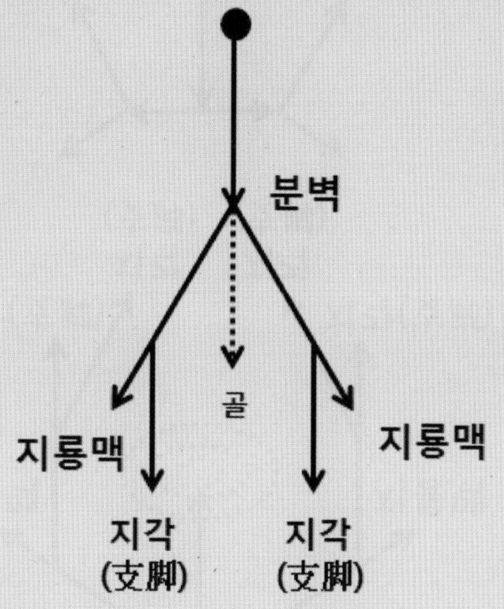

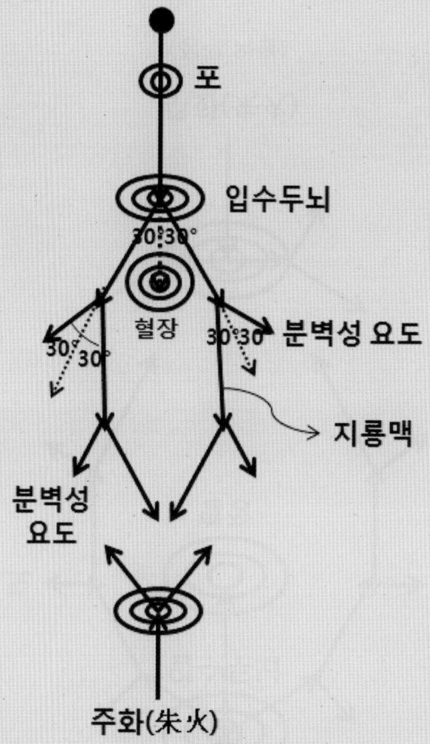

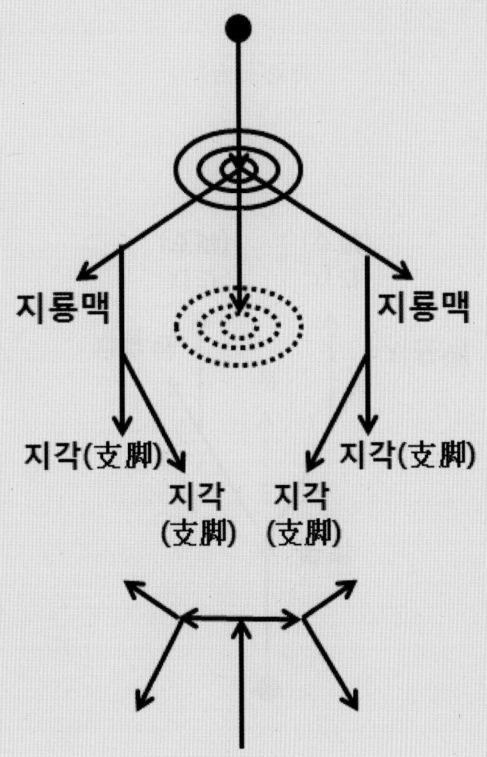

〈무기 와혈〉

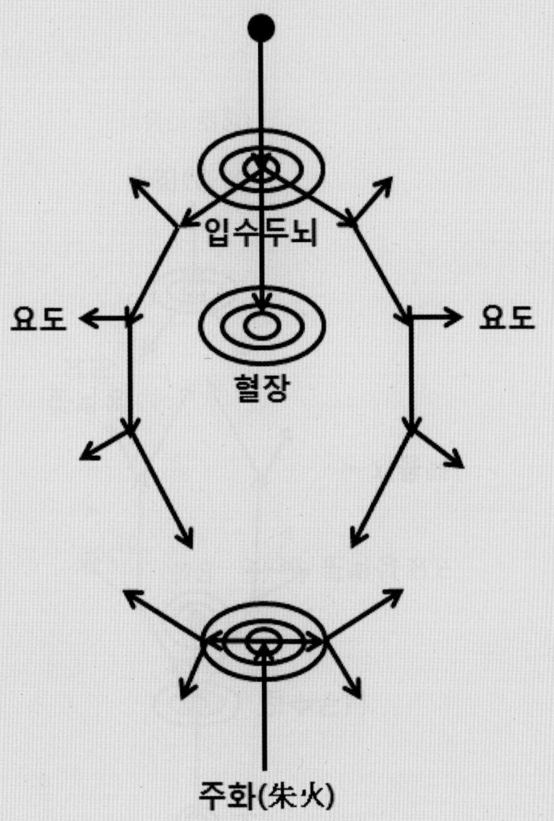

〈정격 와혈〉

〈그림 2-284〉 窩穴

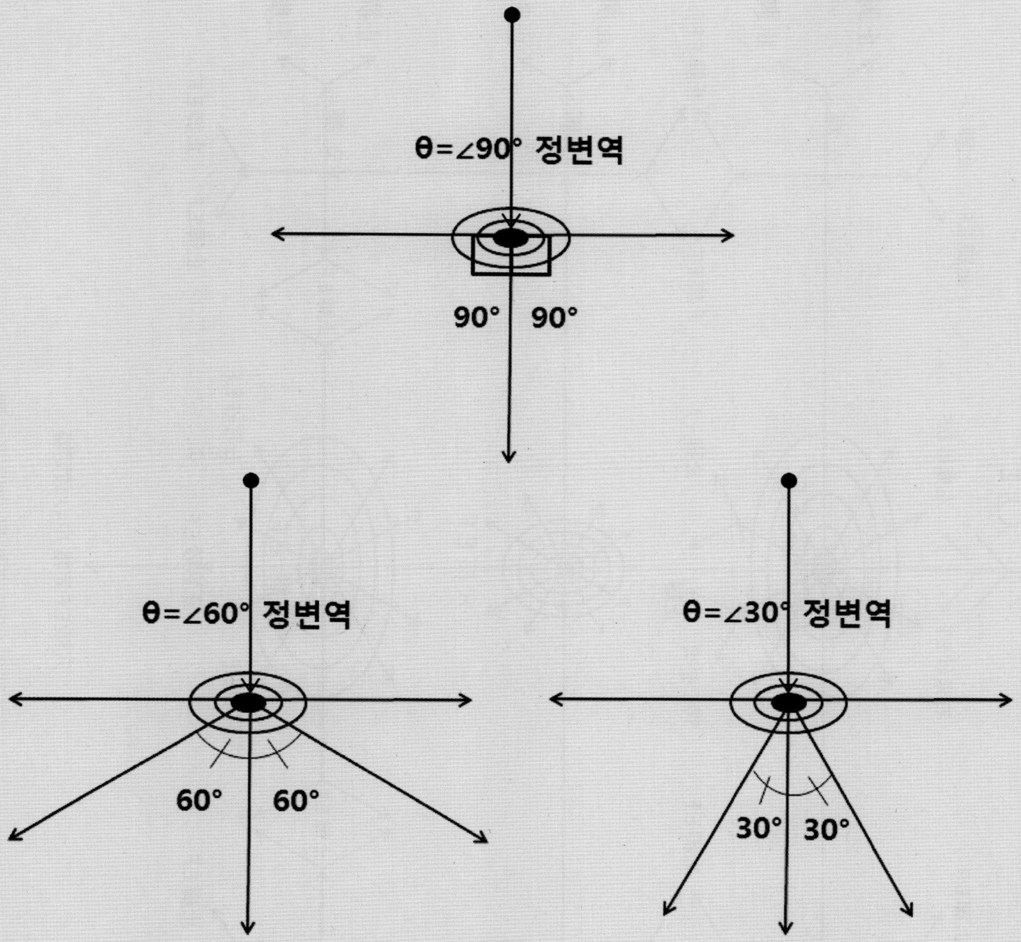

〈그림 2-285〉 正變易 分擘 種類

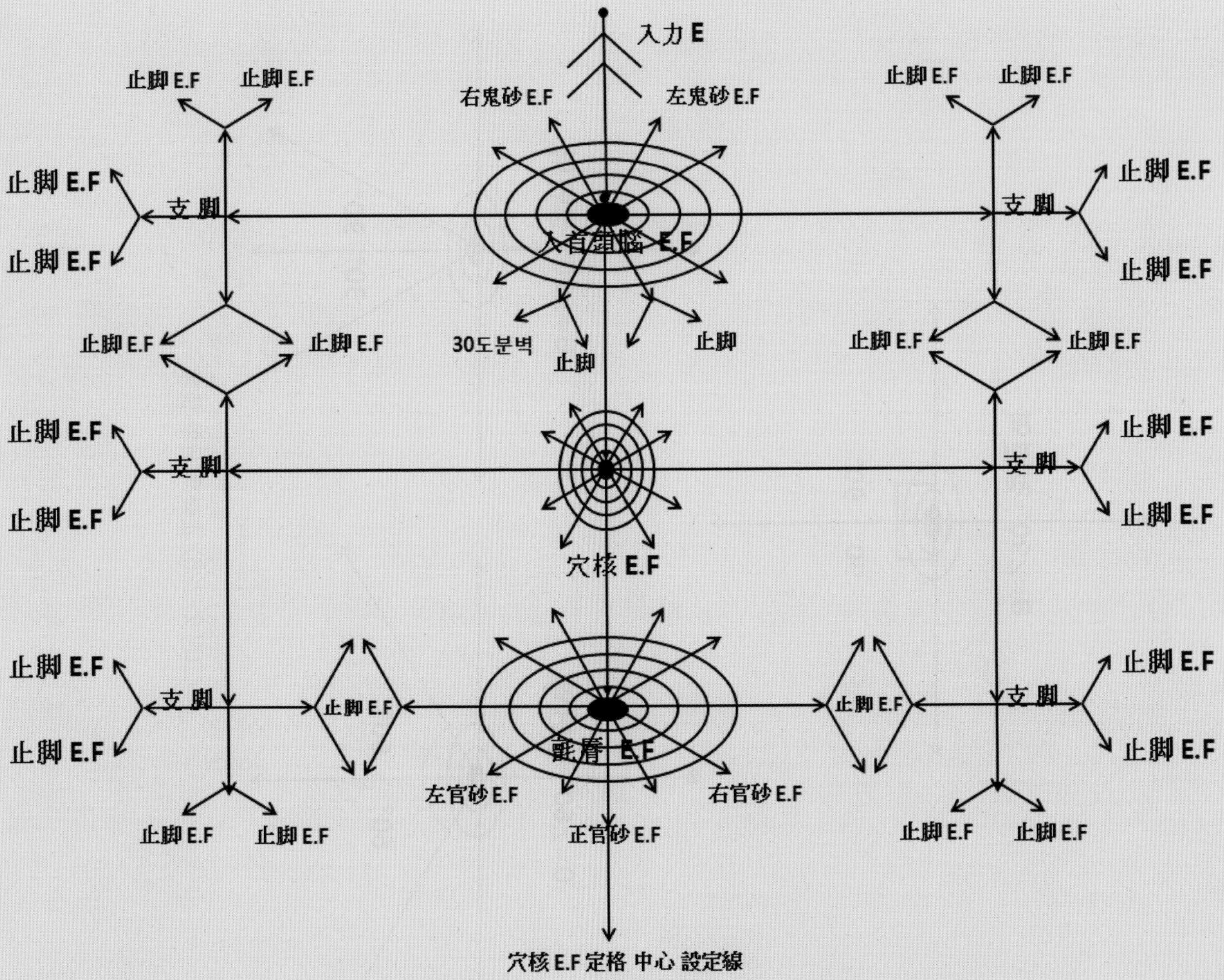

〈그림 2-286〉 正變易 穴場 形成圖

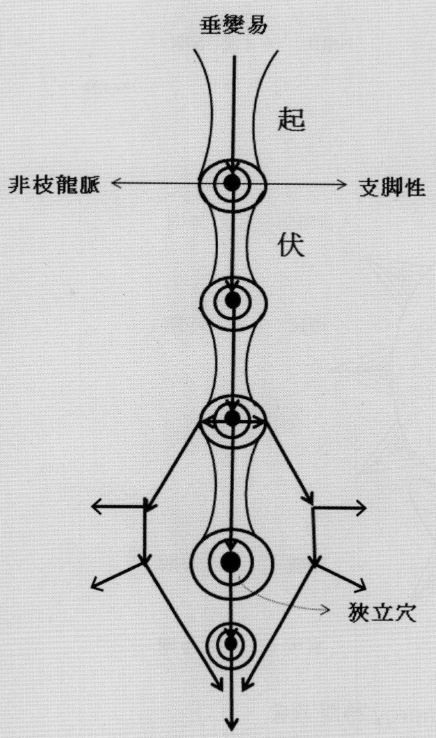

〈그림 2-287〉 垂變易 穴場 形成圖

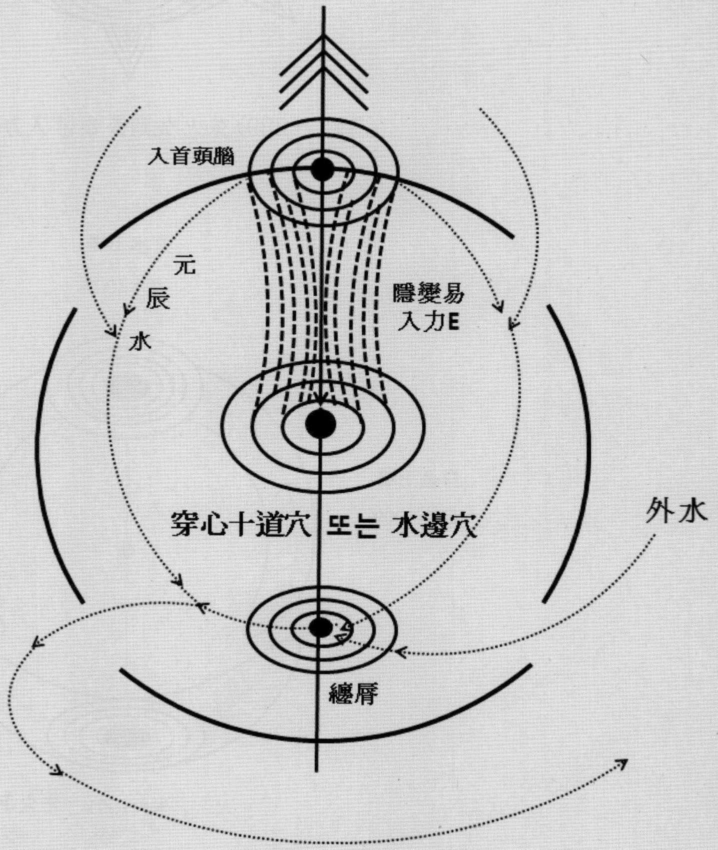

〈그림 2-288〉 隱變易 穴場 形成圖

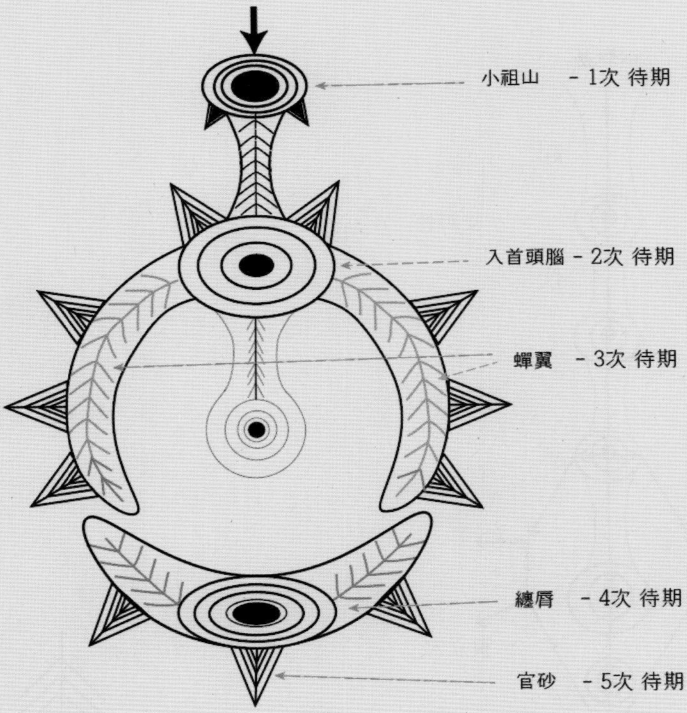

〈그림 2-289〉 朱火 先到를 爲한 入力 Energy 待期 現象

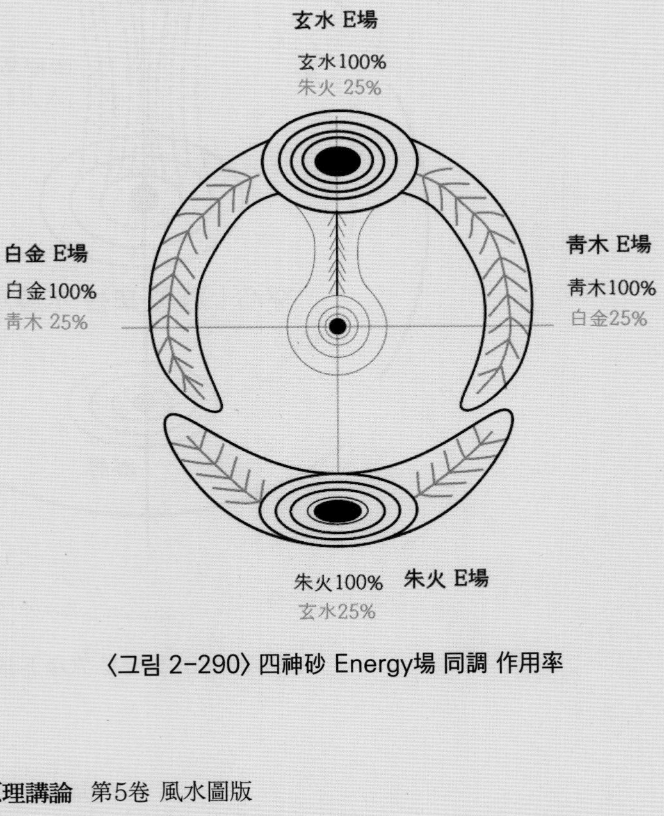

〈그림 2-290〉 四神砂 Energy場 同調 作用率

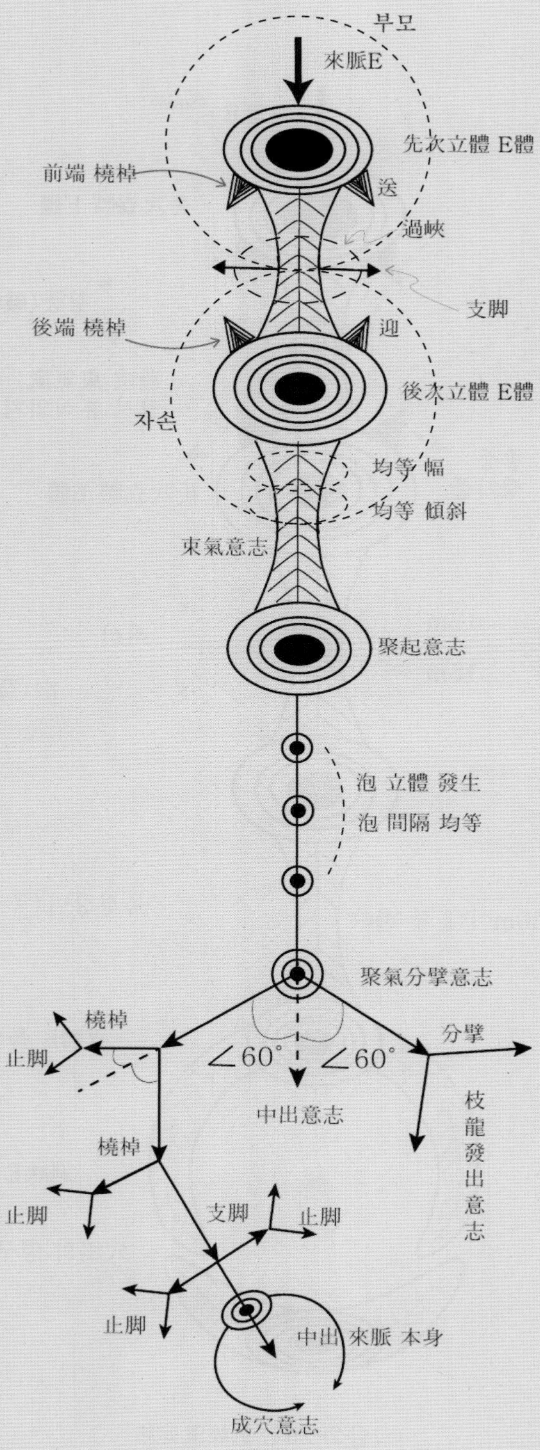

〈그림 2-291〉 來龍脈 進行 定格

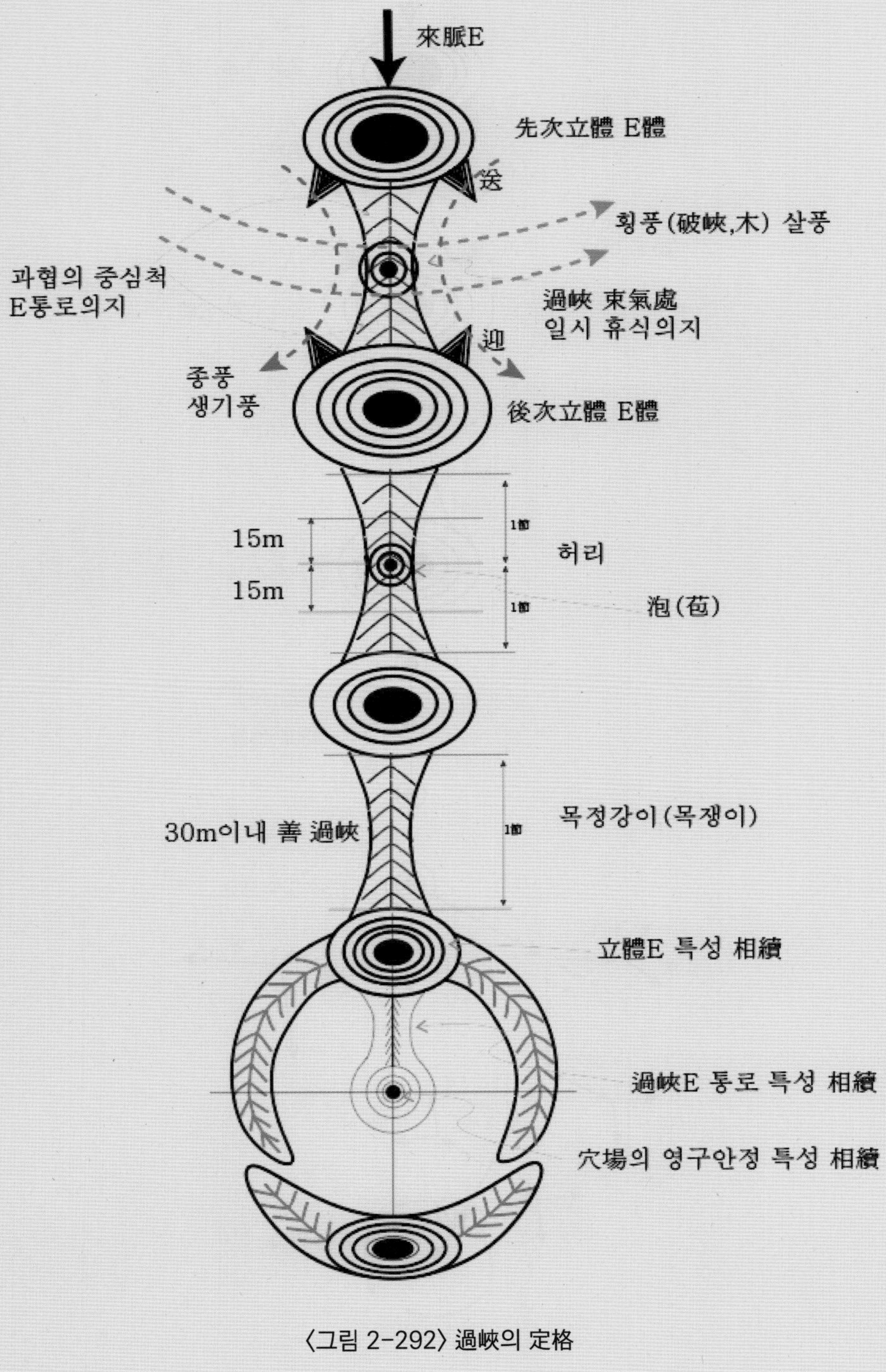

來脈E
先次立體 E體
送
횡풍(破峽,木) 살풍
과협의 중심척
E통로의지
過峽 束氣處
일시 휴식의지
迎
종풍
생기풍
後次立體 E體
15m
15m
허리
泡(苞)
30m이내 善 過峽
목정강이(목쟁이)
立體E 특성 相續
過峽E 통로 특성 相續
穴場의 영구안정 특성 相續

〈그림 2-292〉 過峽의 定格

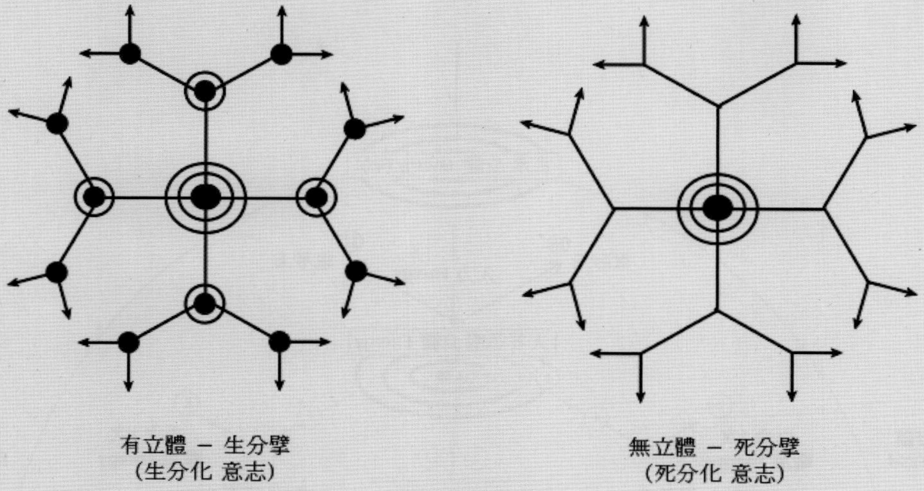

〈그림 2-293〉 Energy 分擘 現象圖

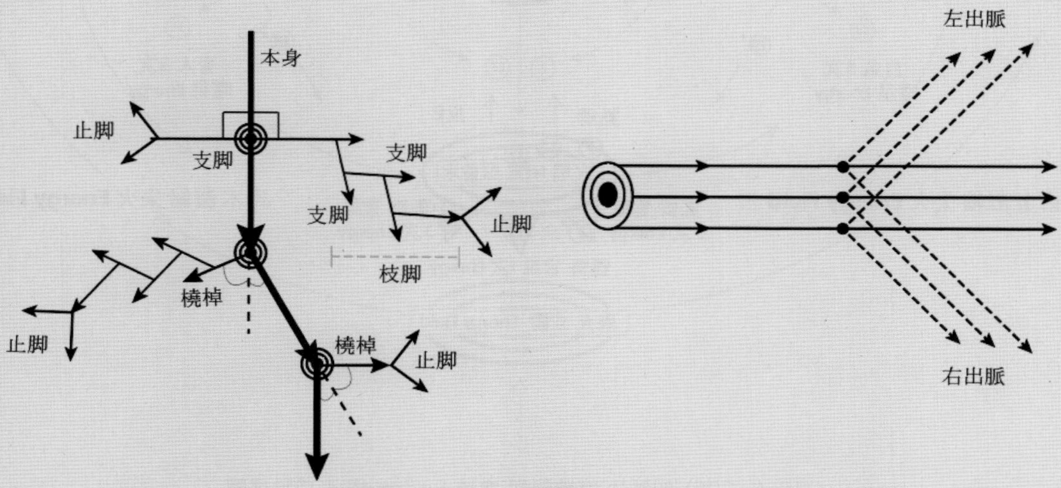

〈그림 2-294〉 枝脚, 橈棹, 支脚, 止脚의 定格

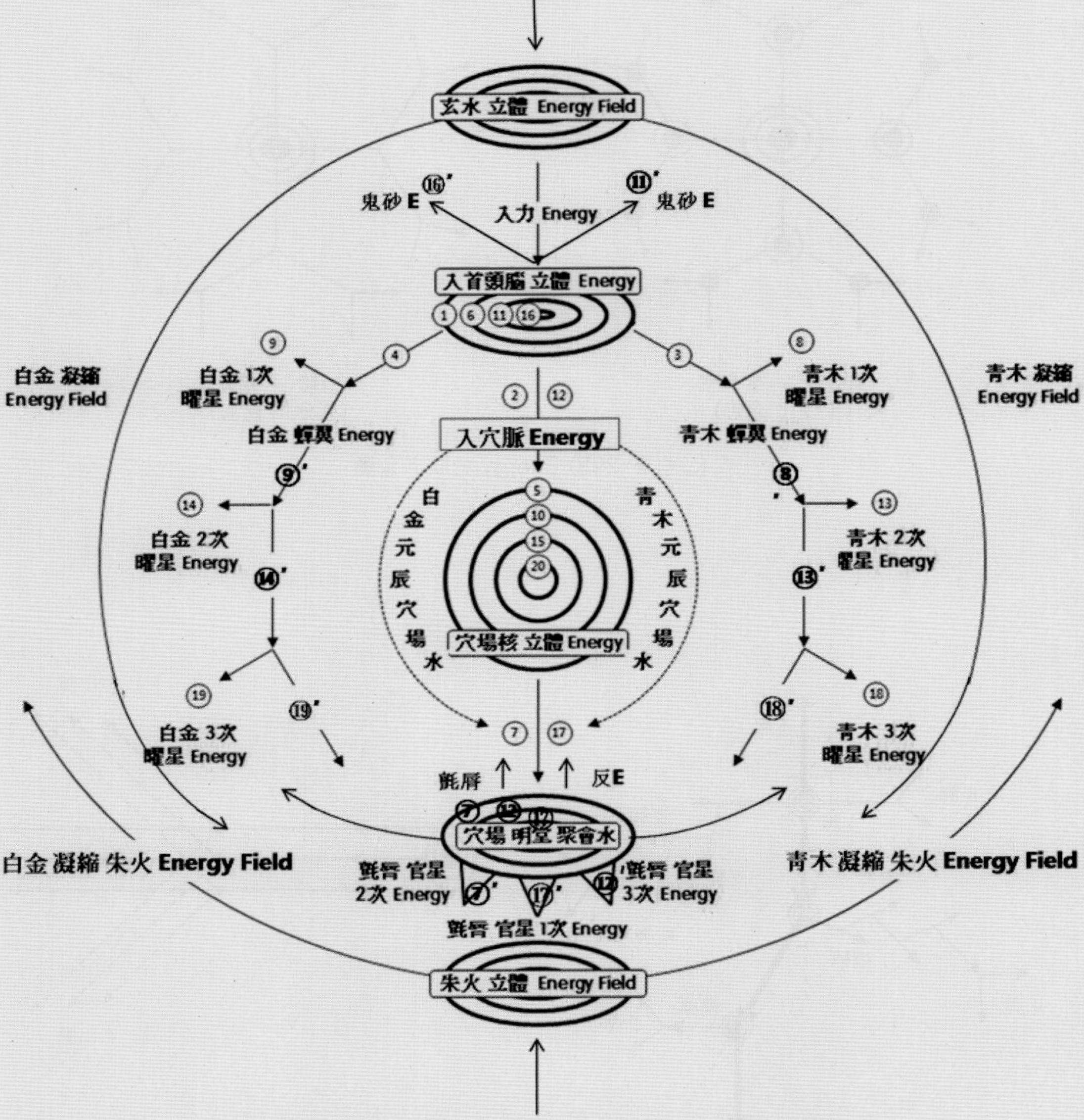

〈그림 2-295〉 四神砂 凝縮同調 穴核 Energy場 形成秩序圖

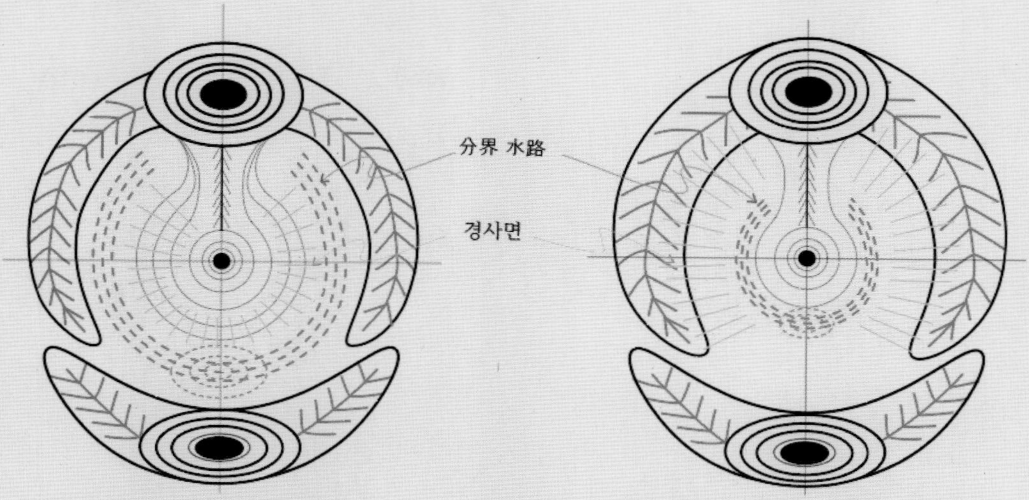

선익의 폭과 규모 < 원훈의 폭과 규모
계수가 상대적으로 멀어 지발(遲發)임.

선익의 폭과 규모 > 원훈의 폭과 규모
계수가 근접하여 速發이나 혈장 침수가 우려됨.

〈그림 2-296〉 穴場 界水의 遠近 原理

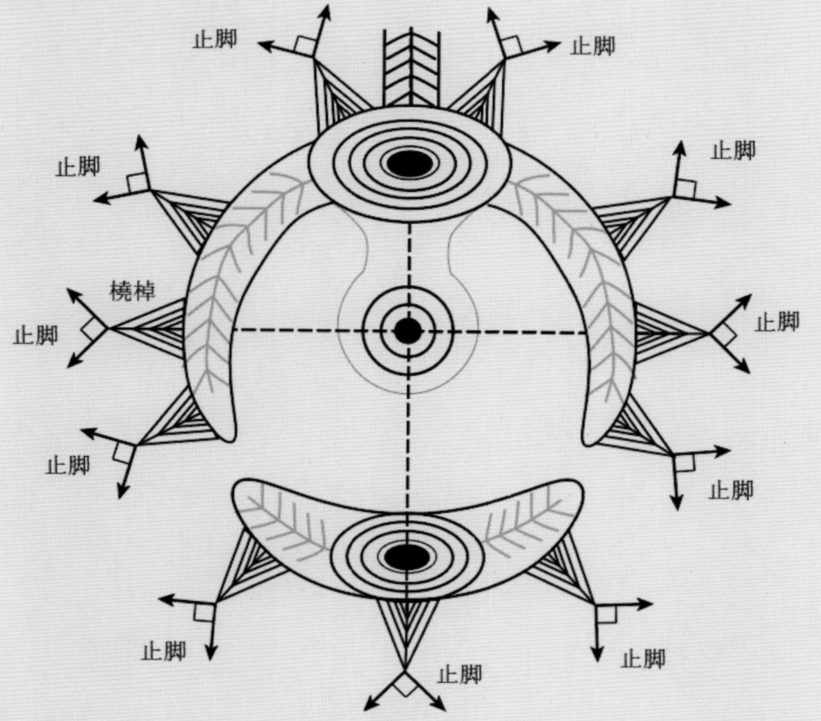

〈그림 2-297〉 穴場의 止脚 定格

第3篇 原理 應用論

第1章 地理環境 Energy 特性의 評價分析

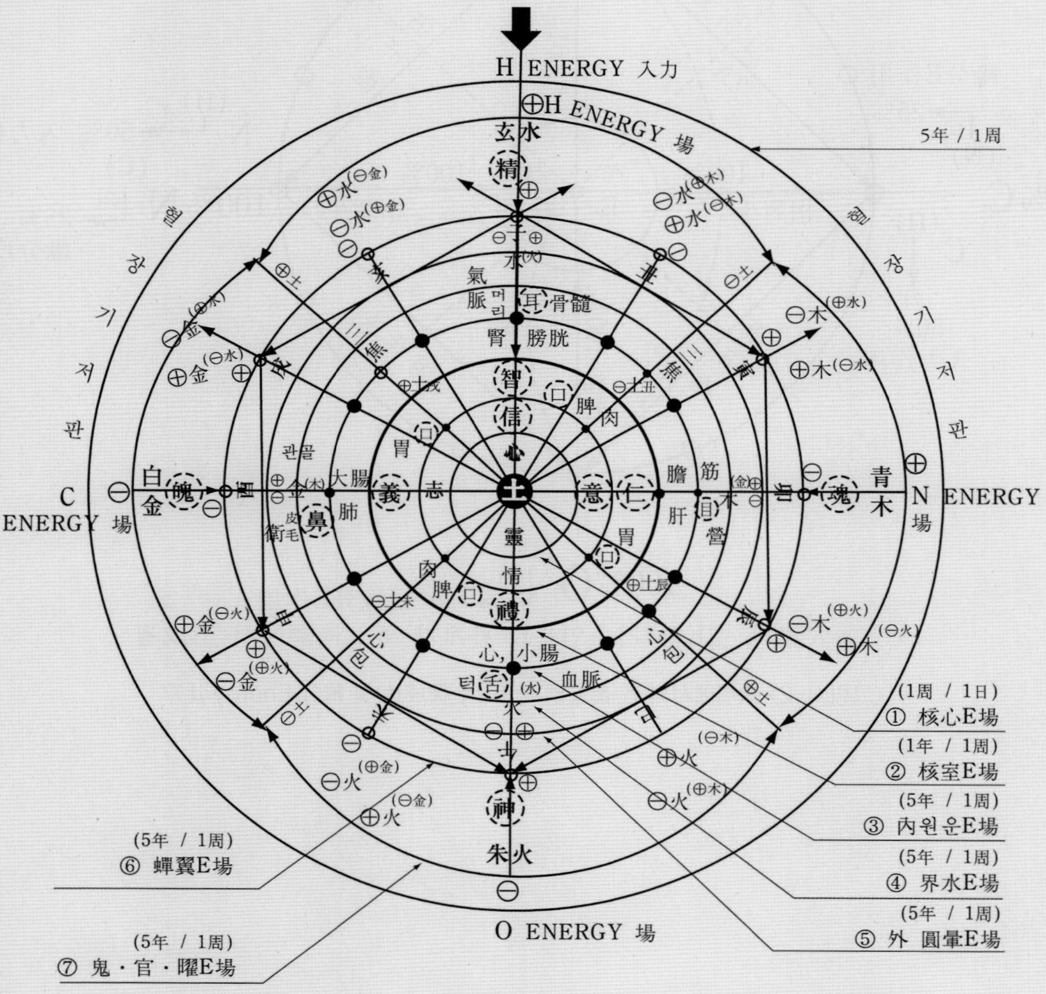

〈그림 3-1〉 穴場 Energy場과 그 特性發顯

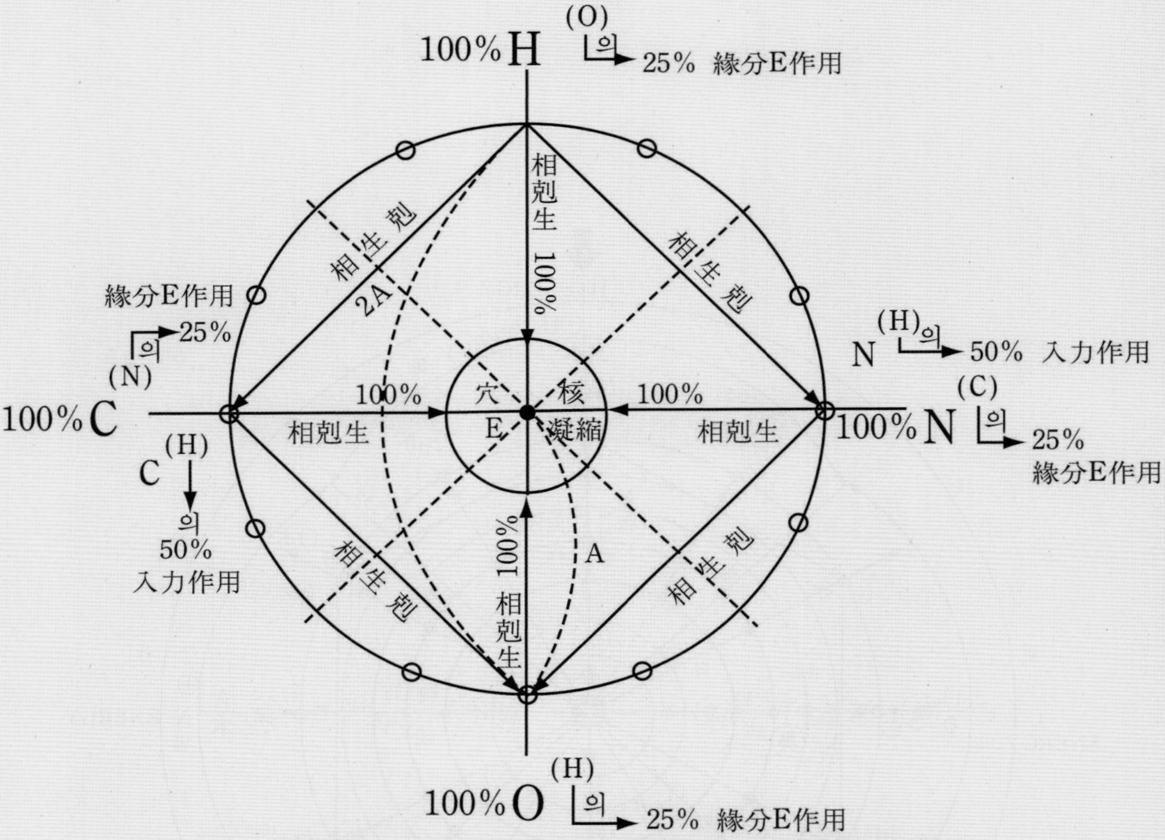

※穴場의 主E와 기초연분E 관계가 五氣同調에서 形成됨

〈그림 3-2〉 穴場에서의 各 部位別 Energy 構成比 및 緣分 Energy 比率

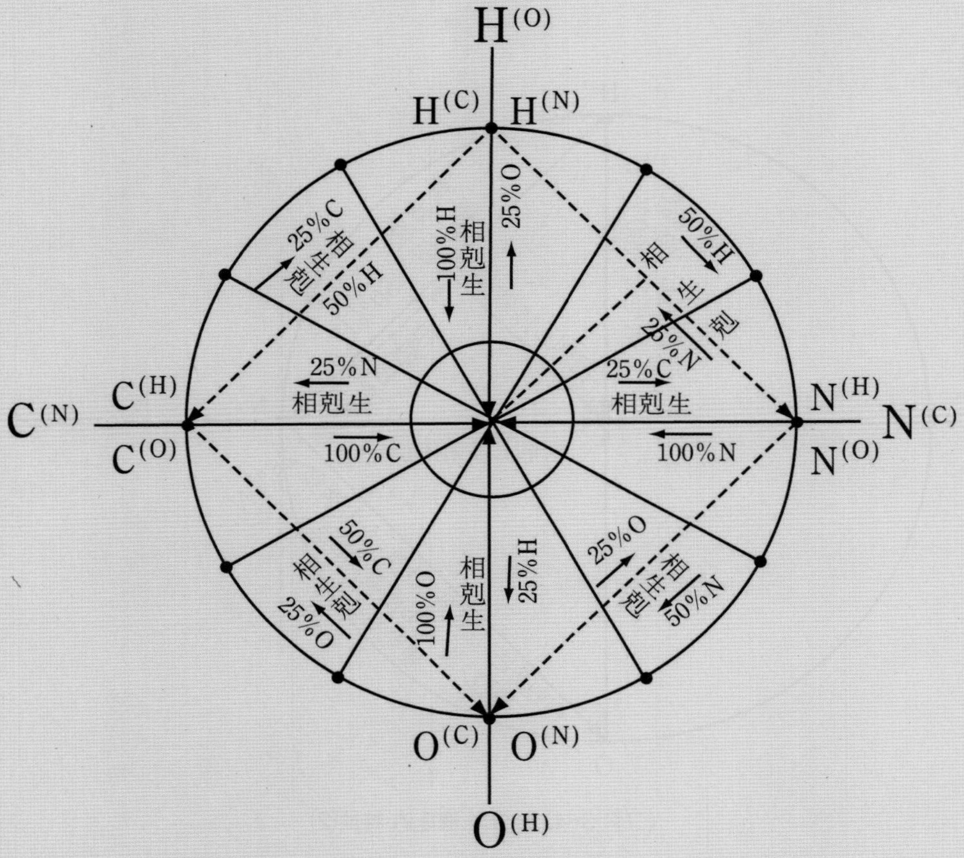

〈그림 3-3〉 緣分의 機能的 特性(1)

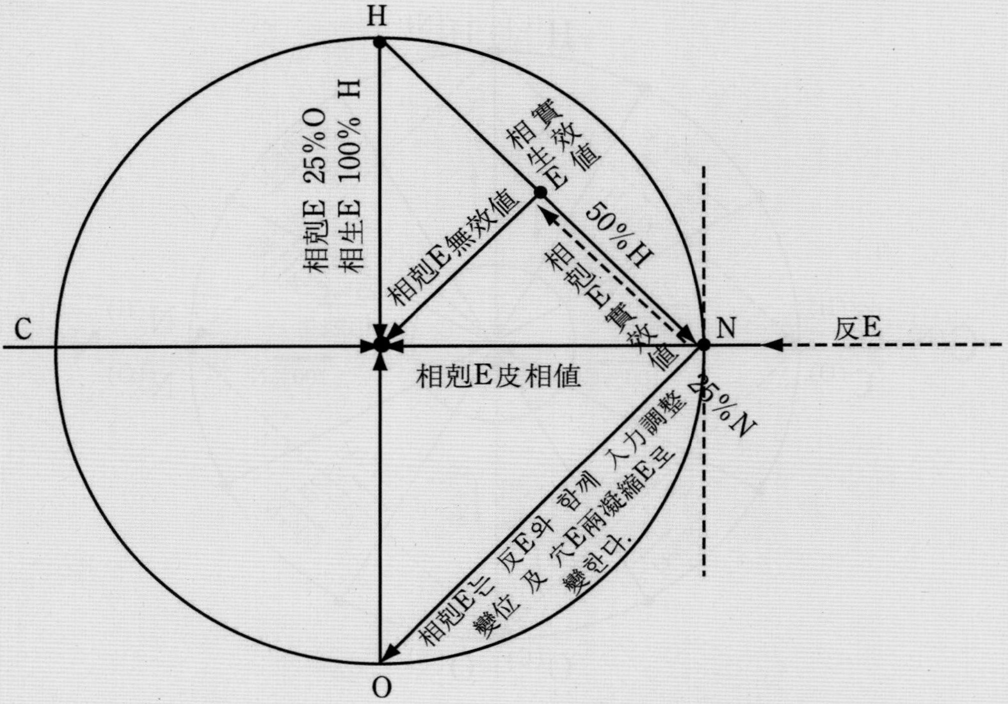

〈그림 3-4〉 緣分의 機能的 特性(2)

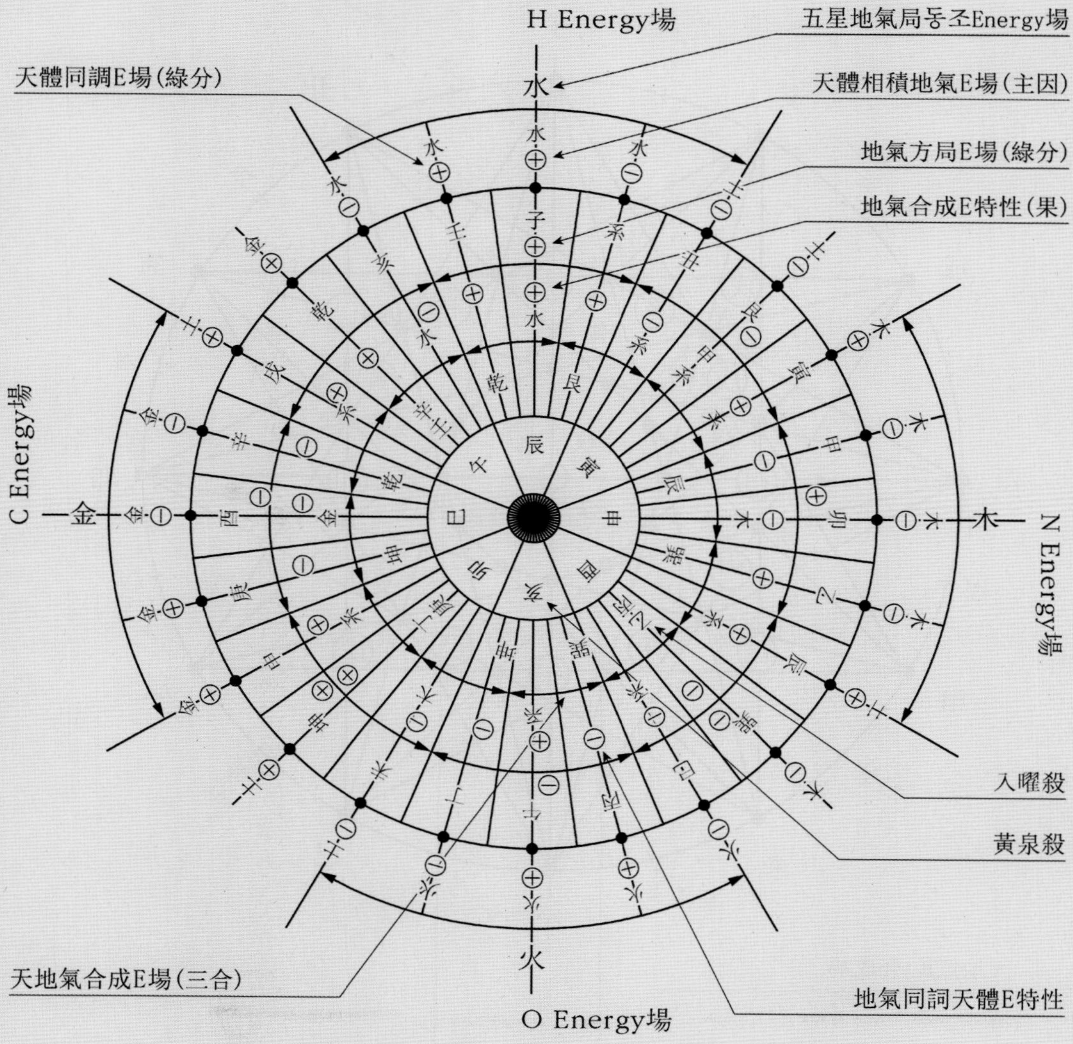

〈그림 3-5〉 方局에 있어서의 Energy場 分析 및 그 特性 發顯

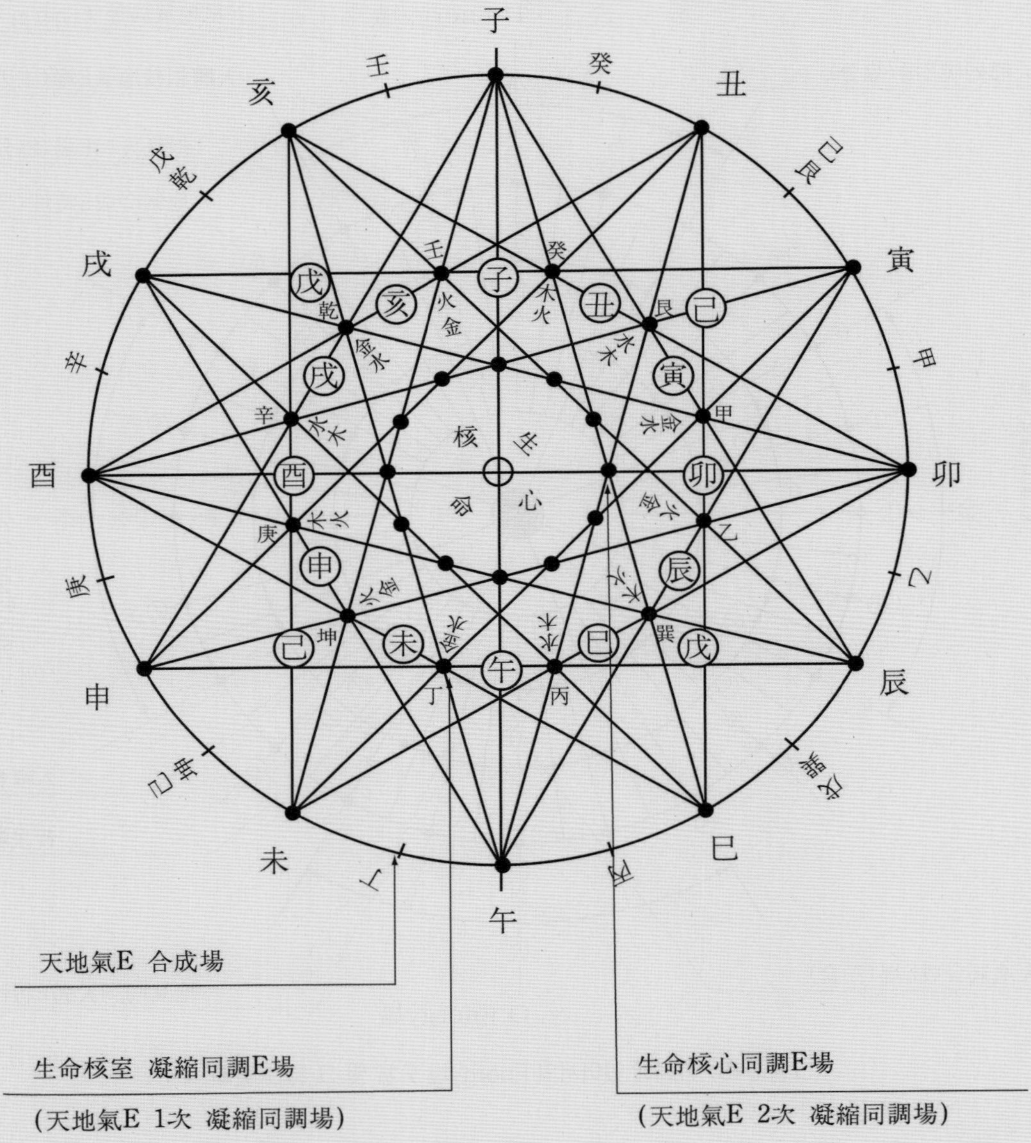

〈그림 3-6〉 天 · 地氣 Energy의 核凝縮 同調 Energy場 形成原理

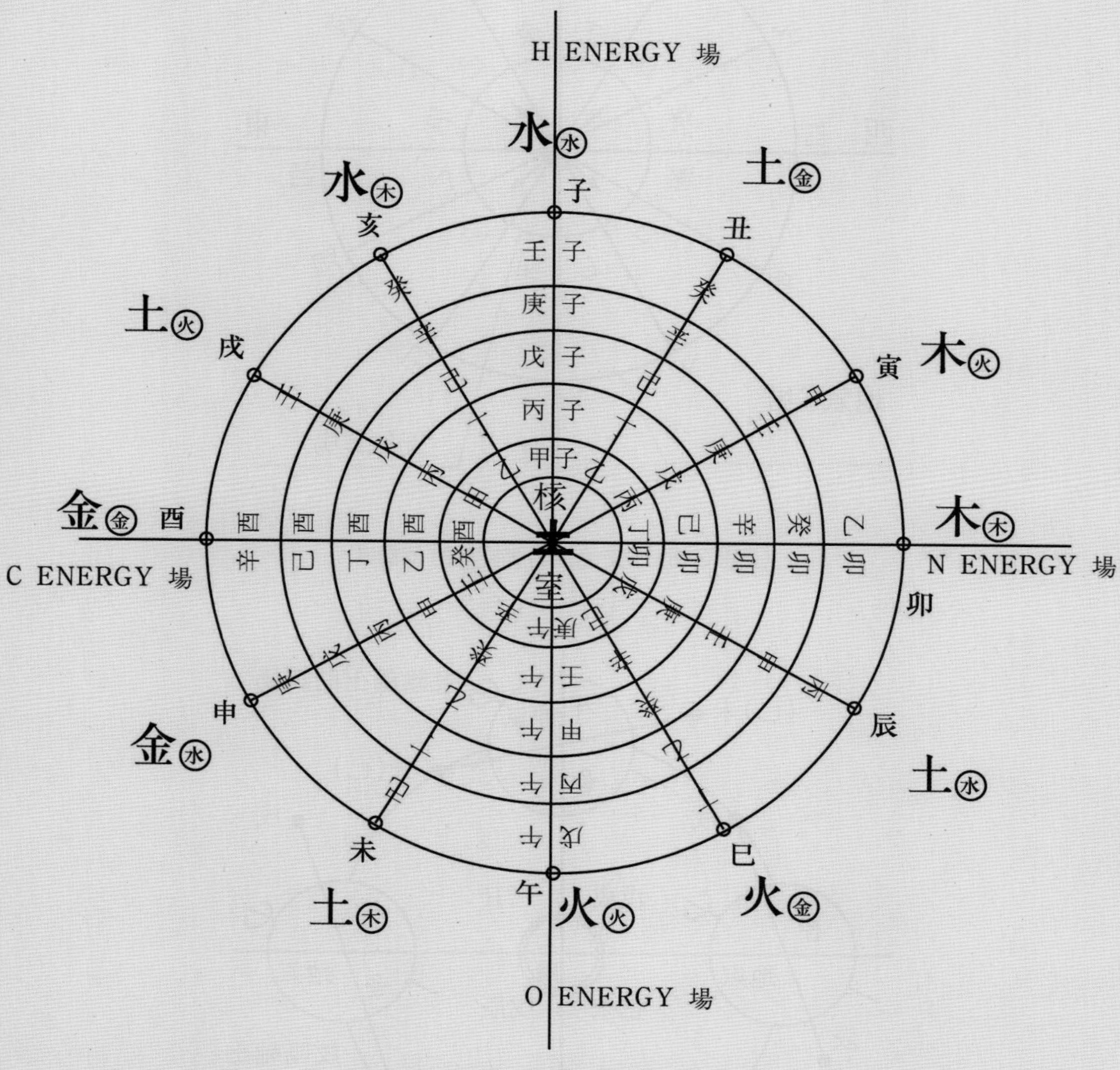

〈그림 3-7〉 年運의 構成과 展開

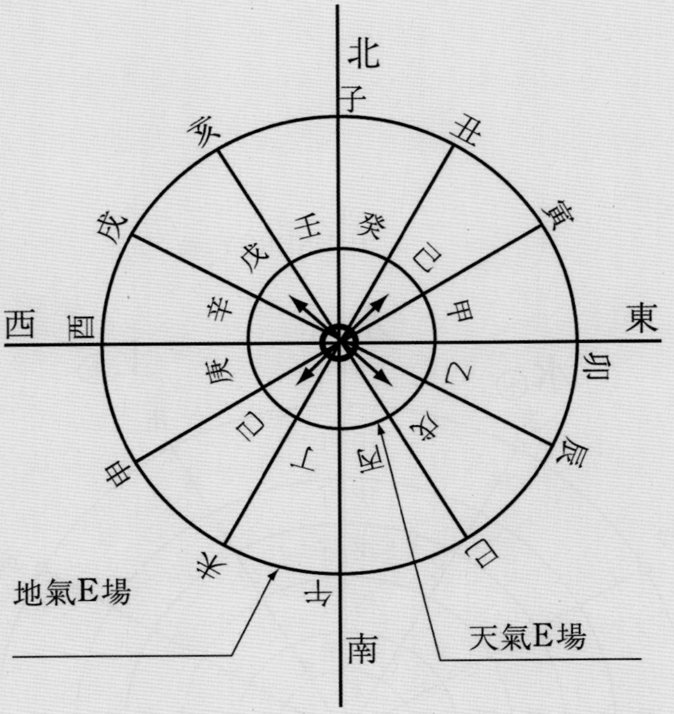

〈그림 3-8〉 干支 合成의 時空間的 同調場

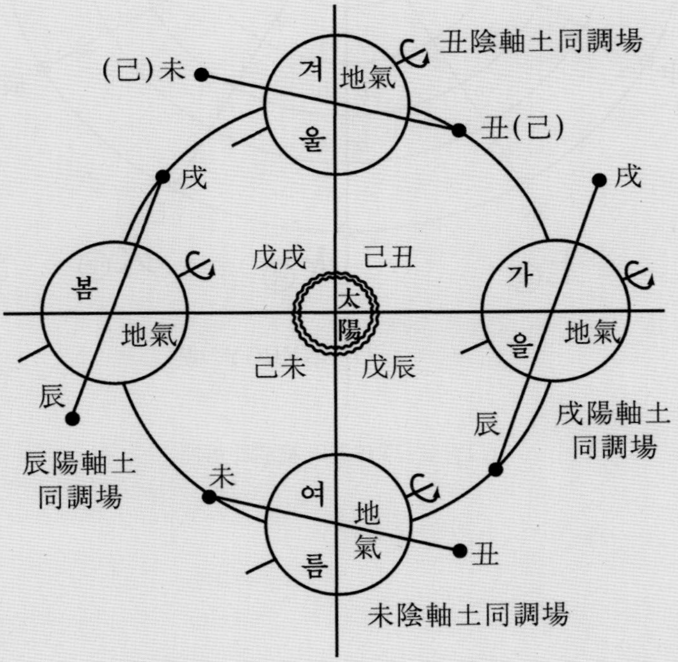

〈그림 3-9〉 干支 合成의 時空間的 同調場

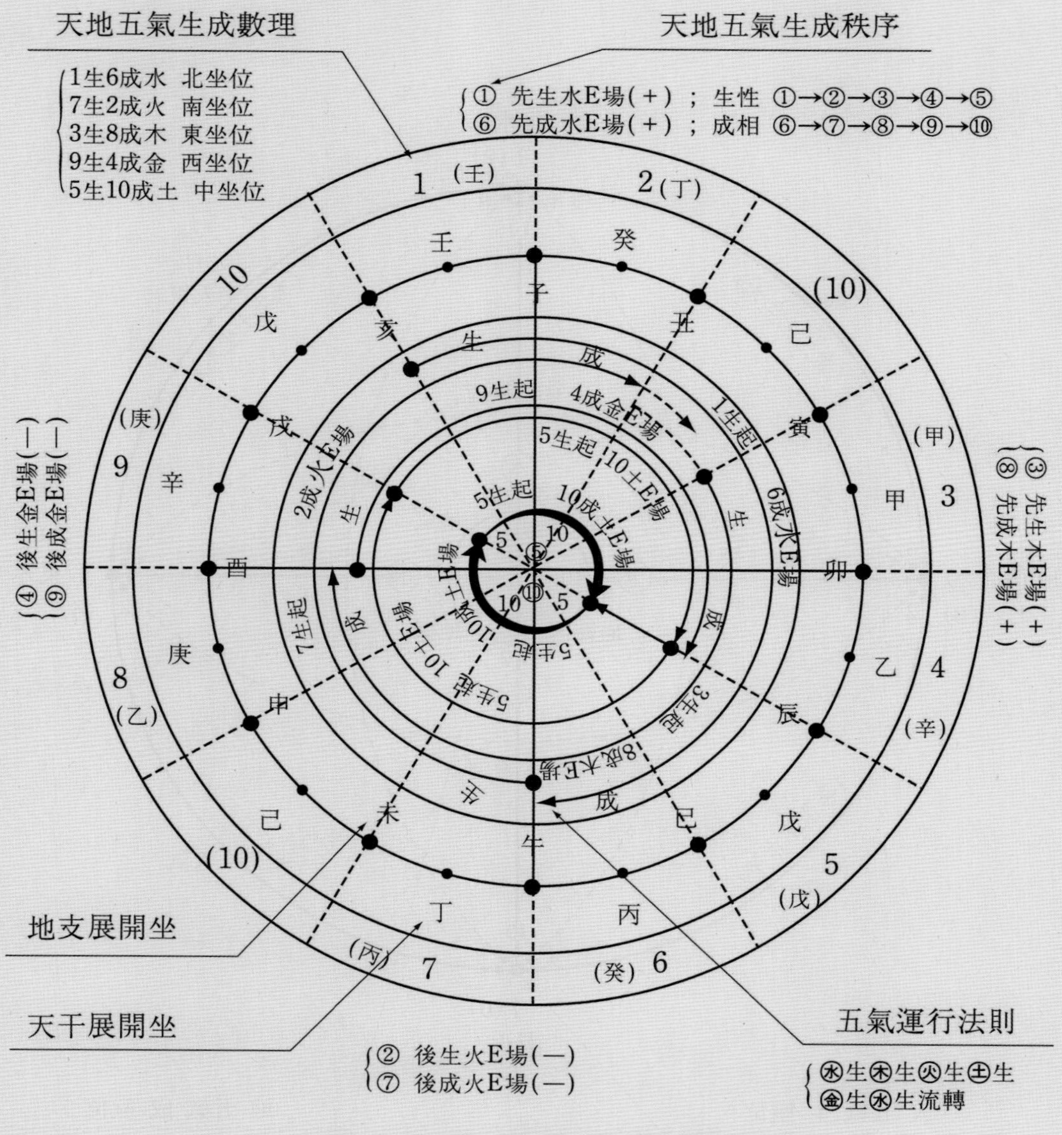
天地五氣生成數理
1生6成水 北坐位
7生2成火 南坐位
3生8成木 東坐位
9生4成金 西坐位
5生10成土 中坐位
天地五氣生成秩序
① 先生水E場(+) ; 生性 ①→②→③→④→⑤
⑥ 先成水E場(+) ; 成相 ⑥→⑦→⑧→⑨→⑩
③ 先生木E場(+)
⑧ 先成木E場(+)
④ 後生金E場(—)
⑨ 後成金E場(—)
地支展開坐
天干展開坐
② 後生火E場(—)
⑦ 後成火E場(—)
五氣運行法則
㊌生㊍生㊋生㊏生
㊎生㊌生流轉
1 (壬)
2 (丁)
(10)
3 (甲)
4 (辛)
5 (戊)
6 (癸)
7 (丙)
(10)
8 (乙)
9 (庚)
10
壬
癸
子
丑
己
寅
甲
卯
乙
辰
戊
巳
丙
午
丁
未
己
申
庚
酉
辛
戌
亥
戊
生
成
9生起
4成金E場
1生起
6成水E場
5生起
10土E場
2成火E場
5生起
10成土E場
7生起
3生起
8成木E場
5生起
10土E場

〈그림 3-10〉 天地 五氣 生成 數理와 運行法則

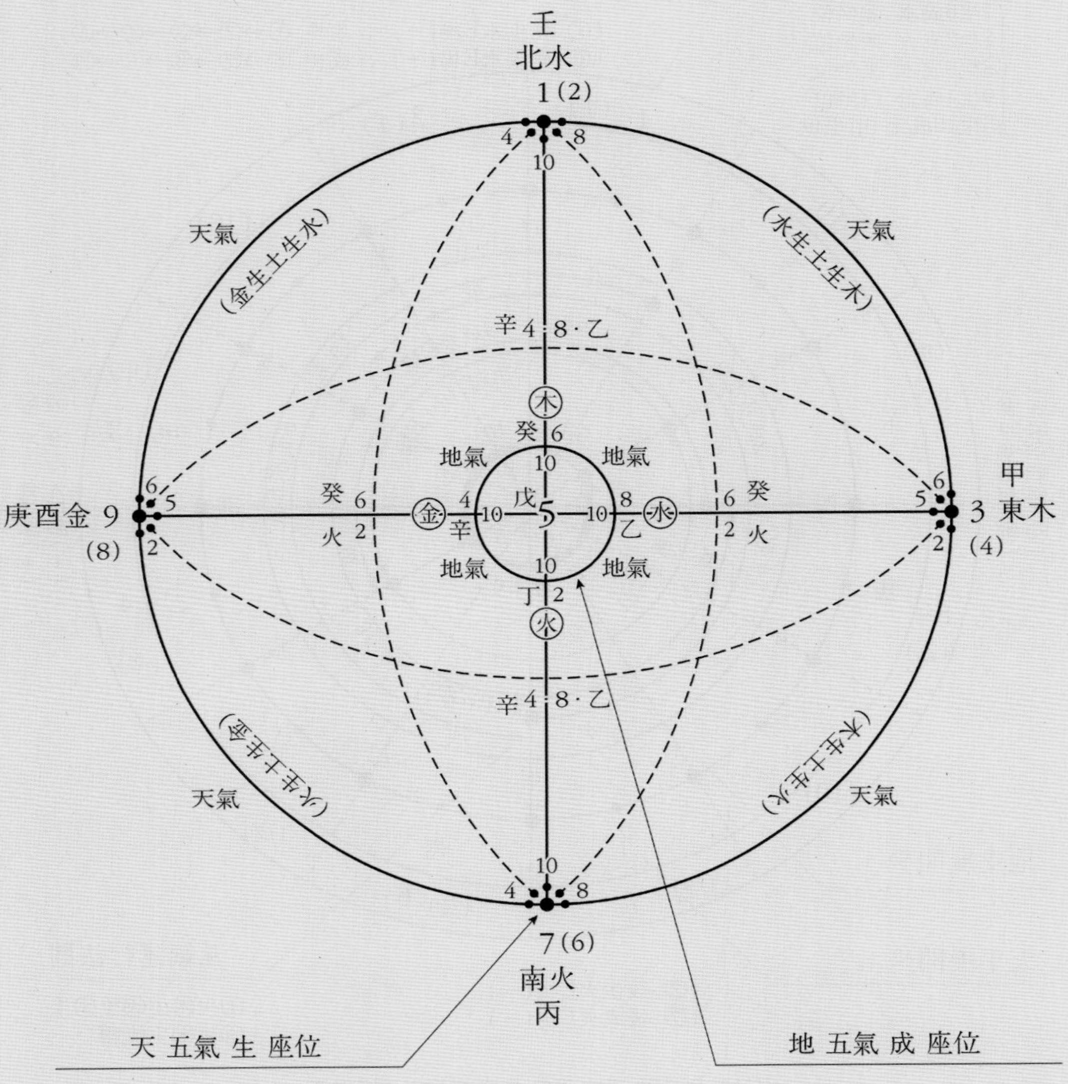

〈그림 3-11〉 天地五氣 生成 坐位와 數理 解說

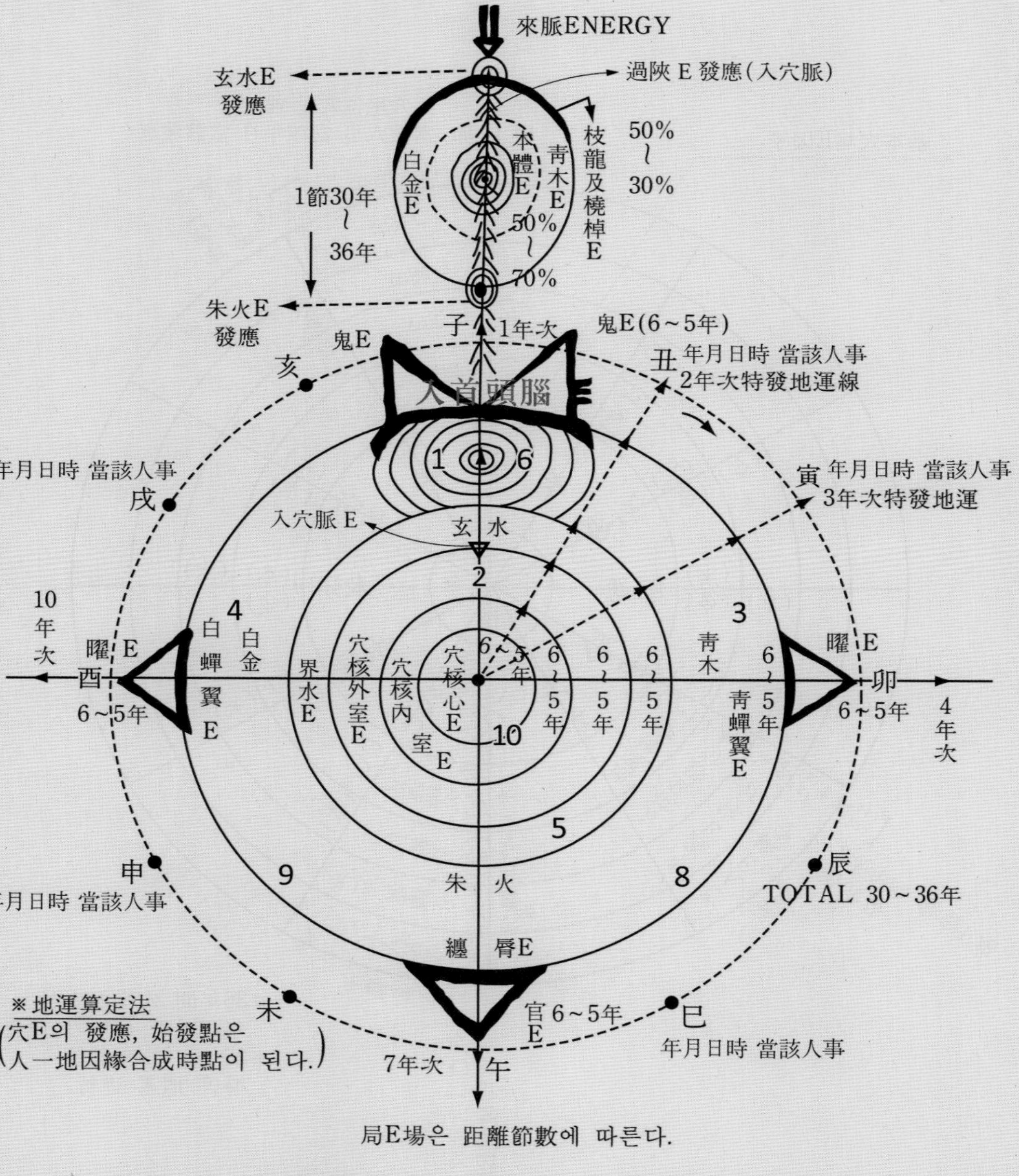
來脈ENERGY
玄水E 發應
過峽 E 發應(入穴脈)
1節30年 ~ 36年
白金E
本體E
青木E
枝龍及橈棹E
50% ~ 30%
50% ~ 70%
朱火E 發應
子
1年次
鬼E
鬼E(6～5年)
亥
丑 年月日時 當該人事 2年次特發地運線
入首頭腦
年月日時 當該人事
戌
寅 年月日時 當該人事 3年次特發地運
入穴脈 E
玄 水
10年次
曜 E
酉
6～5年
白蟬翼E
白金
界水E
穴核外室E
穴核內室E
穴核心E
青木
曜 E
卯
6～5年
4年次
青蟬翼E
申
年月日時 當該人事
辰
TOTAL 30～36年
朱 火
纏 脣E
※地運算定法
(穴E의 發應, 始發點은 人一地因緣合成時點이 된다.)
未
官E 6～5年
巳
年月日時 當該人事
7年次
午
局E場은 距離節數에 따른다.

〈그림 3-12〉 穴場 流周 Energy 發應 年限圖

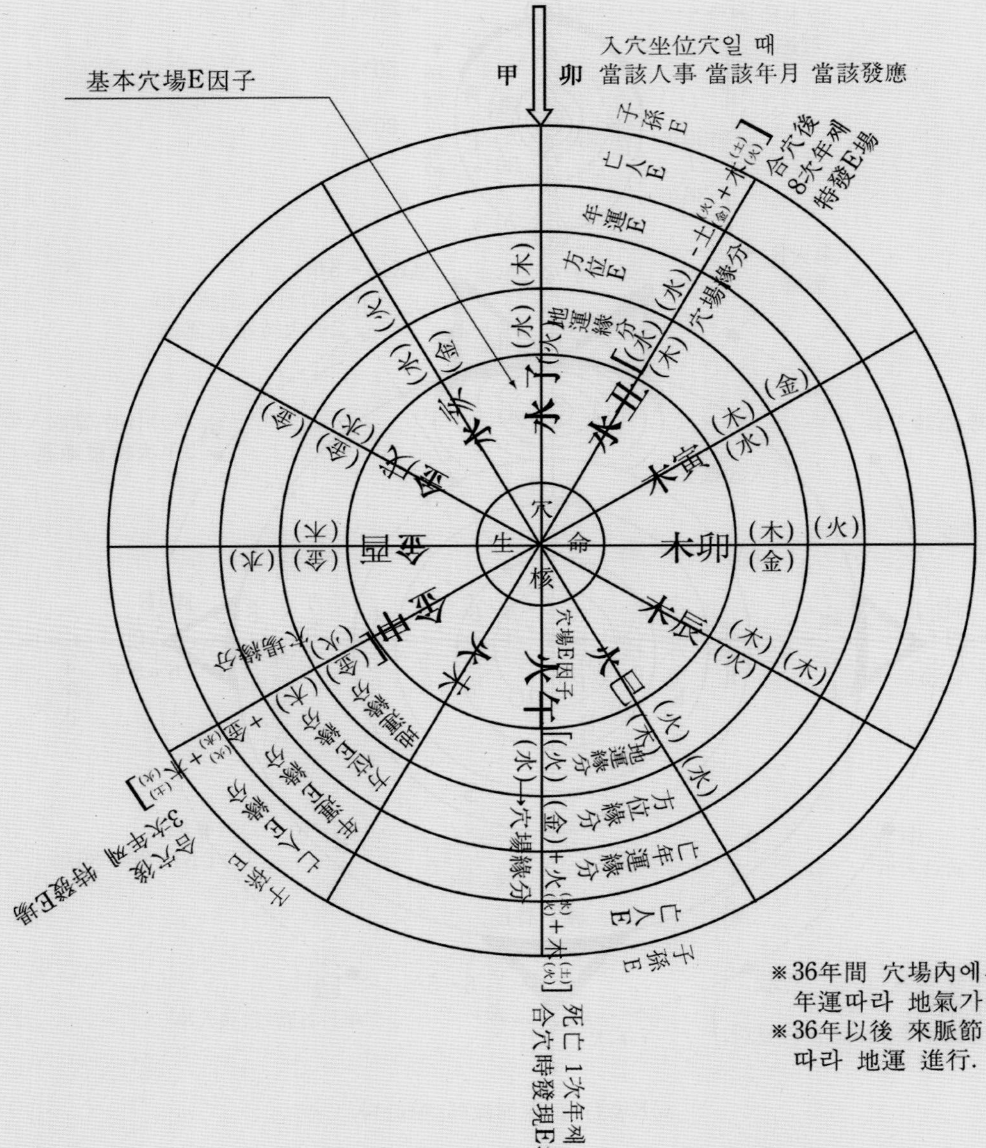

※36年間 穴場內에서
年運따라 地氣가 發生.
※36年以後 來脈節
따라 地運 進行.

〈그림 3-13〉 評價 分析圖

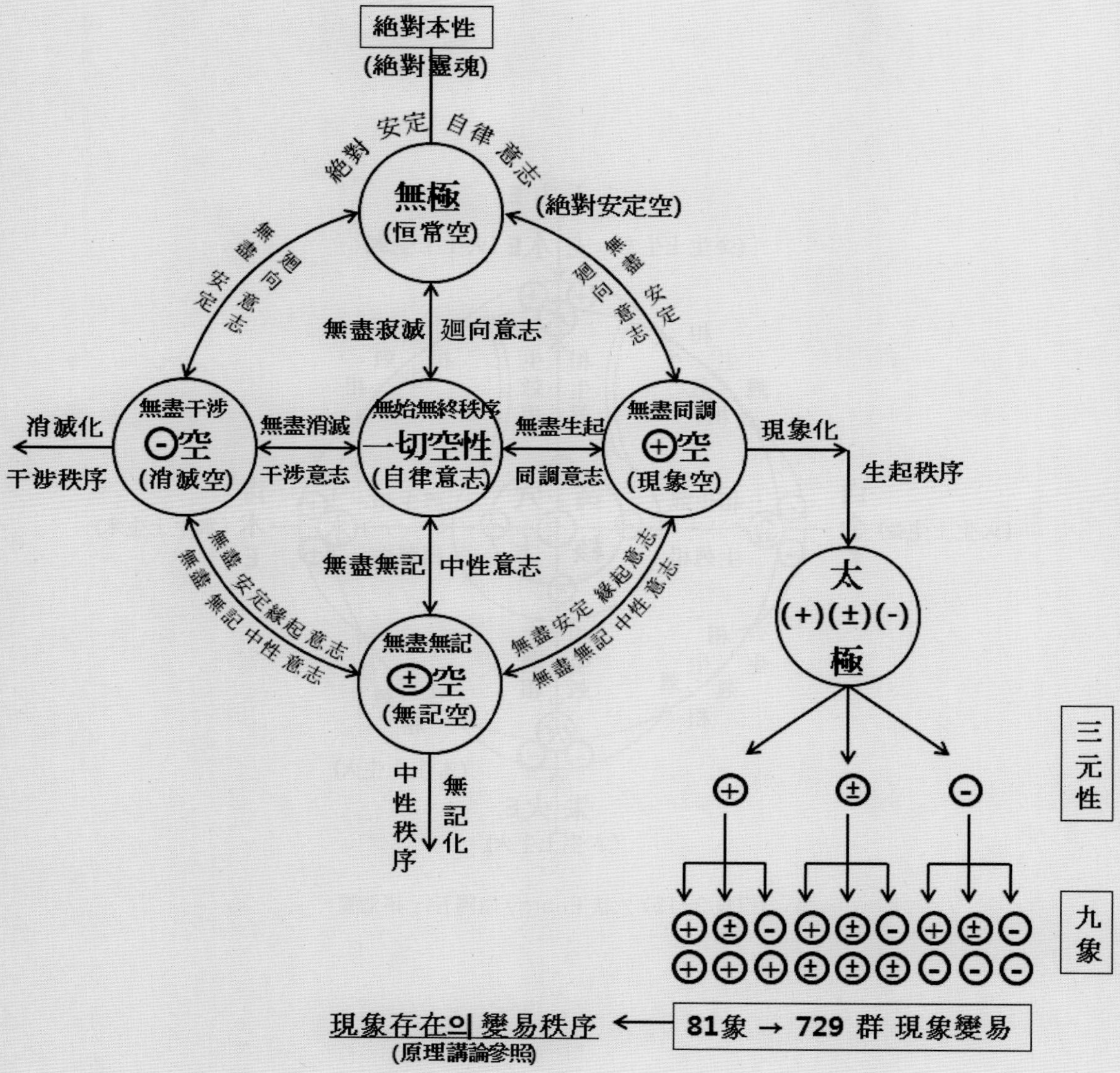

〈그림 3-14〉 本性論과 現象論

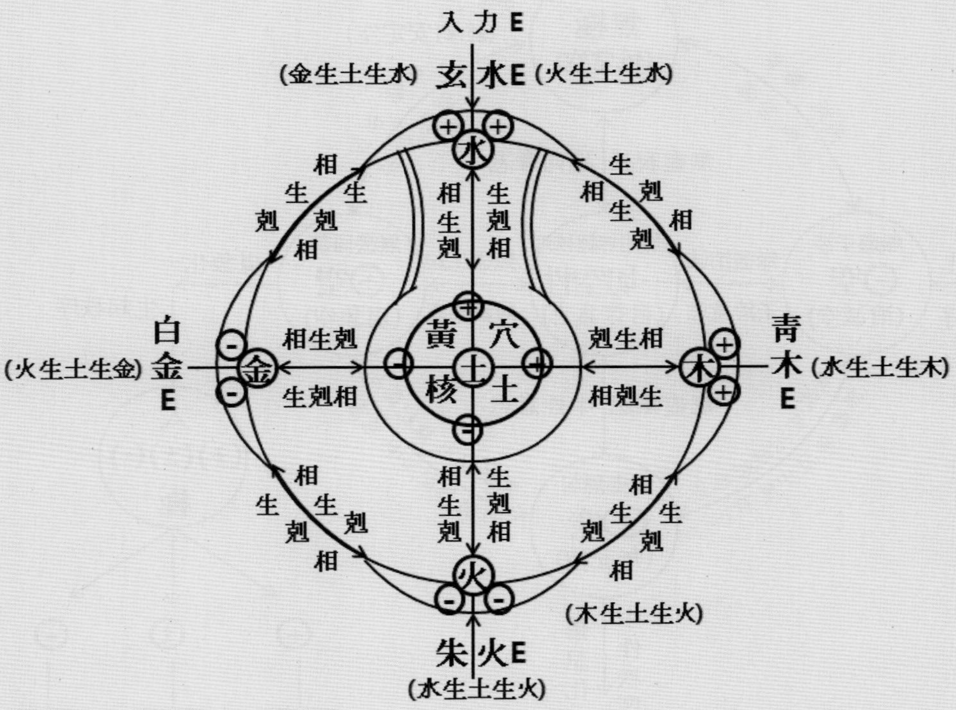

〈그림 3-15〉 穴核 Energy 陰陽五行 構造圖

① 亥子丑 3年 → 申子辰同調 玄水 Energy場 發應
② 亥年(亥卯未 25% 加) 丑年(巳酉丑 25% 加)
③ 子年(申子辰同調로) 最大玄水 Energy場 發應

① 申酉戌 3年 →
巳酉丑 同調
白金 Energy場
發應
② 申年
(申子辰 25% 加)
戌年
(寅午戌 25% 加)
③ 酉年(巳酉丑 同調로)
最大白金 Energy場
發應

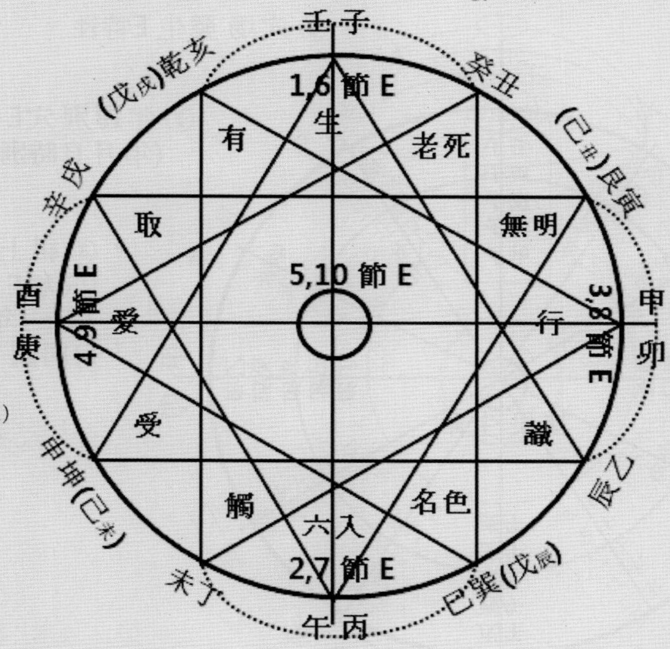

① 寅卯辰 3年 →
亥卯未 同調
青木 Energy場
發應
② 寅年
(寅午戌 25% 加)
辰年
(申子辰 25% 加)
③ 卯年(亥卯未 同調로)
最大青木 Energy場
發應

① 巳午未 3年 → 寅午戌同調 朱火 Energy場 發應
② 巳年(巳酉丑 25% 加) 未年(亥卯未 25% 加)
③ 午年(寅午戌 同調로) 最大朱火 Energy場 發應

〈그림 3-16〉 世運의 同調秩序와 穴場 同調秩序

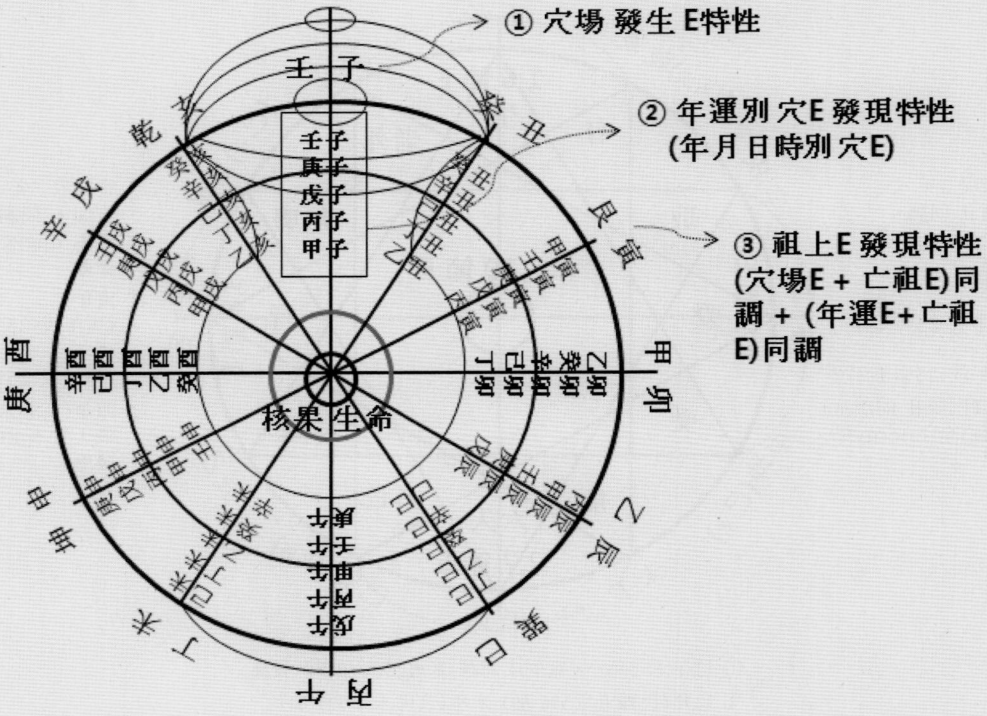

〈그림 3-17〉 穴場E 發現特性

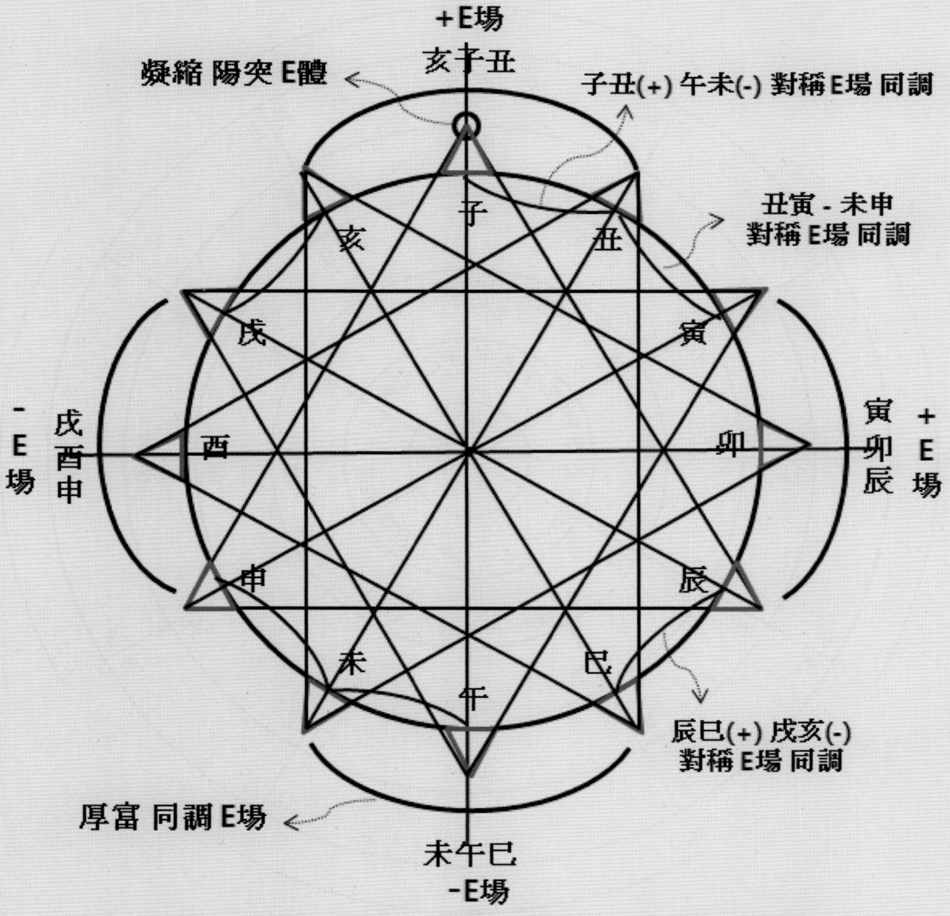

〈그림 3-18〉 合居 穴場 凝縮陽突 Energy體와 厚富 Energy場 同調形態

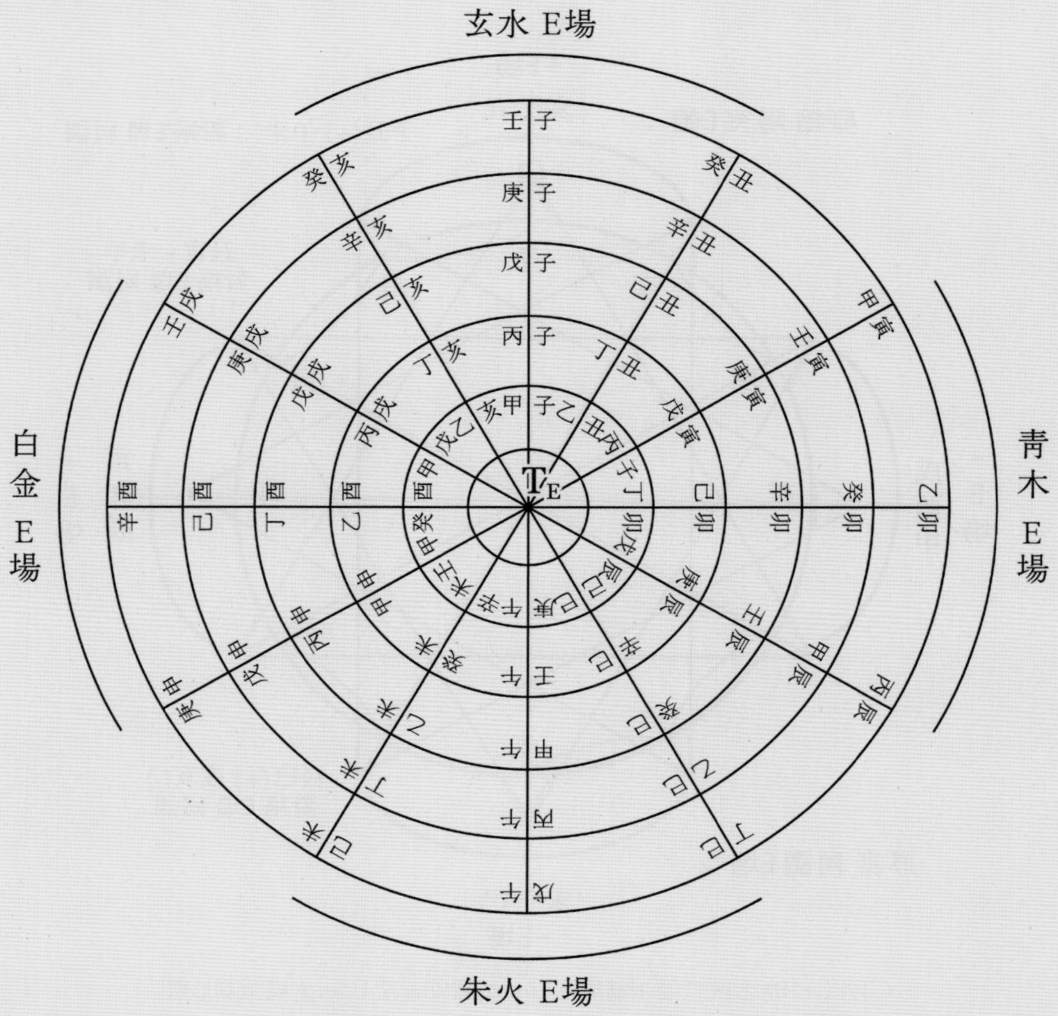

〈그림 3-19〉 年運別 穴 Energy 發現特性

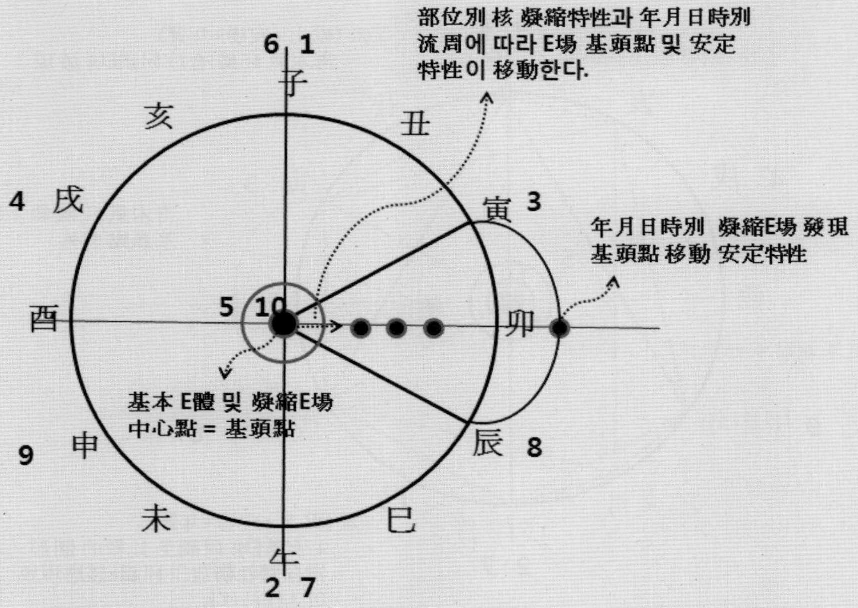

〈그림 3-20〉 寅卯辰 年月日時의 穴 Energy 發現特性과 그 基頭點 安定特性

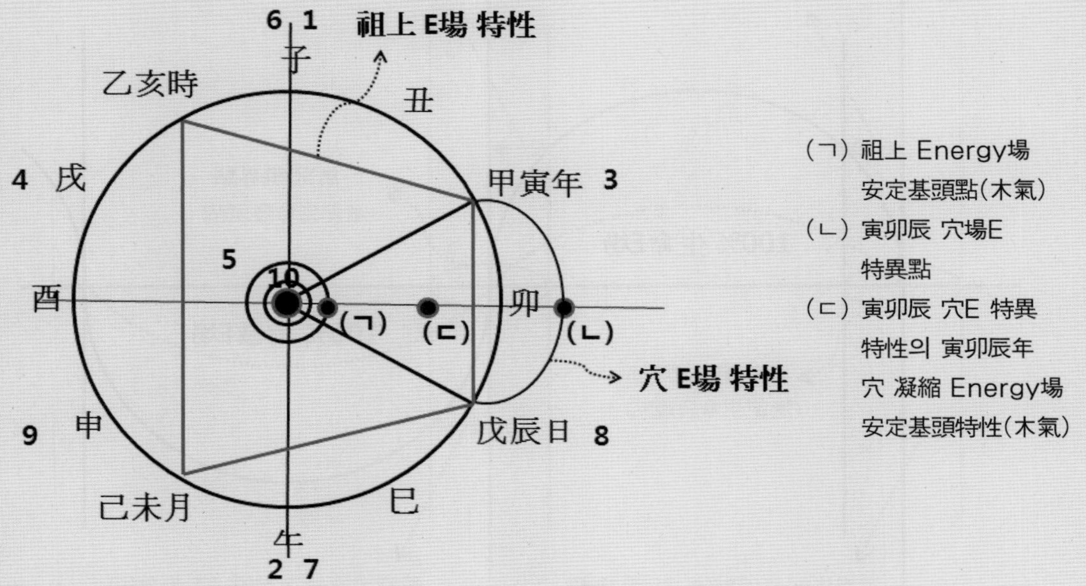

〈그림 3-21〉 靑木氣 旺盛 合成同調 Energy場 發現

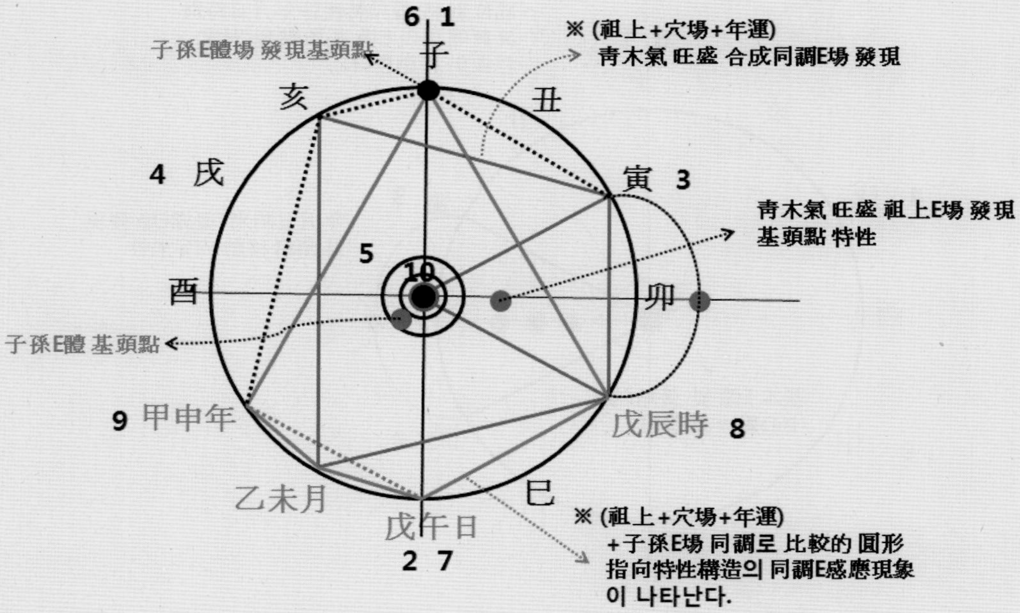
6 1
子
子孫E體場 發現基頭點
※ (祖上+穴場+年運)
青木氣 旺盛 合成同調E場 發現
亥
丑
4 戌
寅 3
青木氣 旺盛 祖上E場 發現
基頭點 特性
5
10
酉
卯
子孫E體 基頭點
9 甲申年
戊辰時 8
乙未月
巳
戊午日
2 7
※ (祖上+穴場+年運)
+子孫E場 同調로 比較的 圓形
指向特性構造의 同調E感應現象
이 나타난다.

〈그림 3-22〉 年月日時別(祖上+穴) 同調 Energy場 發現特性과 子孫E 同調感應의 基頭點 安定特性

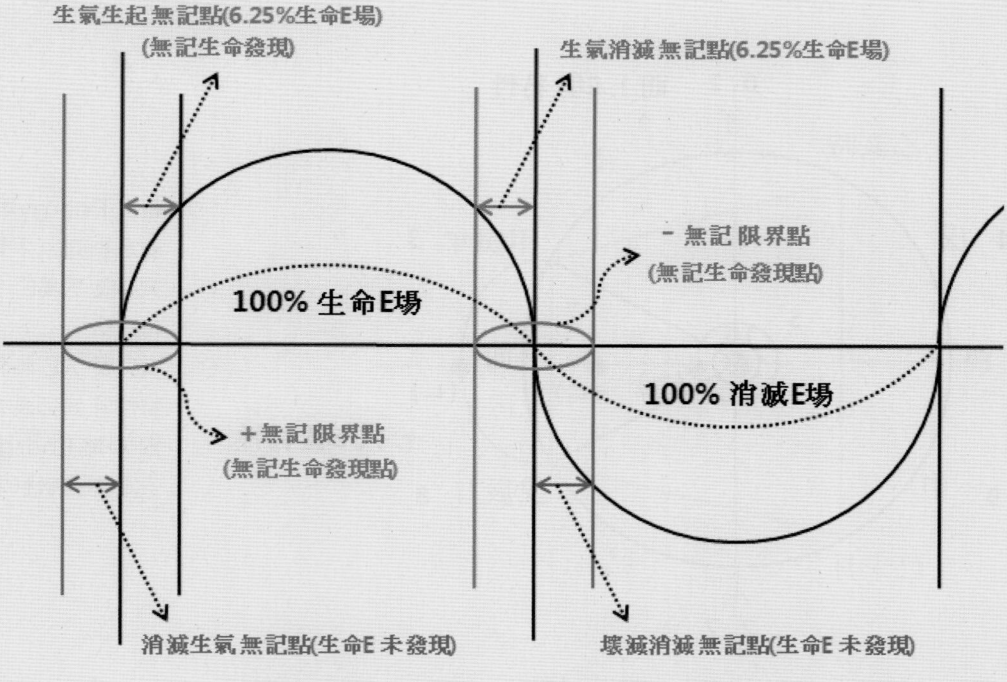
生氣生起無記點(6.25%生命E場)
(無記生命發現)
生氣消滅無記點(6.25%生命E場)
- 無記 限界點
(無記生命發現點)
100% 生命E場
100% 消滅E場
+無記限界點
(無記生命發現點)
消滅生氣無記點(生命E 未發現)
壞滅消滅無記點(生命E 未發現)

〈그림 3-23〉 生命同調 Cycle과 消滅, 無記 發現現象

第2章 人間 Energy 特性의 評價 分析

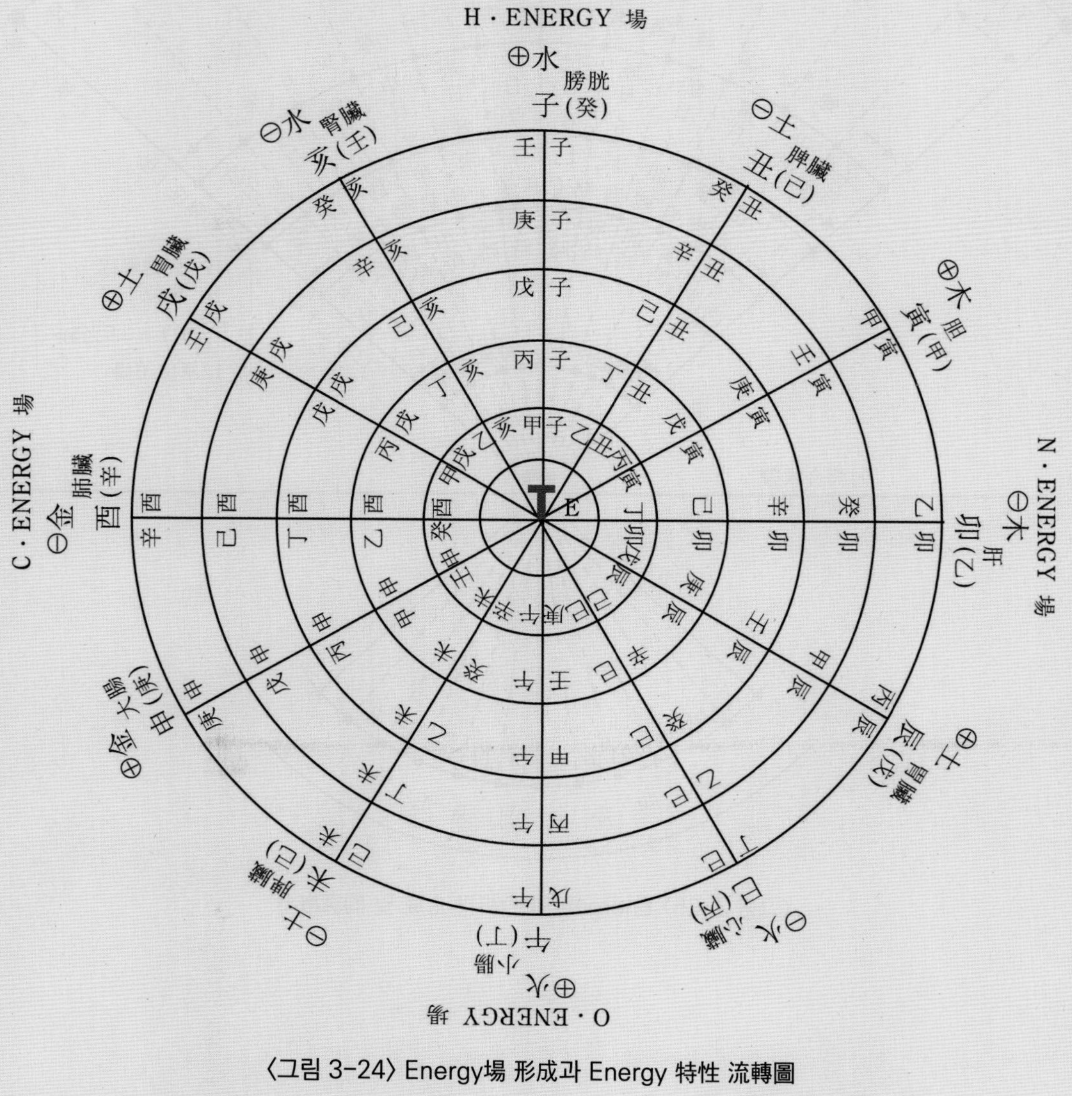

〈그림 3-24〉 Energy場 形成과 Energy 特性 流轉圖

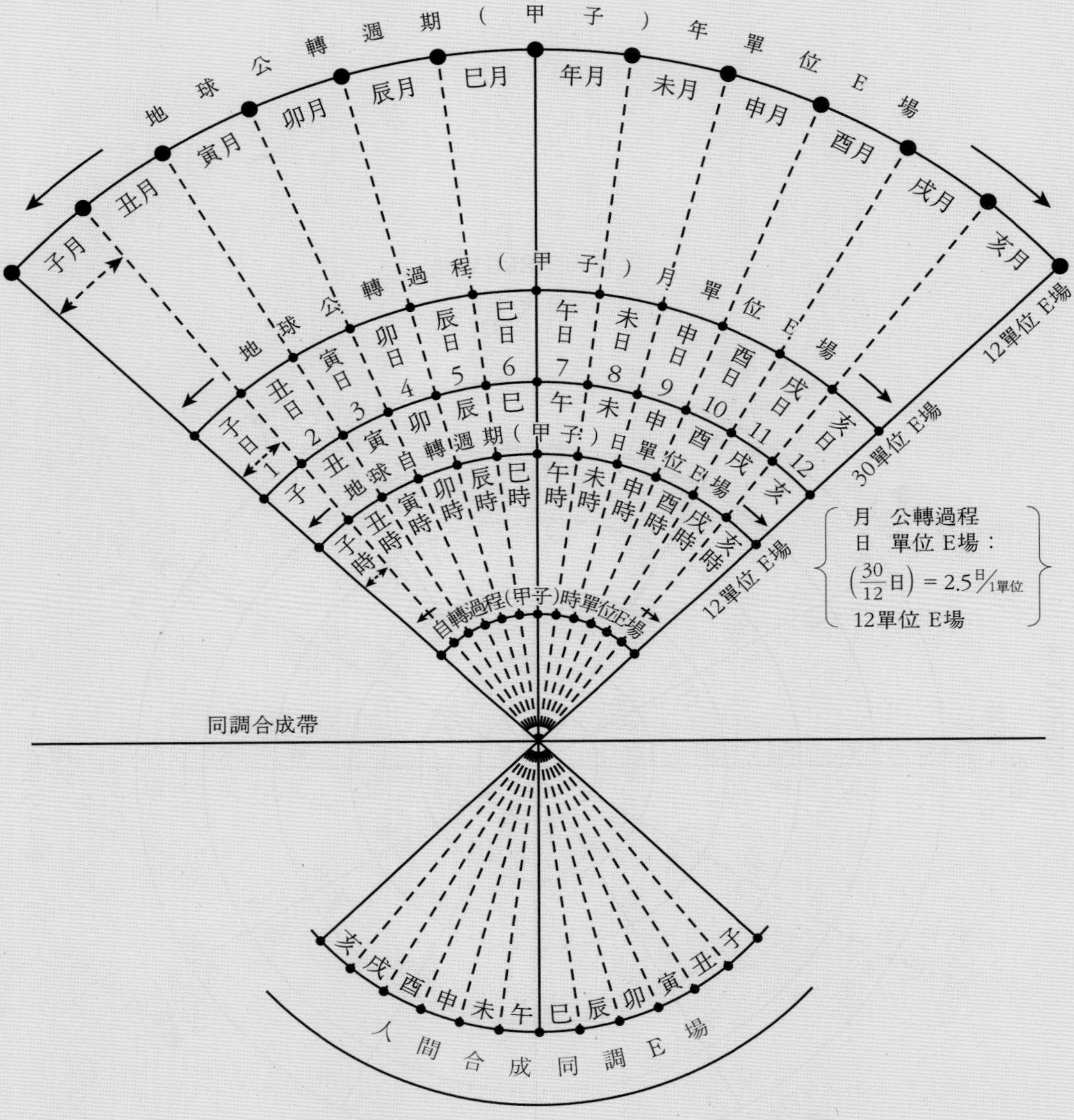

〈그림 3-25〉 Energy場의 分析과 合成 및 同調槪要

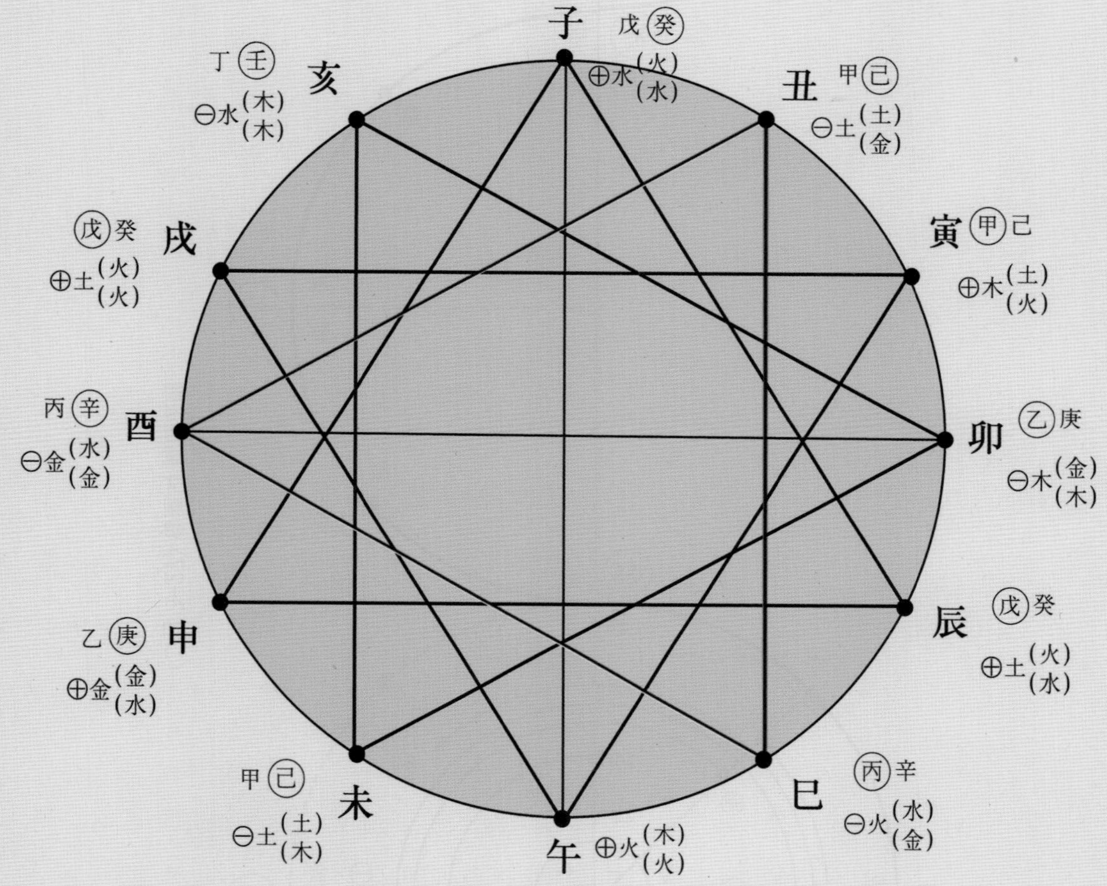

〈그림 3-26〉 人間 同調 Energy場 參考圖

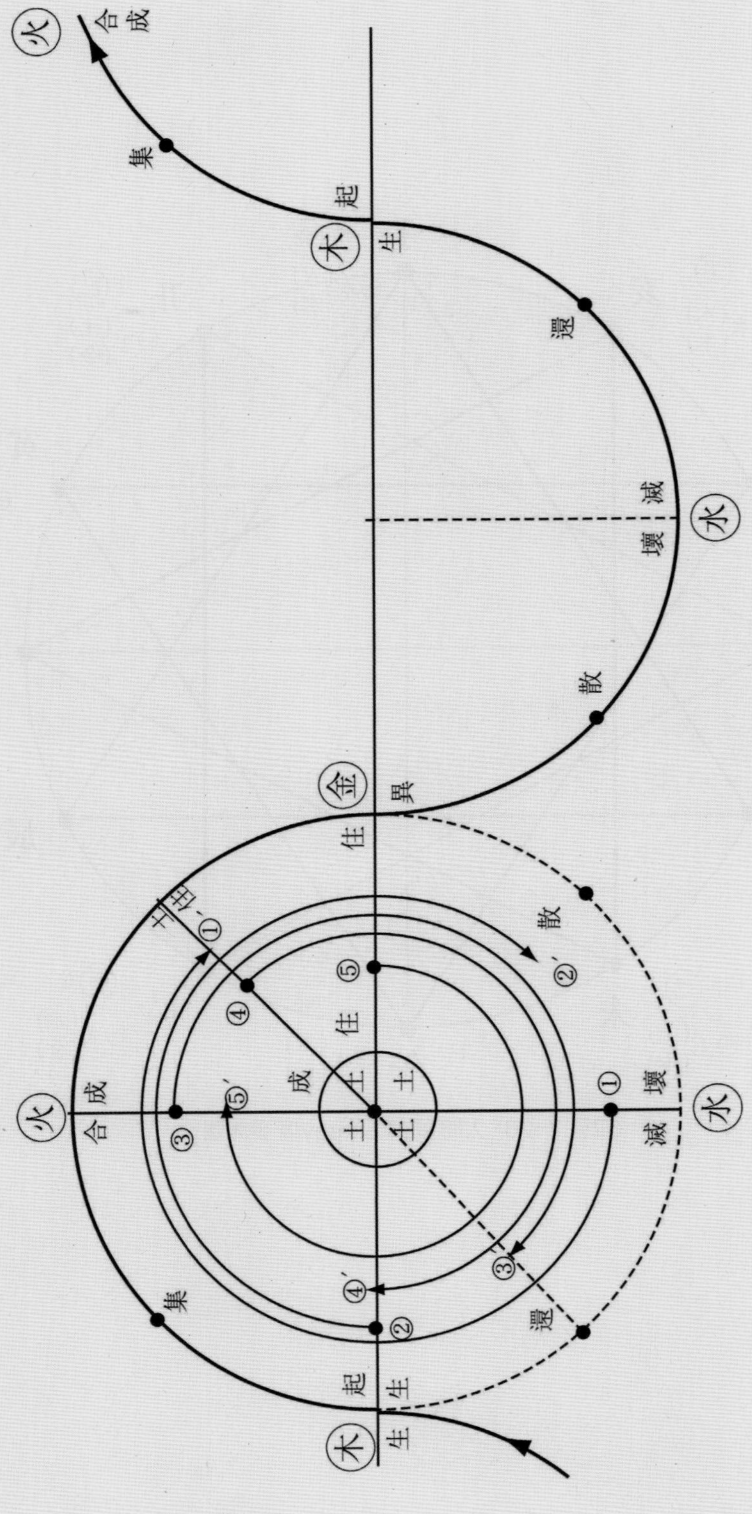

〈그림 3-27〉 命運의 輪廻法則

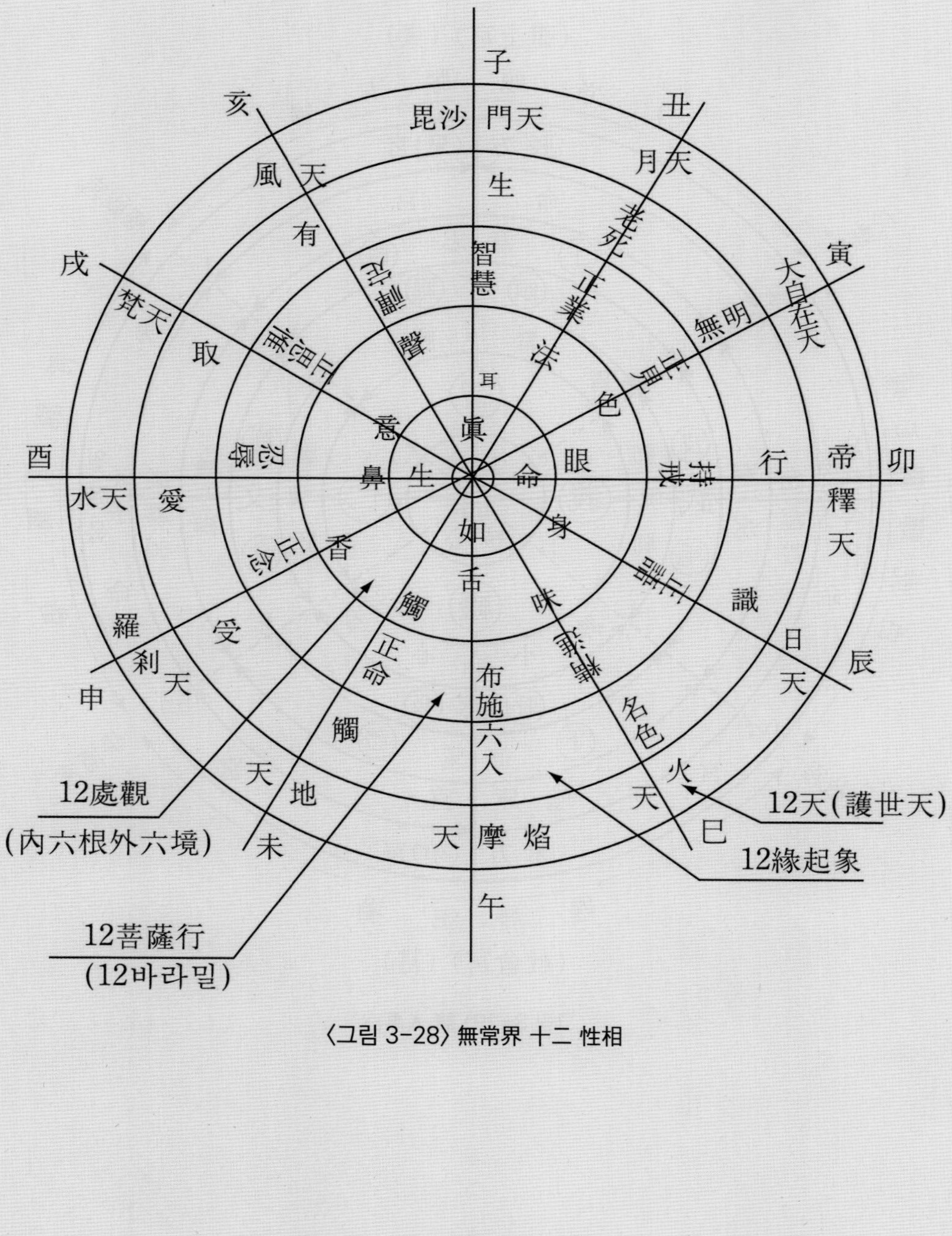

〈그림 3-28〉 無常界 十二 性相

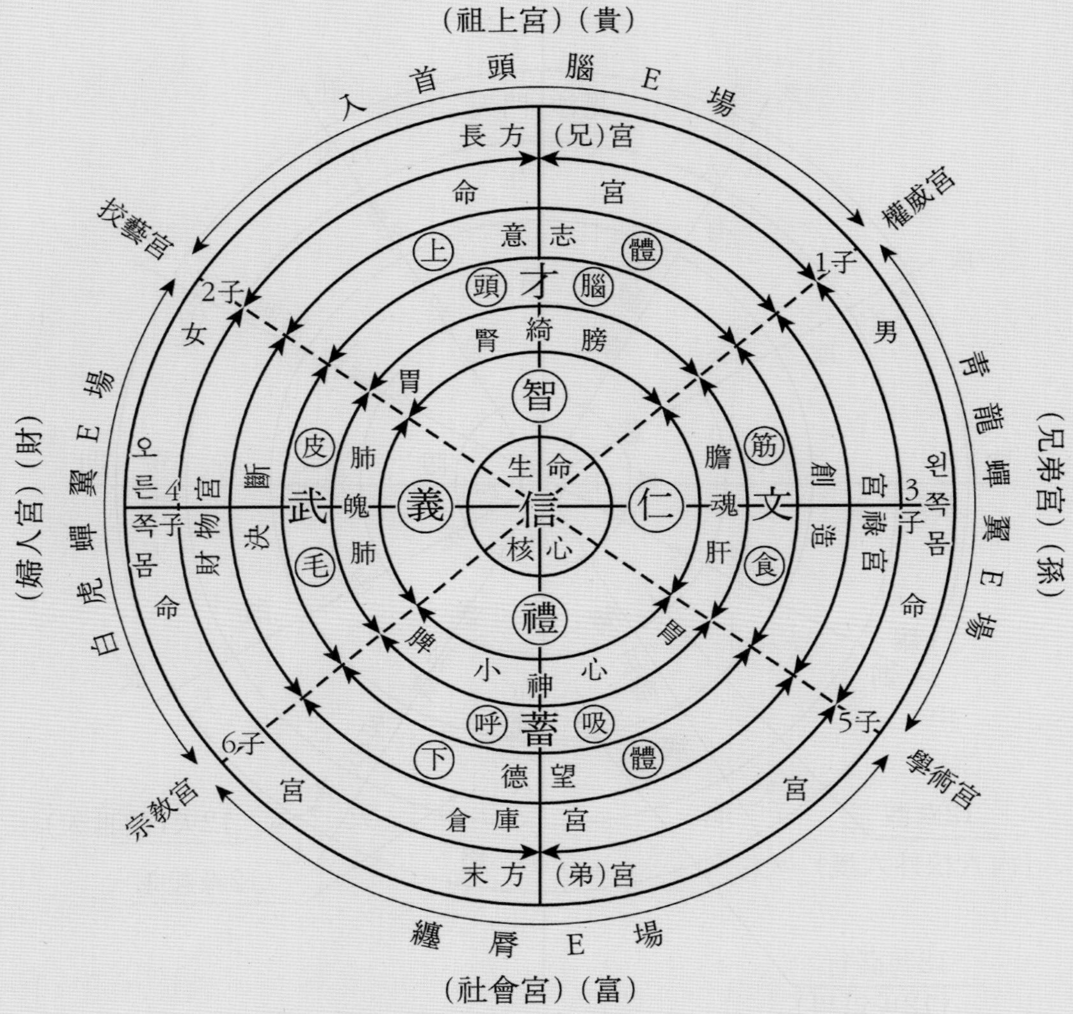
(祖上宮)(貴)
入首頭腦E場
長方
(兄)宮
命
宮
權威宮
技藝宮
意志
上
體
頭
才
腦
1子
2子
男
女
胥
綺
膀
胃
智
青龍蟬翼E場
(兄弟宮)(孫)
(婦人宮)(財)
白虎蟬翼E場
皮
筋
肺
膽
生
命
斷
創
武
義
信
仁
文
魄
魂
決
造
毛
食
肺
肝
核
心
財物宮
官祿宮
4子
3子
命
命
禮
脾
胃
小
心
神
呼
蓄
吸
下
體
德
望
宮
宮
6子
5子
宗敎宮
學術宮
倉庫
宮
末方
(弟)宮
纏脣E場
(社會宮)(富)

〈그림 3-29〉 諸 人事宮

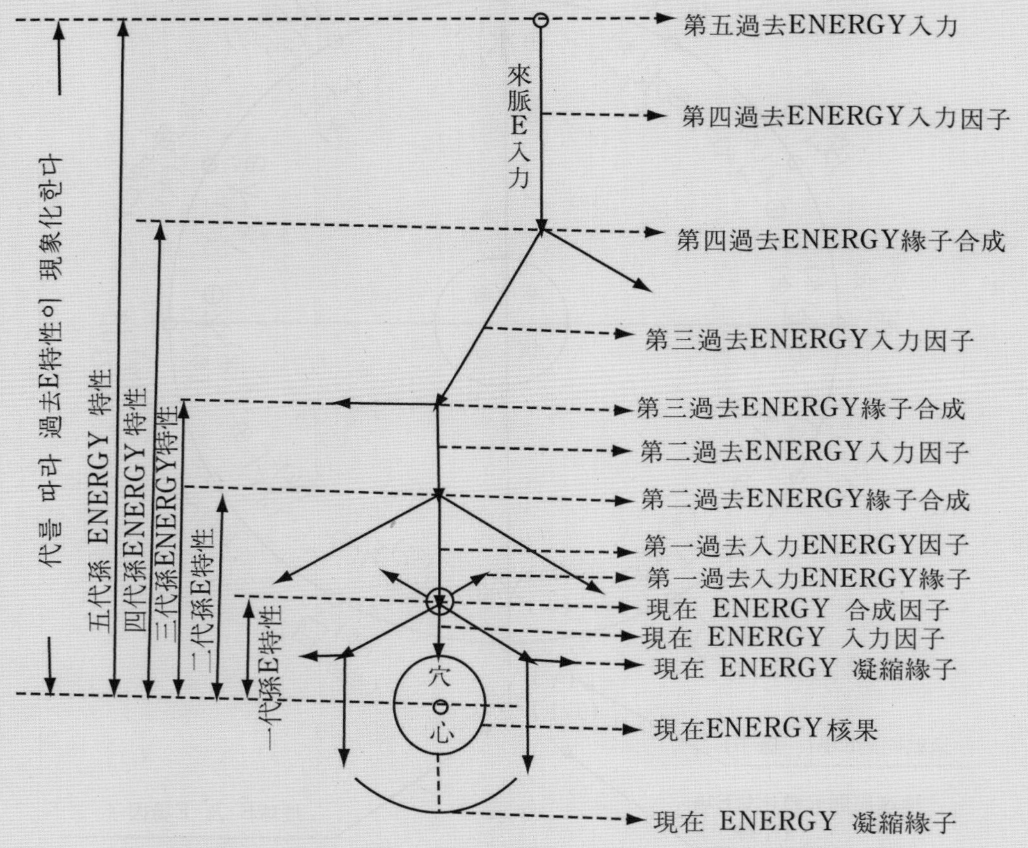
第五過去ENERGY入力
來脈E入力
第四過去ENERGY入力因子
第四過去ENERGY緣子合成
第三過去ENERGY入力因子
第三過去ENERGY緣子合成
第二過去ENERGY入力因子
第二過去ENERGY緣子合成
第一過去入力ENERGY因子
第一過去入力ENERGY緣子
現在 ENERGY 合成因子
現在 ENERGY 入力因子
現在 ENERGY 凝縮緣子
現在ENERGY核果
現在 ENERGY 凝縮緣子
穴
心
代를 따라 過去E特性이 現象化한다
五代孫 ENERGY 特性
四代孫ENERGY特性
三代孫ENERGY特性
二代孫E特性
一代孫E特性

〈그림 3-30〉 山脈(山穴) Energy體의 흐름作用과 人間 Energy體의 同調 流轉原理

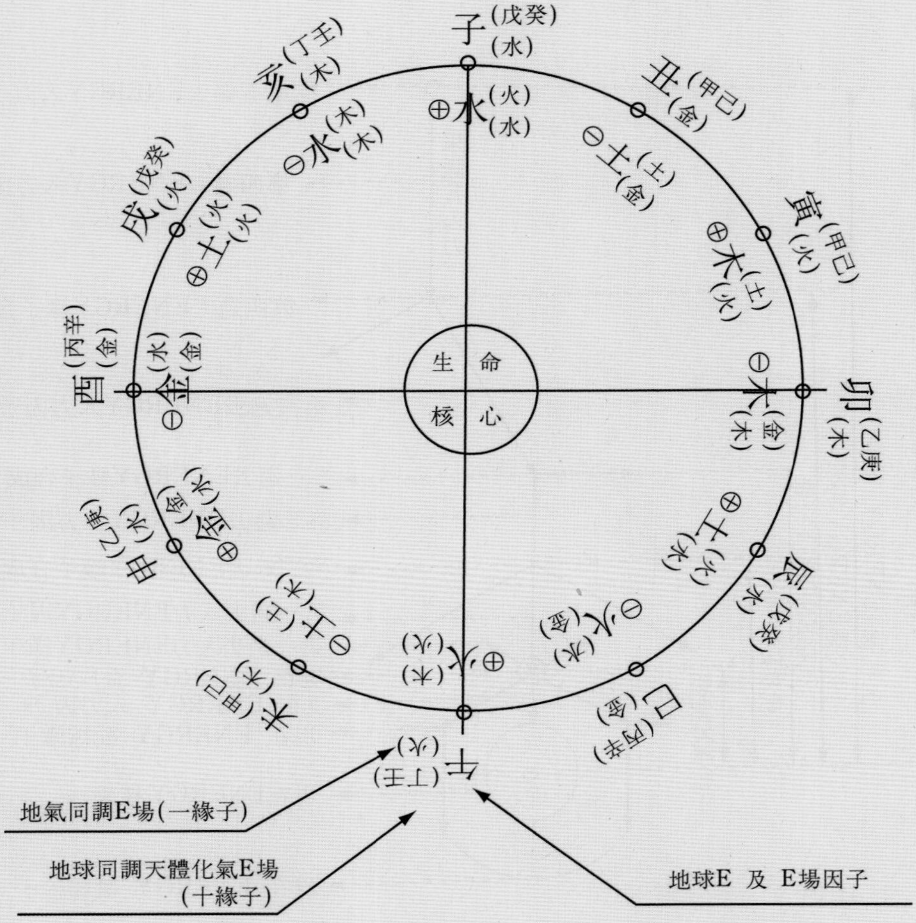

〈그림 3-31〉 地球 同調 Energy場의 因緣課

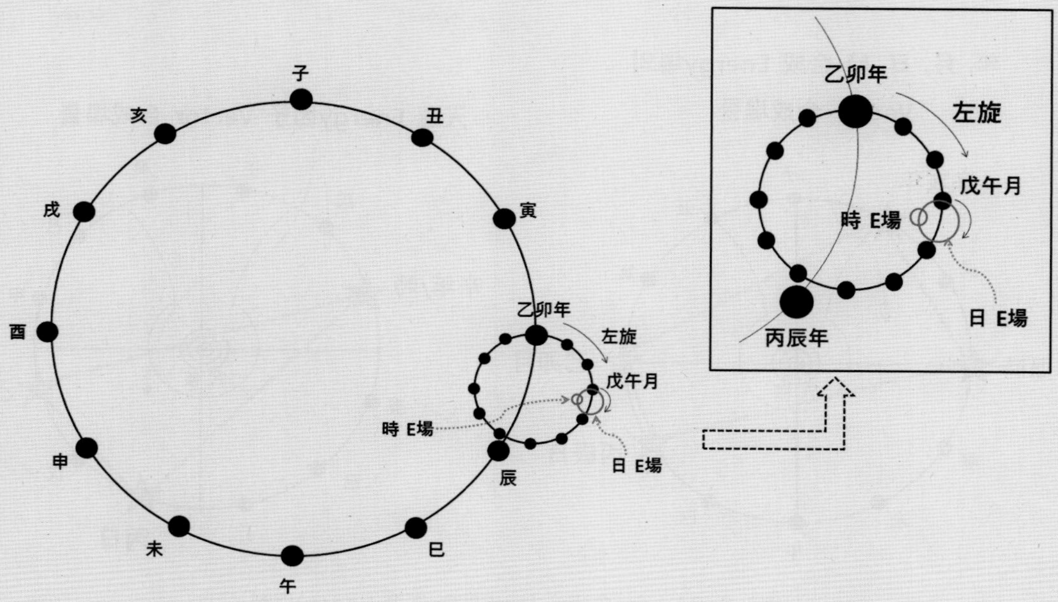

〈그림 3-32〉 時空間 因子 形成圖 : 乙卯年

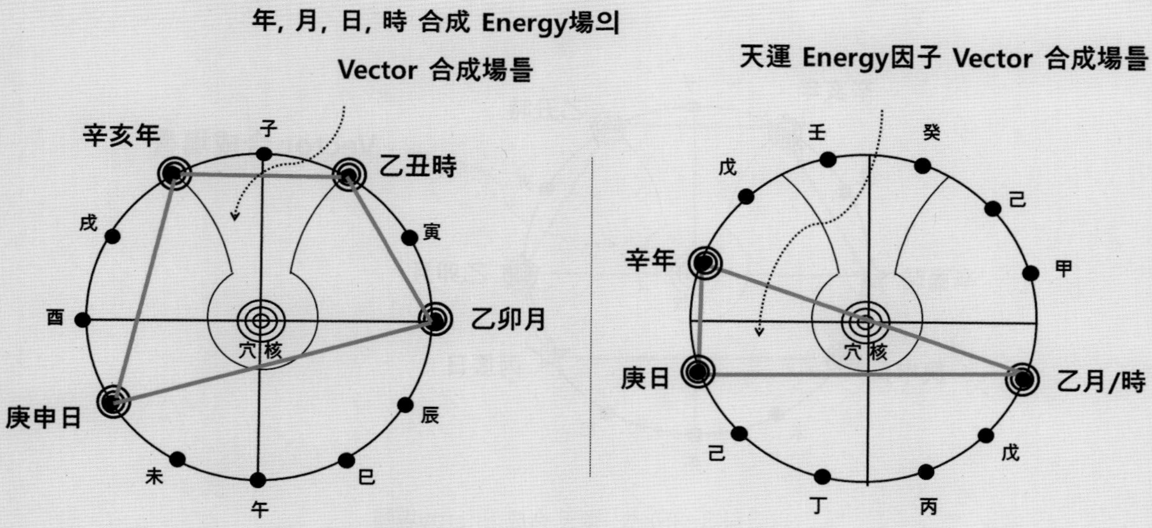

〈그림 3-33〉 天地氣 Energy場圖와 天運 Energy場圖

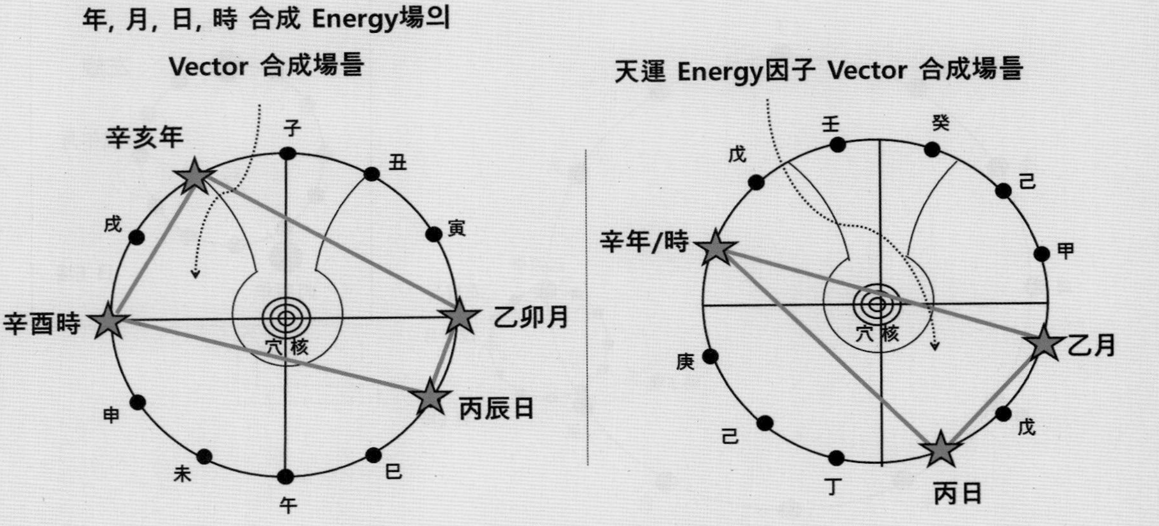

〈그림 3-34〉 天地氣 Energy場圖와 天運 Energy場圖

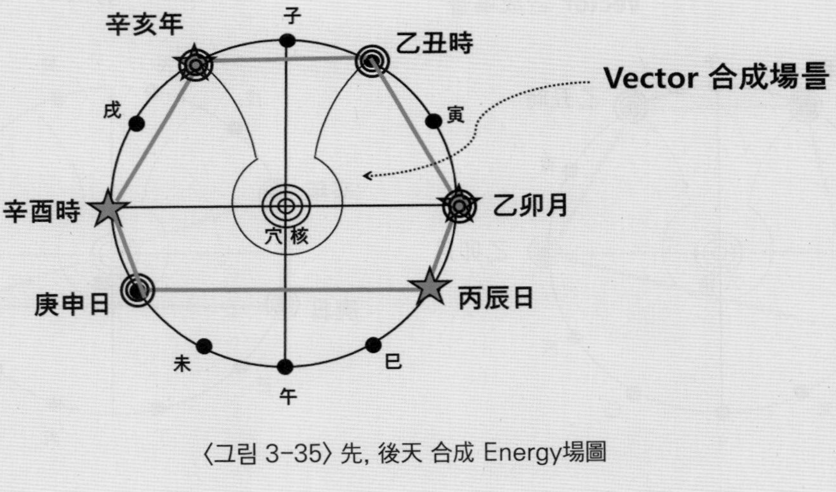

〈그림 3-35〉 先, 後天 合成 Energy場圖

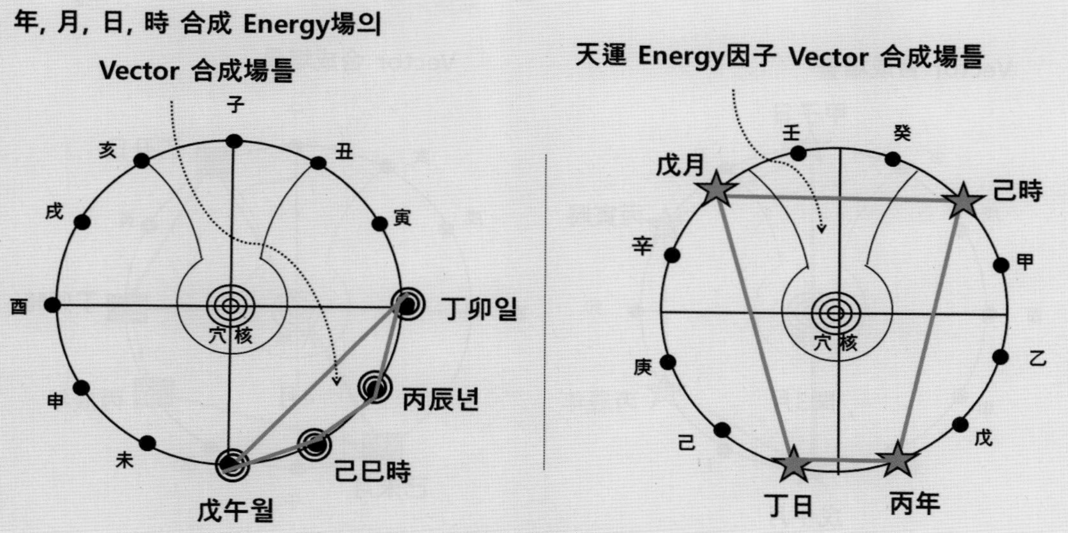

〈그림 3-36〉 天地氣 Energy場圖와 天運 Energy場圖

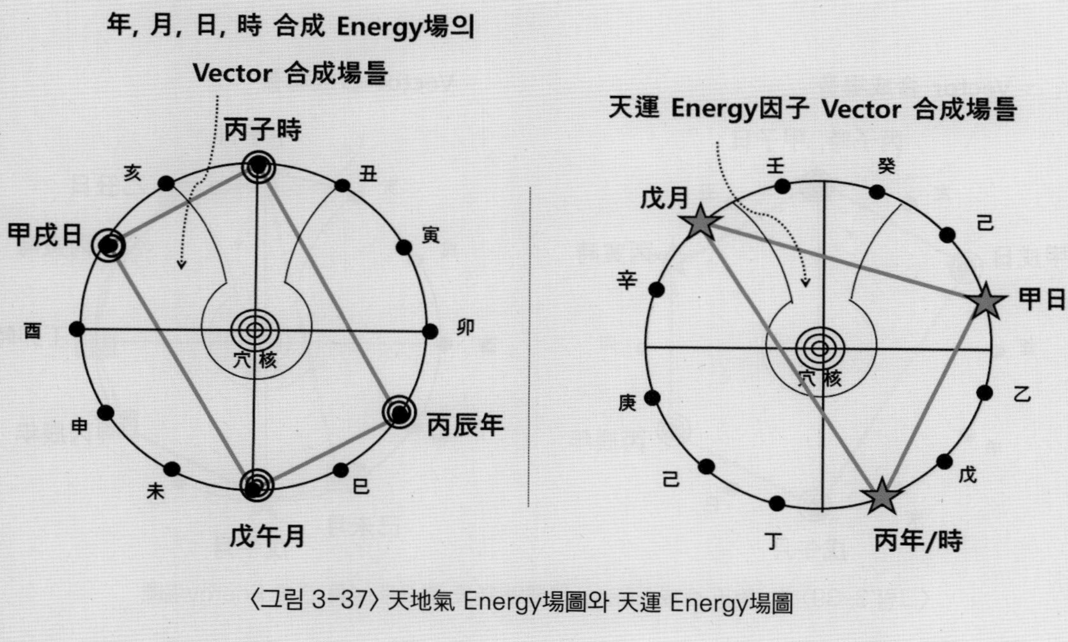

〈그림 3-37〉 天地氣 Energy場圖와 天運 Energy場圖

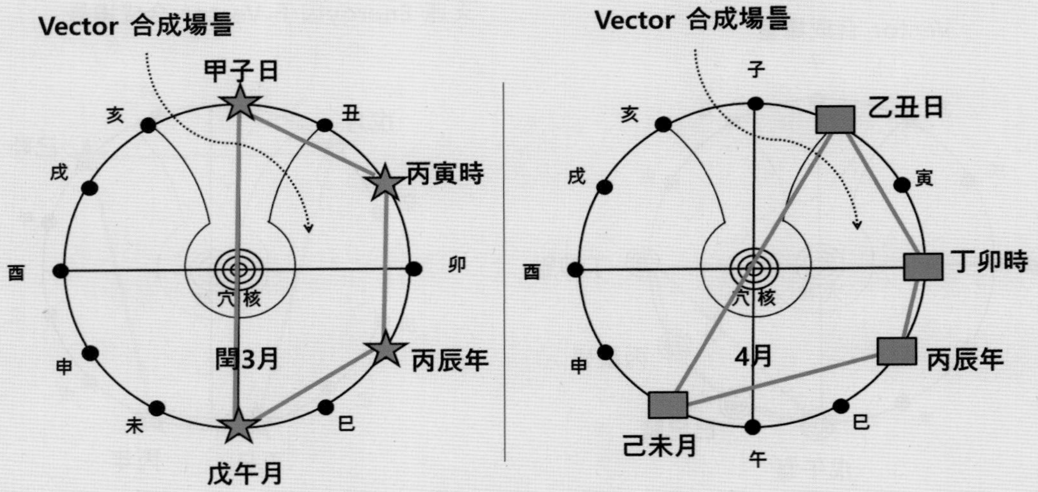

〈그림 3-38〉 天地氣 Energy場圖

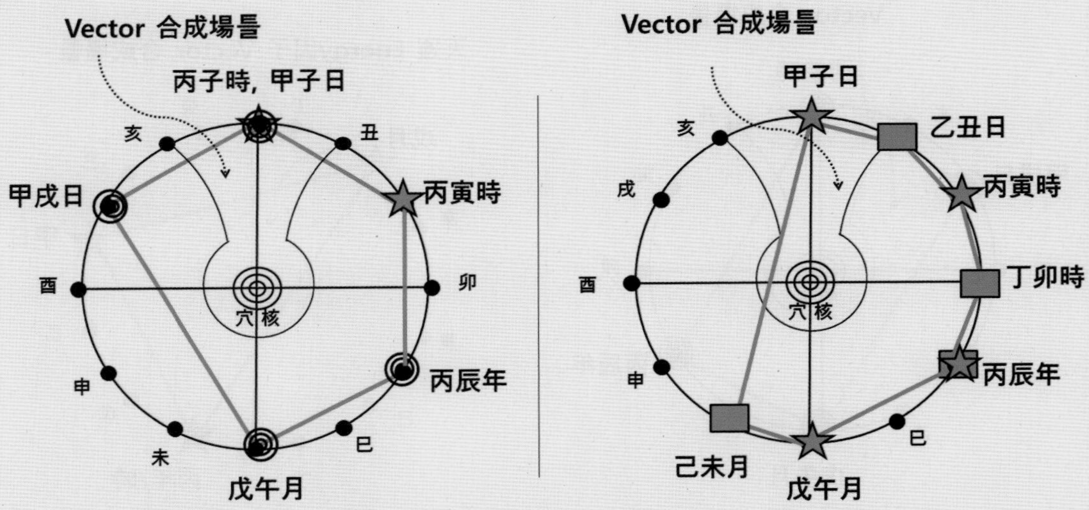

〈그림 3-39〉 先, 後天 合成 Energy場圖와 後天 閏 3月, 4月 合成 Energy場圖

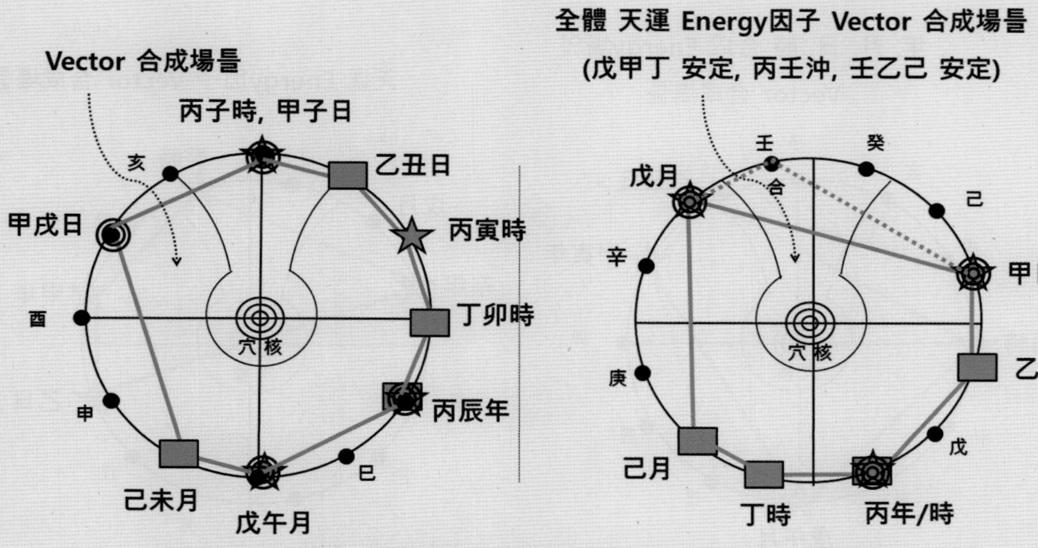

〈그림 3-40〉 全體 天地氣 合成 Energy場圖와 全體 天運 合成 Energy場圖

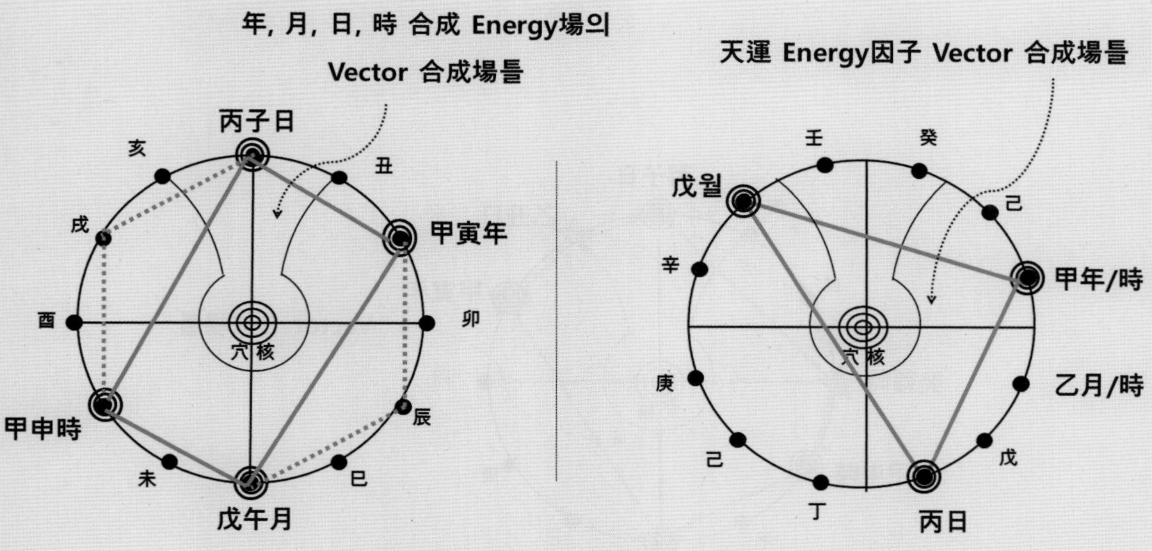

〈그림 3-41〉 天地氣 Energy場圖와 天運 Energy場圖

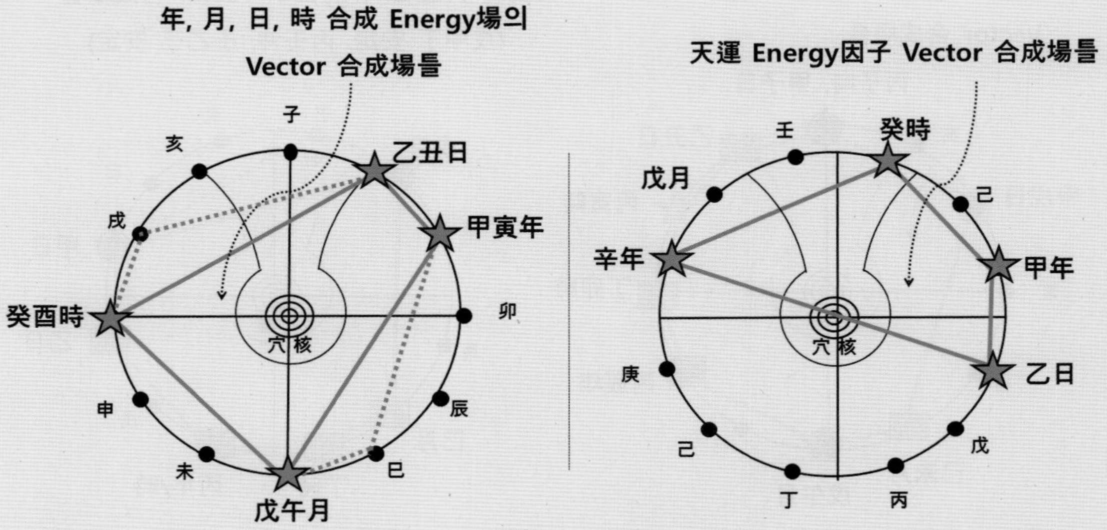

〈그림 3-42〉 天地氣 Energy場圖와 天運 Energy場圖

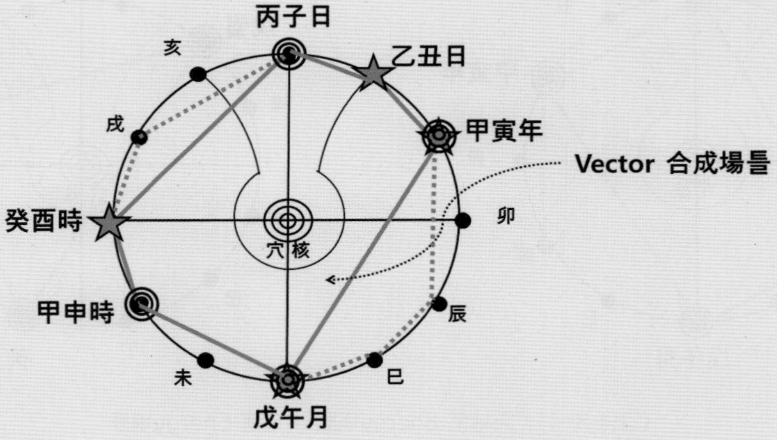

〈그림 3-43〉 先, 後天 合成 Energy場圖

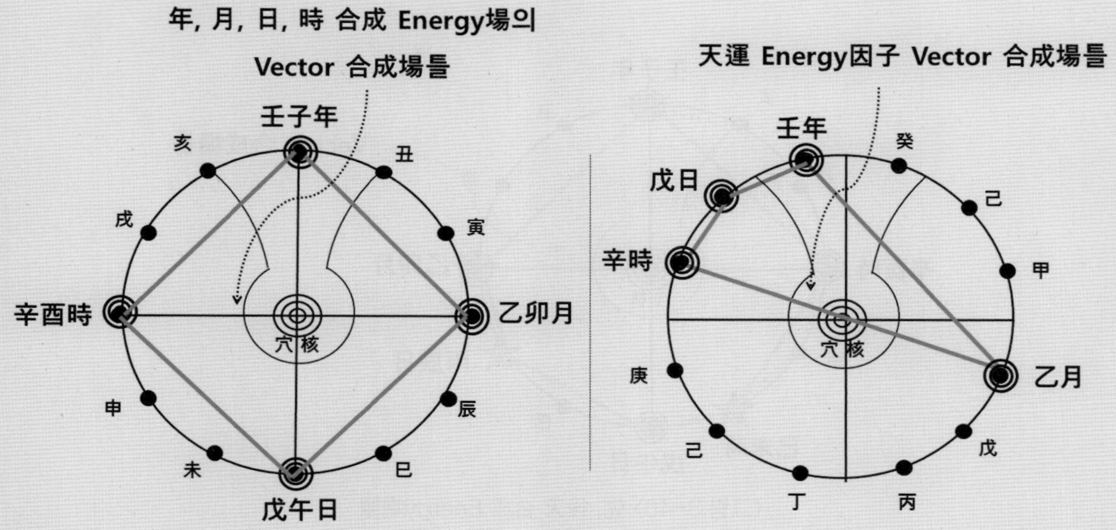

〈그림 3-44〉 天地氣 Energy場圖와 天運 Energy場圖

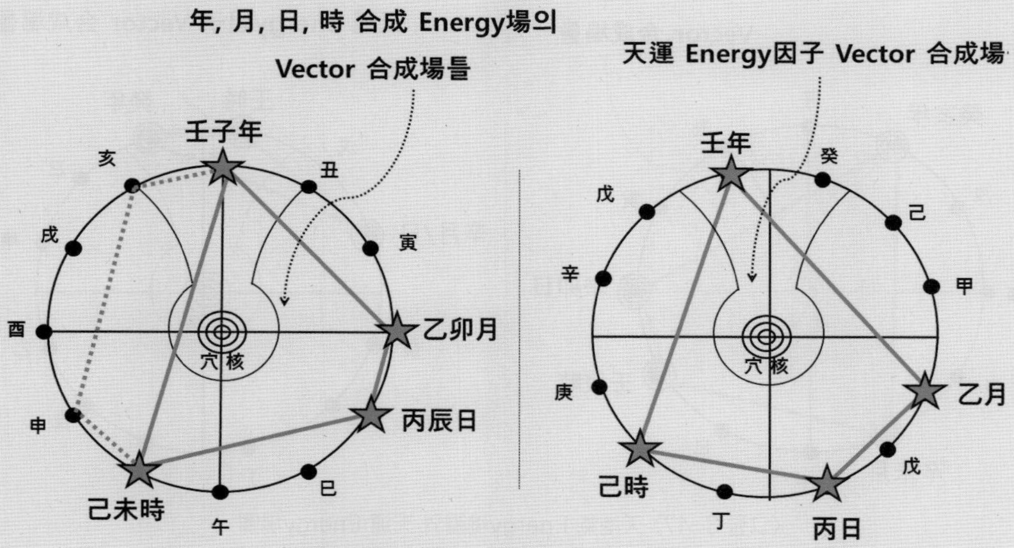

〈그림 3-45〉 天地氣 Energy場圖와 天運 Energy場圖

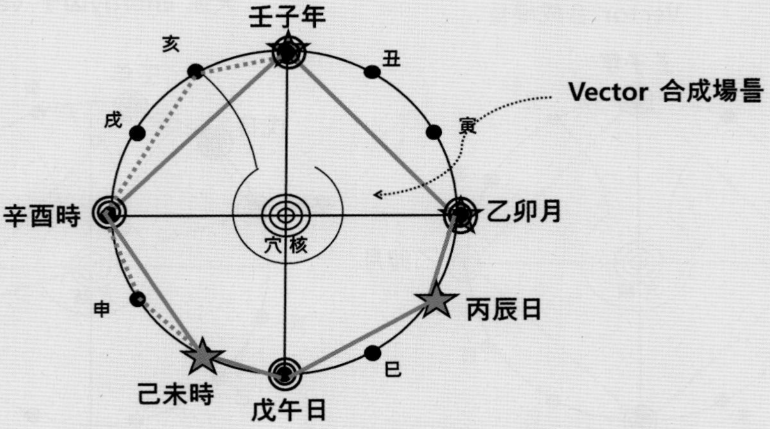

〈그림 3-46〉 先, 後天 合成 Energy場圖

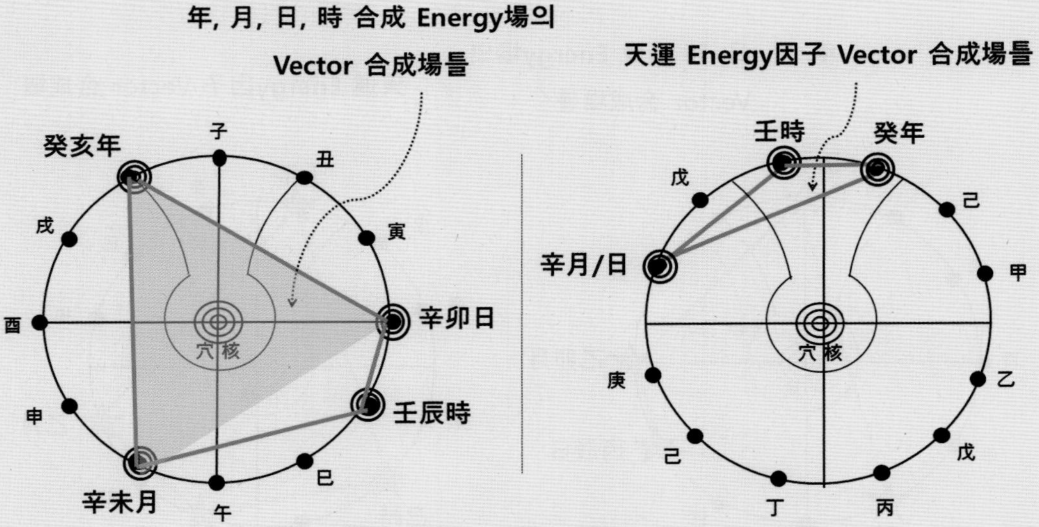

〈그림 3-47〉 天地氣 Energy場圖와 天運 Energy場圖

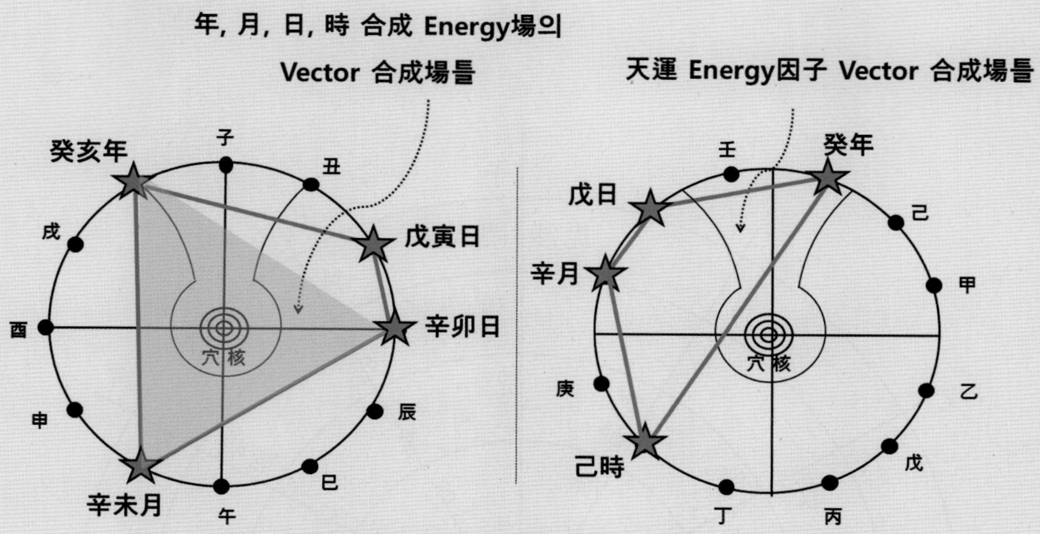

〈그림 3-48〉 天地氣 Energy場圖와 天運 Energy場圖

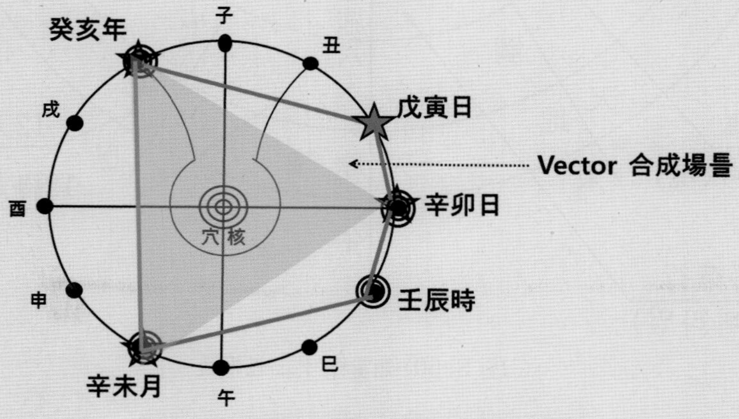

〈그림 3-49〉 先, 後天 合成 Energy場圖

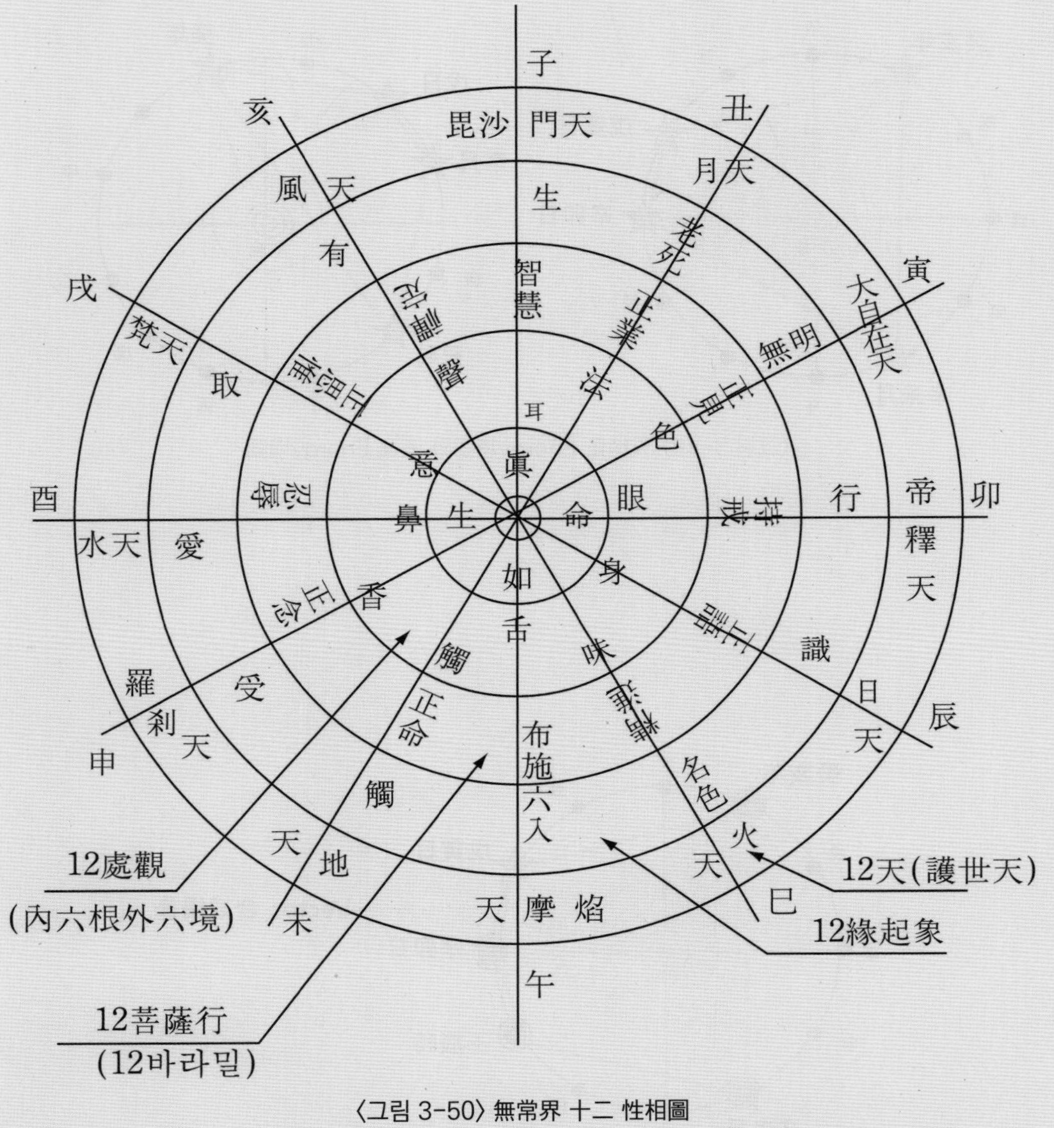

〈그림 3-50〉 無常界 十二 性相圖

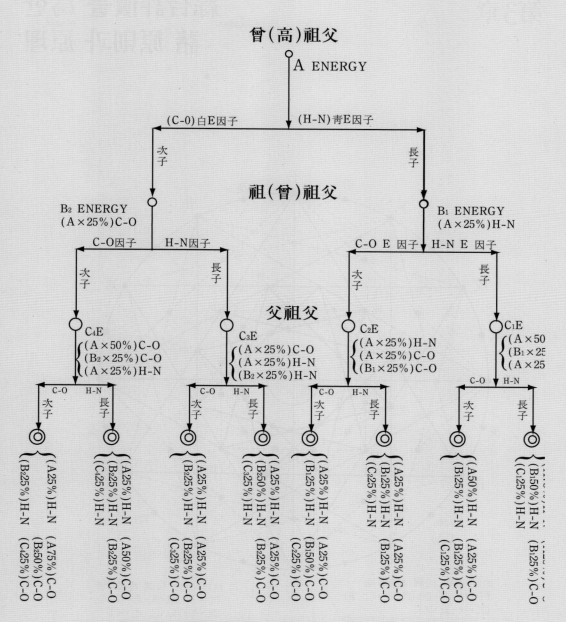

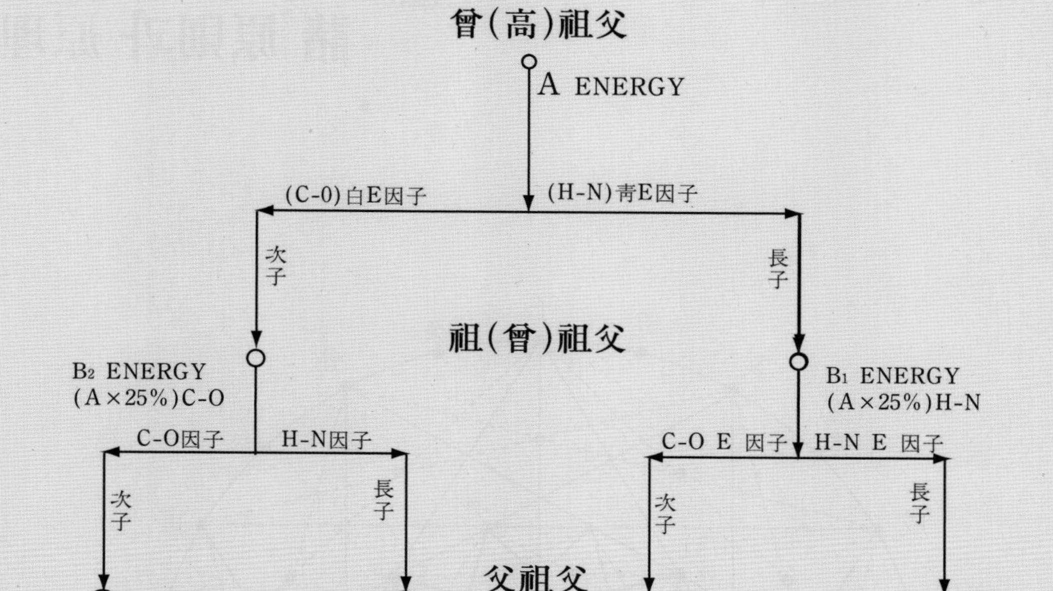

〈그림 3-51〉 子孫에 대한 祖上 穴場 Energy의 同調干涉 發現度

第3章 綜合評價를 爲한 諸 原則과 原理

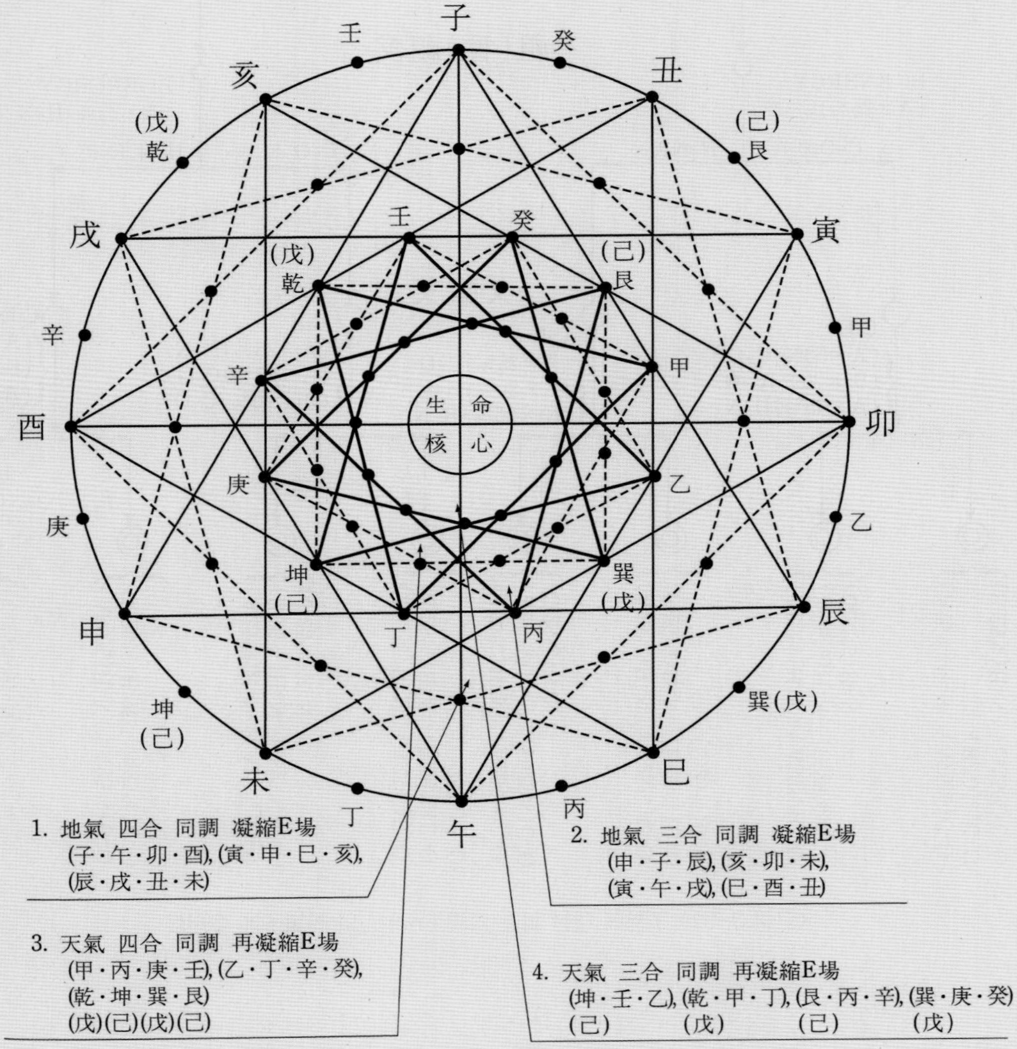

〈그림 3-52〉 地氣의 同調凝縮 安定 Energy場과 天氣의 同調 再凝縮 安定 Energy場

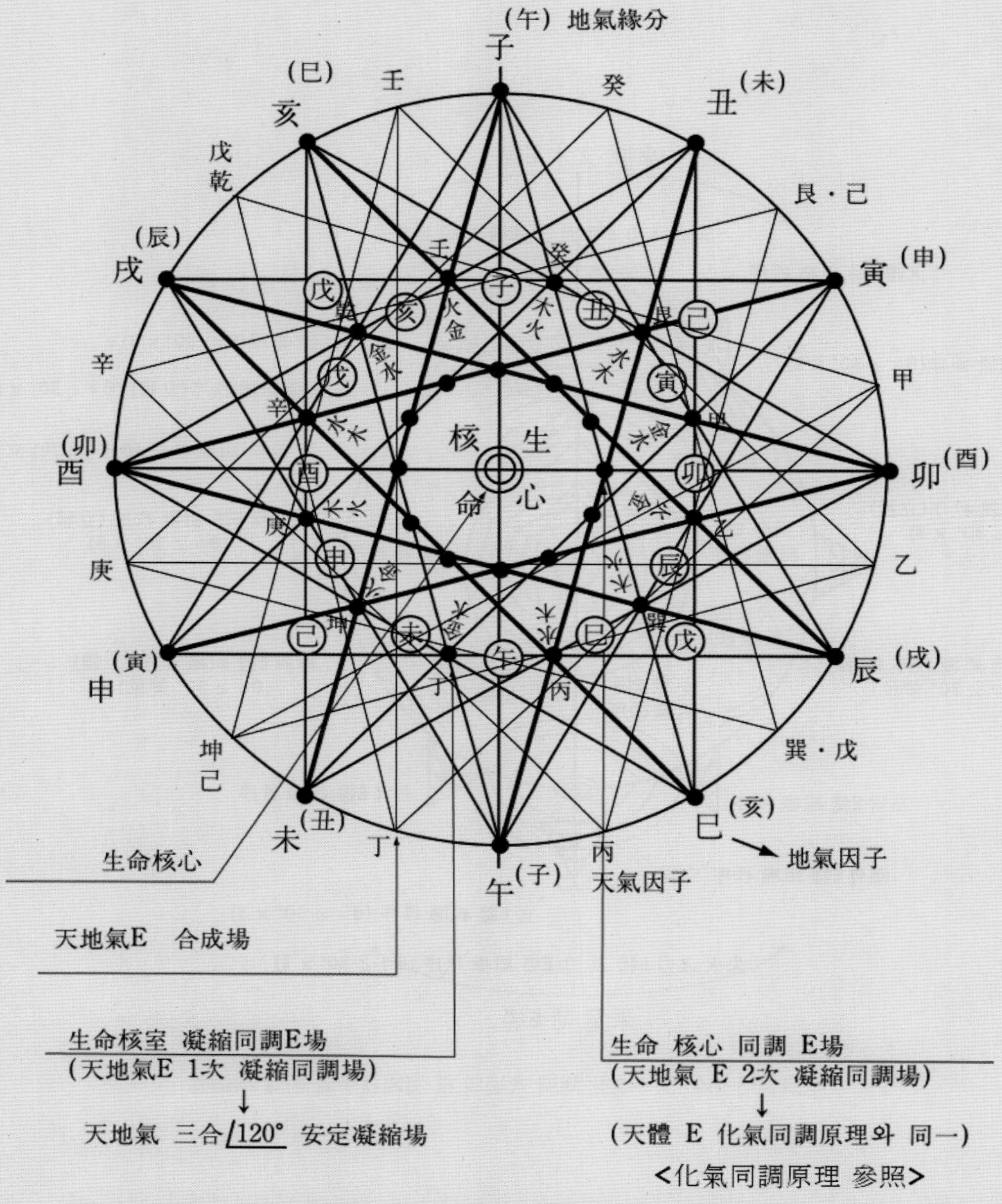

〈그림 3-53〉 地氣의 同調凝縮 安定 Energy場과 天氣의 同調 再凝縮 安定 Energy場

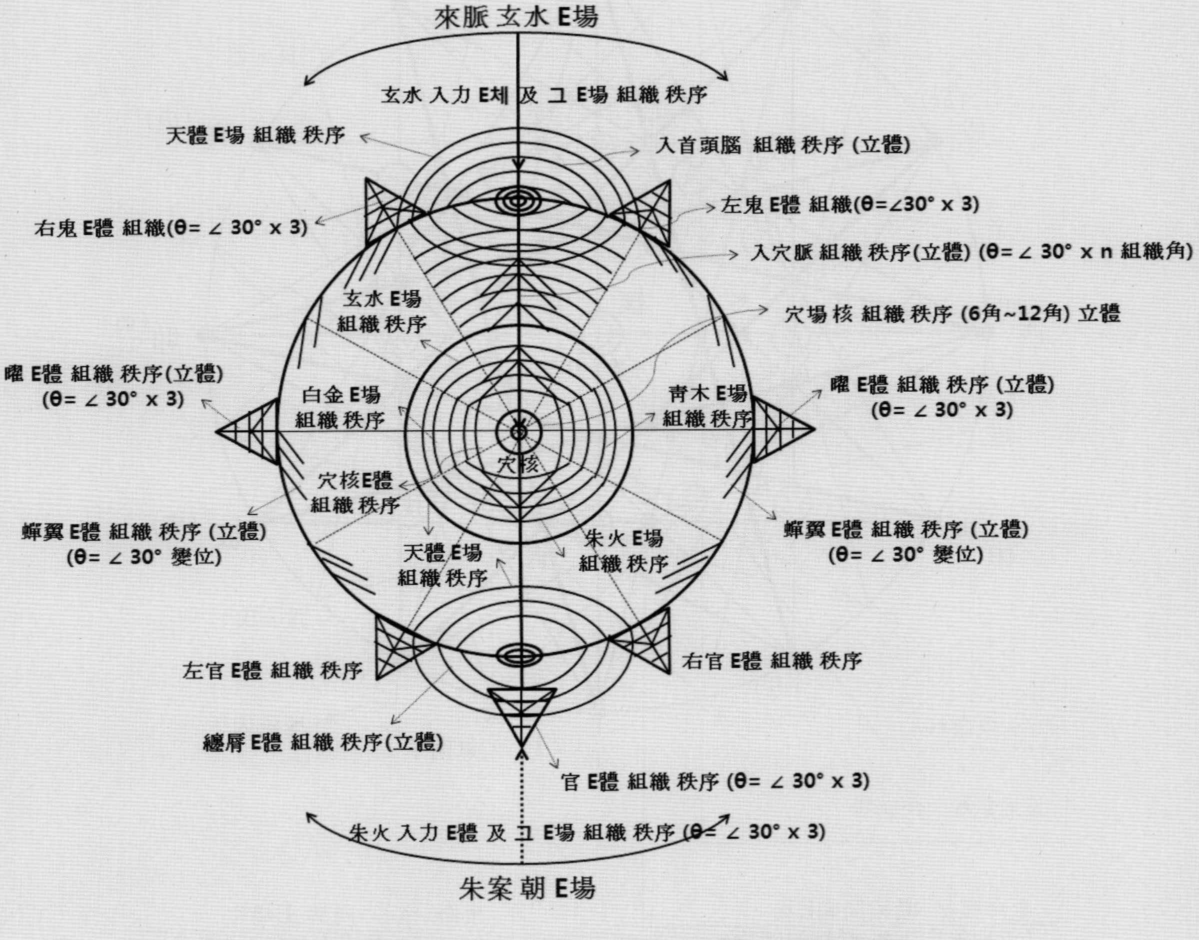

來脈 玄水 E場
玄水 入力 E체 及 그 E場 組織 秩序
天體 E場 組織 秩序
入首頭腦 組織 秩序 (立體)
右鬼 E體 組織(θ= ∠ 30° x 3)
左鬼 E體 組織(θ=∠30° x 3)
入穴脈 組織 秩序(立體) (θ= ∠ 30° x n 組織角)
玄水 E場
組織秩序
穴場核 組織 秩序 (6角~12角) 立體
曜 E體 組織 秩序(立體)
(θ= ∠ 30° x 3)
白金 E場
組織秩序
青木 E場
組織秩序
曜 E體 組織 秩序 (立體)
(θ= ∠ 30° x 3)
穴核
穴核E體
組織秩序
蟬翼 E體 組織 秩序 (立體)
(θ= ∠ 30° 變位)
蟬翼 E體 組織 秩序 (立體)
(θ= ∠ 30° 變位)
朱火 E場
組織秩序
天體 E場
組織秩序
左官 E體 組織 秩序
右官 E體 組織 秩序
纏脣 E體 組織 秩序(立體)
官 E體 組織 秩序 (θ= ∠ 30° x 3)
朱火 入力 E體 及 그 E場 組織 秩序 (θ= ∠ 30° x 3)
朱案朝 E場

〈그림 3-54〉 天 · 地氣 同調 穴場의 核 凝縮秩序와 組織 構造圖

※ 天體 陰陽 合

甲己合土E場: 丙寅生起 → 戊己土
丙丁火

乙庚合金E場: 戊寅生起 → 庚辛金
戊己土

丙辛合水E場: 庚寅生起 → 壬癸水
庚辛金

丁壬合木E場: 壬寅生起 → 甲乙木
壬癸水

戊癸合火E場: 甲寅生起 → 丙丁火
甲乙木

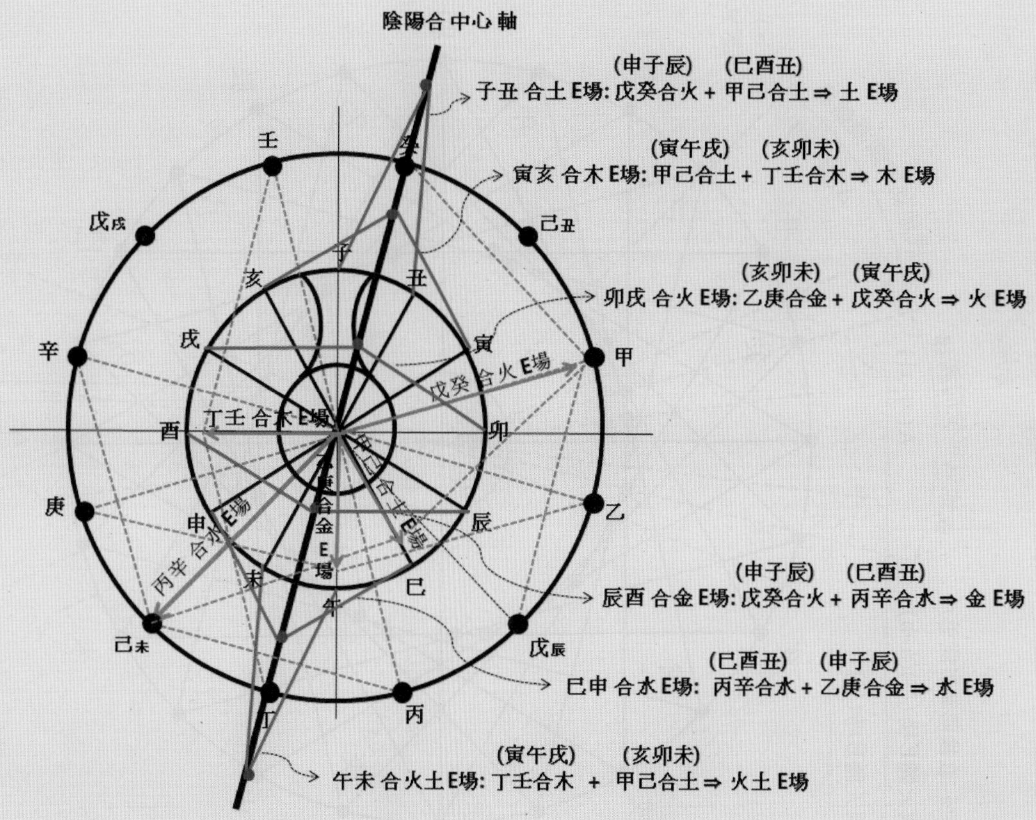

〈그림 3-55〉 天體 同調 地氣 穴場의 立體的 陰陽合 Energy와 그 Energy場 Vector圖

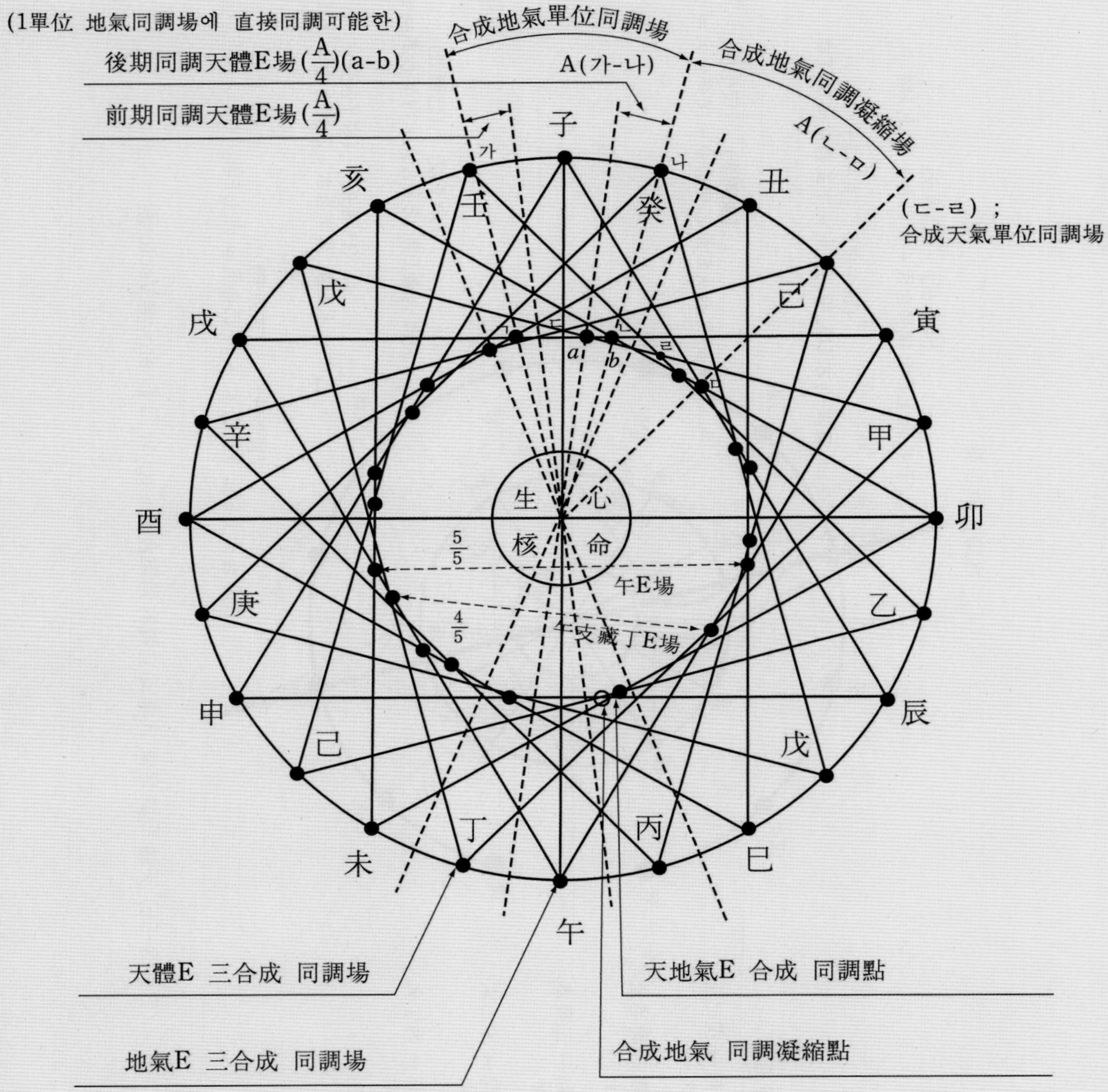

〈그림 3-56〉 相互 同調關係圖

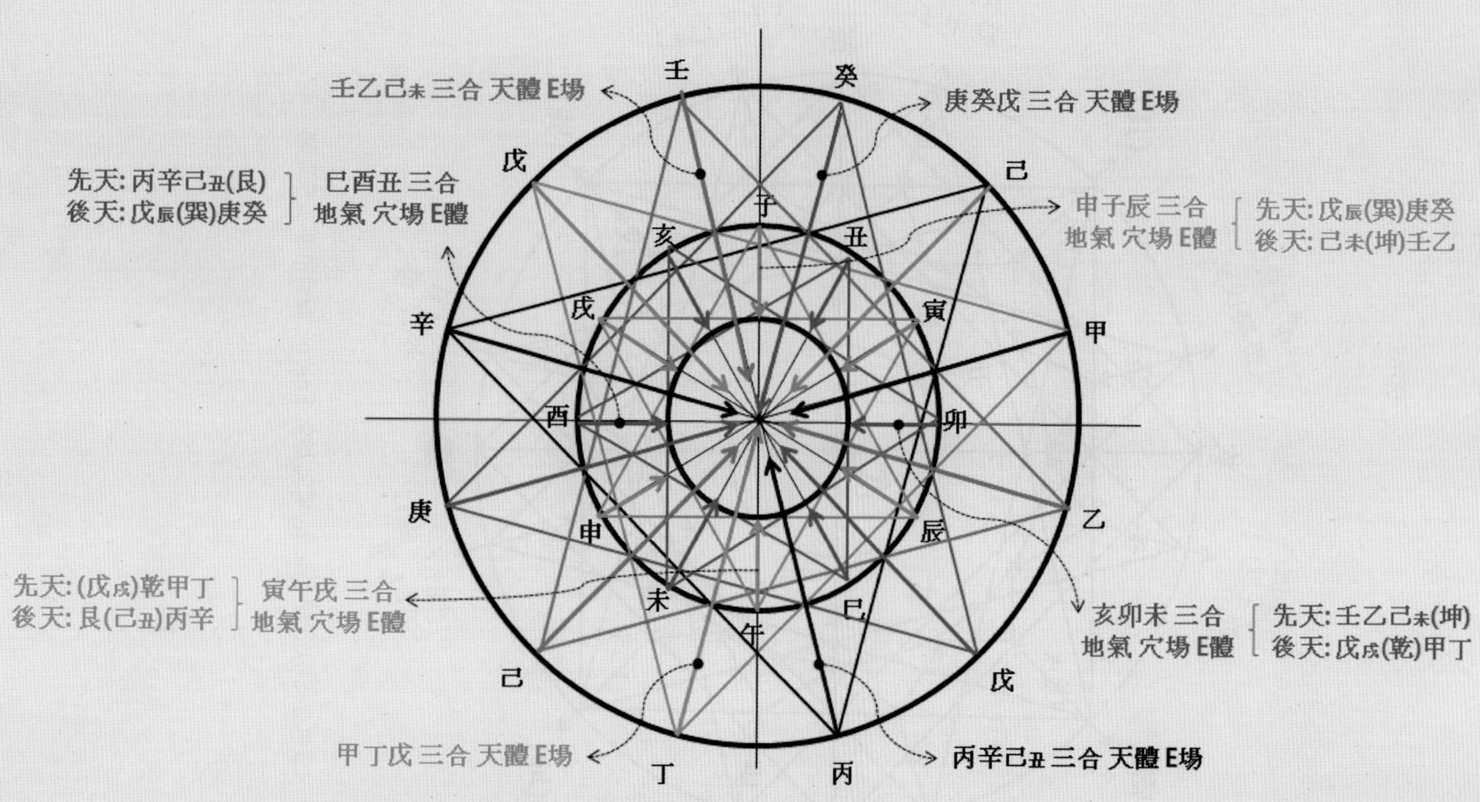

〈그림 3-57〉 天體同調 地氣 穴場의 立體的 △合 Energy와 그 Energy場 Vector圖

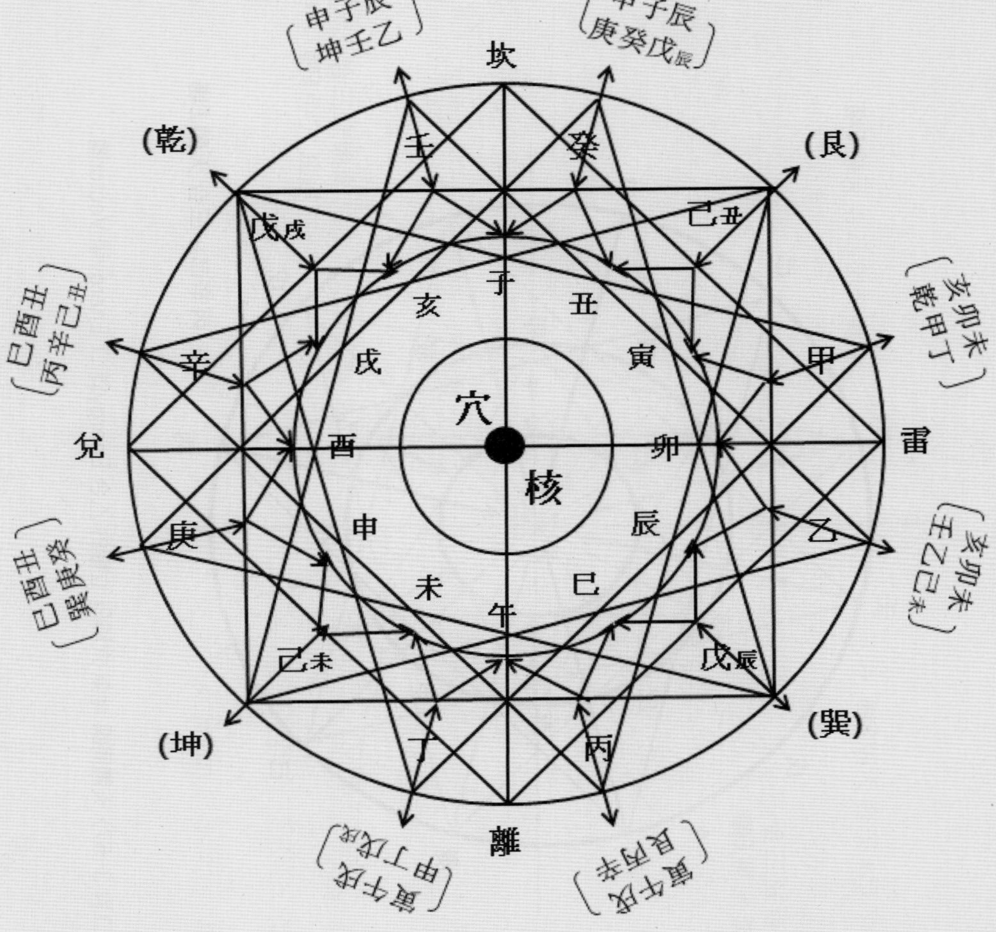

〈그림 3-58〉 天體 Energy場의 地氣 Energy 同調帶 形成原理圖

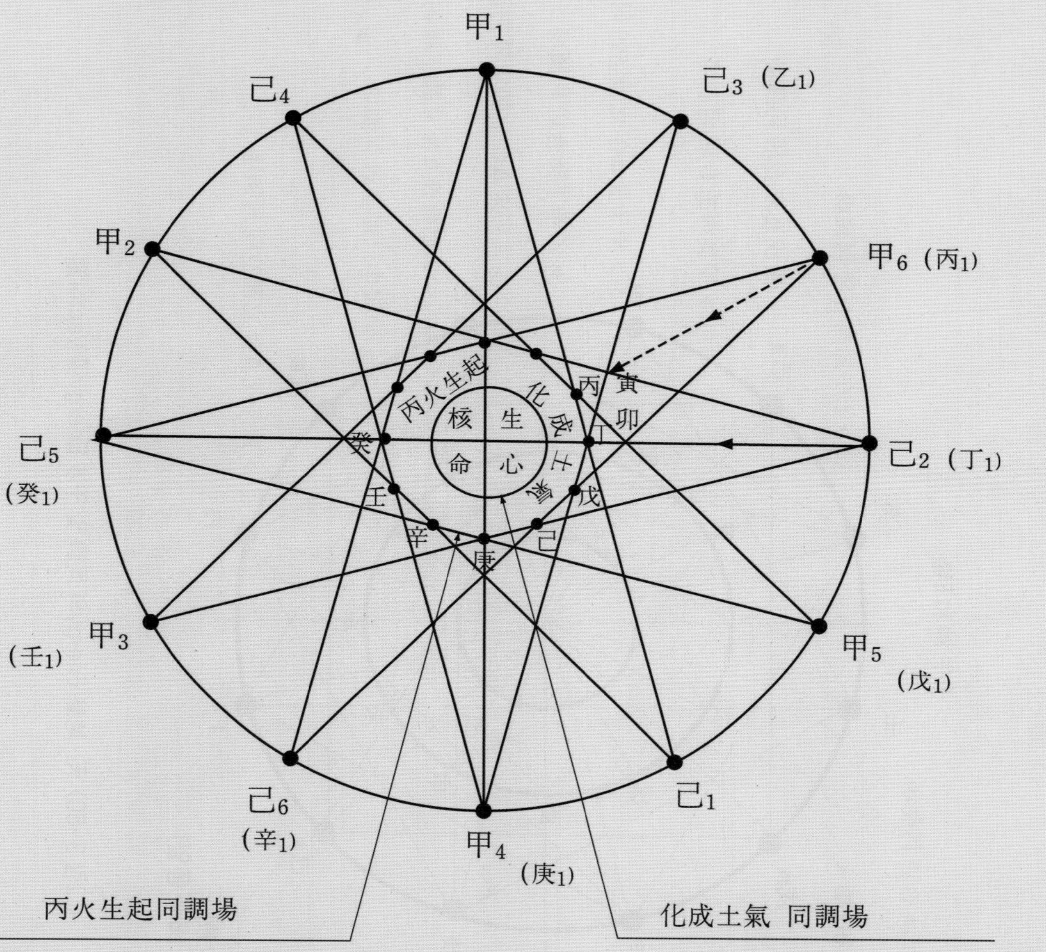

[丙 (寅)] → [丁 (卯)] → [戊 (辰)] 生起 } —E 場 / 生 成→ {[戊 (辰)] → [己 (巳)] → [庚 (午)] 化成

〈木 生 火 → (土)〉　　　　〈火 生 土 → (金)〉

〈그림 3-59〉 同居同期 位相 天體 Energy場의 化氣 同調場

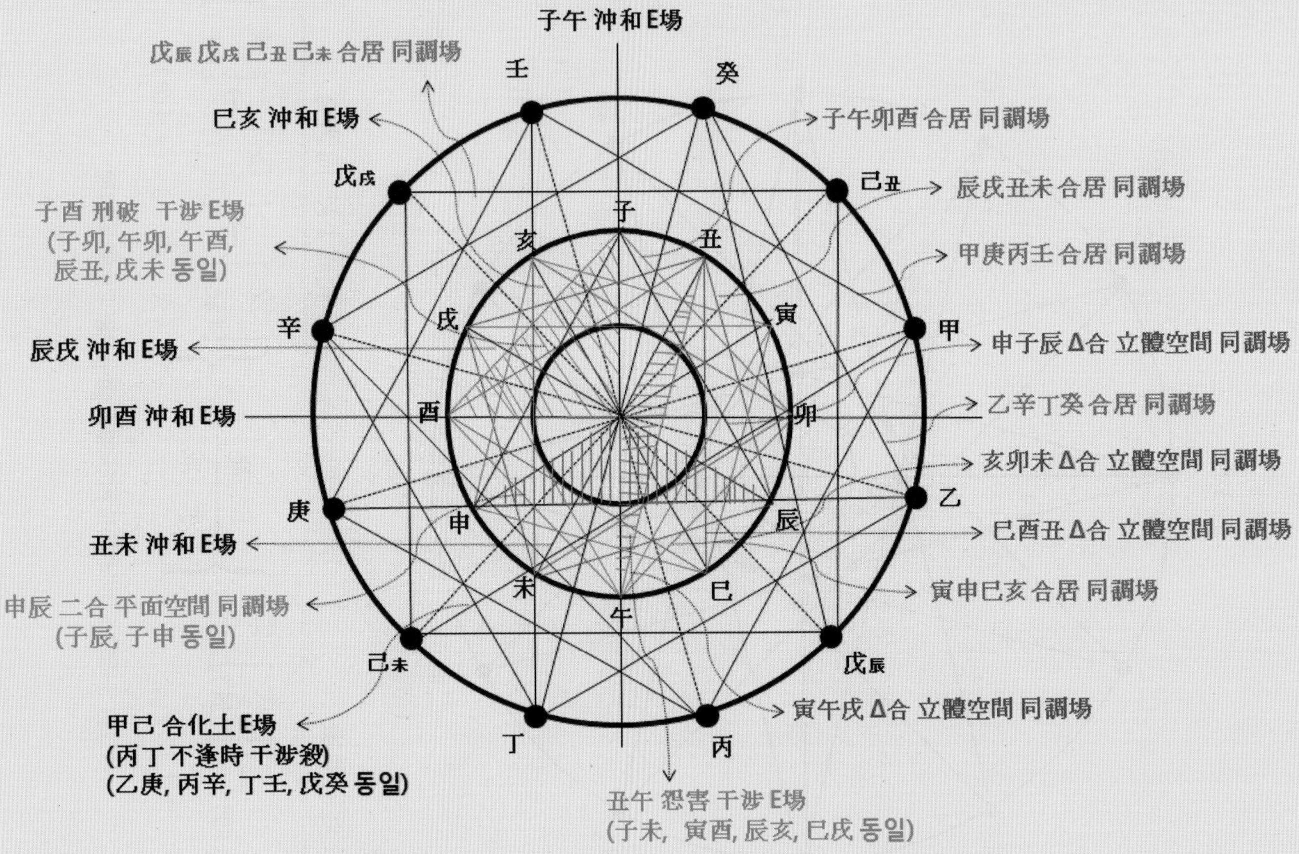

〈그림 3-60〉天·地氣 Energy의 同調 및 干涉 Energy場 Vector圖

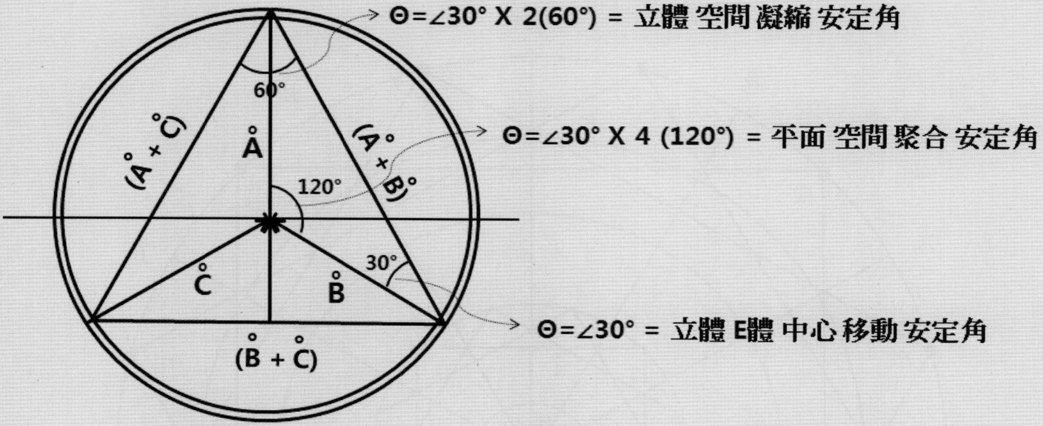

〈그림 3-61〉 三合位 天體 Energy場의 干涉原理

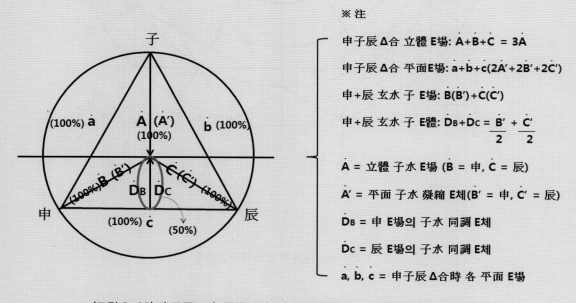

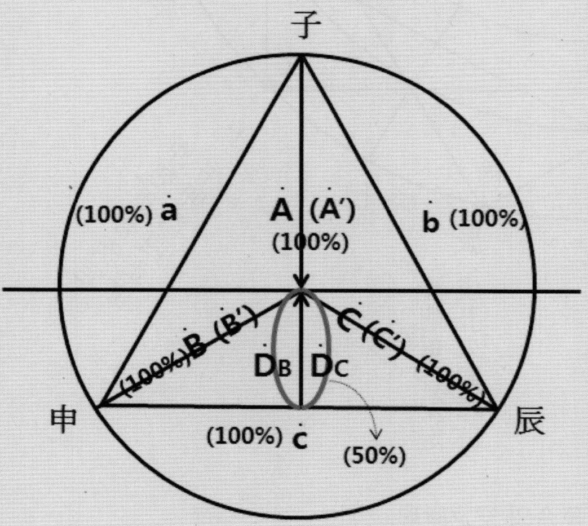

※ 注

- 申子辰 Δ合 立體 E場: $\dot{A}+\dot{B}+\dot{C} = 3\dot{A}$
- 申子辰 Δ合 平面E場: $\dot{a}+\dot{b}+\dot{c}(2\dot{A}'+2\dot{B}'+2\dot{C}')$
- 申+辰 玄水 子 E場: $\dot{B}(\dot{B}')+\dot{C}(\dot{C}')$
- 申+辰 玄水 子 E體: $\dot{D}_B+\dot{D}_C = \frac{\dot{B}'}{2} + \frac{\dot{C}'}{2}$
- $\dot{A}$ = 立體 子水 E場 ($\dot{B}$ = 申, $\dot{C}$ = 辰)
- $\dot{A}'$ = 平面 子水 凝縮 E체($\dot{B}'$ = 申, $\dot{C}'$ = 辰)
- $\dot{D}_B$ = 申 E場의 子水 同調 E체
- $\dot{D}_C$ = 辰 E場의 子水 同調 E체
- $\dot{a}, \dot{b}, \dot{c}$ = 申子辰 Δ合時 各 平面 E場

〈그림 3-62〉 申子辰 △合 同調 玄水 및 平面 空間 Energy體와 그 Energy場圖

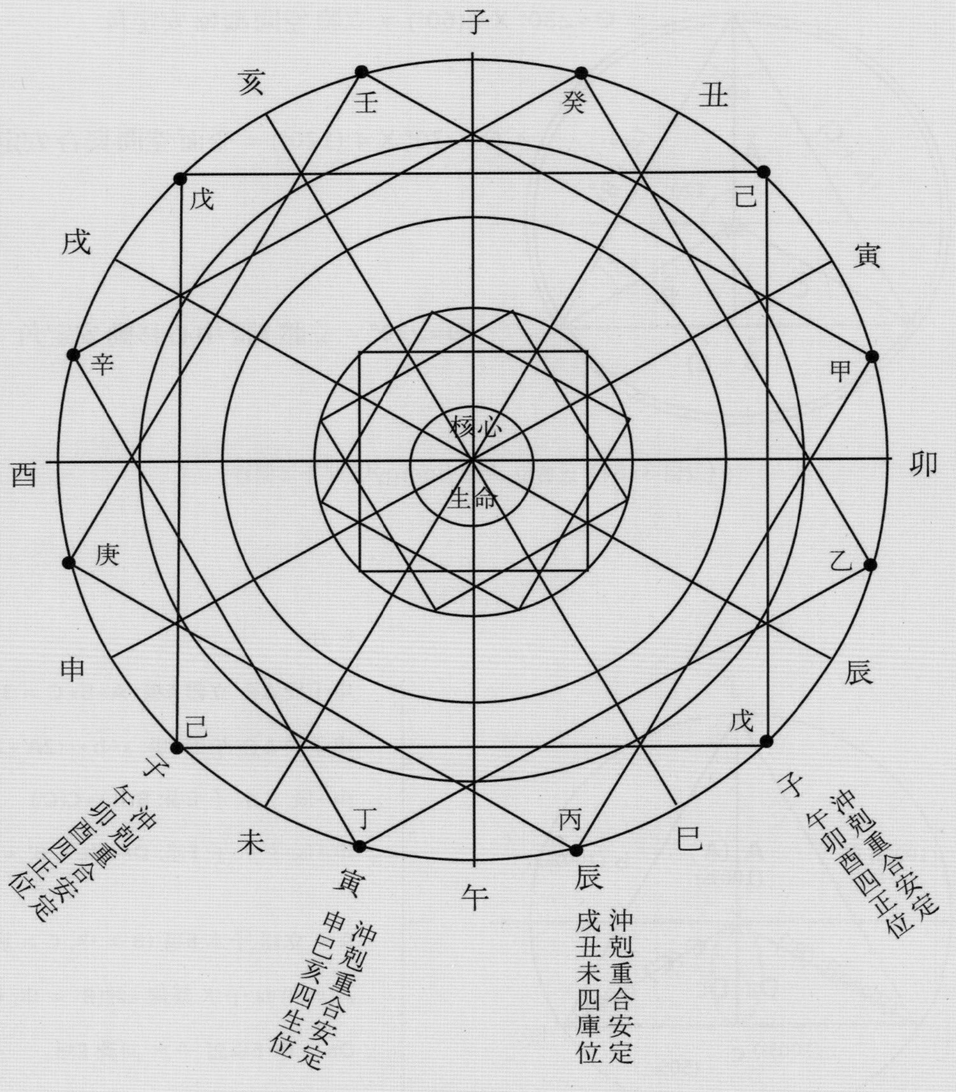

〈그림 3-63〉 沖剋 重合의 安定原理

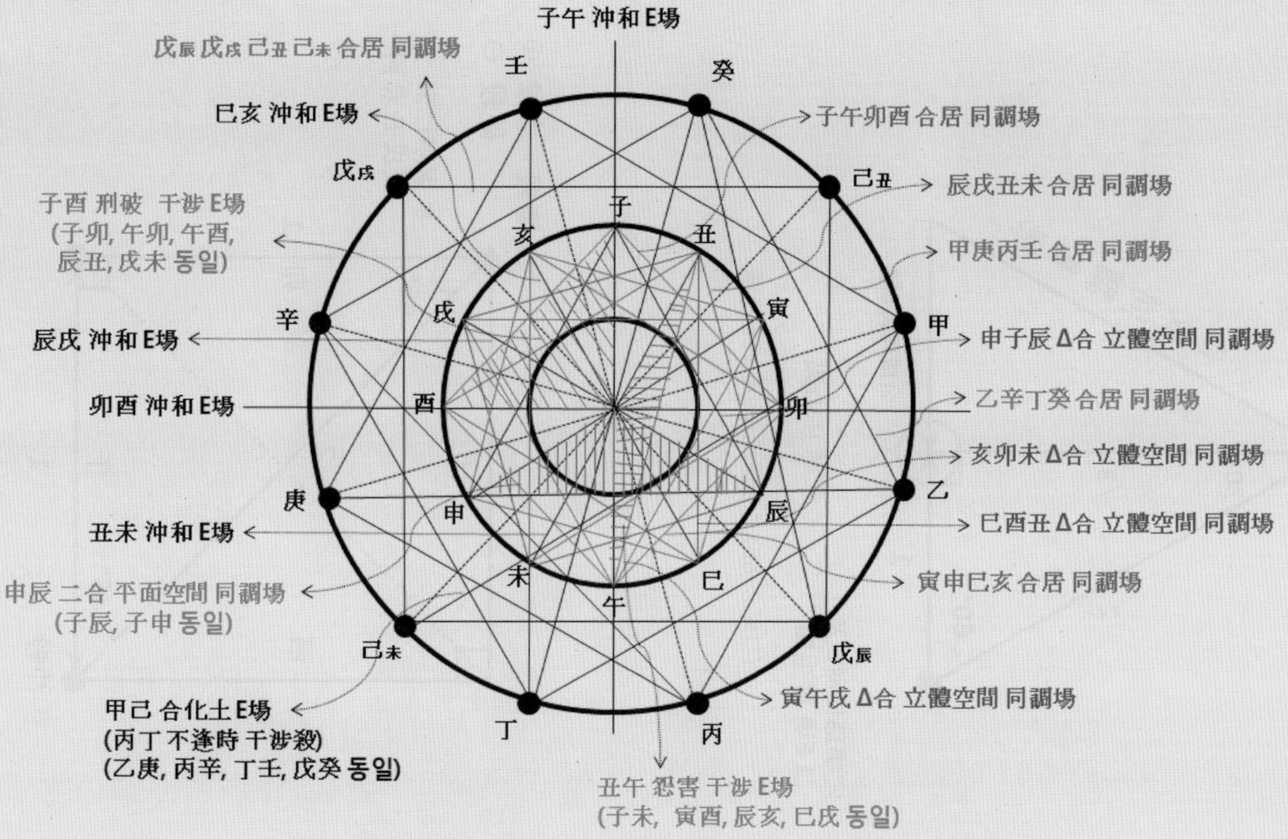

〈그림 3-64〉天·地氣 立體 Energy體 및 그 Energy場 沖和 合成 Vector圖

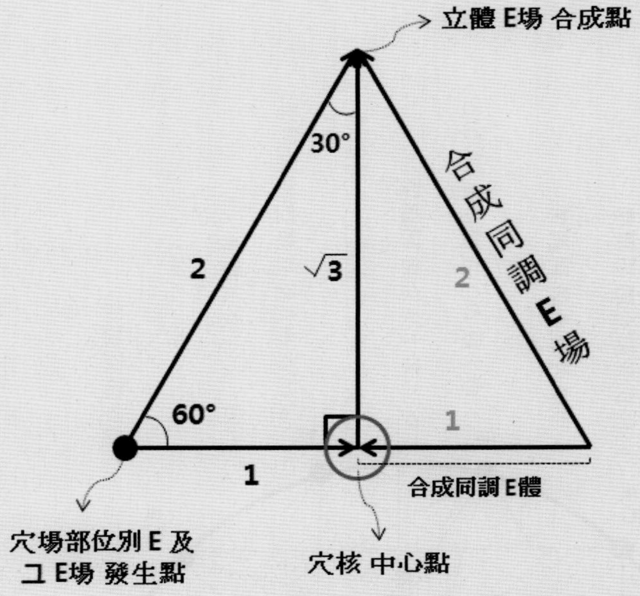

〈그림 3-65〉 △合 Energy場 Vector圖

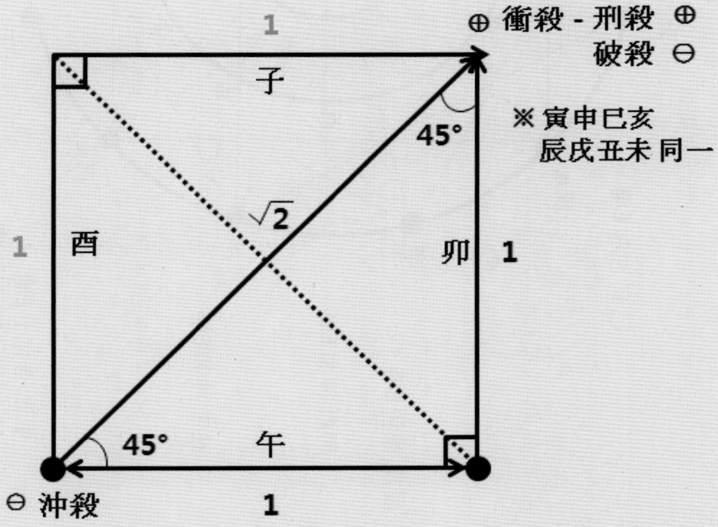

〈그림 3-66〉 四正位 沖和 刑破 Energy場 Vector圖

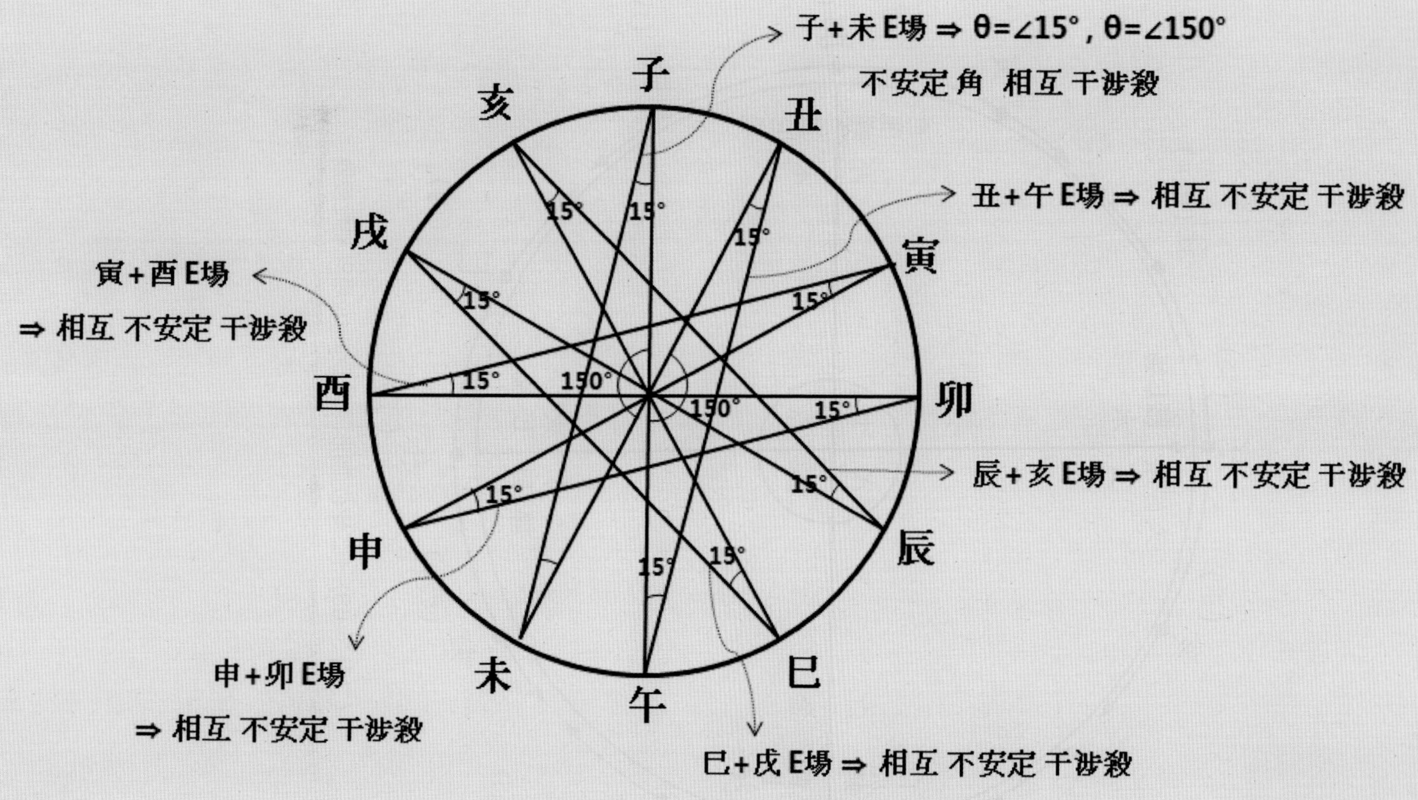

〈그림 3-67〉 怨嗔害 干涉殺 Energy場 Vector圖

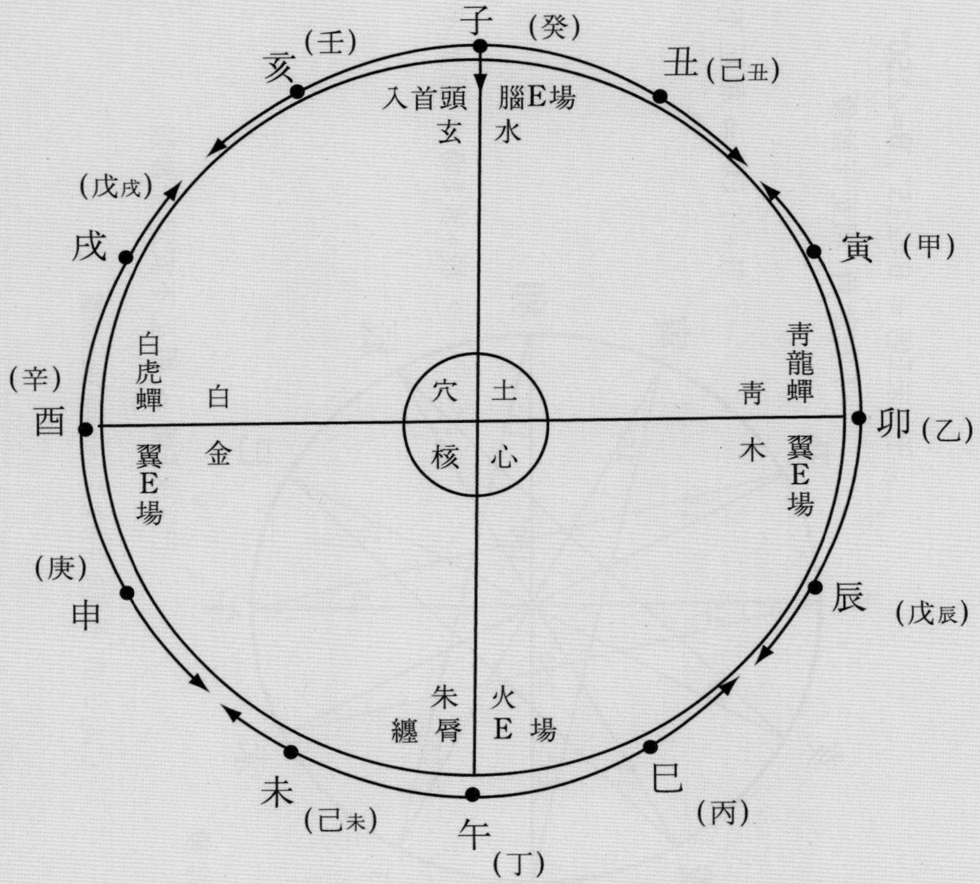

〈그림 3-68〉 十二定位 圓形同調 Energy場의 特性發顯

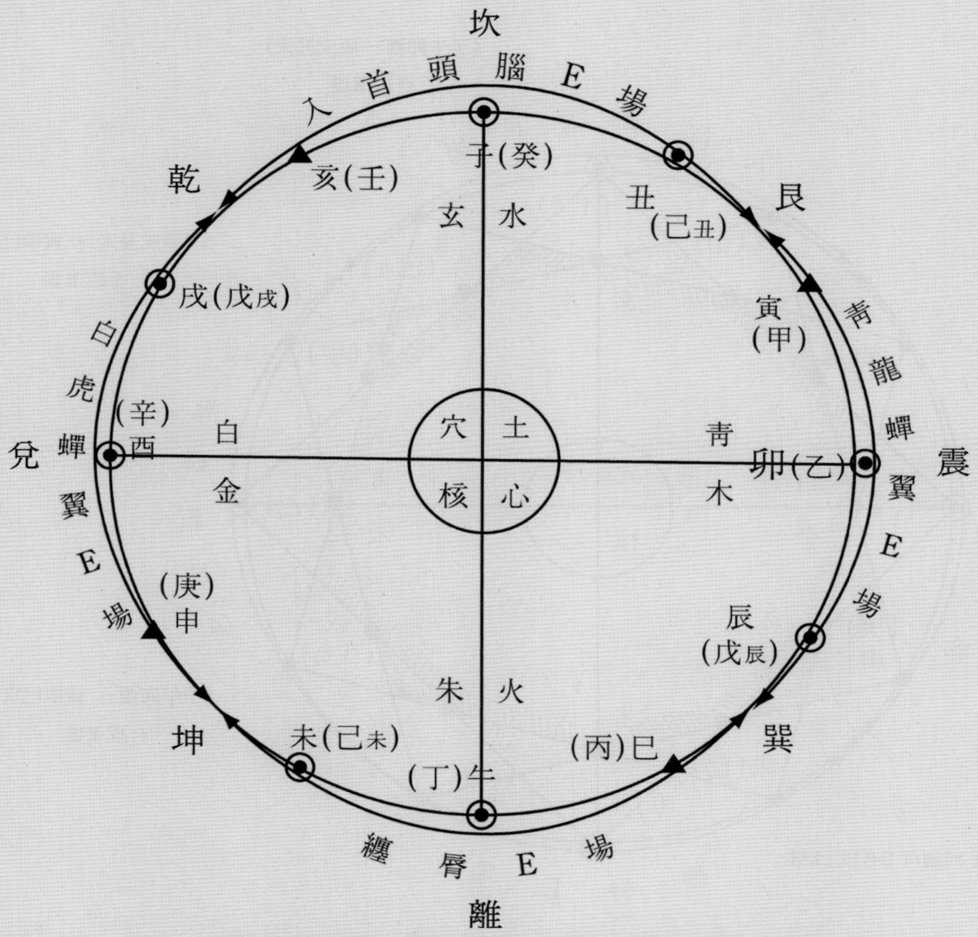

〈그림 3-69〉 八正位 同調 Energy場 特性의 發顯

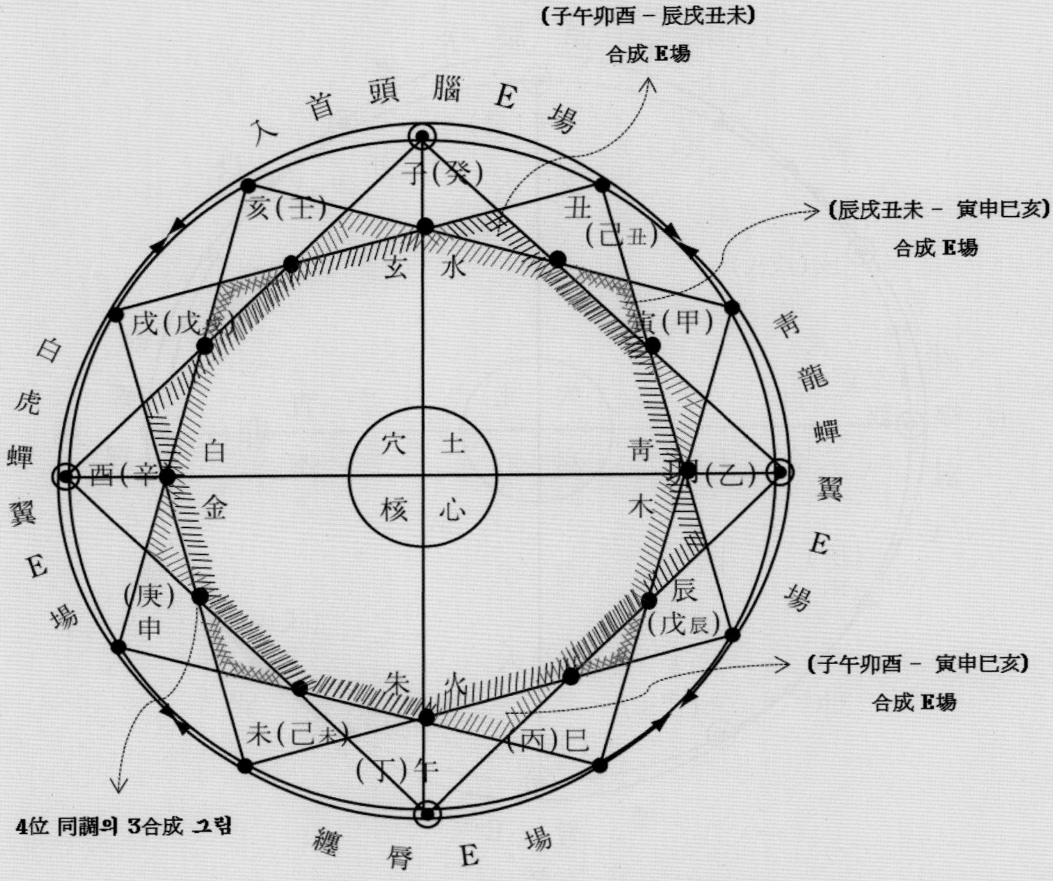

〈그림 3-70〉 四正位 局同調 Energy場의 特性發顯

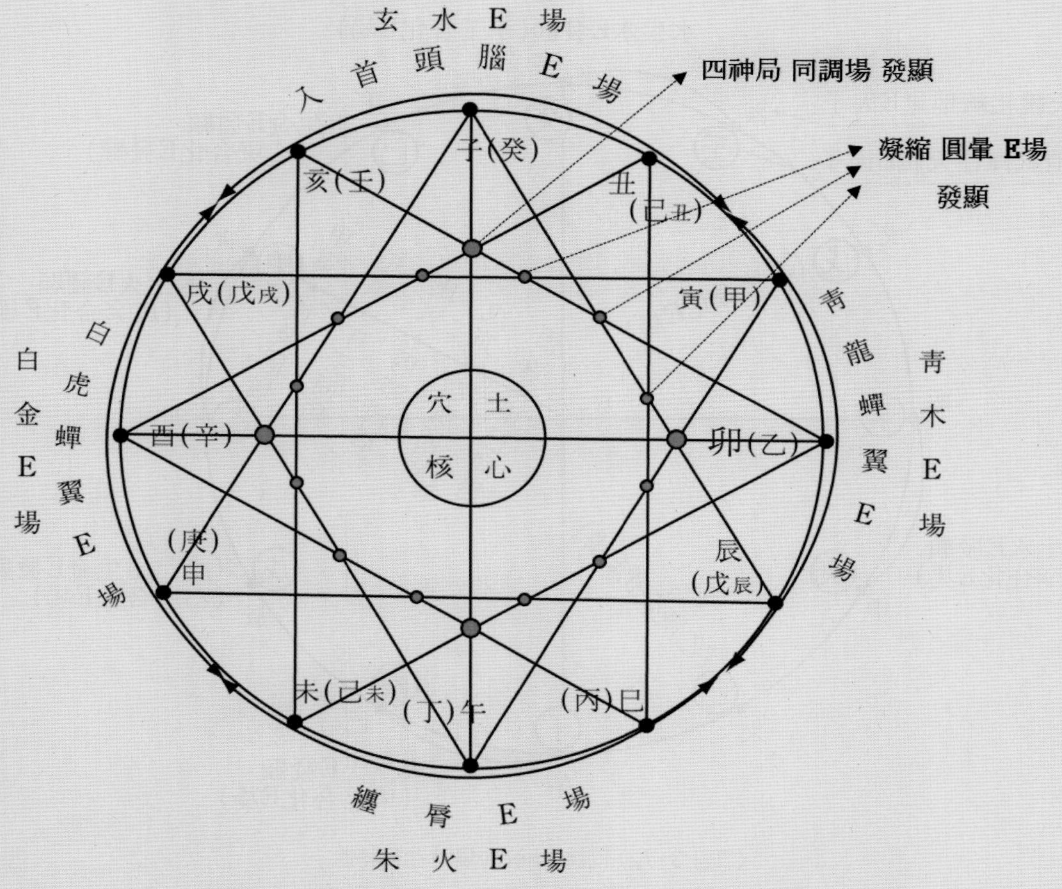

〈그림 3-71〉 三合位 局同調 Energy場의 特性發顯

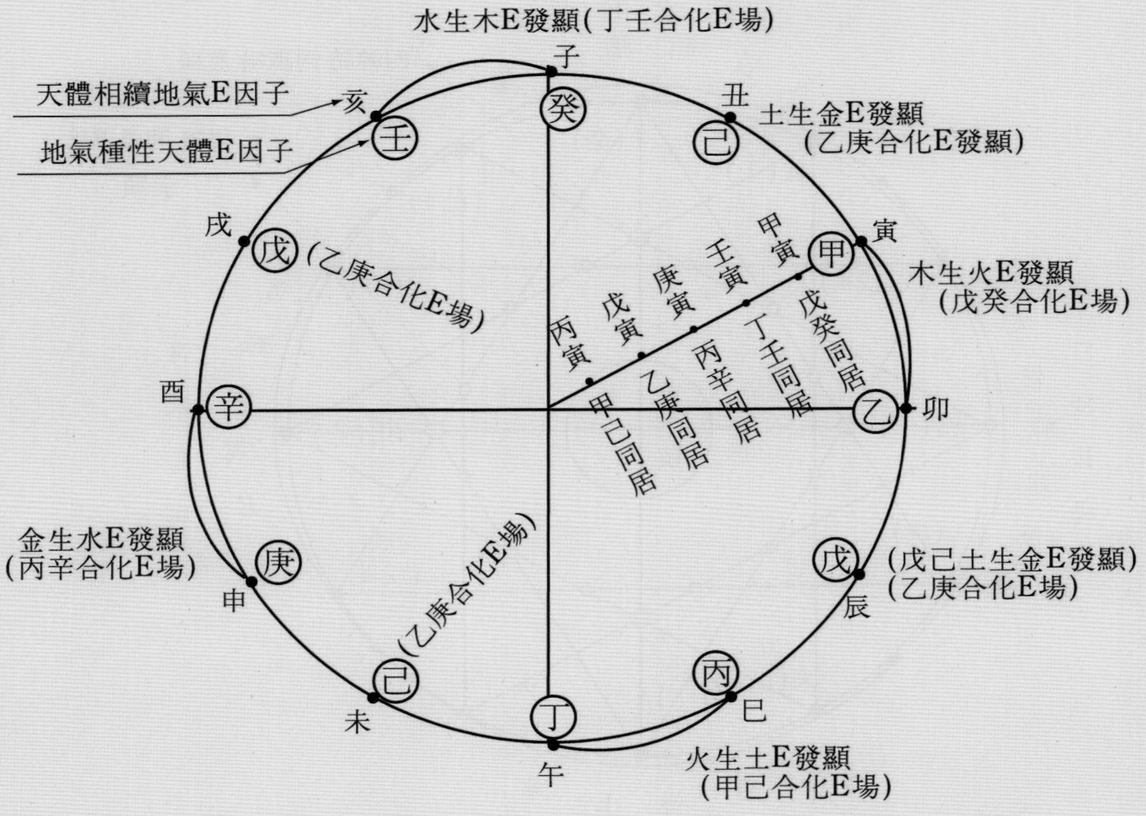

〈그림 3-72〉 同調 Energy場의 生起特性

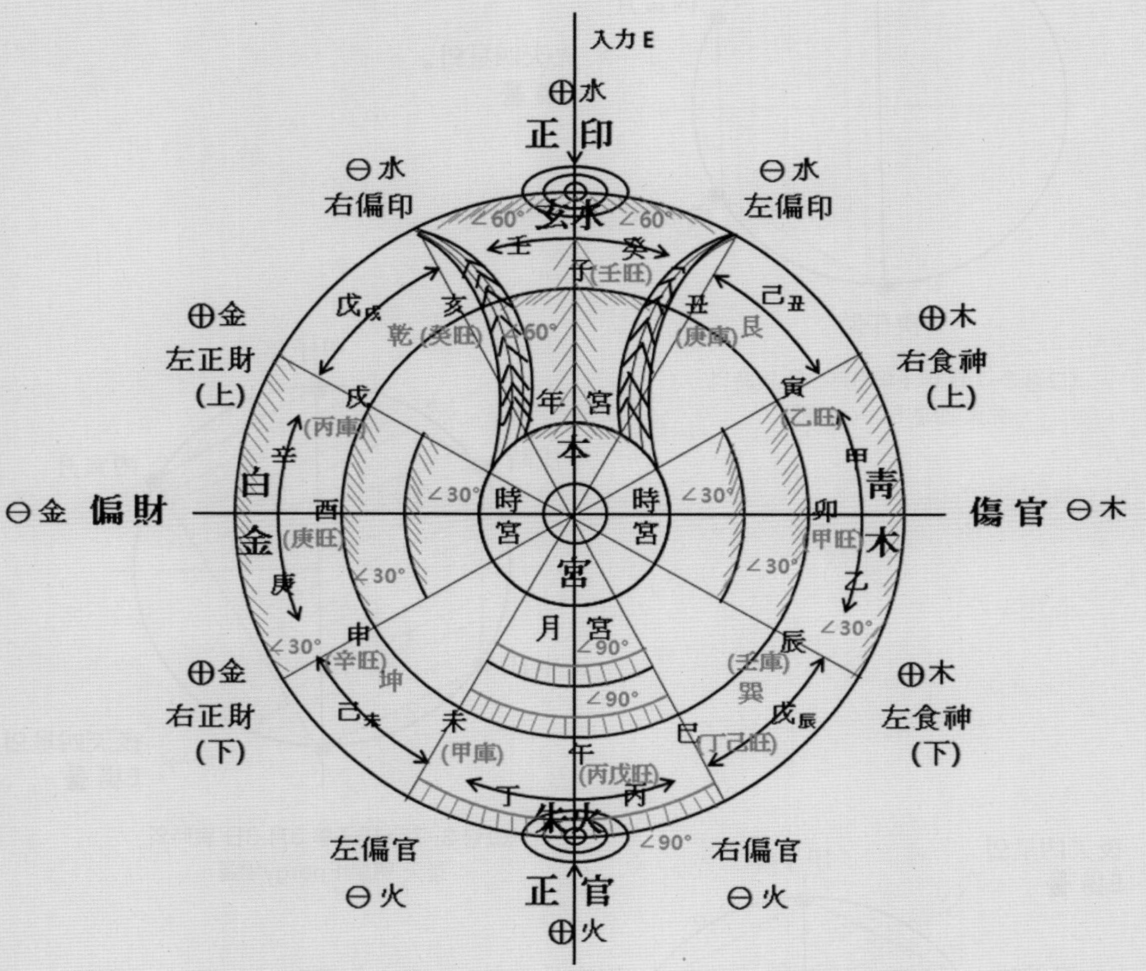

{* 本宮은:
靈魂의 安定處요
本마음의 자리다.}

{* 四神砂宮은:
精神과 魂魄의 安定處요
몸마음의 자리다.}

〈그림 3-73〉 穴場과 風易의 構成

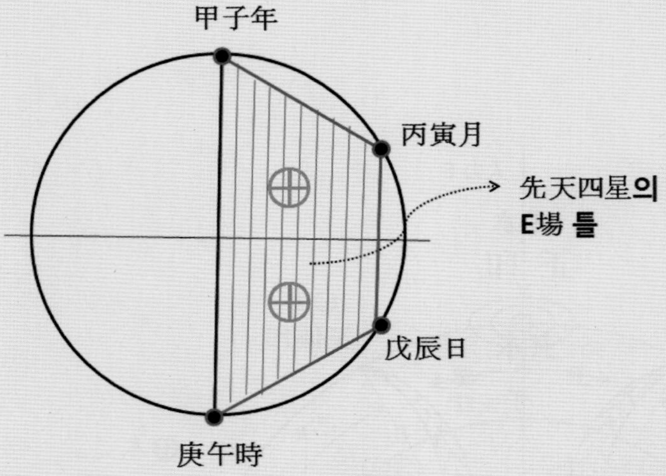

〈그림 3-74〉 甲子年 3月 3日 寅時의
先天 四星 Energy場圖

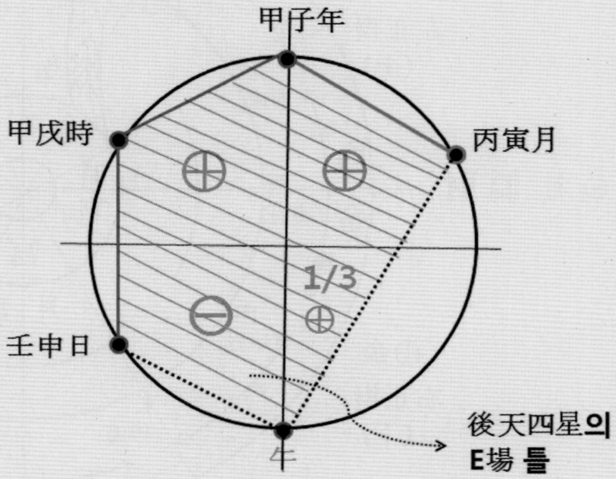

〈그림 3-75〉 甲子年 3月 3日 寅時의
後天 四星 Energy場圖

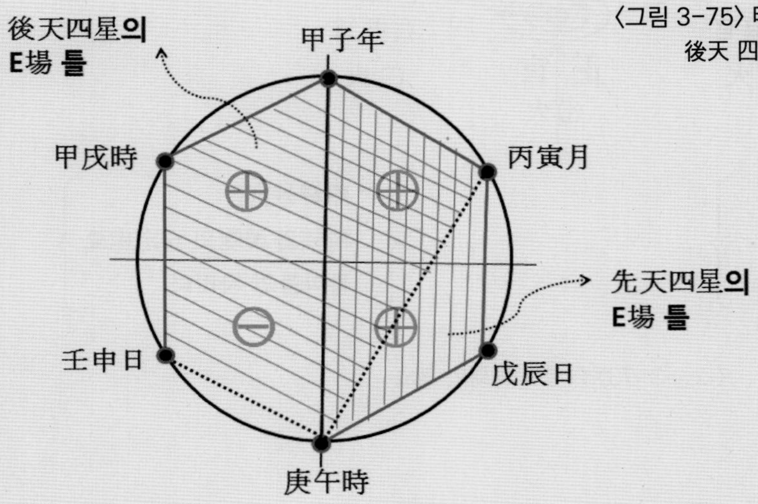

〈그림 3-76〉 甲子年 3月 3日 寅時의
先後天 四星 Energy場 發現의 合成圖

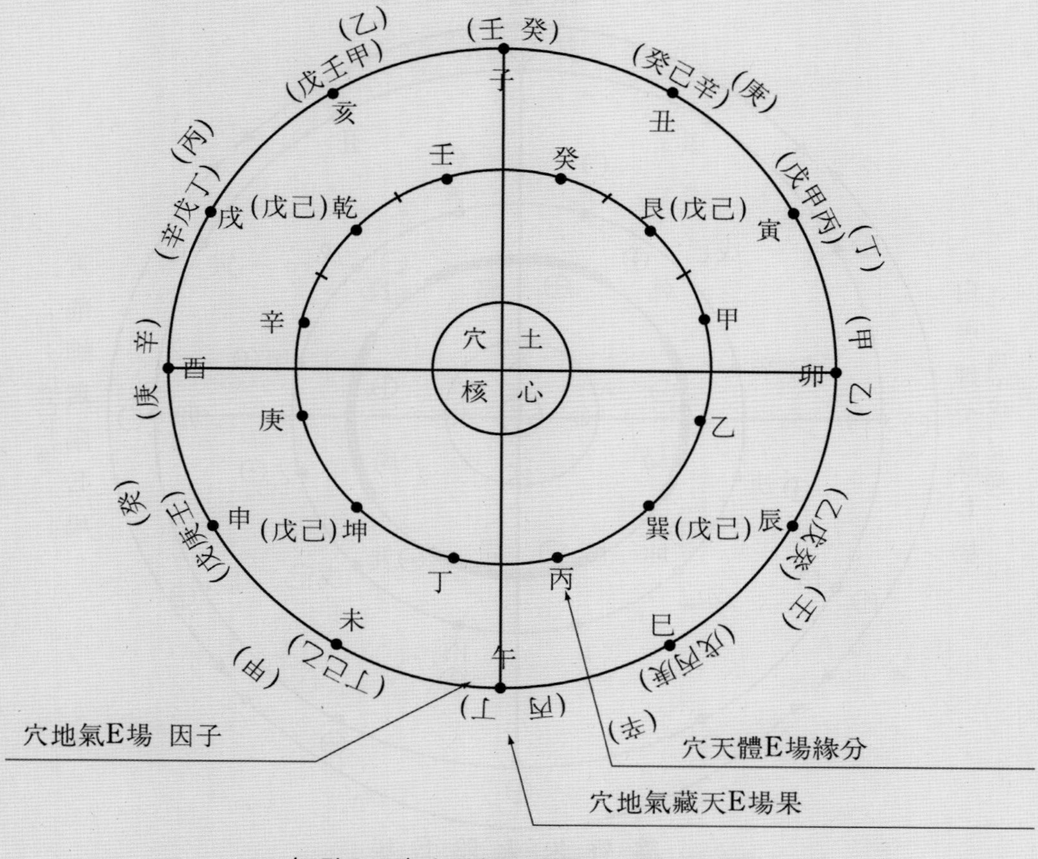

〈그림 3-77〉 穴 地氣藏天 Energy場의 形成圖

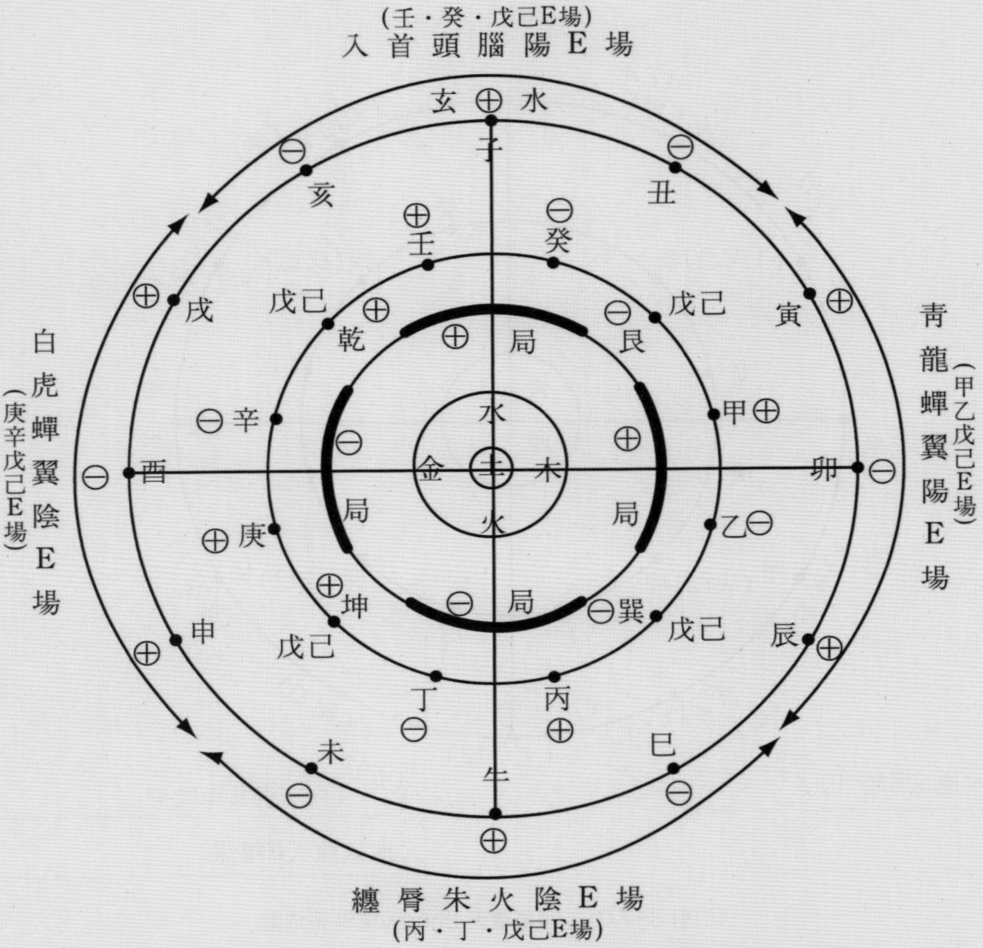

〈그림 3-78〉 穴 地氣 및 藏天 Energy場의 陰陽秩序

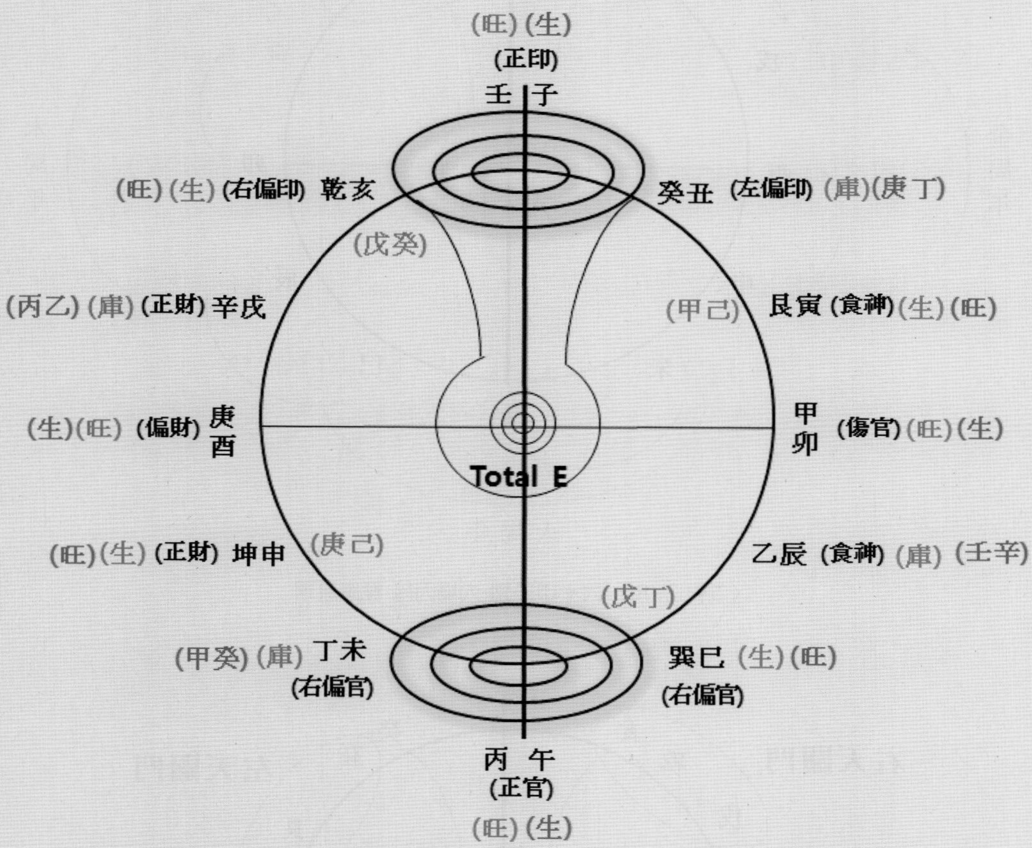

〈그림 3-79〉 十二運星 ⊖⊕配位 風易運星

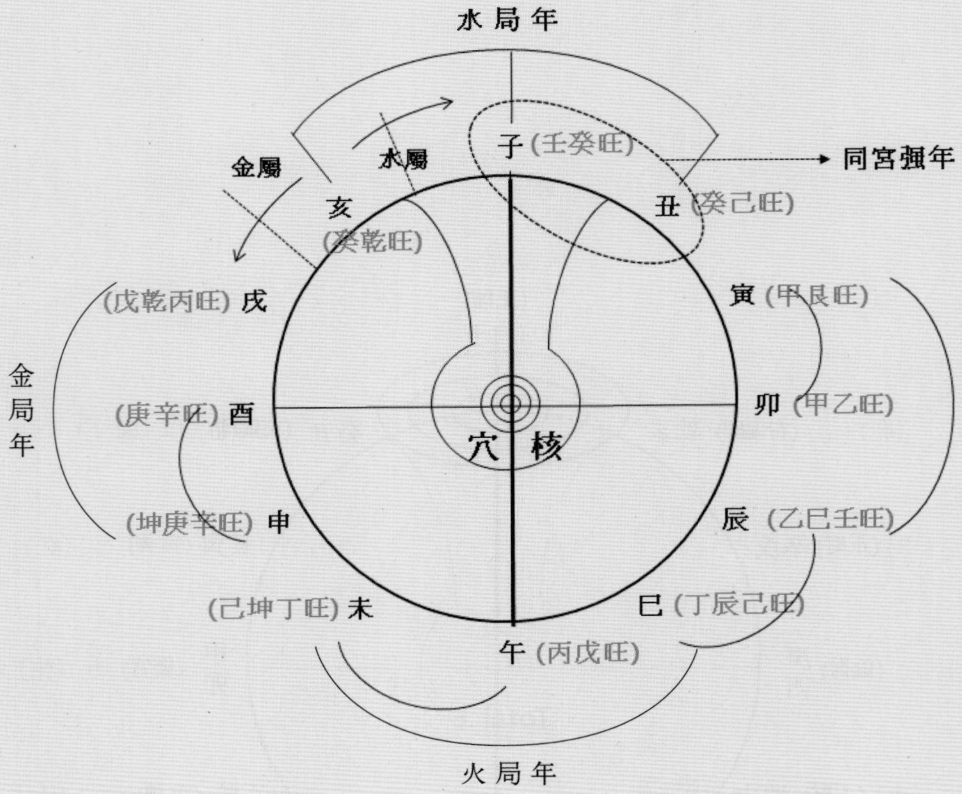

〈그림 3-80〉 六十甲子別 穴場因緣 發應原理

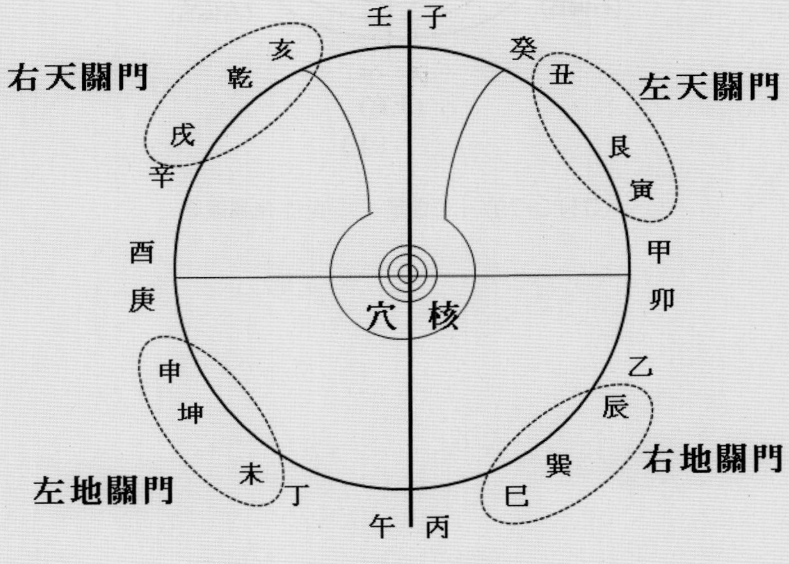

〈그림 3-81〉 關門

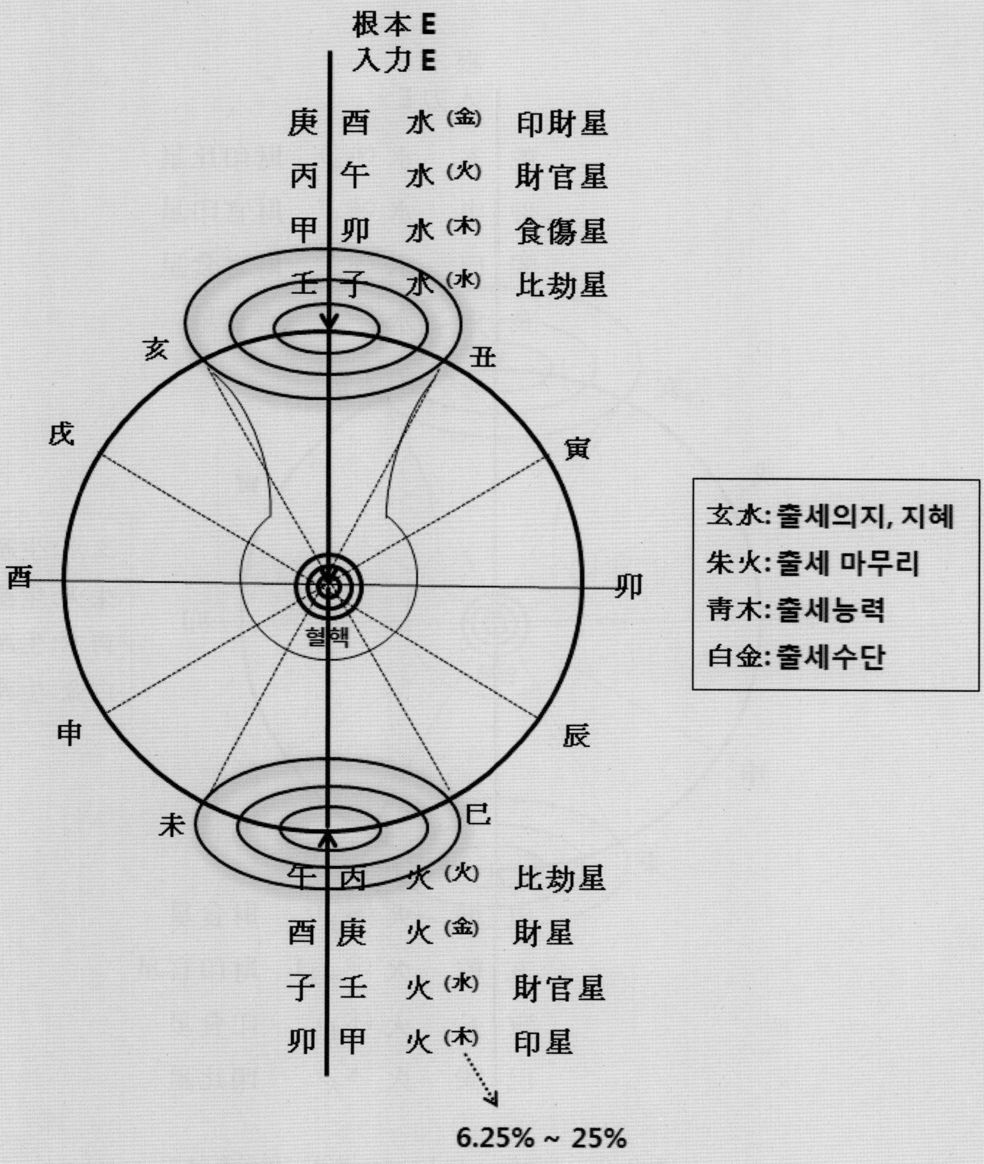

〈그림 3-82〉 四貴節 方位 Energy場의 一致現象 特性

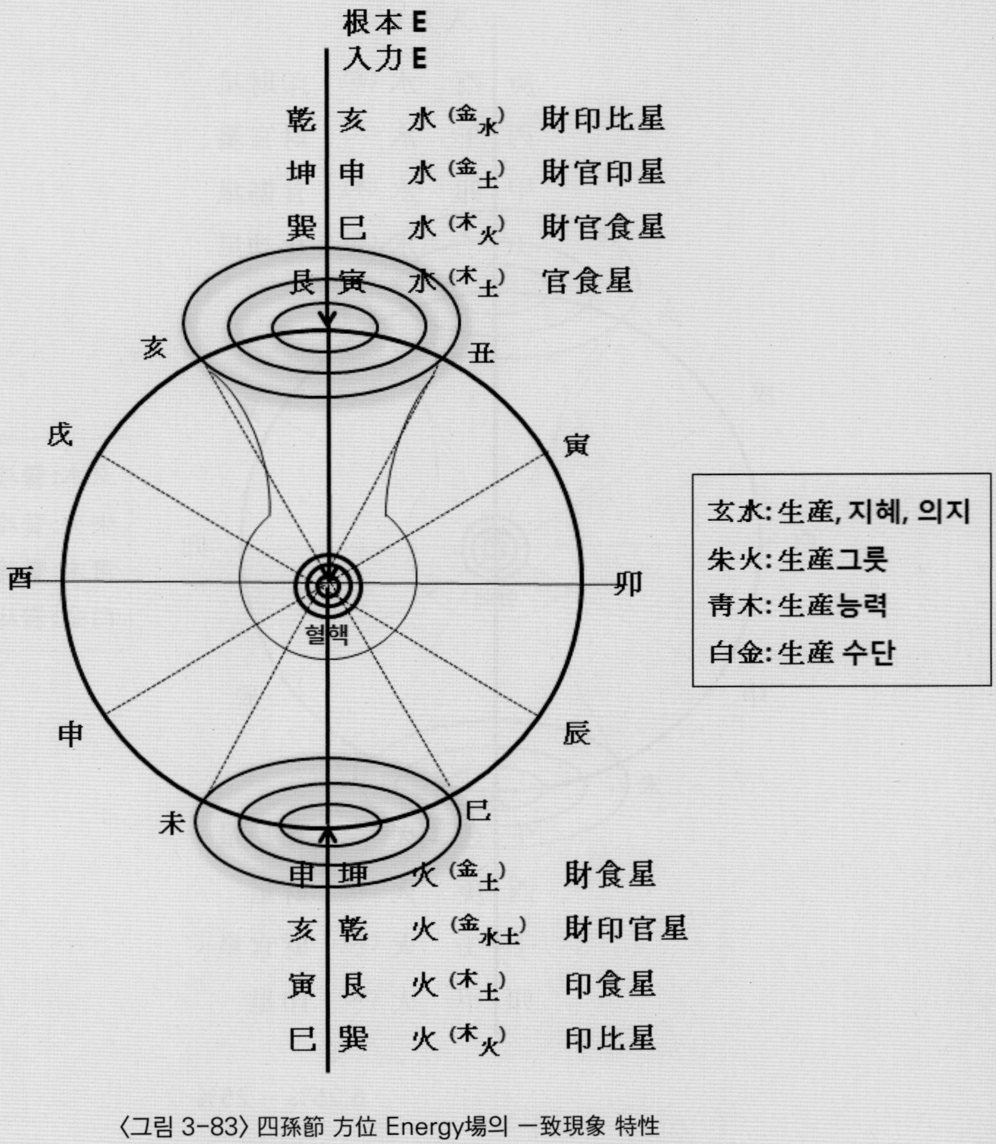
根本E
入力E
乾 亥 水(金水) 財印比星
坤 申 水(金土) 財官印星
巽 巳 水(木火) 財官食星
艮 寅 水(木土) 官食星
亥
丑
戌
寅
酉
卯
혈핵
申
辰
未
巳
申 坤 火(金土) 財食星
亥 乾 火(金水土) 財印官星
寅 艮 火(木土) 印食星
巳 巽 火(木火) 印比星
玄水: 生産, 지혜, 의지
朱火: 生産그릇
靑木: 生産능력
白金: 生産 수단

〈그림 3-83〉 四孫節 方位 Energy場의 一致現象 特性

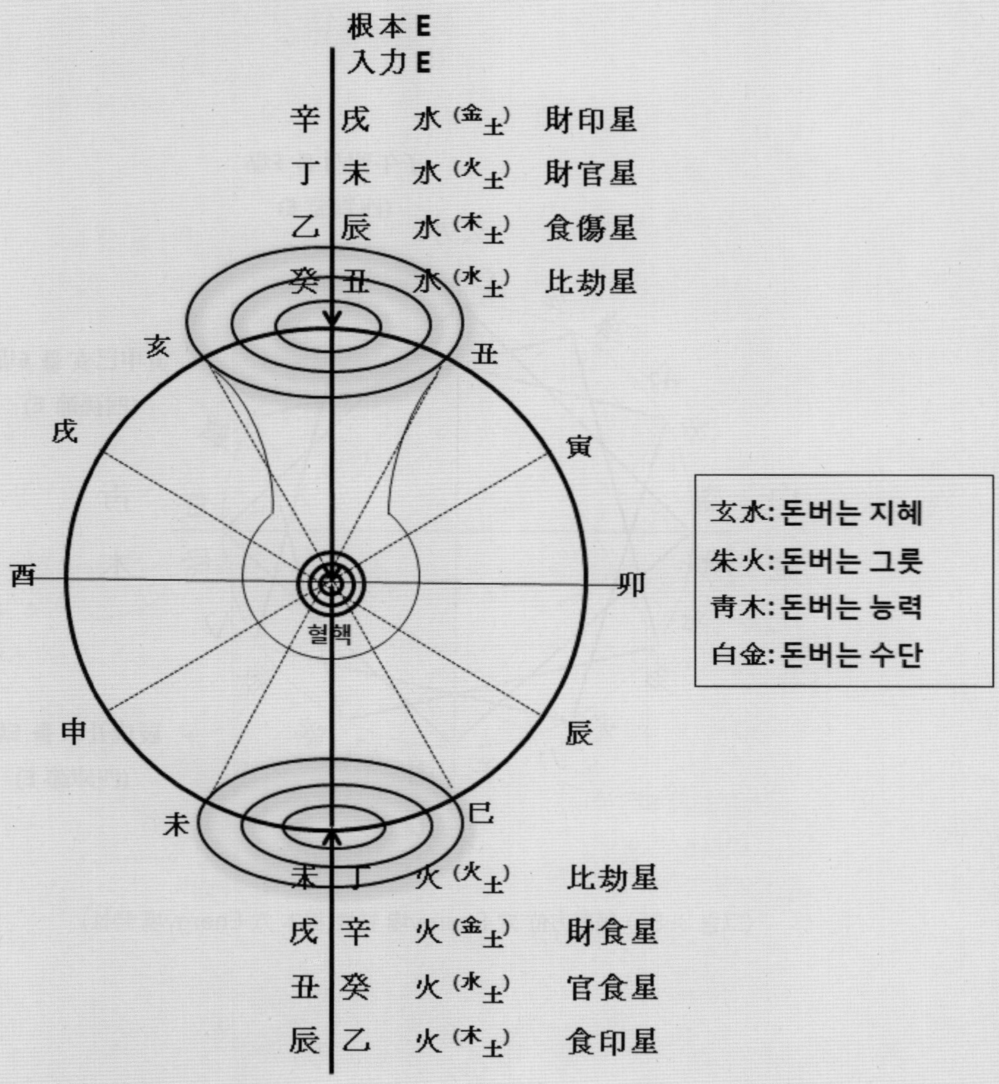
根本E
入力E
辛 戌 水 (金土) 財印星
丁 未 水 (火土) 財官星
乙 辰 水 (木土) 食傷星
癸 丑 水 (水土) 比劫星
亥
丑
戌
寅
酉
卯
혈핵
申
辰
未
巳
未 丁 火 (火土) 比劫星
戌 辛 火 (金土) 財食星
丑 癸 火 (水土) 官食星
辰 乙 火 (木土) 食印星
玄水: 돈버는 지혜
朱火: 돈버는 그릇
靑木: 돈버는 능력
白金: 돈버는 수단

〈그림 3-84〉 四富節 方位 Energy場의 一致現象 特性

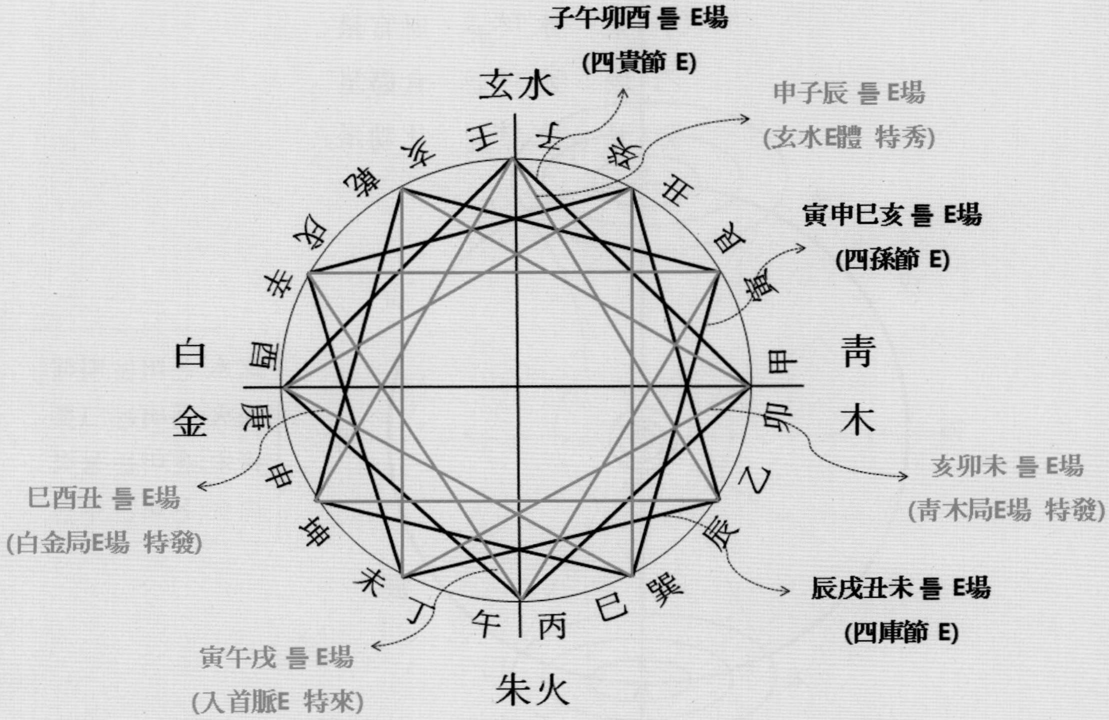

〈그림 3-85〉 絶對方位 穴 Energy場 特性(根本 穴 Energy場 特性)

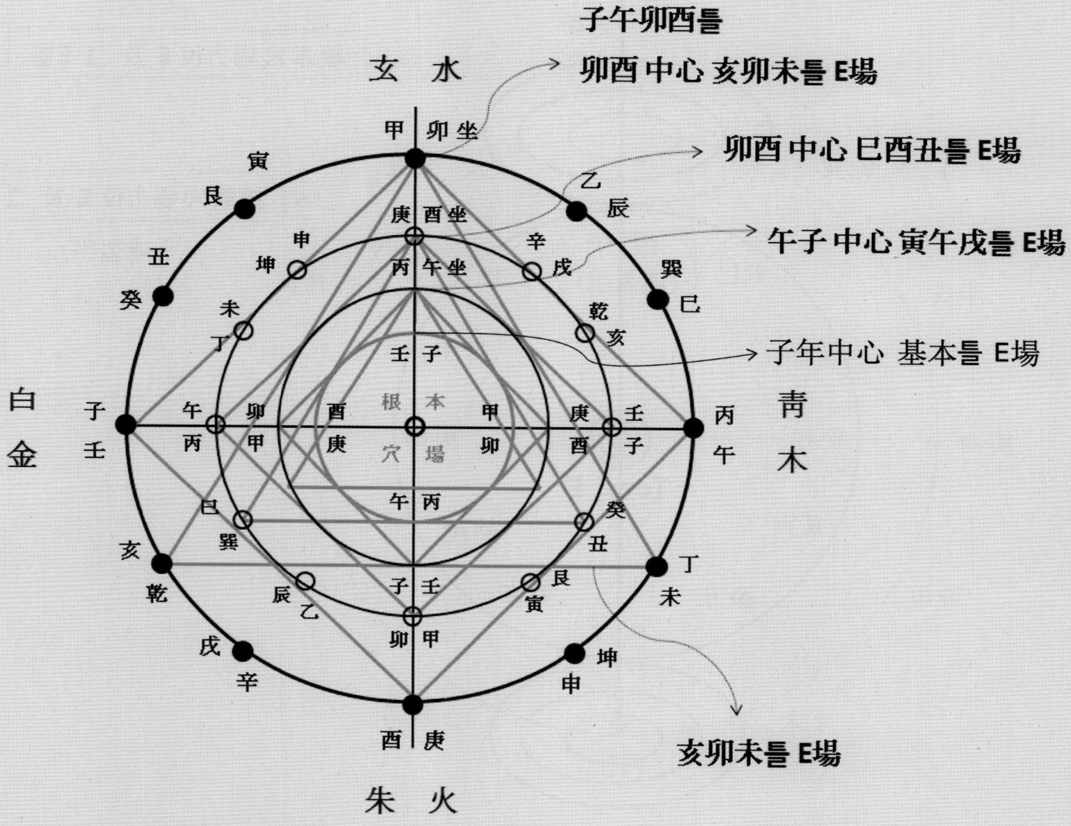

〈그림 3-86〉 相對方位 穴 Energy場 特性(佩鐵, 天體地磁氣 穴 Energy場 特性)

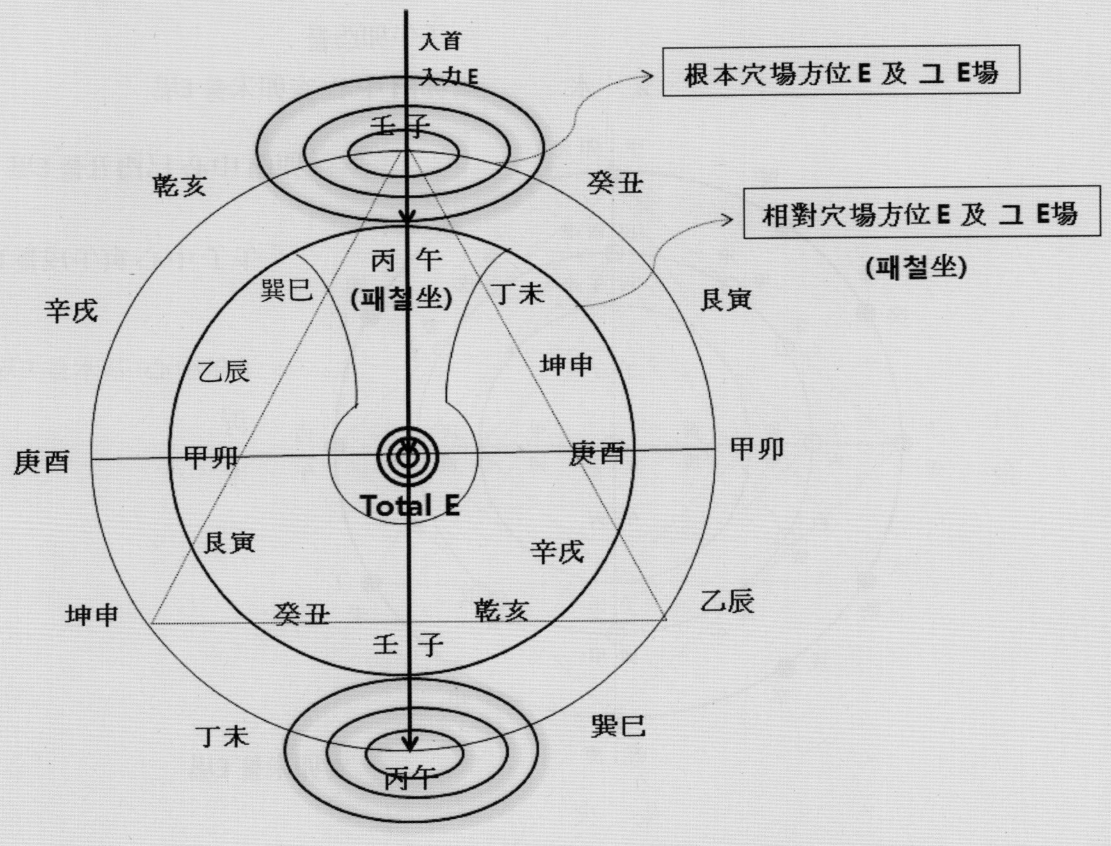
入首
入力E
根本穴場方位 E 及 그 E場
壬 子
乾亥
癸丑
相對穴場方位 E 及 그 E場
(패철坐)
丙 午
巽巳
(패철坐)
丁未
辛戌
艮寅
乙辰
坤申
庚酉
甲卯
庚酉
甲卯
Total E
艮寅
辛戌
坤申
癸丑
乾亥
乙辰
壬 子
丁未
巽巳
丙午

〈그림 3-87〉 絶對方位 壬子坐 入首와 相對方位 丙午坐(佩鐵方位)間의 關係特性

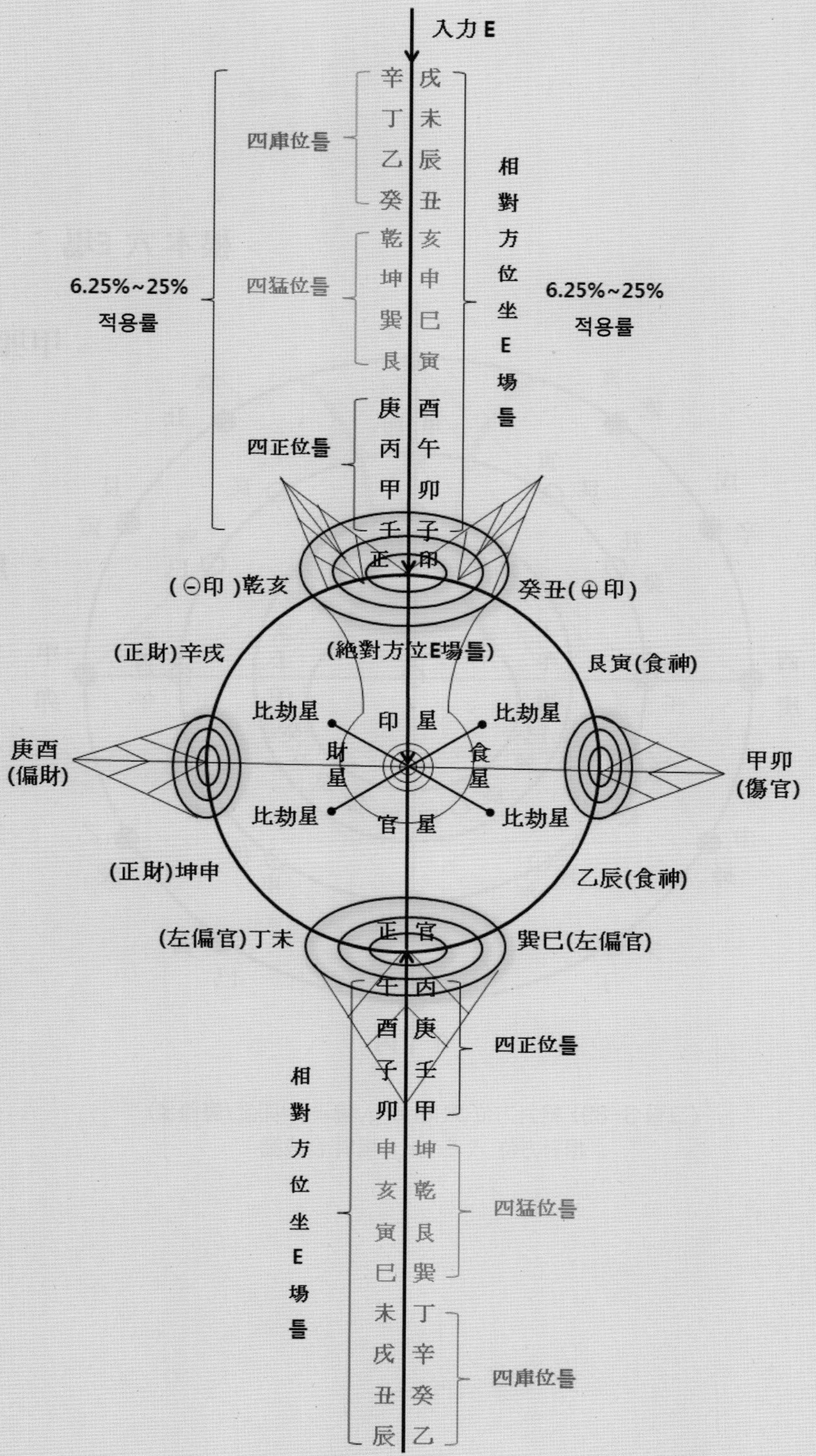

〈그림 3-88〉 四定位 Energy場들의 合成

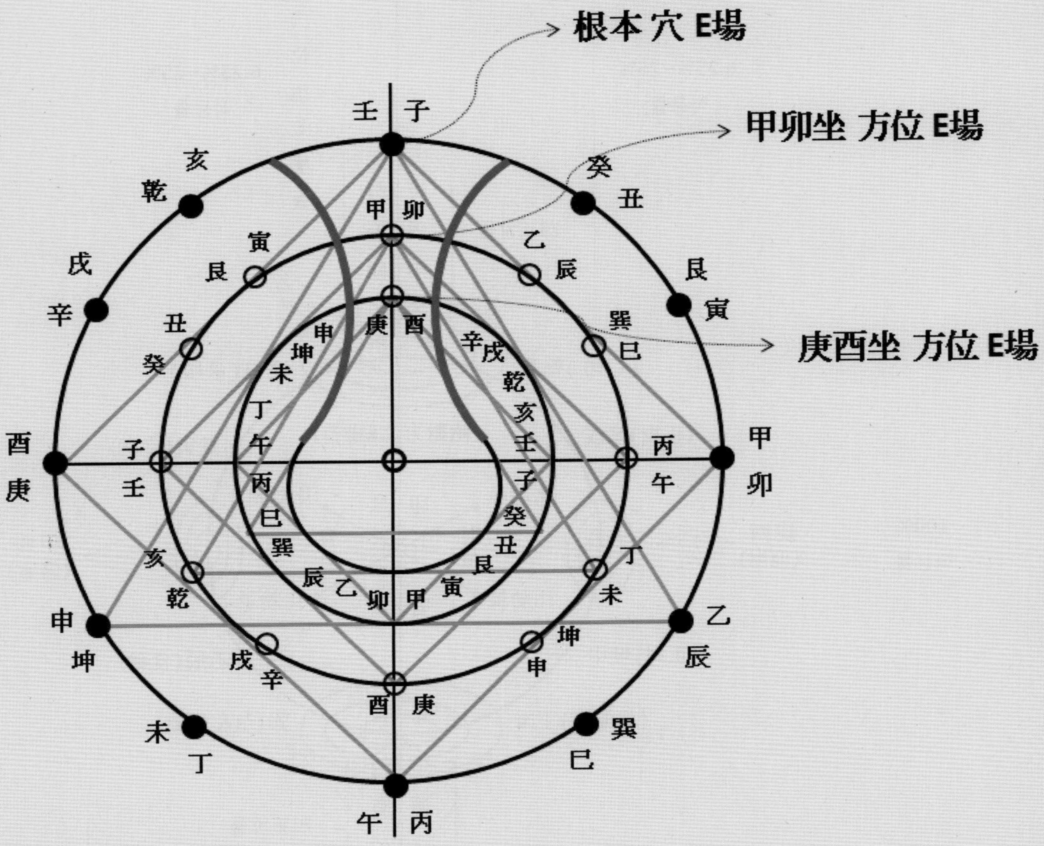

〈그림 3-89〉 絶對方位 穴 Energy場과(甲卯坐/庚酉坐)
相對方位 穴 Energy場의 合成圖

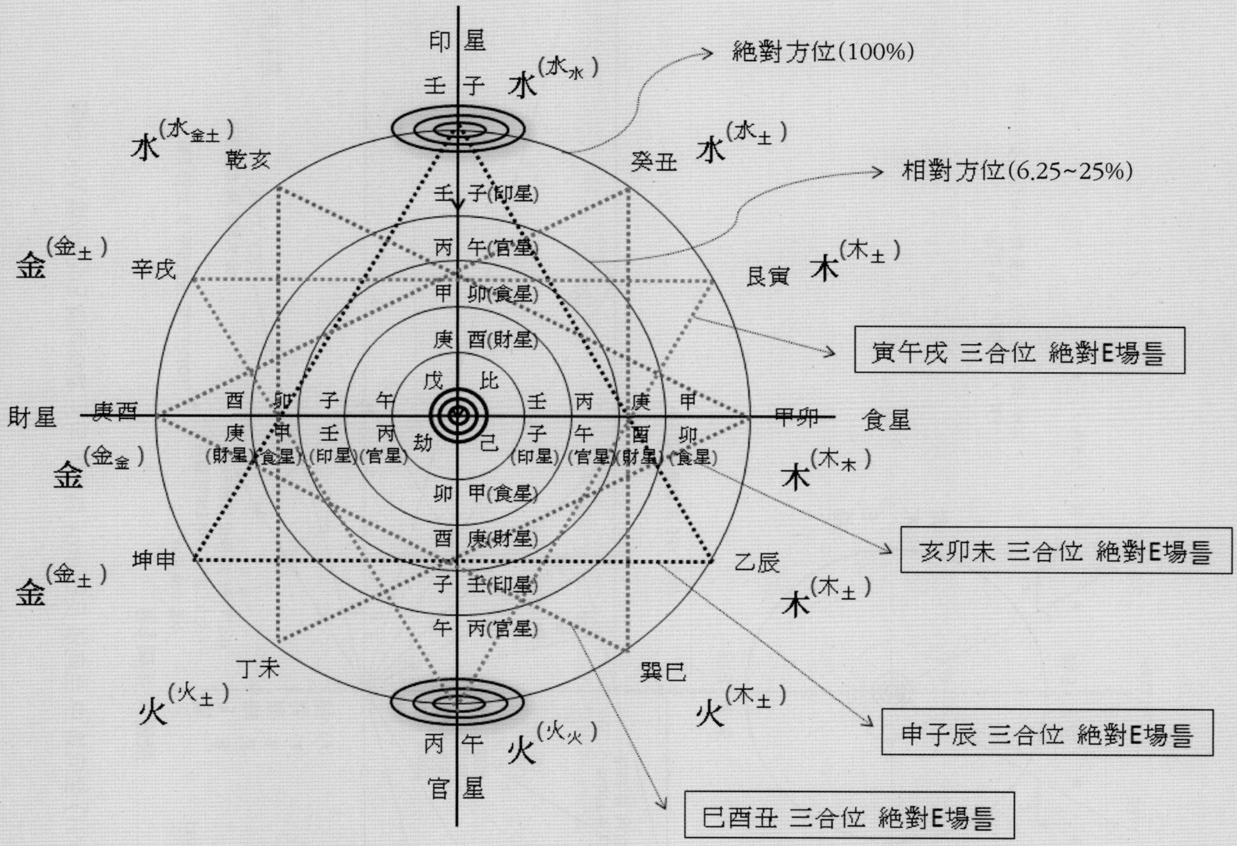

〈그림 3-90〉 三合位 絶對方位 Energy場 들

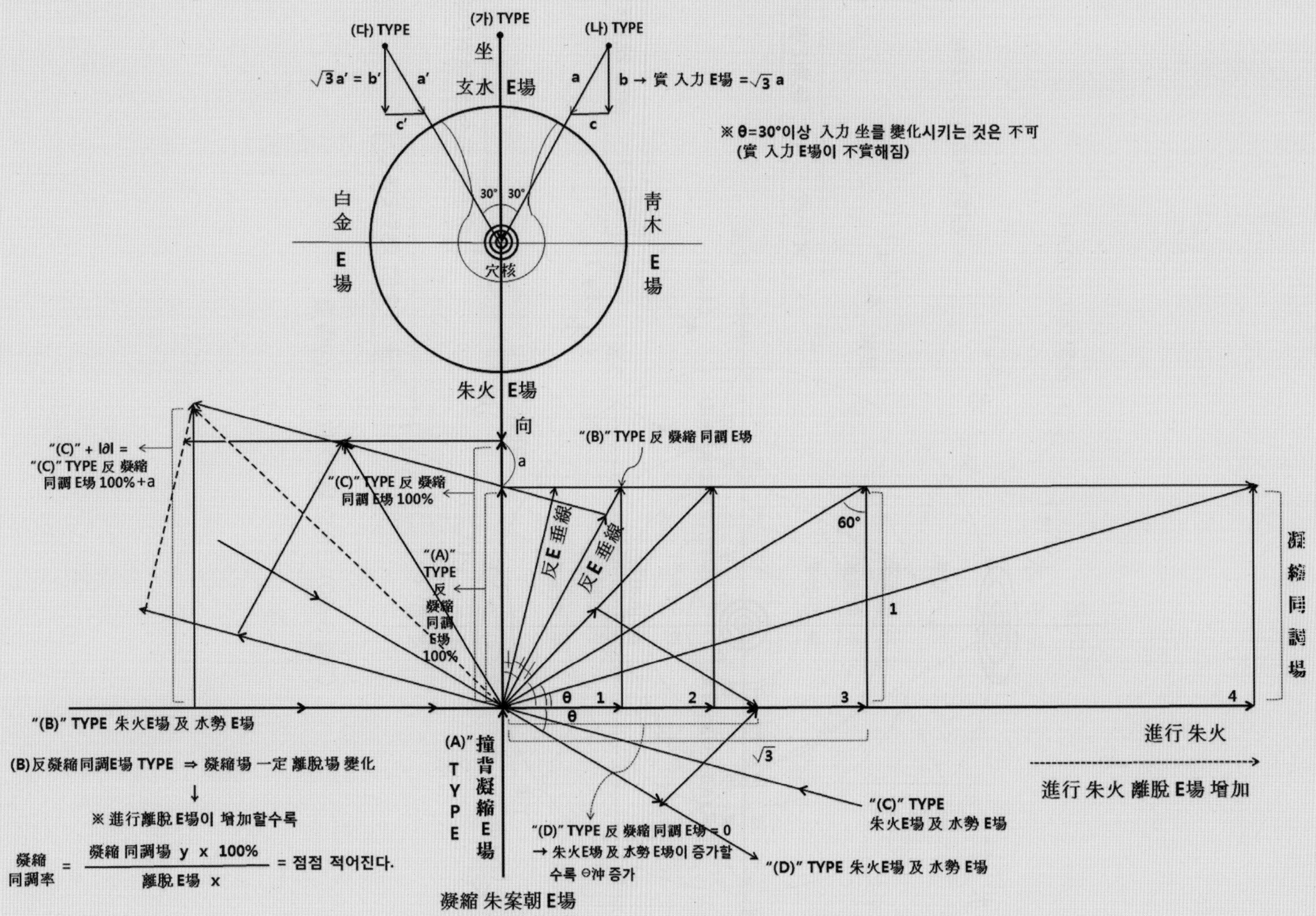

〈그림 3-91〉 坐向論 中 坐向別 反Energy 特性에 따른 凝縮同調 Energy場 Vector圖

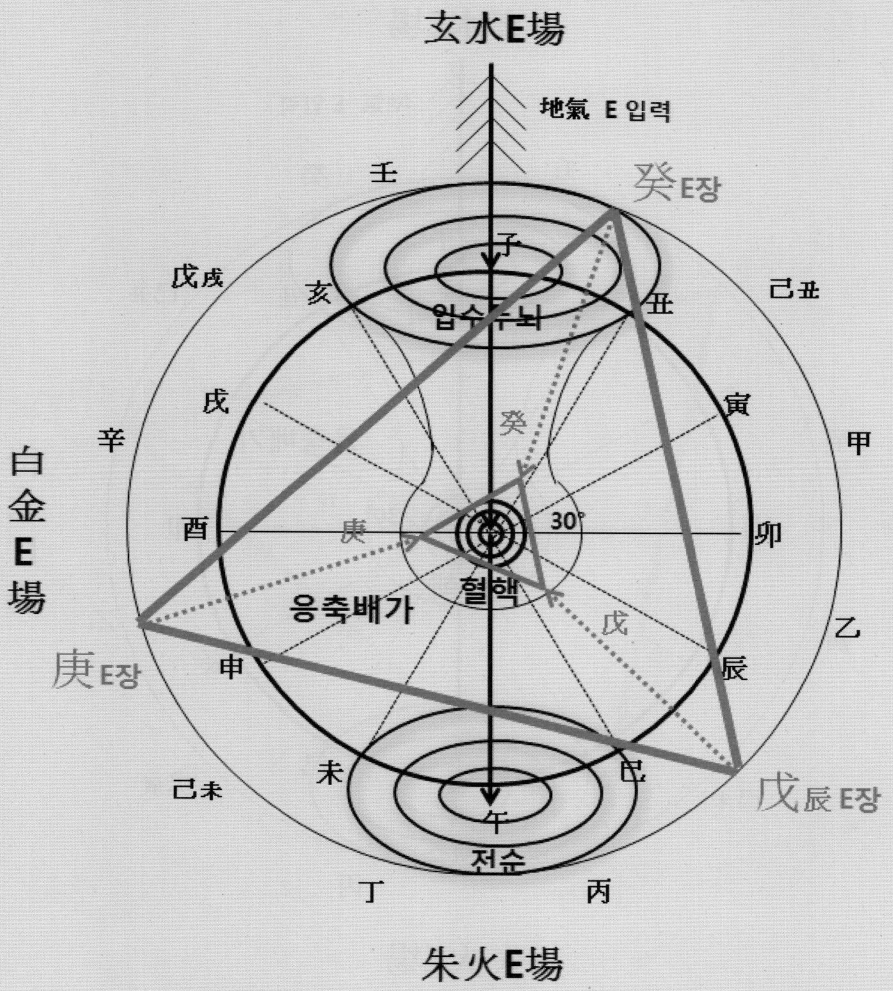

〈그림 3-92〉 庚癸戊辰 △ 天體 Energy場 同調特性圖

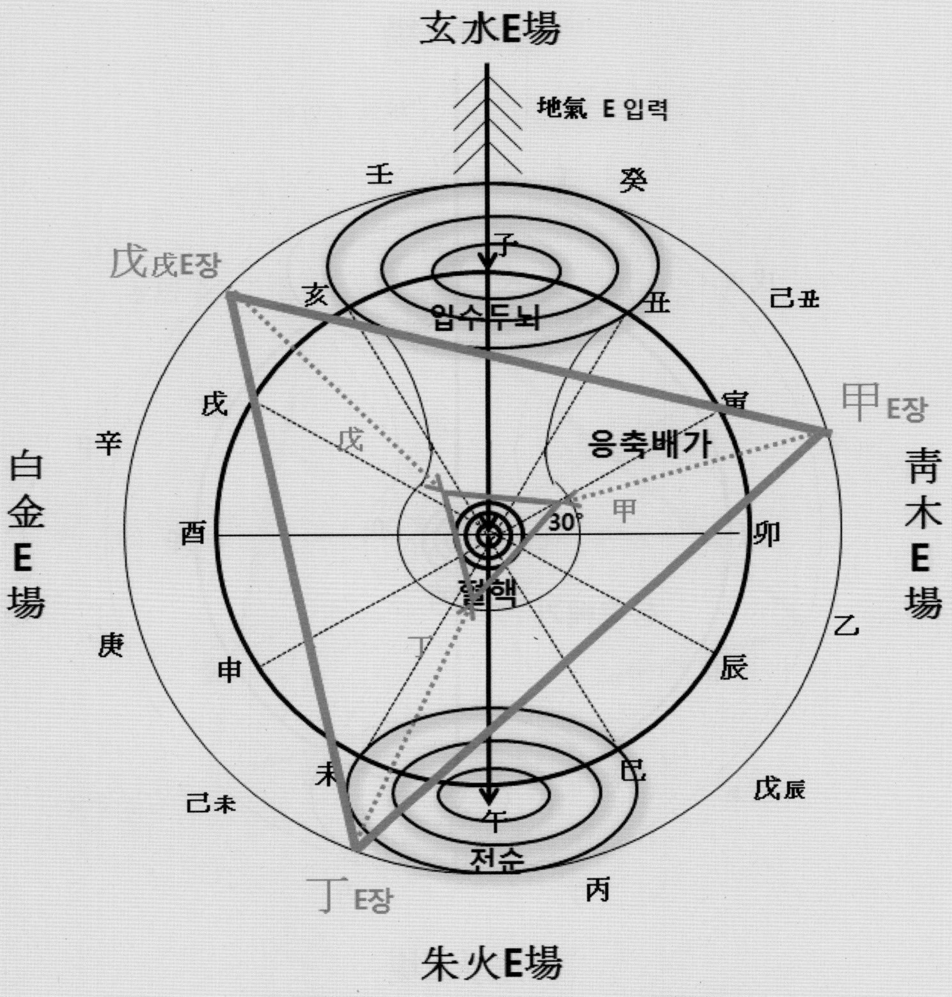

〈그림 3-93〉 甲丁戊戌 △ 天體 Energy場 同調特性圖

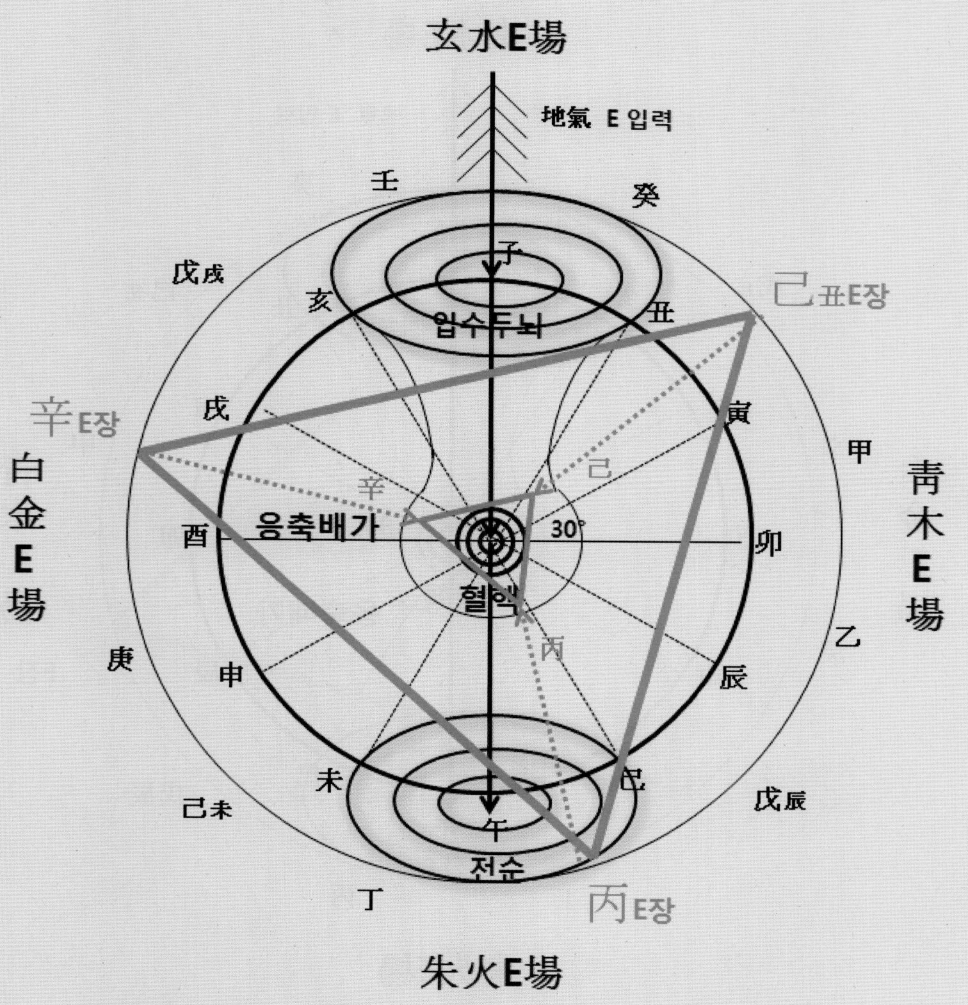

〈그림 3-94〉 丙辛己丑 △ 天體 Energy場 同調特性圖

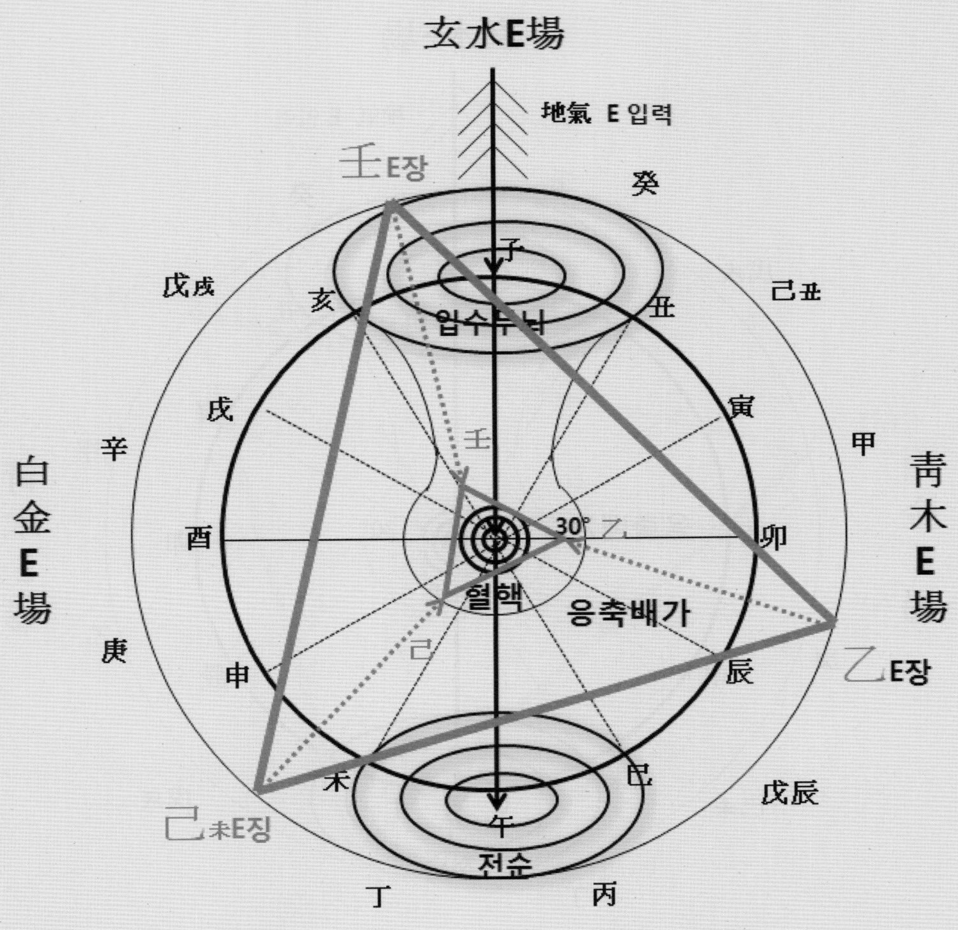

〈그림 3-95〉 壬乙己$_{未}$ △ 天體 Energy場 同調特性圖

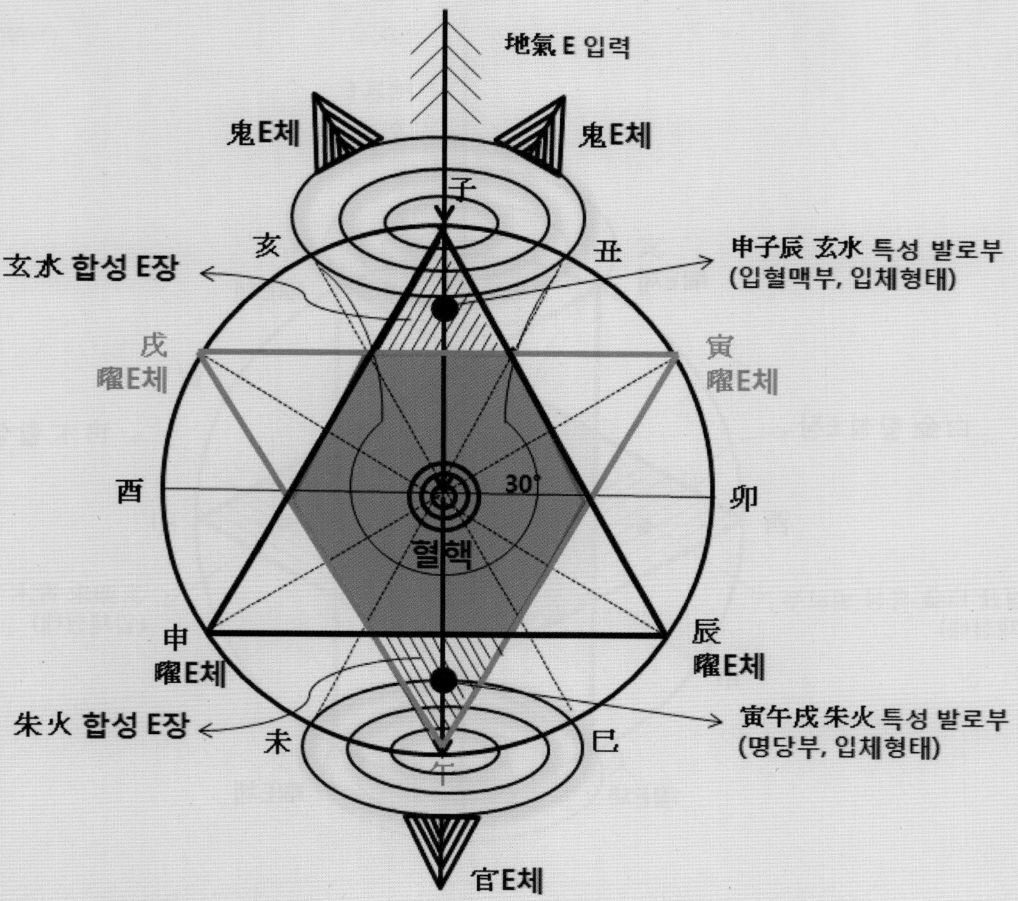

子 : 申子辰 玄水 특성 발로
午 : 寅午戌 朱火 특성 발로
△ : 申子辰 +E장 구조
▽ : 寅午戌 -E장 구조
⬢ : 申子辰 + 寅午戌 E장 동조

〈그림 3-96〉 地支 三合 形態의 Energy場 特性 相互作用圖

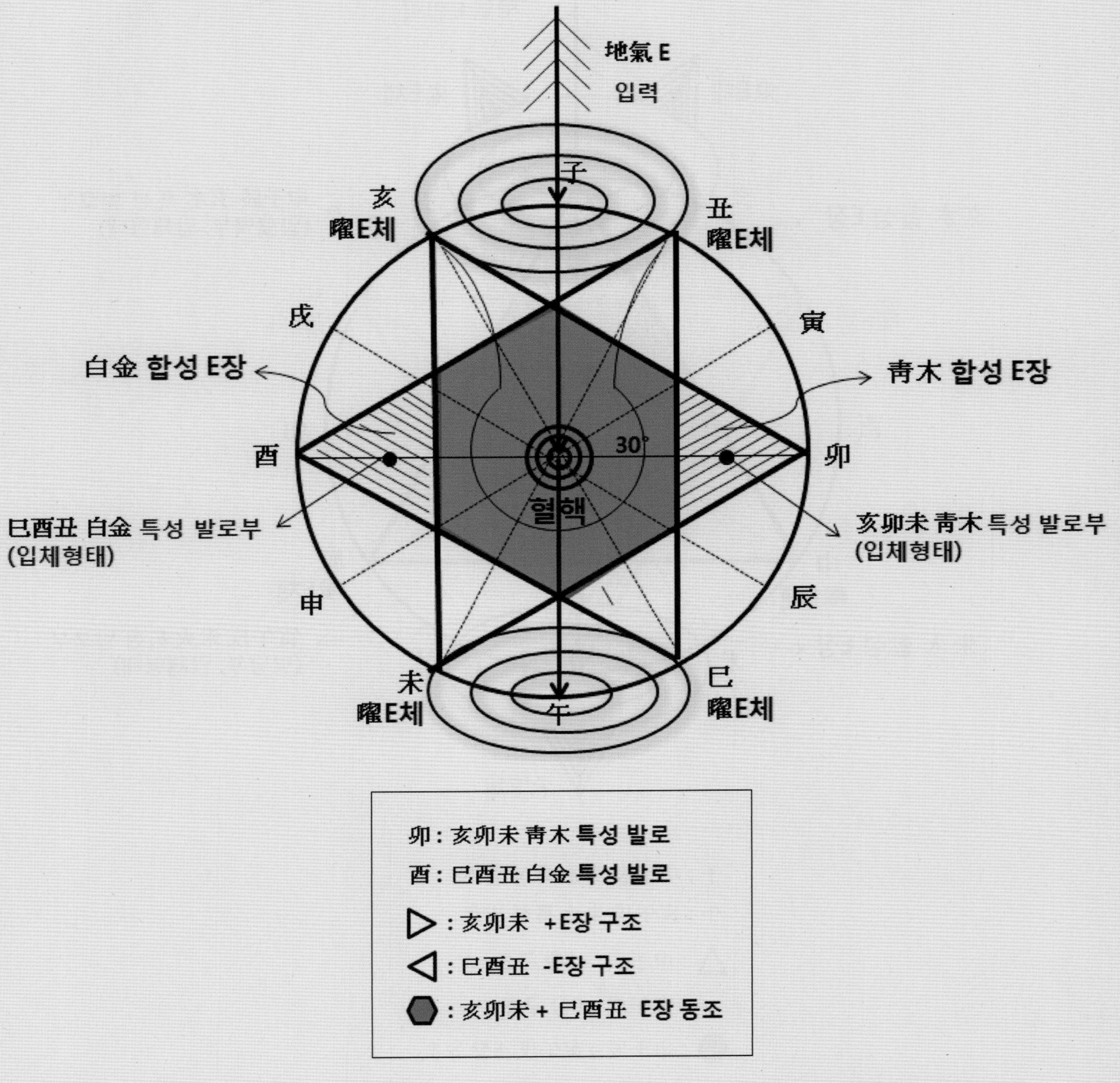
地氣 E
입력
子
亥
曜E체
丑
曜E체
戌
寅
白金 합성 E장
青木 합성 E장
酉
30°
卯
혈핵
巳酉丑 白金 특성 발로부
(입체형태)
亥卯未 青木 특성 발로부
(입체형태)
申
辰
未
曜E체
巳
曜E체
午
卯 : 亥卯未 青木 특성 발로
酉 : 巳酉丑 白金 특성 발로
▷ : 亥卯未 +E장 구조
◁ : 巳酉丑 -E장 구조
⬢ : 亥卯未 + 巳酉丑 E장 동조

〈그림 3-97〉 亥卯未 △合 青木 中心 Energy場과 巳酉丑 △合 白金 中心 Energy場 同調圖

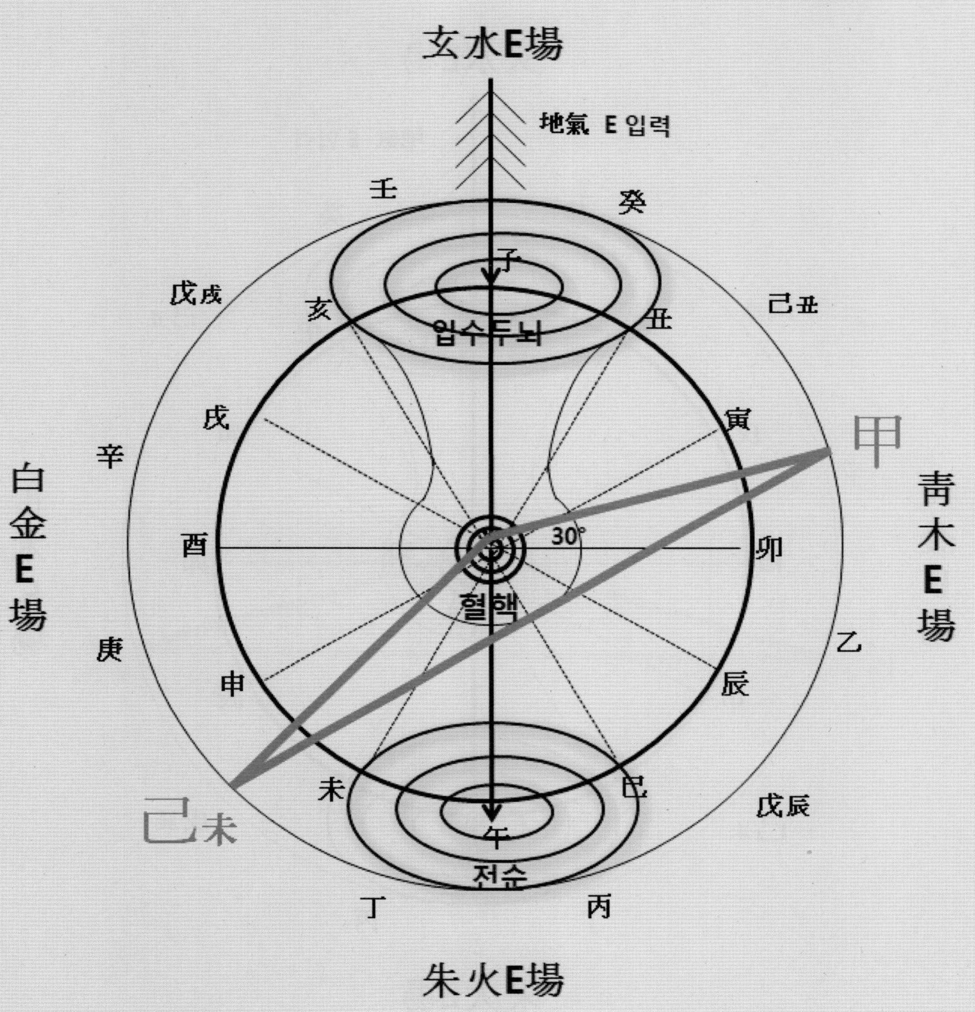

〈그림 3-98〉 天干 甲己未合 配位 Energy場의 穴板同調

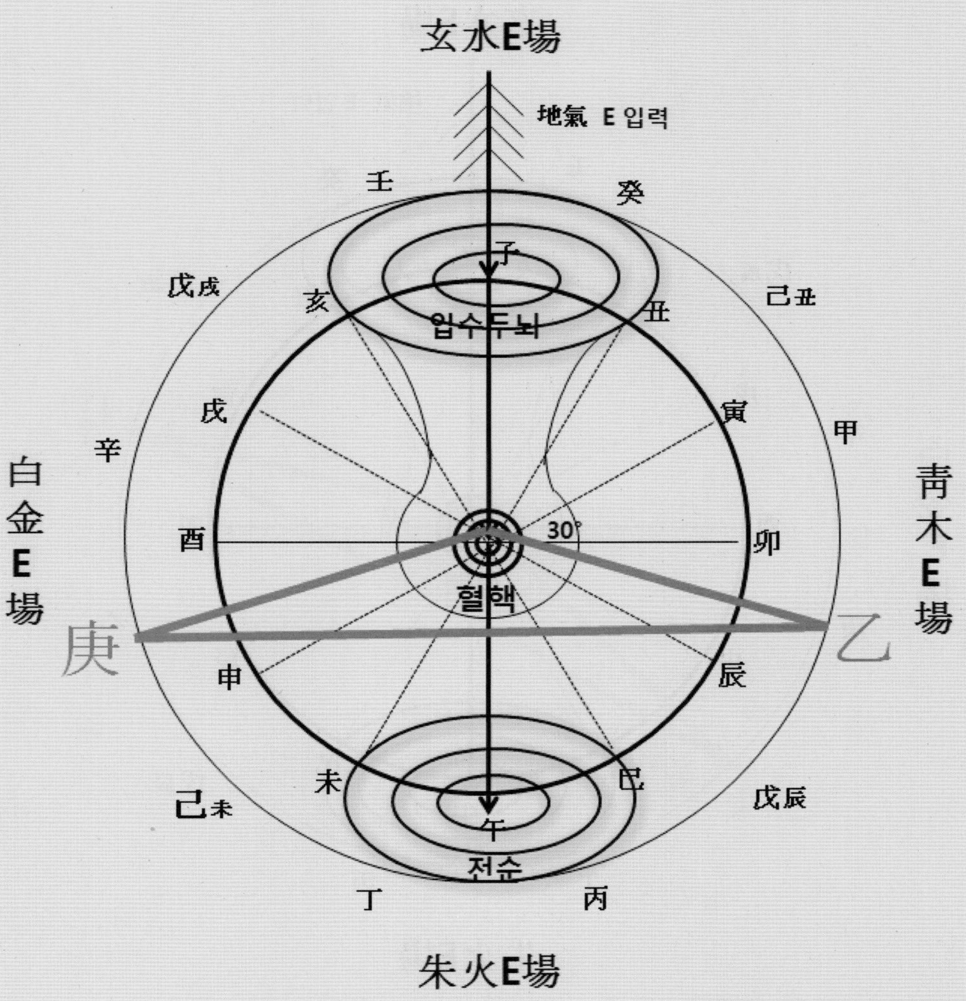

〈그림 3-99〉 天干 乙庚合 配位 Energy場의 穴板同調

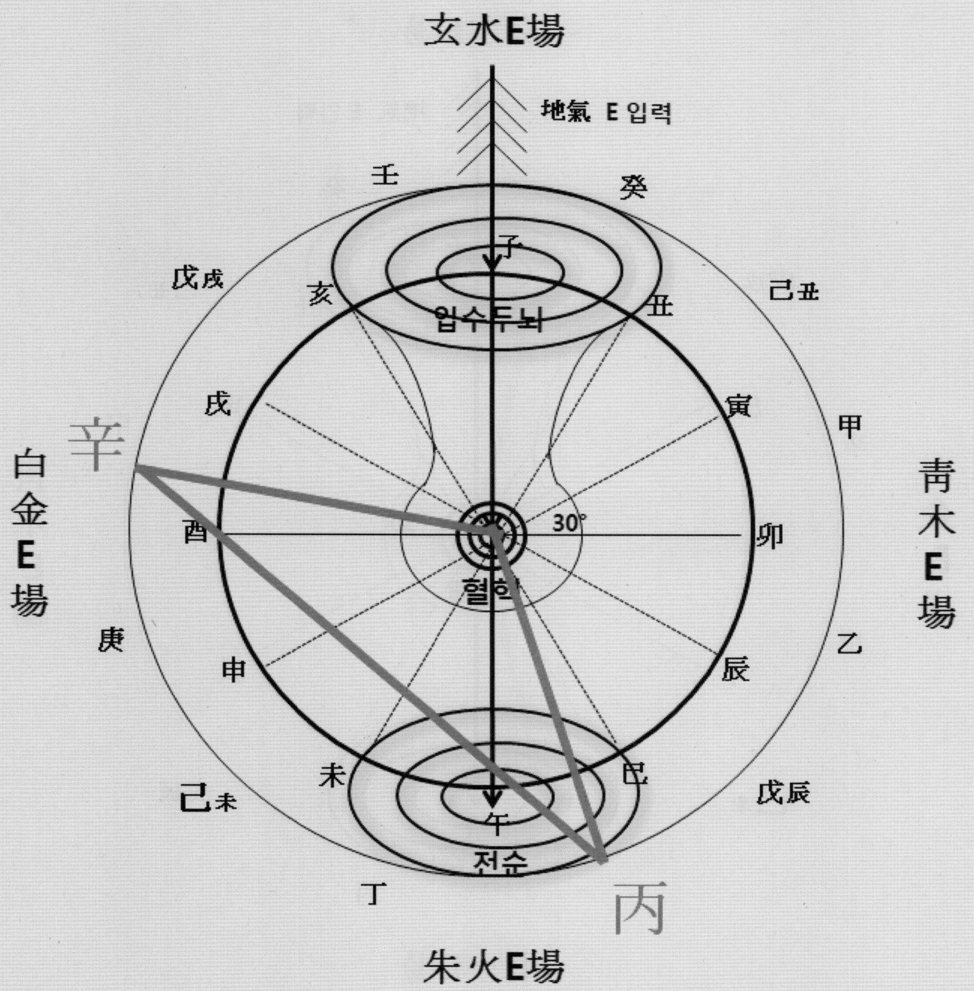

〈그림 3-100〉 天干 丙辛合 配位 Energy場의 穴板同調

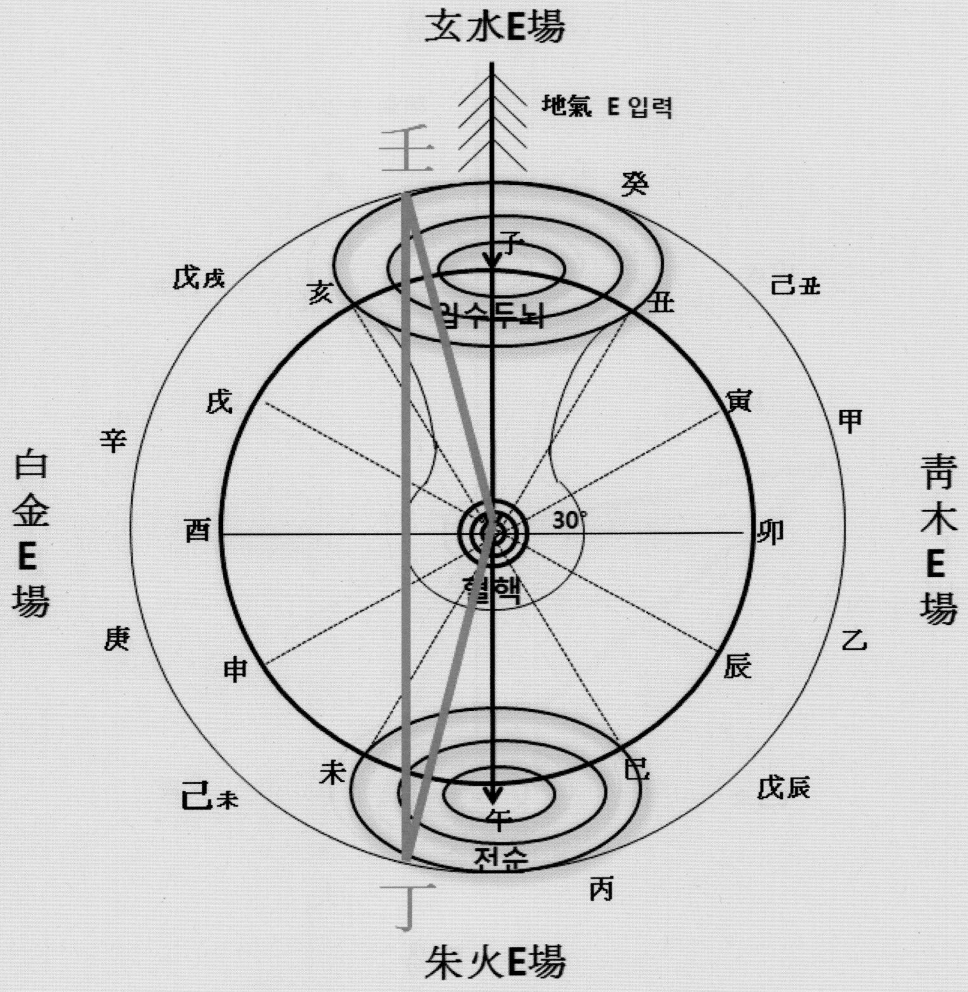

〈그림 3-101〉 天干 丁壬合 配位 Energy場의 穴板同調

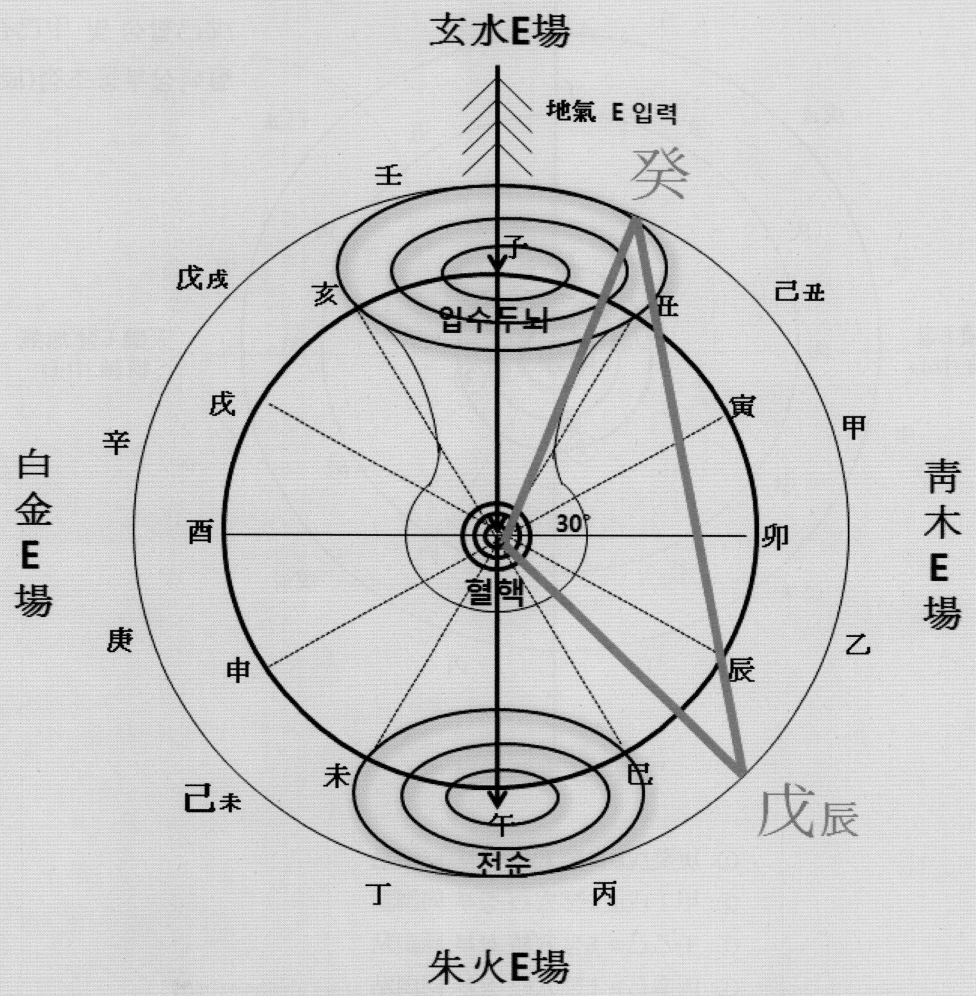

〈그림 3-102〉 天干 戊辰癸合 配位 Energy場의 穴板同調

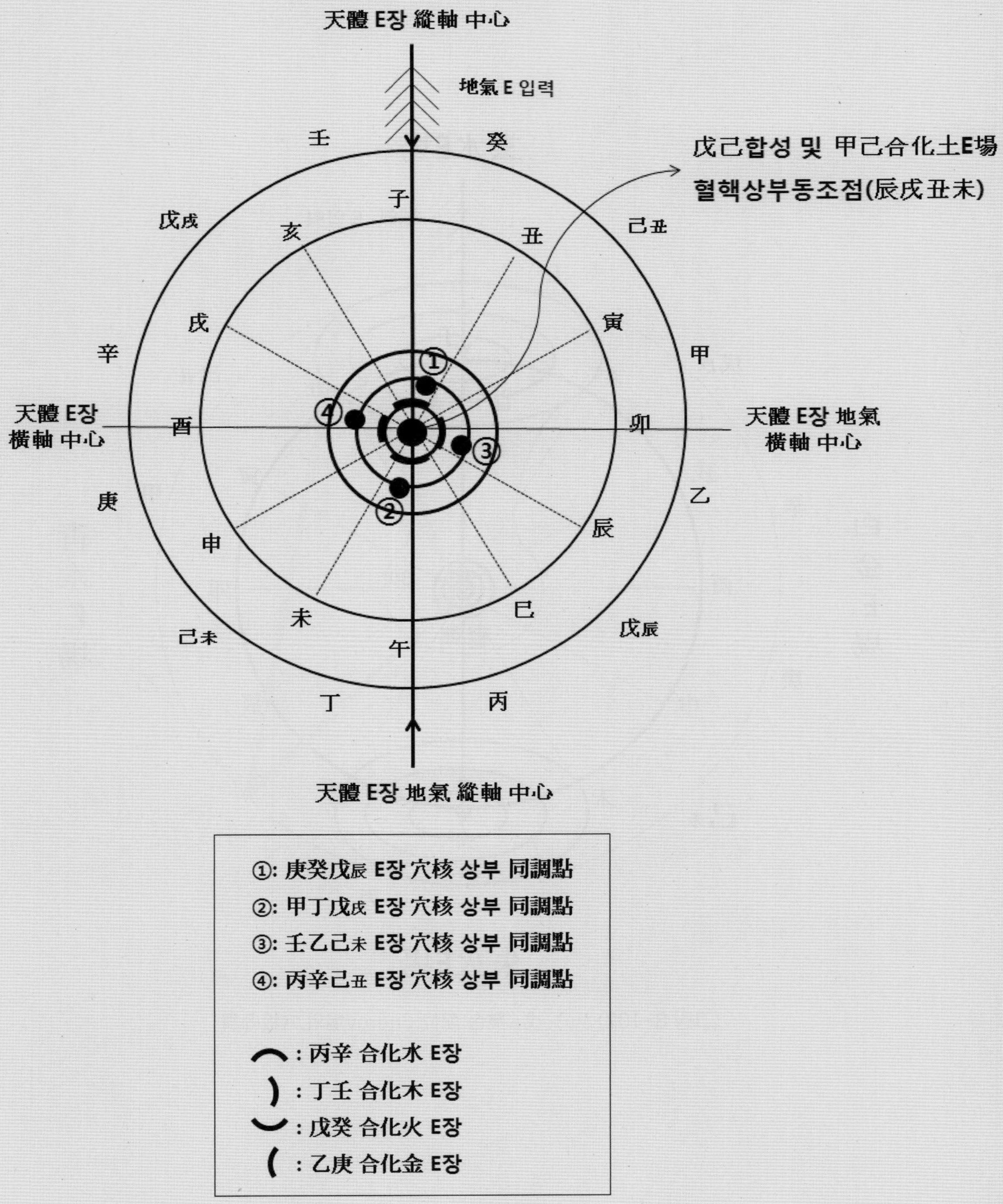

〈그림 3-103〉 天干 合成 Energy場의 穴核 同調圖

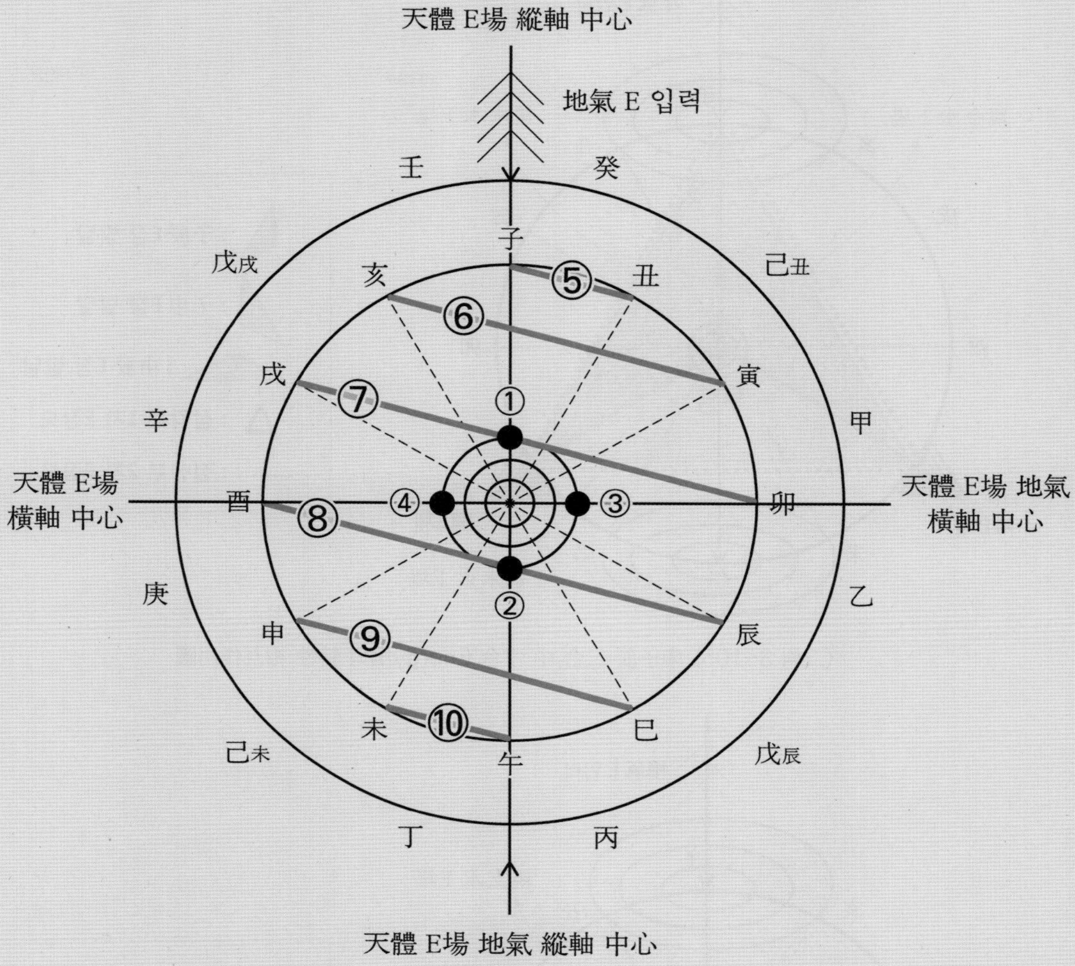

①：申子辰 E場 穴核 四方 同調點
②：寅午戌 E場 穴核 四方 同調點
③：亥卯未 E場 穴核 四方 同調點
④：巳酉丑 E場 穴核 四方 同調點
⑤：子丑 合化土 E場
⑥：寅亥 合化土 E場
⑦：卯戌 合化土 E場
⑧：辰酉 合化土 E場
⑨：巳申 合化土 E場
⑩：午未 合化火土 E場

〈그림 3-104〉 地支 陰陽合 Energy場의 特性 相互作用圖

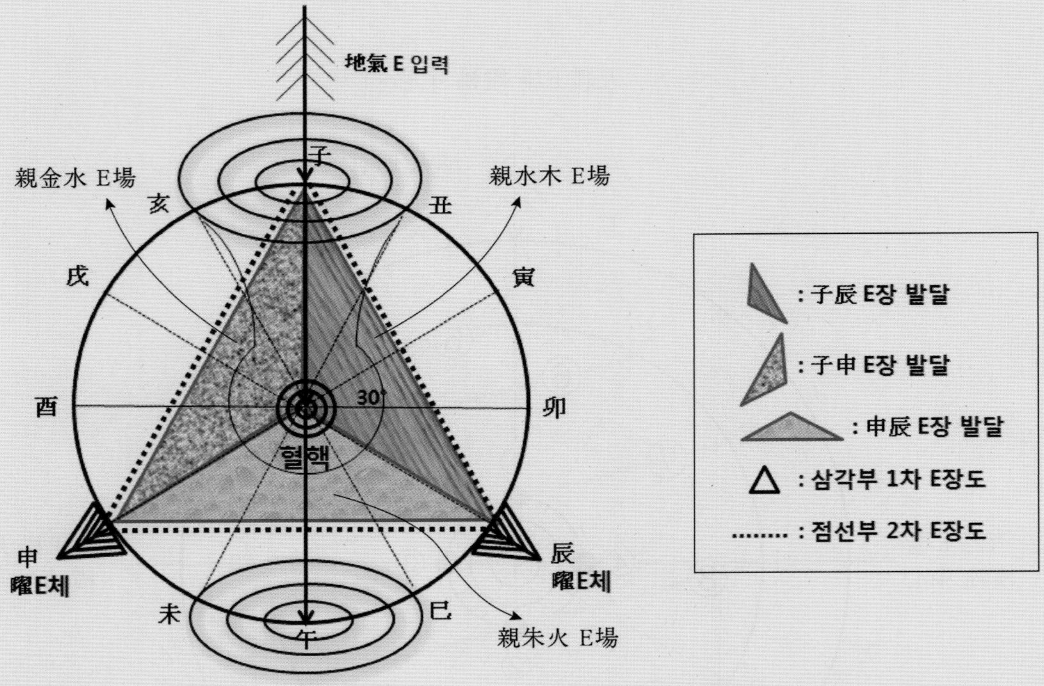

〈그림 3-105〉 申子辰 三合 中 半合 Energy場의 特性 相互作用圖

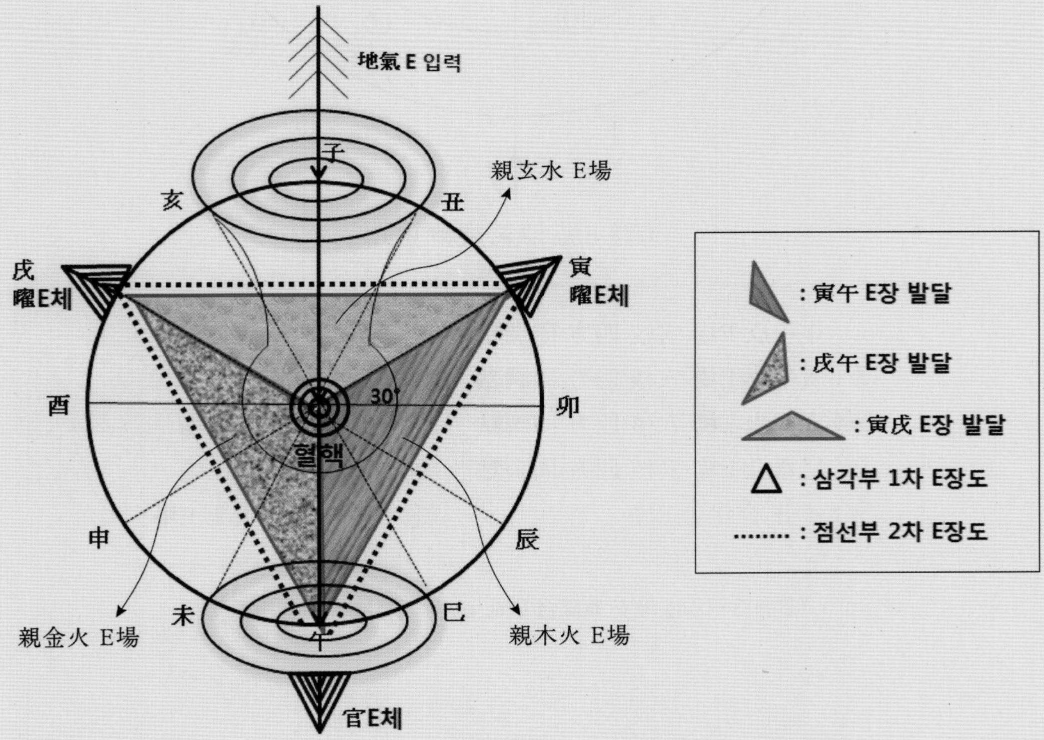

〈그림 3-106〉 寅午戌 三合 中 半合 Energy場의 特性 相互作用圖

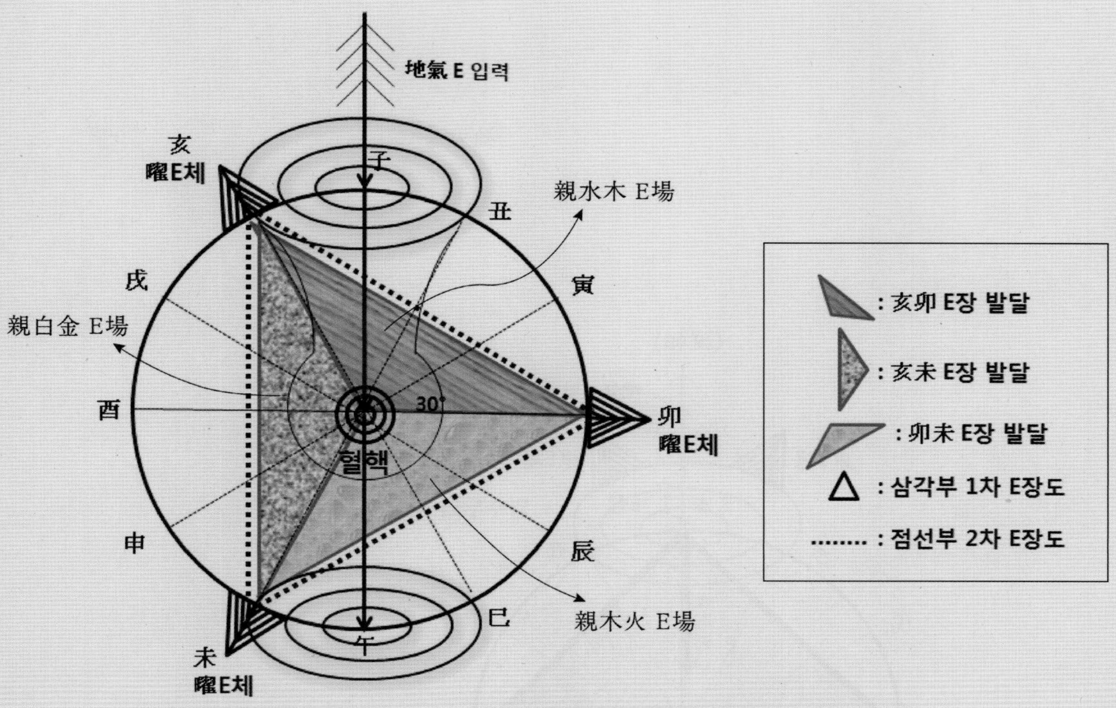

〈그림 3-107〉 亥卯未 三合 中 半合 Energy場의 特性 相互作用圖

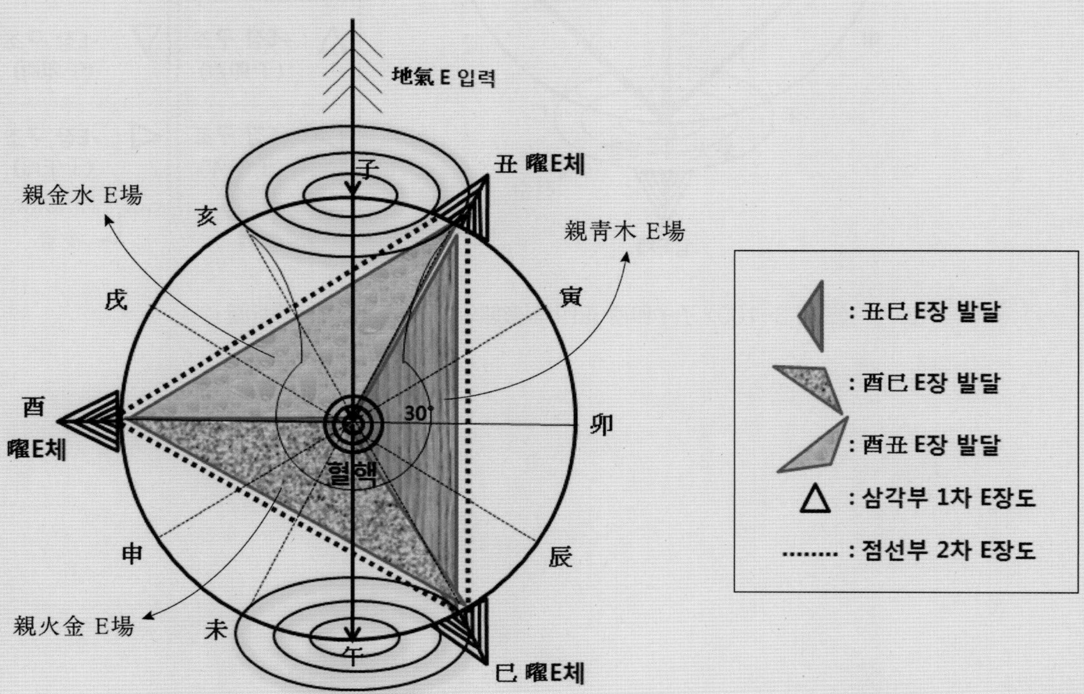

〈그림 3-108〉 巳酉丑 三合 中 半合 Energy場의 特性 相互作用圖

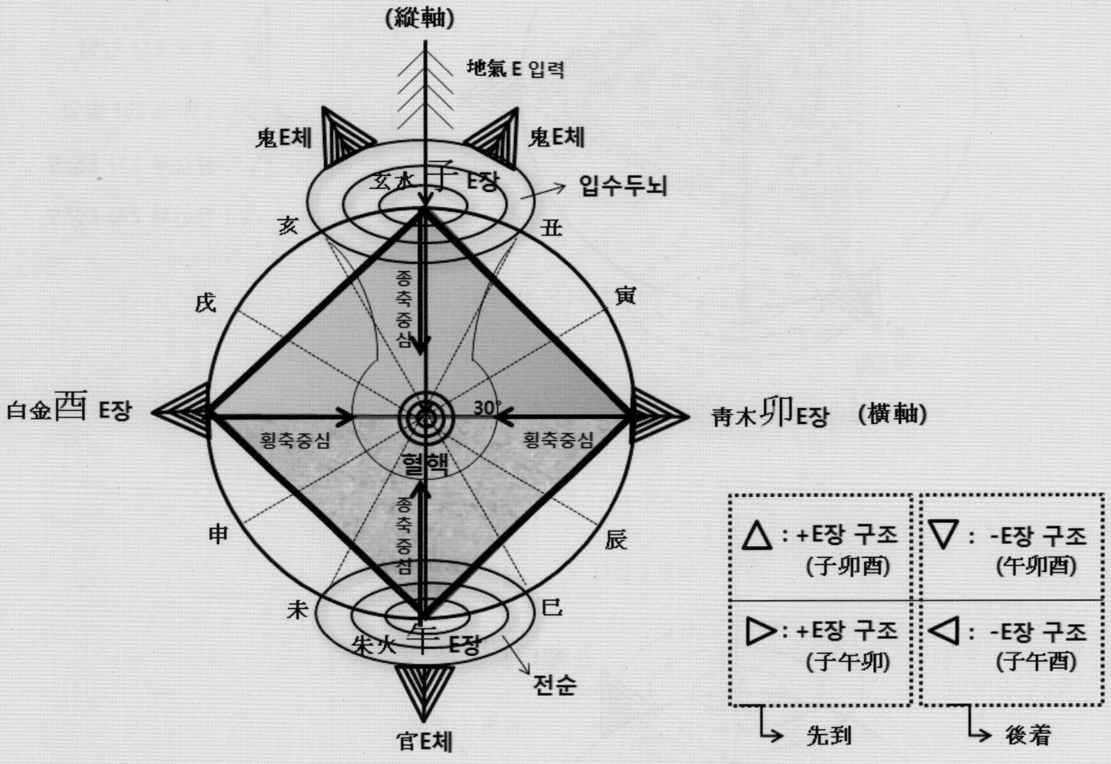

〈그림 3-109〉 子午卯酉 正四角 形態의 Energy場 特性分析圖

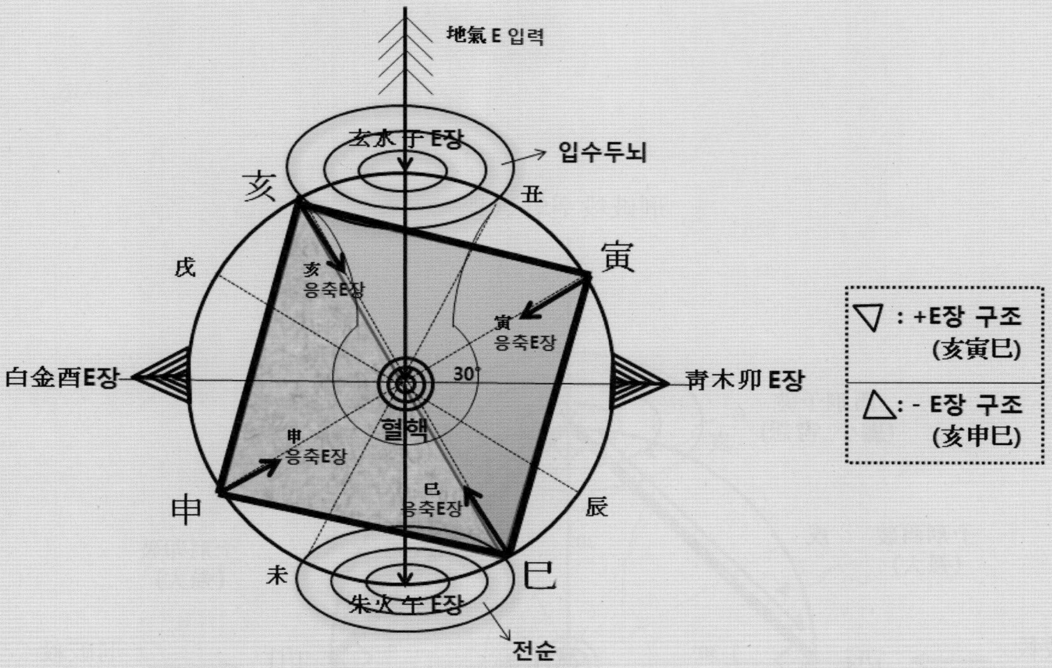

〈그림 3-110〉 寅申巳亥 正四角 形態의 Energy場 特性分析圖

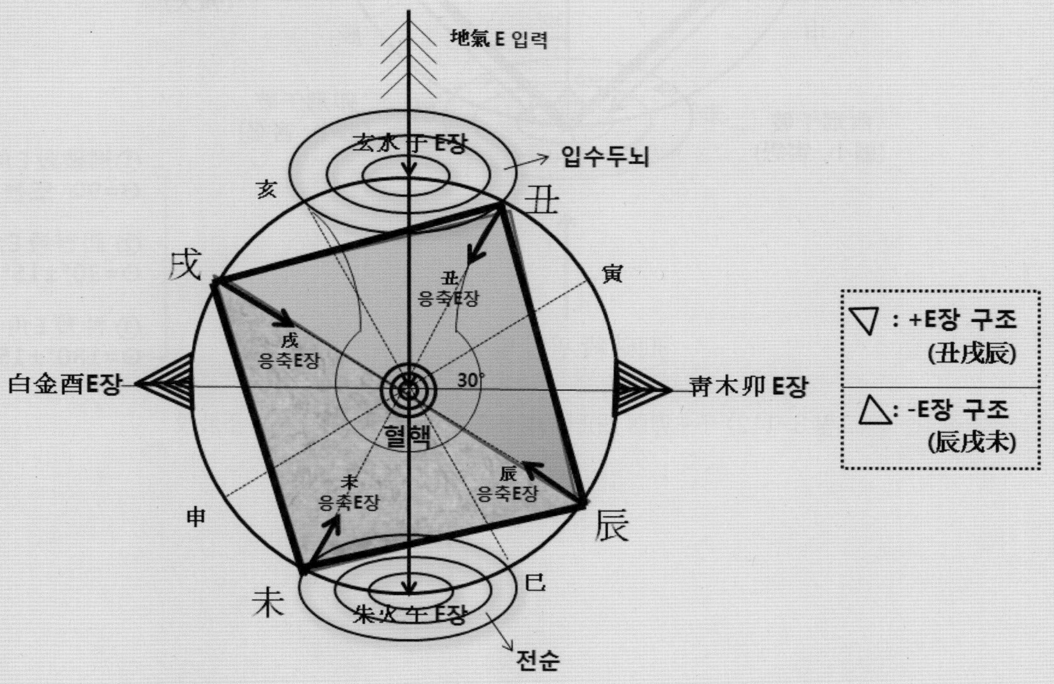

〈그림 3-111〉 辰戌丑未 正四角 形態의 Energy場 特性分析圖

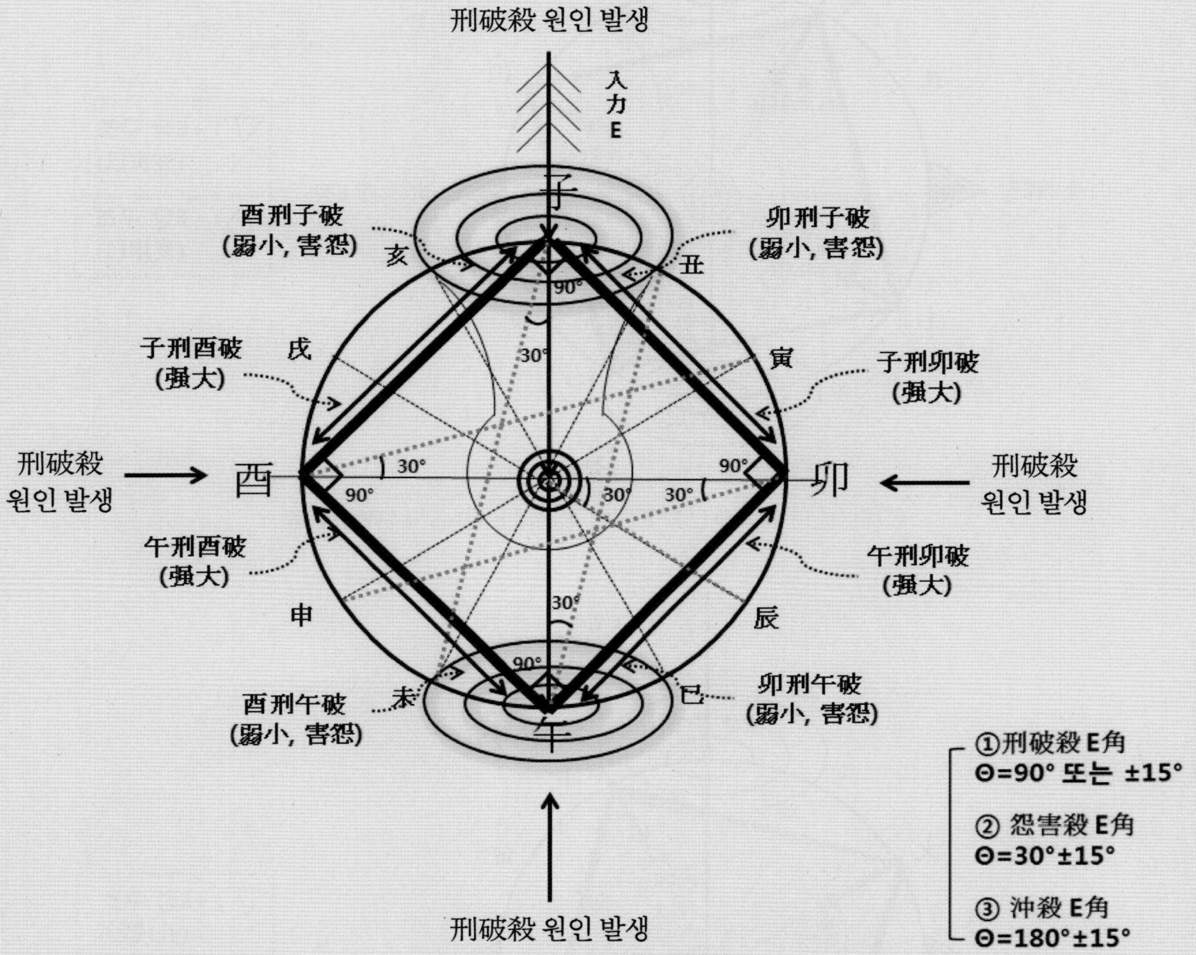

〈그림 3-112〉 子午卯酉 四正位 中 一部位가 崩壞時 發生하는 干涉殺

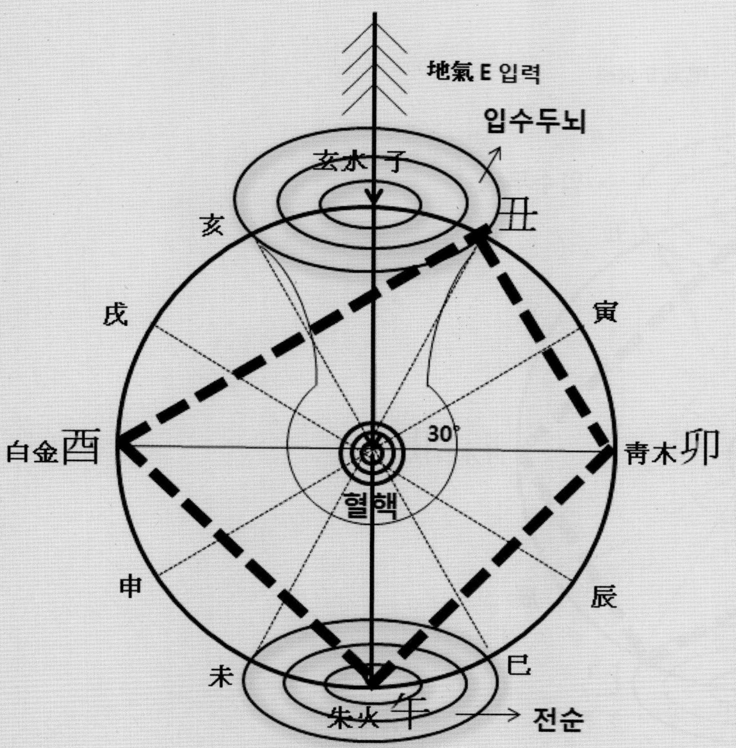

〈그림 3-113〉 丑午卯酉 干涉殺

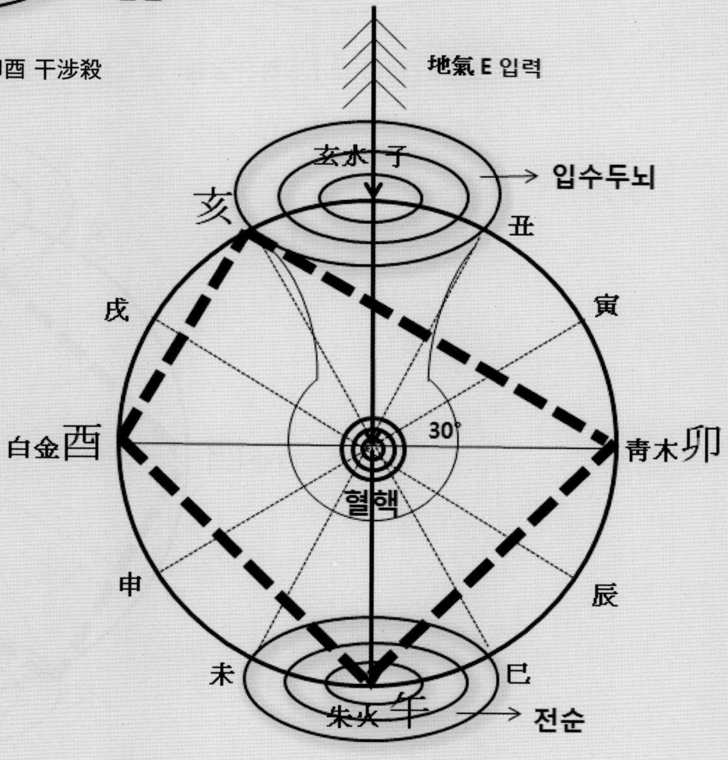

〈그림 3-114〉 亥午卯酉 干涉殺

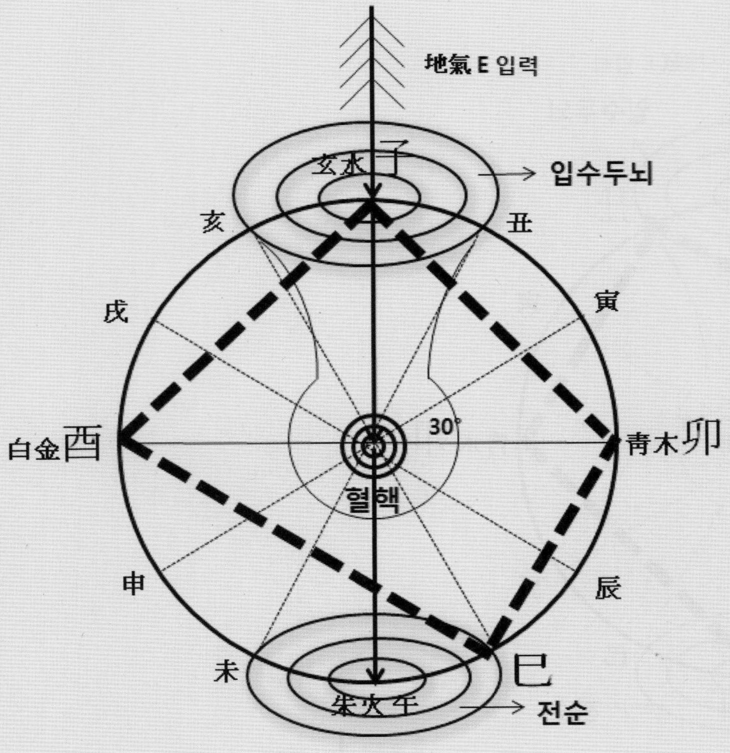

〈그림 3-115〉 巳子卯酉 干涉殺

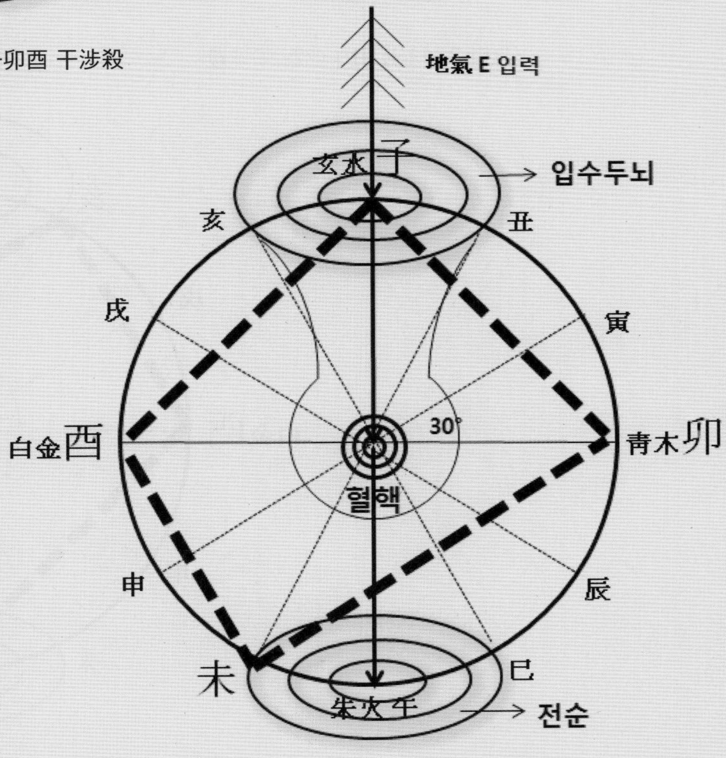

〈그림 3-116〉 未子卯酉 干涉殺

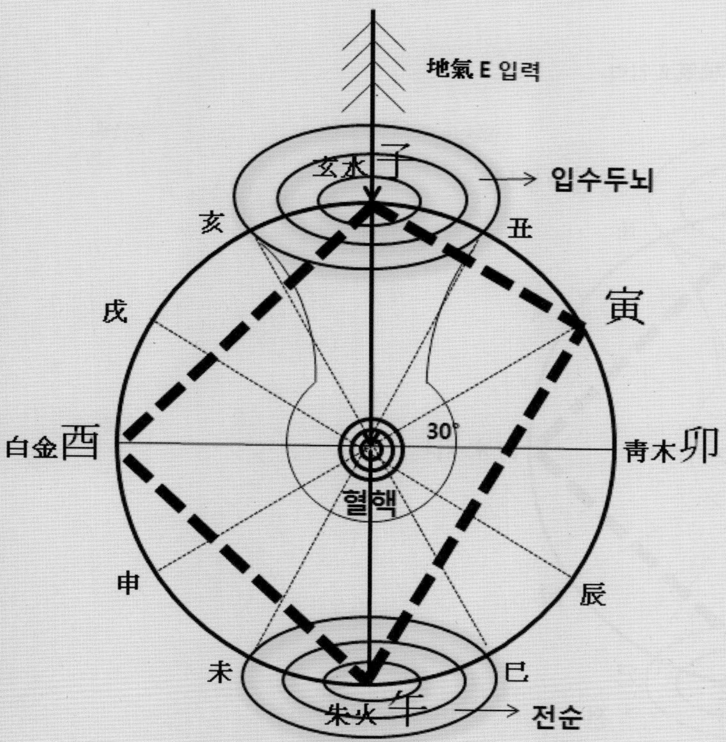

〈그림 3-117〉 子午寅酉 干涉殺

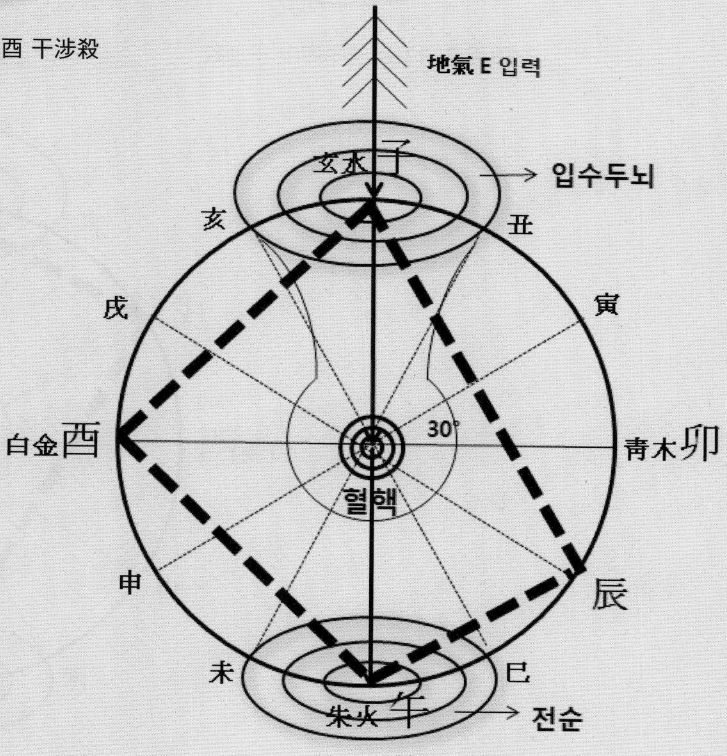

〈그림 3-118〉 子午辰酉 干涉殺

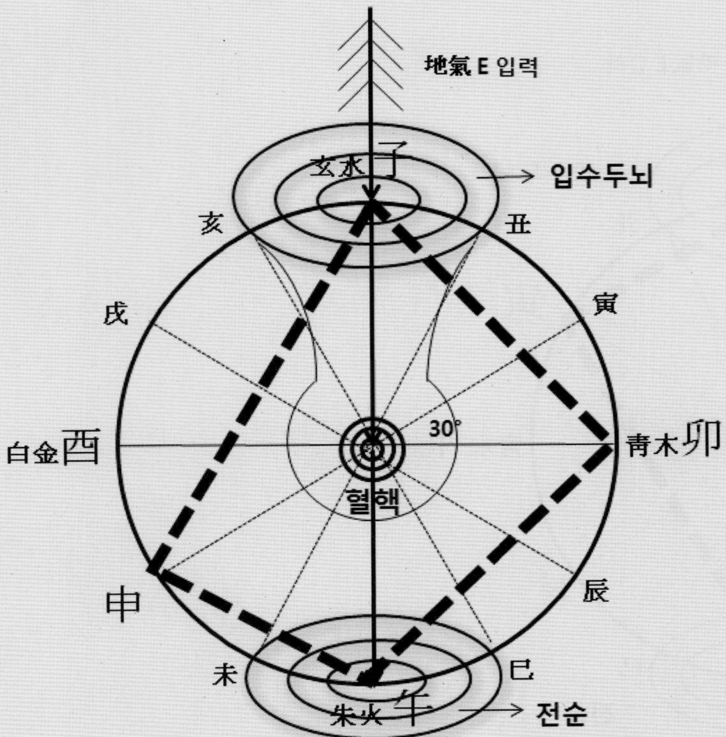

〈그림 3-119〉 子午卯申 干涉殺

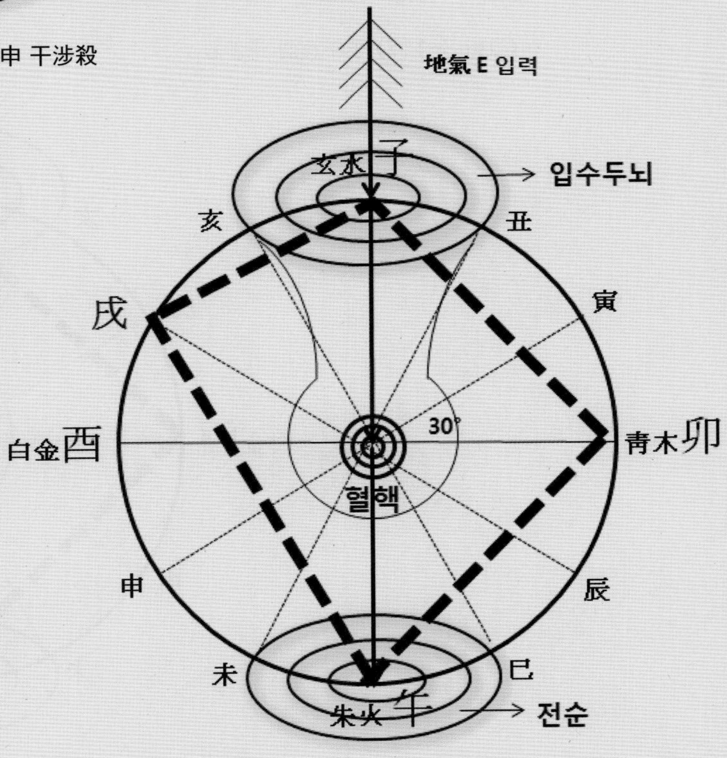

〈그림 3-120〉 子午卯戌 干涉殺

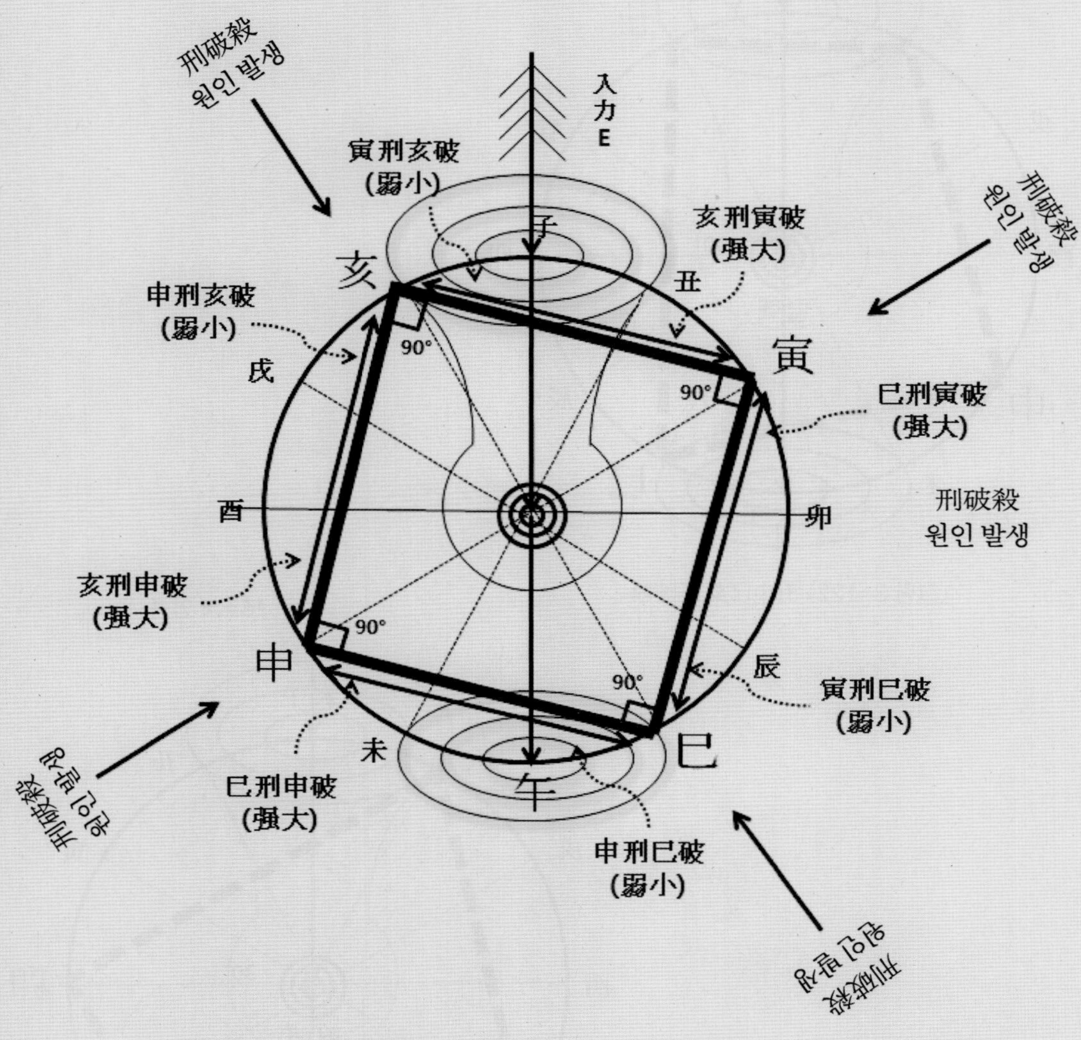

〈그림 3-121〉 寅申巳亥 四正位 中 一部位가 崩壞時 發生하는 干涉殺

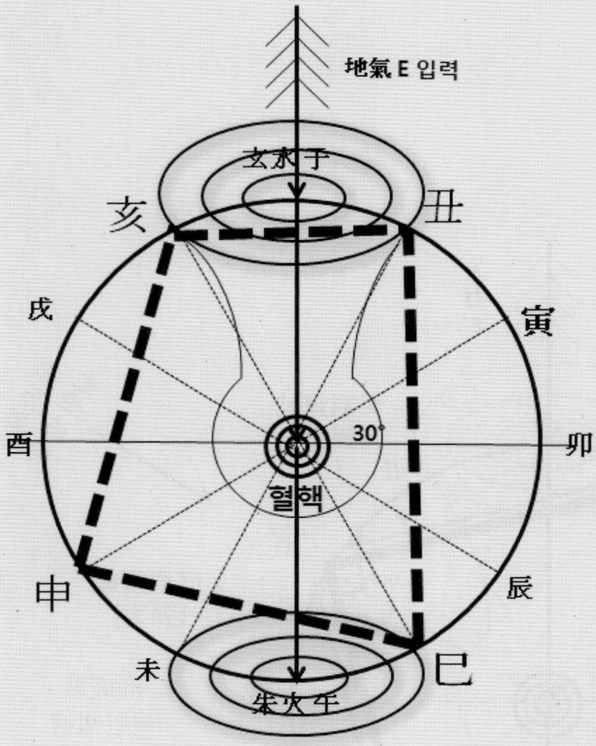

〈그림 3-122〉 丑申巳亥 干涉殺

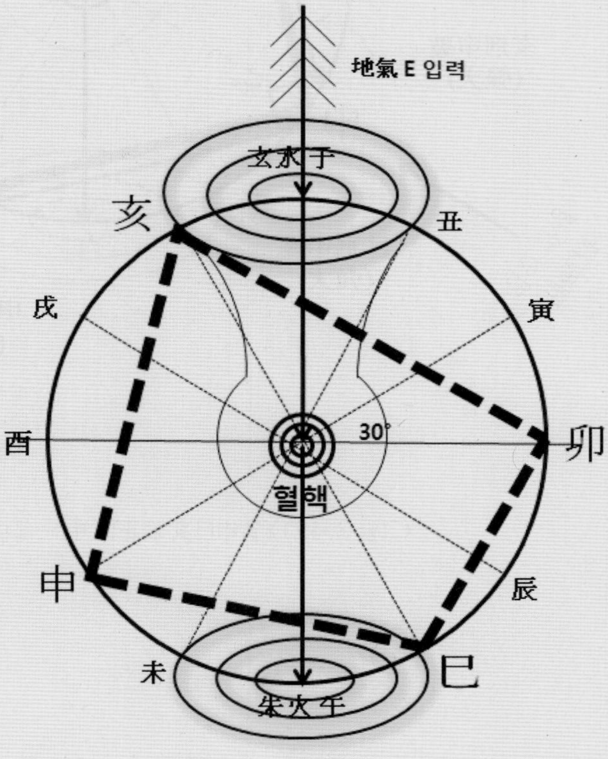

〈그림 3-123〉 卯申巳亥 干涉殺

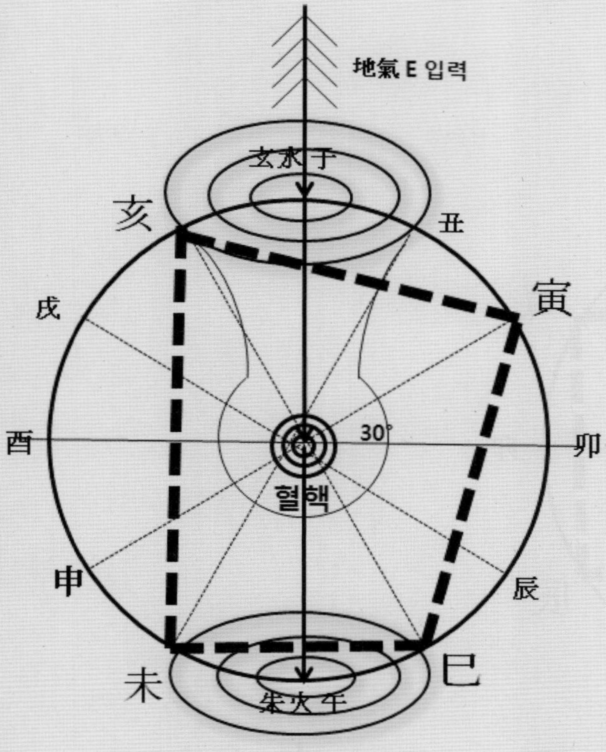

〈그림 3-124〉 未寅巳亥 干涉殺

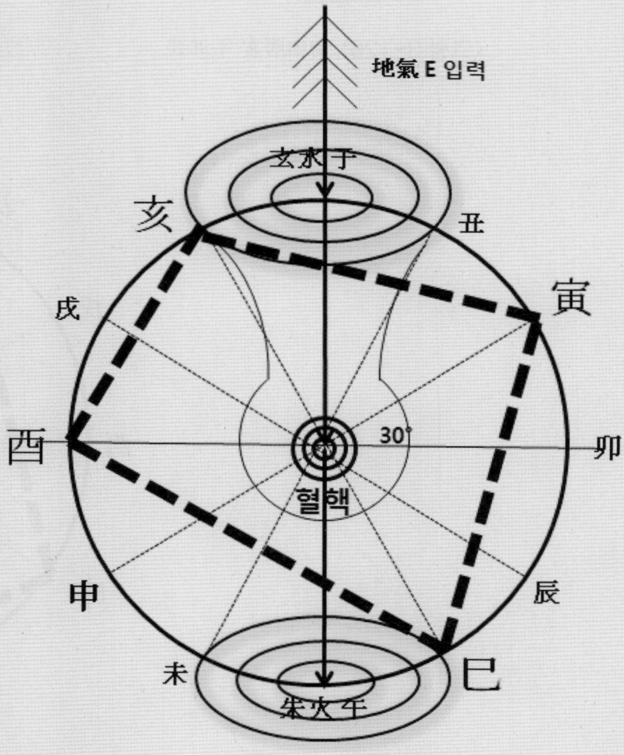

〈그림 3-125〉 酉寅巳亥 干涉殺

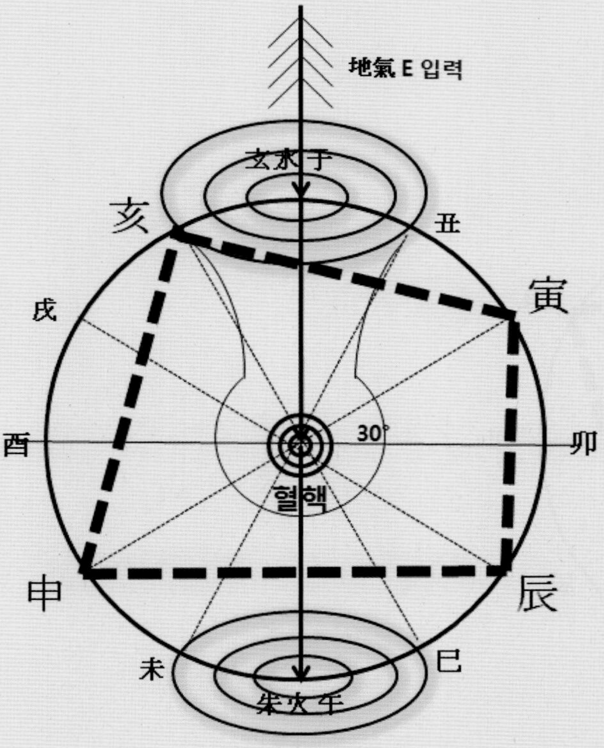

〈그림 3-126〉 寅申辰亥 干涉殺

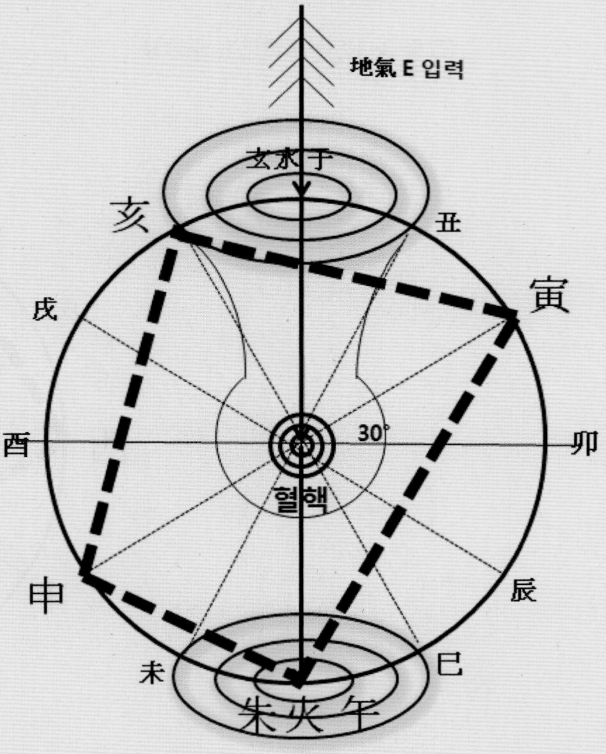

〈그림 3-127〉 寅申午亥 干涉殺

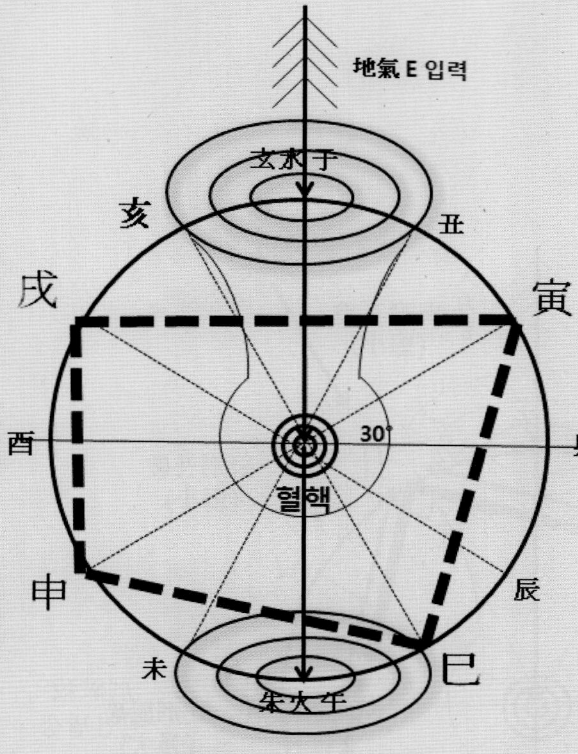

〈그림 3-128〉 寅申巳戌 干涉殺

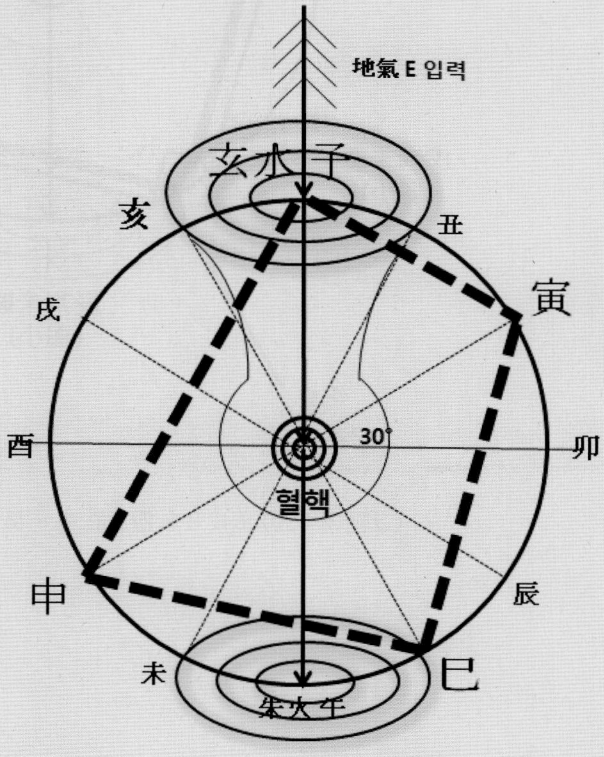

〈그림 3-129〉 寅申巳子 干涉殺

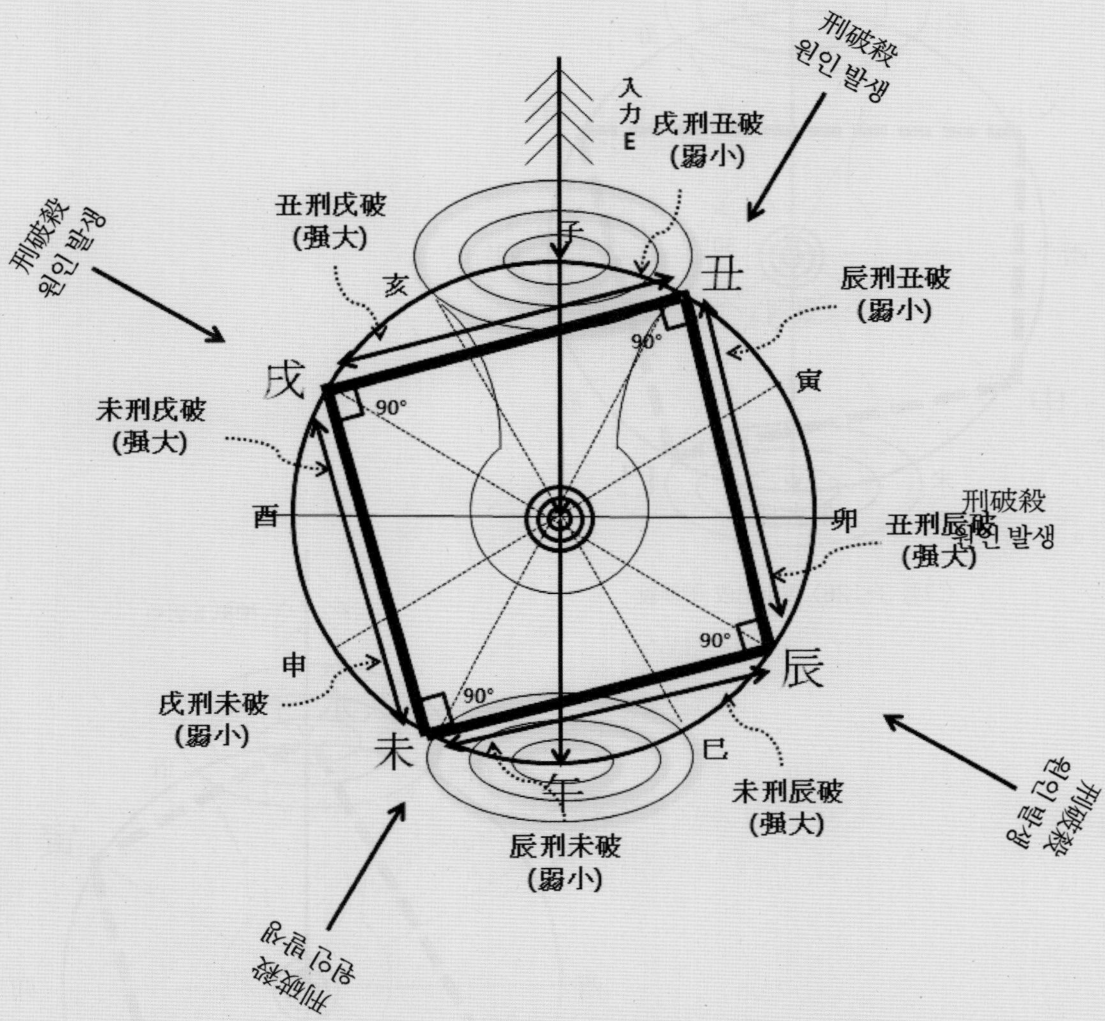

〈그림 3-130〉 辰戌丑未 四正位 中 一部位가 崩壞時 發生하는 干涉殺

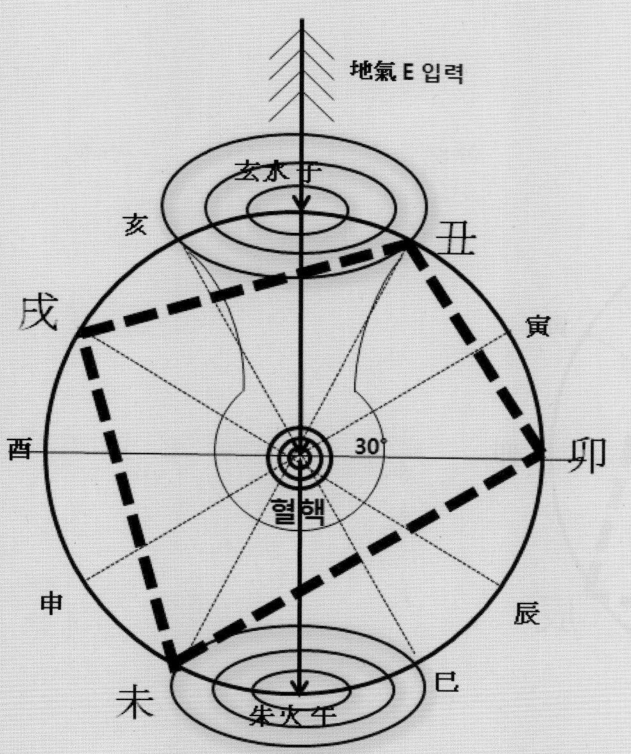

〈그림 3-131〉 卯戌丑未 干涉殺

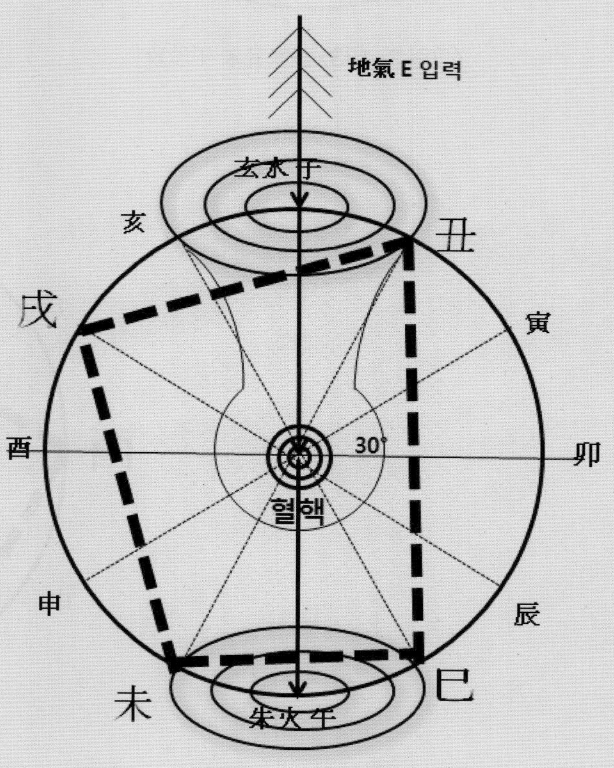

〈그림 3-132〉 巳戌丑未 干涉殺

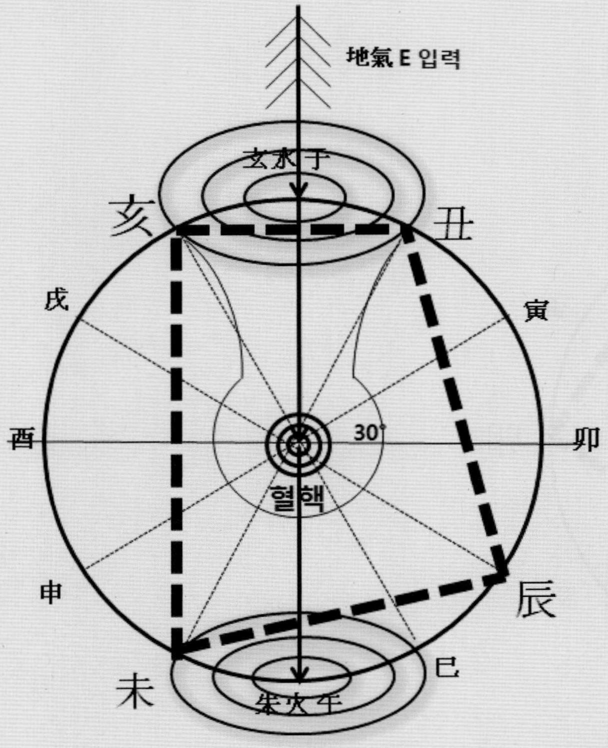

〈그림 3-133〉 辰亥丑未 干涉殺

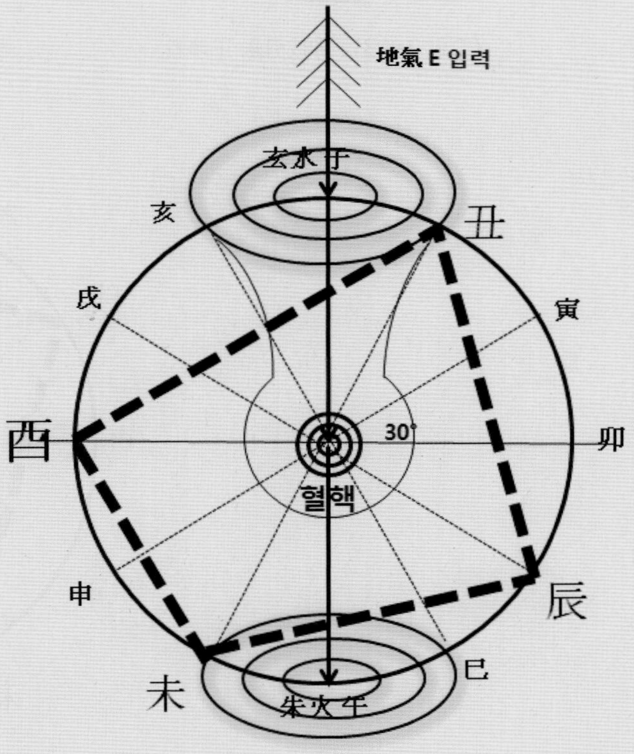

〈그림 3-134〉 辰酉丑未 干涉殺

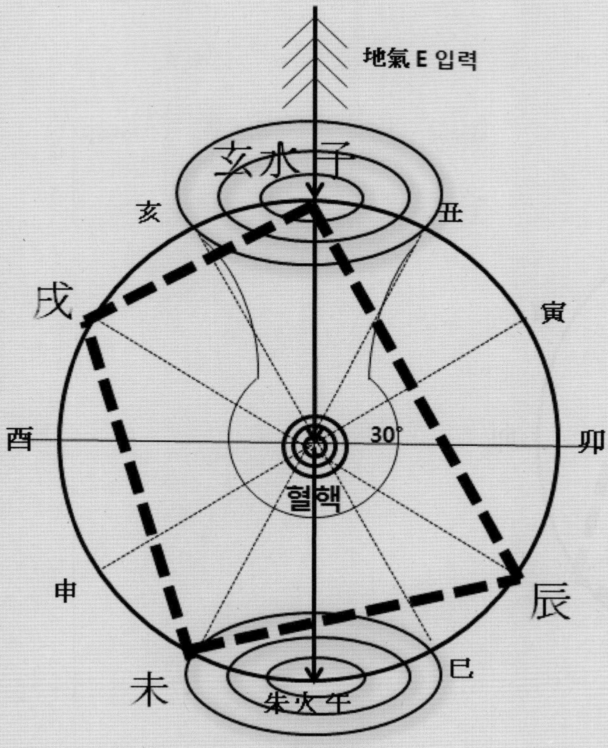

〈그림 3-135〉 辰戌子未 干涉殺

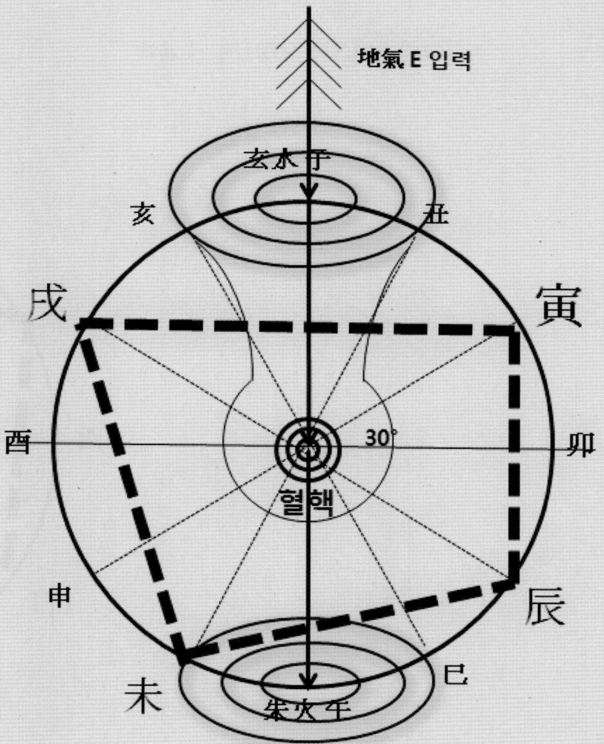

〈그림 3-136〉 辰戌寅未 干涉殺

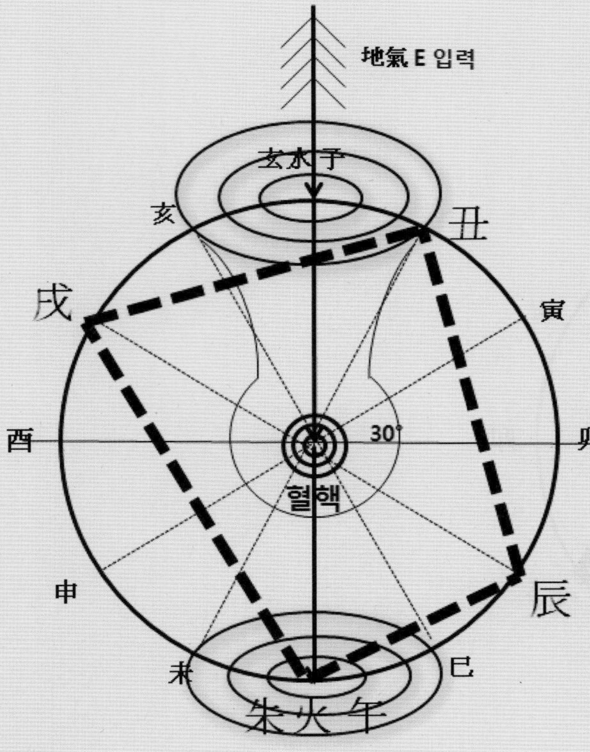

〈그림 3-137〉 辰戌丑午 干涉殺

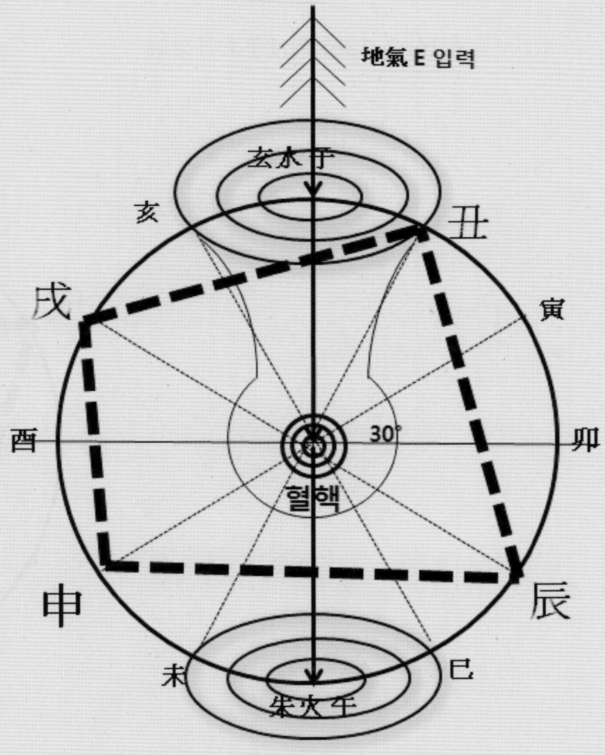

〈그림 3-138〉 辰戌丑申 干涉殺

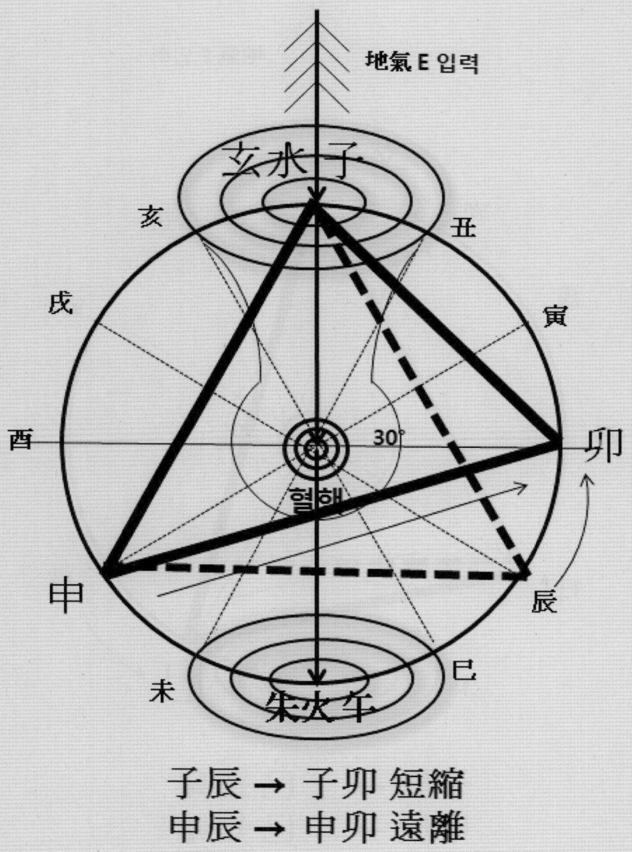

〈그림 3-139〉 申子卯 不均衡 Energy場의 變形 特性

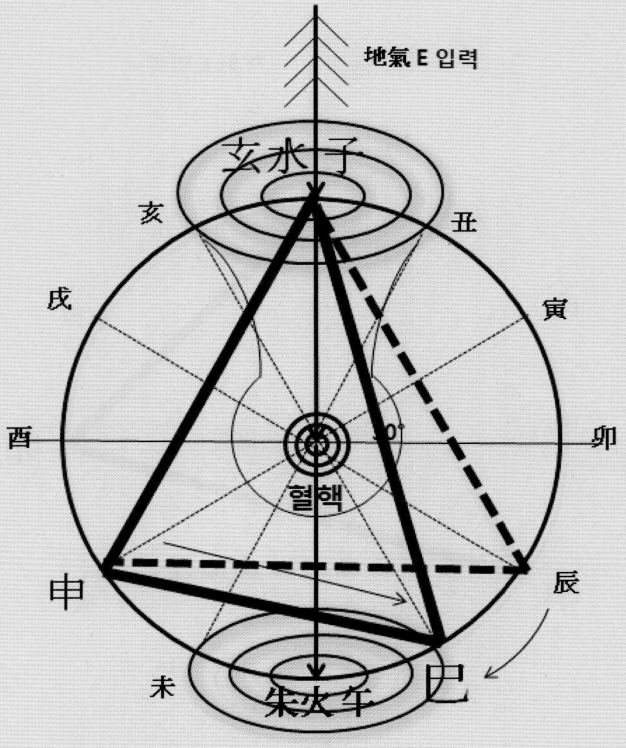

子辰 → 子巳 遠離
申辰 → 申巳 短縮

〈그림 3-140〉 申子巳 不均衡 Energy場의 變形 特性

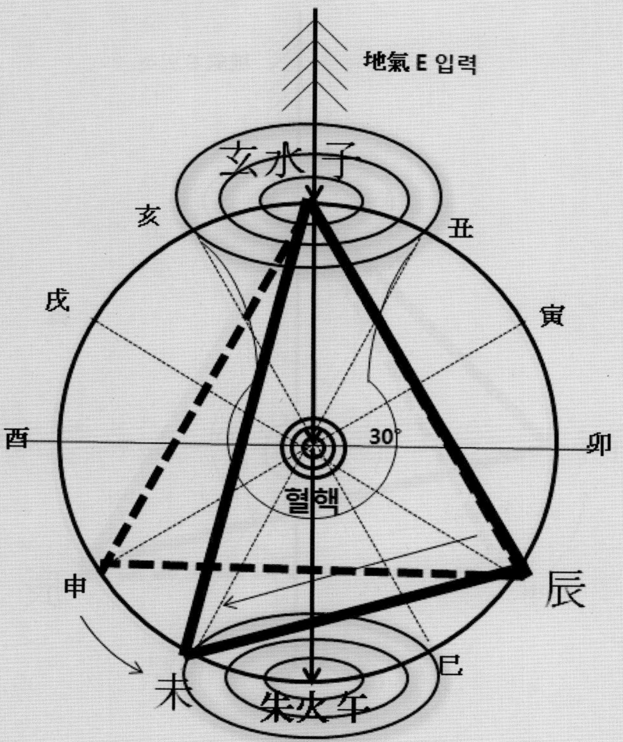

子申 → 子未 遠離
辰申 → 辰未 短縮

〈그림 3-141〉 子辰未 不均衡 Energy場의 變形 特性

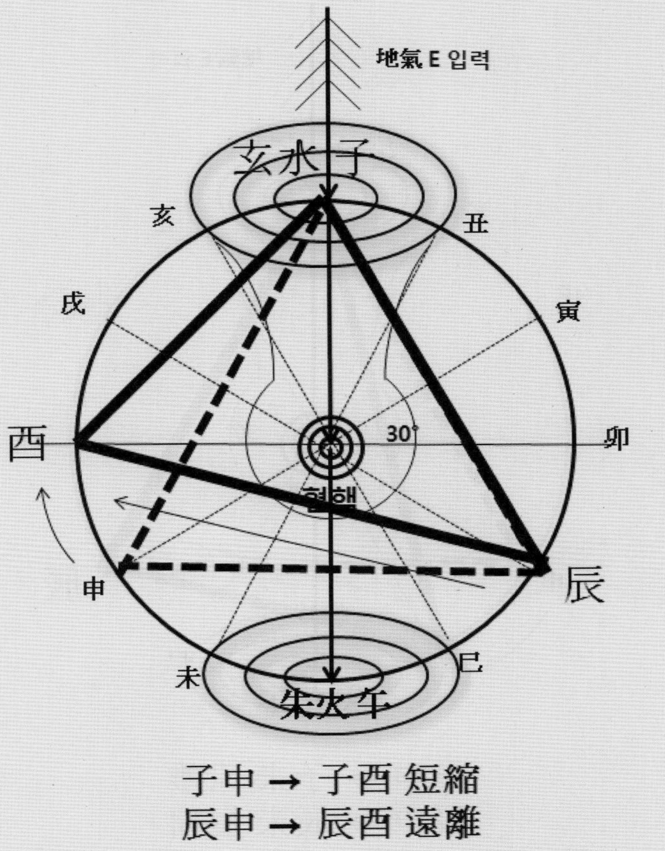

〈그림 3-142〉 子辰酉 不均衡 Energy場의 變形 特性

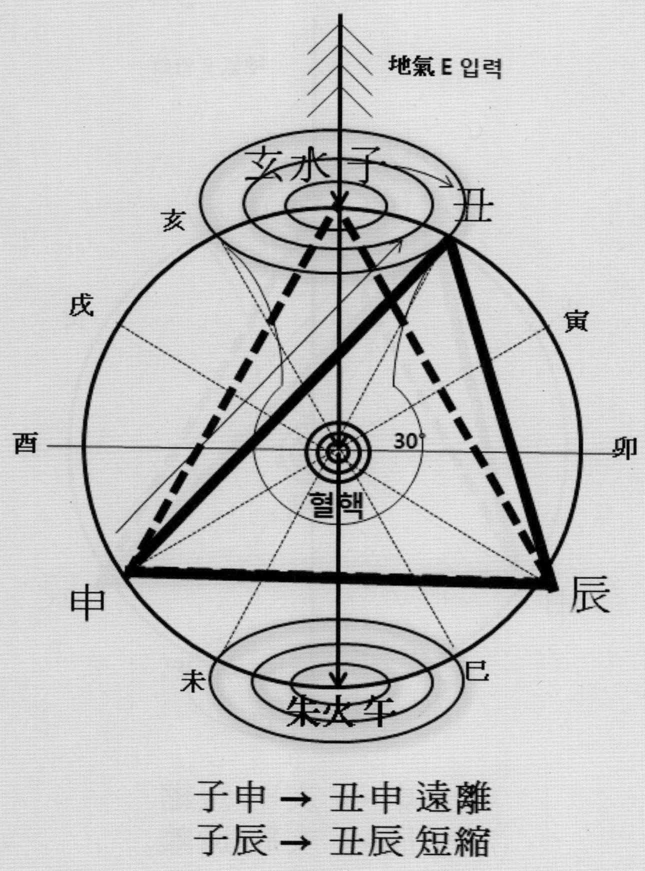

〈그림 3-143〉 丑辰申 不均衡 Energy場의 變形 特性

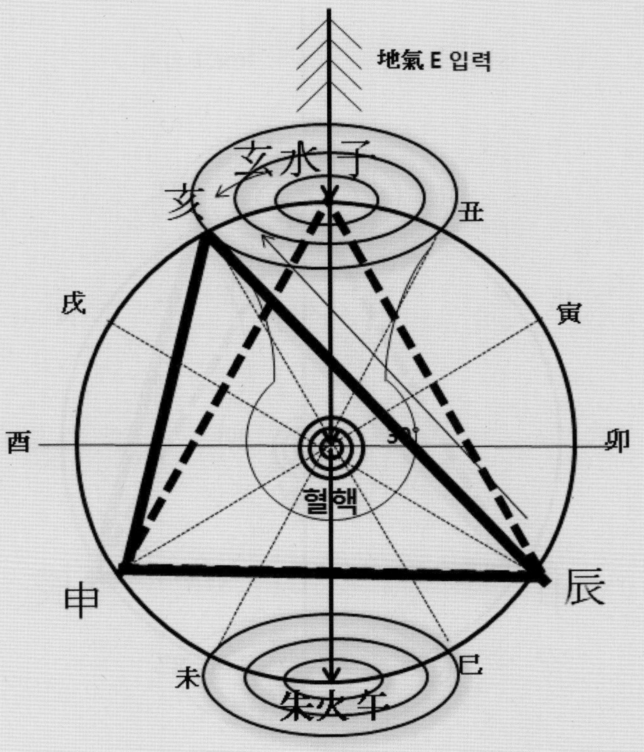

子申 → 亥申 短縮
子辰 → 亥辰 遠離

〈그림 3-144〉 亥辰申 不均衡 Energy場의 變形 特性

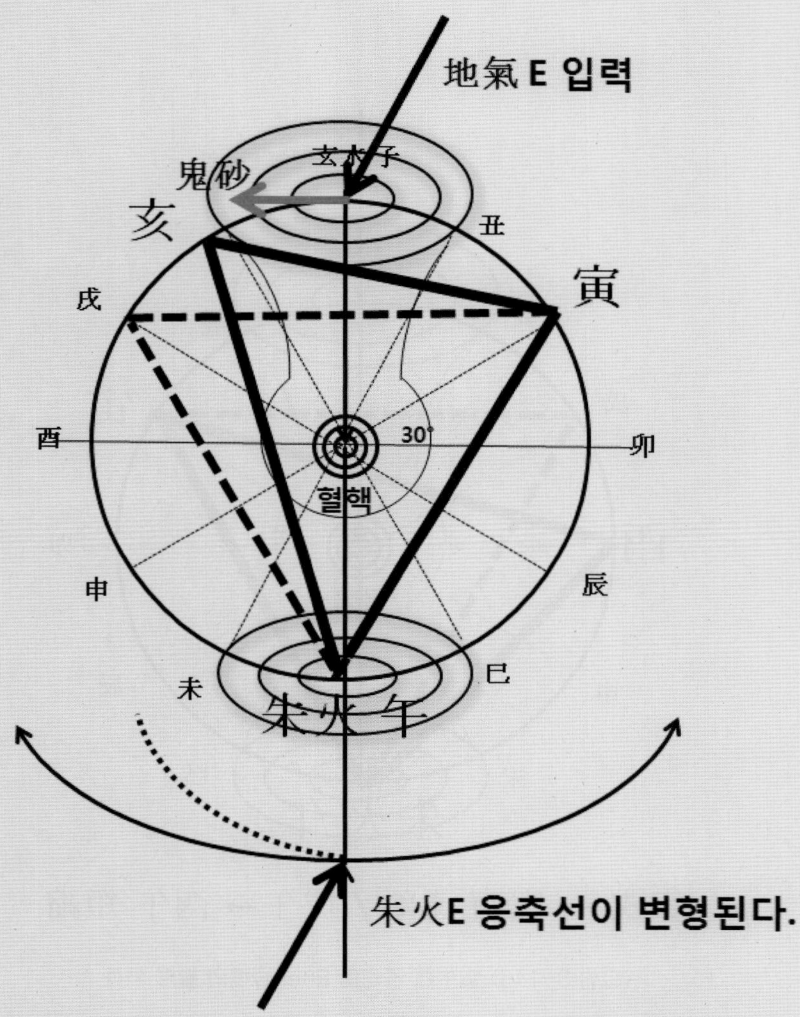

午戌 → 午亥 遠離 / 寅戌→ 寅亥 短縮

〈그림 3-145〉 寅午亥 不均衡 Energy場의 變形 特性

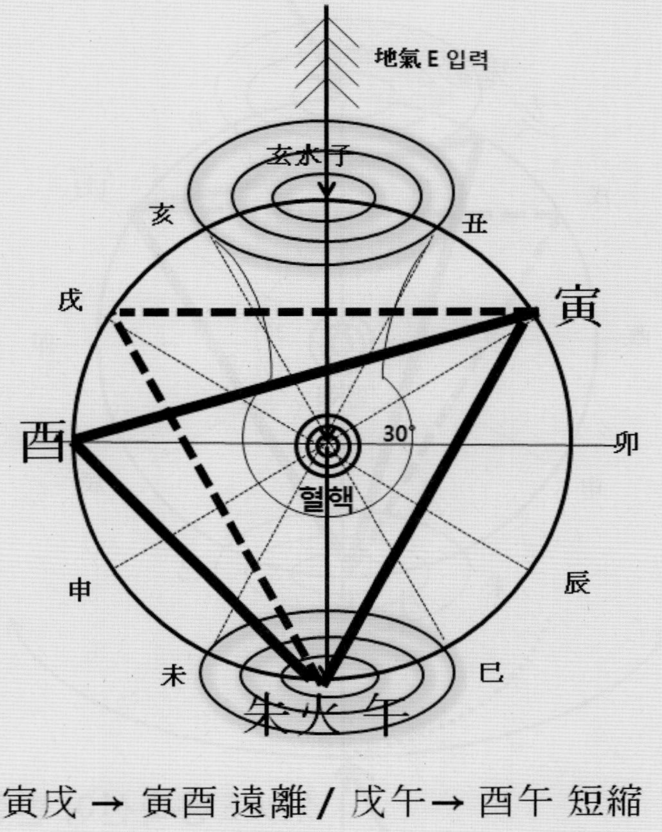

〈그림 3-146〉 寅午酉 不均衡 Energy場의 變形 特性

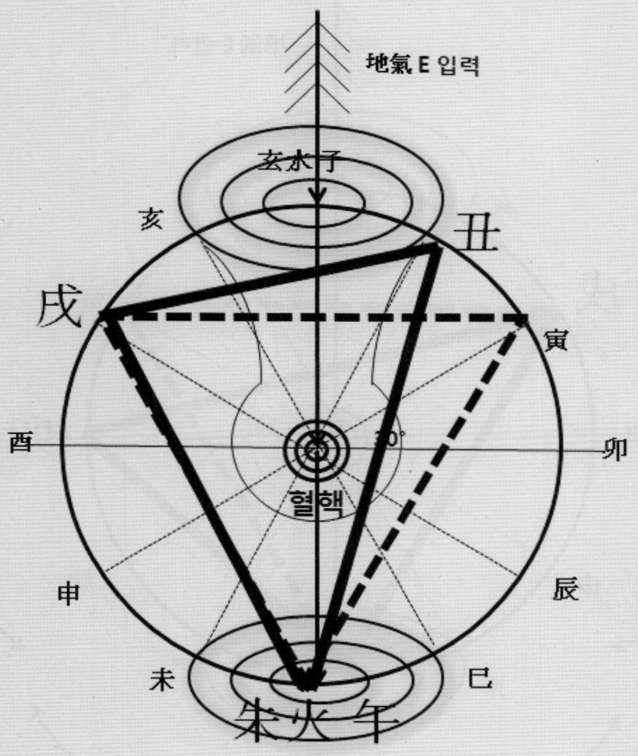

寅午→ 丑午 遠離 / 寅戌→ 丑戌 短縮

〈그림 3-147〉 丑午戌 不均衡 Energy場의 變形 特性

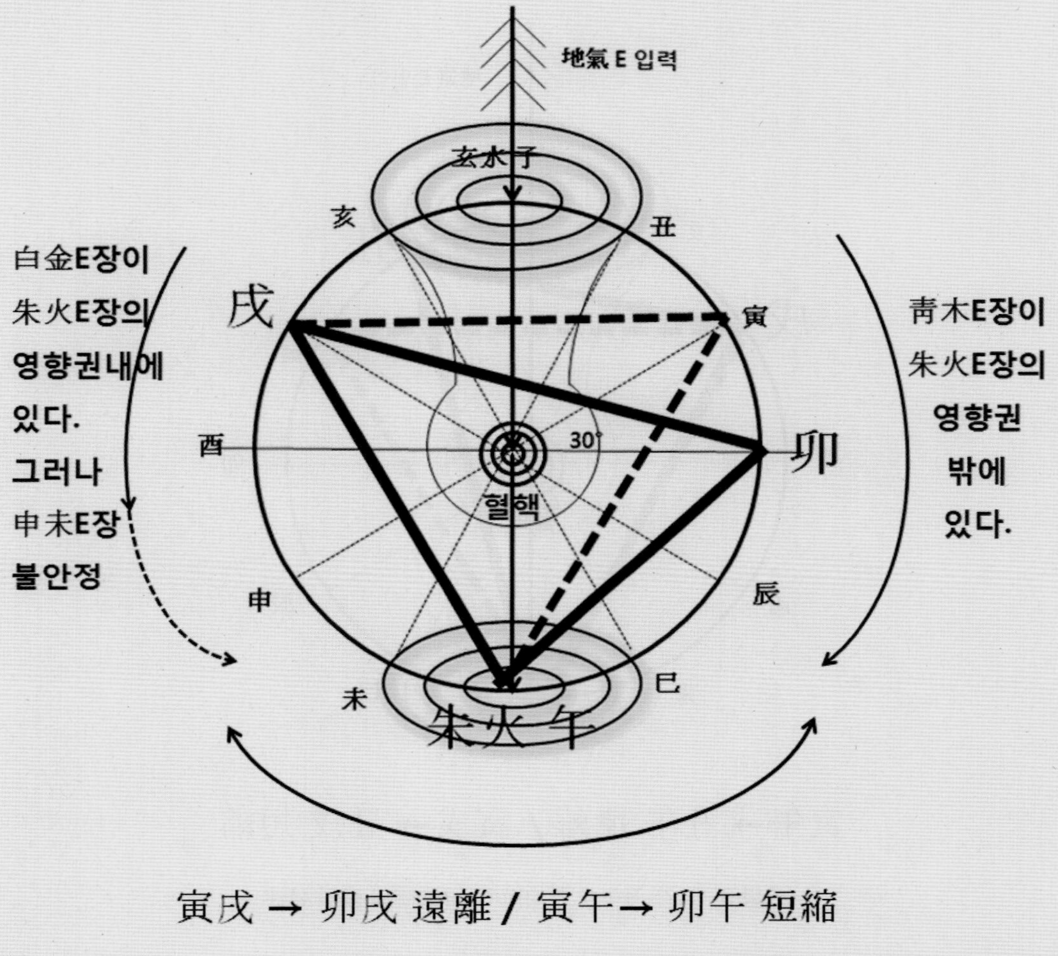
地氣 E 입력
玄水子
亥
丑
白金E장이
朱火E장의
영향권내에
있다.
그러나
申未E장
불안정
戌
寅
青木E장이
朱火E장의
영향권
밖에
있다.
酉
30°
卯
혈핵
申
辰
未
巳
朱火午
寅戌 → 卯戌 遠離 / 寅午→ 卯午 短縮

〈그림 3-148〉 卯午戌 不均衡 Energy場의 變形 特性

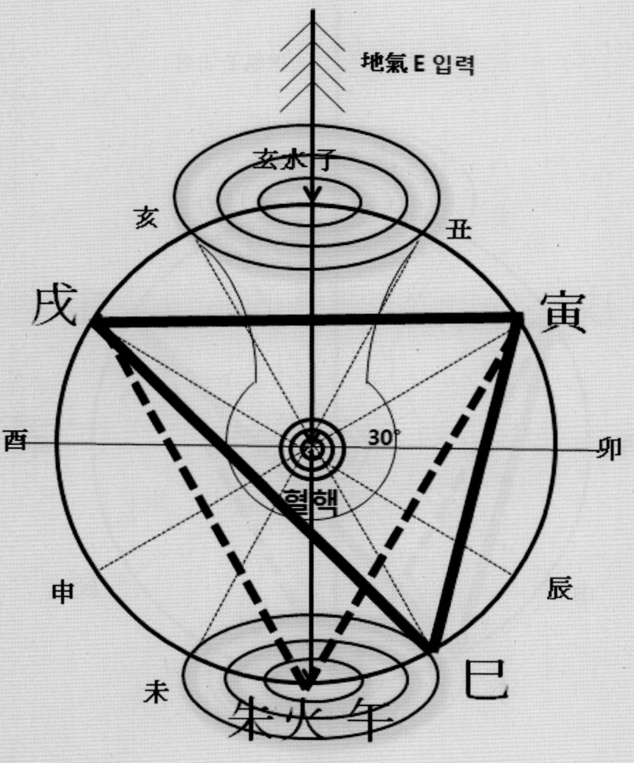

戌午 → 戌巳 遠離 / 寅午→ 寅巳 短縮

〈그림 3-149〉 寅巳戌 不均衡 Energy場의 變形 特性

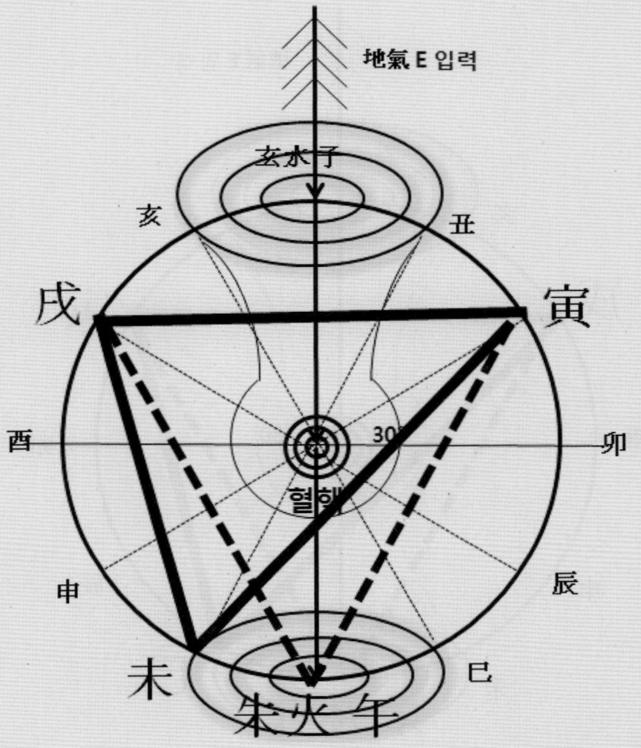

寅午 → 寅未 遠離 / 戌午 → 戌未 短縮

〈그림 3-150〉 寅未戌 不均衡 Energy場의 變形 特性

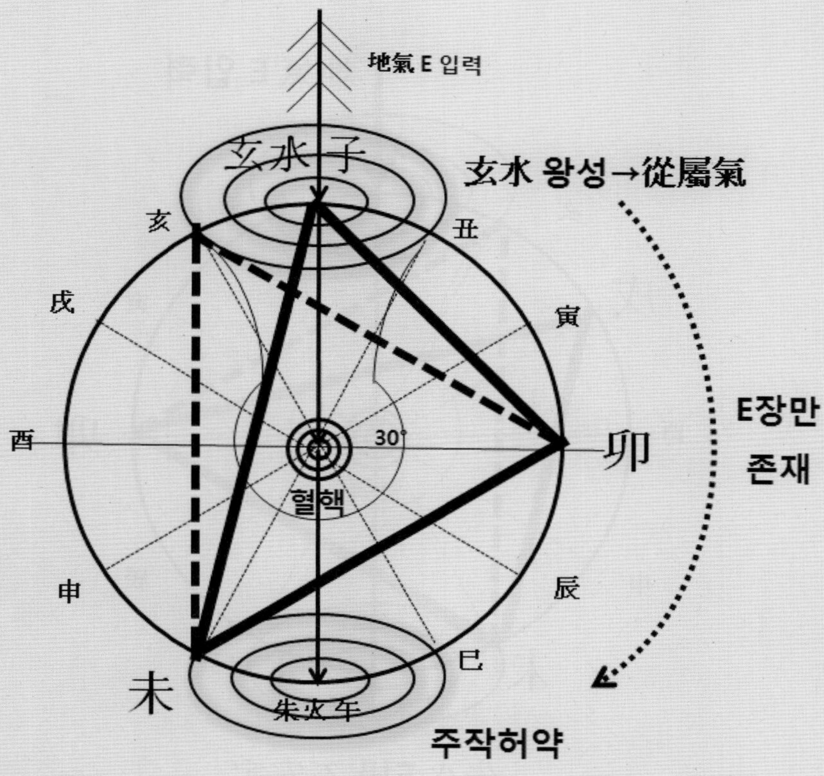

戌午 → 戌巳 遠離 / 寅午→ 寅巳 短縮

〈그림 3-151〉 子卯未 不均衡 Energy場 變形 特性

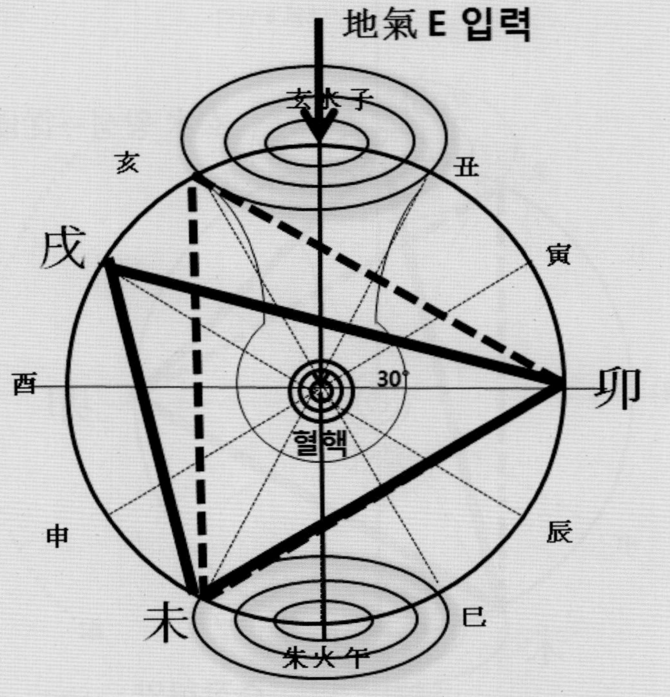

朱火 E場 不安定

未亥 → 未戌 短縮 / 亥卯 → 戌卯 遠離

〈그림 3-152〉 戌卯未 不均衡 Energy場 變形 特性

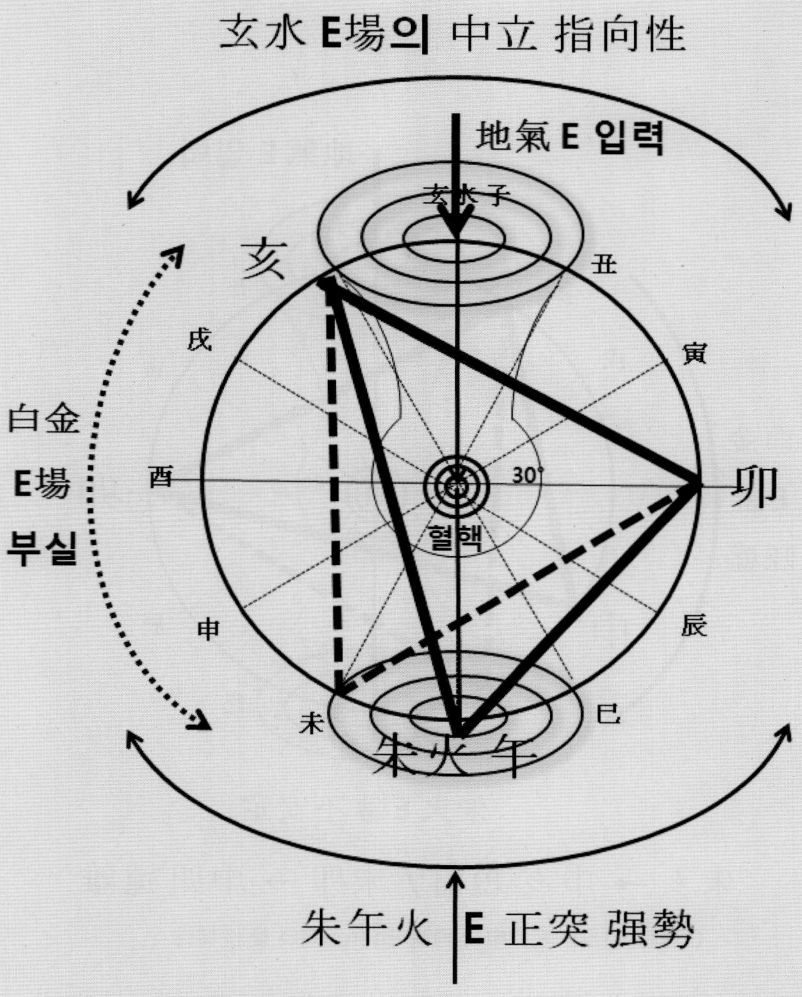

〈그림 3-153〉 亥卯午 不均衡 Energy場의 變形 特性

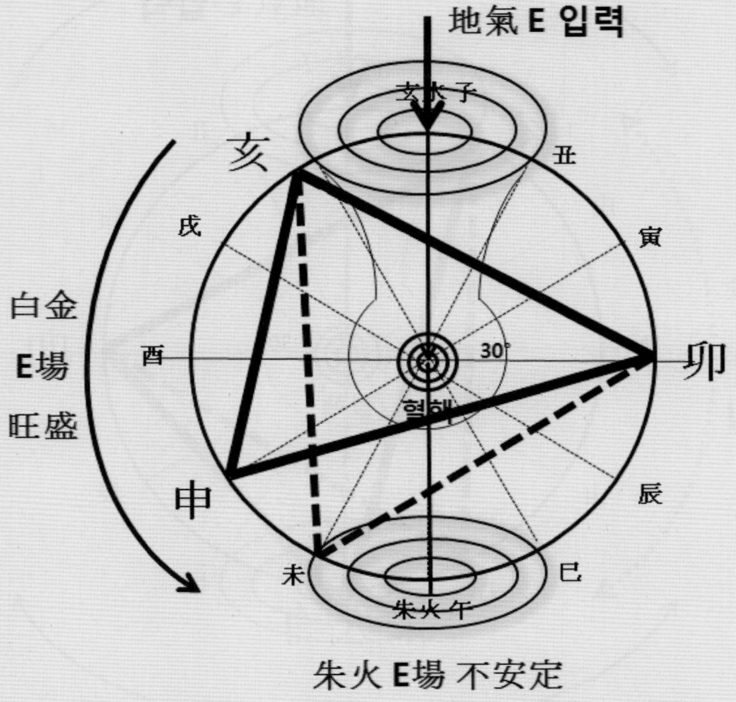

未亥 → 申亥 短縮 / 未卯 → 申卯 遠離

〈그림 3-154〉 亥卯申 不均衡 Energy場의 變形 特性

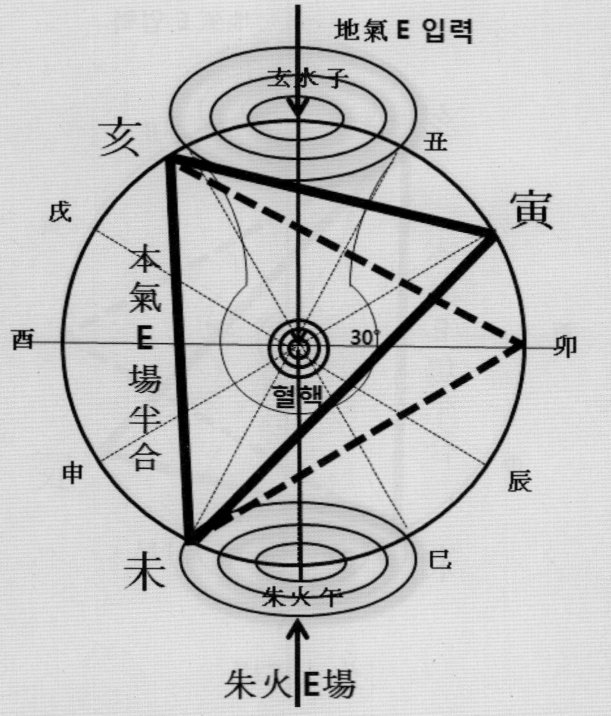

亥卯 → 亥寅 短縮 / 卯未 → 寅未 遠離

〈그림 3-155〉 亥寅未 不均衡 Energy場의 變形 特性

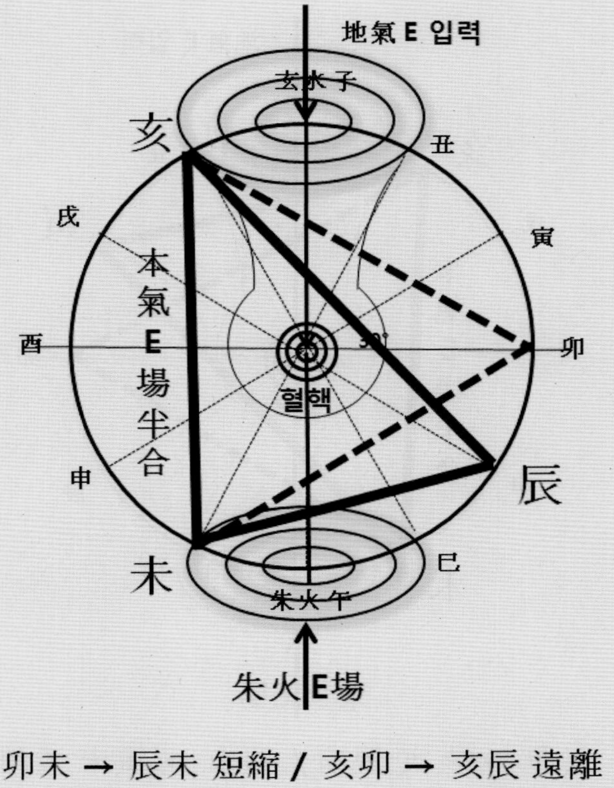
地氣 E 입력
玄水子
亥
丑
戌
寅
本
氣
E
場
半
合
酉
卯
혈핵
申
辰
未
巳
朱火午
朱火 E場
卯未 → 辰未 短縮 / 亥卯 → 亥辰 遠離

〈그림 3-156〉 亥辰未 不均衡 Energy場의 變形 特性

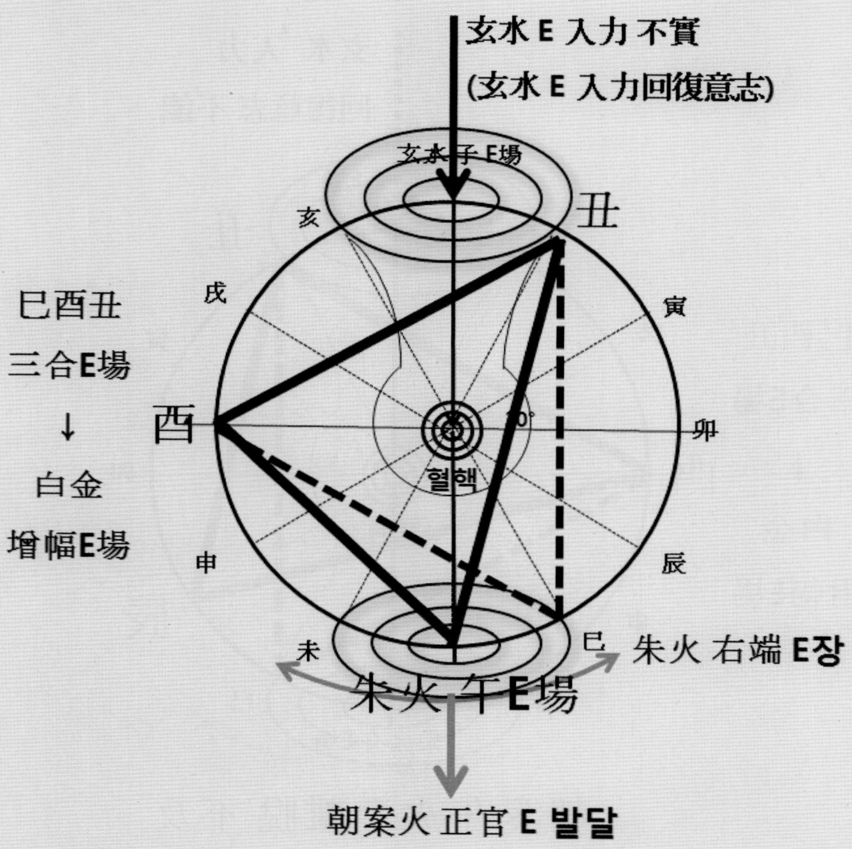

酉丑 本氣 E場

巳酉 → 午酉 短縮 / 巳丑 → 午丑 遠離

〈그림 3-157〉 午酉丑 不均衡 Energy場 變形 特性

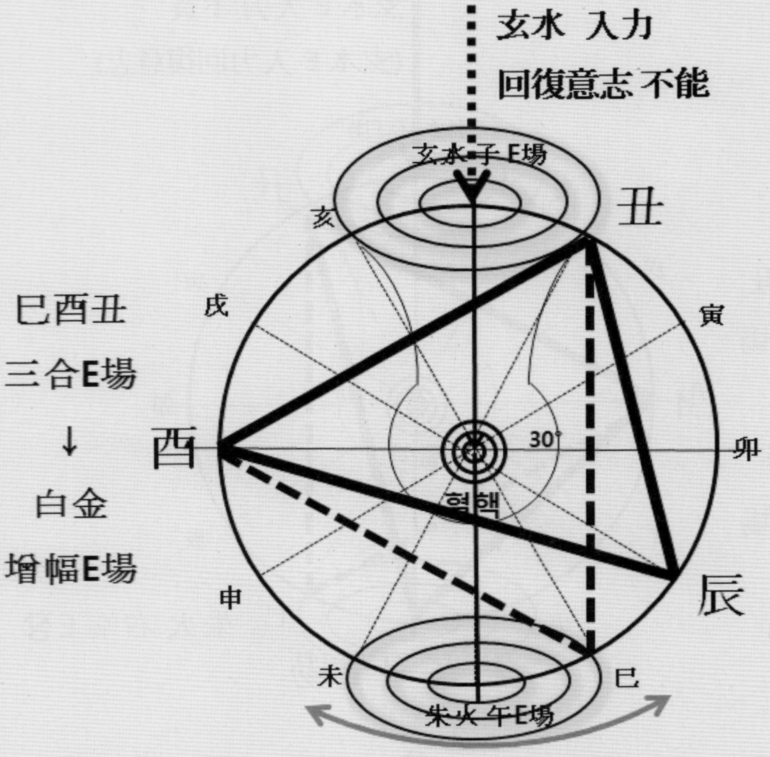

朝案 午火 E 離脫 不及

酉丑 本氣 E場

巳丑 → 辰丑 短縮 / 巳酉 → 辰酉 遠離

〈그림 3-158〉 辰酉丑 不均衡 Energy場 變形 特性

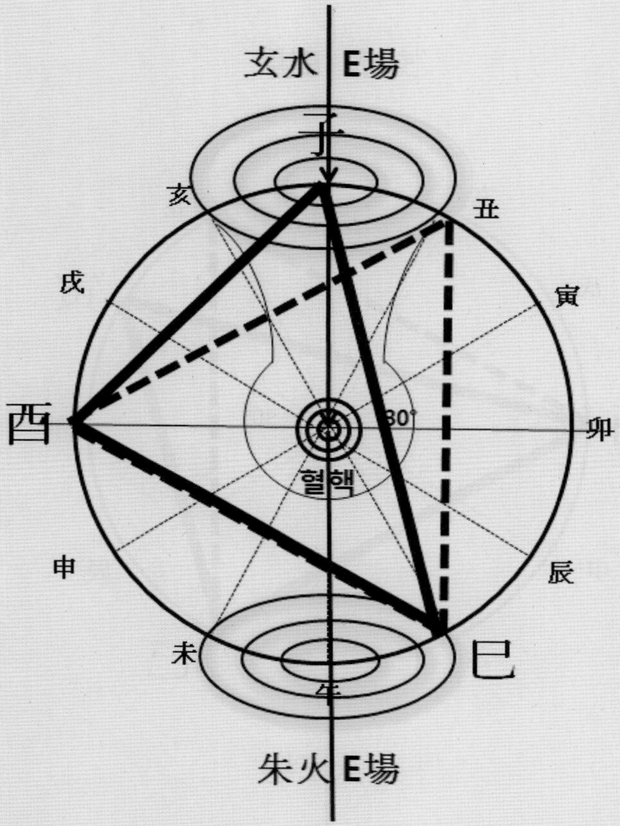

巳酉 本氣 E場

丑酉 → 子酉 短縮 / 丑巳 → 子巳 遠離

〈그림 3-159〉 巳酉子 不均衡 Energy場 變形 特性

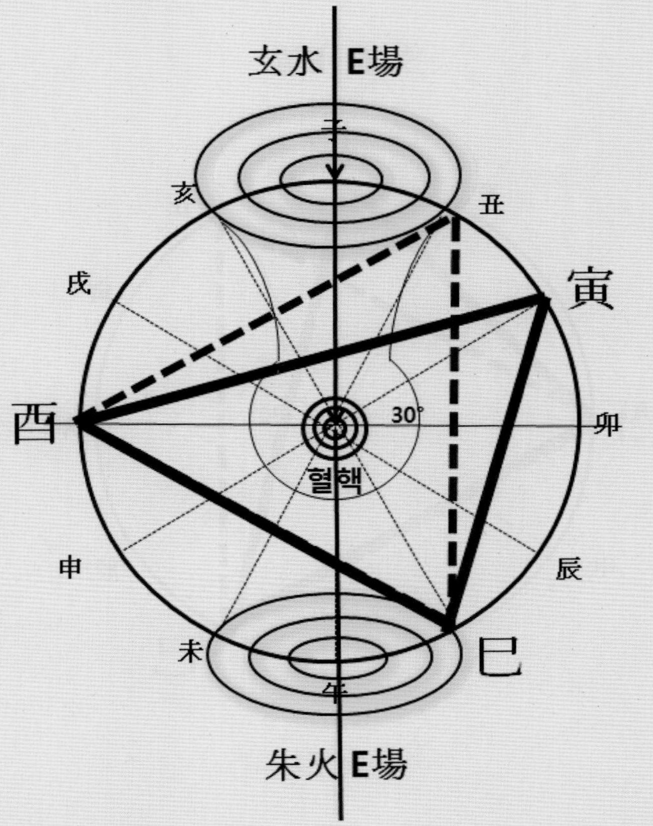

巳酉 本氣 E場

巳丑 → 巳寅 短縮 / 丑酉 → 寅酉 遠離

〈그림 3-160〉 巳酉寅 不均衡 Energy場 變形 特性

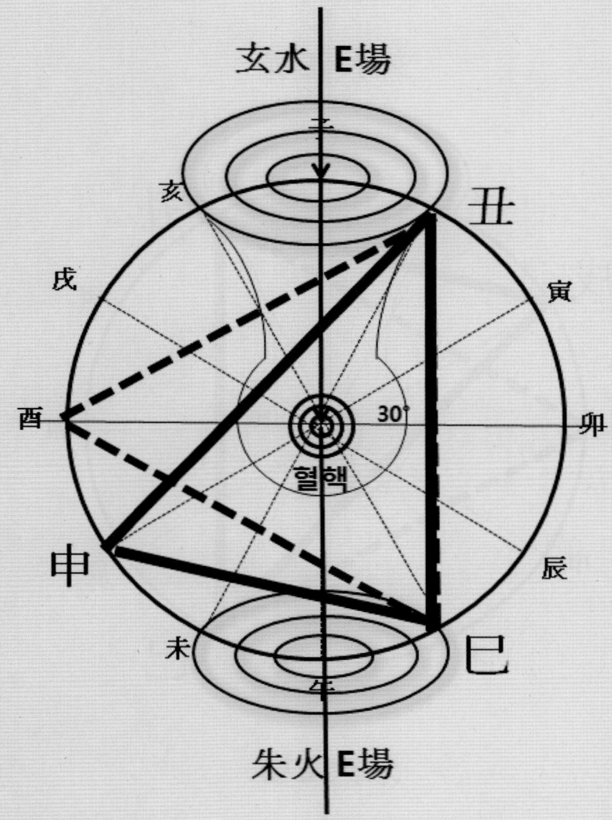

巳丑 本氣 E場

巳酉 → 巳申 短縮 / 丑酉 → 丑申 遠離

〈그림 3-161〉 巳申丑 不均衡 Energy場 變形 特性

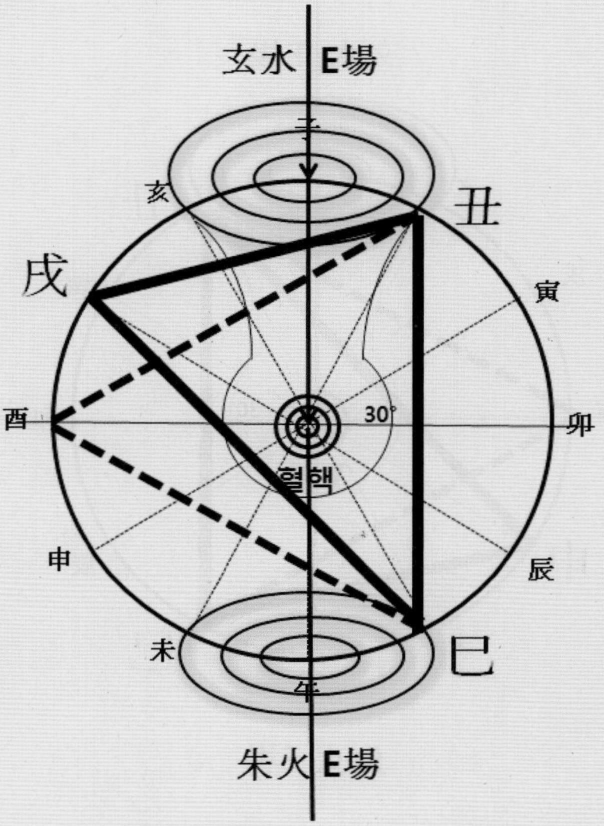

巳丑 本氣 E場

丑酉 → 丑戌 短縮 / 巳酉 → 巳戌 遠離

〈그림 3-162〉 巳戌丑 不均衡 Energy場 變形 特性

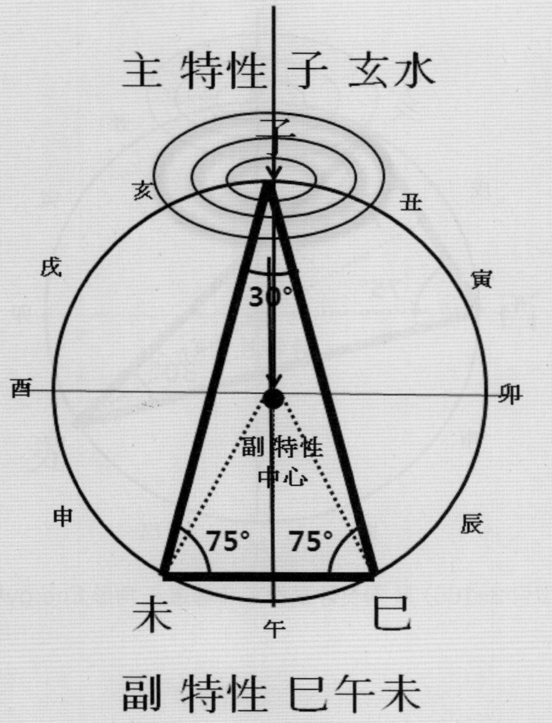

〈그림 3-163〉 子 꼭짓점 子巳未 二等邊 三角形 Energy場

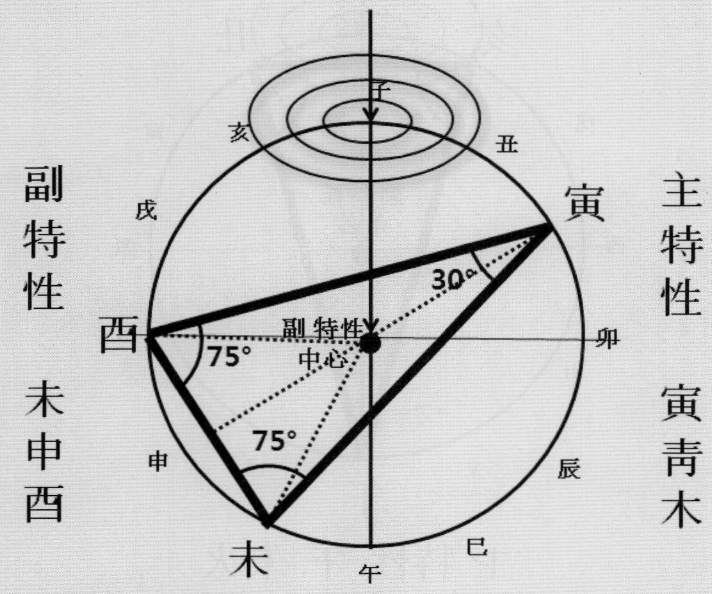

〈그림 3-164〉 寅 꼭짓점 寅酉未 二等邊 三角形 Energy場

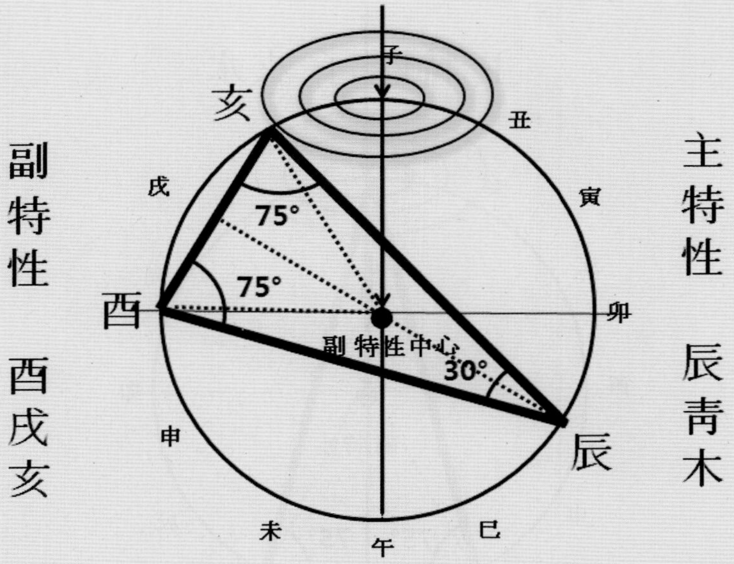

〈그림 3-165〉 辰 꼭짓점 辰酉亥 二等邊 三角形 Energy場

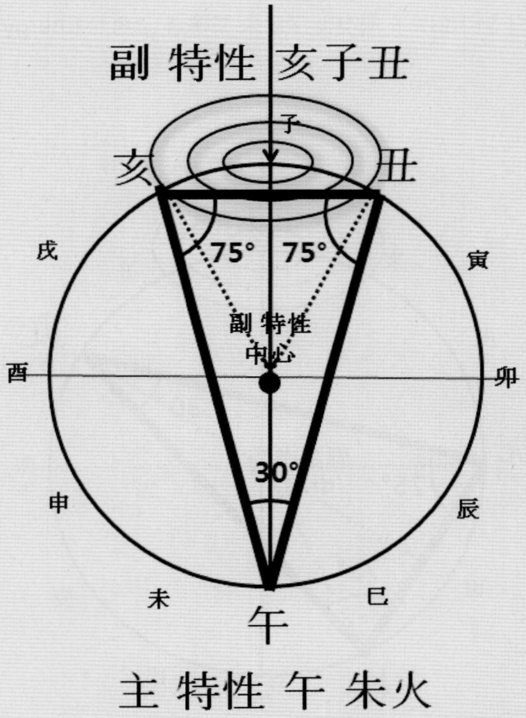

〈그림 3-166〉 午 꼭짓점 午亥丑 二等邊 三角形 Energy場

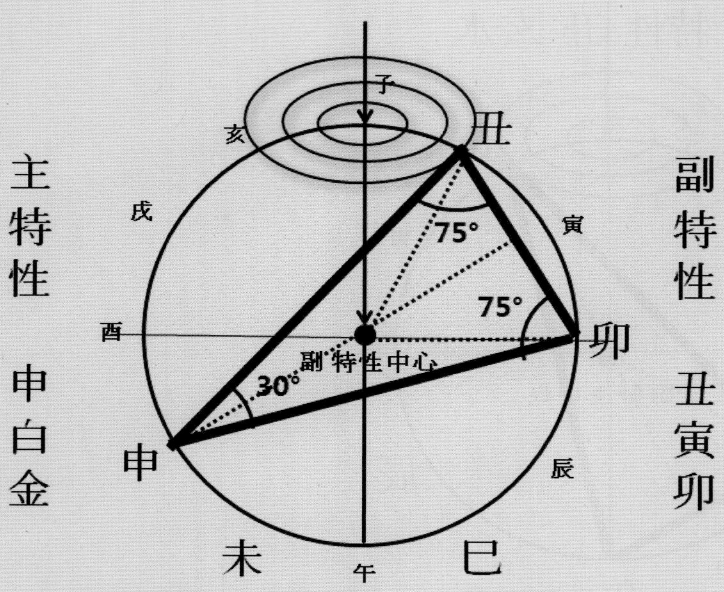

〈그림 3-167〉 申 꼭짓점 申卯丑 二等邊 三角形 Energy場

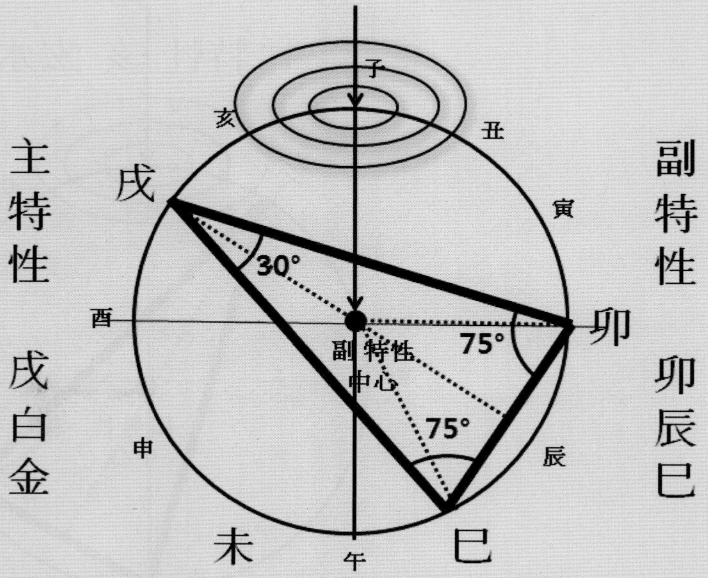

〈그림 3-168〉 戌 꼭짓점 戌巳卯 二等邊 三角形 Energy場

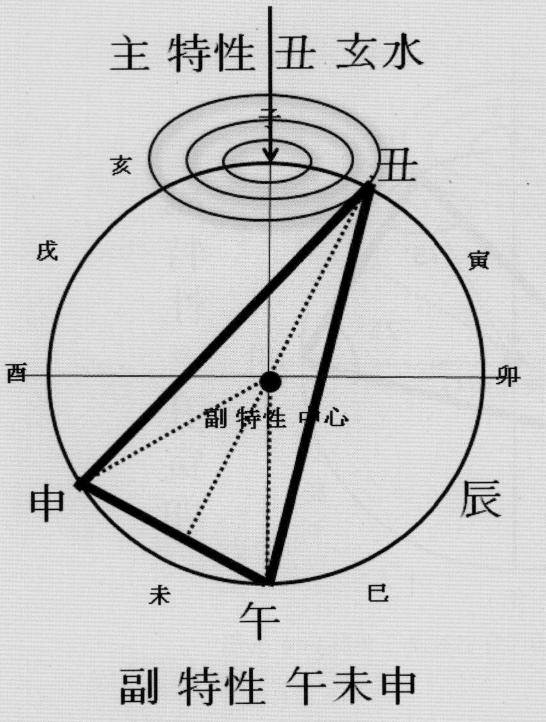

〈그림 3-169〉 丑 꼭짓점 丑午申 二等邊 三角形 Energy場

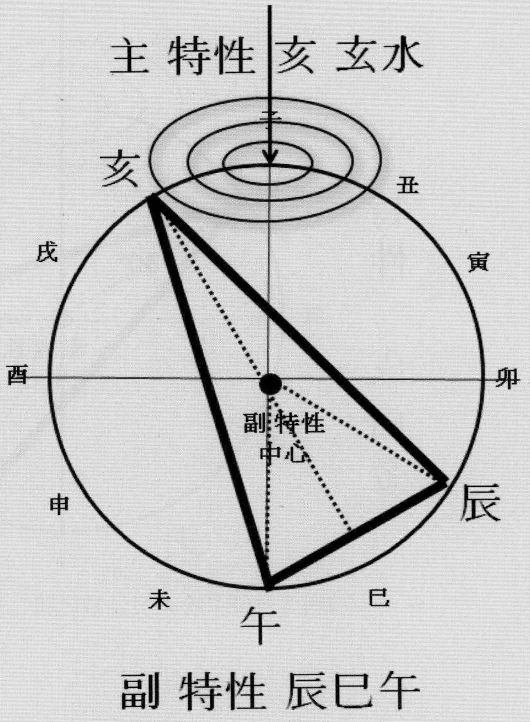

〈그림 3-170〉 亥 꼭짓점 亥午辰 二等邊 三角形 Energy場

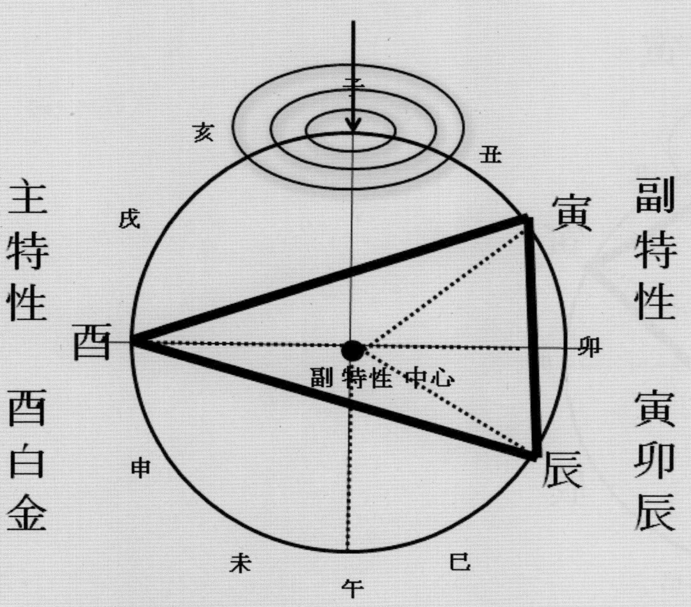

〈그림 3-171〉 酉 꼭짓점 酉寅辰 二等邊 三角形 Energy場

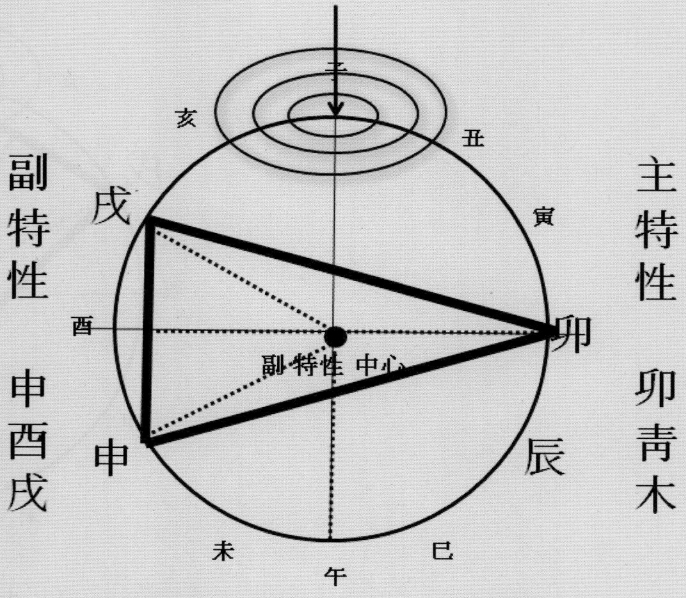

〈그림 3-172〉 卯 꼭짓점 卯申戌 二等邊 三角形 Energy場

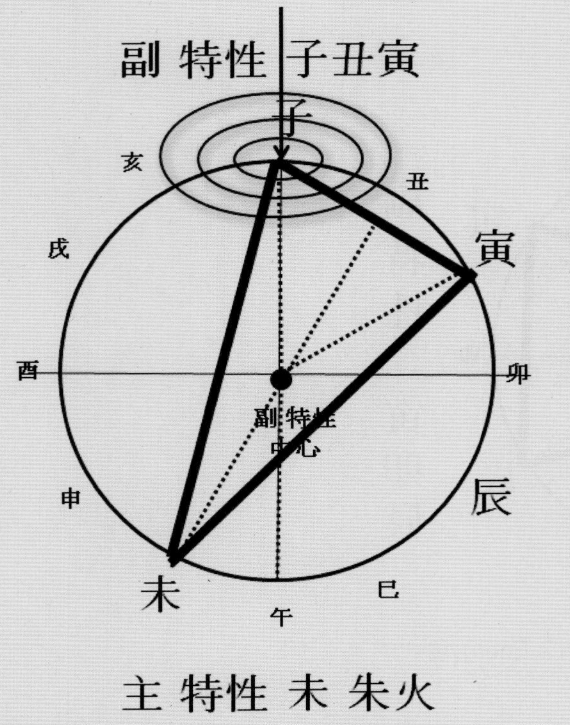

〈그림 3-173〉 未 꼭짓점 未子寅 二等邊 三角形 Energy場

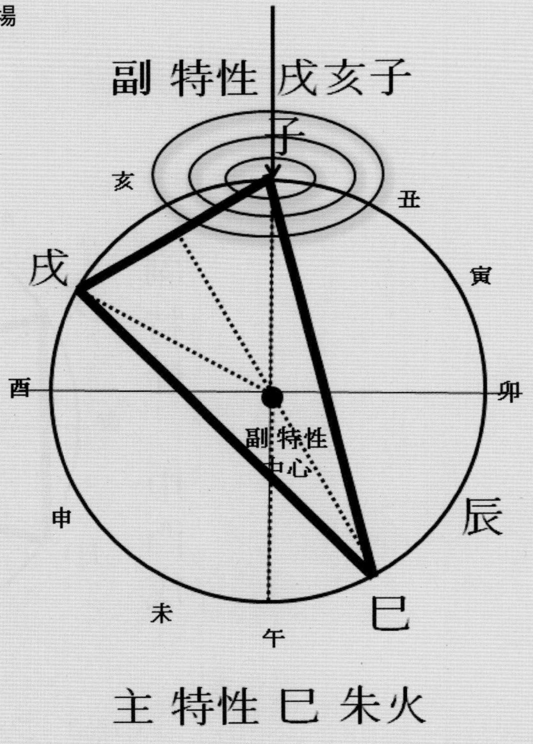

〈그림 3-174〉 巳 꼭짓점 巳子戌 二等邊 三角形 Energy場

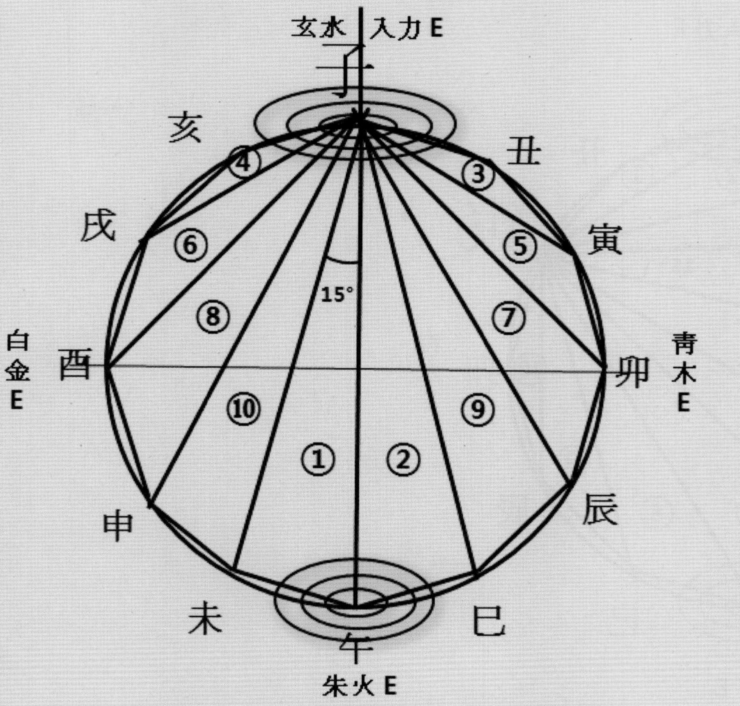

〈그림 3-175〉 子 Energy場의 銳角構造 特性

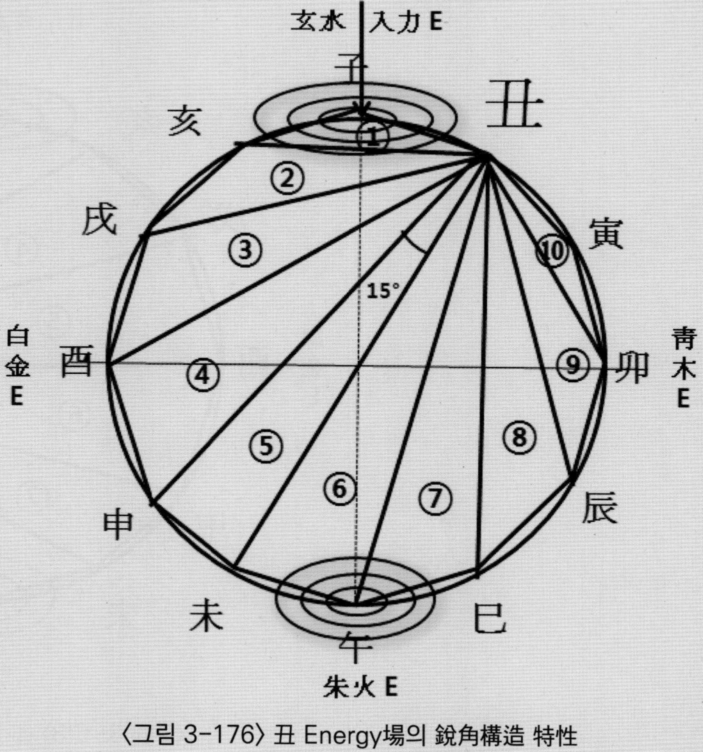

〈그림 3-176〉 丑 Energy場의 銳角構造 特性

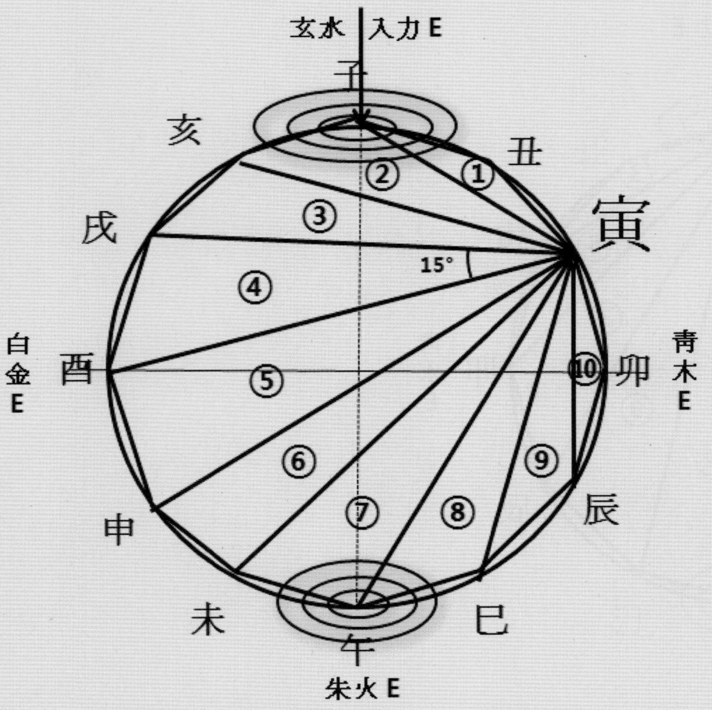

〈그림 3-177〉 寅 Energy場의 銳角構造 特性

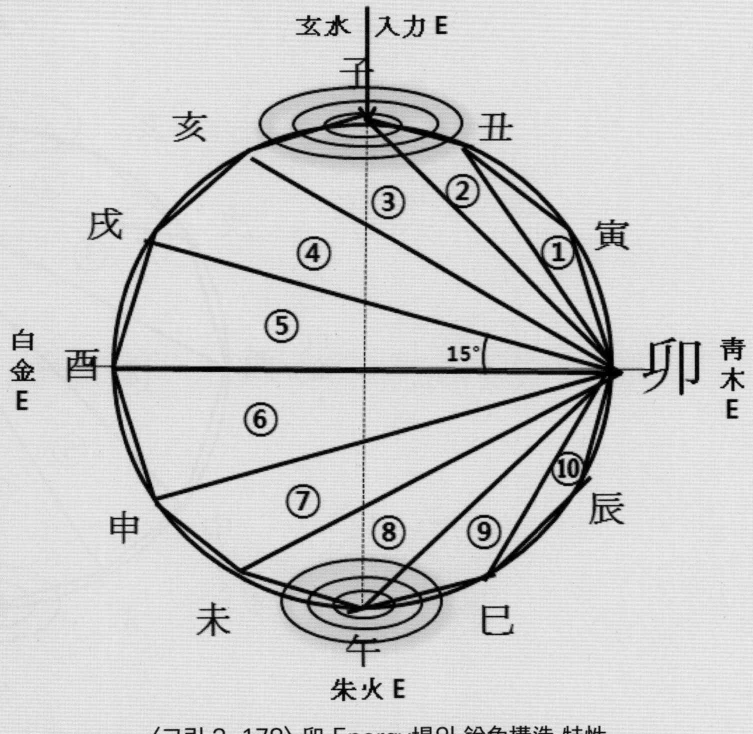

〈그림 3-178〉 卯 Energy場의 銳角構造 特性

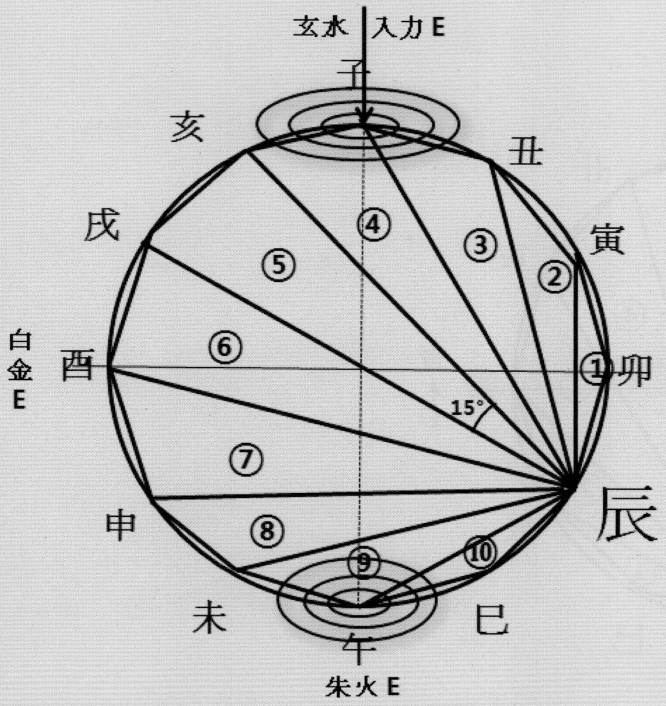

〈그림 3-179〉 辰 Energy場의 銳角構造 特性

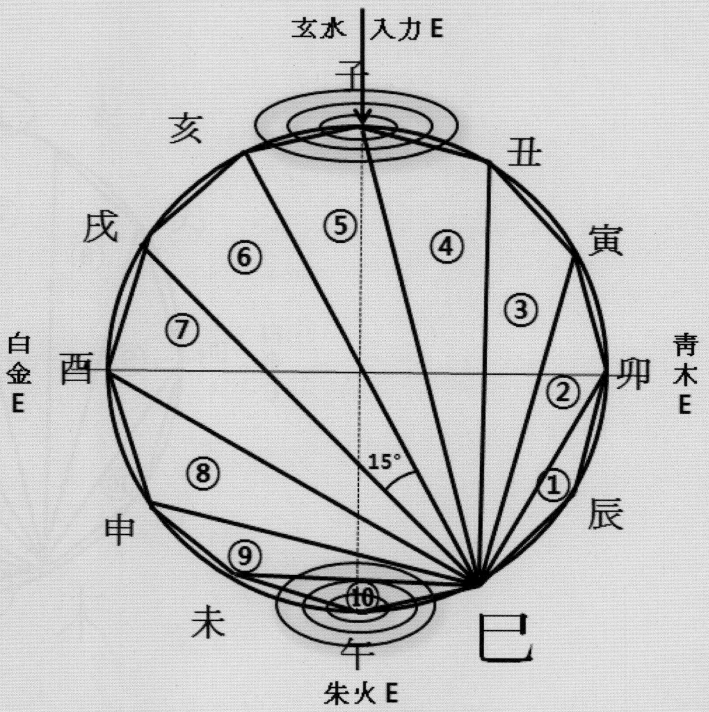

〈그림 3-180〉 巳 Energy場의 銳角構造 特性

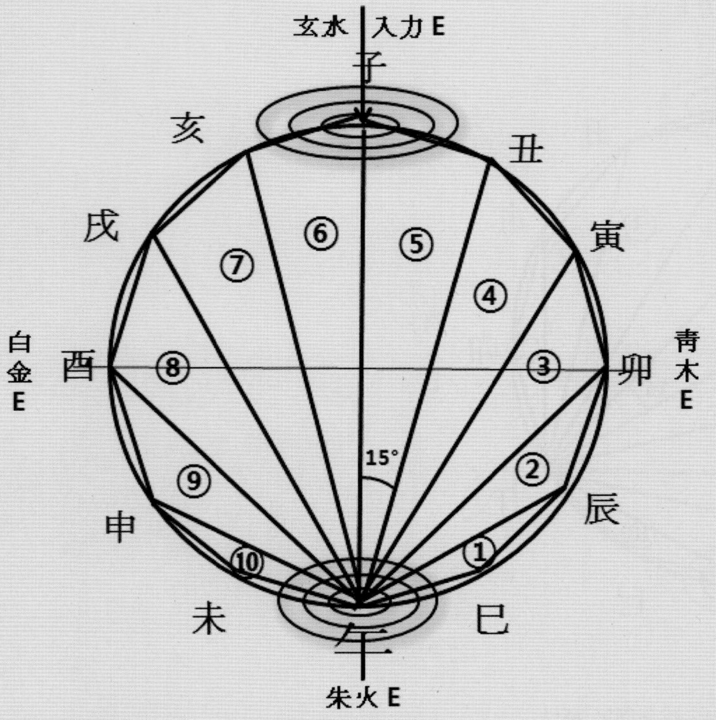

〈그림 3-181〉 午 Energy場의 銳角構造 特性

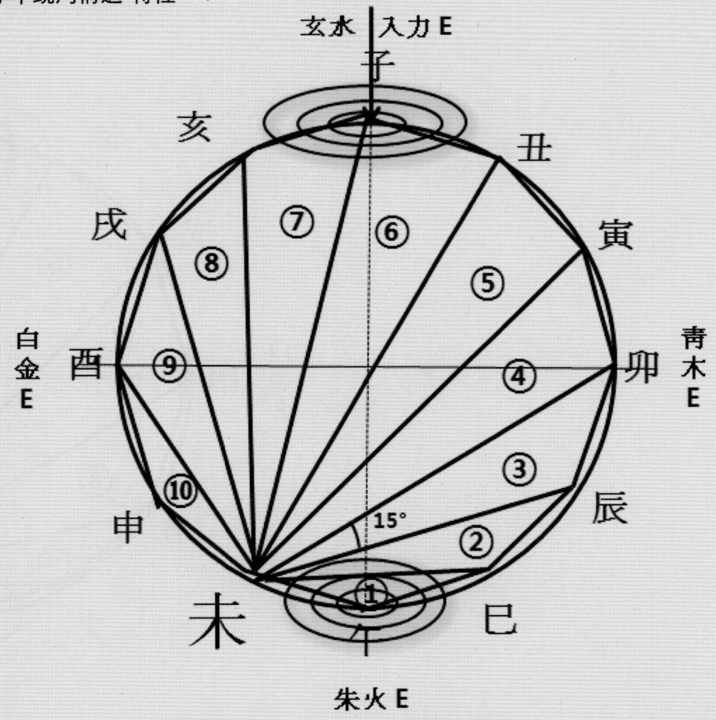

〈그림 3-182〉 未 Energy場의 銳角構造 特性

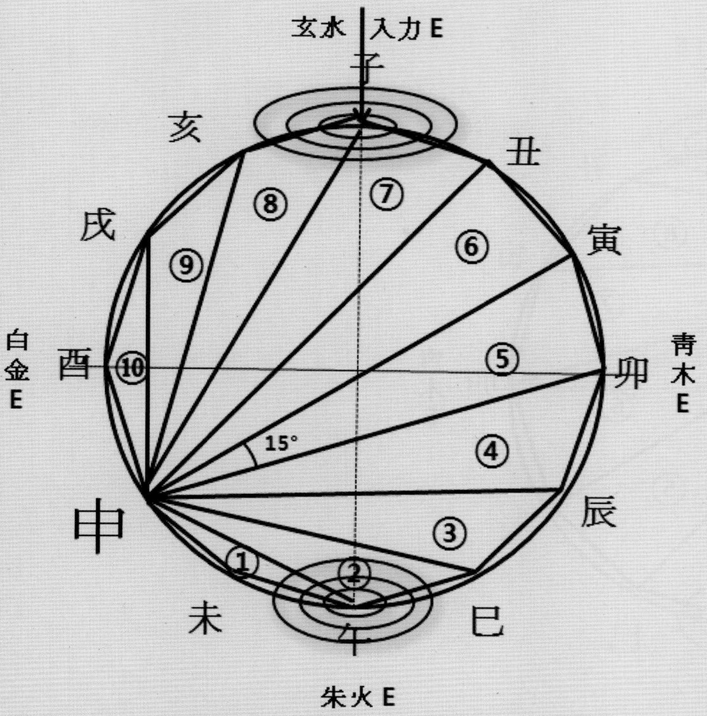

〈그림 3-183〉 申 Energy場의 銳角構造 特性

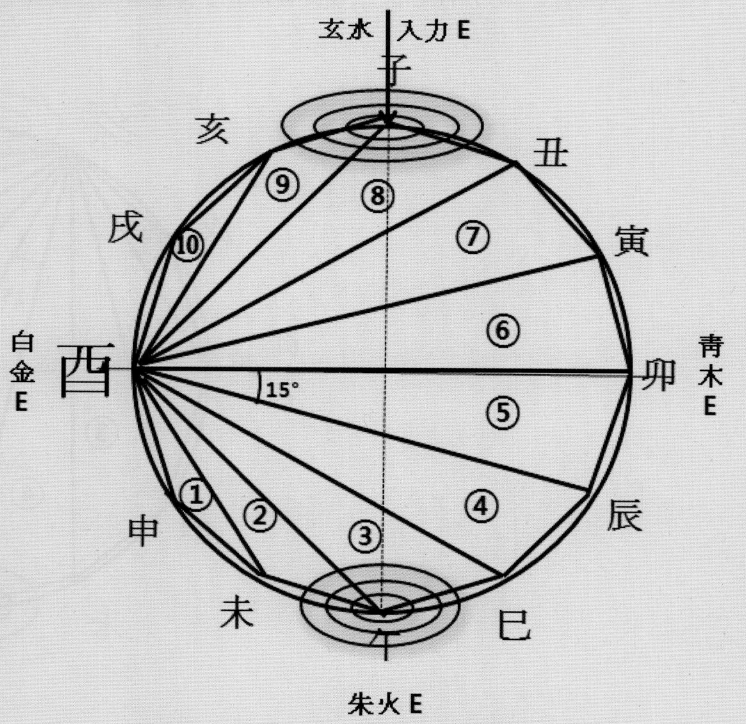

〈그림 3-184〉 酉 Energy場의 銳角構造 特性

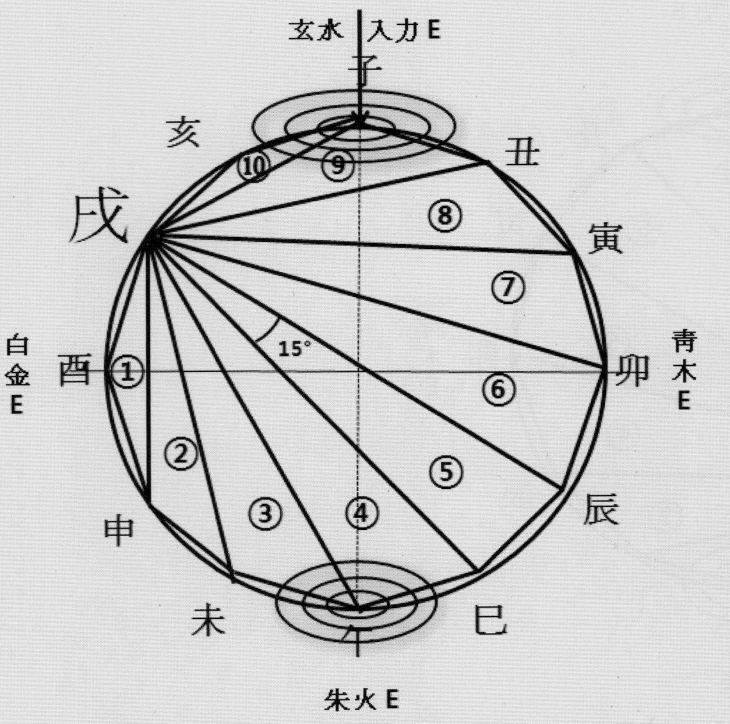

〈그림 3-185〉 戌 Energy場의 銳角構造 特性

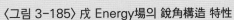

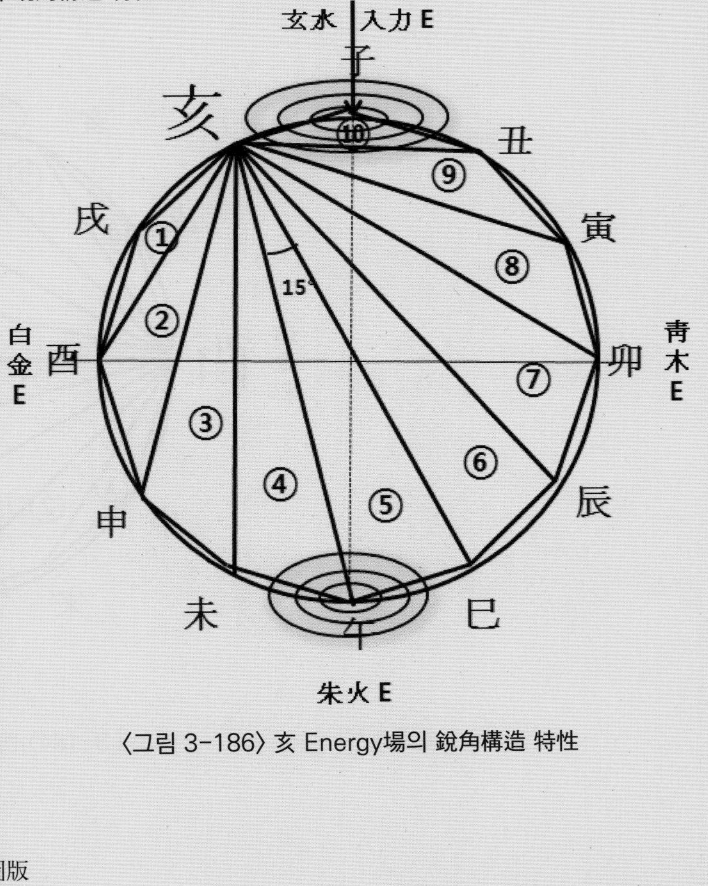

〈그림 3-186〉 亥 Energy場의 銳角構造 特性

第4篇 陽基論

第1章 陽基總論

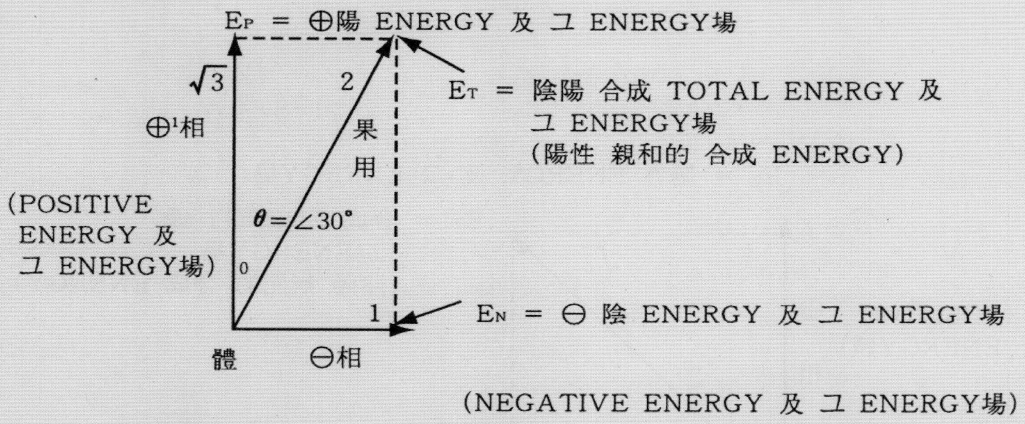

〈그림 4-1〉 動的 Energy 및 그 Energy場의 安定秩序

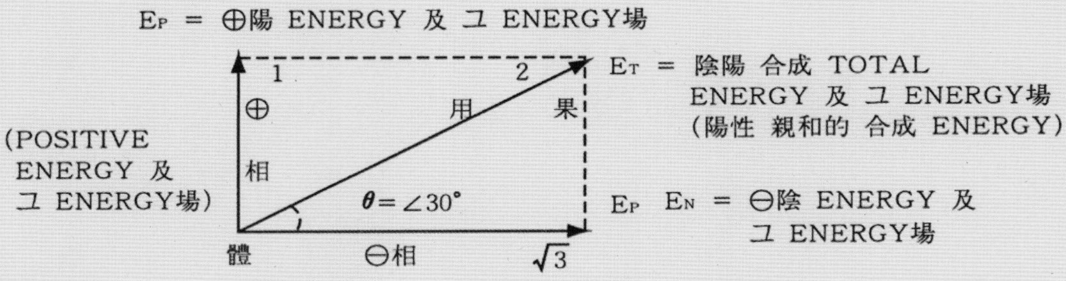

〈그림 4-2〉 靜的 Energy 및 그 Energy場의 安定秩序

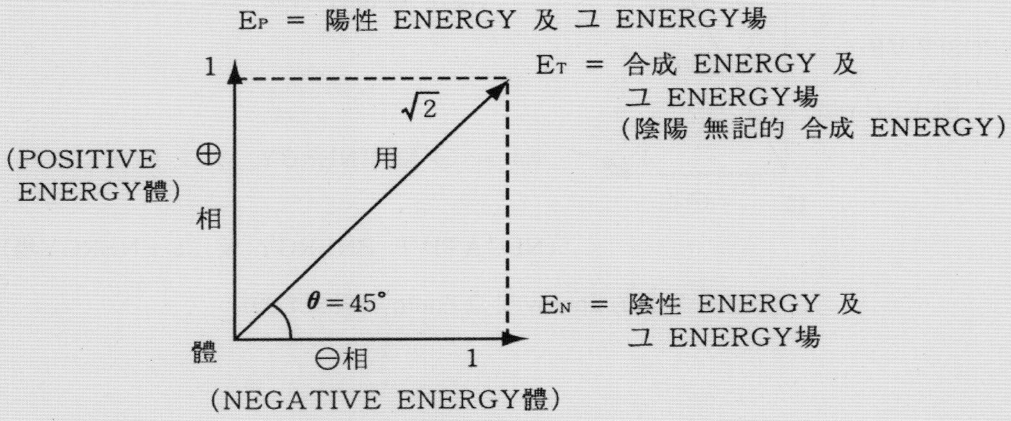

〈그림 4-3〉 無記 Energy 및 그 Energy場의 形成秩序

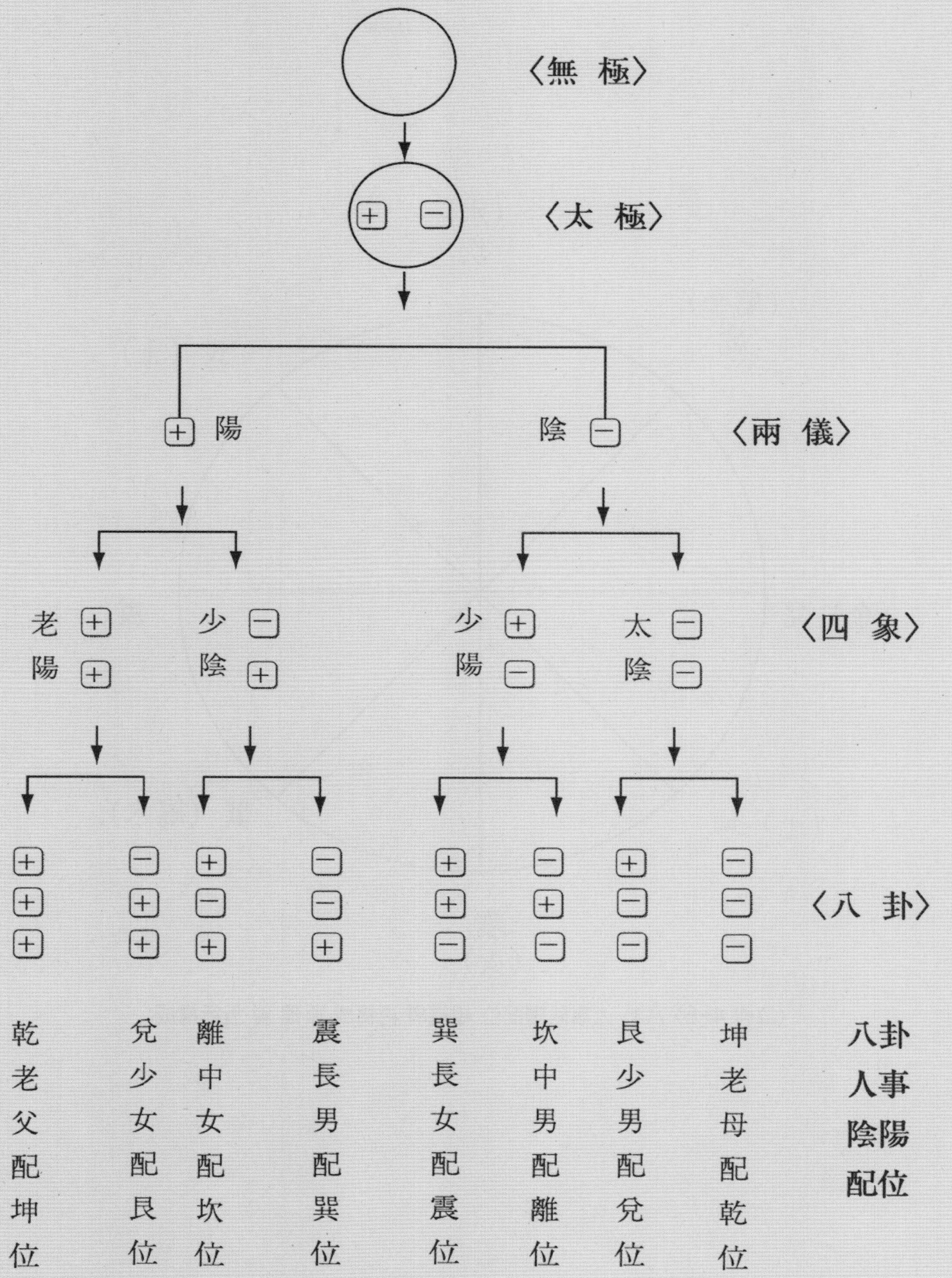

〈그림 4-4〉 八卦組織에 따른 東西舍宅論의 展開圖

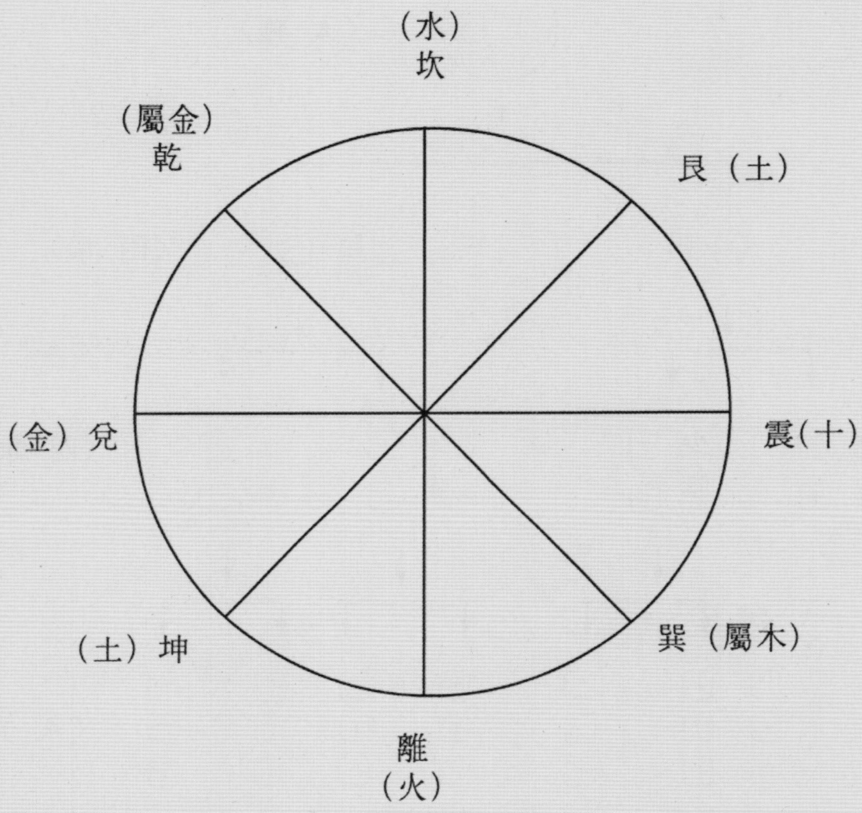

〈그림 4-5〉八卦 人事陰陽配位 組織의 再構成 原理 및 五行構成

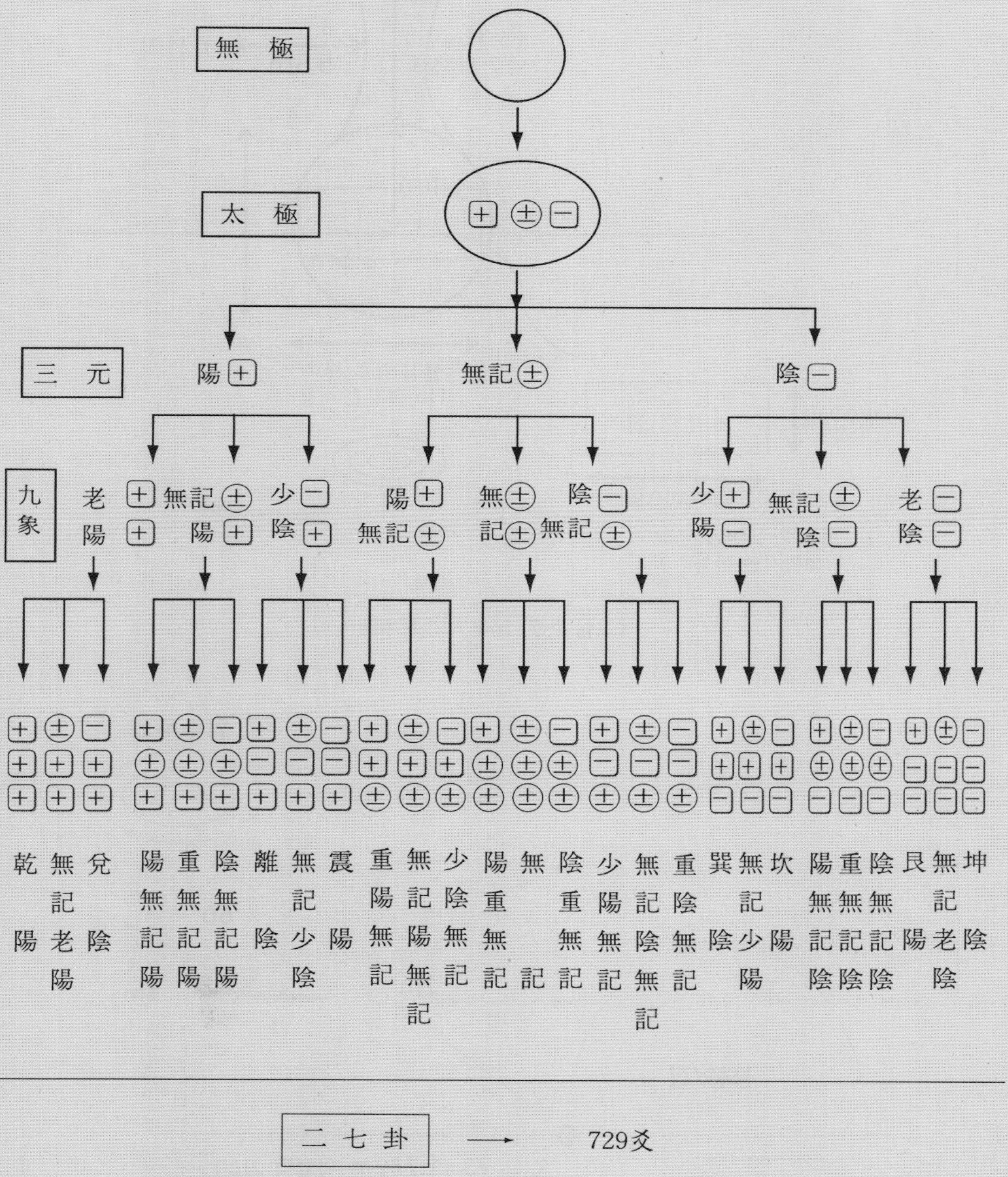

〈그림 4-6〉 存在形成의 原理

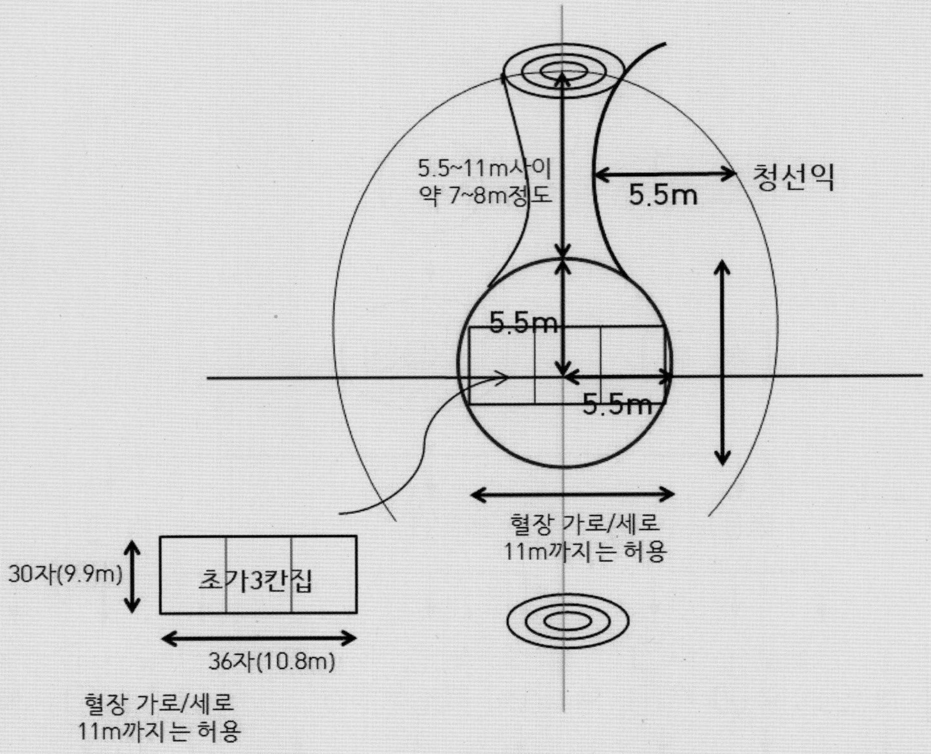

〈그림 4-7〉 陽基穴의 基本圖

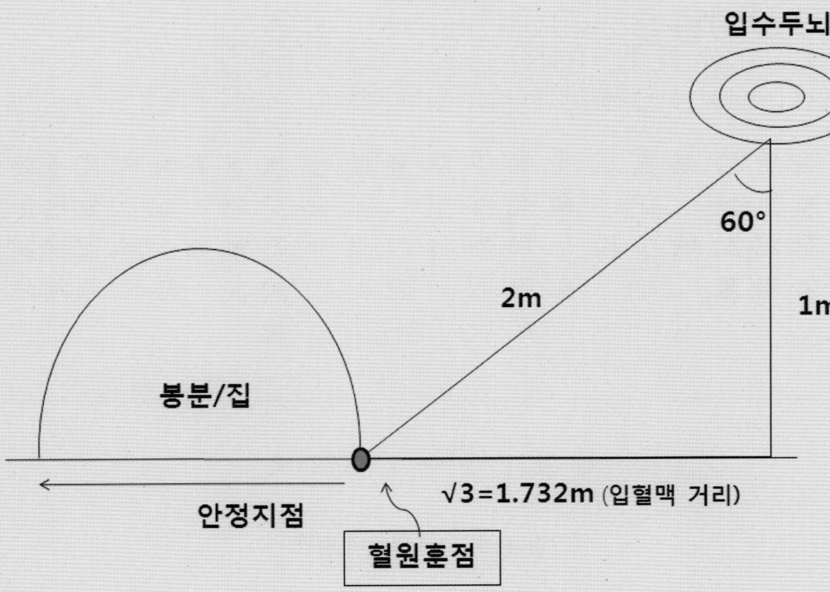

〈그림 4-8〉 陽基穴의 安定地

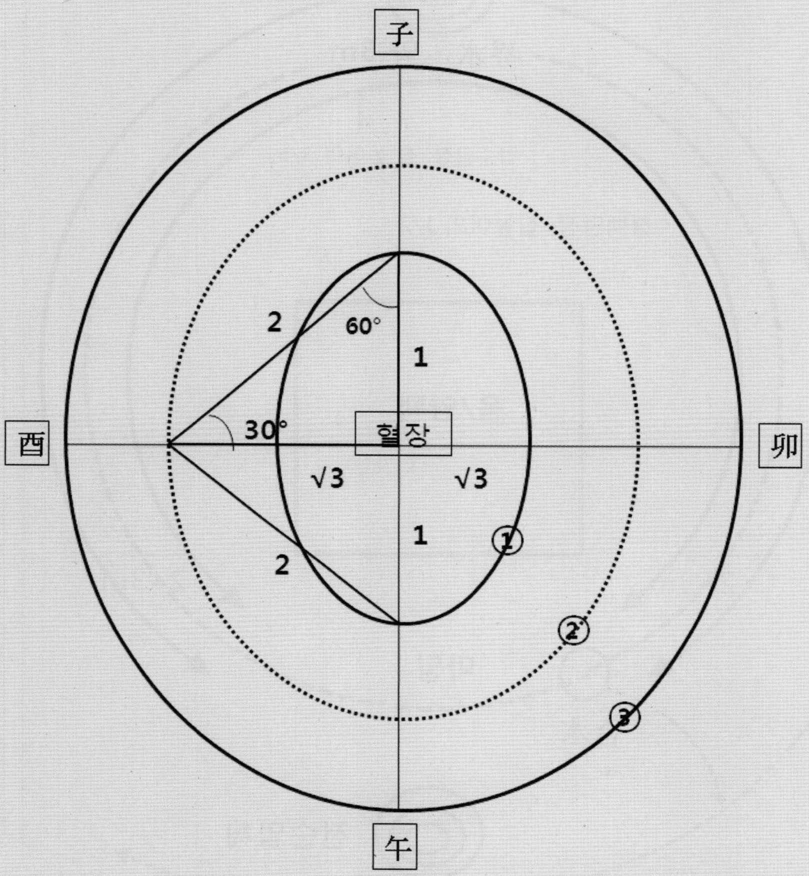

〈그림 4-9〉 穴場의 前後左右 規格

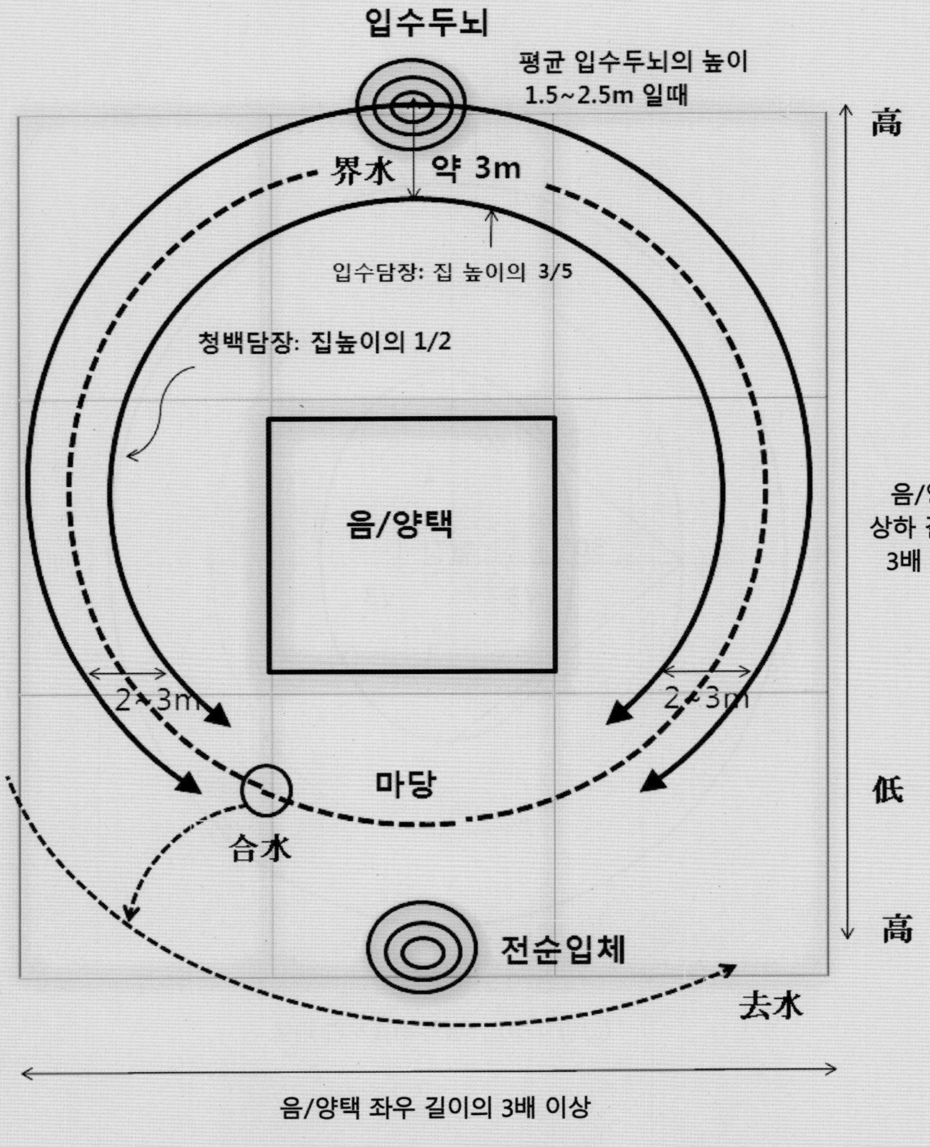

〈그림 4-10〉 纏脣의 크기 및 용량

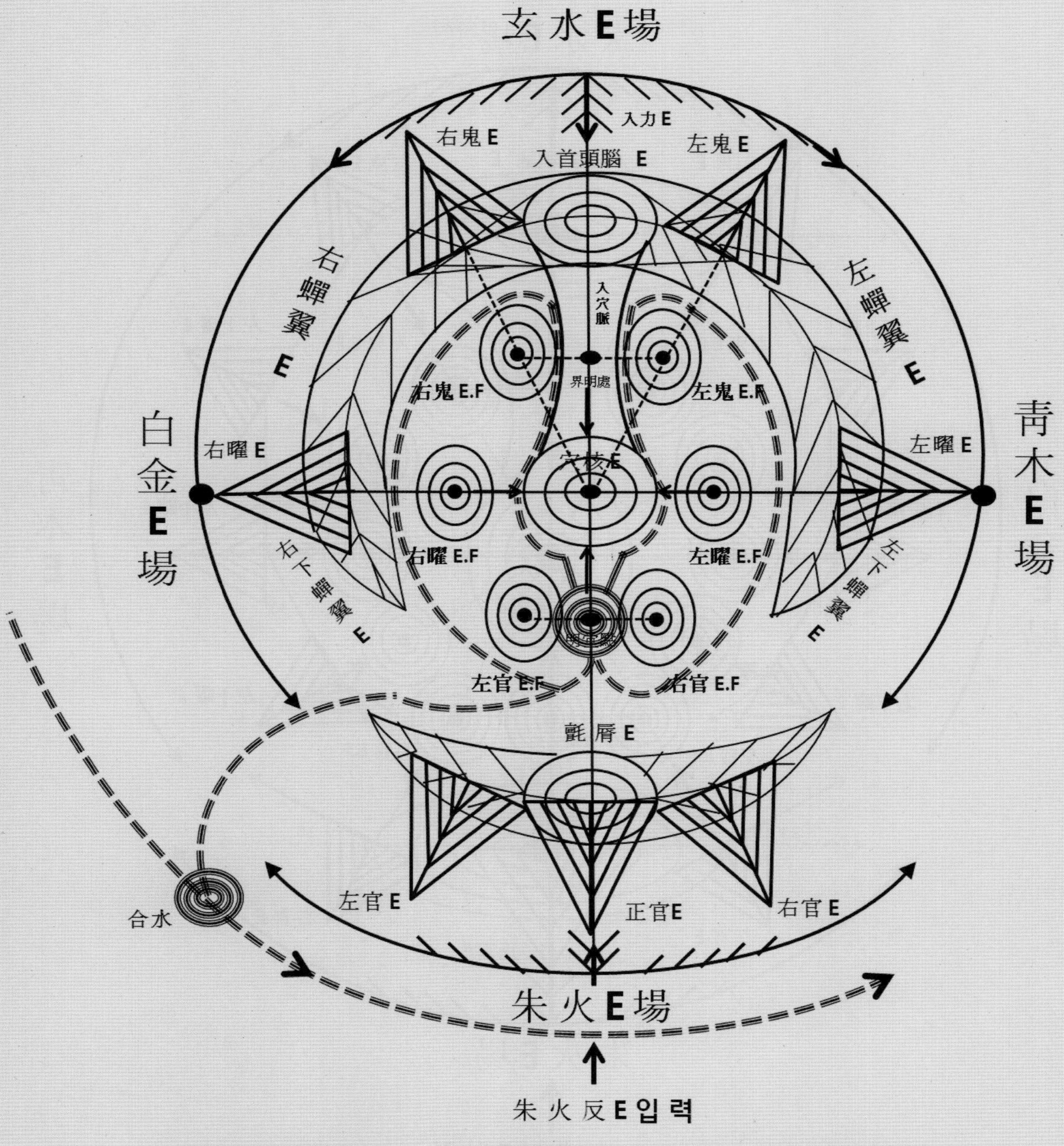
玄水E場
入力E
右鬼E
左鬼E
入首頭腦 E
右蟬翼E
左蟬翼E
入穴脈
界明處
右鬼 E.F
左鬼 E.F
白金E場
青木E場
右曜E
左曜E
右曜 E.F
左曜 E.F
右下蟬翼E
左下蟬翼E
左官 E.F
右官 E.F
氈脣 E
合水
左官E
正官E
右官E
朱火E場
朱火反E입력

〈그림 4-11〉 穴場의 Energy Field 形成原理에 따른 構造的 規格形態와 그 定格

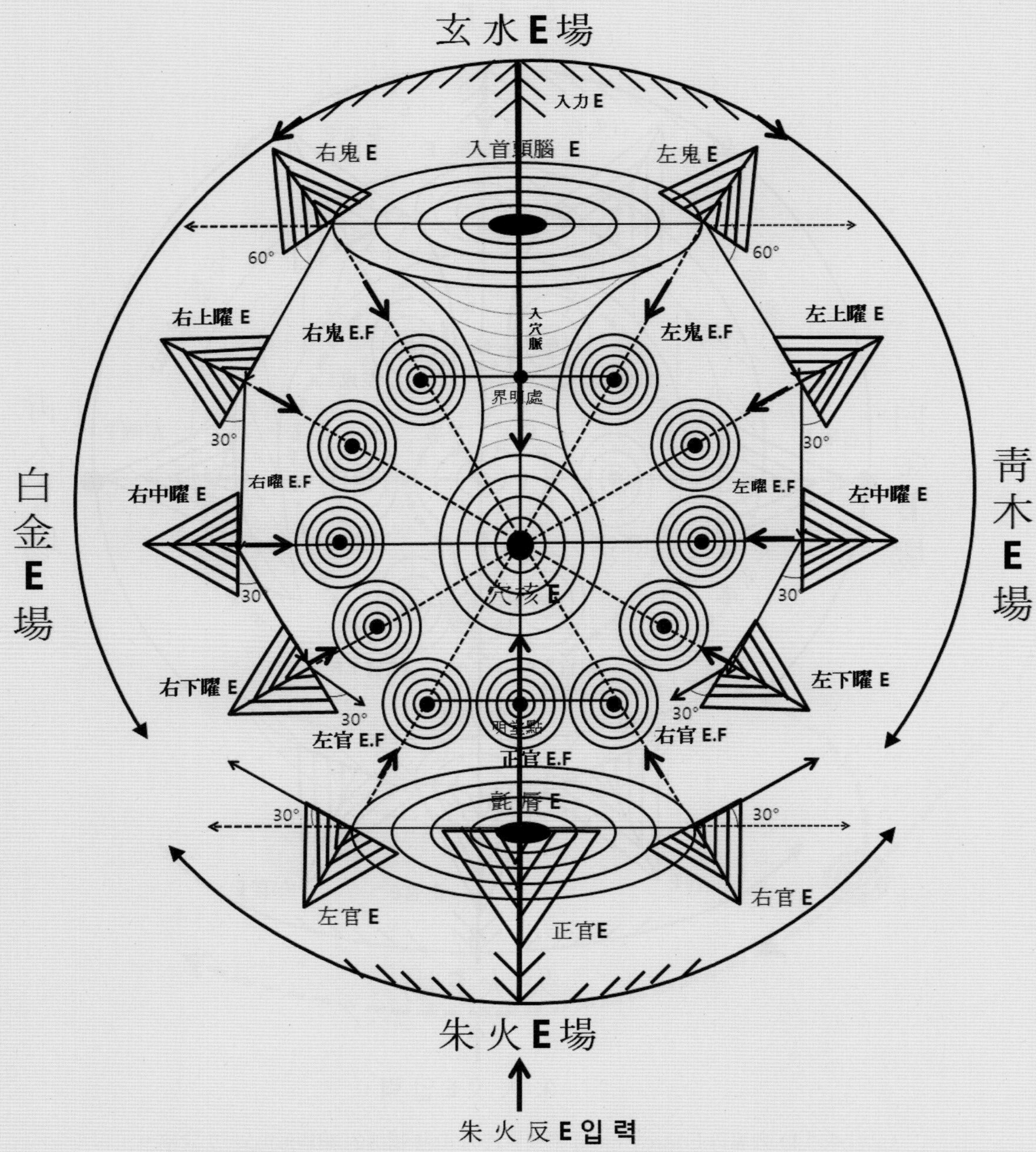
玄水E場
入力E
入首頭腦 E
右鬼 E
左鬼 E
60°
60°
右上曜 E
左上曜 E
右鬼 E.F
左鬼 E.F
入穴脈
30°
30°
白金E場
青木E場
右中曜 E
左中曜 E
右曜 E.F
左曜 E.F
30°
30°
穴核E
右下曜 E
左下曜 E
30°
30°
左官 E.F
右官 E.F
正官 E.F
30°
30°
左官 E
右官 E
正官E
朱火E場
朱火反E입력

〈그림 4-12〉 穴場 鬼官曜 凝縮秩序의 關係性

第2章　陽基 各論

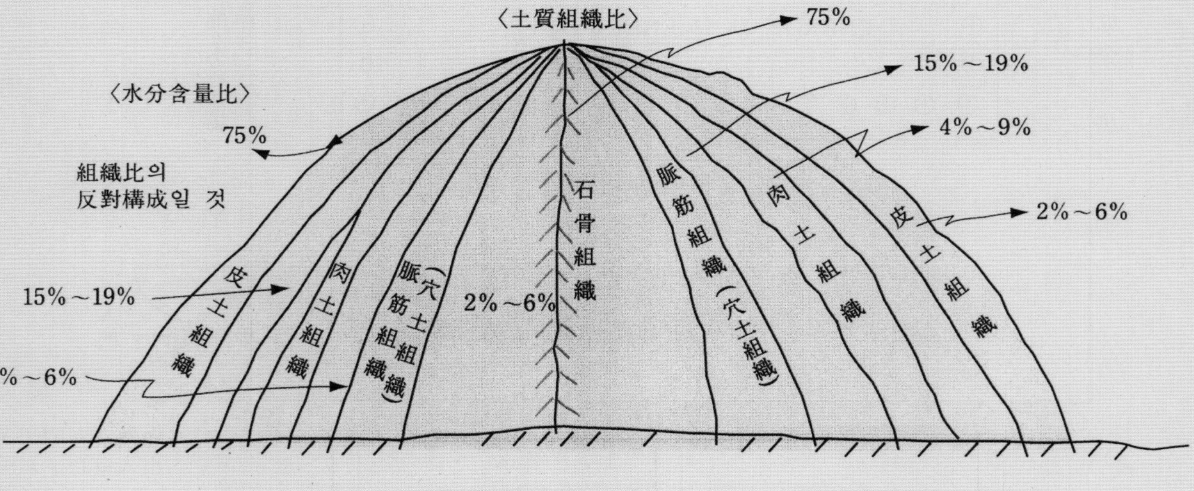

〈그림 4-13〉 山 Energy體의 土質組織 및 水分含量比

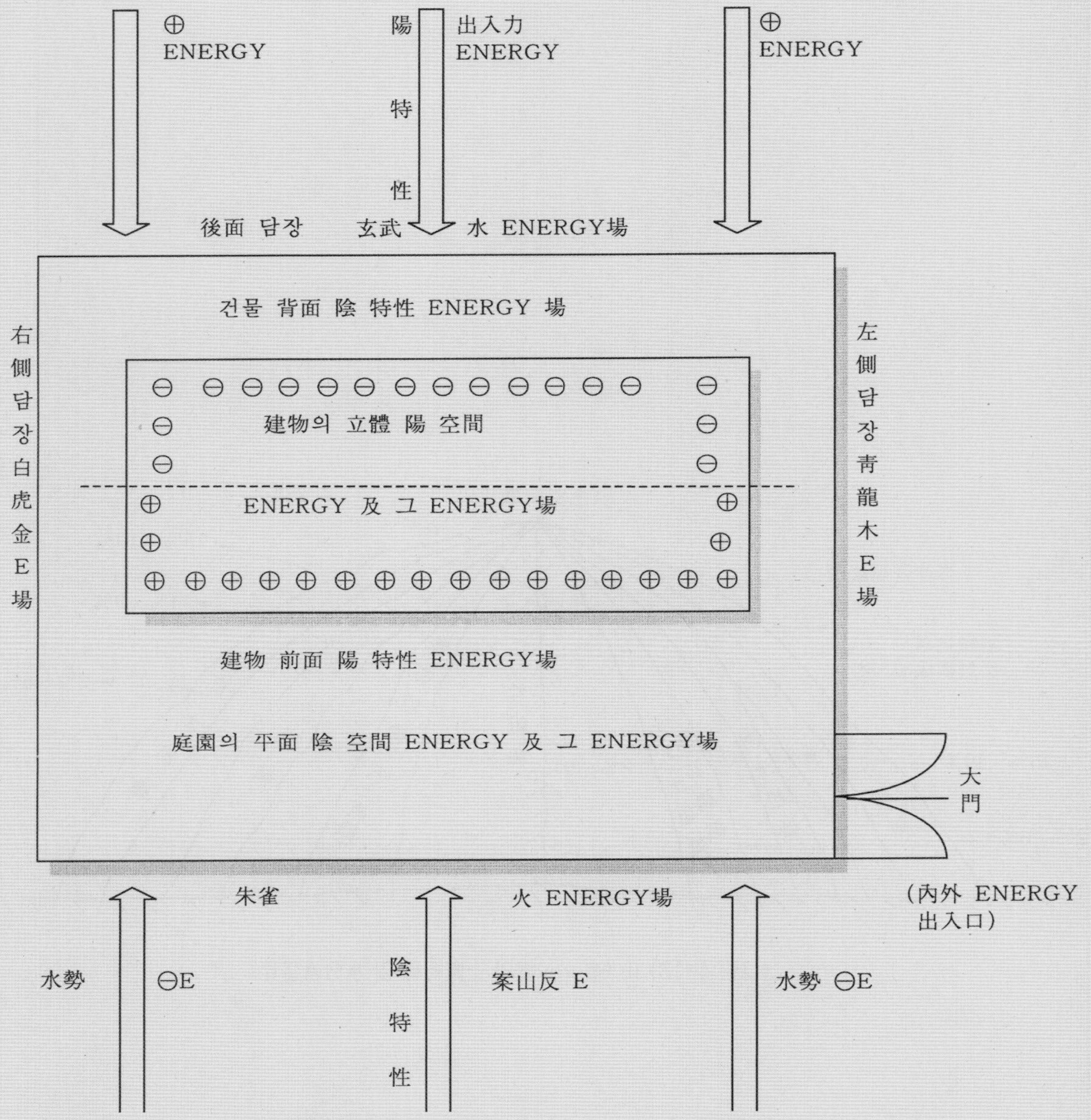

〈그림 4-14〉 立體 空間 Energy體의 陽來陰受와 陰來陽受

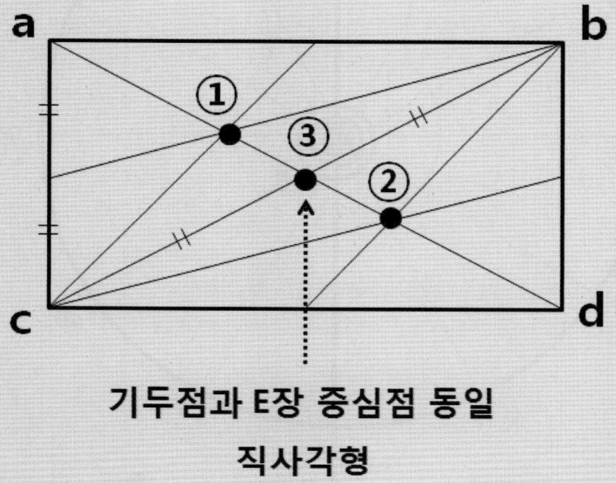

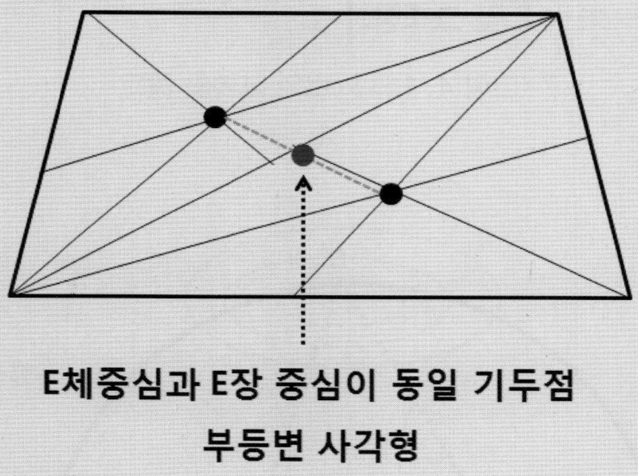

〈그림 4-15〉 基頭點의 設計

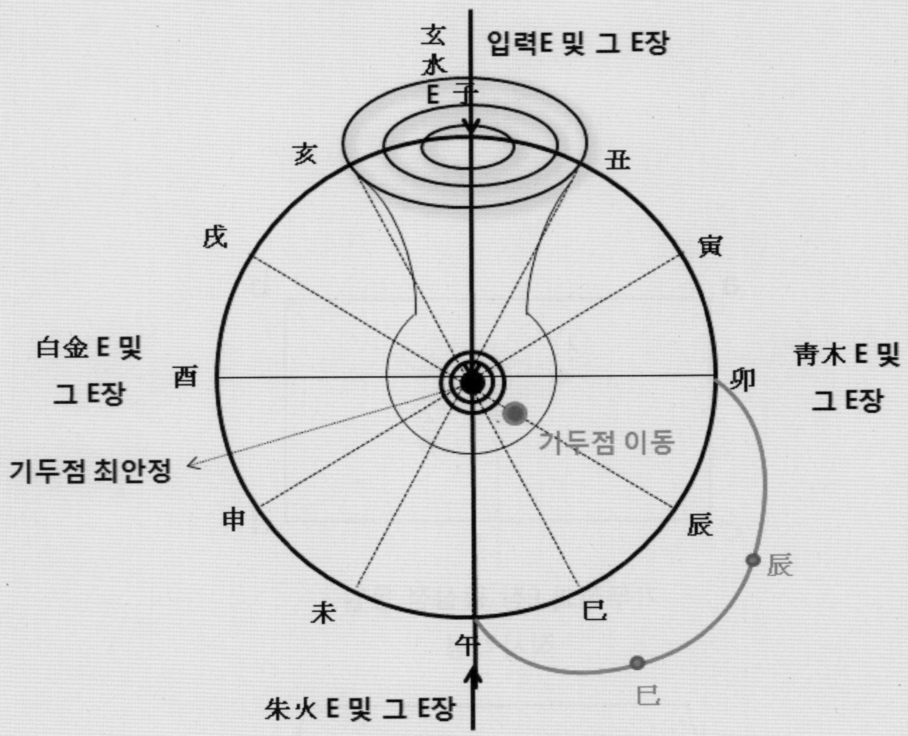

〈그림 4-16〉 穴場의 基頭點 設定

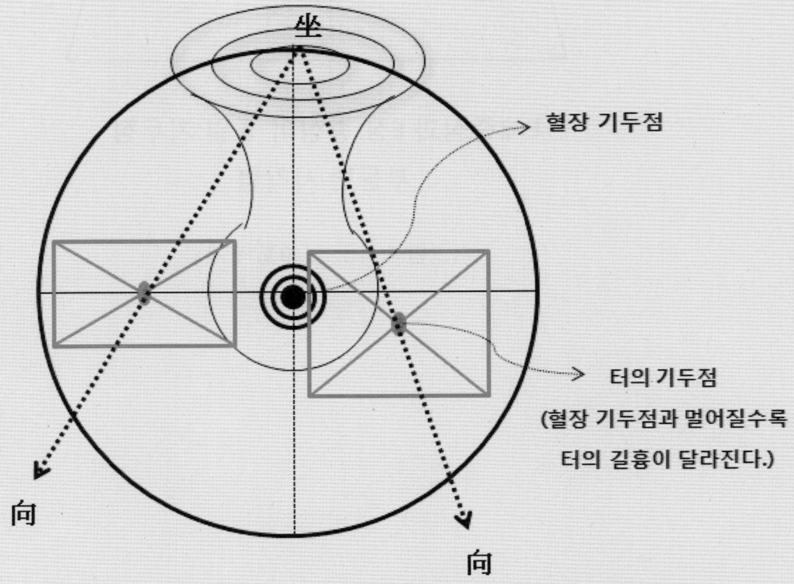

〈그림 4-17〉 터와 穴場의 基頭點 差別性(터의 吉凶 判斷 基準)

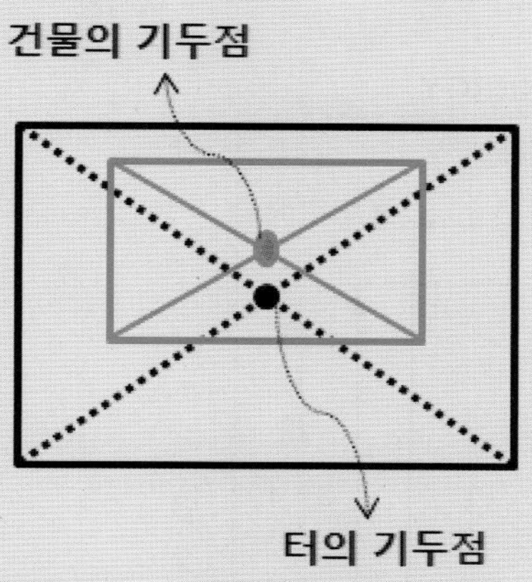

〈그림 4-18〉 터의 基頭點과
建築物의 基頭點

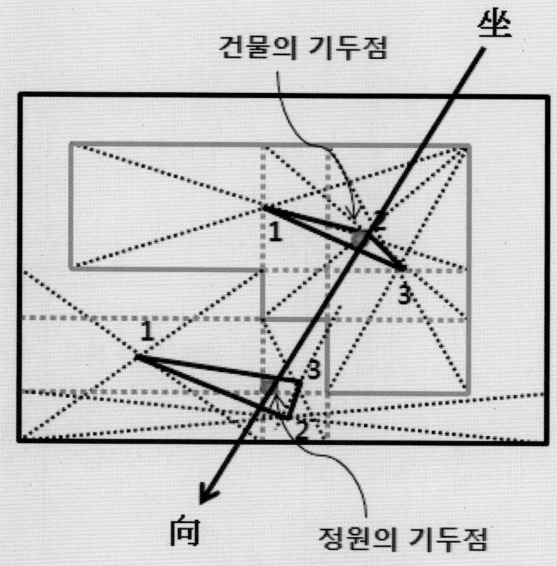

〈그림 4-19〉 坐向 設定

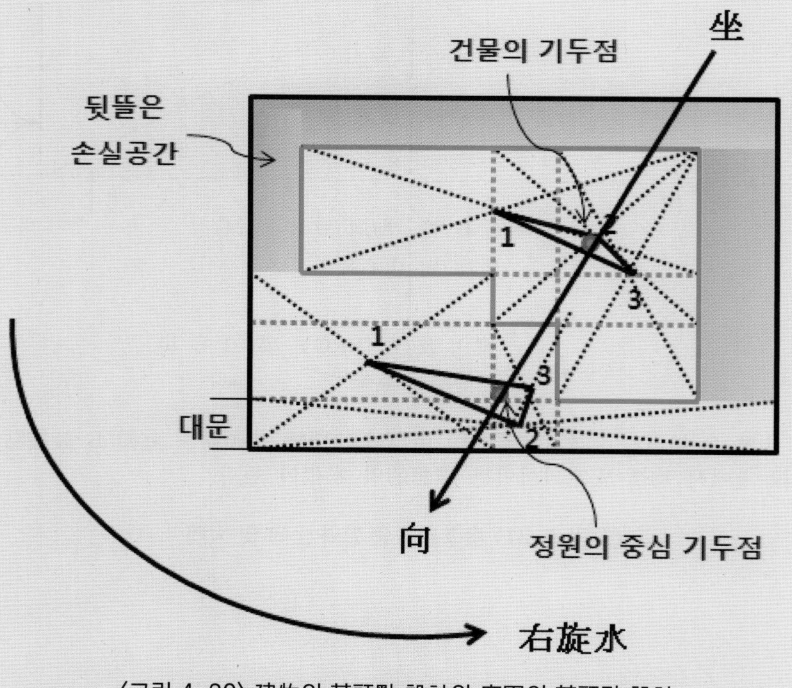

〈그림 4-20〉 建物의 基頭點 設計와 庭園의 基頭點 設計

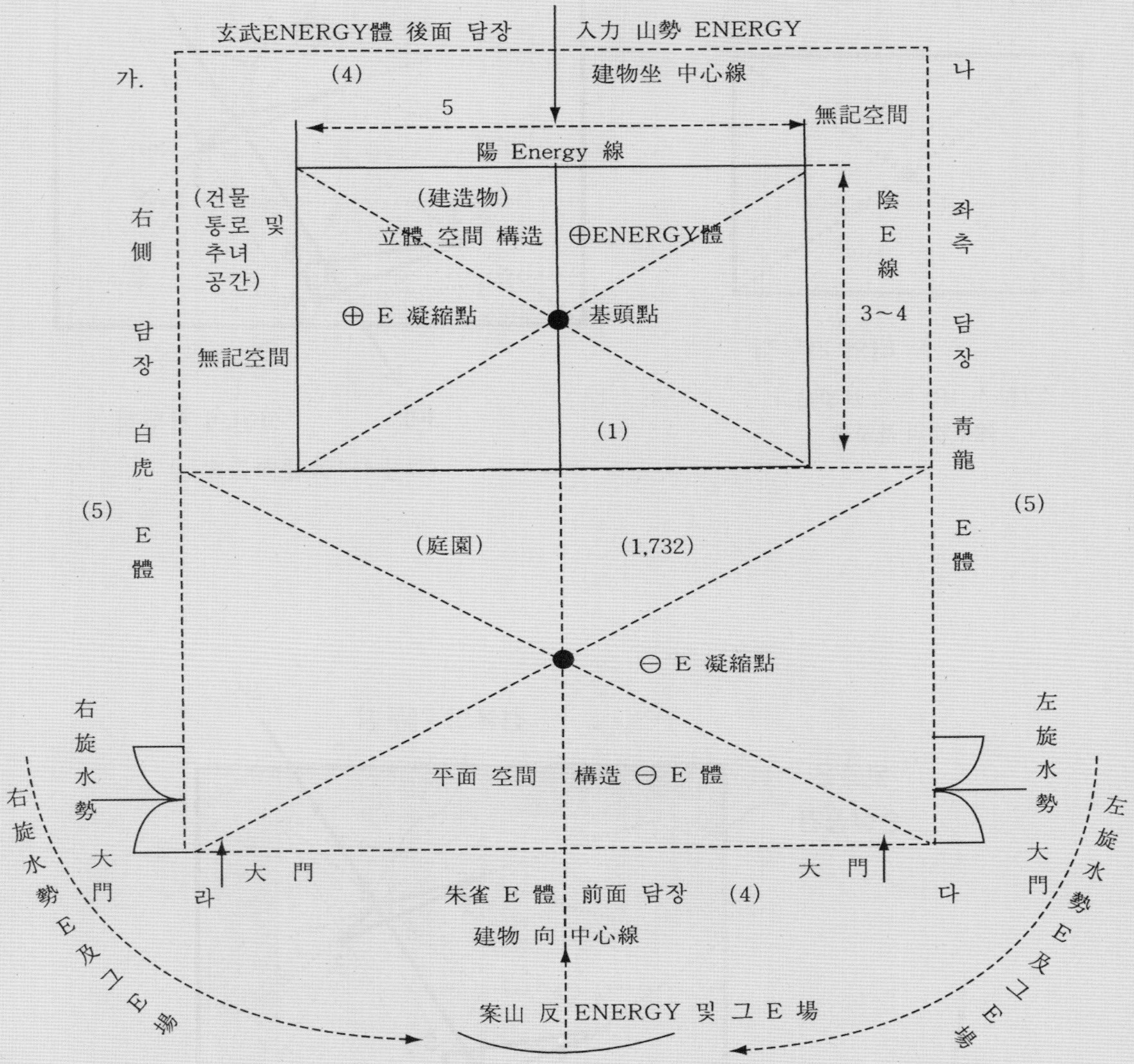

※ 入力 山勢 E 線中心 - 案山 反 E線 中心이 建造物 基頭點 - 庭園 E 凝縮點과 함께 一直線 上에서 均衡 安定되어야만 理想的인 家相이 된다.

〈그림 4-21〉 標準建築 基頭와 坐向 및 大門

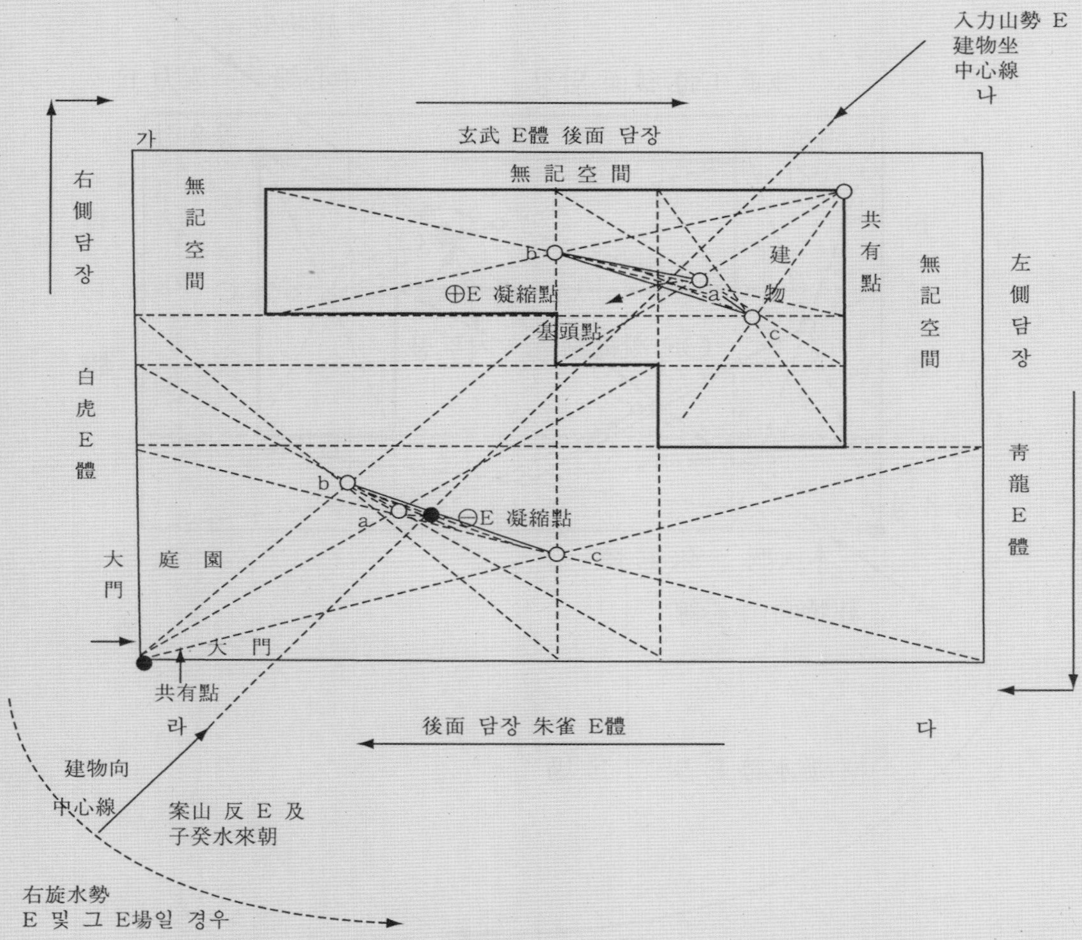

〈그림 4-22〉 變形 建築 基頭와 坐向 및 大門

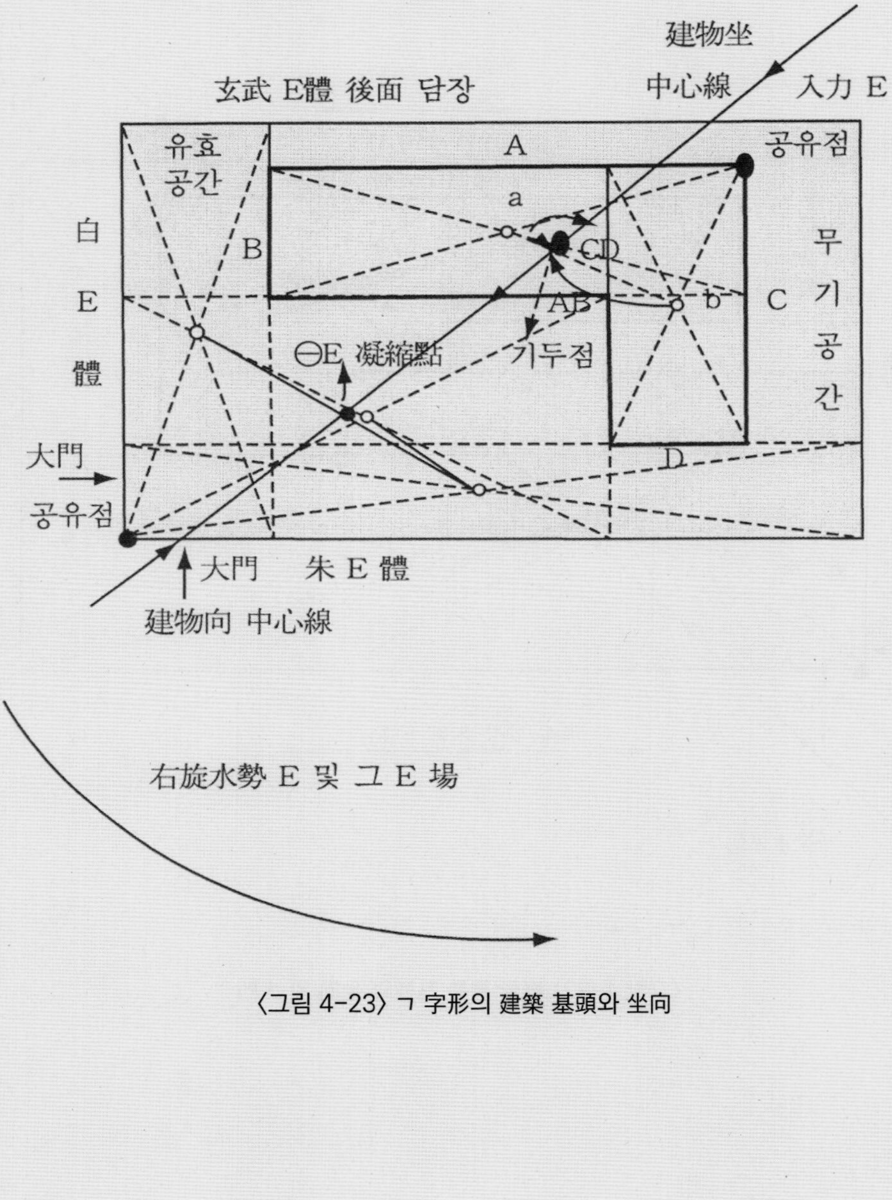

〈그림 4-23〉 ㄱ 字形의 建築 基頭와 坐向

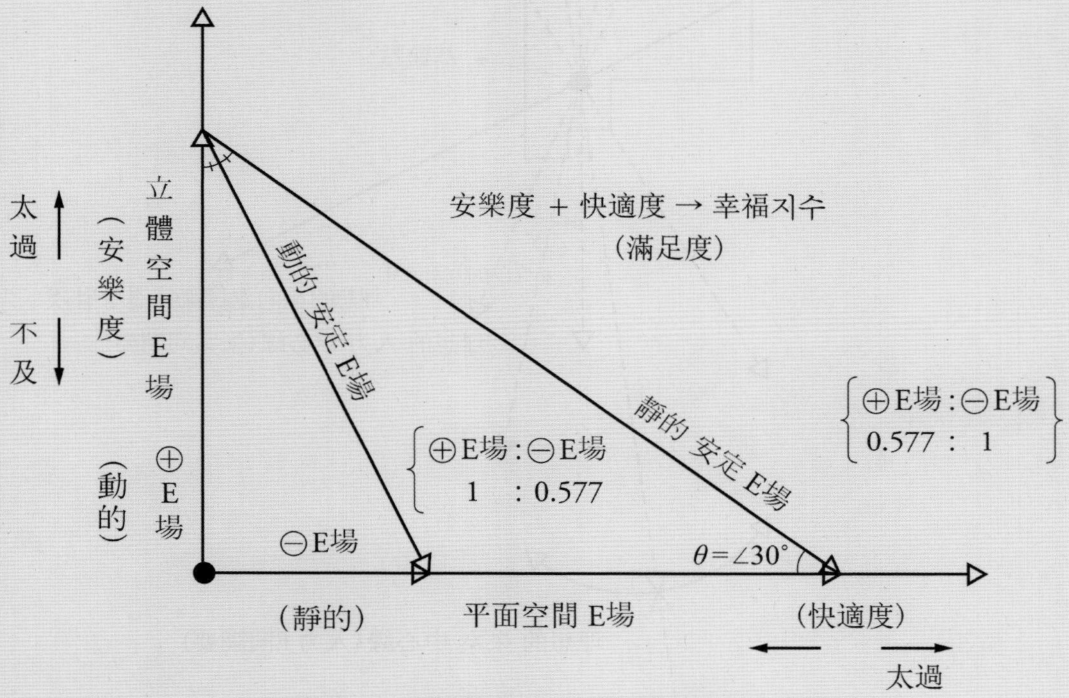

〈그림 4-24〉 人體 空間 滿足度 = 安樂度 + 快適度의 調和

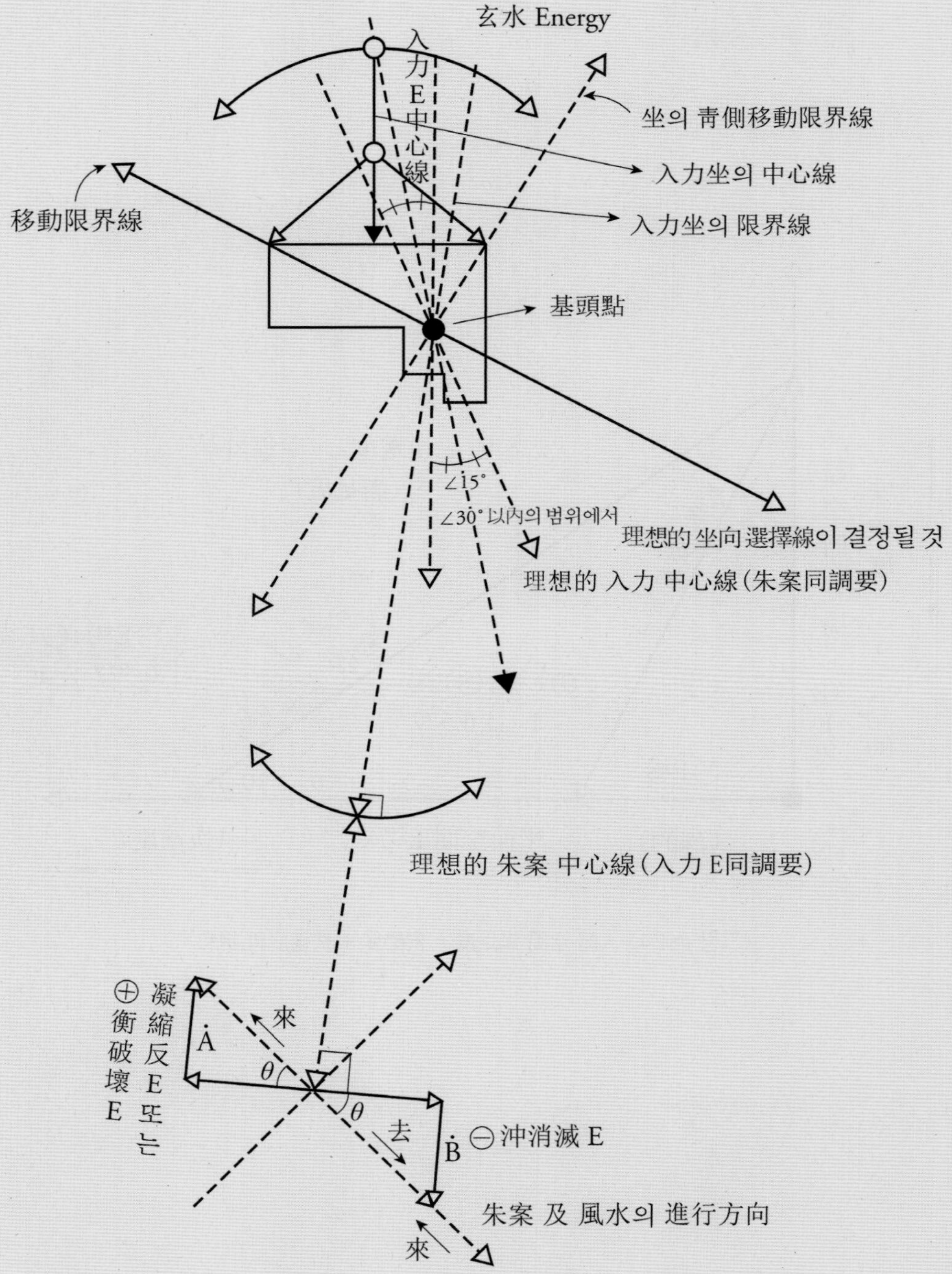

玄水 Energy
入力E中心線
坐의 青側移動限界線
入力坐의 中心線
移動限界線
入力坐의 限界線
基頭點
∠15°
∠30° 以內의 범위에서
理想的坐向選擇線이 결정될 것
理想的 入力 中心線(朱案同調要)
理想的 朱案 中心線(入力 E同調要)
⊕ 衝破壞E
凝縮反E 또는
來
A
θ
θ
去
B
⊖ 沖消滅 E
朱案 及 風水의 進行方向
來

〈그림 4-25〉 基頭点과 坐向의 選擇

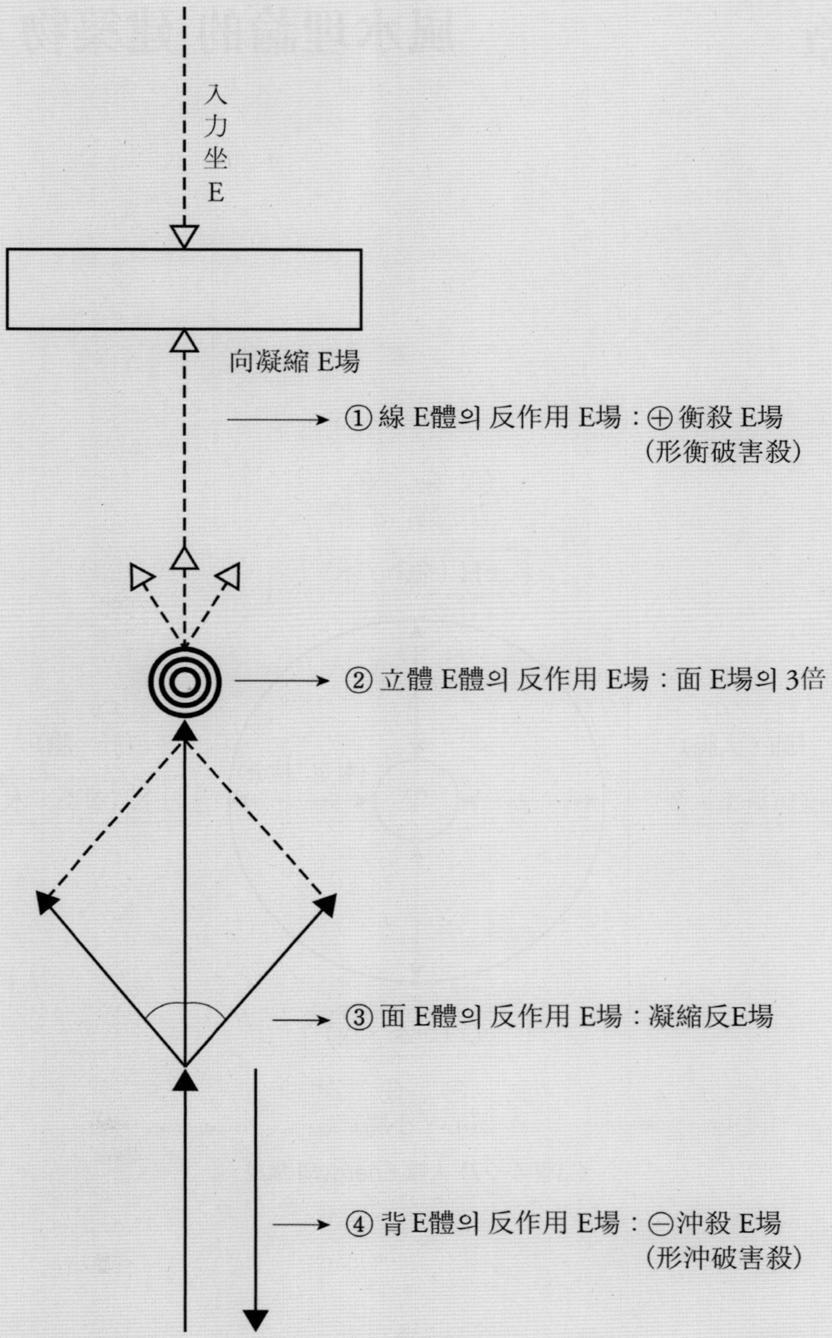

入力坐E
向凝縮 E場
① 線 E體의 反作用 E場 : ⊕衝殺 E場 (形衝破害殺)
② 立體 E體의 反作用 E場 : 面 E場의 3倍
③ 面 E體의 反作用 E場 : 凝縮反E場
④ 背 E體의 反作用 E場 : ⊖沖殺 E場 (形沖破害殺)

〈그림 4-26〉 向 凝縮 Energy場의 種類

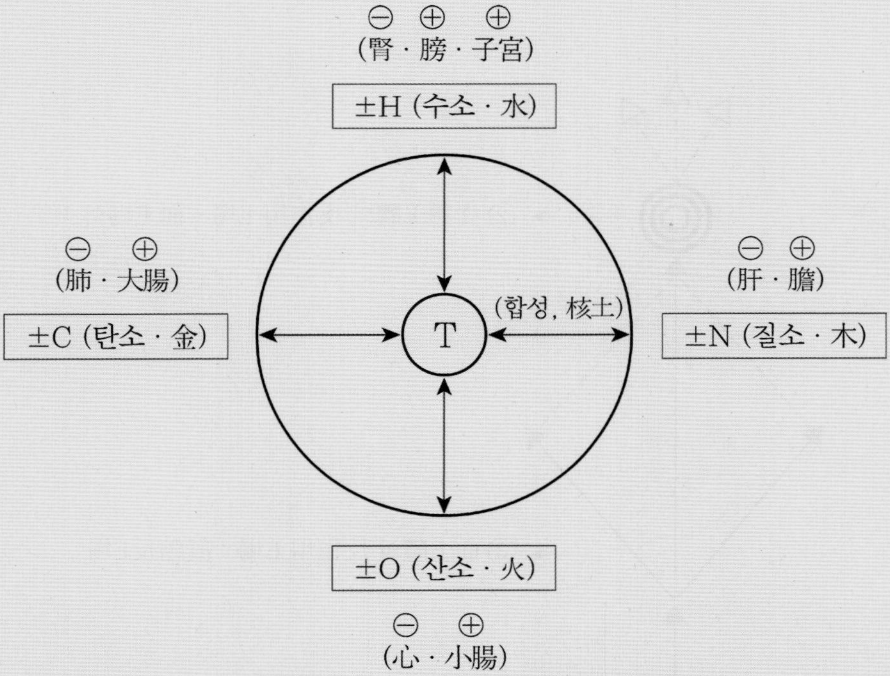

〈그림 4-27〉 人體 Energy의 構成

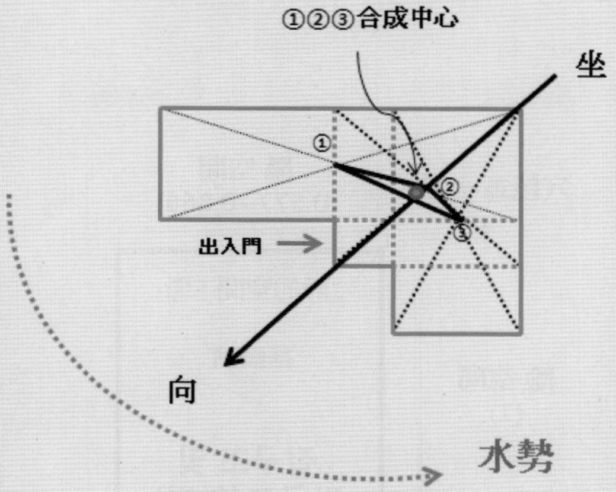

〈그림 4-28〉 무게中心點

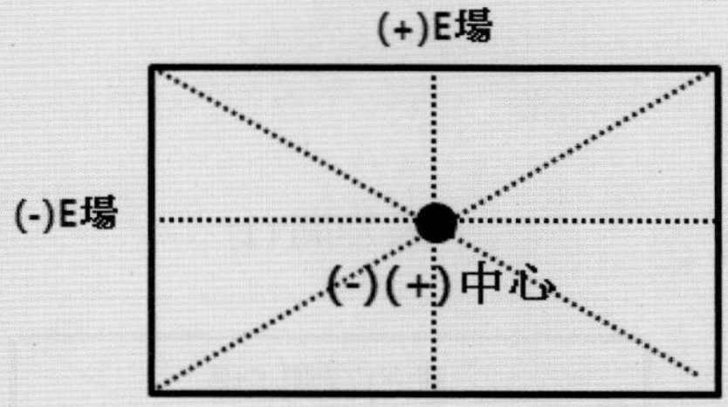

〈그림 4-29〉 陰陽中心點

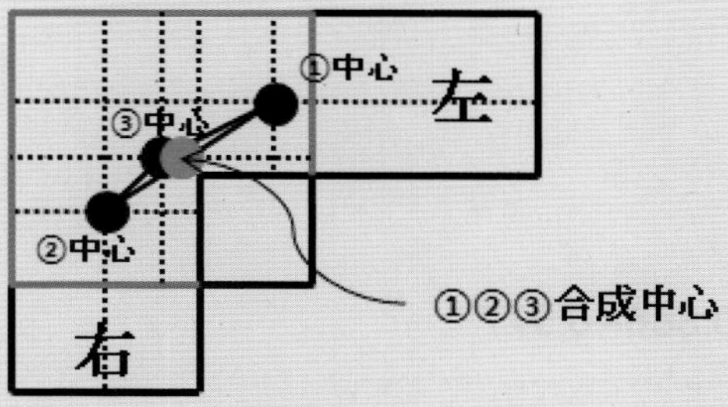

〈그림 4-30〉 左右中心點

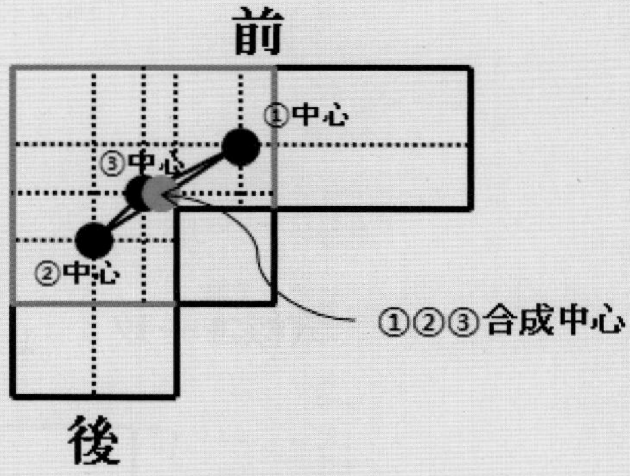

〈그림 4-31〉 前後中心點

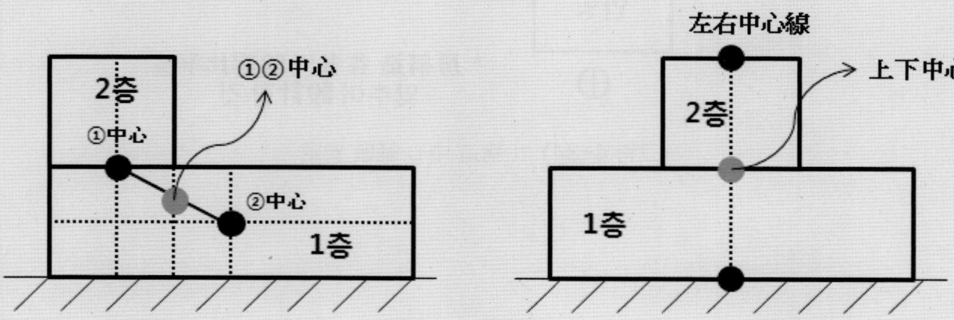

〈그림 4-32〉 上下中心點

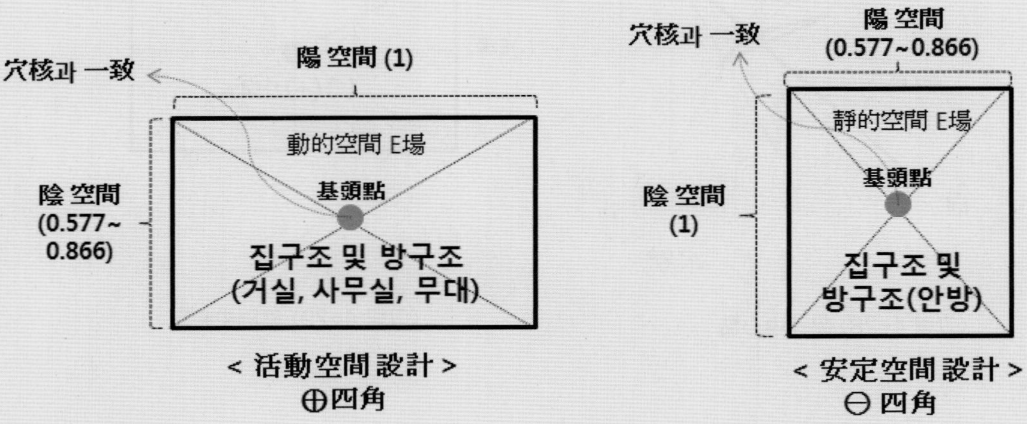
穴核과 一致
陽 空間 (1)
動的空間 E場
基頭點
陰 空間
(0.577~
0.866)
집구조 및 방구조
(거실, 사무실, 무대)
< 活動空間 設計 >
⊕四角
穴核과 一致
陽 空間
(0.577~0.866)
靜的空間 E場
基頭點
陰 空間
(1)
집구조 및
방구조(안방)
< 安定空間 設計 >
⊖ 四角

〈그림 4-33〉 基頭點 中心의 安定原則

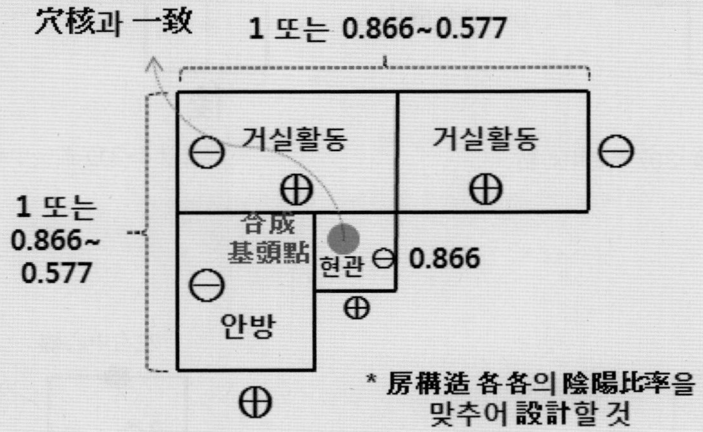
穴核과 一致
1 또는 0.866~0.577
거실활동
⊖
⊕
거실활동
⊕
⊖
1 또는
0.866~
0.577
合成
基頭點
현관
⊖
0.866
⊕
⊖
안방
⊕
* 房構造 各各의 陰陽比率을
맞추어 設計할 것

〈그림 4-34〉 ㄱ 構造 中心 基頭 安定

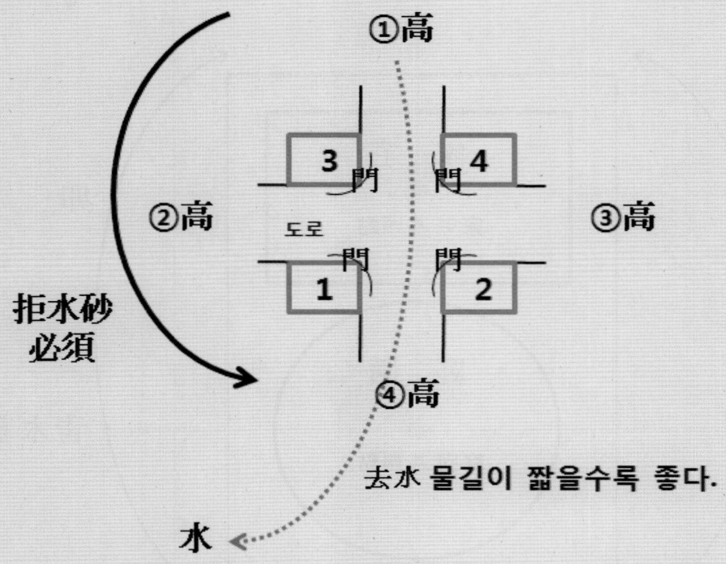

〈그림 4-35〉 사거리 코너 建築物의 環境 Energy場 入力 設計

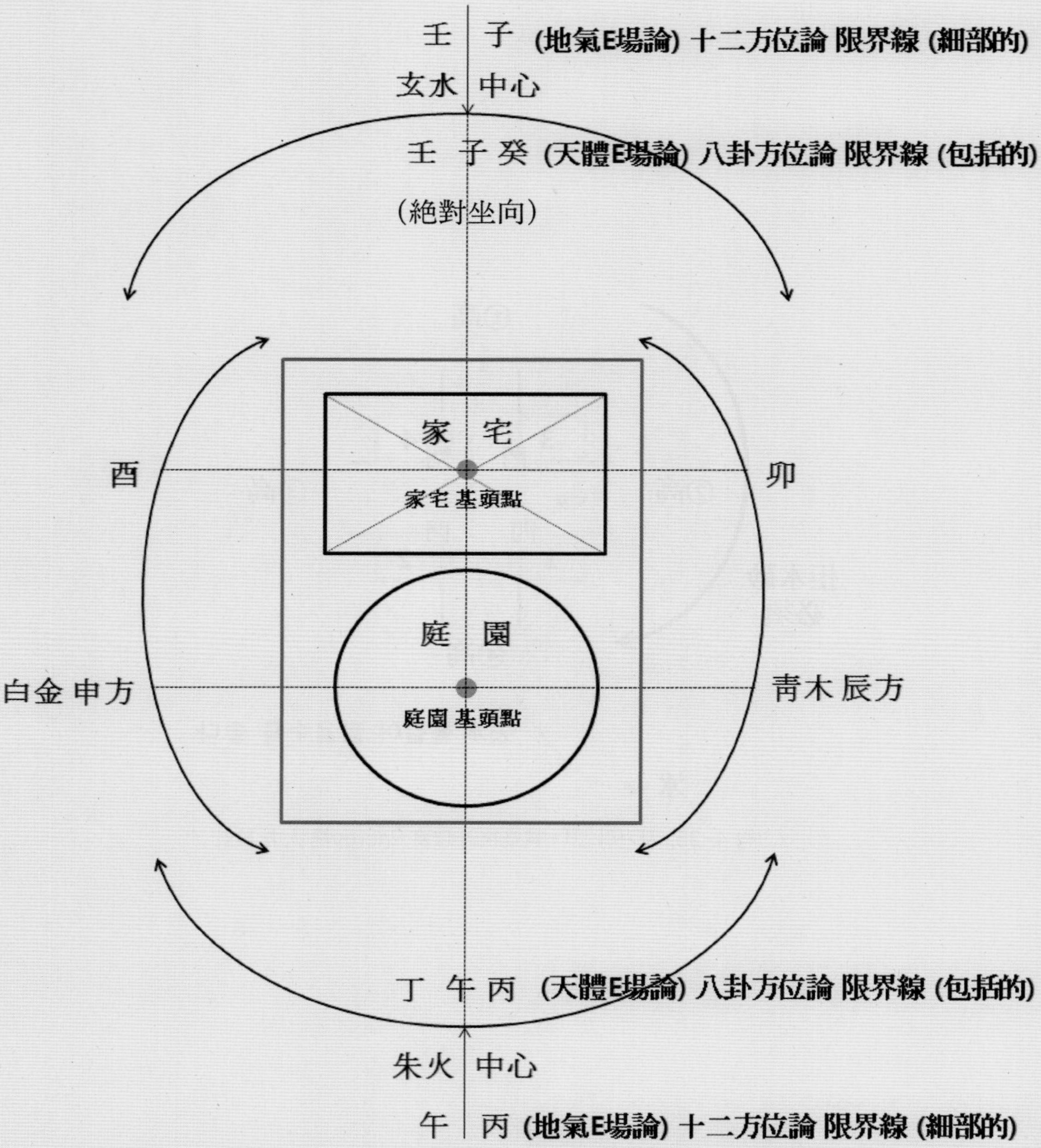

〈그림 4-36〉 庭園의 基頭點 設定

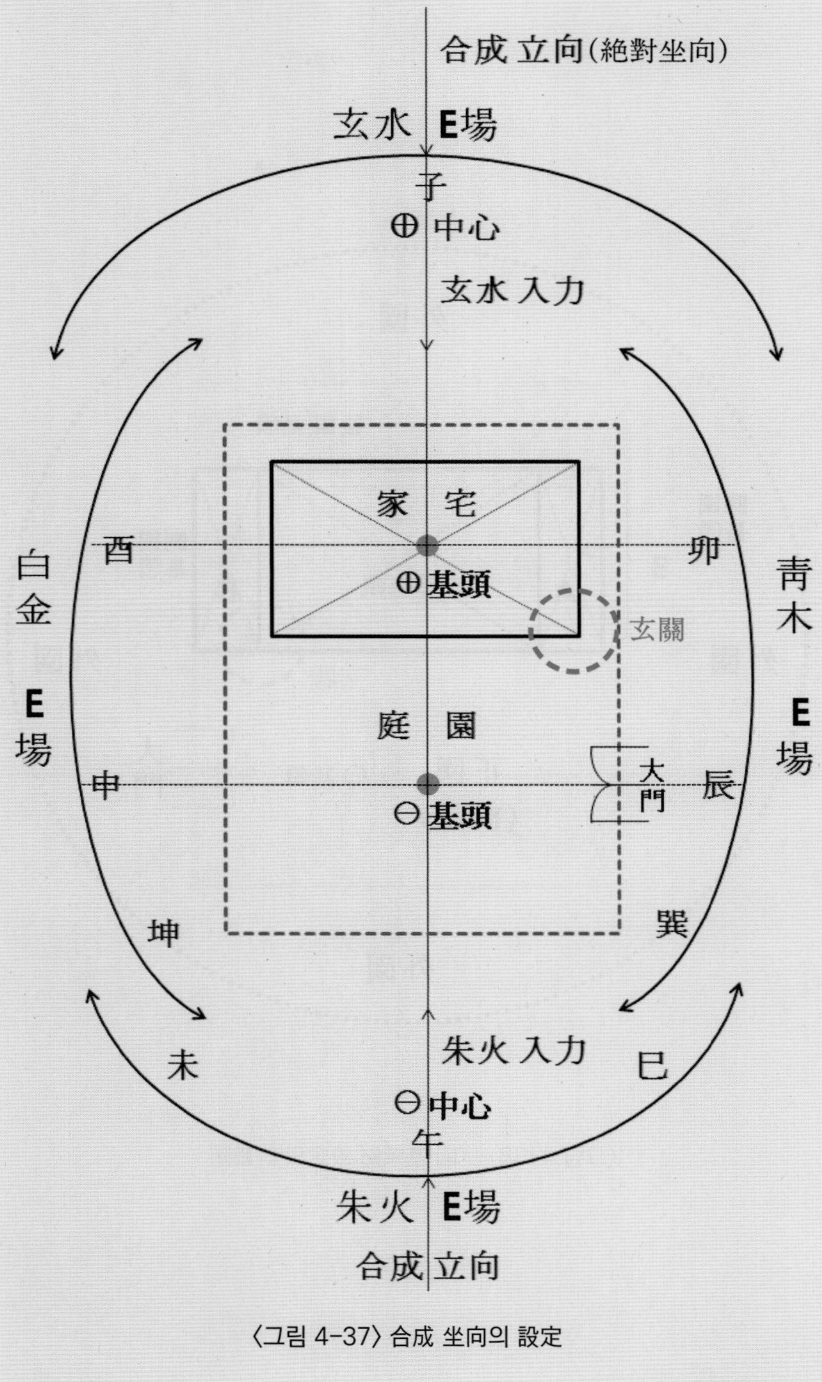

〈그림 4-37〉 合成 坐向의 設定

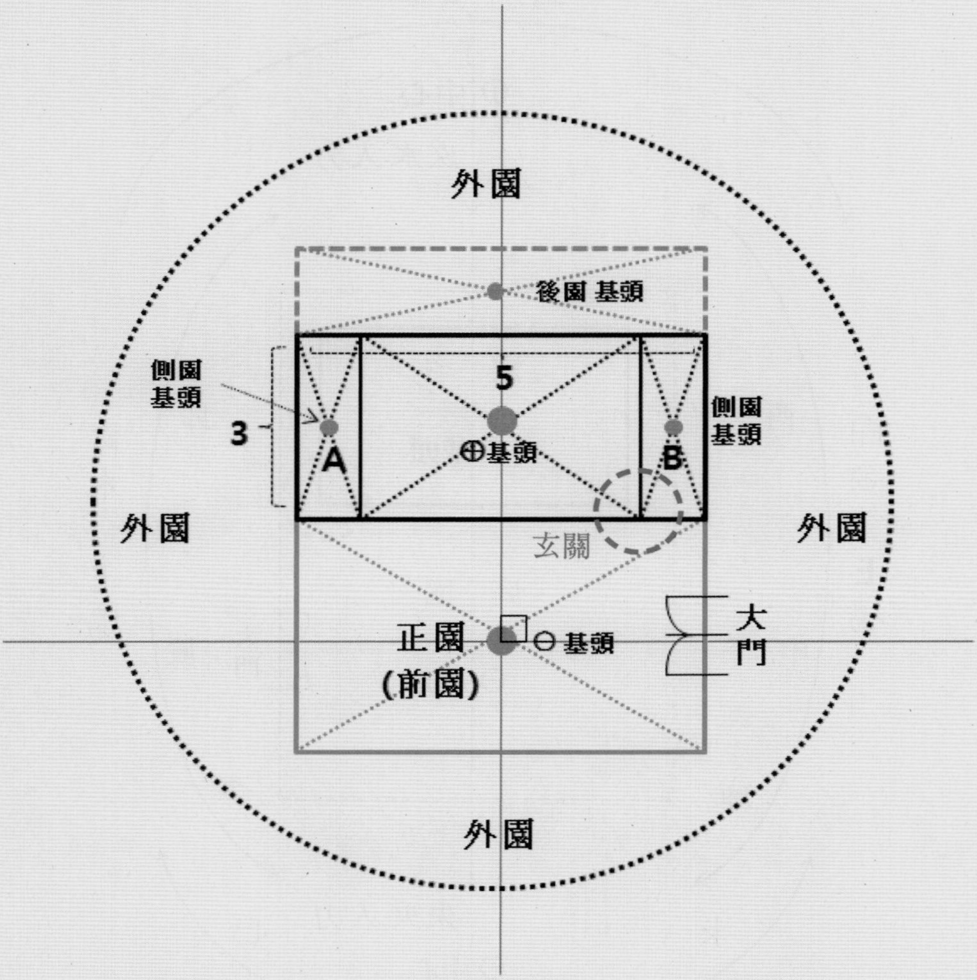

〈그림 4-38〉 庭園 基頭點 設定의 詳細圖

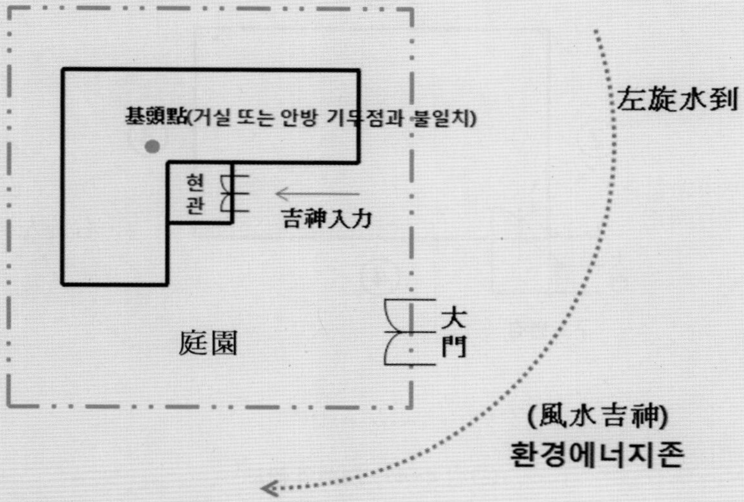

〈그림 4-39〉 庭園에서 玄關 進入圖(1)

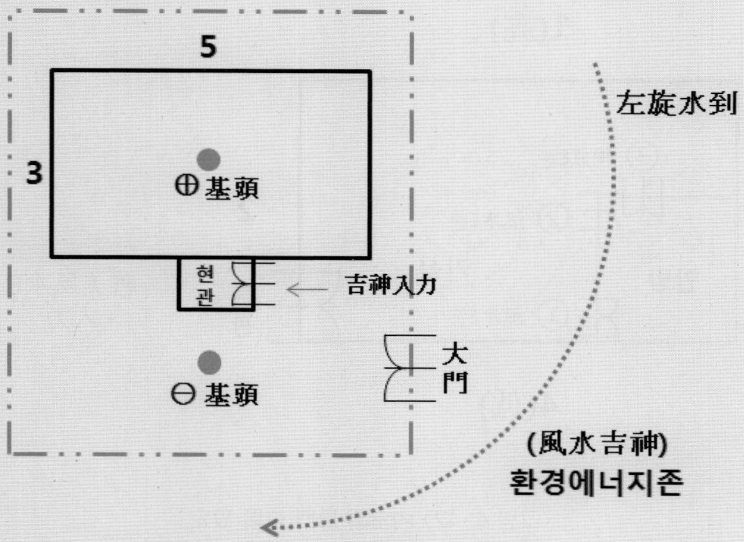

〈그림 4-40〉 庭園에서 玄關 進入圖(2)

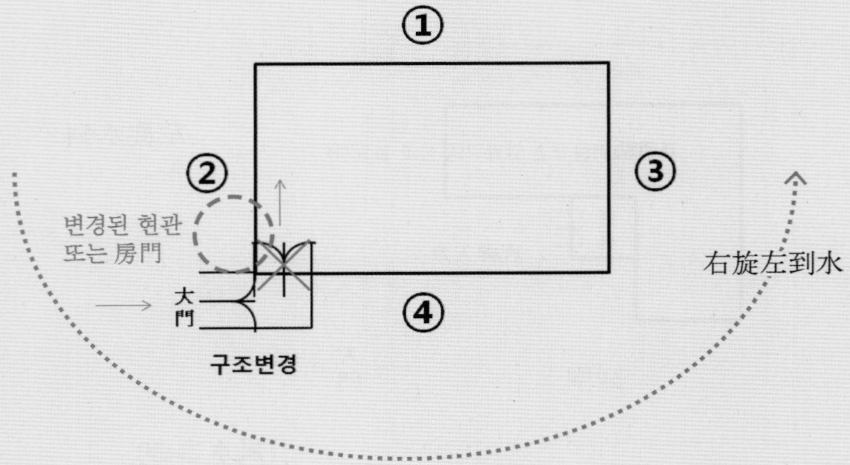

〈그림 4-41〉 房門의 設計

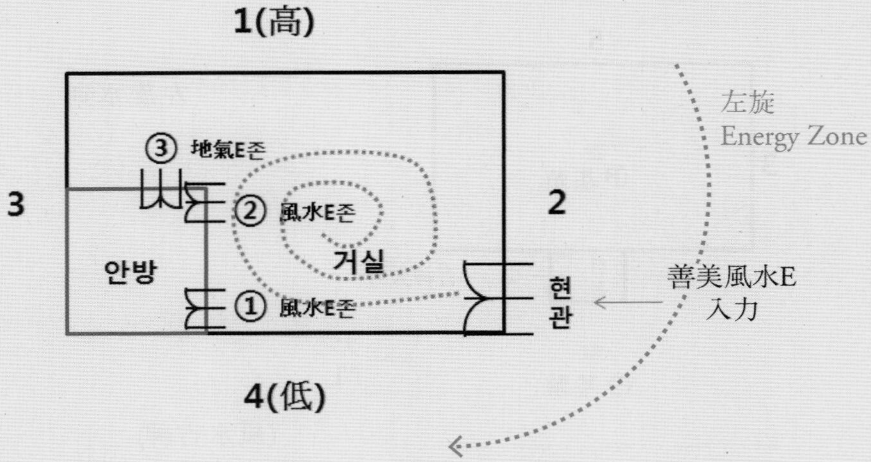

〈그림 4-42〉 內室과 房門 位置 設定

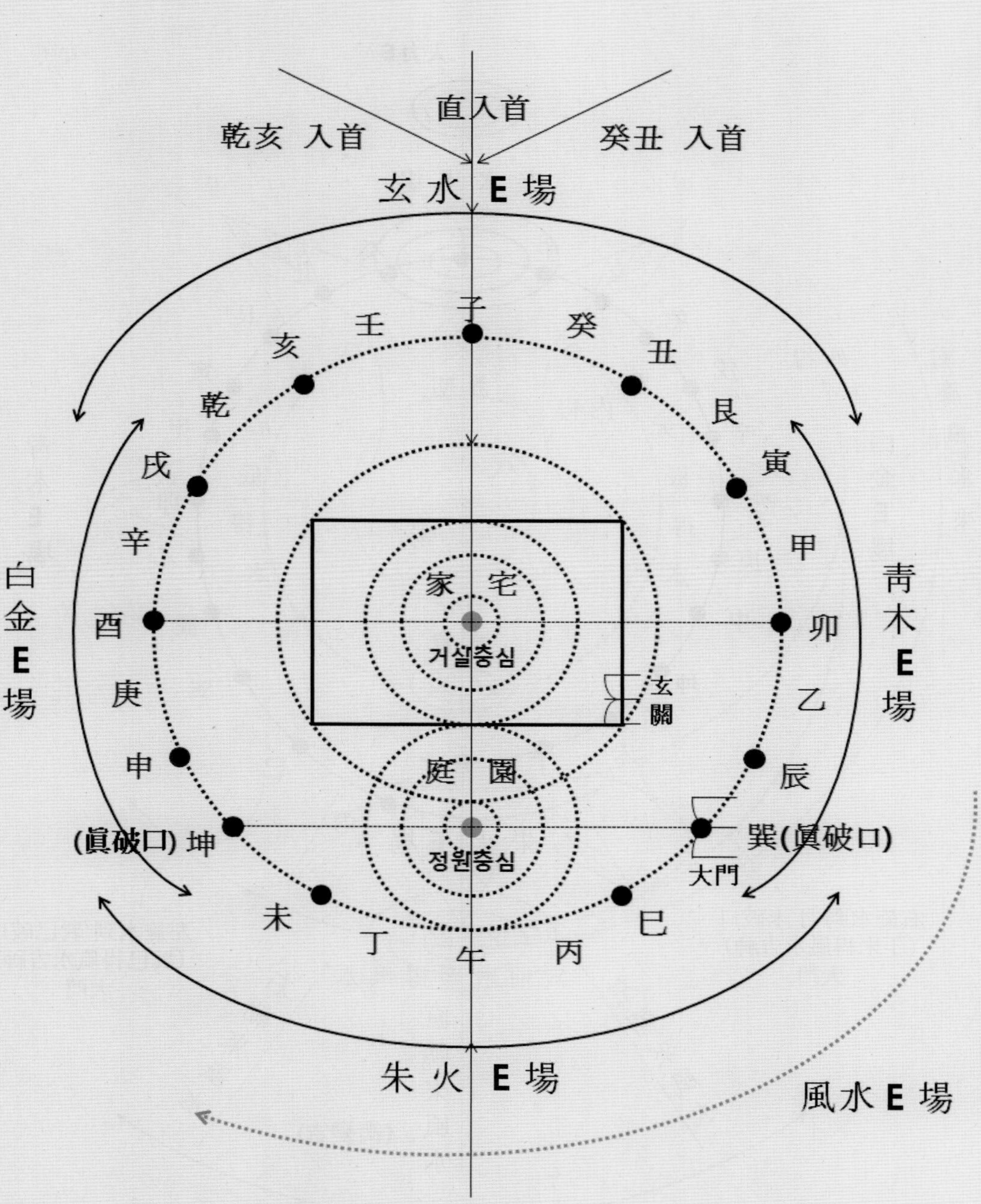

〈그림 4-43〉 穴場 坐向과 大門 及 玄關의 Energy場 同調

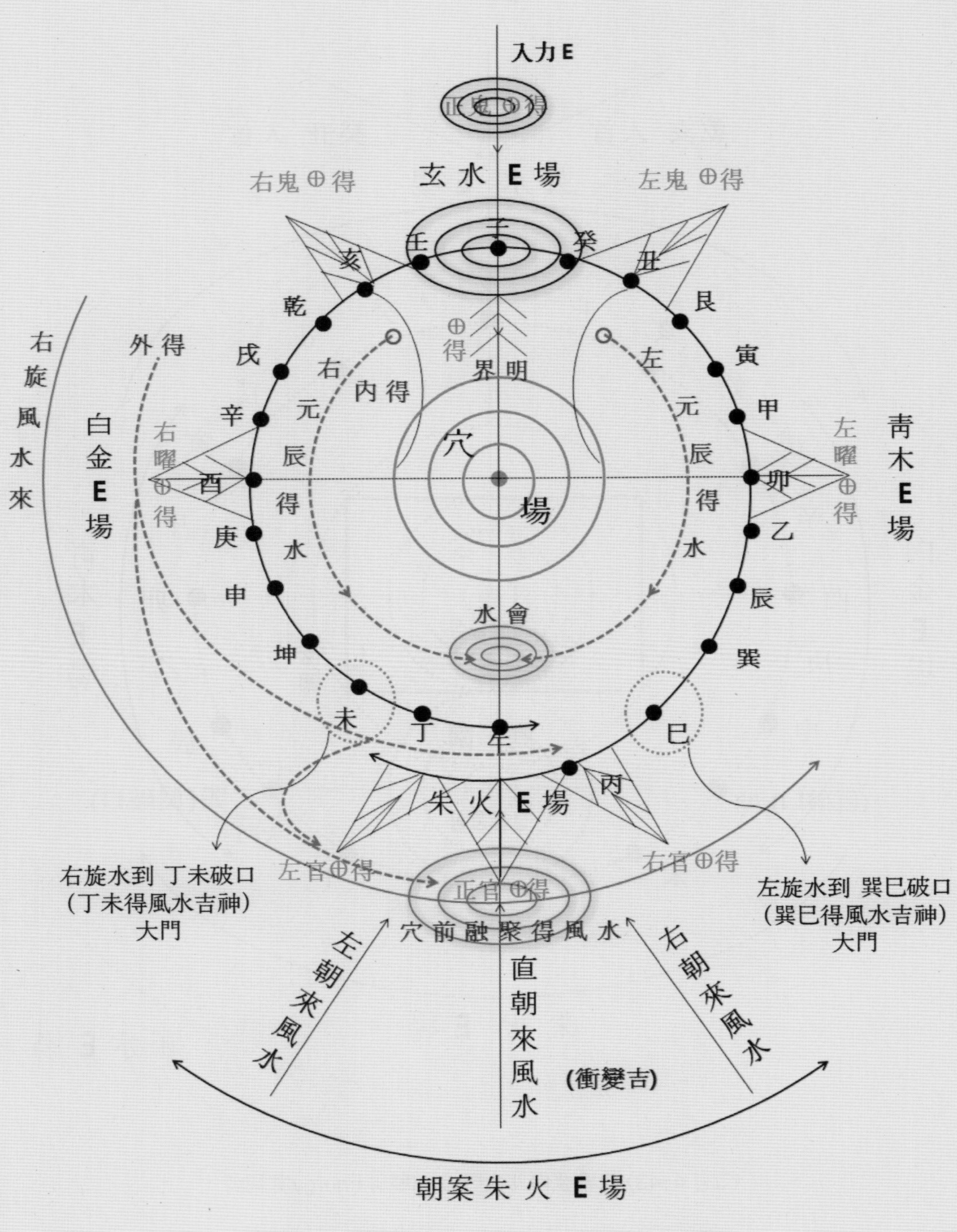

〈그림 4-44〉 朝來 融聚水에 衣한 風水 吉神 大門 破口

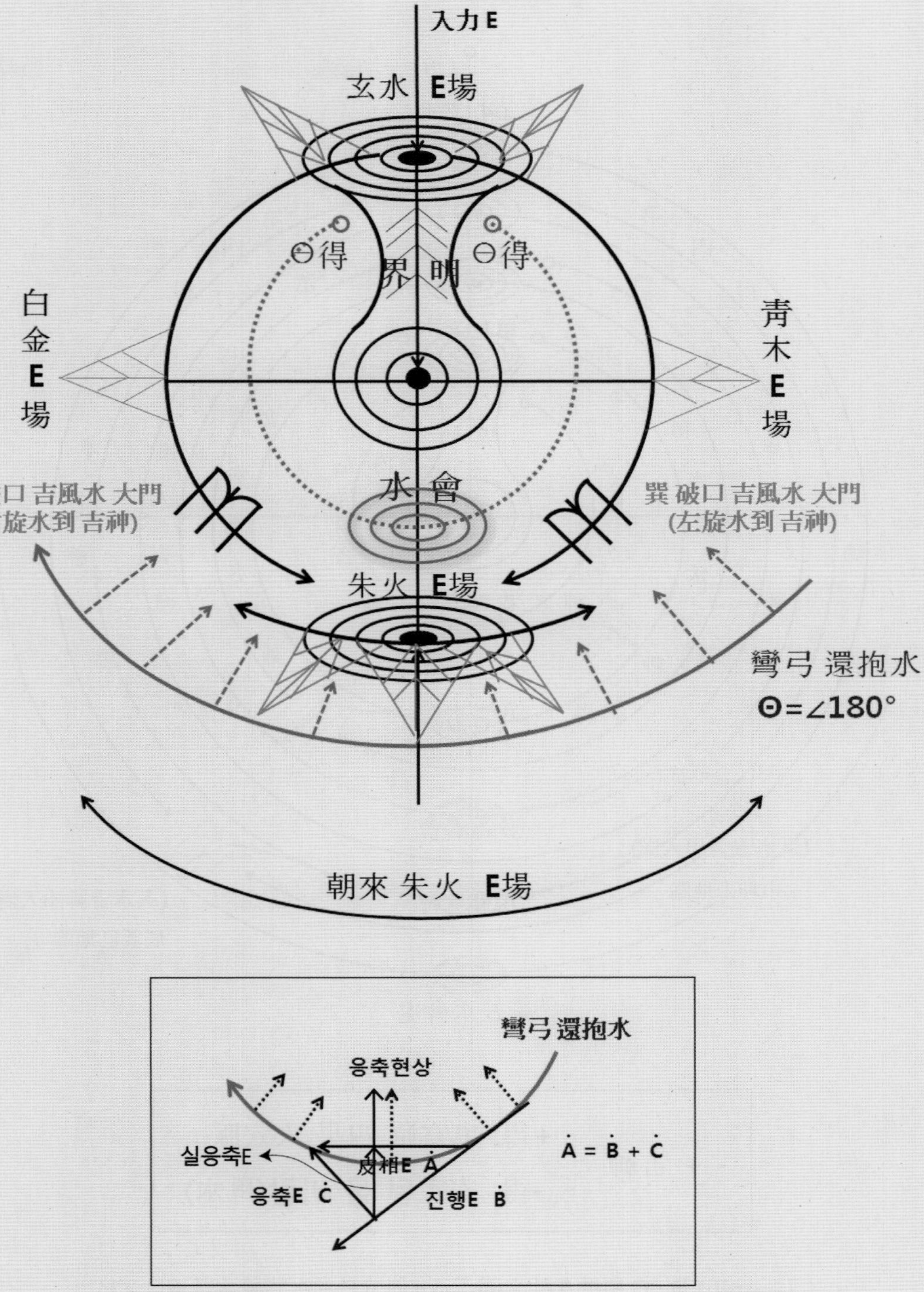
入力 E
玄水 E場
⊖得
界 明
⊖得
白金 E 場
靑木 E 場
水 會
坤 破口 吉風水 大門
(右旋水到吉神)
巽 破口 吉風水 大門
(左旋水到吉神)
朱火 E場
彎弓 還抱水
Θ=∠180°
朝來 朱火 E場
彎弓還抱水
응축현상
실응축E
皮相E Ȧ
응축E Ċ
진행E Ḃ
Ȧ = Ḃ + Ċ

〈그림 4-45〉 還抱 灣弓水에 衣한 風水 吉神 大門 破口

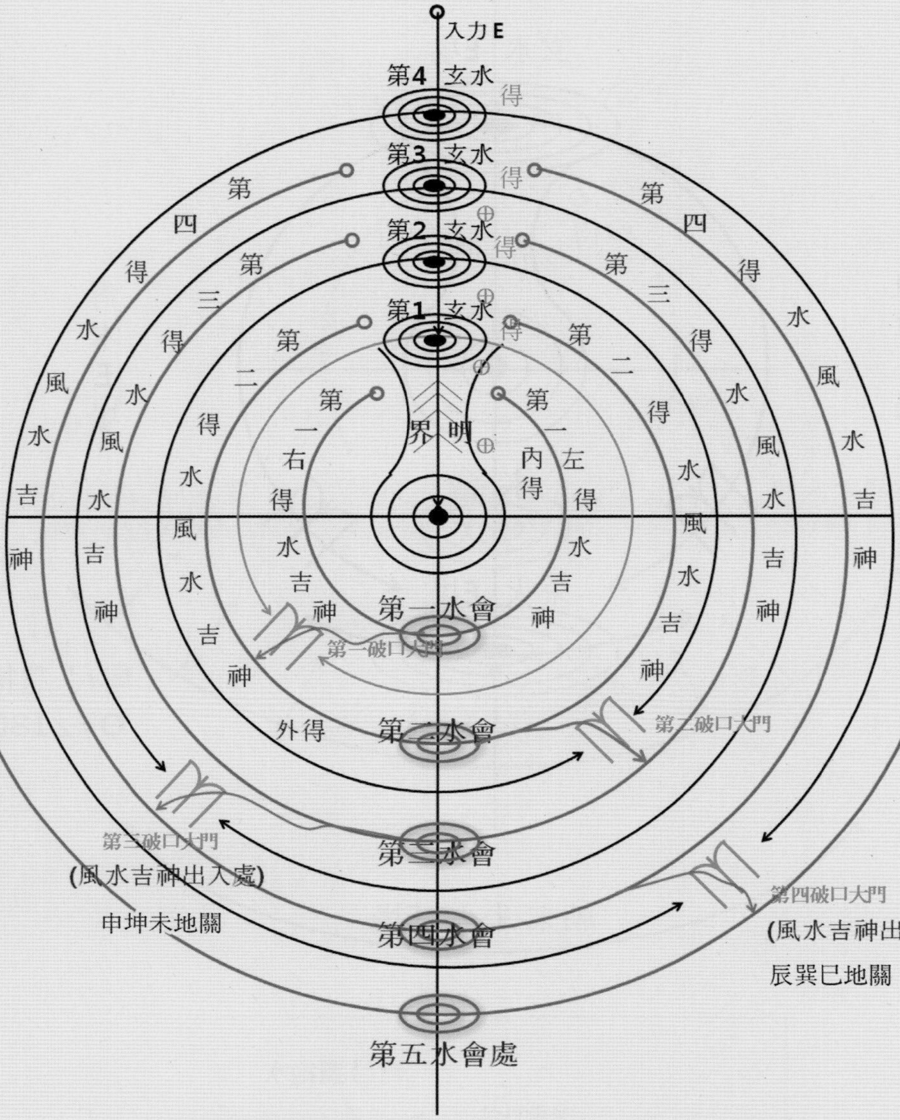

- + 吉神 { +得: 鬼官曜 四果 入穴脈
-得: 安定**된 물 바람**(風水) }

〈그림 4-46〉 靑 · 白 關鎖(左右 交鎖) 元辰水에 衣한 風水 吉神 大門 破口 定格

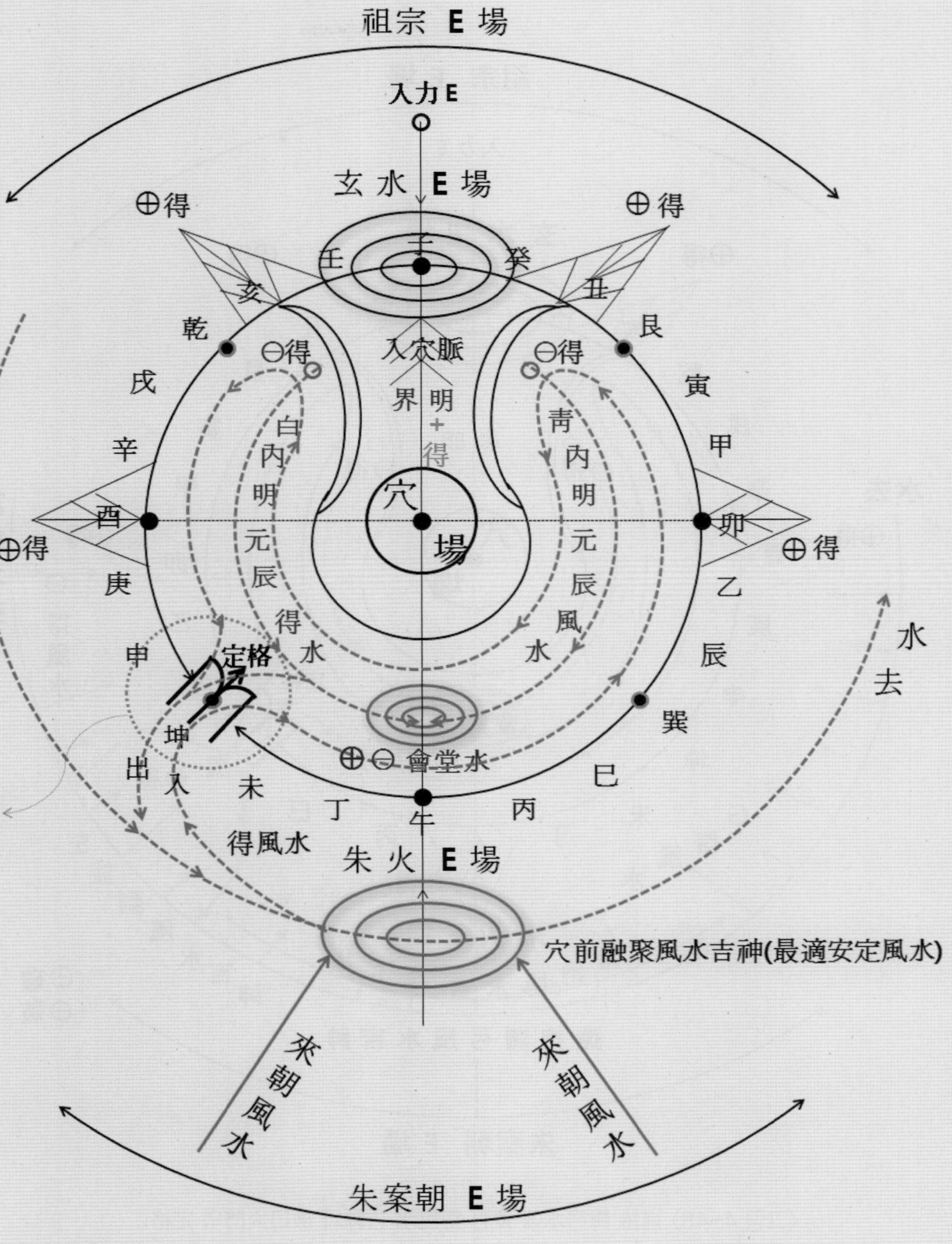

〈그림 4-47〉 朝來當前 融聚水에 依한 得風水吉神과 破口大門의 定格

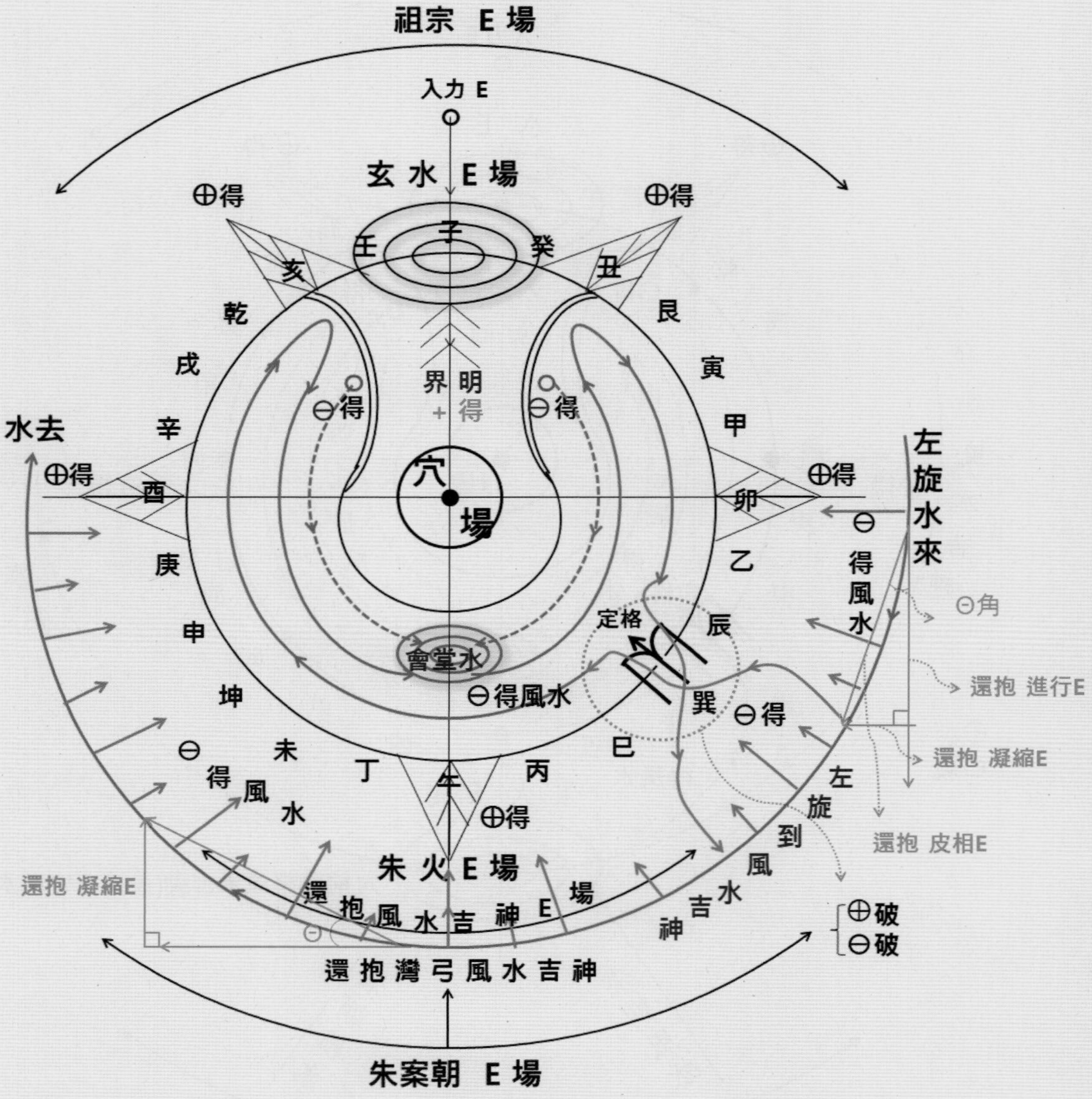

〈그림 4-48〉 還抱 彎弓水에 依한 得風水 吉神과 破口大門의 定格

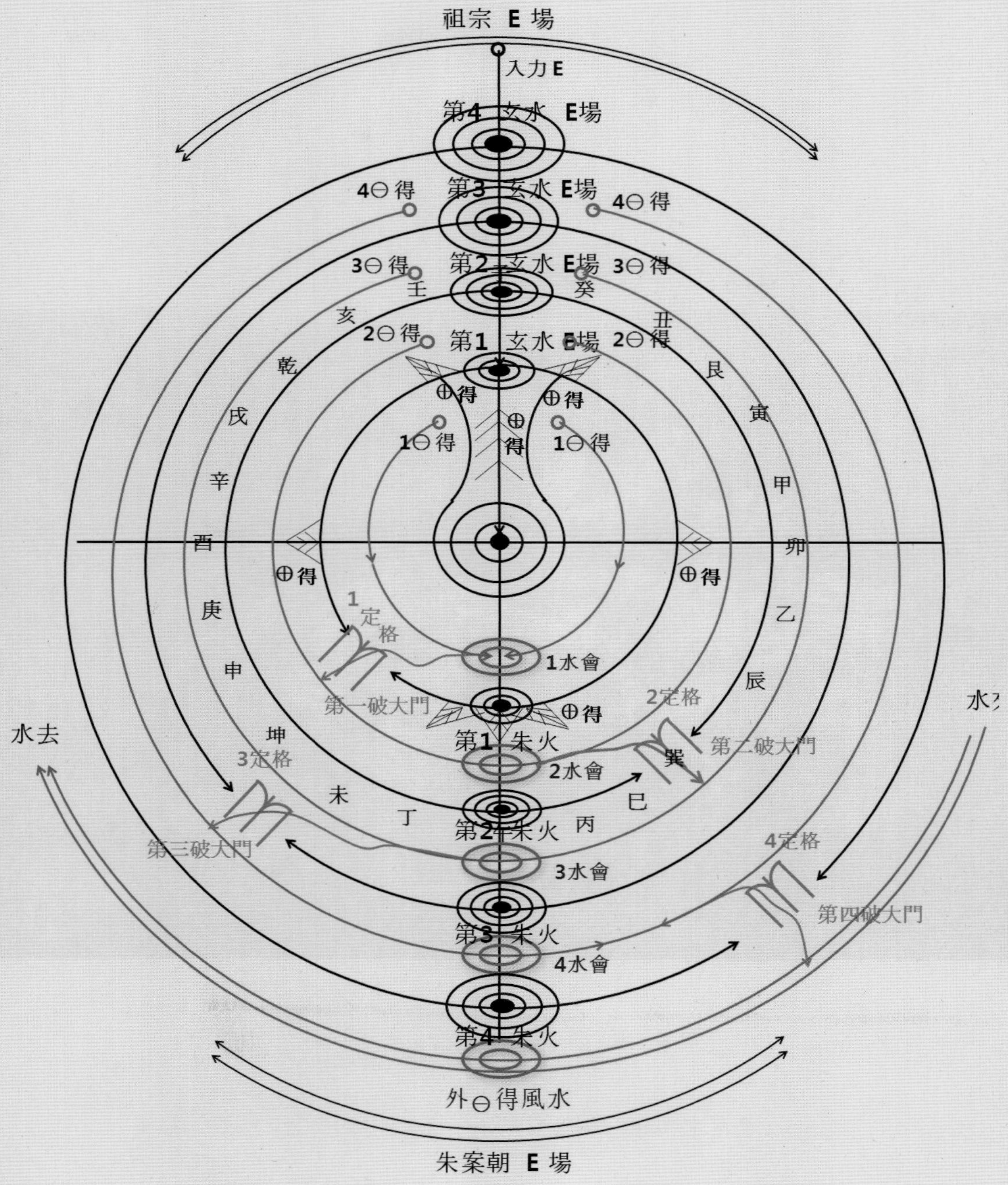

〈그림 4-49〉 青白 關鎖砂에 依한 得風水 吉神과 破口大門의 定格

〈陽基設計計劃 例〉

풍수지리에 따른 디자인 원칙

디자인 원칙 1. 단지 에너지 흐름

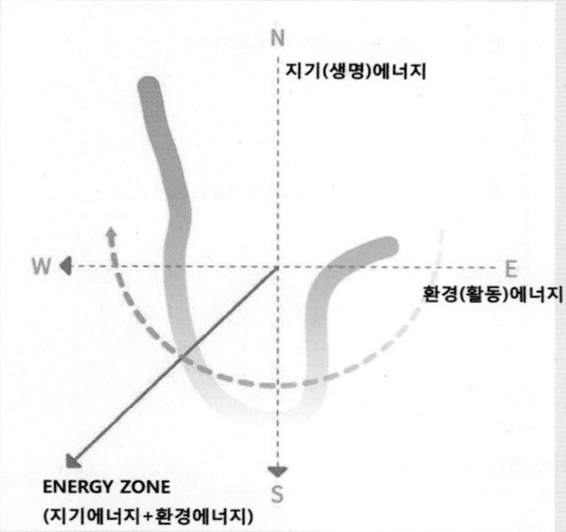

" 단지 에너지 =

지기에너지 + 환경에너지"

디자인 원칙 2. 풍수에 좋은 집 _ 집터

배산임수의 집터

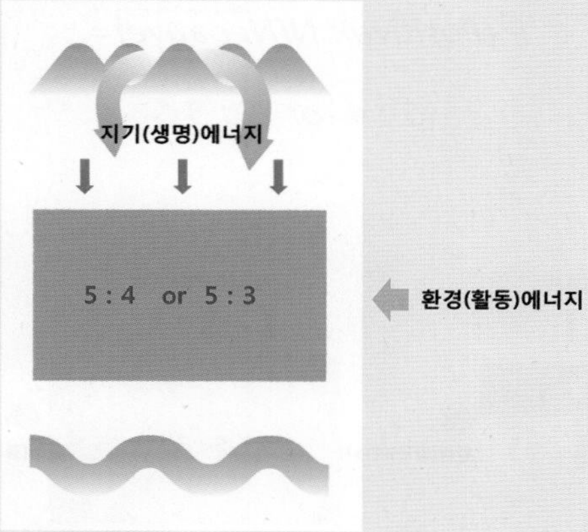

" 풍수에 좋은 집=

집 터 + 집구조"

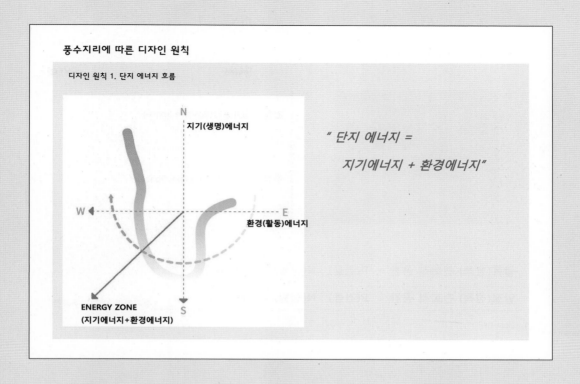

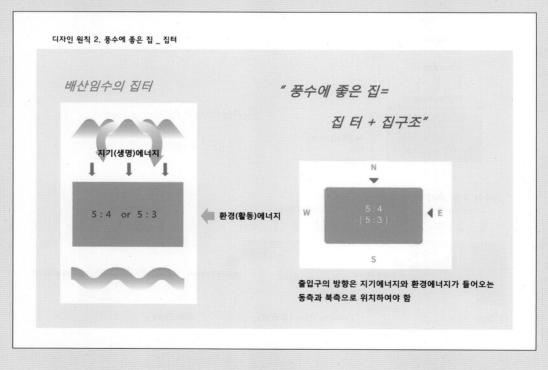

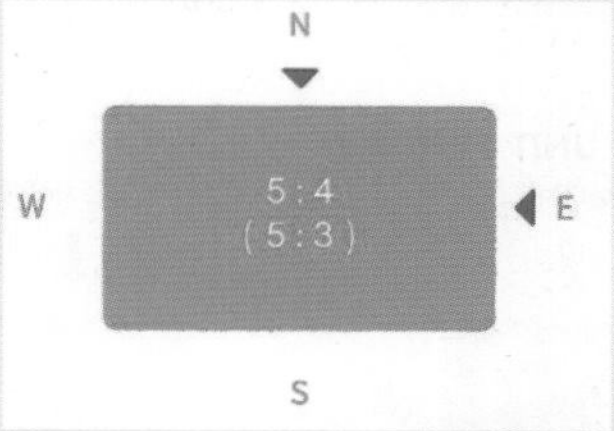

출입구의 방향은 지기에너지와 환경에너지가 들어오는 동측과 북측으로 위치하여야 함

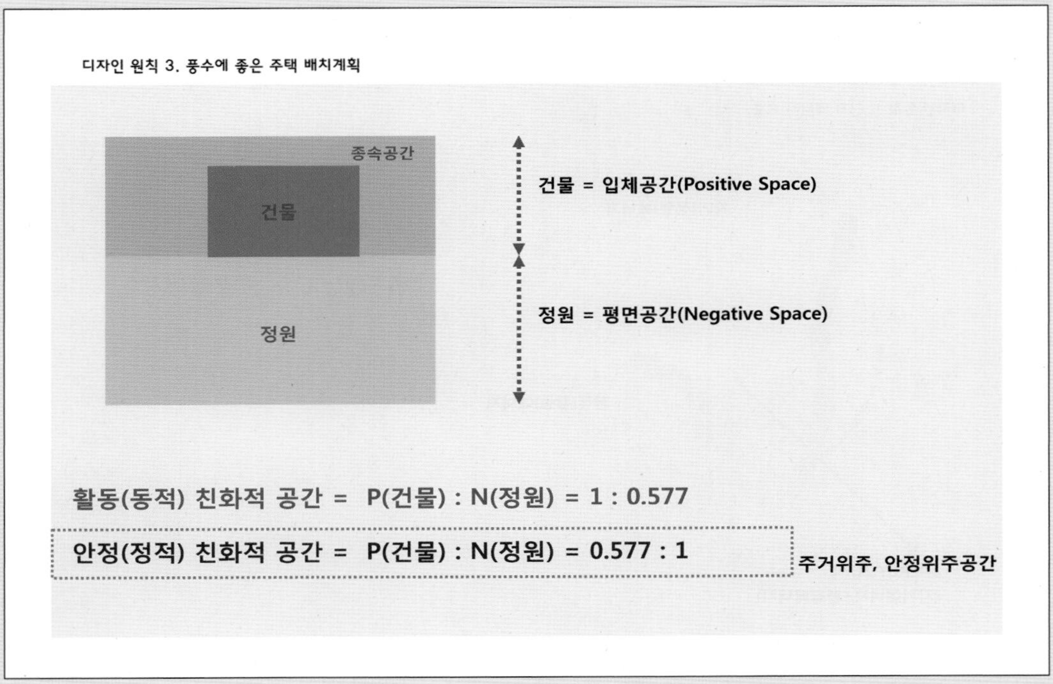
디자인 원칙 3. 풍수에 좋은 주택 배치계획
종속공간
건물
정원
건물 = 입체공간(Positive Space)
정원 = 평면공간(Negative Space)
활동(동적) 친화적 공간 = P(건물) : N(정원) = 1 : 0.577
안정(정적) 친화적 공간 = P(건물) : N(정원) = 0.577 : 1
주거위주, 안정위주공간

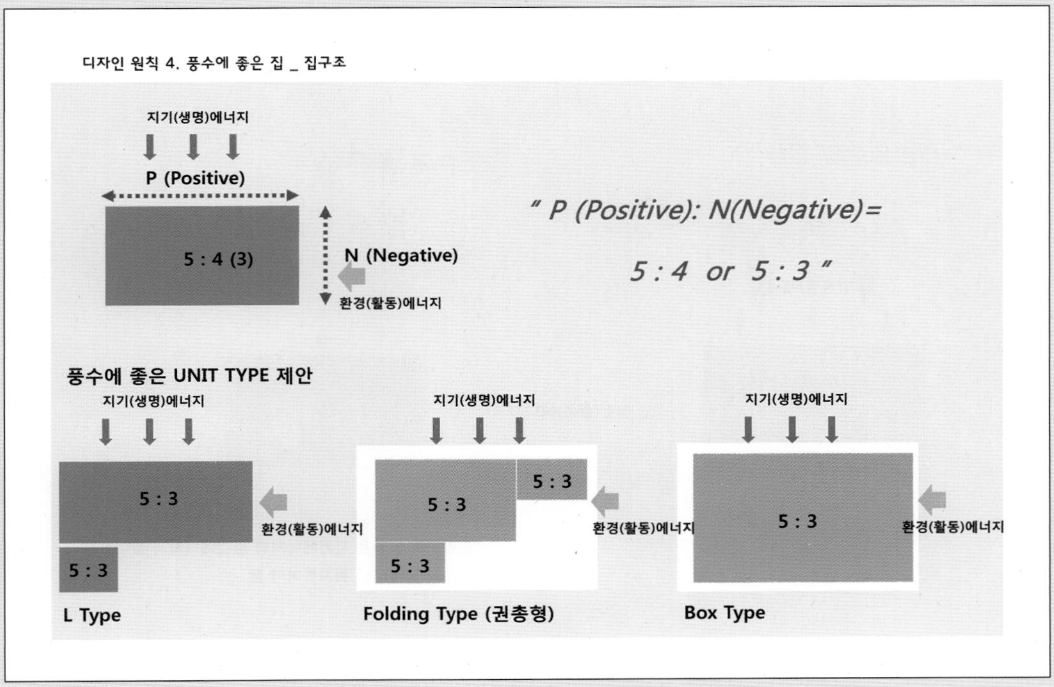
디자인 원칙 4. 풍수에 좋은 집 _ 집구조
지기(생명)에너지
P (Positive)
5 : 4 (3)
N (Negative)
환경(활동)에너지
" P (Positive): N(Negative)=
5 : 4 or 5 : 3 "
풍수에 좋은 UNIT TYPE 제안
지기(생명)에너지
5 : 3
5 : 3
환경(활동)에너지
L Type
지기(생명)에너지
5 : 3
5 : 3
5 : 3
환경(활동)에너지
Folding Type (권총형)
지기(생명)에너지
5 : 3
환경(활동)에너지
Box Type

디자인 원칙 5. 침대, 욕조의 방향 : 누워서 임수방향 (남측 경관)을 바라보는 위치에 계획

디자인 원칙 6. 평면계획

안방, 거실, 현관을 크게 계획

계단은 일자형 계단보다 절곡형으로 E.ZONE을 고려하여 계획하고,
계단위치는 환경에너지 입력측에서 정중앙을 피할 것

L Type

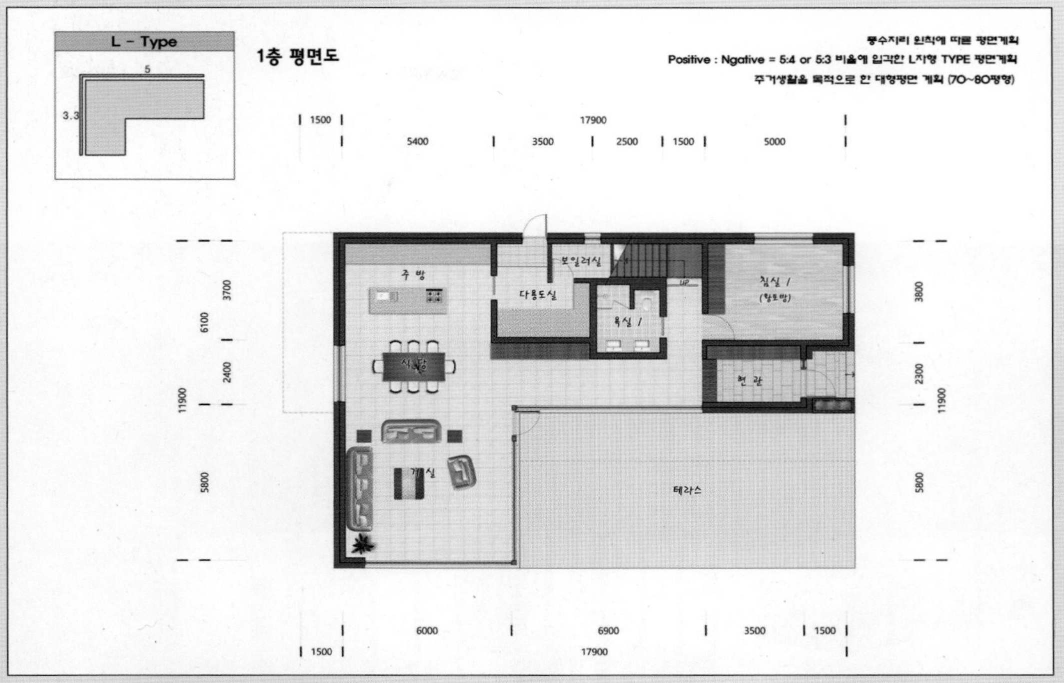
L - Type
1층 평면도
풍수지리 원칙에 따른 평면계획
Positive : Ngative = 5:4 or 5:3 비율에 입각한 L자형 TYPE 평면계획
주거생활을 목적으로 한 대형평면 계획 (70~80평형)
주방
보일러실
다용도실
욕실 1
침실 1
식당
현관
거실
테라스
UP
1500
17900
5400
3500
2500
1500
5000
6000
6900
3500
1500
1500
17900
3700
2400
6100
11900
5800
3800
2300
11900
5800

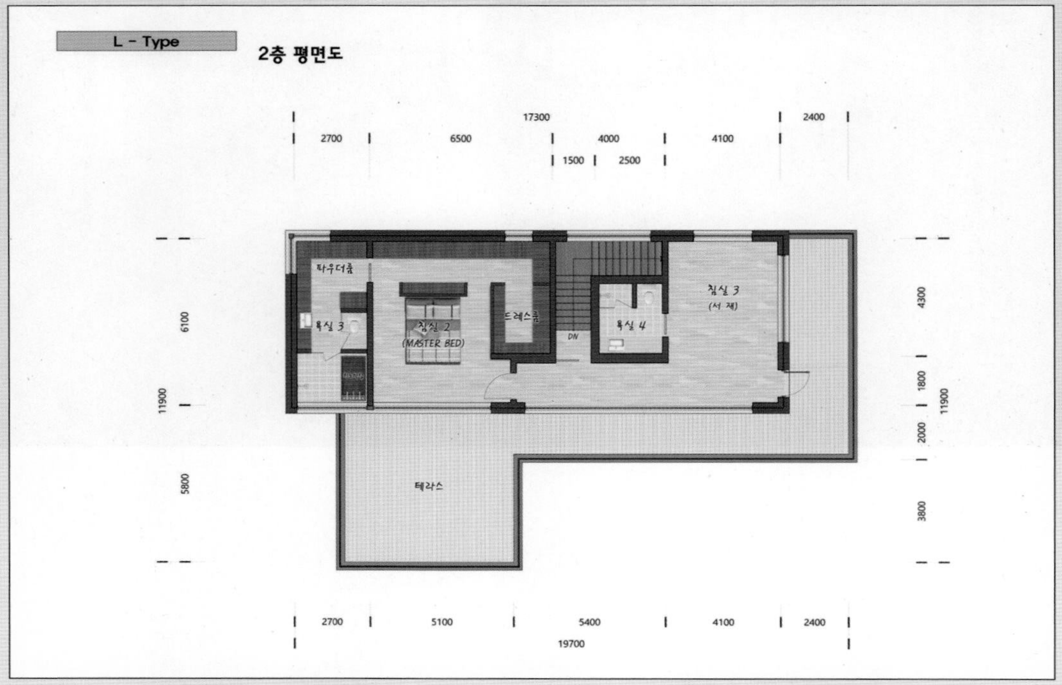
L - Type
2층 평면도
파우더룸
욕실 3
침실 2
(MASTER BED)
드레스룸
DN
욕실 4
침실 3
(서재)
테라스
17300
2400
2700
6500
4000
4100
1500
2500
2700
5100
5400
4100
2400
19700
6100
11900
5800
4300
1800
2000
3800
11900

Folding Type _권총형

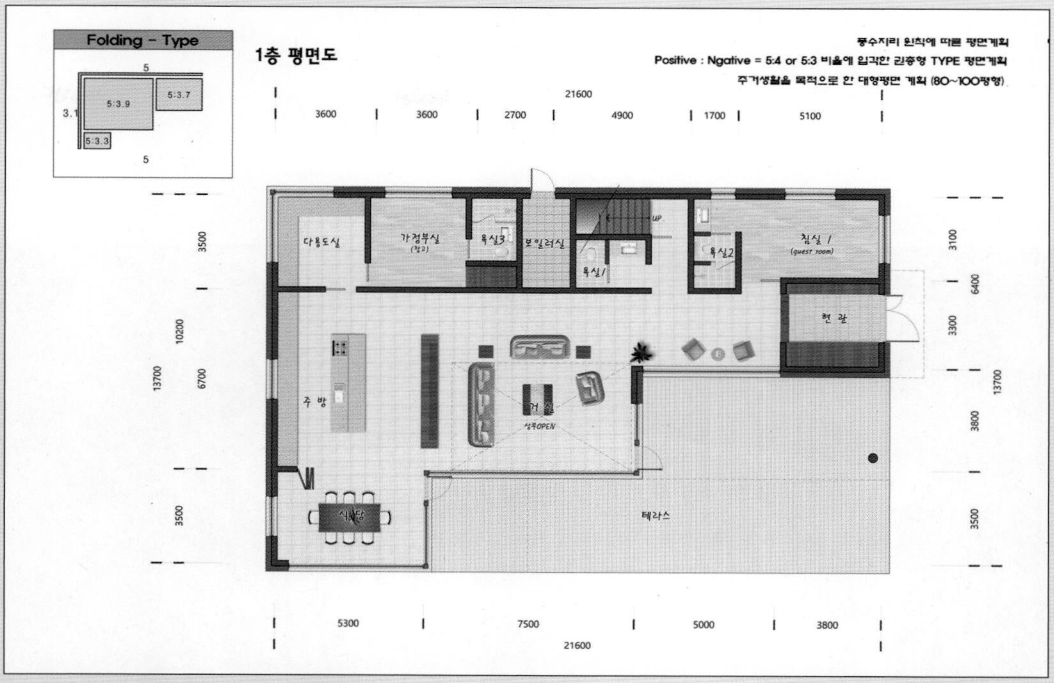
Folding - Type
1층 평면도
풍수지리 원칙에 따른 평면계획
Positive : Ngative = 5:4 or 5:3 비율에 입각한 긴충형 TYPE 평면계획
주거생활을 목적으로 한 대형평면 계획 (80~100평형)
5:3.9
5:3.7
5:3.3
다용도실
가정부실
욕실3
보일러실
욕실1
욕실2
침실 1
(guest room)
현 관
주 방
거 실
테라스
식 당
21600
3600
2700
4900
1700
5100
5300
7500
5000
3800
13700
10200
6700
3500
3100
6400
3300

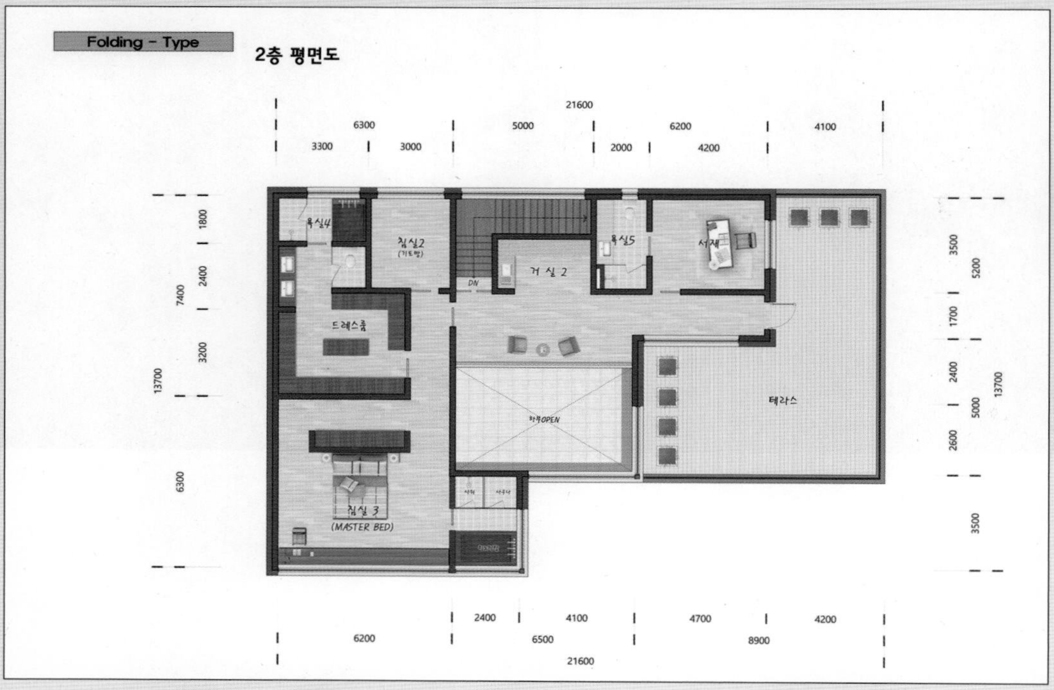
Folding - Type
2층 평면도
욕실4
침실2
거 실 2
욕실5
서 재
드레스룸
테라스
침실 3
(MASTER BED)
21600
6300
5000
6200
4100
3300
3000
2000
4200
13700
7400
1800
2400
3200
5200
1700
2600
2400
6500
8900
4700
3500

Box Type

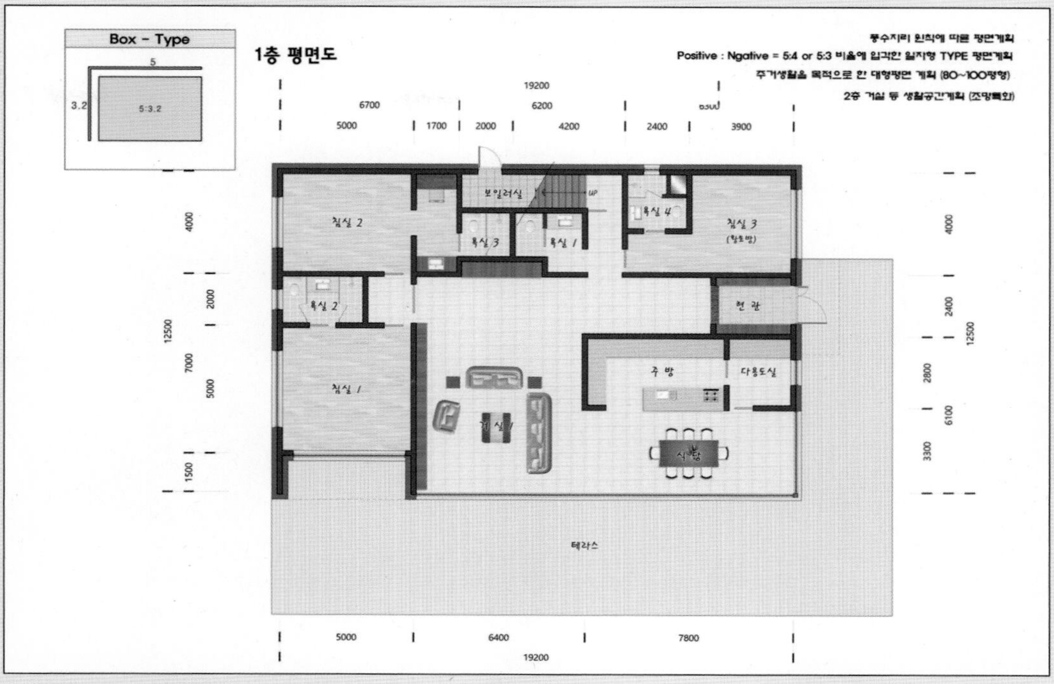
Box - Type
5
3.2
5:3.2
1층 평면도
풍수지리 원칙에 따른 평면계획
Positive : Ngative = 5:4 or 5:3 비율에 입각한 일자형 TYPE 평면계획
주거생활을 목적으로 한 대형평면 계획 (80~100평형)
2층 거실 등 생활공간계획 (조망특화)
19200
6700
6200
5000
1700
2000
4200
2400
3900
보일러실
UP
욕실 4
침실 2
침실 3
욕실 3
욕실 1
욕실 2
현관
주 방
다용도실
침실 1
거실 1
식당
테라스
4000
2000
12500
7000
5000
1500
2400
2800
6100
3300
6400
7800

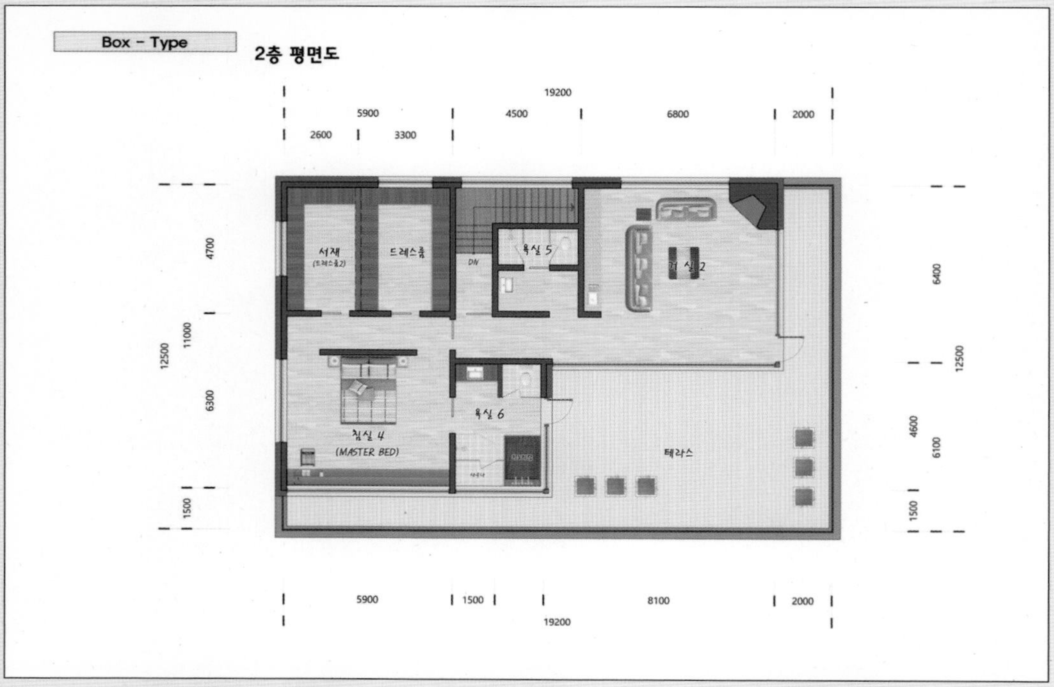
Box - Type
2층 평면도
19200
5900
4500
6800
2000
2600
3300
서재
(드레스룸2)
드레스룸
DN
욕실 5
거실 2
침실 4
(MASTER BED)
욕실 6
테라스
4700
11000
12500
6300
1500
6400
4600
6100
8100

第5篇 風水地理 因果論

第1章 風水地理 因果論

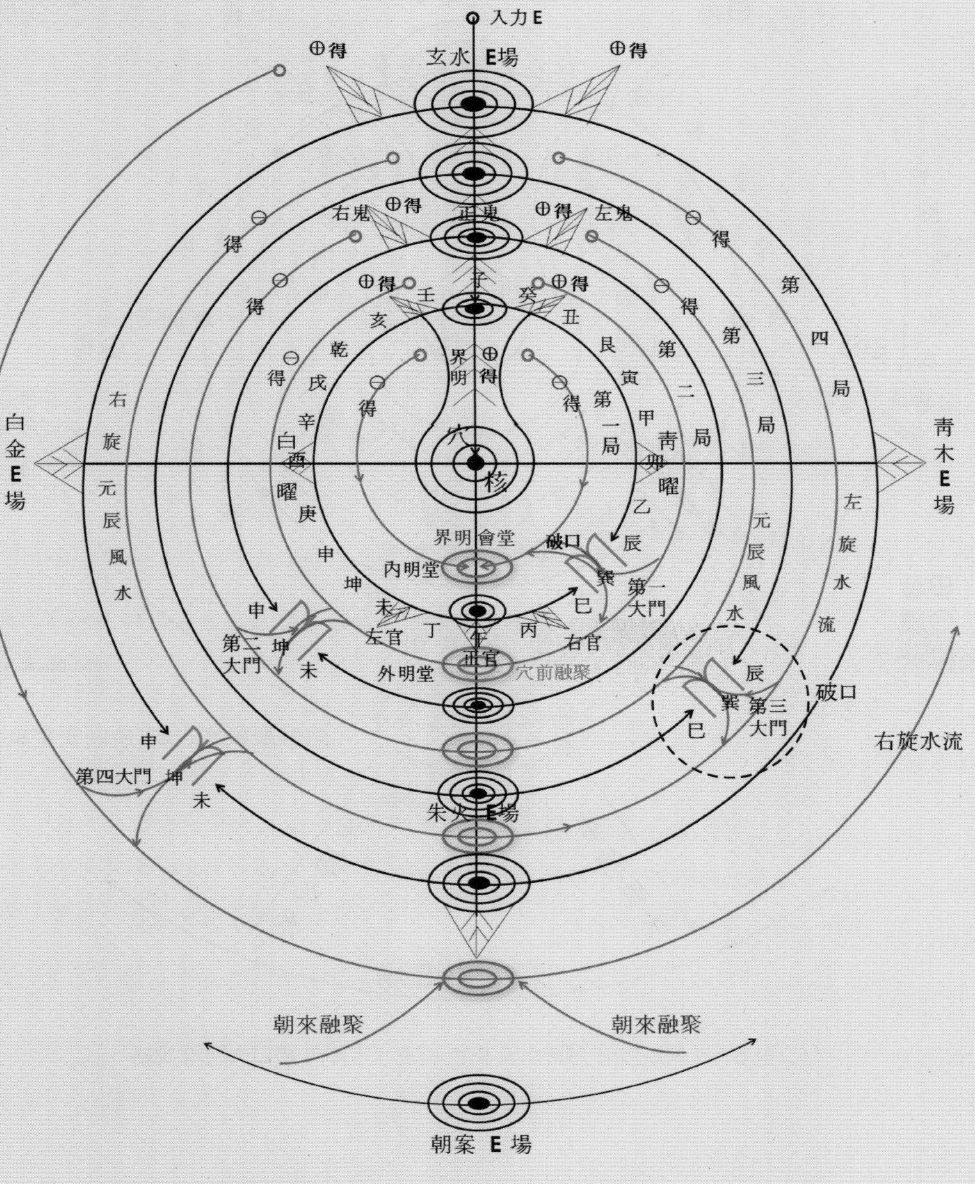

〈그림 5-1〉 定格破口 大門 結成圖

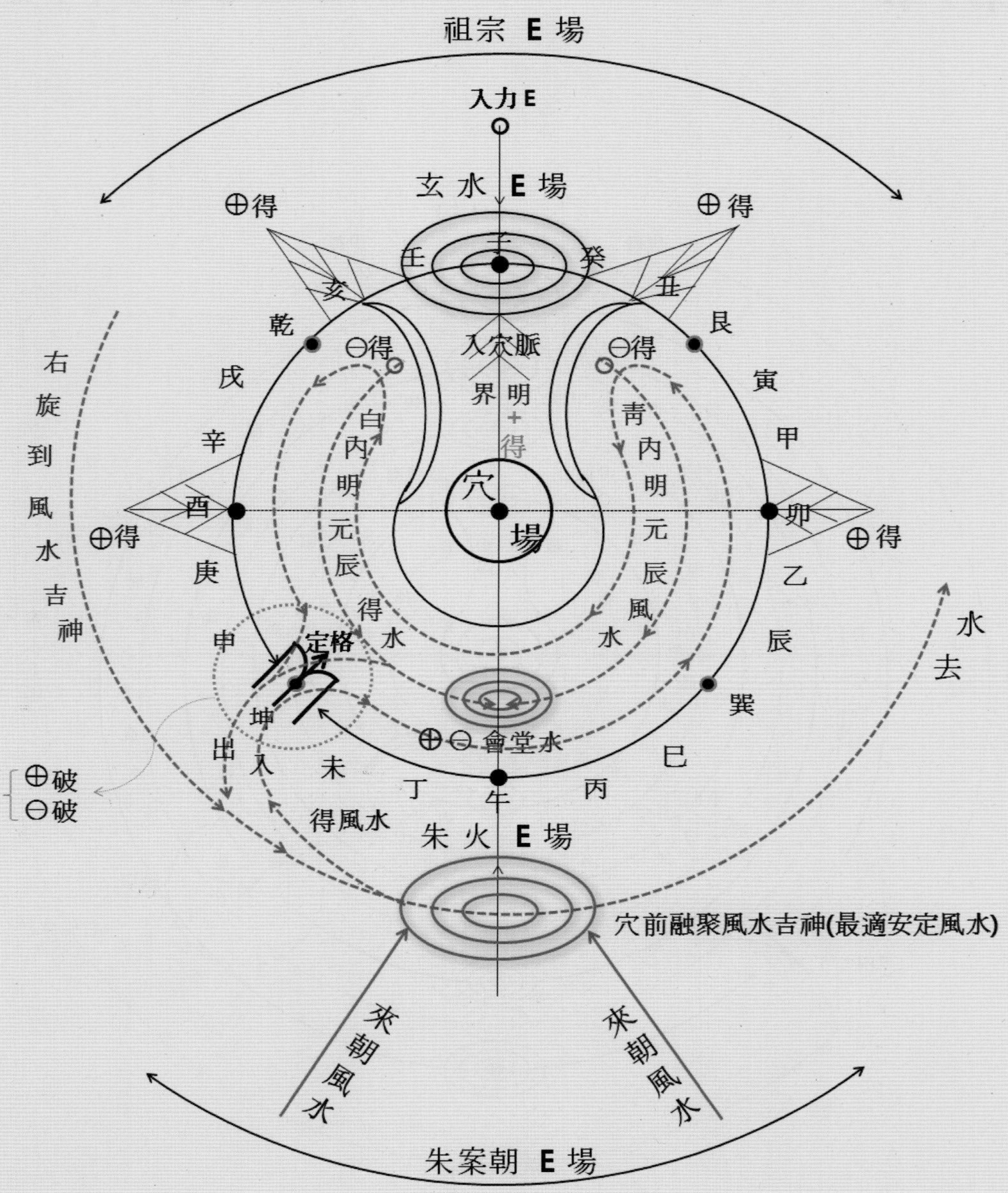

〈그림 5-2〉 朝來當前 融聚水에 依한 得風水吉神과 破口大門의 定格

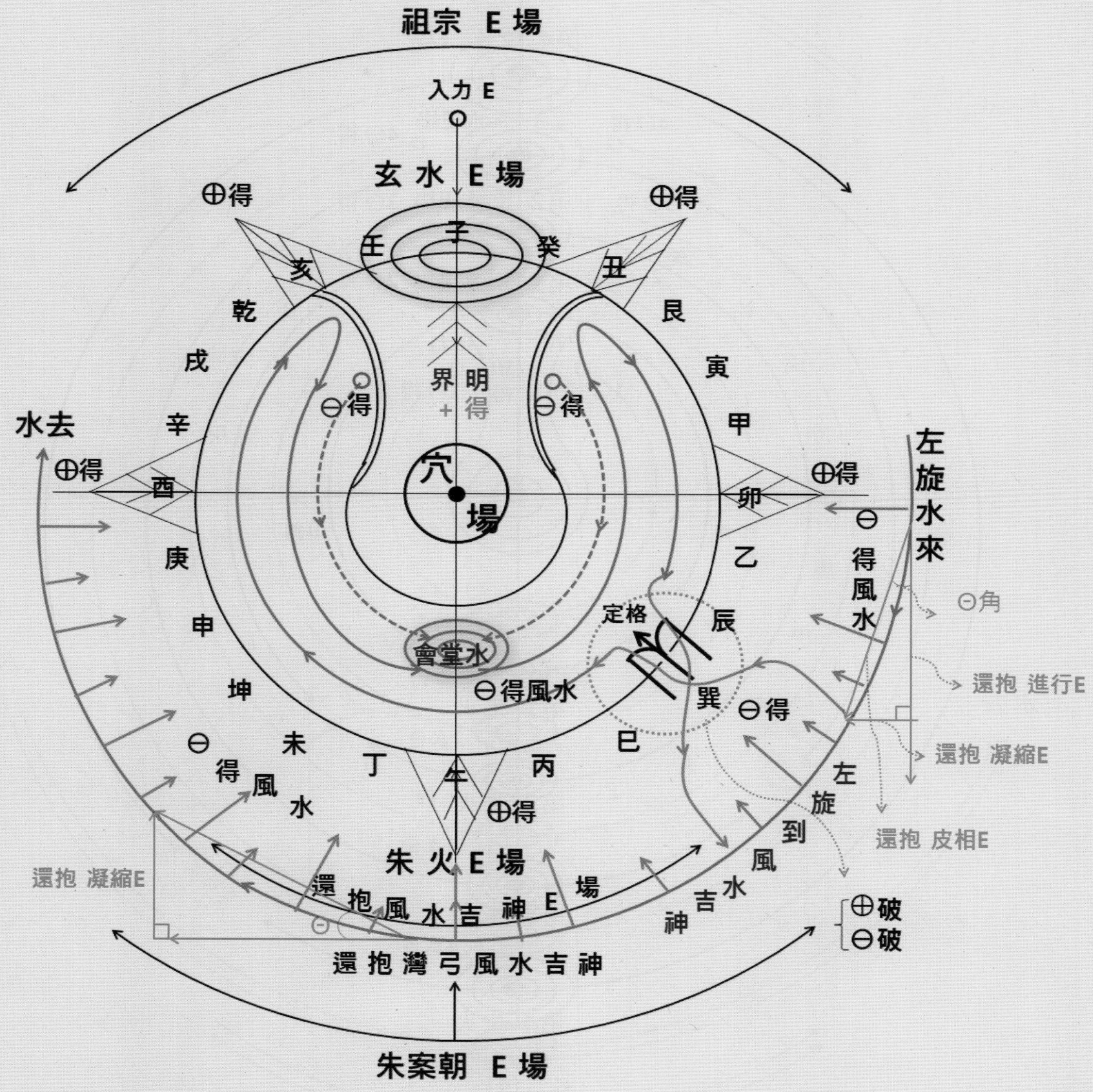

〈그림 5-3〉 還抱 彎弓水에 依한 得風水 吉神과 破口大門의 定格

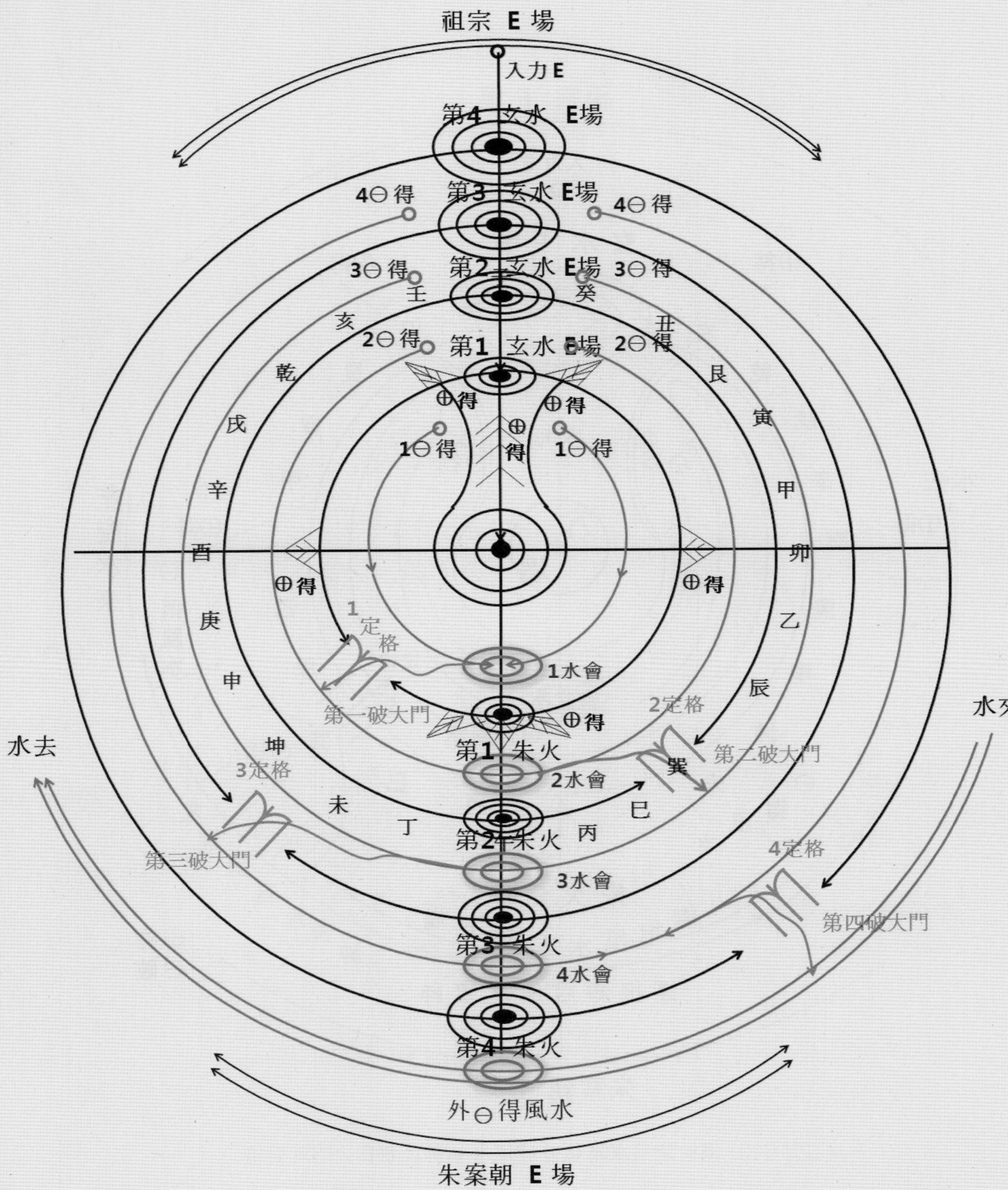

〈그림 5-4〉 靑白 關鎖砂에 依한 得風水 吉神과 破口大門의 定格

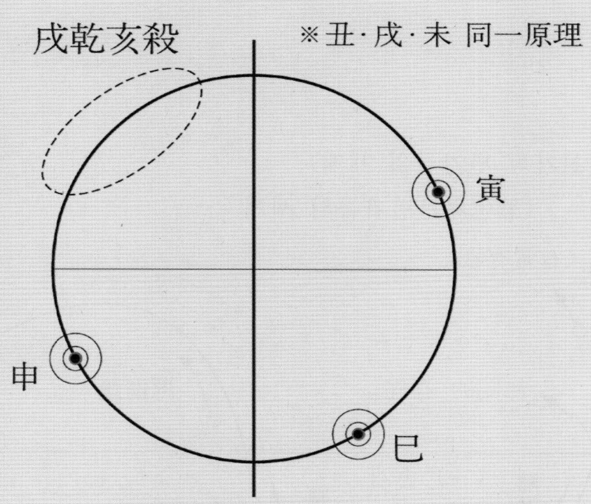

〈그림 5-5〉 寅巳申穴 寅巳申生 寅巳申年
戌乾亥殺(寅巳申刑)

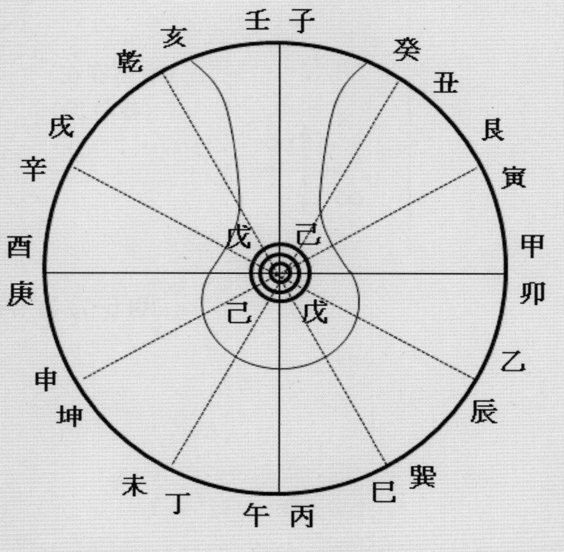

〈그림 5-6〉 穴場 十二方別 Energy場 特性 因子圖

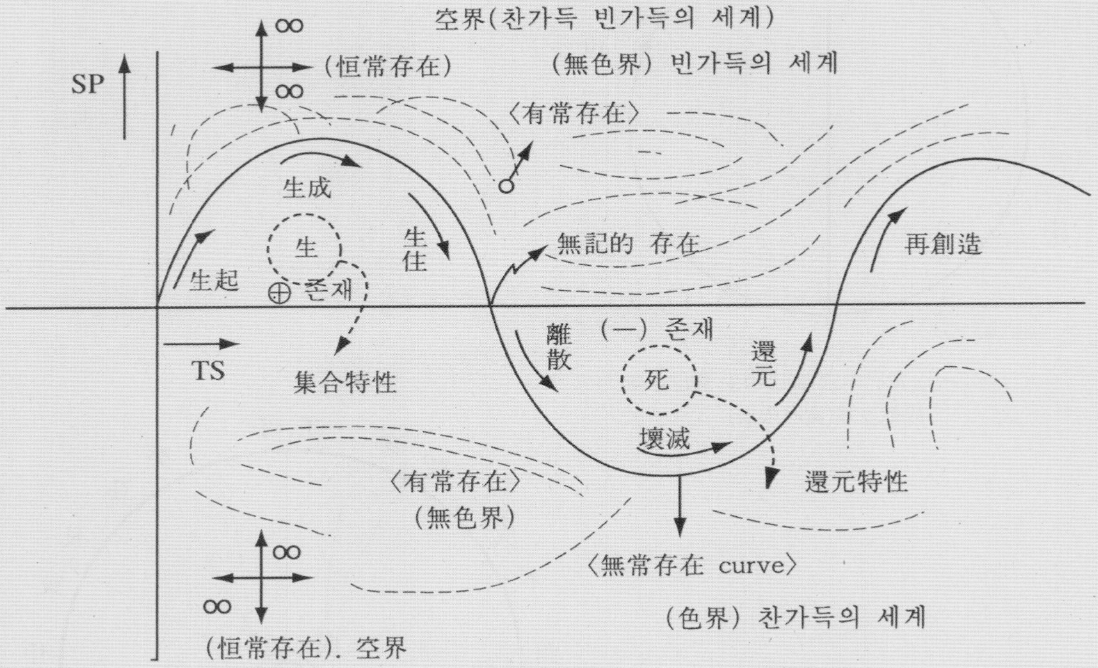

〈그림 5-7〉 諸 存在 特性 WAVE